Dr. Jens Meyer-Ladewig
Ministerialdirigent a.D.

Konvention zum Schutz der Menschenrechte und Grundfreiheiten

Handkommentar

Nomos Verlagsgesellschaft
Baden-Baden

Zitiervorschlag: Hk – EMRK

Bibliografische Information Der Deutschen Bibliothek

Die Deutsche Bibliothek verzeichnet diese Publikation in der Deutschen Nationalbibliografie; detaillierte bibliografische Daten sind im Internet über http://dnb.ddb.de abrufbar.

ISBN 3-7890-8164-7

1. Auflage 2003

Vorwort

Dieses Buch richtet sich an den Praktiker und möchte kurz gefasst darstellen, welche konkrete Gestalt die Menschenrechtskonvention durch die Rechtsprechung des Europäischen Gerichtshofs für Menschenrechte gewonnen hat. Sie zu kennen ist aus verschiedenen Gründen wichtig: Die Europäische Menschenrechtskonvention und die Protokolle dazu sind in Deutschland unmittelbar anwendbares Recht. Die darin garantierten Rechte können vor deutschen Gerichten geltend gemacht werden. Der Text der EMRK und der Protokolle ist knapp gefasst. Den Inhalt der darin garantierten Rechte und Freiheiten zu ermessen und praktisch mit diesen Vorschriften umzugehen setzt voraus, dass man die Rechtsprechung des Europäischen Gerichtshofs für Menschenrechte kennt, der sie mit Leben erfüllt und fortentwickelt hat. Insoweit gilt nichts anderes als für das Verhältnis zwischen dem Text des Grundgesetzes und der Rechtsprechung des Bundesverfassungsgerichts.

Eine Übersicht über die Tragweite der Menschenrechtskonvention zu gewinnen ist schwierig, weil der Europäische Gerichtshof für Menschenrechte die Texte als »lebendes Instrument« versteht und bei der Auslegung die heutigen Umstände berücksichtigt. Für deutsche Juristen wird der notwendige Überblick über die Rechtsprechung erschwert, weil die Entscheidungen des Gerichtshofs in den Amtssprachen des Europarats abgefasst sind, nämlich in Englisch oder Französisch, bei wichtigen Entscheidung in beiden Sprachen. Eine deutsche Übersetzung gibt ist nur ausnahmsweise und für wenige Entscheidungen. Die sich daraus ergebende Wissenslücke ist bedenklich, denn die Rechtsprechung des Gerichtshofs wird mit zunehmender Größe des Europarats immer bedeutsamer, auch für die deutschen Gerichte. Der Europäische Gerichtshof für Menschenrechte hat bisher schon wesentliche Grundlagen für ein europäisches Verfassungsrecht gelegt. Er fährt fort das zu tun.

Ziel dieses Handkommentars ist dazu beizutragen, demjenigen, der mit der Konvention und den Protokollen umgehen muss, unter Verzicht auf rechtswissenschaftliche dogmatische Erörterungen anhand der jüngsten

Rechtsprechung des Gerichtshofs einen praktischen Leitfaden an die Hand zu geben.

Bonn, im Juni 2002 *Jens Meyer-Ladewig*

Inhaltsübersicht

Abschnitt II

Europäischer Gerichtshof für Menschenrechte

Abschnitt III
Verschiedene Bestimmungen

Abkürzungsverzeichnis

CPT	Europäischer Ausschuss zur Verhütung von Folter und unmenschlicher oder erniedrigender Behandlung oder Strafe (vgl. das Europäische Übereinkommen v. 26.11.1987)
DR	Decisions and Reports (Sammlung der Entscheidungen und Beschlüsse der EKMR)
EKMR	Europäische Kommission für Menschenrechte
EGMR	Europäischer Gerichtshof für Menschenrechte
EMRK	Konvention zum Schutze der Menschenrechte und Grundfreiheiten (Europäische Menschenrechtskonvention)
EuGRZ	Europäische Grundrechtezeitung, zitiert nach Jahrgang und Seite
PKH	Prozesskostenhilfe
Slg.	Amtliche Sammlung des EGMR (Recueil des Arrêts et Décisions; Reports of Judgments and Decisions), zitiert nach Jahr, Bd.
Sozialcharta	Europäische Sozialcharta v. 18.10.1961 (BGBl. II 1964, 1262)
VerfO	Verfahrensordnung des EGMR v. 04.11.1998 (Règlement de la Cour, Rules of Court)
Zivilpakt	Internationaler Pakt über bürgerliche und politische Rechte vom 19.12.1966 (BGBl. II 1973, 1534)

Literaturverzeichnis

(Deutschsprachiges Schrifttum)

Frowein,	Der europäische Grundrechtsschutz und die deutsche Rechtsprechung, NVwZ 2002, 29
Frowein/Peukert,	Europäische Menschenrechtskonvention, 2. Aufl. 1996
Gollwitzer	in Löwe-Rosenberg, StPO und GVG, 24. Aufl. 1996
Hailbronner,	Art. 3 EMRK – Ein neues europäisches Konzept der Schutzgewalt?, DÖV 1999, 617
Karl/Miehsler/Petzold,	Internationaler Kommentar zur EMRK, Loseblattsammlung,
Kilian,	Die Bindungswirkung der Entscheidungen des EGMR, 1994
Kleine-Cosack,	Verfassungsbeschwerden und Menschenrechtsbeschwerde, 2001
Kühne,	Die Rechtsprechung des EGMR als Motor für eine Verbesserung des Schutzes von Beschuldigtenrechten in den nationalen Strafverfahrensrechten der Mitgliedstaaten, StV 2001, 73
Meyer-Ladewig/Petzold,	Der neue ständige Europäische Gerichtshof für Menschenrechte, NJW 1999, 1165
Partsch,	Die Rechte und Freiheiten der EMRK, Berlin 1966
Petzold,	Der Europäische Gerichtshof für Menschenrechte, EuGRZ 1978, 500
Peukert,	Verfahrensgarantien und Zivilprozess (Art. 6 EMRK), RabelsZ 63, 600 (1999)
Peukert,	Zur Reform des Europäischen Systems des Menschenrechtsschutzes, NJW 2000, 49
Ress,	Die Wirkungen der Urteile des EGMR im innerstaatlichen Recht und vor innerstaatlichen Gerichten, in: Maier (Hrsg.), Europäischer Menschenrechtsschutz, Verhandlungen des 5. Internationalen Kolloquiums über die EMRK, 1982, S. 227, 240
Ress,	Die Rechtstellung des Fremden im Rahmen der Europäischen Konvention zum Schutz der Menschenrechte und Grundfreiheiten, in: Die Allgemeinen Regeln des

völkerrechtlichen Fremdenrechts: Bilanz und Ausblick an der Jahrtausendwende 2000, S. 105

Rogge, Schwangerschaftsabbruch und EMRK, EuGRZ 1981, 22

Schorn, Die EMRK und ihre Zusatzprotokolle in Anwendung auf das deutsche Recht, 1965

Schwarze/Graf Vitzthum (Hrsg.), Grundrechtsschutz im nationalen und internationalen Recht, 1983

Schwarze, Europäische Rahmenbedingungen für die Verwaltungsgerichtsbarkeit, NVwZ 2000, 241

Seidel, Handbuch der Grund- und Menschenrechte auf staatlicher, europäischer und universeller Ebene, 1996

Weider, Das Zeugenschutzgesetz und der gesperrte V-Mann, StV 1999, 51

Weiß, Der Schutz des Rechts auf Aussageverweigerung durch die EMRK, NJW 1999, 2236

Wittinger, Die Einlegung einer Individualbeschwerde vor dem EGMR, NJW 2001, 1238

Einleitung

I. Entstehungsgeschichte

Die EMRK ist ein völkerrechtlicher Vertrag, der von den Mitgliedstaaten **1** des Europarates ausgearbeitet worden ist. Die Satzung des Europarates vom 05.05.1949 sieht in Art. 1 Buchst. b) als Aufgabe des Europarates den Schutz und die Fortentwicklung der Menschenrechte und Grundfreiheiten vor. Die Präambel der EMRK greift darauf zurück und bekräftigt den tiefen Glauben an die Grundfreiheiten, »welche die Grundlage von Gerechtigkeit und Frieden in der Welt bilden und die am besten durch eine wahrhaft demokratische politische Ordnung sowie durch ein gemeinsames Verständnis und eine gemeinsame Achtung der diesen Grundfreiheiten zugrunde liegenden Menschenrechte gesichert werden« kann. Die EMRK ist eine sog. geschlossene Konvention, sie kann nur von Mitgliedern des Europarates ratifiziert werden (Art. 59 EMRK). Auch umgekehrt gibt es eine Verbindung. Neue Mitgliedstaaten werden in den Europarat nur aufgenommen, wenn sie die EMRK und die Prot. dazu zeichnen. Die Verbindung der EMRK zum Europarat wird auch dadurch deutlich, dass die Kosten des Gerichtshofs vom Europarat getragen werden (Art. 50 EMRK). Das Ministerkomitee des Europarates überwacht die Durchführung der endgültigen Urteile des EGMR (Art. 46 Abs. 2 EMRK).

Nach dem zweiten Weltkrieg war der internationale Schutz der Menschenrechte ein besonderes Anliegen der VN, insbesondere aber auch des Europarates. Nach den schrecklichen Menschenrechtsverletzungen während des zweiten Weltkrieges sollte alles Erdenkliche getan werden, um eine Wiederholung unmöglich zu machen. Auf dem Hintergrund dieser Bestrebungen ist es gelungen, die EMRK in relativ kurzer Zeit auszuarbeiten. Die zugrundeliegende Idee war dabei, die Allgemeine Erklärung der Menschenrechte der VN vom 10.12.1948 in ein regionales Schutzsystem zu transformieren, das mit effizienten Kontrollmechanismen ausgestattet ist. Damit verknüpften sich Bestrebungen, eine europäische Charta der Menschenrechte zu schaffen. Die Beratende Versammlung des Europarates (jetzt Parlamentarische Versammlung) nahm am 09.09.1949 den Entwurf einer EMRK an. Das Ministerkomitee des Europarates bestellte einen Sachverständigenausschuss. Im Juni 1950 wurde ein Konventionsentwurf verabschiedet, den das Ministerkomitee noch in einigen Punkten änderte und dann der beratenden Versammlung vorlegte. Die EMRK wurde am 04.11.1950 in Rom unterzeichnet. Sie trat am 03.09.1953 nach Ratifizierung durch 10 Staaten in Kraft.

II. Fortentwicklung des Menschenrechtsschutzes

2 Zur Zeit (am 01.07.2002) gibt es 43 Vertragsstaaten. Seit dem Beitritt der früheren DDR zur Bundesrepublik Deutschland am 03.10.1990 findet die EMRK auch auf das Gebiet der früheren DDR Anwendung.

3 Die EMRK wird durch 13 Zusatzprot. ergänzt. Sie haben zum Teil das Verfahren des Menschenrechtsschutzes geändert (insbesondere die Prot. Nr. 8, 9 und 11), zum Teil den Menschenrechtsschutz durch Garantie weiterer Rechte fortentwickelt (z.B. Prot. Nr. 1, 4, 6, 7 und 12). Die Prot. sind zum Teil Fakultativprot., die nur für solche Vertragsstaaten gelten, die das Zusatzprot. ratifiziert haben (z.B. Prot. Nr. 6 und 12), zum Teil Änderungsprot., die den Text der EMRK geändert haben und der Ratifizierung durch alle Vertragsstaaten bedurften (z.B. insbesondere Prot. Nr. 11).

III. Arbeitslast der Kontrollorgane nach der EMRK

Die Anzahl der Individualbeschwerden nach der EMRK ist im Laufe der Zeit ständig angestiegen. 1955 sind 138 Beschwerden registriert worden, 1985 waren es fast 600, 1995 fast 3.500 und 2001 fast 14.000. Die Zahl der vorläufigen Akten, welche die Zahl der Eingänge widerspiegelt, betrug 1955 bis 1982 insgesamt etwa 22.000, 2001 allein etwa 31.000. Diese Entwicklung zeigt sich auch in der Zahl der vom Gerichtshof erlassenen Urteile. In den Jahren 1955 bis 1982 hat der EGMR 61 Urteile erlassen, im Jahre 2001 allein 888. Diese Entwicklung hat zwei Ursachen. Die eine ist das gewachsene Vertrauen in den EGMR und die Tatsache, dass das Kontrollsystem in den Vertragsstaaten immer mehr bekannt wird. Die andere Tatsache ist das erhebliche Ansteigen der Zahl der Vertragsstaaten. 4

IV. Reform durch das 11. Protokoll

Das am 01.11.1998 in Kraft getretene 11. Prot. zur EMRK hat das Überwachungssystem grundlegend geändert. Die Reform war notwendig geworden, weil die bisherigen Mechanismen zu kompliziert und schwerfällig waren, so dass man mit ihnen eine große und immer weiter ansteigende Zahl von Individualbeschwerden nicht bewältigen konnte. Die Verfahren dauerten immer länger, so dass der EGMR selbst die Garantie in Art. 6 Abs. 1 EMRK auf Verhandlung und Entscheidung innerhalb angemessener Frist nicht mehr erfüllen konnte. Das bisher vorgesehene Verfahren war für 10 Vertragsstaaten geeignet, konnte aber für 40 und mehr Vertragsstaaten nicht mehr funktionieren. Außerdem hatte sich das Völkerrecht in den letzten 50 Jahren erheblich weiterentwickelt, so dass eine qualitative Verbesserung des Kontrollsystems möglich wurde. 5

Die EMRK von 1950 hatte das Überprüfungsverfahren sehr vorsichtig ausgestaltet, um noch bestehenden nationalen Empfindlichkeiten Rechnung zu tragen. Eine Individualbeschwerde, mit der sich eine Person über eine Konventionsverletzung beklagt, war nur zulässig, wenn der betref- 6 fende Vertragsstaat eine besondere Erklärung abgegeben hatte, wonach er die Zuständigkeit der Kommission auf diesem Gebiet anerkennt. Eine Individualbeschwerde musste zunächst an die EKMR gerichtet werden, die in einem vertraulichen Verfahren verhandelte. Der EKMR gehörte ein Kommissar aus jedem der Vertragsstaaten an. Sie prüfte zunächst, ob die Individualbeschwerde zulässig war. War sie es nicht, wies sie die Beschwerde zurück, was eine abschließende Entscheidung war. Wenn die EKMR die Beschwerde für zulässig erklärte, konnte die Angelegenheit durch eine gütliche Einigung aus der Welt geschafft werden. Wenn das nicht möglich war, hat die EKMR die Tatsachen festgestellt und einen Bericht über den Sachverhalt angefertigt, in dem sie zu der Frage Stellung genommen hat, ob sich aus den festgestellten Tatsachen ergibt, dass der betreffende Staat seine Verpflichtungen aus der Konvention verletzt hat. Der Bericht war dem Ministerkomitee des Europarates vorzulegen sowie den beteiligten Staaten, die nicht das Recht hatten, ihn zu veröffentlichen. Der Bf. erhielt den Bericht zunächst nicht. Die EKMR war also ein Entscheidungsorgan nur insofern, als sie die Beschwerde als unzulässig zurückweisen konnte. Über zulässige Beschwerden äußerte sie sich nur gutachtlich. Entscheidungsorgan war dann entweder der EGMR oder das Ministerkomitee des Europarates. Der EGMR, der aus ebenso viel Richtern bestand wie der Europarat Mitglieder hat, konnte nur angerufen werden, wenn der betroffene Staat seine Gerichtsbarkeit durch eine ausdrückliche Erklärung anerkannt hatte. Das Recht, die Sache dem EGMR vorzulegen, hatten nach der ursprünglichen Fassung der EMRK nur die Kommission und der beteiligte Vertragsstaat. Dem Bf. ist dieses Recht erst sehr viel später, nämlich durch das Prot. Nr. 9 vom 06.11.1990, eingeräumt worden; das 9. Prot. war ein Fakultativprot. Der Bf. hatte zunächst auch nicht die Stellung eines Beteiligten im gerichtlichen Verfahren. Wenn der Gerichtshof nicht angerufen wurde, entschied das Ministerkomitee des Europarats über die Frage, ob eine Konventionsverletzung vorlag. Das Ministerkomitee verhandelte in einem vertraulichen Verfahren unter Beteiligung des betroffenen Staates, nicht aber des Bf. Es ist ein politischen Organ des Europarates, in dem die Vertragsstaaten durch Regierungsvertreter vertreten sind, nämlich die Außenminister oder deren

Beauftragte. Wenn der EGMR in der Sache entschied, erging nach einem gerichtsförmigen Verfahren ein Urteil. Wenn das Ministerkomitee entschied, war dies gleichfalls eine für den betroffenen Staat bindende Entscheidung. EKMR und EGMR waren keine ständigen Institutionen, die Mitglieder waren nebenamtlich tätig und trafen zu Sitzungsperioden in Straßburg zusammen. Sie waren nicht Bedienstete des Europarates und bezogen kein Gehalt, sondern eine Aufwandsentschädigung.

Die EMRK in der ab 01.11.1998 geltenden Fassung des 11. Prot. hat das System grundlegend vereinfacht. Als einziges Entscheidungsorgan ist der nunmehr ständige EGMR geschaffen worden. Die Richter sind Bedienstete des Europarates und residieren in Straßburg. Eine besondere Unterwerfungserklärung der Staaten ist wegen der Gerichtsbarkeit des EGMR nicht mehr erforderlich. Jeder Bürger kann eine Beschwerde, mit der er geltend macht, dass er in einem seiner Konventionsrechte verletzt worden ist, unmittelbar an den EGMR richten. Eine Vorprüfung durch eine EKMR findet nicht mehr statt. Das Ministerkomitee ist nicht mehr Entscheidungsorgan, sondern wird auf die Aufgabe beschränkt, die Durchführung der Urteile des EGMR zu überwachen (Art. 46 Abs. 2 EMRK). Der Gerichtshof entscheidet in einem gerichtsförmigen Verfahren mit den üblichen rechtsstaatlichen Garantien. Damit sind die Europastaaten zu den Anfängen der Bewegung zurückgekehrt, der wir die Konvention verdanken. Sie haben schließlich den Vorschlag des Europäischen Kongresses vom Mai 1948 angenommen, einen Europäischen Gerichtshof für Menschenrechte zu schaffen, der über die Einhaltung eines Katalogs von Grund- und Freiheitsrechten wacht und von den einzelnen Bürgern angerufen werden kann. 7

V. Organisation des neuen Gerichtshofs

Der neue EGMR ist ein ständiger Gerichtshof (Art. 19 Satz 2 EMRK). Er besteht aus je einem Richter der Vertragsstaaten (Art. 20 EMRK), also zur Zeit (01.07.2001) aus 41 Richtern. Der Gerichtshof hat sich seinen Präsidenten und zwei Vizepräsidenten gewählt (Art. 26 Buchst. a) EMRK), außerdem zwei Sektionspräsidenten (Art. 26 Buchst. c) EMRK). Die Orga- 8 nisation des EGMR ergibt sich aus der EMRK in der Fassung des 11. Prot und aus der VerfO, die sich der Gerichtshof nach Art. 26 Buchst. d) gegeben hat. Die VerfO vom 04.11.1998 ist im Anhang abgedruckt. Die englische und französische Fassung ist zudem in der Kanzlei des Gerichtshofs erhältlich (Internet www.echr.coe.int - Règlement de la Cour).

9 Normalerweise entscheidet der Gerichtshof durch Kammern mit sieben Richtern (Art. 27 Abs. 1 EMRK). Die VerfO bezeichnet die Kammern als »Sektionen« (Art. 25 Abs. 2 VerfO). Es sind vier Sektionen für drei Jahre gebildet worden. Jeder Richter gehört einer Sektion an, woraus sich ergibt, dass einer Sektion mehr Richter angehören, als die für die Kammerbesetzung erforderliche Zahl von sieben Richtern nach Art. 27 Abs. 1 Satz 1 EMRK. Die Sektionen sind gleichermaßen überbesetzte Kammern. Vorsitzender der Sektionen sind die beiden Vizepräsidenten des Gerichtshofs und die beiden gewählten Sektionspräsidenten. Die Kammer, die im Einzelfall in der Sache entscheidet, wird nach Art. 26 VerfO wie folgt aus der Sektion gebildet: Der Kammer gehört in jeder Rechtssache der Sektionspräsident und der nationale Richter an. Die anderen fünf Richter werden vom Präsidenten bestimmt. Die übrigen Richter in der Sektion sind Ersatzrichter.

10 Die Zusammensetzung der Sektionen soll sowohl in geographischer Hinsicht als auch im Bezug auf die Vertretung der Geschlechter ausgeglichen sein und den unterschiedlichen Rechtssystemen der Vertragsparteien Rechnung tragen (Art. 25 Abs. 2 VerfO). Es gibt also keine Fachkammern und keine Kammern für bestimmte Länder oder Regionen. Damit soll sichergestellt werden, dass nach einheitlichen Maßstäben entschieden wird.

11 Der Gerichtshof hat einen Kanzler und zwei stellvertretende Kanzler, die nach Art. 26 Buchst. e) EMRK durch das Plenum des Gerichtshofs gewählt werden (Art. 15, 16 VerfO). Der Kanzler unterstützt den Gerichtshof bei der Erfüllung seiner Aufgaben und trägt die Verantwortung für die Organisation und Tätigkeit der Kanzlei (Art. 17 VerfO). Auch jede Sektion hat einen Kanzler (Art. 18 VerfO).

12 Art. 28 EMRK sieht vor, dass ein Ausschuss mit drei Richtern durch einstimmigen Beschluss eine Individualbeschwerde für unzulässig erklären kann. Diese Ausschüsse werden nach Art. 27 Abs. 1 Satz 2 EMRK von den Kammern gebildet. Der Präsident des Gerichtshofs entscheidet nach Art. 27 VerfO nach Anhörung des Sektionspräsidenten, wie viele Ausschüsse eingesetzt werden. Sie werden für 12 Monate gebildet. Art. 27 Abs. 2 EMRK sieht vor, dass der Kammer und der Großen Kammer von Amts wegen der nationale Richter angehört. Für Ausschüsse ist eine solche Regelung nicht getroffen worden. Die Folge ist, dass der nationale Richter Mitglied des Ausschusses sein kann, der mit Individualbeschwerden gegen den Staat befasst ist, auf dessen Vorschlag er in den Gerichtshof gewählt worden ist, er muss aber nicht Mitglied dieses Ausschusses sein.

13 Das Plenum des Gerichtshofs hat nur die in Art. 26 EMRK umschriebenen organisatorischen Aufgaben; es wählt den Präsidenten und die Vizepräsidenten, bildet Kammern, wählt die Kammerpräsidenten, beschließt die Verfahrensordnung und wählt den Kanzler und seine Stellvertreter. Aufgaben der Rechtsprechung hat das Plenum nicht, weil das bei einem Gremium von mehr als 40 Richtern kaum praktikabel gewesen wäre. An die Stelle des Plenums tritt, soweit Rechtsprechungsaufgaben betroffen sind, die Große Kammer. Sie besteht aus 17 Richtern (Art. 27 Abs. 1 Satz 1 EMRK). Ihr gehören der Präsident des Gerichtshofs, die Vizepräsidenten, die Sektionspräsidenten (Art. 27 Abs. 3 EMRK), der nationale Richter (Art. 27 Abs. 2 EMRK) und weitere Richter an, die von dem Plenum des Gerichtshofs ausgewählt werden. Die Auswahl ist in Art. 24 VerfO näher geregelt. Vorsitzender der Großen Kammer ist der Präsident des Gerichtshofs (Art. 9 Abs. 2 VerfO).

14 Die Große Kammer entscheidet in besonders wichtigen Streitsachen. Art. 30 sieht vor, dass die Kammer die Sache jederzeit an die Große Kammer abgeben kann, wenn die Rechtssache eine schwerwiegende Frage der Auslegung der EMRK oder der Prot. dazu aufwirft oder wenn die Entscheidung zu einer Abweichung von einem früheren Urteil des Gerichtshofs führen kann. Es handelt sich also um eine Grundsatz- und

Divergenzabgabe an die Große Kammer. Art. 30 betrifft die Abgabe, bevor die Kammer ihr Urteil gefällt hat. Der zweite Weg an die Große Kammer führt über Art. 43, der vorsieht, dass jede Partei innerhalb von drei Monaten nach dem Urteil die Verweisung an die Große Kammer beantragen kann. Diese Möglichkeit besteht aber nur in Ausnahmefällen. Wenn der in Art. 43 Abs. 2 vorgesehene Ausschuss von fünf Richtern den Antrag annimmt, was nur geschehen darf, wenn die Rechtssache eine schwerwiegende Frage der Auslegung oder Anwendung der EMRK oder der Prot. dazu aufwirft oder eine schwerwiegende Frage von allgemeiner Bedeutung, entscheidet die Große Kammer die Sache durch Urteil (Art. 43 Abs. 2 EMRK).

VI. Überblick über das Verfahren

15 Die EMRK kennt Staatenbeschwerden (Art. 33) und Individualbeschwerden. Eine Individualbeschwerde kann jede natürliche oder juristische Person an den Gerichtshof richten mit der Behauptung, sie sei durch einen Vertragsstaat in einem ihrer in der Konvention oder in den Prot. dazu anerkannten Rechte verletzt worden (Art. 34 EMRK). Eine besondere Unterwerfungserklärung war früher vorgesehen, sie ist nach der EMRK in der Fassung des 11. Prot. nicht mehr erforderlich. Die Zulässigkeitsvoraussetzungen für Individualbeschwerden ergeben sich aus Art. 35 EMRK. Wesentlich ist, dass alle nationalen Rechtsbehelfe erschöpft werden müssen einschließlich – für Deutschland – der Verfassungsbeschwerde. Unzulässig sind auch offensichtlich unbegründete Beschwerden (Art. 35 Abs. 3 EMRK).

16 Wie eine Individualbeschwerde inhaltlich aufgesetzt werden muss, ist in Art. 47 VerfO zusammengefasst. Der EGMR hat ein Merkblatt für Personen, die sich an den Gerichtshof wenden wollen herausgegeben, um potentiellen Bf. den Zugang zum EMRK zu erleichtern, das im Anhang abgedruckt ist. Danach ergibt sich: Der Gerichtshof kann sich nur mit Beschwerden befassen, die sich auf Rechte beziehen, die in der Konvention oder einem der Prot. garantiert sind. Er ist kein Rechtsmittelgericht gegenüber den nationalen Gerichten und kann deren Entscheidung weder aufheben noch ändern. Für Bf., die sich mit einer Beschwerde gegen die Bundesrepublik Deutschland wenden wollen, ist wichtig, dass Deutschland die Konvention und alle Prot. mit Ausnahme des 7., 12. und 13. Prot. ratifiziert hat. Die Beschwerde muss sich auf Vorgänge beziehen, welche sich nach der Ratifizierung ereignet haben. Für das frühere Gebiet der DDR hat die Konvention mit dem Beitritt zur Bundesregierung Deutschland am 03.10.1999 Geltung erlangt. Die Individualbeschwerde muss sich gegen Akte einer Behörde oder eine Gerichts in dem betroffenen Staat wenden. Beschwerden gegen Einzelpersonen oder private Organisationen sind nicht möglich. Die Beschwerde ist nur zulässig, wenn alle nationalen Rechtsbehelfe einschließlich der Verfassungsbeschwerde erschöpft sind. Sie muss binnen sechs Monaten nach der letzten staatlichen Entscheidung eingelegt werden (Art. 35 Abs. 1 EMRK).

Die Beschwerde wird an den Kanzler des Europäischen Gerichtshofs für **17**
Menschenrechte, Europarat, Straßburg gerichtet. Sie kann auch auf Deutsch abgefasst sein. In diesem Stadium ist eine Vertretung des Bf. durch einen Prozessbevollmächtigten nicht erforderlich. Wird der Bf. vertreten, ist eine schriftliche Vollmacht vorzulegen. Die Beschwerde muss von dem Bf. oder seinem Vertreter unterschrieben werden.

Wenn die Individualbeschwerde bei dem Gerichtshof eingeht, schreibt **18**
die Kanzlei, wenn nötig, an den Bf. und bittet um Antwort auf weitere Fragen, die sich wegen der Zulässigkeit ergeben. Die Kanzlei hat bisher die Beschwerde erst dann registriert, wenn diese Vorklärung abgeschlossen ist. Inzwischen wird jede Beschwerde sofort registriert. Der Präsident des Gerichtshofs weist die Beschwerde nach Art. 52 VerfO einer Sektion zu und achtet dabei auf eine gerechte Verteilung der Arbeitslast. Er wird in der Regel die Sektion auswählen, der der nationale Richter angehört, sofern das nicht bei Staaten mit vielen Beschwerden zur Überlastung einer Sektion führt. Der Sektionspräsident bestellt sodann einen Richter als Berichterstatter (Art. 49 Abs. 1 VerfO), häufig den nationalen Richter, wenn es sich nicht um einen Fall handelt, der von der Großen Kammer entschieden wird. Der Berichterstatter prüft zunächst, ob die

Beschwerde zulässig ist. Wenn er zu dem Ergebnis kommt, dass sie unzulässig sei, macht er einen Bericht nach Art. 49 Abs. 3 VerfO für den Richterausschuss. Der Richterausschuss kann die Beschwerde nach Art. 28 EMRK, Art. 53 VerfO durch einstimmigen Beschluss für unzulässig erklären oder im Register streichen, wenn eine solche Entscheidung ohne weitere Prüfung getroffen werden kann. Trifft der Ausschuss eine solche Entscheidung, ist sie endgültig; die Sache ist damit erledigt. Der Berichterstatter oder der Sektionspräsident kann die Sache aber auch unmittelbar an die Kammer weiterleiten (Art. 49 Abs. 2 Buchst. a) ii VerfO); er wird das tun, wenn er sie für zulässig hält.

19 Wird die Beschwerde vom Richterausschuss nicht für unzulässig erklärt, entscheidet die Kammer. Das geschieht auf der Grundlage des Berichts des Berichterstatters zunächst über die Zulässigkeit der Beschwerde; diese Entscheidung ergeht gesondert, sofern nicht der Gerichtshof in Ausnahmefällen anders entscheidet (Art. 29 Abs. 3 EMRK, Art. 54 A VerfO), z.B. in offensichtlichen Fällen. Die Entscheidung über die Zulässigkeit kann aufgrund einer mündlichen Verhandlung ergehen, muss das aber nicht (Art. 54 Abs. 3 VerfO). Wenn die Kammer eine mündliche Verhandlung abhält, wird sie sich in der Regel auf die Zulässigkeit und auf die Begründetheit beziehen. Die Kammer prüft also erneut die Zulässigkeit der Beschwerde. Wird die Beschwerde für unzulässig erklärt, ist sie damit erledigt. Erklärt die Kammer die Beschwerde für zulässig, nimmt der Kanzler nach den Weisungen der Kammer oder ihres Präsidenten nach Art. 38 Abs. 1 Buchst. b) EMRK Kontakt mit den Parteien auf, um eine gütliche Einigung zu erreichen (Art. 62 Abs. 1 VerfO). Wenn ein Vergleich nicht zustande kommt, entscheidet die Kammer in der Sache. Die Beteiligten nehmen vorher in Schriftsätzen Stellung. Eine mündliche Verhandlung findet nach Art. 59 Abs. 3 VerfO statt, wenn die Kammer das für notwendig hält. In den meisten Fällen wird ohne mündliche Verhandlung entschieden.

20 Wenn eine mündliche Verhandlung stattfindet, ist sie öffentlich. Der Staat wird grundsätzlich durch seinen Verfahrensbevollmächtigten vertreten. Das ist in Deutschland der Beauftragte für Menschenrechtsfragen im Bundesministerium der Justiz. Der Bf. kann seine Beschwerde selbst einlegen (Art. 36 Abs. 1 VerfO), muss aber in der mündlichen Verhandlung vertreten sein (Art. 36 Abs. 3 VerfO), in der Regel durch einen Rechtsanwalt. Der Präsident kann ihm aber ausnahmsweise erlauben, selbst aufzutreten (Art. 36 Abs. 3, 4 VerfO).

Der Gerichtshof kann Beweis erheben. Nimmt er Ermittlungen vor, haben die betroffenen Staaten alle zur wirksamen Durchführung erforderlichen Erleichterungen zu gewähren (Art. 38 Abs. 1 Buchst. a) EMRK). Es ist Sache der Kammer darüber zu entscheiden, ob sie Ermittlungen für nötig hält. Sie kann insbesondere die Parteien ersuchen, schriftliche Beweismittel vorzulegen, Zeugen oder Sachverständige zu hören (Art. 42 Abs. 1 VerfO). In den meisten Fällen ist eine Beweiserhebung nicht notwendig, weil die bei den Akten befindlichen schriftlichen Unterlagen, z.B. auch über Ermittlungen der staatlichen Gerichte oder Staatsanwaltschaften ausreichend sind. Der Gerichtshof überlässt den staatlichen Gerichten bei der Tatsachenfeststellung und auch bei der Beweiswürdigung normalerweise den Vortritt und übernimmt deren Feststellungen. Das ändert aber nichts daran, dass er seinerseits ermitteln kann und dass dies in vielen Fällen auch erforderlich ist. Wenn die Kammer eine Beweiserhebung für notwendig hält, kann sie eines oder mehrere ihrer Mitglieder oder andere Richter des Gerichtshofs beauftragen, eine Beweiserhebung durchzuführen. Sie kann unabhängige externe Sachverständige bestellen. Die Kammer kann weiter jede Person oder Institution ihrer Wahl bitten, zu einer bestimmten Frage Auskünfte einzuholen, eine Stellungnahme abzugeben oder der Kammer Bericht zu erstatten (Art. 42 Abs. 2, 3 VerfO). 21

Die Amtssprachen des Gerichtshofs sind die des Europarats, also Englisch und Französisch (Art. 34 Abs. 1 VerfO). Die Beschwerde kann aber in der Sprache eines Mitgliedstaats verfasst werden, also bei einem Bf. aus Deutschland in der deutschen Sprache. Dasselbe gilt für alle Schriftsätze bis zur Zulässigkeitserklärung (Art. 34 Abs. 2 VerfO). Danach müssen Schriftsätze in einer der Amtssprachen abgefasst sein. Dasselbe gilt für Ausführungen in der mündlichen Verhandlung. Nach Art. 34 22

Abs. 2 VerfO kann der Kammerpräsident den weiteren Gebrauch der Amtssprache einer Vertragspartei, also auch der deutschen Sprache, genehmigen. Schriftsätze und mündliche Ausführungen der Regierung müssen in einer Amtssprache abgefasst sein, der Präsident kann aber auch hier Ausnahmen zulassen. Dann müssen aber die Vertragsstaaten die Übersetzungskosten tragen (Art. 34 Abs. 4 Buchst. b) VerfO).

23 Die mündliche Verhandlung ist öffentlich, soweit nicht die Kammer aufgrund besonderer Umstände anders entscheidet (Art. 33 VerfO). Auch die dem Gerichtshof vorliegenden Schriftstücke sind nach Registrierung der Beschwerde der Öffentlichkeit zugänglich, soweit sie sich nicht auf Vergleichsverfahren beziehen; außerdem kann der Präsident ausnahmsweise etwas anderes anordnen (Art. 33 Abs. 3 VerfO).

24 Über die Zulässigkeit wird durch eine Entscheidung (decision), nicht durch Urteil entschieden, nach deutschem Verständnis durch Beschluss. Über eine zulässige Beschwerde entscheidet die Kammer durch begründetes Urteil, ob eine Vorschrift der EMRK oder eines der Prot. dazu verletzt worden ist. Das Urteil ist ein Feststellungsurteil. Der EGMR kann also nicht eine Gerichtsentscheidung oder einen Verwaltungsakt aufheben oder ändern. Dem Bf. kann aber eine gerechte Entschädigung zugesprochen werden (Art. 41 EMRK; Art. 60 VerfO). Im Falle einer Konventionsverletzung kann also der Vertragsstaat zur Zahlung einer bestimmten Geldsumme verurteilt werden. Die Vertragsstaaten haben sich in Art. 46 EMRK dazu verpflichtet. In allen Rechtssachen, in denen die Partei sind, das endgültige Urteil des Gerichtshofs zu befolgen. Sie sind also Kraft Völkerrechts dazu verpflichtet, dem Urteil Rechnung zu tragen. Das Ministerkomitee des Europarates überwacht die Durchführung des Urteils (Art. 46 Abs. 2 EMRK). Das Urteil ergeht in einer der Amtssprachen. Endgültige Urteile werden veröffentlicht (Art. 44 Abs. 3 EMRK): Ausgewählte Urteile werden in beiden Amtssprachen veröffentlicht, wie sich aus Art. 76 Abs. 2 und Art. 78 VerfO ergibt.

25 Wenn es sich um eine wichtige Sache handelt und die Kammer beabsichtigt, sie nach Art. 30 EMRK an die Große Kammer abzugeben, teilt der Kanzler dies den Beteiligten mit. Die Parteien haben dann einen Monat Zeit, um der

Kanzlei schriftlich einen Einspruch zu unterbreiten, der begründet werden muss. Ein Einspruch, der diese Voraussetzungen nicht erfüllt, wird von der Kammer als unwirksam angesehen (Art. 30 EMRK, Art. 72 Abs. 2 VerfO). Auch ein Antrag auf Verweisung an die Große Kammer nach dem Urteil der Kammer nach Art. 43 EMRK muss begründet werden. In der Begründung muss die schwerwiegende Frage der Auslegung oder Anwendung der Konvention oder ihrer Prot. oder die schwerwiegende Frage von allgemeiner Bedeutung dargelegt werden, die eine Prüfung durch die Große Kammer rechtfertigt (Art. 73 Abs. 1 VerfO). Die Entscheidung, den Antrag abzulehnen, braucht nach Art. 73 Abs. 2 Satz 3 VerfO nicht begründet zu werden. Eine solche Verweisung kann nur in Ausnahmefällen in Betracht kommen.

Die EMRK enthält keine Regelungen über einstweilige Anordnungen **26** oder sonstige vorläufige Maßnahmen. Wie bisher ist eine solche Regelung in der Verfahrensordnung getroffen worden. Nach Art. 39 VerfO kann die Kammer oder der Kammerpräsident auf Antrag einer Partei oder jeder anderen betroffenen Person und auch von Amts wegen den Parteien vorläufige Maßnahmen empfehlen, die im Interesse der Parteien oder eines ordnungsgemäßen Verfahrensablaufs ergriffen werden sollten. Es ist z.B. möglich, dass die Kammer dem Vertragsstaat empfiehlt. Von einer Auslieferung oder Abschiebung eines Ausländers abzusehen, solange nicht der Gerichtshof über die Frage entschieden hat, ob diese Maßnahme konventionswidrig ist. Es entspricht gutem Gebrauch der Vertragsstaaten, solchen Empfehlungen zu folgen, rechtlich gebunden sind sie nicht.

Das Verfahren vor dem EGMR ist kostenfrei. Prozesskostenhilfe kann **27** gewährt werden. Einzelheiten ergeben sich aus Art. 91 bis 96 VerfO.

VII. Völkerrechtliche Verpflichtungen aus dem Vertrag

Die EMRK ist ein völkerrechtlicher Vertrag, der für die Vertragsstaaten **28** mit Ratifizierung verbindlich wird. Er begründet unmittelbar die Verpflichtung, den der Jurisdiktion der Vertragsstaaten unterstehenden Personen die Konventionsrechte zu sichern (Art. 1 EMRK). Diese Rechte werden unmittelbar durch das Völkerrecht geschaffen. Es ist also nicht so, dass die EMRK den Vertragsstaaten die Verpflichtung auferlegt, in ihrem innerstaatlichen Recht Garantien dieser Art vorzusehen. Auch sonst folgen völkerrechtliche Verpflichtungen aus der EMRK, z.B. die Verpflichtung aus Art. 34 Satz 2 EMRK, die wirksame Ausübung des Rechts, eine Individualbeschwerde einzulegen, nicht zu behindern, weiter die sich aus Art. 38 Abs. 1 Buchst. a) EMRK ergebende Verpflichtung, alle zur wirksamen Durchführung der Ermittlungen erforderlichen Erleichterungen zu gewähren. Dazu gehört auch die Verpflichtung aus Art. 46 Abs. 1 EMRK, das endgültige Urteil des Gerichtshofs zu befolgen.

29 Die EMRK überlässt es den Vertragsstaaten, wie sie ihren völkerrechtlichen Verpflichtungen aus der EMRK folgen wollen. In der Bundesrepublik Deutschland hat die Konvention mit ihrer Ratifizierung den Rang eines innerstaatlichen Gesetzes, sie ist also unmittelbar anwendbar und kann auch vor den deutschen Gerichten geltend gemacht werden. Bei der Auslegung deutschen Rechts folgen die Gerichte dem Grundsatz der völkerrechtsfreundlichen Auslegung, d.h. sie verstehen das deutsche Recht soweit irgend möglich so, dass es mit Völkerrecht im Einklang steht. Das gilt insbesondere für die EMRK.

VIII. Auslegung der Konvention durch den EGMR

30 Der EGMR hat wiederholt ausgesprochen, dass er die EMRK als lebendes Instrument versteht. Das bedeutet, dass er bei seiner Rechtsprechung den gewandelten wirtschaftlichen und sozialen Verhältnissen und ethischen Auffassungen Rechnung trägt. Die Folge ist eine stetige Fortentwicklung des Menschenrechtsschutzes durch die Rechtsprechung des EGMR. Aus diesem Grunde ist es erforderlich, die Rechtsprechung zu den einzelnen Konventionsartikeln heranzuziehen, um den von der Konvention gewährten Schutz in seiner jetzigen Ausübung zu erfassen.

31 Das Verständnis der Konvention als lebendes Instrument und ihre Auslegung im Lichte der heutigen Umstände führt in Teilbereichen dazu, dass der Gerichtshof höhere Anforderungen stellt. Er ist z.B. dazu übergegangen, bei der Unterscheidung zwischen Folter und unmenschlicher oder erniedrigender Behandlung strenger zu sein (Urteil v. 28.07.1999, NJW 2001, 56 Nr. 101 – Selmouni/Frankreich).

Der Gerichtshof legt die Konvention unter Berücksichtigung ihres Zieles aus, einen wirksamen Menschenrechtsschutz sicherzustellen. Er hat wiederholt ausgesprochen, dass Ziel und Zweck der Konvention sei, Rechte zu schützen, die nicht theoretisch oder scheinbar, sondern praktisch und wirksam sind. Das wirkt sich z.B. dadurch aus, dass der Gerichtshof bei der Auslegung von Art. 1 Prot. Nr. 1 nicht nur eine förmliche Enteignung, sondern auch eine faktische Enteignung berücksichtigt. Damit verbunden ist, dass der Gerichtshof in der Konvention verwandte Begriffe sehr häufig autonom auslegt und dabei nicht auf die Auslegung durch das innerstaatliche Recht abstellt. Das gilt z.B. für den Begriff »zivilrechtlichen Ansprüche und Verpflichtungen« in Art. 6 Abs. 1 EMRK und für die Frage, ob eine Vereinigung im Sinne des Art. 11 EMRK eine öffentlich-rechtliche Körperschaft ist oder ein privatrechtlicher Verein. Der Gerichtshof geht bei seiner Rechtsprechung davon aus, dass in solchen Fällen die Einordnung durch das innerstaatliche Recht nur von begrenztem Wert ist und nicht mehr als ein Ausgangspunkt. Wenn die Vertragsstaaten über die Anwendung oder Nichtanwendung der Konventionsgarantie in ihrem innerstaatlichen Recht entscheiden könnten, würde ihnen das nach Auffassung der Gerichte zu viel Freiheit einräumen, was zu Ergebnissen führen könnte, die mit Zweck und Zielsetzung der Konvention unvereinbar wäre. **32**

Andererseits geht der Gerichtshof bei Anwendung der Konvention davon aus, dass die Vertragsstaaten regelmäßig einen Beurteilungsspielraum haben. Das gilt insbesondere für die Ausnahmeregelung in den Absätzen 2 der Art. 8 bis 11. Der Gerichtshof nimmt an, dass es nicht seine Aufgabe sei, sich bei seiner Überwachung an die Stelle der staatlichen Behörden und Gerichte zu setzen. Er prüft vielmehr unter dem Gerichtspunkt des jeweiligen Konventionsartikels die Entscheidung, die jene Behörden in Wahrnehmung ihres Beurteilungsspielraums getroffen haben. Dabei betrachtet der Gerichtshof den angefochtenen Eingriff im **33**

Lichte aller Umstände des Falles, um zu bestimmen, ob die von den staatlichen Behörden zu seiner Rechtfertigung angeführten Gründe »stichhaltig und ausreichend« sind (EGMR v. 21.01.1999, NJW 1999, 1315 Nr. 45 – Fressoz u. Roire/Frankreich). Der Gerichtshof prüft dabei auch, ob ein Eingriff verhältnismäßig war, um ein nach der Konvention rechtmäßiges Ziel zu erreichen. Es ist nicht zu verkennen, dass er dabei durchaus in Einzelheiten eines Sachverhalts geht.

34 Der Gerichtshof entscheidet nicht darüber, ob eine Gesetzgebung oder Praxis insgesamt konventionswidrig ist, sondern beschränkt sich auf die Prüfung des gerügten Einzelfalls (vgl. aber wegen der Praxis überlanger Gerichtsverfahren in Italien EGMR v. 28.07.1999, NJW 2000, 934 – Ferrari/Italien). Es kann aber vorkommen, dass die im Einzelfall gerügte Verletzung der Konvention durch ein Gesetz selbst geschehen ist.

35 Der Gerichtshof legt dieselben Maßstäbe an einerlei, gegen welchen Vertragsstaat sich die Beschwerde richtet, ob es sich um eine seit langem etablierte westliche Demokratie oder um einen neuen Mitgliedsstaat aus Mittel- oder Osteuropa handelt. Der Gerichtshof ist aber bereit, besondere Umstände und die Geschichte eines beklagten Staates in Betracht zu ziehen, die sich auch aus Besonderheiten des Übergangs von einer Diktatur in eine Demokratie ergeben können.

36 Bei der Auslegung hat der Gerichtshof festgestellt, dass die meisten Konventionsgarantien gegen willkürliche Eingriffe durch staatliche Behörden schützen und deswegen Freiheitsrechte, negative Rechte, Abwehrrechte, geben. Es gibt einige Vorschriften, die den Staat ausdrücklich zu positiven Handlungen verpflichten, z.B. Art. 3 Prot. Nr. 1 zur Organisation von Wahlen. Mehr und mehr kommt der Gerichtshof aber zu dem Ergebnis, dass sich auch aus den klassischen Freiheitsrechten Verpflichtungen zu positiven Handlungen ergeben, um einen wirksamen Schutz der betroffenen Rechte zu garantieren. Der Gerichtshof hat das insbesondere zu den Art. 2, 3, 8, 10 und 11 EMRK ausgesprochen (Übersicht in EGMR, IV. Sektion, v. 16.03.2000, Slg. 2000-III Nr. 42 – Özgür Gündem/Türkei). So hat er die Vertragsstaaten insbesondere für verpflichtet gehalten, wirksame Ermittlungen anzustellen, wenn staatliche Stellen gegen Art. 2 oder

3 verstoßen haben (Art. 2 Rn. 9; Art. 3 Rn. 3). Der Staat wird auch für verpflichtet gehalten, ausreichende gesetzliche Maßnahmen zum Schutze der Menschenrechte, z.B. zum Schutze des Lebens in Art. 2, zu treffen.

Entscheidung bei der Rüge mehrerer Verletzungen derselben Art.: Der EGMR verfährt unterschiedlich. Wenn der gerügte weitere Gesichtspunkt schon bei der Prüfung eines anderen Teils der Vorschrift behandelt worden ist, stellt der EGMR häufig fest, dass eine weitere Prüfung nicht notwendig ist und bringt im Tenor zum Ausdruck, dass insoweit kein selbständiger Streitpunkt bestehe (z.B. EGMR, I. Sektion, v. 01.03.2002, Beschw.-Nr. 48778/99 Nr. 34 – Kutic/Kroatien für Rüge fehlenden Zugangs zum Gericht bei jahrelanger Aussetzung und Rüge der Dauer des Verfahrens; EGMR, IV. Sektion v. 26.02.2002, Beschw.-Nr. 44872/98 Nr. 53 – Magalhaes Pereira/Portugal wegen Verletzung von Art. 5 Abs. 4 und Abs. 1). 37

Der EGMR verfährt auch nicht einheitlich, wenn zu demselben Art. getrennte Rügen erhoben werden, die sich auf gesonderte Tatbestände stützen. Zum Teil prüft er sie und erkennt zu ihnen auch im Tenor gesondert (z.B. EGMR, II. Sektion, v. 29.01.2002, Beschw.-Nr. 37328/97 – A.B./Niederlande wegen Rüge der Zensur von Gefangenenpost mit der EKMR, seinem Verteidiger und anderen Personen und wegen Besuchsmöglichkeiten). In anderen Fällen hat er zum Ausdruck gebracht, dass er es nicht für nötig halte, die weiteren Beschwerdegründe zu prüfen, weil er eine Verletzung schon festgestellt habe (z.B. EGMR, II. Sektion, v. 28.06.2001, Beschw.-Nr. 37292/97 Nr. 41 – F.R./Schweiz: Feststellung der Verletzung von Art. 6 Abs. 1 wegen Verstoßes gegen den Grundsatz der Waffengleichheit, weil der Bf. nicht zu Äußerungen anderer Beteiligter Stellung nehmen konnte, keine Prüfung, ob weitere Zeugen hätten gehört werden müssen). 38

In den Fällen der Rüge einer Verletzung von Art. 2 wegen der Tötung eines Menschen und wegen der Verletzung der Ermittlungspflicht entscheidet der EGMR zu beiden Gesichtspunkten im Tenor (Art. 2 Rn. 20), dagegen nicht bei der Rüge einer Verletzung von Art. 3 wegen Folter eines Menschen und der Verletzung der Ermittlungspflicht (Art. 3 Rn. 4). 39

IX. Ausblick

40 Der Anwendungsbereich der EMRK wächst ständig. Als die Diskussion über eine Reform begann, die mit dem 11.Prot. vorläufig endete, hatten 21 Staaten die EMRK ratifiziert. Heute (01.07.2001) gibt es 43 Vertragsstaaten, ein weiterer Staat ist Mitglied des Europarats geworden und wird die EMRK bald ratifizieren (Bosnien-Hercegowina), drei weitere haben die Mitgliedschaft im Europarat beantragt, nämlich Weißrussland, Monaco und die Bundesrepublik Jugoslawien. Heute schon erstreckt sich das Gebiet der EMRK vom Atlantik bis zum Pazifik. Das ist einer der Gründe dafür, warum die Zahl der Individualbeschwerden ständig ansteigt. Ein weiterer Grund ist, dass der Kontrollmechanismus nach der EMRK immer stärker bekannt wird. Es wird deswegen notwendig sein, darüber nachzudenken, wie das System weiter verbessert und vereinfacht werden kann. Diese Diskussion hat begonnen (vgl. Petzold, La réforme continue, in: Protection des droits de l'homme: la perspective européene, Festschrift für Rolv Ryssdal, 2000, S. 1571; Diskussionen bei dem Symposium anlässlich der Übergabe am 08.06.2000, vgl. EuGRZ 2000, 334; Meyer-Ladewig, NJW 2001, Sonderheft Prof. Weber S. 40; Bericht der Evaluation Group to the Committee of Ministers, 2001, Bericht der Working Party on Working Methods des EGMR, 2002). Wir finden in ihr viele Elemente, die an die Diskussion über die Entlastung des Bundesverfassungsgerichts erinnern.

X. Menschenrechtsschutz in der Europäischen Union

41 Art. 6 Abs. 2 des EU-Vertrages i.d.F. des Vertrages von Amsterdam v. 02.10.1997 bestimmt, dass die Union die Grundrechte achtet, wie sie in der EMRK »gewährleistet sind und wie sie sich aus den gemeinsamen Verfassungsüberlieferungen der Mitgliedsstaaten als allgemeine Grundsätze des Gemeinschaftsrechts ergeben.«

42 Am 08.12.2000 ist in Nizza die »Charta der Grundrechte der Europäischen Union« feierlich proklamiert worden. Sie ist eine Erklärung, also nicht rechtlich verbindlich, solange sie nicht in die Gemeinschaftsverträge inkorporiert wird. Die Charta enthält klassische Freiheitsrechte, die zum Teil in der Fassung eng an die EMRK angelehnt sind, aber auch darüber hinausgehende wirtschaftliche und soziale Rechte. Sie gilt nach ihrem Art. 51 für Organe und Einrichtungen der Union, für die Mitgliedsstaaten ausschließlich bei der Durchführung des Rechts der Union. Über das Verhältnis der Charta zur EMRK heißt es in Art. 52 Abs. 3:

»Soweit diese Charta Rechte enthält, die den durch die Europäische Konvention zum Schutze der Menschenrechte und Grundfreiheiten garantierten Rechten entsprechen, haben sie die gleiche Bedeutung und Tragweite, wie sie ihnen in der genannten Konvention verliehen wird. Diese Bestimmung steht dem nicht entgegen, dass das Recht der Union einen weiter gehenden Schutz gewährt.«

Die Rechtslage nach der Charta: Die Europäischen Organe binden sich mit **43** dieser Erklärung, ebenso die Mitgliedsstaaten, soweit sie Gemeinschaftsrecht ausführen. Ein Bürger kann sich gegenüber staatlichen Stellen nicht auf die Charta berufen, auch nicht gegenüber Eingriffen von Organen der EU. Für letztere gilt nach wie vor Art. 6 Abs. 2 des EU-Vertrages, also die EMRK. Der EuGH wird aber die Charta bei seiner Rechtsprechung berücksichtigen, sie ist Teil der gemeinsamen Verfassungsüberlieferungen. Auch der EGMR wird das tun, er betrachtet die EMRK als lebendes Instrument und wird die Selbstbindung der EU-Staaten durch die Charta nicht unberücksichtigt lassen.

Das Verhältnis des EGMR zu dem EuGH ist unverändert (vgl. Art. 1 **44** Rn. 8, 9). Der EuGH berücksichtigt bei der Anwendung der EMRK die Rechtsprechung des EGMR, wie auch der EGMR die Rechtsprechung. des EuGH in Betracht zieht. Kristallisationspunkt bleibt danach auch weiterhin in dem EU-Bereich die EMRK, solange nicht die Charta in die Gemeinschaftsverträge aufgenommen worden ist.

Vgl. zur Charta Baer, ZRP 2000, 361; Häfner, ZRP 2000, 365; J. Meyer, ZRP 2000, 368; Ritgen, ZRP 2000, 371; Reich, ZRP 2000, 375; Kenntner, ZRP 2000, 423; Alber, EuGRZ 2000, 497; Zuleeg, EuGRZ 2000, 511; Winkler; EuGRZ 2001, 18; Krüger/Polakiewicz, EuGRZ 2001, 92; Grabenwarter, DVBl. 2001, 1; Knöll, NVwZ 2001, 392; Tettinger, NJW 2001, 1010.

Konvention zum Schutze der Menschenrechte und Grundfreiheiten

Vom 4. November 1950 (BGBl. II 1952, 686)
in der Fassung der Bekanntmachung vom 17.05.2002 (BGBl. II S. 1055).

Die Unterzeichnerregierungen, Mitglieder des Europarats –

in Anbetracht der Allgemeinen Erklärung der Menschenrechte, die am 10. Dezember 1948 von der Generalversammlung der Vereinten Nationen verkündet worden ist;

in der Erwägung, dass diese Erklärung bezweckt, die universelle und wirksame Anerkennung und Einhaltung der in ihr aufgeführten Rechte zu gewährleisten;

in der Erwägung, dass es das Ziel des Europarats ist, eine engere Verbindung zwischen seinen Mitgliedern herzustellen, und dass eines der Mittel zur Erreichung dieses Zieles die Wahrung und Fortentwicklung der Menschenrechte und Grundfreiheiten ist;

in Bekräftigung ihres tiefen Glaubens an diese Grundfreiheiten, welche die Grundlage von Gerechtigkeit und Frieden in der Welten bilden und die am besten durch eine wahrhaft demokratische politische Ordnung sowie durch ein gemeinsames Verständnis und eine gemeinsame Achtung der diesen Grundfreiheiten zugrunde liegenden Menschenrechte gesichert werden;

entschlossen, als Regierungen europäischer Staaten, die vom gleichen Geist beseelt sind und ein gemeinsames Erbe an politischen Überlieferungen, Idealen, Achtung der Freiheit und Rechtsstaatlichkeit besitzen, die ersten Schritte auf dem Weg zu einer kollektiven Garantie bestimmter in der Allgemeinen Erklärung aufgeführter Rechte zu unternehmen –

haben Folgendes vereinbart:

Artikel 1 Verpflichtung zur Achtung der Menschenrechte

Die Hohen Vertragsparteien sichern allen Ihrer Hoheitsgewalt unterstehenden Personen die in Abschnitt I bestimmten Rechte und Freiheiten zu.

I. Allgemeines

1 Art. 1 regelt den Geltungsbereich der EMRK und zwar hinsichtlich der berechtigten Personen, denen in der Konvention und den Prot. dazu Rechte garantiert werden, und hinsichtlich der verpflichteten Staaten. Art. 1 hat aber auch Bedeutung für den sachlichen Geltungsbereich: Die Vorschrift spricht von dieser Konvention, erfasst aber auch die Zusatzprot. Wenn eine Beschwerde von einer nicht berechtigten Person erhoben worden ist, ist sie »ratione personae« unzulässig, wenn ein in der Konvention oder den Prot. nicht garantiertes Recht geltend gemacht wird, ist sie »ratione materiae« unzulässig. Die Beschwerde kann auch »ratione temporis« unzulässig sein, wenn sie sich auf Vorfälle bezieht, die vor dem Inkrafttreten der Konvention für den betroffenen Konventionsstaat stattgefunden haben (vgl. zu Art. 35).

2 Art. 1 ist eine allgemeine Vorschrift, die ihre Bedeutung in Beziehung auf andere Garantien der EMRK hat. Eine Verletzung von Art. 1 für sich genommen kann nicht gerügt werden (EGMR v. 22.03.2001, NJW 2001, 3035 Nr. 112 – Streletz, Kessler und Krenz/Deutschland).

II. Der Vertragsstaat

3 Die EMRK ist ein völkerrechtlicher Vertrag, der für den betroffenen Staat durch Ratifizierung verbindlich wird (Art. 59 EMRK, vgl. Art. 59 GG). Deutschland hat die Konvention am 07.08.1952 ratifiziert (BGBl. II S. 685). Für das Gebiet der früheren DDR ist die Konvention mit dem Beitritt am 03.10.1990 in Kraft getreten. Deutschland hat alle Zusatzprot. ratifiziert mit Ausnahme des 7. und des 12.

4 Der Staat ist nach Art. 1 verpflichtet, **soweit seine Hoheitsgewalt reicht**, soweit nämlich Handlungen oder Unterlassungen von Organen

dieses Staates angegriffen werden. Der Bf. muss der Hoheitsgewalt des Konventionsstaates unterstehen, von ihr betroffen sein. Art. 1 unterscheidet nicht nach der Art der fraglichen Bestimmungen oder Maßnahmen und entzieht keinen Bereich der Hoheitsgewalt der Mitgliedsstaaten dem Zugriff der Konvention (EGMR v. 18.02.1999, NJW 1999, 3107 Nr. 29 – Matthews/Vereinigtes Königreich). Alle staatlichen Institutionen, alle Körperschaften und Anstalten des öffentlichen Rechts, alle staatlichen Organe der Exekutive, der Legislative und der Jurisdiktion werden erfasst. Der Staat haftet also auch für Akte, die von der Exekutive nicht kontrolliert werden können, z.B. für Gesetzgebungsakte, wenn sie konventionswidrig sind. Dasselbe gilt für Urteile, obwohl sie von Gerichten erlassen worden sind, die von der Exekutive unabhängig sind. Dem Staat zugerechnet werden alle Akte von Personen, die in offizieller Eigenschaft tätig werden, unabhängig von ihrem Rang. Die Konventionspflichten des Staates können von jeder Partei verletzt werden, die eine ihr vom Staat übertragene Funktion ausübt.

Das Wort »Hoheitsgewalt« in Art. 1 beschränkt die Verantwortung des Konventionsstaates **nicht auf sein Staatsgebiet**. Eine Verantwortung kann also auch durch Akte begründet sein, die außerhalb des Staatsgebiets vorgenommen worden sind, z.B. durch Angehörige diplomatischer oder konsularischer Vertretungen oder der Streitkräfte (vgl. EGMR v. 23.03.95, Serie A, Bd. 310, S. 23, 24 Nr. 64 – Loizidou/Türkei, ein Fall, der Zypern betraf). Es kommen auch Akte staatlicher Gewalt in Betracht, die innerhalb des Staatsgebietes vorgenommen worden sind, ihre Wirkungen aber außerhalb des Staatsgebietes entfallen. Der Staat kann weiter auch dann für eine Konventionsverletzung haften, wenn er selbst eine Person nicht konventionswidrig behandelt hat, sie aber durch Abschiebung oder Auslieferung in einen Drittstaat der Gefahr einer solchen konventionswidrigen Behandlung aussetzt (vgl. zu Art. 3). Zum räumlichen Geltungsbereich vgl. auch Art. 56, der für Deutschland ohne Bedeutung ist. 5

Eine Individualbeschwerde kann nur mit der Verletzung eines Konventionsrechts **durch staatliche Institutionen** begründet werden. Sie kann durch eine behördliche Handlung aber auch durch ein Unterlassen begangen sein. Viele der in der Konvention oder den Prot. garantierten 6

Rechte verpflichtet den Staat dazu, zum Schutze der einer Person zustehenden Rechte tätig zu werden.

7 Eine **Drittwirkung** im eigentlichen Sinne gibt es nicht. Ein Bürger kann keinen anderen Bürger oder eine private Vereinigung wegen der Verletzung von Konventionsrechten nicht in Anspruch nehmen. In solchen Fällen kann aber eine staatliche Gewährleistungspflicht verletzt sein, z.B. durch Unterlassen des Schutzes einer Person durch Gerichte oder den Gesetzgeber.

8 **Akte internationaler Organisationen**, insbesondere der EG, sind keine Handlungen des Vertragsstaates, sondern die einer übernationalen Organisation, auf welche der Vertragsstaat Hoheitsrechte übertragen hat. Rechtsakte der EG können nicht als solche nach der EMRK angegriffen werden, weil die EG nicht Vertragsstaat der Konvention sind. Die EMRK schließt die Übertragung von Hoheitsbefugnissen auf internationale Organisationen nicht aus unter der Bedingung, dass die Rechte aus der EMRK weiter zugesichert sind (dazu und zum weiteren EGMR v. 18.02.1999, NJW 1999, 1173 Nr. 67 – Waite und Kennedy/Deutschland; EGMR v. 18.02.1999, NJW 1999, 3107 Nr. 29, 32 – Matthews/Vereinigtes Königreich und dazu Busse, NJW 2000, 1074). Die Verantwortung der Vertragsstaaten bleibt also auch nach der Übertragung von Hoheitsgewalt bestehen. Die Konventionsstaaten bleiben für Konventionsverletzungen verantwortlich, wenn nach der Übertragung auf internationale Organisationen Rechte nach der Konvention nicht mehr gewährleistet sind; das hat der EGMR insbesondere für das Recht auf Zugang zu einem Gericht nach Art. 6 Abs. 1 EMRK ausgesprochen und daran erinnert, dass die Konvention nicht theoretische und scheinbare Rechte garantiert, sondern konkrete und wirkliche Rechte. Es ist deswegen zu prüfen, ob nach Übertragung von Hoheitsbefugnissen oder Gewährung von Immunitäten andere angemessene Möglichkeiten bestehen, die in der Konvention garantierte Rechte zu schützen (EGMR v. 18.02.1999, NJW 1999, 1173 Nr. 68 – Waite und Kennedy/Deutschland). Die frühere EMRK hat in der Sache M./Deutschland in ihrer Entscheidung v. 09.02.1990 (DR 64, 138) dargelegt, dass die Übertragung von Hoheitsgewalt auf die EG so lange keine Verletzung der Konvention ist, als das

Gemeinschaftsrecht einen vergleichbaren Grundrechtsschutz gibt; das sei der Fall. Zu Vorschriften über **Immunitäten** Art. 6 Rn. 26.

Die Folge dieser Rechtsprechung ist, dass über die Auslegung der EMRK nicht nur der EGMR, sondern auch der EuGH in Luxemburg entscheidet. Das kann und hat in Einzelfällen zu Divergenzen geführt. Eine angemessene Lösung wird sich nur finden lassen, wenn die EG der EMRK beitreten, was eine Änderung sowohl des EG-Vertrags als auch der EMRK erfordert. Nur dann wird eine Anwendung der Konvention auch auf Gemeinschaftsakte und eine einheitliche Gerichtskontrolle sichergestellt (vgl. Limbach, EuGRZ 2000, 417; Winkler, Der Beitritt der EG zur EMRK, 2000; Peukert, NVwZ 2001, 1386). **9**

III. Die geschützte Person

Die Rechte aus der **EMRK stehen jeder Person zu, die der Hoheitsgewalt des Staates unterworfen** ist, unabhängig davon, ob sie Staatsangehöriger des betroffenen Staates ist oder nicht. Es gibt aber Vorschriften in der EMRK und den Prot., die ausdrücklich Differenzierungen nach der Staatsangehörigkeit erlauben (vgl. Art. 16 EMRK; vgl. auch zu Art. 14 EMRK) oder eine Garantie nur für Ausländer enthalten (Art. 5 Abs. 1 Buchst. f) EMRK, Art. 4 Prot. Nr. 4; Art. 1 Prot. Nr. 7) oder einen Schutz auf eigene Staatsangehörige beschränken (z.B. Art. 3 Prot. Nr. 4). Die meisten Vorschriften der EMRK und der Prot. geben Staatsangehörigen und Nichtstaatsangehörigen denselben Schutz. Auch juristische Personen sind geschützt (vgl. zu Art. 34), wobei der Schutz je nach garantiertem Recht sachlich unterschiedlich sein kann. **10**

IV. Garantierte Rechte

Die in der EMRK und den Prot. dazu genannten Rechte werden unmittelbar kraft Völkerrechts garantiert. Sie sind zu lesen in der Gestalt, wie sie sich in der Rechtsprechung des EGMR entwickelt hat (vgl. Einleitung Rn. 30 ff; Art. 46 Rn. 5). Der EGMR interpretiert die Rechte in der Konvention und den Prot. auf eine Weise, dass sie sich nicht auf einen theoretischen Schutz beschränken, sondern einen praktisch wirksamen Schutz geben. **11**

Abschnitt I.
Rechte und Freiheiten

Artikel 2 Recht auf Leben

(1) Das Recht jedes Menschen auf Leben wird gesetzlich geschützt. Niemand darf absichtlich getötet werden, außer durch Vollstreckung eines Todesurteils, das ein Gericht wegen eines Verbrechens verhängt hat, für das die Todesstrafe gesetzlich vorgesehen ist.

(2) Eine Tötung wird nicht als Verletzung dieses Artikels betrachtet, wenn sie durch eine Gewaltanwendung verursacht wird, die unbedingt erforderlich ist, um
a) jemanden gegen rechtswidrige Gewalt zu verteidigen;
b) jemanden rechtmäßig festzunehmen oder jemanden, dem die Freiheit rechtmäßig entzogen ist, an der Flucht zu hindern;
c) einen Aufruhr oder Aufstand rechtmäßig niederzuschlagen.

I. Grundsatz

Art. 1 Satz 1 enthält eine allgemeine Garantie für den Schutz des Lebens, und er ist damit eine Vorschrift von zentraler Bedeutung. Abs. 1 Satz 2 verbietet die absichtliche Tötung mit Ausnahme durch Vollstreckung der Todesstrafe (dazu bei Rn. 21). Abs. 2 gibt Rechtfertigungsgründe auch für Fälle einer absichtlichen Tötung. Die Regelung legt aber nicht in erster Linie die Umstände dar, unter denen es erlaubt ist, absichtlich zu töten, sondern die, unter denen Gewaltanwendung zulässig ist, die ungewollt den Tod verursachen kann (EGMR v. 20.05.1999, NJW 2001,1991 – Ogur/Türkei). Art. 2 und 3 garantieren grundlegende Werte der demokratischen Gesellschaft, für die der Europarat einsteht. Aus Art. 2 folgt **nicht das Recht zu sterben**, auch nicht ein Recht auf Selbstbestimmung im Sinne eines Rechts auf Entscheidung für denTod anstelle des Lebens (EGMR, IV. Sektion, v. 29.04.2002, NJW 2002, 2851 – Pretty/Vereinigtes Königreich für den Fall einer unheilbar unterhalb des Kopfes gelähmten Frau). 1

Abs. 2 Buchst. a) bezieht sich auf die Notwehr, gilt aber nicht zwischen Privatpersonen, denn eine Drittwirkung kennt die EMRK nicht (vgl. Einleitung Rn. 16; Art. 1 Rn. 7). Die Vorschrift hat Bedeutung für die Verpflichtung des Staates, Gesetze zum Schutze des Lebens zu erlassen (dazu bei Rn. 7). Das ist ein Beispiel für die Verpflichtung des Staates zum positiven Tun, eine andere ist die Verpflichtung, bei Tötung eines Menschen eine unabhängige staatliche Untersuchung sicherzustellen (dazu bei Rn. 9 ff.). 2

II. Schutzgut: Das Leben

1. Abtreibung

Ob sich der Schutz auch auf **ungeborenes Leben** bezieht, wird diskutiert. In der bisherigen Rechtsprechung gibt es keinen Fall, der eine Abtreibung als Verstoß gegen Art. 2 qualifiziert hätte. Der EGMR hat bisher offengelassen, ob die EMRK ein Recht auf Abtreibung gibt oder ob der Fötus vom Schutz des Lebens in Art. 2 erfasst wird. In der Spruchpraxis der EMRK ist bisher nicht angenommen worden, dass 3

Art. 2 einen Schutz gegen Abtreibung gebe; die Kommission hat sich auch mit der deutschen gesetzlichen Regelung über die Abtreibung befasst und keine Vertragsverletzung angenommen (EuGRZ 1978, 199). Auch sie hat aber die Frage offengelassen und nicht ausgeschlossen, dass der Fötus einen gewissen Schutz nach Art. 2 genieße. In der Literatur wird für möglich gehalten, dass aus Art. 2 jedenfalls bei Lebensfähigkeit des Fötus eine Verpflichtung des Staates zum Schutze folgt (Frowein/Peukert Rn. 3).

2. Anwendung von Art. 2, wenn Gewalt nicht zum Tode geführt hat und bei Gesundheitsgefahren

4 Nach der Rechtsprechung kann Art. 2 nur in Ausnahmefällen angewendet werden, **wenn das Opfer nicht zu Tode gekommen ist**. In dem Falle Osman/Vereinigtes Königreich (EGMR v. 28.10.1998, Slg. 1998-VIII Nr. 115-122) hat der EGMR geprüft, ob der beklagte Staat bei einem Schuss mit schweren Verletzungen Art. 2 verletzt hat, weil er den Betroffenen nicht ausreichend geschützt hat. Im Falle Yasa/Türkei (EGMR v. 02.09.1998, Slg. 1998-VI Nr. 92-108) war der Bf. gleichfalls durch Schüsse verletzt worden. Der EGMR hat festgestellt, dass der beklagte Staat mangels ausreichender Ermittlungen Art. 2 verletzt hat. Der Fall L.C.B./Vereinigtes Königreich (EGMR v. 09.06.1998, Slg. 1998-VIII, S. 1403 f. Nr. 36-41) betraf eine Leukämieerkrankung aufgrund von Atomversuchen. Der EGMR hat geprüft, ob der Staat alles getan hat, um ein Risiko für das Leben des Bf. zu vermeiden. In dem Fall Ilhan/Türkei (EGMR v. 27.06.2000, Slg. 2000-VII Nr. 75-78) ging es um eine gegen Art. 3 verstoßende schwere Gewaltanwendung durch Polizisten. Der EGMR hat eine Verletzung von Art. 2 nicht angenommen und ausgeführt (Nr. 76), nur in besonderen Fällen könne der Grad und die Art der Gewaltanwendung und die eindeutige Absicht zu lebensgefährdenden Angriffen dazu führen, Art. 2 anzuwenden. Dem ist zuzustimmen. Es ist nicht angemessen, die Grenzen zwischen Art. 2 und 3 zu verwischen. Deswegen sollten Gewalttaten durch Repräsentanten des Staates, die nicht zum Tod geführt haben, grundsätzlich nicht nach Art. 2, sondern nach Art. 3 oder 8 geprüft werden (vgl. EGMR, V. Sektion, v. 01.03.2001, Beschw.-Nr. 22493/93 Nr. 154 – Berktay/Türkei).

III. Eingriff

Anwendungsfälle in der bisherigen Praxis sind insbesondere die **Tötung durch Schusswaffengebrauch** von Polizei oder anderen Sicherheitskräften sowie Angehörigen der Armee. In einem das Vereinigte Königreich betreffenden Fall hat sich die EMRK mit **Impfschäden** befasst und die Beschwerde abgewiesen, weil die Behörden die notwendigen Sicherungsmaßnahmen getroffen hatten und wegen der Zwecks der Maßnahmen, lebensgefährliche Krankheiten zu verhüten (DR 14, 31; vgl. auch bei Rn. 4). **5**

Bei ärztlichen Kunstfehlern genügt der Konventionsstaat seinen Verpflichtungen aus Art. 2, wenn er durch allgemeine Regelungen sicherstellt, dass Ärzte ausreichend sachkundig sind und das Leben der Patienten geschützt wird. Für einen Irrtum eines Arztes oder mangelnde Koordinierung zwischen mehreren Ärzten haftet der Staat dann nicht (EGMR, III. Sektion, v. 04.05.2000, Slg. 2000-V – Powell/Vereinigtes Königreich). **6**

IV. Pflichten des Staates

1. Unterlassungspflicht, Schutzpflicht

Art. 2 begründet die **Pflicht, Eingriffe in das Recht auf Leben zu unterlassen**, wenn sie nicht gerechtfertigt sind. Die Vorschrift verpflichtet aber nicht nur zu einem Unterlassen, sondern auch zu einem **positiven Tun**. Der Konventionsstaat ist verpflichtet, das menschliche Leben wirksam zu schützen, insbesondere wirksame strafrechtliche Vorschriften mit abschreckender Wirkung zu erlassen sowie eine Strafverfolgung zu organisieren mit dem Ziele der Prävention, Unterdrükkung und Bestrafung bei Verstößen gegen die strafrechtlichen Normen (EGMR v. 22.03.2001, NJW 2001, 3035 Nr. 86 – Streletz, Kessler und Krenz/Deutschland). Aus Art. 2 kann sich auch die Verpflichtung ergeben, Schutzmaßnahmen für eine oder mehrere Personen zu treffen, deren Leben durch Straftaten anderer bedroht ist. Das gilt aber nur dann, wenn die Behörden zu der maßgebenden Zeit das Bestehen einer wirklichen und unmittelbaren Gefahr für das Leben einer oder mehrerer bestimmter Personen durch strafbare Handlungen Dritter kannten oder **7**

hätten kennen müssen und keine Maßnahmen ergriffen haben, die vernünftiger Weise zur Abwehr einer solchen Gefahr hätten erwartet werden können (EGMR Slg. 1998-VIII, S. 3159 f. Nr. 115 – f. – Osman/Vereinigtes Königreich; EGMR, I. Sektion, v. 10.10.2000, Slg. 2000-X Nr. 77 ff. – Akkoc/Türkei).
Die Schutzpflicht besteht auch im **öffentlichen Gesundheitswesen**. Der Staat muss u.a. öffentliche und private Krankenhäuser durch entsprechende Vorschriften dazu verpflichten, angemessene Maßnahmen zum Schutz des Lebens ihrer Patienten zu treffen. Auch insoweit ist im Falle eines Todes eine wirksame, unabhängige gerichtliche Überprüfung notwendig, um die Todesursache von Patienten zu ermitteln und die Verantwortlichen zur Rechenschaft zu ziehen (vgl. Rn. 9). Bei Fahrlässigkeit kann auch ein Anspruch auf Schadensersatz, der vor den Zivilgerichten durchgesetzt werden kann, genügen oder auch Disziplinarmaßnahmen (EGMR v. 17.01.2002, Beschw.-Nr. 32967/96 Nr. 49, 51 – Calvelli und Ciglio/Italien).

8 Eine Verpflichtung dieser Art kann auch bei einem **Gefangenen** bestehen. Gefangene befinden sich in einer verletzbaren Lage und müssen geschützt werden. Der Staat muss für Verletzungen Rechenschaft geben, die während der Haft entstanden sind. Besondere Schutzpflichten bestehen, wenn bei einem Gefangenen Selbstmordabsichten erkennbar sind. Wenn die Behörden eine solche Gefahr kannten oder kennen mussten, und nur dann, müssen sie die im Rahmen des Möglichen angemessenen Maßnahmen treffen, z.B. eine Überwachung rund um die Uhr sicherstellen. Im übrigen genügen wegen der immer wegen der Verhaftung zu befürchtenden psychischen Störungen von Gefangenen Routinemaßnahmen, wie die Wegnahme scharfer oder spitzer Sachen, des Gürtels, der Schnürsenkel (EGMR, II. Sektion, v. 06.11.2000,Beschw.-Nr. 21422/93 Nr. 70 ff. – Tanribilir/Türkei). Die Behörden müssen bei solchen Maßnahmen aber auch die Rechte und Freiheiten des Gefangenen berücksichtigen, es kommt auf die Umstände des Einzelfalls an (EGMR, III. Sektion, v. 03.04.2001, Slg. 2001-III Nr. 91 – Keenan/Vereinigtes Königreich). Eine Schutzpflicht kann weiter bei Umweltgefahren bestehen (vgl. wegen einer

Explosion auf einer Deponie EGMR, I. Sektion, v. 18.6.2002, Beschw.Nr. 48939/99 Nr. 64, 67 – Öneryildiz/Türkei).

2. Ermittlungspflicht des Staates

Aus Art. 2 i.V.m. der allgemeinen Verpflichtung des Staates aus Art. 1, allen seiner Hoheitsgewalt unterstehenden Personen die in Abschnitt I EMRK bestimmten Rechte und Freiheiten zu sichern, folgt weiter die Verpflichtung des Staates, ggf. eine Entschädigung zu zahlen und weiter, für eine amtliche und wirksame Untersuchung zu sorgen, wenn ein Mensch durch Gewalteinwirkung insbesondere durch Repräsentanten des Staates, aber auch sonst, zu Tode gekommen ist. Solche Ermittlungen müssen immer angestellt werden, wenn die Behörden von einem Tod Kenntnis erlangen (EGMR, III. Sektion, v. 18.07.2000, Beschw.-Nr. 25625/94 Nr. 78 – Ekinci/Türkei), aber auch dann, wenn eine Person auf vertretbare Weise geltend macht (arguable claim), dass jemand, der zuletzt im Gewahrsam des Staates gesehen worden ist, später unter Umständen verschwunden sind, die als lebensbedrohend angesehen werden können (EGMR v. 10.05.2001, Slg. 2001-IV Nr. 132 – Zypern/Türkei). Solche Ermittlungen bezwecken im Wesentlichen, die wirksame Anwendung des staatlichen Rechts, das Leben schützt, sicherzustellen (EGMR, III. Sektion, v. 04.05.2001, Beschw.-Nr. 24746/94 Nr. 105 – Hugh Jordan/Vereinigtes Königreich). Welche Art von Ermittlungen diesem Zweck am besten dienen, kann unterschiedlich sein. Jedenfalls müssen die Behörden von sich aus tätig werden und dürfen nicht auf Initiativen und Anträge von Angehörigen warten (EGMR, III. Sektion, v. 04.05.2001, Beschw.-Nr. 24746/94 Nr. 107 – Hugh Jordan/Vereinigtes Königreich). Die Ermittlungen müssen umfassend, unvoreingenommen und gründlich sein. Sie müssen dazu geeignet sein festzustellen, ob die angewandte Gewalt unter den gegebenen Umständen gerechtfertigt war oder nicht (EGMR, III. Sektion, v. 04.05.2001, Beschw.-Nr. 24746/94 Nr. 107 – Hugh Jordan/Vereinigtes Königreich). Sie müssen zur Ermittlung und Bestrafung der Verantwortlichen führen können (EGMR, v. 20.05.1999, NJW 2001, 1991 Nr. 88 – Ogur/Türkei). 9

Der Gerichtshof prüft, ob die nach den Umständen notwendigen Ermittlungs- und Untersuchungsmaßnahmen vorgenommen wurden. Die Behör- 10 den müssen angemessene Schritte unternommen haben, um Beweismittel zu sichern, einschließlich der Aussagen von Augenzeugen, gerichtsmedizinischer Untersuchungen und erforderlichenfalls einer Autopsie mit vollständigem und genauem Bericht über Anzeichen von Gewaltanwendung und einer objektiven Analyse der Todesursache (EGMR, III. Sektion, v. 10.04.2001, Slg. 2001-III Nr. 149 – Tanli/Türkei).

11 Wenn zu ermitteln ist, ob Repräsentanten des Staates getötet haben, muss die ermittelnde Person unabhängig sein von denen, die an dem streitigen Ereignis beteiligt waren. Es darf keine hierarchische oder institutionelle Beziehung zwischen ihnen bestehen und die ermittelnden Personen müssen auch in der Praxis unabhängig sein, sich z.B. nicht einseitig auf Angaben der beteiligten Polizisten stützen (EGMR v. 20.05.1999, NJW 2001, 1991 Nr. 91 f. – Ogur/Türkei). Außerdem ist erforderlich, dass die Ermittlungen ausreichend durch die Öffentlichkeit geprüft werden können, wobei die Anforderungen insoweit von Fall zu Fall verschieden sind (EGMR, III. Sektion, v. 04.05.2001, Beschw.-Nr. 24746/94 Nr. 106 – Hugh Jordan/Vereinigtes Königreich). Jedenfalls müssen die Angehörigen der Opfer ausreichend beteiligt worden sein (vgl. EGMR v. 20.05.1999, NJW 2001, 1991 Nr. 87-93 – Ogur/Türkei). Sie müssen darüber informiert werden, warum die Gewaltanwendung nicht als strafbare Handlung angesehen worden ist, z.B. im Wege einer Entscheidung mit Begründung. Die Angehörigen müssen auch angemessenen Zugang zu den maßgebenden Dokumenten haben (EGMR, III. Sektion, v. 04.05.2001, Beschw.-Nr. 24746/94 Nr. 124 – Hugh Jordan/Vereinigtes Königreich).

12 Die Ermittlungen müssen prompt angestellt und angemessen schnell geführt werden. Die sofortige Reaktion der Behörden durch Ermittlungen über den Gebrauch tödlicher Gewalt ist wesentlich, um das Vertrauen der Bevölkerung in die Rechtsinstitutionen zu erhalten und nicht den Anschein einer Kollusion oder Duldung rechtswidriger Handlungen zu erwecken (EGMR, III. Sektion, v. 04.05.2001, Beschw.-Nr. 24746/94 Nr. 108, 138 – Hugh Jordan/Vereinigtes Königreich; vgl. auch EGMR, IV. Sektion, v. 05.10.1999, NJW 2001, 1989 – Grams/Deutschland).

Aus Art. 2 i.V.m. Art. 1 folgt also ein **Anspruch auf Strafverfolgung** 13
gegen Dritte, ein Anspruch, den Art. 6 nicht garantiert (vgl. Art. 6 Rn. 27). Bei der Überprüfung geht der EGMR davon aus, dass es grundsätzlich Sache der staatlichen Justizbehörden ist, die von ihnen erhobenen Beweise zu würdigen. Er prüft nur, ob das Verfahren insgesamt angemessen und fair war. Dabei überzeugt er sich davon, dass die Umstände, unter denen ein Mensch zu Tode gekommen ist, gründlich ermittelt worden sind (EGMR, IV. Sektion, v. 05.10.1999, NJW 2001, 1989 – Grams/Deutschland).

Die Rechtsprechung zur Ermittlungspflicht staatlicher Behörden ist aus 14
der Not geboren. Die entschiedenen Fälle betrafen vielfach die Übergriffe insbesondere von Sicherheitskräften im Südosten der Türkei, die innerstaatlich nur selten ausreichend untersucht worden sind. Der EGMR kann sich auch nicht mehr auf Ermittlungen der EKMR stützen, müsste also selbst ermitteln. Das würde ihn überfordern. Gewisse Zweifel daran, bei unzureichenden staatlichen Ermittlungen schon deswegen eine Verletzung von Art. 2 anzunehmen, sind aber begründet; die Rechtsprechung begründet die Gefahr, dass die schwerwiegende Feststellung einer Verletzung von Art. 2 verwässert wird, wenn sie auf die Ebene eines Verstoßes gegen nur verfahrensrechtliche Verpflichtungen abgesenkt wird. Ob die Rechtsprechung so weitergeführt wird, hängt auch davon ab, ob sich für Ermittlungen durch den EGMR hilfreiche Lösungen finden lassen, z.B. durch den Einsatz von ersuchten Richtern aus Konventionsstaaten (vgl. Petzold, in: Protection des droits de l'homme: La perspective européenne, S. 1571, 1581).

3. Sachverhaltsfeststellung, Beweisführung, Dokumentationspflicht des Staates bei Haft (Verschwundene Personen)

Bei der Prüfung, ob Art. 2 verletzt ist, muss häufig **der Sachverhalt** 15
ermittelt werden, die maßgebenden Tatsachen sind nicht selten streitig (vgl. Art. 38 Rn. 4 ff.). Der EGMR kann selbst Beweise erheben (Art. 38 Abs. 1 Buchst. a)), soweit möglich stützt er sich auf schriftliche Urkunden, die ihm übermittelt worden sind oder die er angefordert hat, insbesondere Urkunden über Ermittlungen in dem Konventionsstaat (Urteile,

Protokolle). Der EGMR zieht den Vortrag der Beteiligten dazu heran und berücksichtigt das Verhalten der Parteien bei den Ermittlungen. Er kann selbst Zeugen vernehmen, Ortsbesichtigungen durchführen oder Sachverständige heranziehen (vgl. Art. 38 Rn. 8). Als ausreichend sieht der Gerichtshof einen Beweis an, wenn kein vernünftiger Zweifel mehr möglich ist. Ein solcher Beweis kann durch Indizien oder nicht widerlegte Vermutungen geführt sein, wenn sie ausreichend gewichtig, genau und übereinstimmend sind (z.B. EGMR v. 18.01.1978, Serie A, Bd. 25, S. 64 Nr. 160 f. – Irland/Vereinigtes Königreich; EGMR, III. Sektion, v. 18.07.2000, Beschw.-Nr. 25625/94 Nr. 72 – Ekinci/Türkei).

16 In den Fällen von Art. 2 geht der EGMR wegen der besonderen Bedeutung dieser Vorschrift mit äußerster Sorgfalt vor (EGMR v. 20.05.1999, NJW 2001, 1991 Nr. 78 – Ogur/Türkei).

17 Dass eine Person zu Tode gekommen ist, kann sich **aus den Umständen** ergeben. Ist sie etwa vor vielen Jahren durch Sicherheitskräfte festgenommen und nicht mit anderen Betroffenen freigelassen worden, kann das dafür sprechen, dass die Person während der Haft verstorben ist. Bei verschwundenen Personen ist das Zeitelement besonders wichtig, ebenso, ob die Festnahme zu einer lebensbedrohenden Situation geführt hat. Wenn der Staat dann keine ausreichende Erklärung gibt, sieht der EGMR eine Verletzung von Art. 2 als gegeben an (vgl. EGMR, I. Sektion, v. 27.02.2001, Beschw.-Nr. 25704/94 Nr. 146 – Cicek/Türkei; EGMR, I. Sektion, v. 14.11.2000, Beschw.-Nr. 24396/94 Nr. 63 ff. – Tas/Türkei; EGMR, I. Sektion, v. 31.05.2001, Beschw.-Nr. 23954/94 Nr. 86 ff. Akdeniz u.a./Türkei). Das gilt insbesondere dann, wenn es keine Aufzeichnungen über den Gefangenen gibt.

18 **Subsidiarität der Ermittlungen durch den EGMR**: Wenn innerstaatliche Verfahren anhängig sind (Zivilprozesse oder strafrechtliche Ermittlungsverfahren), in denen die streitigen Ereignisse aufgeklärt werden müssen, sieht der EGMR davon ab, selbst zu ermitteln, weil die staatlichen Gerichte dafür besser geeignet sind und eine Duplikation vermieden werden soll. Der EGMR prüft, ob der Staat seinen Ermittlungspflichten nachkommt (EGMR,

III. Sektion, v. 04.05.2001, Beschw.-Nr. 24746/94 Nr. 111 – Hugh Jordan/ Vereinigtes Königreich).

Zu Art. 3 hat der EGMR entschieden, dass der Staat **eine plausible Erklärung** geben muss, wenn eine Person bei guter Gesundheit in Haft genommen und bei der Entlassung verletzt ist (vgl. Art. 3 Rn. 15). Die Verpflichtung, für die Behandlung einer Person in Haft Rechenschaft abzulegen, gilt in besonderen Maße, wenn eine Person zu Tode gekommen ist (EGMR v. 27.06.2000, NJW 2001, 2001 Nr. 99 – Salman/Türkei). Wenn konkrete Umstände dafür sprechen, dass der Betroffene in Haft zu Tode gekommen ist, und die Behörden über sein Schicksal keine plausible Erklärung geben können, z.B. weil keine Aufzeichnungen gemacht worden sind und deswegen unbekannt ist, wo der Betroffene verblieben ist, kann das eine Verletzung von Art. 2 sein (und von Art. 5). Der EGMR berücksichtigt auch hier alle Umstände des Falles, er erkennt an, dass die Wahrscheinlichkeit eines Todes umso größer wird, je mehr Zeit ohne Nachricht von der Person verstrichen ist. Das Fehlen von schriftlichen Aufzeichnungen über die inhaftierte Person wird dabei als besonders schwerwiegend angesehen (vgl. EGMR v. 08.07.1999, Slg. 1999-IV § 85 – Cakici/Türkei; EMGR v. 14.11.2000, Beschw.-Nr. 24396/94 Nr. 61-67 Tas/Türkei). Auch wenn ein Fluchtversuch zu den tödlichen Verletzungen geführt hat, verlangt der EGMR vom Staat Beweise, insbesondere ärztliche Gutachten und genaue Protokolle, die zeigen, dass die Gewaltanwendung verhältnismäßig und absolut notwendig war (EGMR, I. Sektion, v. 14.02.2002, Beschw.-Nr. 31889/96 Nr. 74 – Orak/Türkei). 19

4. Gesonderte Feststellung

Wen der beklagte Staat für den Tod einer Person verantwortlich ist und außerdem seine Verpflichtung zu wirksamen Ermittlungen verletzt und auch deswegen gegen Art. 2 verstoßen hat, stellt der Gerichtshof das gesondert fest (z.B. EGMR, v. 14.11.2000, Beschw.-Nr. 24396/94 Tas/ Türkei; EGMR, IV. Sektion, v. 18.05.2000, Slg. 2000-VI – Velikova/ Bulgarien). Die Rechtsprechung geht zu Art. 3 andere Wege in dieser Frage (Art. 3 Rn. 4); das ist nicht immer konsequent (vgl. Einl. Rn. 37 ff.). 20

V. Rechtfertigungsgründe

21 **Abs. 1 Satz 2** erwähnt die Vollstreckung eines **Todesurteils**, die also nach der EMRK selbst nicht verboten ist, sofern sie »ein Gericht wegen eines Verbrechens verhängt hat, für das die Todesstrafe gesetzlich vorgesehen ist«. Eine darüber hinausgehende Verpflichtung ergibt sich aus dem **Sechsten Prot**., nach dessen Art. 1 zur Todesstrafe niemand verurteilt werden und niemand hingerichtet werden darf. Für Kriegszeiten lässt Art. 2 des Sechsten Prot. Ausnahmen zu. Durch das **Sechste Prot**. sind aber nur solche Staaten gebunden, die es besonders ratifiziert haben, was Deutschland getan hat. Versuche, den EGMR dazu zu bewegen, aus der EMRK (Art. 2, 3) selbst ein Verbot des Todesstrafe abzuleiten, haben bisher keinen Erfolg gehabt; die Rechtslage ist angesichts von Art. 2 Abs. 1 Satz 2 EMRK und dem Sechsten Prot. auch eindeutig. Anerkannt ist, dass die Art der Verurteilung oder Vollstreckung der Todesstrafe gegen Art. 3 verstoßen kann (z.B. EGMR v. 07.07.1989, EuGRZ 1989, 314-321 – Soering/Vereinigtes Königreich).
Das 13. Prot., das am 03.05.2002 in Vilnius zur Zeichnung aufgelegt worden ist, schafft die Todesstrafe gänzlich, also auch in Kriegszeiten ab. Das Prot. ist ein Ergänzungsprot. und tritt nach der 10. Ratifikation in Kraft.

22 **Abs. 2 Buchst. a)** behandelt des Fall der **Notwehr oder Nothilfe**. Auch ein gezielter Todesschuss kann nach dieser Regelung konventionsgemäß sein, wenn z.B. Geiseln in unmittelbarer Gefahr sind und wenn ein Schuss notwendig ist, um ein besonders gefährliches Verbrechen, z.B. mit Sprengstoff, zu verhindern.

23 **Abs. 2 Buchst. b)** betrifft die rechtmäßige Festnahme oder Verhinderung der Flucht einer Person, der rechtmäßig die Freiheit entzogen ist. Auch in solchen Fällen ist eine Gewaltanwendung, insbesondere der Schusswaffengebrauch innerhalb der weiter unten geschilderten engen Grenzen zulässig.

24 Zu **Abs. 2 Buchst. c)** – Aufruhr oder Aufwand – gibt es kaum Anwendungsfälle. Die Vorschrift kann anwendbar sein, wenn aus einer Menschenmenge heraus größere Gewalttaten begangen werden oder drohen.

In allen drei Fällen muss die Gewaltanwendung »**unbedingt erforderlich**« sein, um das genannte rechtmäßige Ziel zu erreichen. Die Tötung kann in diesen Fällen absichtlich oder unabsichtlich vorgenommen worden sein; Abs. 2 umschreibt Fälle, in denen es konventionsgemäß ist, Gewalt anzuwenden, auch wenn sie den Tod eines Menschen zur Folge haben kann. Der EGMR legt die Ausnahmen und das »unbedingt erforderliche« eng aus (EGMR v. 27.04.2000, NJW 2001, 2001 Nr. 97 – Salman/Türkei) und prüft die Notwendigkeit im Einzelfall sehr genau. Der Begriff des unbedingt Erforderlichen wird enger ausgelegt als die Worte »in einer demokratischen Gesellschaft notwendig« in den Abs. 2 der Art. 8 bis 11. Die Gewaltanwendung muss weiter auch zu den in Abs. 2 genannten Zielen strikt verhältnismäßig sein. Bei seiner Prüfung berücksichtigt der EGMR nicht nur die Handlungen der Repräsentanten des Staates, sondern die gesamten Umstände des Falles, insbesondere die Vorbereitung und Kontrolle der Gewaltakte (vgl. EGMR v. 27.09.1995, Serie A, Bd. 342, S. 46 Nr. 148-150 – Mc Cann u.a./Vereinigtes Königreich; EGMR v. 20.05.1999, NJW 2001, 1991 Nr. 78 ff. – Ogur/Türkei). So ist eine Warnung notwendig, u.U. ein Warnschuss. Wenn der Tod bei einer Polizeiaktion verursacht worden ist, muss sie so geplant und kontrolliert worden sein, dass der Rückgriff auf tödliche Gewaltanwendung so weit wie möglich vermieden werden kann (EGMR v. 14.12.2000, Beschw.-Nr. 22676/93 Nr. 84 – Gül/Türkei; EGMR v. 20.05.1999, NJW 2001, 1991 Nr. 84 – Ogur/Türkei). 25

VI. Verhältnis zu anderen Artikeln

Wenn Art. 2 verletzt worden ist, weil eine amtliche und wirksame Untersuchung nicht angestellt worden ist (vgl. Rn. 9), kann auch Art. 13 verletzt sein (z.B. EGMR v. 27.06.2000, NJW 2001, 2001 Nr. 123 – Salman/Türkei; EGMR, IV. Sektion, v. 18.05.2000, Slg. 2000-VI Nr. 89 – Velikova/Bulgarien). Die Rechtsprechung zu Art. 3 ist insoweit anders (vgl. dort Rn. 4), die unterschiedliche Handhabung ist nicht unbedingt einsichtig. 26

Artikel 3 Verbot der Folter

Niemand darf der Folter oder unmenschlicher oder erniedrigender Strafe oder Behandlung unterworfen werden.

I. Allgemeines

1 Art. 3 schützt eines der wichtigsten Rechtsgüter der demokratischen Gesellschaft. Das Verbot von Folter und erniedrigender Strafe oder Behandlung ist absolut; die Vorschrift lässt keine Ausnahmen zu (anders z.B. die Art. 2, 8-11), also auch nicht für den Fall einer Gefahr für das Leben anderer Menschen oder die Existenz einer Gemeinschaft. Das Folterverbot gilt ohne Rücksicht auf die Umstände, das Verhalten des Opfers und die von ihm begangene Straftat (EGMR v. 15.11.1996, Slg. 1996-V, S. 1831, 1855 Nr.79 – Chahal/Frankreich). Die Bedeutung des

Schutzes vor Folter wird durch das Europäische Übereinkommen zur Verhütung von Folter und unmenschlicher oder erniedrigender Behandlung oder Strafe vom 26.11.1987 (BGBl. 1989 II 946) unterstrichen, das einem Ausschuss Zugang zu allen Orten gewährt, an denen Personen durch eine öffentliche Behörde die Freiheit entzogen wird. Dieses Übereinkommen verstärkt im regionalen Bereich das UN-Übereinkommen gegen Folter und andere grausame, unmenschliche oder erniedrigende Behandlung oder Strafe vom 10.12.1984 (BGBl. 1990 II 246). Beide Übereinkommen sind von Deutschland ratifiziert worden.

II. Pflichten des Staates

1. Unterlassungspflichten, Schutzpflichten

Art. 3 begründet die Verpflichtung, Misshandlungen der in der Vorschrift umschriebenen Art zu unterlassen; das ist ein Gebot, das sich an den Staat richtet, der nach der Konvention verantwortlich ist, wenn einer seiner Repräsentanten dagegen verstößt. Wie bei Art. 2 (dort Rn. 7ff.) gilt, dass der Staat nicht nur negative Unterlassungspflichten hat, sondern **auch zu positivem Tun verpflichtet ist**. Er muss Maßnahmen treffen, die sicherstellen, dass Personen, die seiner Hoheitsgewalt unterstehen, nicht gefoltert oder unmenschlich oder erniedrigend behandelt werden, auch nicht durch Privat personen (EGMR v. 10.05.2001, Slg. 2001-V Nr. 73 – Z. u.a./Vereinigtes Königreich). Dazu gehört, dass der Staat durch Gesetzgebung und wirksame Strafverfolgung gegen eine Art. 3 widersprechende Behandlung schützt. Unter besonderen Umständen ist er weiter dazu verpflichtet, Schutzmaßnahmen für bestimmte Personen zu treffen, denen Folter droht, z.B. sie nicht abschieben oder ausliefern (Rn. 19 ff.). Aus Art. 3 ergibt sich aber nicht die staatliche Verpflichtung, den Betroffenen durchsetzbare Rechtsbehelfe gegen einen anderen Staat zu geben (EGMR v. 21.11.2001, Beschw.-Nr. 35763/97 – Al-Adsani/Vereinigtes Königreich). 2

Schutzmaßnahmen zu Gunsten anderer Personen sind insbesondere notwendig, wenn staatliche Stellen von Misshandlungen von Kindern oder anderen verletzbaren Personen wissen oder wissen müssen (EGMR v. 28.10.1998, Slg. 1998-VIII Nr. 116 – Osman/Vereinigtes Königreich). 3

Er muss Kinder dann auf geeignete Weise schützen, sie z.B. aus dem häuslichen Bereich entfernen und anderweitig unterbringen (EGMR v. 10.05.2001, Slg. 2001-V Nr. 74 – Z. u.a./Vereinigtes Königreich). Zu den erforderlichen Rechtsbehelfen in solchen Fällen vgl. Art. 13 Rn.11

2. Ermittlungspflicht des Staates

4 Aus Art. 3 i.V.m. der allgemeinen Verpflichtung aus Art. 1 (dazu bei Art. 2 Rn. 9) ergibt sich als positive Verpflichtung, für gründliche, wirksame und unvoreingenommene Ermittlungen zu sorgen, wenn ein Mensch gefoltert oder unmenschlich behandelt worden ist, insbesondere durch Repräsentanten des Staates, aber nicht nur dann. Diese Ermittlungspflicht setzt sein, wenn Behörden auf substantiierte Weise eine gegen Art. 3 verstoßende Behandlung angezeigt wird. Diese Ermittlungspflicht ist notwendig, um das Folterverbot praktisch wirksam durchzusetzen (EGMR, III. Sektion, v. 20.07.2000, Slg. 2000-IX Nr. 89 – Caloc/Frankreich; zur Kritik vgl. Art. 2 Rn. 14). Die Ermittlungen müssen geeignet sein, die Verantwortlichen zu identifizieren und zu bestrafen. Der Betroffene muss am Ermittlungsverfahren angemessen beteiligt werden (vgl. zu den Anforderungen an das Ermittlungsverfahren bei Art. 2 Rn. 9 ff.). Eine solche Ermittlungspflicht folgt auch aus Art. 13. Insoweit geht die Verpflichtung aus diesen Artikeln über die aus Art. 6 hinaus, der ein Recht auf Strafverfolgung Dritter nicht garantiert (EGMR, IV. Sektion, v. 05.10.1999, NJW 2001, 1989 – Grams/ Deutschland; Art. 6 Rn. 27). Der Gerichtshof wendet Art. 13 nur an, wenn feststeht, dass eine Folter oder unmenschliche Behandlung stattgefunden hat, dagegen Art. 3, wenn die fehlenden oder unzulänglichen Ermittlungen eine ausreichende Tatsachenfeststellung verhindert haben (vgl. EGMR v. 27.06.2000, Slg. 2000-VII Nr. 89 ff. – Ilhan/Türkei). Die Rechtsprechung ist aber insoweit nicht immer konsequent (vgl. z.B. EGMR, III. Sektion, v. 10.04.2001, Slg. 2001- III Nr. 159 – Tanli/Türkei, wo Mängel der Autopsie die Feststellung von Folter verhindert haben und trotzdem Art. 13 angewendet wurde). Z. T. stellt der EGMR neben der Verletzung von Art. 3 auch eine Verletzung von Art. 13 fest (z.B. EGMR, II. Sektion, v. 16.11.2000, Beschw.-Nr. 23819/94 – Bilgin/Türkei; EGMR, IV. Sektion, v. 21.12.2000, Beschw.-Nr. 28340/95 – Büyükdag/Türkei).

Wenn der EGMR einen Verstoß gegen Art. 3 durch Folterhandlungen oder unmenschliche oder erniedrigende Behandlung festgestellt hat, prüft er nicht gesondert, ob auch die Ermittlungspflicht verletzt ist (z.B. EGMR v. 23.05.2001, Slg. 2001- Nr. 388 – Denizci/Zypern). Die Praxis weicht insoweit aus nicht ganz einsichtigen Gründen von der zu Art. 2 ab (vgl. Art. 2 Rn. 20).

III. Abgrenzung

Art. 3 ist nur anwendbar, wenn die Misshandlung **ein bestimmtes Mindestmaß** an Schwere erreicht hat. Die Beurteilung dieses Mindestmaßes ist relativ und hängt von den Umständen des Einzelfalles ab, wie die Art und der Zusammenhang der Behandlung oder Strafe, die Art und Methode ihrer Durchführung, ihre Dauer, ihre körperlichen und seelischen Auswirkungen und u.U. das Geschlecht, das Alter und der Gesundheitszustand des Opfers. 5

Auch die Abgrenzung der Folter von der **unmenschlichen Behandlung** ist graduell. Die erniedrigende Behandlung und Strafe ist die schwächste Form eines Verstoßes gegen Art. 3; Folter die stärkste. Folter ist vorsätzlich unmenschliche Behandlung, die sehr schwere und grausame Leiden verursacht (EGMR v. 18.12.996, Slg. 1996-IV Nr. 64 – Aksoy/Türkei). Von Interesse ist in diesem Zusammenhang die Definition des Art.s 1 des UN-Übereinkommens gegen Folter, die wie folgt lautet: 6

»(1) Im Sinne dieses Übereinkommens bezeichnet der Ausdruck »Folter« jede Handlung, durch die einer Person vorsätzlich große körperliche oder seelische Schmerzen oder Leiden zugefügt werden, z.B. um von ihr oder einem Dritten eine Aussage oder ein Geständnis zu erlangen, um sie für eine tatsächlich oder mutmaßlich von ihr oder einem Dritten begangene Tat zu bestrafen oder um sie oder einen Dritten einzuschüchtern oder zu nötigen, oder aus einem anderen auf irgendeiner Art von Diskriminierung beruhenden Grund, wenn diese Schmerzen oder Leiden von einem Angehörigen des öffentlichen Dienstes oder einer anderen in amtlicher Eigenschaft handelnden Person, auf deren Veranlassung oder mit deren ausdrücklichem oder stillschweigenden Einverständnis verursacht werden. Der Ausdruck umfasst nicht Schmerzen oder Leiden, die sich lediglich aus gesetzlich zulässigen Sanktionen ergeben, dazu gehören oder damit verbunden sind.«

7 Auf diese Definition hat der EGMR zurückgegriffen und deutlich gemacht, dass auch die Beurteilung, ob Schmerzen »groß« sind, relativ sein muss. Der Gerichtshof hat betont, dass er wegen des zunehmend höheren Menschenrechts-Standards künftig eher dazu bereit sein könnte, Folter anzunehmen (Urt. v. 28.07.1999 Nr. 101, NJW 2001, 56 – Selmouni/Frankreich: Folter weil der Bf. während der Haft am ganzen Körper geschlagen worden ist mit der Folge erheblicher Schmerzen, am Haar gezogen worden ist und Spießrutenlaufen musste, auf ihn uriniert worden ist und er mit einer Lötlampe und Spritze bedroht wurde).

8 Als **unmenschliche Behandlung** hat der EGMR eine Behandlung angesehen, wenn sie vorsätzlich war, länger andauerte und entweder eine Körperverletzung oder intensives physisches oder psychisches Leiden verursachte. Als **erniedrigend** kann eine Behandlung angesehen werden, wenn sie in den Opfern Gefühle der Angst, des Schmerzes und der Unterlegenheit erweckt, die geeignet sind, sie zu demütigen und ihren körperlichen oder moralischen Widerstand zu brechen. Der EGMR lässt es u.U. ausreichen, wenn das Opfer in seinen eigenen Augen gedemütigt ist (EGMR v. 27.09.1999, NJW 2000, 2089 Nr. 120 – Smith und Grady/ Vereinigtes Königreich). Auch eine diskriminierende Behandlung einer Bevölkerungsgruppe kann eine erniedrigende Behandlung sein (EGMR v. 20.05.2001, Slg. 2001-IV Nr. 305, 311 – Zypern/Griechenland). Eine unmenschliche oder erniedrigende Behandlung ist z.B. angenommen worden bei Fesselung der Handgelenke durch Drähte derart, dass sie in die Haut einschnitten, außerdem waren die Füße lange Zeit Schnee oder Wasser ausgesetzt. Im Fall Bilgin/Türkei (EGMR, II. Sektion, v. 16.11.2000, Beschw.-Nr. 23819/94 Nr. 103) hat der EGMR die Zerstörung des Hauses und Inventars wegen der Begleitumstände als unmenschliche Behandlung angesehen (ebenso EGMR, I. Sektion, v. 30.01.2001, Beschw.-Nr. 25801/ 94 Nr. 55 – Dulas/Türkei), im Fall Z u.a./Vereinigtes Königreich (EGMR v. 10.05.2001, Slg. 2001-V Nr. 74) die jahrelange Vernachlässigung sowie körperliche und geistige Misshandlung von Kindern.

9 Art. 3 ist z.B. nicht angewendet worden, wenn die Behandlung nicht die erforderliche Schwere erreicht hat, etwa bei Zwang zu körperlichen Übungen (EGMR v. 29.04.76, Serie A, Bd. 25, S. 70 Nr. 181 – Irland/

Vereinigtes Königreich); bei besonderer Unterbringung in einem Hochsicherheitstrakt, wenn ausreichende Gründe dafür vorliegen und die Gefangenen genügend Möglichkeit haben, sich zu informieren und sofern Kontakte zu anderen Menschen möglich sind (EKMR zu den Haftbedingungen deutscher Terroristen in Stuttgart-Stammheim EuGRZ 1978, 314); nicht drei Schläge mit einem Turnschuh auf das Hinterteil eines Schülers,; keine Anwendung von Art. 3 bei quälenden und erniedrigenden Ermittlungen wegen Homosexualität in der Armee mit nachfolgender Entlassung, obwohl eine solche Behandlung, die auf der Voreingenommenheit der heterosexuellen Mehrheit beruhte, nach Auffassung des EGMR grundsätzlich in den Anwendungsbereich von Art. 3 fallen kann (EGMR v. 27.09.1999, NJW 2000, 2089 Nr. 121 – Smith u. Grady/Vereinigtes Königreich); keine Anwendung von Art. 3 bei Strafverfahren gegen elfjähriges Kind mit öffentlicher Verhandlung über drei Wochen (EGMR v. 16.12.1999, Slg. 1999-IX Nr. 72 ff. – T/Vereinigtes Königreich; vgl. auch Rn. 17) und mit unbestimmter Strafe (EGMR v. 16.12.1999, Slg. 1999-IX Nr. 98 – V/Vereinigtes Königreich).

IV. Anwendungsfälle

1. Haft

Der Gerichtshof hat jede **Gewaltanwendung gegen Häftlinge** als Verstoß gegen Art. 3 gewertet, die nicht wegen des Verhaltens des Häftlings unbedingt notwendig war, z.B. Schläge und andere Misshandlungen von Personen in Polizei-, Untersuchungs- oder Strafhaft. Darunter können unmenschliche Verhörmethoden fallen, z.B. langes Stehen mit verbundenen Augen, laute Geräusche, Entzug oder starke Reduzierung von Essen und Trinken, Schlafentzug, Entzug medizinischer Versorgung. Im Einzelnen sind auch hier alle Einzelumstände zu berücksichtigen (z.B. Dauer, Intensität usw.). 10

Zugefügte Leiden und Erniedrigungen fallen nur unter Art. 3, wenn sie über das hinausgehen, was unvermeidbar mit einer bestimmten Form gerechtfertigter Behandlung oder Strafe verbunden ist (EGMR v. 26.10.2000, NJW 2001, 2694 Nr. 92 – Kudla/Polen). Die notwendige 11

Gewaltanwendung zur Verhinderung der Flucht oder zur Herstellung der Ordnung gegen Gefangene, die Widerstand leisten, verletzt nicht Art. 3. Unnötige Gewalt ist jedenfalls erniedrigende Behandlung.

12 **Haftbedingungen:** Sie können unmenschliche oder erniedrigende Behandlung sein. Der EGMR berücksichtigt alle Umstände und ggf. ihren kumulativen Effekt (Überbelegung, mangelhafte Heizung oder Lüftung, übergroße Hitze, sanitäre Verhältnisse, Schlafmöglichkeit, Ernährung, Erholung, Außenkontakte). Bei seiner Beurteilung zieht er auch Berichte des CPT heran (EGMR, III. Sektion, v. 06.03.2001, Slg. 2001-II Nr. 46 – Dougoz/Griechenland; EGMR, II. Sektion, v. 19.04.2001, Slg. 2001-III Nr. 72 ff. – Peers/Griechenland). Die Anordnung einer körperlichen Durchsuchung nach Entkleiden ohne ausreichenden Grund und mit erniedrigenden oder herabsetzenden Bemerkungen von Beamten ist als erniedrigende Behandlung angesehen worden (EGMR, IV. Sektion, v. 15.11.2001, Beschw.-Nr. 25196/94 – Iwanczuk/Polen).

13 **Haft alter Gefangener:** Die Konvention verbietet nicht, dass alte Menschen in U-Haft genommen werden oder eine Gefängnisstrafe verbüßen müssen. Unter besonderen Umständen kann eine lange Haft gegen Art. 3 verstoßen. Der EGMR berücksichtigt insbesondere den Gesundheitszustand und die medizinische Behandlung in der Haft, die Haftbedingungen und die Möglichkeit der Haftverschonung (EGMR, III. Sektion, Entsch. v. 07.06.2001, Slg. 2001-VI – Papon/Frankreich; EGMR, II. Sektion, Entsch. v. 05.04.2001, Beschw.-Nr. 48799/99 – Priebke/Italien; EGMR, III. Sektion, Entsch. v. 29.05.2001, Slg. 2001-VI – Sawoniuk/ Vereinigtes Königreich).

14 **Haft kranker Gefangener:** Art. 3 zwingt nicht zur Entlassung aus gesundheitlichen Gründen oder zur Unterbringung in einem zivilen Krankenhaus. Der Staat muss aber die Gesundheit der Gefangenen schützen und sicherstellen, dass sie die notwendige medizinische Behandlung erhalten (EGMR v. 26.10.2000, NJW 2001, 2694 Nr. 93 – Kudla/Polen). Das Fehlen einer angemessenen medizinischen Behandlung kann eine Verletzung von Art. 3 sein. Das gilt besonders für psychisch kranke Gefangene (EGMR, III. Sektion, v. 03.04.2001, Slg. 2001-III Nr. 110, 115 – Keenan/Vereinigtes König-

reich: Fehlen wirksamer Überwachung und sachkundiger psychiatrischer Behandlung bei selbstmordgefährdeten Gefangenen als Verstoß).

Von erheblicher Bedeutung ist die **Beweislast**. Es ergibt sich nicht selten, 15
dass Bf. behaupten, misshandelt worden zu sein und die beschuldigten Polizisten dies bestreiten und sich auf die Unschuldsvermutung nach Art. 6 Abs. 2 berufen. Der Gerichtshof geht von folgendem aus: Wenn eine Person bei guter Gesundheit festgenommen wird und bei der Entlassung verletzt ist, muss der Staat eine plausible Erklärung über die Ursachen dieser Verletzung geben, anderenfalls wird ein Verstoß gegen Art. 3 angenommen (EGMR v. 28.07.1999, NJW 2001, 56 Nr. 87 – Selmouni/Frankreich). Wenn eine körperliche Untersuchung ergibt, dass ein Gefangener geschlagen worden ist, und die Verletzung nicht aus einer Zeit vor der Haft stammen und nicht Folge eines Fluchtversuchs oder einer Selbstverletzung sein kann, nimmt der Gerichtshof einen Verstoß gegen Art. 3 an. In solchen Fällen ist es also Sache des Staates, die Verletzung zu erklären (EGMR v. 27.08.1992, Serie A, Bd. 214, S. 40-42 Nr. 110, 115 – Tomasi/Frankreich).

Wenn dagegen die Verletzungen **bei der Festnahme oder bei einem** 16
Fluchtversuch verursacht worden sind und sich die Umstände nicht aufklären lassen, weil die Darstellungen der Polizei und des Bf. nicht übereinstimmen, hat der Gerichtshof den Beweis für eine Verletzung von Art. 3 nicht als erbracht angesehen (EGMR v. 22.09.1993, Serie A, Bd. 269, S. 17-18 Nr. 29, 30 – Klaas/Deutschland). Wenn aber der Betroffene bei einer Verhaftungsaktion erhebliche Verletzungen davon trägt und der Sachverhalt durch staatliche Gerichte nicht aufgeklärt ist, muss die Regierung überzeugend erklären, dass die Gewaltanwendung nicht übermäßig war. Kann sie das nicht, nimmt der EGMR eine Verletzung von Art. 3 an (EGMR, I. Sektion, v. 28.11.2000, Slg. 2000-XII Nr. 72 – Rehbock/Slowenien; EGMR, I. Sektion, v. 22.05.2001, Beschw.-Nr. 22279/93 Nr. 54 – Altay/Türkei).

2. Strafe

Darunter fällt z.B. die Verhängung einer **Prügelstrafe** (z.B. drei Schläge 17
mit einer Birkenrute – EGMR v. 25.04.1978, Serie A, Bd. 26 – Tyrer/Vereinigtes Königreich), dagegen kein Verstoß bei Strafe auf unbe-

stimmte Zeit (Haft für bestimmte Zeit und anschließend Fortsetzung, soweit dies zum Schutze der Öffentlichkeit nötig ist), nicht bei Strafverfahren gegen ein zehnjähriges oder elfjähriges Kind (Rn. 9), auch nicht, wenn ein öffentliches Strafverfahren vor einem normalen Strafgericht stattgefunden hat und der Name des Täters nach der Verurteilung veröffentlicht wurde (EGMR v. 16.12.1999; Slg. 1999-IX – T/Vereinigtes Königreich und V/Vereinigtes Königreich).

3. Psychiatrische Behandlung

18 **Die Hilflosigkeit der Patienten** in psychiatrischen Einrichtungen erfordert eine erhöhte Wachsamkeit, dass den Anforderungen der Konvention Rechnung getragen wird und nur solche Zwangsmaßnahmen angewendet werden, bei denen nachgewiesen ist, dass sie medizinisch notwendig sind (EGMR v. 24.09.1992, Serie A, Bd. 244, S. 25-26 Nr. 82 – Herczegfalvy/Österreich).

4. Abschiebung oder Auslieferung eines Ausländers in einen Staat, in dem ihm eine unmenschliche Behandlung droht

19 **a) Allgemeines:** Die EMRK garantiert **kein Asyl- oder Aufenthaltsrecht** von Ausländern (EGMR v. 30.10.1991, Serie A, Bd. 215 S. 34 Nr. 102 – Vilvarayah u.a./Vereinigtes Königreich; BVerwG NVwZ 2000, 1302). Die Konventionsstaaten können frei über die Einreise und den Aufenthalt sowie die Ausweisung und Abschiebung entscheiden. Sie dürfen dabei aber nicht gegen Verpflichtungen aus der EMRK oder anderen internationalen Verträge verstoßen. Nach § 53 Abs. 4 AuslG (vgl. auch Rn. 23 ff.) darf ein Ausländer nicht abgeschoben werden, wenn sich aus der Anwendung der EMRK ergibt, dass die Abschiebung unzulässig ist. In der Rechtsprechung des EGMR und des BVerwG ist anerkannt, dass ein Staat gegen Art. 3 verstößt, wenn er eine Person in einen anderen Staat abschiebt, in dem für sie die ernsthafte Gefahr einer Behandlung besteht, die Art. 3 widerspricht.

20 **b) Abschiebung oder Auslieferung in einen Staat, der nicht Konventionsstaat ist:** Auch sie kann Verletzung von Art. 3 sein (vgl. insbeson-

dere EGMR vom 07.07.1989, EuGRZ 1989, 314 – Soering/Vereinigtes Königreich. Der Fall betraf die Auslieferung eines Jugendlichen und geistig nicht balancierten Straftäters in die Vereinigten Staaten, wo ihm die Todesstrafe in einem Erwachsenenstrafverfahren und die sog. »death row« in einer Todeszelle über viele Jahre drohte). Der EGMR ist mit diesem Urteil der Rechtsprechung des BVerfG gefolgt. In Fällen dieser Art kommt eine einstweilige Maßnahme nach Art. 39 VerfO in Betracht (dazu Einleitung Rn. 26). Ein Verstoß kann auch vorliegen, wenn im Zielstaat eine lebenslange Haftstrafe droht und vorzeitige Entlassung ausgeschlossen ist (vgl. EGMR, I. Sektion, Entsch. v. 03.07.2001, Beschw.-Nr. 44190/98 – Nivette/Frankreich). Sofern sich aus Zusagen von Behörden des antragstellenden Landes ergibt, dass solche Gefahren nicht bestehen, verstößt die Auslieferung nicht gegen Art. 3 (EGMR, III. Sektion, Entsch. v. 16.10.2001, Slg. 2001-X – Einhorn/Frankreich). Eine Auslieferung kann auch gegen Art. 6 verstoßen (Art. 6 Rn. 60).

c) Konkrete Gefahr: Die Gefahr einer unmenschlichen Behandlung im Zielland muss dargetan sein und sich gerade auf die betroffene Person beziehen. Die Feststellung einer allgemeinen Gefahrsituation genügt nicht, solange der Betroffene nicht darlegen kann, dass seine Situation schlechter ist, als die der anderen Bewohner dieses Staates (EGMR v. 29.04.1997, NVwZ 1998, 163 – H.L.R./Frankreich). Der EGMR prüft die Voraussetzungen wegen der Bedeutung des Art. 3 besonders gründlich. Er berücksichtigt auch Berichte anderer Institutionen, z.B. des Hohen Flüchtlingskommissars der VN (UNHCR) und des CPT (EGMR, IV. Sektion, v. 17.02.2000, InfAuslR 2001, 57 Nr. 39, 41 – Jabari/Türkei). 21

d) Drohende Misshandlung durch nichtstaatliche Stellen: Art. 3 kann nach der Rechtsprechung des EGMR einer Ausweisung oder Auslieferung auch dann entgegenstehen, wenn die zu befürchtende Misshandlung nicht von staatlichen Institutionen zu befürchten ist, sondern von nichtstaatlichen, sofern die Behörden dem Bf. keinen ausreichenden Schutz gewähren können (EGMR v. 02.05.1997, NVwZ 1998, 161 Nr. 46-50 – D/Vereinigtes Königreich). Der EGMR hat das für den besonderen Fall eines Aids-Kranken, dessen Auslieferung seine Lebenserwartung weiter verkürzen und ihm psychisches und physisches Leiden zufügen würde, 22 entschieden, zugleich aber betont, dass Strafgefangene im allgemeinen keinen Anspruch auf Nichtausweisung haben, um von der medizinischen, sozialen und sonstigen Hilfe im Aufenthaltsstaat zu profitieren (zum deutschen Recht Rn 25). Ebenso hat der EGMR deutlich gemacht, dass die Schwelle für die Anwendbarkeit von Art. 3 höher ist, wenn der Fall nicht die unmittelbare Verantwortung des Konventionsstaats betrifft (EGMR, III. Sektion, v. 06.02.2001, NJW 2002, 453 Nr. 40 – Bensaid/Vereinigtes Königreich für den Fall einer schizophrenen Bf.: Keine Verletzung von Art. 3 bei Abschiebung nach Algerien).

23 **e) Rechtslage in Deutschland:** Das deutsche Recht bestimmt in § 53 Abs. 4 AuslG, dass ein Ausländer nicht abgeschoben werden darf, soweit sich aus der EMRK die Unzulässigkeit der Abschiebung ergibt. § 53 Abs. 4 S. 2 mit seiner Verweisung auf die EMRK meint insbesondere Art. 3 und 8.

24 Das BVerwG (NVwZ 2000, 1302) legt diese Vorschriften einerseits weit aus und hat anerkannt, dass ein Schutz nicht nur in den Fällen des Art. 3 zu gewähren ist, sondern auch dann, wenn andere von allen Konventionsstaaten als grundlegend anerkannte Menschenrechtsgarantien in ihrem Kern bedroht sind. Eine Abschiebung ist danach nicht zulässig, wenn dem Betroffenen in dem Aufnahmestaat Maßnahmen drohen, die einen äußersten menschenrechtlichen Mindeststandard unterschreiten. Insoweit muss nach dem BVerwG ein »menschenrechtlicher ordre public« beachtet werden. Außerhalb von Art. 3 kommt das nur in krassen Fällen in Betracht, wenn nämlich die drohende Beeinträchtigung von ihrer Schwere her dem Fall von Art. 3 vergleichbar ist. Zu diesem Bereich gehört auch ein unveräußerlicher Kern der Religionsfreiheit; nach der Rechtsprechung des BVerwG wird auch ein »religiöses Existenzminimum« geschützt (dazu, dass auch Art. 8 einer Abschiebung entgegenstehen kann, vgl. Art. 8 Rn. 25).

25 Andererseits legt das BVerwG (NVwZ 1997, 1127; 1998, 524; 1998, 973; 1999, 311) Art. 3 anders als der EGMR enger aus, nämlich in dem Sinne, dass eine Abschiebung nur dann unzulässig ist, wenn die Gefahr einer unmenschlichen oder erniedrigenden Behandlung oder Strafe durch den

Staat oder eine staatsähnliche Organisation droht (vgl. dazu Masuch, NVwZ 2000, 1266), bei Misshandlungen durch Dritte nur, wenn der Staat sie veranlasst, bewusst duldet oder ihnen gegenüber keinen Schutz gewährt, obwohl er es könnte (BVerwG NVwZ 1997, 1127). Auch nach der Rechtsprechung des BVerfG ist politische Verfolgung grundsätzlich, aber nicht immer, staatliche Verfolgung (BVerfG NVwZ 2000, 1165).

Diese Abweichung vom EGMR ist bedenklich (vgl. EGMR, III. Sektion, Entsch. v. 07.03.2000, NVwZ 2001, 301 – T.I./Vereinigtes Königreich: »offensichtliche Lücke in der Schutzgewährung«; Frowein, NVwZ 2002, 29, 32; Klug, NVwZ-Beil 2001, 65). Art. 1 bindet die Konventionsstaaten an die EMRK, die ihre konkrete Gestalt durch die Rechtsfortbildung in der Rechtsprechung des EGMR erhalten hat. Zwischen der EMRK und der Rechtsprechung des EGMR einen Trennungsstrich zu ziehen, ist nicht möglich, jedenfalls nicht, wenn es zu einer Vorschrift eine gefestigte Rechtsprechung gibt, wie das hier der Fall ist. Die Rechtsprechung des BVerwG führt zu einer Ungleichbehandlung von Fällen. Sie könnte Beschwerden gegen Deutschland provozieren. Diese Gefahr wird allerdings erheblich dadurch gemindert, dass das BVerwG § 53 Abs. 6 AuslG heranzieht. Diese Vorschrift bestimmt, dass von einer Abschiebung eines Ausländers in einen anderen Staat abgesehen werden kann und u.U. abgesehen werden muss, wenn dort für diesen Ausländer eine erhebliche und konkrete Gefahr für Leib, Leben und Freiheit besteht. Dabei ist unerheblich, von wem die dort genannte Gefahr ausgeht oder wodurch sie hervorgerufen wird. Abschiebungsschutz kann danach z.B. gewährt werden, wenn der Betroffene bei einer Abschiebung in eine extreme Gefahrenlage infolge eines Bürgerkrieges gelangen würde (BVerwG NVwZ 1999, 311). Abschiebungsschutz kann auch bei einer befürchteten Verschlimmerung einer Krankheit infolge der Verhältnisse in dem Zielland gewährt werden (BVerwG NVwZ 1998, 525 für eine Herzkrankheit; NVwZ 1998, 973 für eine drohende Verschlimmerung einer Aids-Erkrankung). In solchen Fällen gilt § 55 AuslG, d.h. die Abschiebung kann ausgesetzt werden. Es steht zu hoffen, dass diese Rechtsprechung und die Ausübung des Ermessens im konkreten Fall die Abschiebung von Ausländern verhindert, der Art. 3 EMRK in der Auslegung durch den EGMR entgegensteht. Davon, dass dies geschieht, geht auch der EGMR, III. Sektion, Entsch. v. 07.03.2000, NVwZ 2001, 301 – T.I./Vereinigtes Königreich aus (dazu Bank, NVwZ 2002, 430).

26 In diesem Zusammenhang ist daran zu erinnern, dass der Abschiebungsschutz nach Art. 3 unbedingt ist, also auch gilt, wenn sich der Betroffene strafbar gemacht hat (EGMR v. 17.12.1996, NVwZ 1997, 1100 Nr. 41 – Ahmed/Österreich; EGMR v. 02.05.1997, NVwZ 1998, 161 – D/Vereinigtes Königreich).

5. Zerstörungen von Häusern bei Polizeiaktionen

27 Die Zerstörung eines Hauses oder der Einrichtung oder von Ernten auf den Feldern im Rahmen einer Polizeiaktion kann dem Betroffenen so intensives Leid zufügen, dass Art. 3 verletzt ist. Es kommt, wie immer, auf die Umstände des Einzelfalles an (z.B. EGMR, II. Sektion, v. 16.11.2000, Beschw.-Nr. 23819/94 Nr. 103 – Bilgin/Türkei).

6. Angehörige von Opfern

28 Im Bezug auf nahe Familienangehörigen einer getöteten, verschwundenen oder gefolterten Person kann je nach den Umständen Art. 3 verletzt sein. Der EGMR nimmt das nur an, wenn besondere Umstände zeigen, dass Leiden verursacht worden sind, die über die Trauer hinaus gehen, die mit schweren Menschenrechtsverletzungen unvermeidbar verbunden sind. Es kommt auf die Nähe der Familienbeziehungen (z.B. insbesondere Eltern-Kind-Beziehung) und ihre besondere Ausgestaltung an, darauf, ob das Familienmitglied die Menschenrechtsverletzungen hat mit ansehen müssen, ob es versucht hat, Informationen über den Betroffenen zu erhalten, ob es lange Zeit in Unsicherheit und Sorge bleiben musste und schließlich auf das Verhalten der Behörden (z.B. EGMR v. 25.05.1998, Slg. 1998-III Nr. 130-134 – Kurt/Türkei; EGMR, I. Sektion, v. 14.11.2000, Beschw.-Nr. 24396/94 Nr. 79 f. – Tas/Türkei; EGMR, I. Sektion, v. 27.02.2001, Beschw.-Nr. 25704/94 Nr. 173 – Cicek/Türkei – die Fälle betrafen verschwundene Söhne; vgl. aber auch EGMR, I. Sektion, v. 31.05.2001, Beschw.-Nr. 23954/94 Nr. 102 – Akdeniz u.a./Türkei: Keine besonderen

Umstände, die Feststellung einer Verletzung rechtfertigen). Bei Fällen dieser Art stellt der EGMR in besonderem Maße auf das Verhalten der Behörden ab und ihre Reaktionsweise (EGMR v. 10.05.2001, Slg. 2001-IV Nr. 156 – Zypern/Türkei).

V. Verhältnis zu anderen Artikeln

Wenn Misshandlungen nicht die für die Anwendbarkeit von Art. 3 erforder- **29** liche Schwere erreicht haben, kann Art. 8 verletzt sein (vgl. Art. 8 Rn 5). Wenn eine Verletzung von Art. 3 festgestellt worden ist, sieht der EGMR z.T. davon ab zu prüfen, ob dieselben Tatsachen auch eine Verletzung von Art. 8 ergeben (z.B. EGMR v. 10.05.2001, Slg. 2001-V Nr. 77 – Z. u.a./Vereinigtes Königreich).

Wenn Art. 3 verletzt ist, weil der Staat seine Ermittlungspflichten nicht **30** nachgekommen ist (Rn. 4), wird i.d.R. auch Art. 13 verletzt sein (z.B. EGMR, IV. Sektion, v. 01.03.2001, Beschw.-Nr. 22493/93 Nr. 184 ff. – Berktay/Türkei).

Artikel 4 Verbot der Sklaverei und der Zwangsarbeit

(1) Niemand darf in Sklaverei oder Leibeigenschaft gehalten werden.

(2) Niemand darf gezwungen werden, Zwangs- oder Pflichtarbeit zu verrichten.

(3) Nicht als Zwangs- oder Pflichtarbeit im Sinne dieses Artikels gilt

a) eine Arbeit, die üblicherweise von einer Person verlangt wird, der unter den Voraussetzungen des Artikels 5 die Freiheit entzogen oder die bedingt entlassen worden ist;

b) eine Dienstleistung militärischer Art oder eine Dienstleistung, die an die Stelle des im Rahmen der Wehrpflicht zu leistenden Dienstes tritt, in Ländern, wo die Dienstverweigerung aus Gewissensgründen anerkannt ist;

c) eine Dienstleistung, die verlangt wird, wenn Notstände oder Katastrophen das Leben oder das Wohl der Gemeinschaft bedrohen;
d) eine Arbeit oder Dienstleistung, die zu den üblichen Bürgerpflichten gehört.

1 **Abs. 1:** Die praktische Bedeutung ist gering. Wegen des Begriffs **Sklaverei** wird man auf Art. 1 Nr. 1 des Übereinkommens betreffend die Sklaverei vom 25.09.1926 in der Fassung des Änderungsprot. vom 07.12.1953 (BGBl. II 1972, 1473) zurückgreifen können. Sklaverei ist »der Zustand oder die Stellung einer Person, an der die mit dem Eigentumsrecht verbundenen Befugnisse oder einzelne davon ausgeübt werden«. **Leibeigenschaft** ist nach der Definition in Art. 1 Buchst. b) des Zusatzübereinkommens über die Abschaffung der Sklaverei, des Sklavenhandels und sklavereiähnliche Einrichtungen und Praktiken vom 07.09.1956 (BGBl. II 1958, 205) »die Lage oder Rechtsstellung eines Pächters, der durch Gesetz, Gewohnheitsrecht oder Vereinbarung verpflichtet ist, auf einem einer anderen Person gehörenden Grundstück zu leben und zu arbeiten und dieser Person bestimmte entgeltliche oder unentgeltliche Dienste zu leisten, ohne seine Rechtsstellung selbständig ändern zu können«. Diese Definition wird auch für Art. 4 EMRK bedeutsam sein. Es wäre möglich, dass diese Vorschrift noch umfassender ist.

2 **Abs. 2:** Das Verbot der **Zwangs- oder Pflichtarbeit** ist häufiger geltend gemacht worden. Zur Definition vgl. Art. 2 des Übereinkommens über Zwangs- oder Pflichtarbeit (ILO-Übereinkommen 29) v. 28.06.1930 (BGBl. II 1956, 641): Als »Zwangs- oder Pflichtarbeit« im Sinne dieses Übereinkommens gilt jede Art von Arbeit oder Dienstleistung, die von einer Person unter Anordnung irgendeiner Strafe verlangt wird und für die sie sich nicht freiwillig zur Verfügung gestellt hat (vgl. auch das Übereinkommen über die Abschaffung der Zwangsarbeit – ILO-Übereinkommen 105 – v. 25.06.1957 – BGBl. II 1959, 442). Auf diese Übereinkommen ist in der bisherigen Spruchpraxis Bezug genommen worden (z.B. EGMR v. 23.11.1983, EuGRZ 1985, 477 – van der Mussele/Belgien). Beispiele: Keine Verletzung ist angenommen worden für den Fall der Bestellung eines deutschen Rechtsanwalts im Verfahren der Prozesskostenhilfe gegen Gebühr (EKMR EuGRZ 1975, 47), weiter bei

Wegfall der Arbeitslosenunterstützung für den Fall der Nichtannahme einer zumutbaren Arbeit in den Niederlanden (EKMR DR 7, 161).

Ausnahmen in Abs. 3 Buchst. a): Arbeiten während der Freiheitsentziehung, wenn sie »üblicherweise« verlangt werden. Eine Verpflichtung zur Entlohnung ergibt sich aus der EMRK nicht (Frowein/Peukert Rn. 12). Ob sich diese Auffassung auf Dauer wird vertreten lassen, muss abgewartet werden. **3**

Buchst. b): Militärdienst oder Ersatzdienst. Art. 4 verpflichtet nicht dazu, das Recht auf Kriegsdienstverweigerung einzuräumen, wie sich aus der Fassung des Buchst. b) deutlich ergibt. **4**

Buchst. c): Notstand oder Katastrophe. **5**

Buchst. d): Übliche Bürgerpflichten, z.B. Feuerwehrdienstpflicht oder ersatzweise Abgabe in Deutschland (EGMR v. 18.07.1994, EuGRZ 1995, 392 – Schmidt/Deutschland: Zulässige Verpflichtung, aber Verstoß gegen Art. 14, weil nur Männer betroffen sind); Pflichten zur Deichhilfe, Verpflichtung für Arbeitgeber, Steuern und Sozialabgabe zu entrichten (EKMR DR 7, 148). **6**

Artikel 5 Recht auf Freiheit und Sicherheit

(1) Jede Person hat das Recht auf Freiheit und Sicherheit. Die Freiheit darf nur in den folgenden Fällen und nur auf die gesetzlich vorgeschriebene Weise entzogen werden:

a) rechtmäßige Freiheitsentziehung nach Verurteilung durch ein zuständiges Gericht;

b) rechtmäßige Festnahme oder Freiheitsentziehung wegen Nichtbefolgung einer rechtmäßigen gerichtlichen Anordnung oder zur Erzwingung der Erfüllung einer gesetzlichen Verpflichtung;

c) rechtmäßige Festnahme oder Freiheitsentziehung zur Vorführung vor die zuständige Gerichtsbehörde, wenn hinreichender Verdacht

besteht, dass die betreffende Person eine Straftat begangen hat, oder wenn begründeter Anlass zu der Annahme besteht, dass es notwendig ist, sie an der Begehung einer Straftat oder an der Flucht nach Begehung einer solchen zu hindern;

d) rechtmäßige Freiheitsentziehung bei Minderjährigen zum Zweck überwachter Erziehung oder zur Vorführung vor die zuständige Behörde;

e) rechtmäßige Freiheitsentziehung mit dem Ziel, eine Verbreitung ansteckender Krankheiten zu verhindern, sowie bei psychisch Kranken, Alkohol- oder Rauschgiftsüchtigen und Landstreichern;

f) rechtmäßige Festnahme oder Freiheitsentziehung zur Verhinderung der unerlaubten Einreise sowie bei Personen, gegen die ein Ausweisungs- oder Auslieferungsverfahren im Gange ist.

(2) Jeder festgenommenen Person muss innerhalb möglichst kurzer Frist in einer ihr verständlichen Sprache mitgeteilt werden, welches die Gründe für ihre Festnahme sind und welche Beschuldigungen gegen sie erhoben werden.

(3) Jede Person, die nach Absatz 1 Buchstabe c von Festnahme oder Freiheitsentziehung betroffen ist, muss unverzüglich einem Richter oder einer anderen gesetzlich zur Wahrnehmung richterlicher Aufgaben ermächtigten Person vorgeführt werden; sie hat Anspruch auf ein Urteil innerhalb angemessener Frist oder auf Entlassung während des Verfahrens. Die Entlassung kann von der Leistung einer Sicherheit für das Erscheinen vor Gericht abhängig gemacht werden.

(4) Jeder Person, die festgenommen oder der die Freiheit entzogen ist, hat das Recht zu beantragen, dass ein Gericht innerhalb kurzer Frist über die Rechtmäßigkeit der Freiheitsentziehung entscheidet und ihre Entlassung anordnet, wenn die Freiheitsentziehung nicht rechtmäßig ist.

(5) Jede Person, die unter Verletzung dieses Artikels von Festnahme oder Freiheitsentziehung betroffen ist, hat Anspruch auf Schadensersatz.

I. Allgemeines

1 **Abs. 1** garantiert Freiheit und Sicherheit, die folgenden Absätze beziehen sich nur auf den Freiheitsentzug. Die Garantie der Sicherheit hat keine selbständige Bedeutung gewonnen und wird nur im Zusammenhang mit der Freiheit verstanden, so dass Art. 5 die Garantie der persönlichen Freiheit beinhaltet; er schützt vor willkürlicher Freiheitsentziehung und Haft. Aus der Garantie der persönlichen Sicherheit kann ein Asylrecht nicht abgeleitet werden (Art. 3 Rn. 19), auch kein Recht auf Schutz der Sicherheit einzelner Personen und keine Garantie der körperlichen Unversehrtheit (z.B. in der Haft). Diese Risiken sind von Art. 2, 3 und 8 abgedeckt.

II. Begriff der Freiheitsentziehung

2 Eine Abgrenzung ist insbesondere von der **Einschränkung der Bewegungsfreiheit** (Prot. Nr. 4, Art. 2) erforderlich. Bei der Abgrenzung berücksichtigt der Gerichtshof alle Umstände des Einzelfalls (Art, Dauer und Auswirkungen der Maßnahmen). Freiheitsentziehung und Einschränkung der Bewegungsfreiheit unterscheiden sich nur dem Grade nach (z.B. keine Freiheitsentziehung, wenn Soldaten in der Kaserne bleiben müssen – EGMR v. 08.06.1976, EuGRZ 1976, 221 Nr. 61-63 – Engel u.a./Niederlande; Art. 5 anwendbar bei Festnahme von Asylbewerbern in dem Transitbereich eines Flughafens – EGMR v. 25.06.1996, Slg. 1996-III, S. 847-848 Nr. 41-43 – Amour/Frankreich). Keine Freiheitsentziehung ist die Auflage, sich in einer bestimmten Gemeinde aufzuhalten und sich regelmäßig bei der Behörde zu melden. Dagegen fällt Hausarrest unter Art. 5.

3 Auch **kurzfristige Freiheitsentziehung** fällt unter Art. 5 (z.B. kurzer Polizeiarrest, zwangsweise Durchführung von Untersuchungsmaßnahmen), Freiheitsentziehung kann auch nach Disziplinarrecht verhängter Arrest bei Soldaten sein, jedenfalls bei strengem Arrest (EGMR v. 08.06.1976, EuGRZ 1976, 221 Nr. 61-63 – Engel u.a./Niederlande).

III. Zulässigkeit der Freiheitsentziehung

1. Allgemeine Voraussetzungen

4 Eine Freiheitsentziehung ist nach Art. 5 Abs. 1 zulässig, wenn sie **nach innerstaatlichem Recht rechtmäßig** und auf die im Gesetz vorgeschriebene Weise vorgenommen worden ist. Außerdem muss **mindestens einer der in Abs. 1 Buchst. a) bis f) genannten Haftgründe vorliegen** (EGMR v. 22.03.1995, Serie A, Bd. 311, S. 17 Nr. 42 – Quinn/Frankreich). Aus der Verweisung auf das innerstaatliche Recht folgt die Konventionsverpflichtung, die materiellen und verfahrensrechtlichen Vorschriften des jeweiligen Mitgliedstaats einzuhalten. Dabei ist es vorrangig Sache der staatlichen Gerichte, das innerstaatliche Recht auszulegen und anzuwenden. Weil aber die Nichteinhaltung des innerstaatlichen Rechts einen Konventionsverstoß zur Folge hat, muss der Gerichtshof untersuchen, ob das innerstaatliche Recht beachtet worden ist (EGMR v. 04.08.1999, NJW 2000, 2888 – Duoiyeb/Niederlande; EGMR v. 27.11.1997, NJW 1999, 775 Nr. 72 – K.-F./Deutschland: Überschreitung der Zwölfstundenfrist in § 163 c Abs. 3 StPO um 45 Minuten: Verletzung; vgl. dazu Eiffler, NJW 1999, 762). Der Gerichtshof prüft weiter, ob die Freiheitsentziehung mit dem Ziel von Art. 5 Abs. 1 vereinbar ist, Personen vor missbräuchlicher oder willkürlicher Freiheitsentziehung zu schützen (EGMR v. 27.11.1997, NJW 1999, 775 Nr. 63 – K. und F./Deutschland) und ob das nationale Recht mit den Konventionsgrundsätzen übereinstimmt. Es werden also auch qualitative Anforderungen an das nationale Recht gestellt, insbesondere hinsichtlich der Rechtssicherheit. Der Gerichtshof verlangt, dass die Voraussetzungen für eine Freiheitsentziehung im nationalen Recht klar umrissen werden, so dass die Rechtsanwendung vorhersehbar ist. Wie auch sonst ist notwendig, dass eine Person, wenn nötig nach rechtlicher Beratung, in angemessener Weise vorhersehen kann, welche Konsequenzen eine Handlung hat (vgl. Art. 8 Rn. 38).

5 Die Aufzählung der Haftgründe in Abs. 1 ist **abschließend**. Eine Freiheitsentziehung ist deswegen nur gerechtfertigt, wenn sie von einem oder mehreren der in Abs. 1 Satz 2 Buchst. a) bis f) genannten Gründe

erfasst wird. Diese Regelungen werden eng ausgelegt, können z.B. nur herangezogen werden, solange sie bestehen (z.B. in Buchst. f), solange Ausweisungs- oder Auslieferungsverfahren schweben).

2. Gerichtliche Verurteilung (Buchst. a)

6 Sie muss der Grund für die Freiheitsentziehung sein. Es kann sich um eine strafrechtliche oder disziplinarrechtliche Verurteilung handeln. Rechtskraft ist nicht erforderlich. Das Gericht muss unabhängig und unparteiisch sein; die Gewähr für die Einhaltung rechtsstaatlicher Verfahrensgarantien muss gegeben sein. Die Freiheitsentziehung kann eine Strafe sein, aber auch eine andere Maßnahme z.B. der Sicherung und Besserung, wie die Unterbringung in einer Heilanstalt (vgl. auch Buchst. e).

7 Die Freiheitsentziehung ist grundsätzlich rechtmäßig, wenn sie aufgrund einer gerichtlichen Entscheidung stattfindet. Wenn sich später ergibt, dass sich der Richter geirrt hat, macht das die Freiheitsentziehung nicht konventionswidrig. Deswegen werden Bf. nicht mit der Behauptung gehört, der Schuldspruch oder die gegen sie verhängte Strafe beruhten auf einem Tatsachen- oder Rechtsirrtum (EGMR v. 04.08.1999, NJW 2000, 2888 Nr. 45 – Douiyeb/Niederlande). Der EGMR prüft die Urteiler staatlicher Gerichte also nicht auf deren Richtigkeit.

8 Wenn eine Strafaussetzung widerrufen wird, ist die weitere Haft grundsätzlich von Buchst. a) gedeckt.

3. Nichtbefolgung einer rechtmäßigen Anordnung, Erzwingung oder Erfüllung einer gesetzlichen Verpflichtung (Buchst. b)

9 Buchst. b) kennt zwei Fälle: Die Festnahme oder Freiheitsentziehung wegen Nichtbeachtung einer rechtmäßigen gerichtlichen Anordnung und die zur Erzwingung der Erfüllung einer gesetzlichen Verpflichtung.

10 Die erste Alternative setzt einen Gerichtsbeschluss voraus, z.B. auf Zahlung einer Geldbuße, die gerichtliche Anordnung der Unterbringung, auf Räumung oder Meldeauflagen.

Die zweite Alternative meint eine besondere Verpflichtung, die unmittelbar durch Gesetz auferlegt wird. Nicht erfasst werden also allgemeine Pflichten, z.B. zur Beachtung der Rechtsordnung (EGMR v. 01.07.1961, Serie A, Bd. 3 S. 47 Nr. 9 – Lawless/Vereinigtes Königreich). Die Vorschrift soll keine präventive Freiheitsentziehung zur Verhütung von Straftaten ermöglichen, sondern die Durchsetzung spezieller gesetzlicher Pflichten. 11

4. Vorläufige Festnahme, Untersuchungshaft, Präventivhaft (Buchst. c)

Buchst. c) betrifft insbesondere die vorläufige Festnahme und Untersuchungshaft, aber auch eine Präventivhaft. Die Freiheitsentziehung muss rechtmäßig und auf die gesetzlich vorgeschriebene Weise vorgenommen sein (vgl. Rn. 4). Außerdem muss sie zur Vorführung vor die zuständige Gerichtsbehörde vorgenommen sein, und es muss ein Haftgrund vorliegen (Tatverdacht, Verhinderung einer Straftat, Fluchtgefahr). Die U-Haft beginnt mit der Verhaftung und endet mit der gerichtlichen Entscheidung in der ersten Instanz. Im Falle eines Freispruchs ist die Haft nicht länger gerechtfertigt. Der Gerichtshof erkennt an, dass bis zur Entlassung eine gewisse Zeit erforderlich ist, die aber auf das absolut erforderliche Minimum beschränkt sein muss (EGMR v. 01.07.1997, Slg. 1997-IV, S. 1191 Nr. 25 – Giulia Manzoni/Italien), also nicht zwölf Stunden dauern darf (EGMR v. 06.04.2000, Slg. 2000-IV Nr. 172 – Labita/Italien). 12

Die Freiheitsentziehung ist nur rechtmäßig, wenn sie im Zusammenhang mit einem Strafverfahren vorgenommen wird. Zweck der Festnahme muss die Vorführung vor die zuständige Justizbehörde wegen eines Tatverdachts sein. Gerichtsbehörde ist ebenso zu verstehen wie in Abs. 3 (Richter oder zur Wahrnehmung richterlicher Aufgaben ermächtigte Person). 13

Der Haftgrund des hinreichenden Tatverdachts muss sich auf eine strafbare Handlung beziehen, die eine Verurteilung auch zu einer Freiheitsstrafe nach sich ziehen kann (Buchst. a)). Wenn das nationale Recht weitergehende Voraussetzungen vorsieht (z.B. dringender Tatverdacht, Verdunkelungs- oder Wiederholungsgefahr), müssen sie vorliegen, weil die Freiheit sonst nicht auf die gesetzlich vorgesehene Weise entzogen wäre. 14

15 Der EGMR prüft, ob ein hinreichender Tatverdacht vorliegt. Es müssen konkrete Tatsachen vorliegen, die einen objektiven Betrachter davon überzeugen würden, dass der Betroffene eine Straftat begangen haben könnte. Die strafbare Handlung muss nicht schon so weitgehend aufgeklärt sein, dass die Anklage erhoben werden kann (EGMR v. 28.10.1994, EuGRZ 1996, 587 Nr. 55 – Murray/Vereinigtes Königreich). Die Haft kann also auch gerechtfertigt gewesen sein, wenn es nicht zu einer Anklage oder wenn es zu einem Freispruch kommt.

16 Verhinderung einer Straftat: Die Regelung wird eng ausgelegt. Erforderlich ist, dass konkrete Gründe darauf schließen lassen, dass eine bestimmte strafbare Handlung begangen werden soll. Es kommt also nicht in Betracht, auf allgemeine Weise gefährliche Personen in Haft zu nehmen, weil ein allgemeiner Verdacht besteht, sie könnten strafbare Handlungen begehen (EGMR v. 06.11.1980, EuGRZ 1983, 633 Nr. 102 – Guzzardi/Italien).

5. Freiheitsentziehung Minderjähriger (Buchst. d)

17 Buchst. d) betrifft die Freiheitsentziehung Minderjähriger zum Zwecke überwachter Erziehung und zur Vorführung (Frowein/Peukert Rn. 86). Der Begriff überwachte Erziehung umfasst Maßnahmen der Fürsorge und des Jugendstrafrechts. Die Anordnung kann von einer Behörde getroffen worden sein. Eine kurzfristige und vorübergehende Unterbringung in einer U-Haft-Anstalt schadet nicht, wenn sie dazu dient, die Einweisung in ein geeignetes Heim sicherzustellen (EGMR v. 29.02.1988, Serie A, Bd. 129, S. 21 Nr. 50 – Bouamar/Belgien). Zulässig ist eine Haft nach der zweiten Alternative auch zur Prüfung, ob eine überwachte Erziehung angeordnet werden soll (Frowein/Peukert Rn. 86).

6. Ansteckende Krankheit, Geisteskranke, Alkoholabhängige, Rauschgiftsüchtige, Landstreicher (Buchst. e)

18 Buchst. e) Grund für die Regelung ist die Gefahr, die von diesen Personen für die öffentliche Sicherheit ausgehen kann, aber auch das eigene Interesse dieser Personen, das eine zwangsweise Unterbringung erforderlich machen kann (EGMR v. 06.11.1980, EuGRZ 1983, 633 Nr. 98 – Guzzardi/Italien). Ein Gerichtsbeschluss ist nicht erforderlich. Die Vorschriften des nationalen Rechts sind wie immer zu beachten.

Bei den **Krankheiten** ist insbesondere an die Fälle des § 37 BSeuchenG zu denken (Cholera, Pest, Pocken, virusbedingtes hämorrhagisches Fieber). Auch Verdächtigten und Kontaktpersonen kann die Freiheit entzogen werden. 19

Was **Geisteskranke** sind, wird nicht definiert. Erforderlich ist ein ärztliches Gutachten. Es muss die Geisteskrankheit verlässlich beweisen. Das Gutachten muss i.d.R. vor der Unterbringung vorliegen, in dringenden Fällen kann es genügen, wenn es unmittelbar danach eingeholt wird, z.B. wenn eine Person wegen Gewalttätigkeit in Gewahrsam genommen wird. Das Gutachten muss jedenfalls auf der Grundlage des aktuellen Geisteszustand des Betroffenen angefertigt sein (EGMR, IV. Sektion, v. 05.10.2000, Slg. 2000-X Nr. 47 – Varbanov/Bulgarien). Die Krankheit muss so schwerwiegend sein, dass sie die Unterbringung notwendig macht. Weniger einschneidende Maßnahmen müssen in Betracht gezogen und unzureichend sein, um die persönlichen oder öffentlichen Interessen, die für eine Unterbringung sprechen, zu schützen (EGMR, IV. Sektion, v. 05.10.2000, Slg. 2000-X Nr. 45 f. – Varbanov/Bulgarien). Eine Fortsetzung der Unterbringung ist nur zulässig, wenn der Krankheitszustand fortbesteht (EGMR v. 24.10.1979, EuGRZ 1979, 650 Nr. 37, 39 – Winterwerp/Niederlande). Psychisch Kranke haben nach Abs. 4 Anspruch auf regelmäßige Überprüfung ihrer Unterbringung (vgl. Rn. 45). 20

Der Begriff **Alkoholkranker** ist nicht im engen Sinne zu verstehen dahin, dass er nur Personen umfasst, die alkoholabhängig sind oder bei denen eine Alkoholkrankheit medizinisch festgestellt ist. Es sind auch Personen gemeint, deren Verhalten unter Alkohol eine Gefahr oder Bedrohung für die öffentliche Ordnung oder sie selbst ist. Die Freiheitsentziehung dient dem Schutz der öffentlichen Ordnung und der Gesundheit und Sicherheit des Betroffenen; sie kann angeordnet werden, um ein gefährliches Verhalten nach Alkoholgenuss zu verhindern (vgl. z.B. EGMR, IV. Sektion, Entsch. v. 07.06.2001, Beschw.-Nr. 33310/96 – H.D./Polen). 21

22 **Landstreicher** sind Personen ohne festen Wohnsitz, ohne Mittel zum Unterhalt und ohne regelmäßige Erwerbstätigkeit (vgl. EMRK v. 18.11.1970, Serie A, Bd. 12, S. 37 Nr. 68 – De Wilde, Ooms u. Versyp/Belgien, der sog. Belgische Landstreicher-Fall). Ein Mafioso ist kein Landstreicher (EGMR v. 06.11.1980, EuGRZ 1983, 663 – Guzzardi/Italien).

7. Festnahme zur Verhinderung unerlaubter Einreise, Abschiebungs- und Auslieferungshaft (Buchst. f)

23 Buchst. f) betrifft die Festnahme zur Verhinderung unerlaubter Einreise, sowie die Abschiebungs- und Auslieferungshaft (§ 57 AuslG). Sie betrifft z.B. das Festhalten im Transitbereich von Flughäfen. Bei der Abschiebungs- und Auslieferungshaft betrifft die Regelung nur die Zulässigkeit der Haft, nicht die der Abschiebung oder Auslieferung. Der EGMR erkennt an, dass die Konventionsstaaten vorbehaltlich ihrer internationalen Verpflichtungen einschließlich der nach Art. 3 und 8 das Recht haben, die Einreise, den Aufenthalt und die Ausweisung von Ausländern zu regeln. Das Auslieferungsersuchen darf aber nicht offensichtlich unzulässig oder unbegründet sein (EGMR v. 21.10.1986, EuGRZ 1988, 523 Nr. 57 – Sanchez-Reisse/Schweiz). Der EGMR berücksichtigt bei seiner Überprüfung der Rechtmäßigkeit auch, ob sich das Auslieferungs- oder Ausweisungsverfahren über Gebühr verzögert hat. Voraussetzung ist nur, dass ein Ausweisungs- oder Auslieferungsverfahren in Gang ist, weitere Haftgründe sind nicht notwendig (EGMR, III. Sektion, v. 05.02.2002, Beschw.-Nr. 51564/99 Nr. 38 – Conka/Belgien).

IV. Verfahrensrechtliche Verpflichtungen

24 Wenn eine Person in staatlichen Gewahrsam genommen wird, muss der Staat über sein **Schicksal Rechenschaft** ablegen können (vgl. Art. 2 Rn. 19). Der EGMR leitet das aus Art. 5 ab, der eine unabhängige gerichtliche Überprüfung der Freiheitsentziehung sicherstellen will. Eine Freiheitsentziehung ohne amtliche Aufzeichnung darüber und über das Verbleiben der betroffenen Person ist schon für sich genommen eine

Verletzung von Art. 5, der dem Staat die Verpflichtung auferlegt, wirksame Maßnahmen zu treffen, um dem Risiko des Verschwindens einer Person zu begegnen. Genaue und verlässliche Aufzeichnungen sind eine unverzichtbare Sicherung gegen willkürliche Haft, und stellen sicher, dass die für die Freiheitsentziehung Verantwortlichen sich nicht der Rechenschaftspflicht über das Schicksal des Gefangenen entziehen können (EGMR v. 25.05.1998, Slg. 1998-III, S. 1187 f. Nr. 130 ff. – Kurt/Türkei; EGMR v. 14.11.2000, Beschw-Nr. 24396/94 Nr. 84 ff. – Tas/Türkei). Die Behörden müssen unverzüglich wirksame Ermittlungen anstellen, wenn auf vertretbare Weise geltend gemacht wird, dass eine Person festgenommen und dann nicht mehr gesehen worden ist (EGMR v. 27.02.2001, Beschw.-Nr. 25704/94 Nr. 164 – Cicek/Türkei; EGMR v. 10.05.2001, Slg. 2001-IV Nr. 147 – Zypern/Türkei).

V. Besondere Rechte für Personen, denen die Freiheit entzogen worden ist

1. Recht auf Information (Abs. 2)

Abs. 2 gibt ein Recht auf Information über die Haftgründe. Er ist für alle 25
Fälle des Abs. 1 anwendbar und steht im Zusammenhang mit Abs. 4, denn eine Person kann von ihrem Recht auf Haftkontrolle nur wirksam Gebrauch machen, wenn sie weiß, warum sie verhaftet worden ist (EGMR v. 21.02.1990, Serie A, Bd. 170, S. 13 Nr. 27-28 – van der Leer/Niederlande). Die Person hat Anspruch darauf, in verständlicher und nichttechnischer Sprache über die wesentlichen rechtlichen und tatsächlichen Gründe (auch Beweismittel) für ihre Verhaftung unterrichtet zu werden, so dass sie ggf. von ihrem Recht nach Abs. 4 Gebrauch machen kann. Die Unterrichtung kann mündlich geschehen. Wenn die Person nach ihrem Geisteszustand nicht in der Lage ist, die Belehrung zu verstehen, muss der gesetzliche Vertreter unterrichtet werden. Eine Übersetzung des Haftbefehls ist nicht erforderlich, es genügt, dass der Betroffene auf für ihn verständliche Weise unterrichtet wird (EGMR, II. Sektion, v. 05.04.2000, Beschw.-Nr. 26899/95 Nr. 47 – H.B./Schweiz).

26 Die Unterrichtung muss schnell geschehen, aber nicht notwendig bei der Verhaftung selbst, dann aber unmittelbar danach, z.B. bei der ersten Vernehmung und nicht erst zehn Tage nach der Anordnung der Unterbringung wegen Geisteskrankheit (EGMR v. 21.02.1990, Serie A, Bd. 190, S. 13, 30 – van der Leer/Niederlande).

2. Anspruch auf unverzügliche Vorführung vor einem Richter (Abs. 3)

27 **a) Schutzfunktion:** Das Recht ist von grundlegender Bedeutung für den Schutz gegen willkürliche oder rechtswidrige Eingriffe des Staates in das Recht auf Freiheit. Die gerichtliche Kontrolle ist Ausdruck des **Rechtsstaatsprinzips**, eines der grundlegenden Prinzipien der demokratischen Gesellschaft, auf das in der Präambel zur Konvention hingewiesen wird (EGMR v. 29.11.1988, Serie A, Bd. 145, S. 32 Nr. 59 – Brogan u.a./Vereinigtes Königreich). Ziel von Abs. 3 ist zugleich, eine Haftentlassung zu erzwingen, sobald sie nicht mehr angemessen ist.

28 Das Recht auf Vorführung besteht für den Fall, dass der Festgenommene nicht sofort wieder entlassen wird.

29 **b) Prüfung von Amts wegen:** Die Vorführung und richterliche Überprüfung darf nicht von einem Antrag abhängig gemacht werden, sie muss von Amts wegen geschehen. Das unterscheidet Abs. 3 von Abs. 4 (EGMR v. 29.04.1999, NJW 2001, 51 Nr. 49 – Aquilina/Malta).

30 **c) Unverzüglich:** Was unverzüglich ist, hängt von den Umständen des Falles ab. Der Gerichtshof nimmt aber an, dass hier nur geringe Flexibilität besteht. Die Anforderungen sind strenger als in Abs. 3 Satz 1 zweiter Halbsatz (innerhalb angemessener Frist) oder in Abs. 4 (innerhalb kurzer Frist). Der EGMR hat eine Vorführung nach vier Tagen und sechs Stunden für zu spät gehalten (Urt. v. 29.11.1988, Serie A, Bd. 145, S. 33 Nr. 59, 62 – Brogan u.a./Vereinigtes Königreich), zwei Tage genügen (EGMR v. 29.04,1999, NJW 2001, 51 – Aquilina/Malta). Ein Zeitraum von mehr als vier Tagen kann nur ausnahmsweise noch hingenommen werden (EGMR v. 14.11.2000, Beschw.-Nr. 24396/94 Nr. 86 – Tas/Türkei), acht Tage sind jedenfalls zu lang, auch bei Ermittlungen gegen Terroristen (EGMR, III. Sektion, v. 20.6.2002, Beschw.-Nr. 34481/97 Nr. 25 – Filiz und Kalkan/Türkei).

d) Vorführung vor einen Richter oder eine andere gesetzlich zur Wahrnehmung richterlicher Aufgaben ermächtigte Person: Die neben dem Richter erwähnte Person erfüllt die Voraussetzungen nur, wenn sie bestimmten Anforderungen insbesondere an ihre Unabhängigkeit genügt. Der Gerichtshof (s. insbes. Urt. v. 25.03.1999, NJW 2000, 2883 Nr. 49 ff. – Nikolova/Bulgarien) geht von Folgendem aus: Die richterliche Person hat die Aufgabe, die für und gegen eine Haft sprechenden Umstände zu prüfen und nach rechtlichen Kriterien darüber zu entscheiden, ob Haftgründe vorliegen, und die Haftentlassung zu verfügen, wenn das nicht der Fall ist. Sie muss also die Freiheitsentziehung der Sache nach überprüfen (EGMR v. 29.04.1999, NJW 2000, 51, Nr. 47 – Aquilina/Malta). Die von der EMRK gewollte Garantie gegen willkürliche und rechtswidrige Freiheitsentziehung kann nur verwirklicht werden, wenn die Person unabhängig von der Exekutive und den Parteien ist. Dafür ist insbesondere auch der objektive Anschein von Bedeutung. Wenn sich zur Zeit der Anordnung der Haft zeigt, dass die »Person« im folgenden Strafverfahren als Vertreter der Strafverfolgungsbehörde auftreten kann, können Zweifel an ihrer Unabhängigkeit und Unparteilichkeit bestehen (EGMR v. 18.12.1999, NVwZ 2001, 304 – Hood/Vereinigtes Königreich). 31

Als nicht ausreichend hat der Gerichtshof die Vorführung vor einen Staatsanwalt oder vor den mit der Untersuchung beauftragten Beamten oder Soldaten, der bei der weiteren Strafverfolgung beteiligt sein kann, angesehen. Eine mehrfache Vorführung verlangt Abs. 3 in der Regel nicht (EGMR, III. Sektion, v. 10.10.2000, Beschw.-Nr. 37975/97 Nr. 25 – Grauzinis/Litauen). 32

e) Verfahrensweise: Die verfahrensrechtlichen Erfordernisse müssen formal und deutlich im Gesetz verankert sein, es genügt nicht, dass lediglich eine feste Praxis besteht. Der Richter oder die weiter genannte Person müssen den Betroffenen persönlich anhören und alle Tatsachen und Umstände, die für und gegen eine Haft sprechen, von Amts wegen 33 prüfen. In der Entscheidung über die Haft müssen die Tatsachen angegeben werden, auf die sich die Entscheidung stützt (EGMR v. 29.04.1999, NJW 2001, 51 – Aquilina/Malta; EGMR v. 18.12.1999, NVwZ 2001, 304 – Hood/Vereinigtes Königreich). Gegebenenfalls muss der Richter oder insbesondere die Person befugt sein, die Entlassung verbindlich anzuordnen.

34 **f) Dauer der U-Haft: Abs. 3** gibt ein Recht auf ein Urteil binnen angemessener Frist oder auf Entlassung. Es handelt sich um die in der Praxis bedeutsamste Garantie. Eine Entscheidung in angemessener Frist wird auch in Art. 6 Abs. 1 S. 1 garantiert. Die Garantie in Art. 5 Abs. 3 ist aber strenger, denn der Inhaftierte hat Anspruch auf zügige Behandlung seines Falles. Ebenso wie bei Art. 6 Abs. 1 S. 1 gibt es keine feste zeitliche Grenze. Es kommt auf die Umstände des Einzelfalles an.

35 Maßgebend ist die Zeit zwischen der Verhaftung und der Entlassung oder Aburteilung in erster Instanz (EGMR v. 26.10.2000, NJW 2001, 2694 Nr. 104 – Kudla/Polen). Mehrere Haftperioden sind zusammenzurechnen. Haft im Ausland zählt nicht.

36 Es ist zunächst Sache der nationalen Behörden, alle Umstände darauf zu überprüfen, ob ein öffentliches Interesse besteht, das es rechtfertigt, unter Berücksichtigung der Unschuldsvermutung eine Ausnahme von der Garantie der persönlichen Freiheit zuzulassen. Die nationalen Behörden müssen ihre Entscheidung darüber begründen. Bei der Prüfung, ob die Haftdauer angemessen ist, prüft der Gerichtshof, ob die für die Haft angeführten Gründe stichhaltig und ausreichend sind. Eine Fortdauer der Freiheitsentziehung ist nur gerechtfertigt, wenn es klare Hinweise auf ein echtes öffentliches Interesse gibt, das unter Berücksichtigung der Unschuldsvermutung das Recht auf persönliche Freiheit überwiegt. Ein dringender Tatverdacht ist notwendig und muss fortbestehen, kann nach der Rechtsprechung von einer gewissen Zeit ab aber allein die Fortdauer der Haft nicht rechtfertigen. Bei der Beurteilung der Fluchtgefahr darf nicht allein auf die Schwere der Tat und der zu erwartenden Strafe abgestellt werden. Generell gilt: Je länger die Haft andauert, desto stärker müssen die angeführten Gründe sein. Bei der Haftdauer von z.B. über vier Jahren reicht es nicht aus, allein auf Tatverdacht und Fluchtgefahr wegen der Schwere der Tat zu verweisen. Der EGMR prüft weiter, ob die Strafverfolgungsbehörden die notwendige Sorgfalt eingehalten und das Verfahren schleunig betrieben haben (EGMR v. 26.10.2000, NJW 2001, 2694 Nr. 110 f. – Kudla/Polen), wobei die Schwierigkeit der Sache von Bedeutung ist. Auch das Verhältnis der Haftdauer zur angedrohten Strafe ist von Bedeutung und die Auswirkung der Haft auf den Betroffenen (EGMR v. 26.06.1991, Serie A, Bd. 207, S. 18 Nr. 85 – Letellier/Frankreich). Das Verhalten des Betroffenen wird berücksichtigt, er ist aber nicht verpflichtet, aktiv zu seiner Verurteilung beizutragen. Die nationalen Behörden müssen auch eine Entlassung gegen Kaution in Betracht ziehen (vgl. Abs. 3 S. 2 und EGMR v. 27.06.1968, Serie A, Bd. 7, S. 25 Nr. 15 – Wemhof/Deutschland), haben bei ihrer Entscheidung aber einen Ermessensspielraum. Wenn jedoch eine solche Möglichkeit für bestimmte Fälle generell ausgeschlossen wird, verstößt das gegen Art. 5 Abs. 3 (EGMR, III. Sektion, v. 19.06.2001, Beschw.-Nr. 39360/98 – S.B.C./Vereinigtes Königreich).

g) Verhältnis zu Abs. 5: Wenn der EGMR einen Verstoß gegen Abs. 3 **37**
festgestellt hat und das innerstaatliche Recht dem Bf. keinen durchsetzbaren Anspruch auf Entschädigung gibt, ist auch Abs. 5 verletzt (EGMR v. 18.02.1999, NVwZ 2001, 304 – Hood/Vereinigtes Königreich). Dasselbe gilt bei Verstößen gegen Abs. 4.

3. Richterliche Haftkontrolle (Abs. 4)

a) Recht auf richterliche Überprüfung: Die Vorschrift gibt ein Recht **38**
auf richterliche Überprüfung der Freiheitsentziehung, sie spiegelt den habeas corpus-Gedanken wider. Die Abs. 3 und 4 stehen nebeneinander. Der Betroffene hat also sowohl das Recht auf unverzügliche Vorführung und Entscheidung von Amts wegen nach Abs. 3, als auch das Recht, eine Entscheidung durch ein Gericht nach Abs. 4 zu beantragen. Abs. 4 gilt für alle Haftgründe des Abs. 1, kann aber für die unterschiedlichen Arten der Freiheitsentziehung unterschiedliche Garantien geben (EGMR v. 24.06.1982, EuGRZ 1984, 6 Nr. 47 – van Droogenbroeck/Belgien). Bei sehr kurzfristiger Haft kann es möglich sein, dass eine Haftkontrolle

innerhalb dieser Zeit nicht durchgeführt werden kann. Das Recht erlischt mit unbedingter Haftentlassung (Frowein/Peukert Rn. 133). Bei Vollstreckung eines Strafurteils (Abs. 1 Buchst. a)) ist eine gerichtliche Haftkontrolle i.d.R. nicht notwendig. Ein Anspruch auf Überprüfung der Entscheidung, den Betroffenen nicht im Gnadenwege zu entlassen, besteht nicht. Wenn aber die Haft von persönlichen Eigenschaften abhängt, die sich ändern können (z.B. Geisteskrankheit), besteht ein Recht auf anschließende Prüfung in regelmäßigen Abständen (Rn. 45).

39 **b) Anforderungen an den Rechtsbehelf:** Nach der Rechtsprechung verweist Abs. 4 auf einen Rechtsbehelf im innerstaatlichen Recht, der ausreichend sicher zur Verfügung stehen, zugänglich und wirksam sein muss (EGMR v. 26.11.1997, Slg. 1997-VII, S. 2625 Nr. 53 – Sakik u.a./Türkei). Ein Rechtsmittel gegen die Entscheidung wird nicht garantiert. Wenn das innerstaatliche Recht es vorsieht, muss auch das Rechtsmittelgericht Art. 5 Abs. 4 beachten (EGMR, III. Sektion, v. 10.10.2000, Beschw.-Nr. 37975/97 Nr. 32 – Grauzinis/Litauen).

40 **c) Entscheidungsbefugnis:** Über den Antrag muss **ein Gericht** entscheiden. Art. 5 Abs. 4 garantiert einen Zugang zu dem Gericht und gibt damit eine Art. 6 Abs. 1 entsprechende Vorschrift. Die entscheidende Stelle muss von den Parteien und der Exekutive unabhängig und unparteiisch sein (EGMR v. 29.03.2001, Slg. 2001-II Nr. 42 – D.N./Schweiz: Verletzung von Art. 5 Abs. 4 bei Teilnahme eines Psychiaters als Richter, der vor der mündlichen Verhandlung als Berichterstatter Untersuchungen vorgenommen hat). Ein Staatsanwalt oder ein Minister ist kein Gericht.

41 Das gerichtliche **Verfahren** muss justizförmig sein und ausreichende Garantien bieten, wobei es im Einzelnen auf die Art der Freiheitsentziehung ankommt. Bei einer Freiheitsentziehung nach Abs. 1 Buchst. c) muss eine persönliche Anhörung stattfinden. Jedenfalls müssen wegen der schwerwiegenden Folgen einer Freiheitsentziehung die Grundanforderungen an ein faires Verfahren, z.B. das Recht auf ein kontradiktorisches Verfahren, auch unter den besonderen Umständen eines laufenden Ermittlungsverfahrens soweit wie möglich erfüllt sein. Im Haftprüfungsverfahren muss Waffengleichheit zwischen der Staatsanwaltschaft und dem Verhafteten gegeben sein. Der Betroffene muss ausreichende Gelegenheit haben, seine Argumente vorzutragen (EGMR v. 21.10.1986, EuGRZ 1988, 523 Nr. 46 ff. – Sanchez Reisse/Schweiz). Er muss insbesondere Kenntnis davon haben, das Schriftsätze eingereicht worden sind und Gelegenheit zur Stellungnahme haben. Er muss Einsicht in Schriftstücke erhalten, die für eine wirksame Anfechtung der Rechtmäßigkeit der Haft wesentlich sind. Dem muss bei Anwendung von § 147 Abs. 2 StPO Rechnung getragen werden (EGMR v. 25.03.1999, NJW 2000, 2883 Nr. 59 – Nikolova/Bulgarien; EGMR v. 30.03.1989, Serie A, Bd. 151, S. 16 Nr. 29 – Lamy/Belgien; EGMR, I. Sektion v. 13.02.2001, NJW 2002, 2013 Nr. 44 – Lietzow/Deutschland; NJW 2002, 2015 Nr. 52 – Schöps/Deutschland; NJW 2002, 2018 Nr. 41-43 – Garcia Alva/Deutschland).

Der Zugang kann im staatlichen Recht von bestimmten Voraussetzungen abhängig gemacht werden (Form, Frist), die ihn aber nicht unverhältnismäßig erschweren dürfen. Das Gericht muss darüber entscheiden können, ob die Freiheitsentziehung rechtmäßig ist und muss die Entlassung anordnen können. Es muss die Einhaltung von Verfahrensvorschriften und das Vorliegen von Rechtfertigungsgründen nach Abs. 1, also z.B. eines hinreichenden Tatverdachts, prüfen können und auch den Zweck der Festnahme (EGMR v. 25.03.1999, NJW 2000, 2883 Nr. 58 – Nikolova/Bulgarien). Wenn das Gericht nur eingeschränkte Prüfungs- und Entscheidungsmöglichkeiten hat, reicht das nicht aus 42

Der Richter muss in der **Begründung** seiner Entscheidung nicht auf jedes Argument des Bf. eingehen. Er darf aber konkrete Tatsachen nicht als unerheblich behandeln oder außer Betracht lassen, die Zweifel daran begründen können, dass die Voraussetzungen für die Rechtmäßigkeit der Freiheitsentziehung vorliegen (EGMR v. 25.03.1999, NJW 2000, 2883 Nr. 61 – Nikolova/Bulgarien). Eine anwaltliche Vertretung kann notwendig sein, insbesondere bei besonderen Schwierigkeiten oder wenn der Betroffene seine Interessen nicht ausreichend selbst wahrnehmen kann (EGMR v. 12.05.1992, EuGRZ 1992, 347 – Megyeri/Deutschland). Wenn das Verfahren diese Garantien nicht bietet, muss ein Rechtsbehelf an eine Institution gegeben sein, bei der das der Fall ist (EGMR, IV. Sektion, v. 05.10.2000, Slg. 2000-X Nr. 58 – Varbanov/Bulgarien). 43

44 **d) Entscheidungsfrist:** Die Entscheidung muss **innerhalb kurzer Frist** ergehen. Der Antrag muss also kurzfristig möglich sein, und die Entscheidung muss innerhalb kurzer Frist getroffen werden. Maßgebend ist die Frist zwischen dem Antrag und der Entscheidung durch das Gericht. Die Regelung ist strenger als in Abs. 3, wie dort gibt es aber keine feste zeitliche Grenze. Fristen von acht bis zwanzig Tagen sind ausreichend (Villiger Rn. 369), eine Frist von 23 Tagen ist zu lang (EGMR, I. Sektion, v. 28.11.2000, Slg. 2000-XII Nr. 85 f. – Rehbock/Slovenien), Fristen von mehr als fünf Wochen jedenfalls zu lang (EGMR v. 29.08.1990, Serie A, Bd. 181 S. 27 Nr. 64 – E./Norwegen; EGMR, IV. Sektion, v. 30.11.2000, Beschw.-Nr. 27426/95 Nr. 39 – G.B./Schweiz: 32 Tage zu lang). Wenn Rechtsmittel gegen die gerichtliche Entscheidung zulässig sind, muss auch über sie binnen kurzer Frist entschieden werden.

45 **e) Psychisch Kranke (Abs. 1 Buchst. e)):** Die Rechtsprechung hat wegen der besonderen Schutzbedürftigkeit dieser Personen besondere Anforderungen entwickelt. Wenn sie zwangsweise lange oder auf unbestimmte Zeit in einer Anstalt untergebracht sind, haben sie nach Abs. 4 das Recht, in regelmäßigen Abständen die Rechtmäßigkeit der Unterbringung durch ein Gericht überprüfen zu lassen, weil die Gründe, die eine Unterbringung anfangs erforderlich machen, später wegfallen können (EGMR v. 12.05.1992, EuGRZ 1992, 347 Nr. 23 – Megyeri/Deutschland; EGMR v. 25.03.1999, NJW 2000, 2727 Nr. 43 – Musial/Polen). Das gilt auch für unbestimmte Gefängnisstrafen oder Unterbringung (Verwahrung) wegen Geisteskrankheit, psychischer Instabilität oder Gefährlichkeit. Der EGMR hat Abstände von mehr als einem Jahr für zu lang befunden (EGMR v. 24.09.1992, Serie A, Bd. 244, S. 24 – Nr. 75 – Herczegfalvy/Österreich: 15 Monate bis 2 Jahre zu lang; vgl. die Zusammenstellung bei EGMR, III. Sektion, v. 26.09.2000, Slg. 2000-X Nr. 32 – Oldham/Vereinigtes Königreich). Auch das Gericht muss dann innerhalb kurzer Frist entscheiden, (EGMR v. 24.10.1979, Serie A, Bd. 33, S. 22 f. Nr. 55 – Winterwerp/Niederlande; EGMR v. 25.03.1999, NJW 2000, 2727 – Musial/Polen: Ein Zeitraum von einem Jahr acht Monaten zwischen dem Antrag und der Entscheidung des Gerichts ist zu lang, wenn

nicht außergewöhnliche Umstände vorliegen. Für Verzögerungen durch Sachverständigengutachten ist grundsätzlich der Staat verantwortlich. Ein Abstand von neun Monaten zwischen einem Gutachten und der Entscheidung ist zu lang, weil das Gutachten überholt sein kann). Die untergebrachten Personen müssen persönlich angehört werden oder durch einen Anwalt vertreten sein, der ihnen unter Umständen von Amts wegen beigeordnet werden muss (EGMR v. 15.09.1992, EuGRZ 1992, 347 – Megyeri/Deutschland).

VI. Recht auf Entschädigung (Abs. 5)

Voraussetzung ist, dass durch ein interstaatliches oder ein Konventionsorgan eine Freiheitsentziehung unter Verletzung von Art. 5 Abs. 1 bis 4 EMRK bzw. des nationalen Rechts, das in Bezug genommen wird, festgestellt worden ist (EGMR, III. Sektion, v. 20.03.2001, Beschw.-Nr. 33591/96 – Bouchet/Frankreich) und weiter, dass ein materieller oder immaterieller Schaden entstanden ist. Der Bf. muss vergeblich versucht haben, den Anspruch bei den nationalen Gerichten geltend zu machen (Art. 35). Ein Verschulden für die Verletzung von Art. 5 ist nicht erforderlich. Liegen diese Voraussetzungen vor und gibt das nationale Recht keinen Schadensersatzspruch, ist Abs. 5 verletzt, was eine Entschädigung nach Art. 41 zur Folge haben kann. Eine Verletzung von Abs. 5 liegt nicht notwendig schon dann vor, wenn die Entscheidung über die Freiheitsentziehung später aufgrund abweichender tatsächlicher oder rechtlicher Würdigung von der Rechtsmittelinstanz aufgehoben wird (Frowein/Peukert Rn. 160). 46

VII. Verhältnis zu anderen Artikeln

Wenn Art. 5 Abs. 3 verletzt ist, weil die zur Wahrnehmung richterlicher Aufgaben beauftragte Person nicht unabhängig war, liegt häufig auch ein Verstoß gegen Art. 6 Abs. 1 vor (fehlender Zugang zu einem unabhängigem Gericht). Wenn Art. 5 Abs. 3 oder 4 wegen der Dauer des 47

Verfahrens verletzt ist, ist häufig auch gegen Art. 6 Abs. 1 verstoßen worden. Art. 5 Abs. 4 gibt weitergehende Garantien als Art. 13. Wenn ein Verstoß gegen Art. 5 Abs. 4 nicht vorliegt, prüft der Gerichtshof deswegen nicht, ob Art. 13 verletzt worden ist (EGMR v. 18.02.1999, NVwZ 2001, 304 – Hood/Vereinigtes Königreich). Er tut das auch dann nicht, wenn er eine Verletzung von Art. 5 Abs. 4 festgestellt hat (EGMR v. 25.03.1999, NJW 2000, 2883 Nr. 69 – Nikolova/Bulgarien).

Artikel 6 Recht auf ein faires Verfahren

(1) Jede Person hat ein Recht darauf, dass über Streitigkeiten in Bezug auf ihre zivilrechtlichen Ansprüche und Verpflichtungen oder über eine gegen sie erhobene strafrechtliche Anklage von einem unabhängigen und unparteiischen, auf Gesetz beruhenden Gericht in einem fairen Verfahren, öffentlich und innerhalb angemessener Frist verhandelt wird. Das Urteil muss öffentlich verkündet werden; Presse und Öffentlichkeit können jedoch während des ganzen oder eines Teiles des Verfahrens ausgeschlossen werden, wenn dies im Interesse der Moral, der öffentlichen Ordnung oder der nationalen Sicherheit in einer demokratischen Gesellschaft liegt, wenn die Interessen von Jugendlichen oder der Schutz des Privatlebens der Prozessparteien es verlangen oder – soweit das Gericht es für unbedingt erforderlich hält – wenn unter besonderen Umständen eine öffentliche Verhandlung die Interessen der Rechtspflege beeinträchtigen würde.

(2) Jede Person, die einer Straftat angeklagt ist, gilt bis zum gesetzlichen Beweis ihrer Schuld als unschuldig.

(3) Jede angeklagte Person hat mindestens folgende Rechte:

a) innerhalb möglichst kurzer Frist in einer ihr verständlichen Sprache in allen Einzelheiten über Art und Grund der gegen sie erhobenen Beschuldigung unterrichtet zu werden;

b) ausreichende Zeit und Gelegenheit zur Vorbereitung ihrer Verteidigung zu haben;

c) sich selbst zu verteidigen, sich durch einen Verteidiger ihrer Wahl verteidigen zu lassen oder, falls ihr die Mittel zur Bezahlung fehlen, unentgeltlich den Beistand eines Verteidigers zu erhalten, wenn dies im Interesse der Rechtspflege erforderlich ist;

d) Fragen an Belastungszeugen zu stellen oder stellen zu lassen und die Ladung und Vernehmung von Entlastungszeugen unter denselben Bedingungen zu erwirken, wie sie für Belastungszeugen gelten;

e) unentgeltliche Unterstützung durch einen Dolmetscher zu erhalten, wenn sie die Verhandlungssprache des Gerichts nicht versteht oder spricht.

I. Allgemeines

1 Art. 6 ist die Vorschrift mit der größten praktischen Bedeutung. Von den 695 Urteilen, die der EGMR im Jahre 2000 erlassen hat, betreffen 591 Art. 6, also 85 %. 521 Urteile betreffen die Dauer des Verfahrens (also 75 % aller Urteile).

2 Die Garantie eines unparteiischen Gerichts und des Zugangs zu diesem Gericht in den Konventionsstaaten, eines fairen und öffentlichen Verfahrens sowie einer Entscheidung in angemessener Frist spiegelt die Subsidiarität des Konventionssystems wieder. Es ist in erster Linie Sache der staatlichen Gerichte, Schutz gegen Menschenrechtsverletzungen zu geben. Art. 6 steht damit in engem Zusammenhang mit Art. 13 (Recht auf wirksame Beschwerde) und Art. 35 Abs. 1 (Erschöpfung aller innerstaatlichen Rechtsbehelfe als Zulässigkeitsvoraussetzung für Individualbeschwerden).

3 Vorbild für Art. 6 war Art. 10 der Allgemeinen Erklärung der Menschenrechte vom 10.12.1948. Art. 14 des Zivilpakts enthält eine ähnliche Regelung. In der Rechtsprechung des Gerichtshofs zu Art. 6 finden sich ähnliche Leitlinien wie in der Rechtsprechung des BVerfG zu Art. 19 Abs. 4, 103 Abs. 1, aber auch zu Art. 1 und 3 GG.

II. Anwendungsbereich

Art. 6 gilt nur für Streitigkeiten über zivilrechtliche Ansprüche und Verpflichtungen und für strafrechtliche Anklagen. Der Anwendungsbereich ist aber erheblich weiter, als der Wortlaut nahe legt, denn der Gerichtshof legt die Begriffe autonom aus und betrachtet die Einordnung im nationalen Recht und die Zuständigkeit der innerstaatlichen Gerichte nur als Anhaltspunkt. Das hat zur Folge, dass viele Streitigkeiten, die nach deutschem Verständnis öffentlich-rechtlich sind und für die Gerichte der Verwaltungsgerichtsbarkeit, der Sozialgerichtsbarkeit oder auch der Verfassungsgerichtsbarkeit zuständig sind, vom Gerichtshof als zivilrechtlich angesehen werden. Art. 6 garantiert die in ihm genannten Rechte jeder Person, also natürlichen und juristischen Personen, In- und Ausländern sowie Staatenlosen ohne Unterschied. 4

1. Zivilrechtliche Ansprüche 5

Nach der Rechtsprechung ist Voraussetzung für die Anwendbarkeit von Art. 6, dass

1. ein Anspruch nach innerstaatlichem Recht auf vertretbare Weise geltend gemacht wird,
2. ein ernsthafter Streit darüber besteht und
3. der Anspruch zivilrechtlicher Natur ist.

Die Begriffe »**Ansprüche und Verpflichtungen**« werden weit ausgelegt. Der Anspruch muss nicht begründet sein, das soll gerade im gerichtlichen Verfahren geklärt werden. Er muss aber auf vertretbare Weise geltend gemacht werden (arguable claim). Das heißt, die Rechtsauffassung muss vertretbar sein, dass der Anspruch nach innerstaatlichem Recht besteht. Der Streit muss wirklich bestehen und ernsthaft sein, er kann sich auf das Bestehen des Rechts beziehen und auch auf seine Tragweite oder die Art der Ausübung. Das Ergebnis des Verfahrens muss unmittelbar für das Recht entscheidend sein (EGMR, stRspr., vgl. v. 29.07.1998, Slg. 1998-V, S. 1899 Nr. 56 – Le Calvez/Frankreich). Letzteres hat der Gerichtshof für Beschwerden von Personen verneint, die sich allgemein gegen den Grundsatz der Nutzung der Kernenergie gewandt haben, ohne einer unmittelbaren Gefahr ausge- 6 setzt zu sein. Bei Normenkontrollverfahren nach § 47 VwGO liegt eine unmittelbare Einwirkung vor, wenn sich ein Eigentümer gegen eine Festsetzung in einem Bebauungsplan wendet, die unmittelbar sein Grundstück betrifft (BVerwG NVwZ 2002, 87, 88). Weitläufige Verbindungen und entfernte Auswirkungen reichen nicht aus, um Art. 6 anwendbar zu machen (EGMR v. 06.04.2000, Slg. 2000-IV Nr. 43 – Athanassoglou/Schweiz). Wenn es um eine **einstweilige Verfügung oder Anordnung** geht, wird nicht über ein Recht entschieden (EGMR, II. Sektion, Entsch. v. 13.01.2000, Beschw.-Nr. 39754/98 – Apis/Slowakei), es sei denn, die einstweilige Entscheidung nimmt die Hauptsache vorweg (EGMR, III. Sektion, Entsch. v. 23.10.2001, Beschw.-Nr. 51591/99 – Markass Car Hire Ltd/Zypern). Der Streit kann Tatsachen und Rechtsfragen betreffen, muss aber gerichtlich entschieden werden können. Wenn es sich um eine Ermessensentscheidung der Verwaltung handelt, muss der Streit die Rechtmäßigkeit betreffen, über die also ein Gericht entscheiden kann. Die Anwendbarkeit von Art. 6 ist nicht schon deswegen ausgeschlossen, weil bei der Entscheidung Ermessenselemente einfließen oder eine Rechtsverfolgung wegen Immunität ausgeschlossen ist (EGMR v. 21.11.2001, Beschw.-Nr. 31253/96 Nr. 26 – McElhinney/Irland).

7 **Zivilrechtlicher Anspruch:** Bei der autonomen Auslegung stellt der Gerichtshof darauf ab, ob das Ergebnis eines Verfahrens für zivilrechtliche Ansprüche und Verpflichtungen entscheidend ist (stRspr., vgl. EGMR, IV. Sektion, v. 27.07.2000, NJW 2001, 213 Nr. 28 – Klein/Deutschland; EGMR, I. Sektion v. 25.02.2001, NJW 2001, 211 Nr. 64 – Gast u. Popp/Deutschland). Es kommt also nicht entscheidend auf die Behandlung im innerstaatlichen Recht an. Zivilrechtlich im Sinne von Art. 6 kann auch ein Streit zwischen einem Bürger und dem Staat wegen eines Hoheitsakts sein, über den die Verwaltungsgerichte entscheiden. Dass ein Streit **wirtschaftliche Bedeutung** hat und dass es um eine Geldforderung geht, ist allein nicht ausschlaggebend. Er kann dem öffentlichen Recht zuzuordnen sein, z.B. im Steuerrecht oder sonst bei üblichen Verpflichtungen von Bürgern gegenüber dem Staat. Der EGMR erkennt an, dass er Art. 6 Abs. 1 nicht so auslegen kann, als gäbe es nicht die Beschränkung auf zivilrechtliche

Ansprüche und Verpflichtungen (EGMR v. 12.07.2001, Slg. 2001-VII Nr. 25, 30 – Ferrazzini/Italien).

Dieses vom Gerichtshof gewählte Abgrenzungskriterium hat immer wieder zu Unklarheiten geführt und zu einer nicht immer konsequenten Kasuistik. Als **zivilrechtliche Streitigkeiten** sind z.B. angesehen worden (vgl. die Übersicht bei Frowein/Peukert Rn. 51) Streitigkeiten über: 8

- Genehmigungen zu Grundstücksverkäufen, bodenrechtliche Genehmigungen, Baugenehmigungen, auch Normenkontrollverfahren nach § 47 Abs. 5 VwGO vor dem OVG über einen Bebauungsplan (BVerwGE 110, 203, das auf die Notwendigkeit einer völkerrechtsfreundlichen Auslegung der nach Inkrafttreten der EMRK geschaffenen Regelung hinweist).
- Zwangsvollstreckungsverfahren zur Räumung von Grundstücken (EGMR v. 28.07.1999, Slg. 1999-V, Nr. 18-35 – Immobiliare Saffi/ Italien).
- Enteignungsverfahren (EGMR, III. Sektion, v. 28.03.2000, Beschw.-Nr. 38042/97 – Zanatta/Frankreich).
- Flurbereinigungsverfahren.
- Berufsrechtliche und gewerberechtliche Genehmigungen, Zulassungen, Approbationen, Erlaubnisse (zur ärztlichen Approbation und Genehmigung einer Klinik EGMR v. 28.06.1978, EuGRZ 1978, 406 Nr. 98 ff. – König/Deutschland), berufsrechtliche Disziplinarverfahren, in denen es um die Fortführung eines Berufs gehen kann (für den Fall eines Rechtsanwalts EGMR, III. Sektion, v. 21.12.1999, Beschw.-Nr. 26602/95 Nr. 27 – W.R./Österreich), Recht auf Weiterführung eines Berufs oder einer gewerblichen Tätigkeit, Kassenarztsachen (Honorare).
- Patentsachen.
- Vereinsrechtliche Genehmigungen.
- Ehehindernisse, Anerkennung oder Anfechtung der Ehe, familienrechtliche Sachen.
- Verfahren eines Hinterbliebenen wegen Aufhebung einer strafrechtlichen Verurteilung aus der kommunistischen Zeit in Polen (EGMR v. 25.05.2000, Slg. 2000-VI – Kurzak/Polen).

- Schadensersatzansprüche gegen den Staat, auch wegen erlittener Haft (EGMR v. 29.05.1997, Slg. 1997-III, S. 949 Nr. 32 ff. – Georgiadis/Griechenland), Verfahren zur Abwehr von Beeinträchtigungen des guten Rufs (EGMR, IV. Sektion, v. 15.11.2001, Beschw.-Nr. 26760/95 Nr. 33 – Werner/Polen wegen Entlassung eines Insolvenzverwalters).
- Verfahren über Kosten, Kostenfestsetzung, wenn die Kosten in einem zivilrechtlichen Streit entstanden sind (EGMR, III. Sektion, v. 06.02.2001, Beschw.-Nr. 30428/96 Nr. 12 f – Beer/Österreich).
- Verfahren wegen sozialversicherungsrechtlicher Ansprüche (Altersrente, Invalidenrente) und ähnliche individuelle Rechte, die aus einer besonderen gesetzlichen Vorschrift abgeleitet werden (EGMR v. 24.06.1993, EuGRZ 1996, 604 – Schuler-Zgraggen/Schweiz; EGMR, I. Sektion, v. 20.12.2001, Beschw.-Nr. 23959/94 Nr. 32 – Janssen/Deutschland). Erfasst werden auch Streitigkeiten über Beitragspflichten und über Sozialhilfe.
- Umweltrechtliche Abwehransprüche.
- Verfassungsgerichtliche Verfahren, Verfahren vor dem BVerfG wegen einer Verfassungsbeschwerde oder bei einer Vorlage nach Art. 100 GG (EGMR, I. Sektion, v. 25.02.2000, NJW 2001, 211 – Gast u. Popp/Deutschland; EGMR, IV. Sektion v. 27.07.2000, NJW 2001, 313 – Klein/Deutschland), wenn die Entscheidung Auswirkungen auf zivilrechtliche Streitigkeiten haben kann. Nicht darunter fallen z.B. Verfahren über ein Parteiverbot (EGMR, IV. Sektion, v. 09.04.2002, Beschw.-Nr. 22723-5/93 Nr. 66 – Yazar, Karatas, Aksoy u. Volkspartei der Arbeit (HEP)/Türkei).
- Wiederaufnahmeverfahren fallen unter Art. 6 ab neuer Verhandlung (vgl. § 590 ZPO), wenn das ursprüngliche Verfahren unter Art. 6 fiel (EGMR, III. Sektion, v. 10.04.2001, Beschw.-Nr. 36445/97 Nr. 87 – Sablon/Belgien).

9 **Nicht als zivilrechtlich sind angesehen worden** Streitigkeiten über:

- Ausweisung und Abschiebung, denn diese sind in Art. 1 Prot. Nr. 7 besonders geregelt.

- Auslieferung, sofern nicht der Bf. dem Risiko ausgesetzt wird, dass ihm ein faires Verfahren verweigert wird (EGMR v. 04.05.2000, Slg. 2000-V – Naletilic/Kroatien).
- Asyl.
- Ausländerpolizeiliche Maßnahmen, Entscheidungen über Einreise, Aufenthalt und Abschiebung (Zander, Anm. zu EGMR v. 05.10.2000, InfAuslR 2001, 109 – Maaouia/Frankreich).
- Staatsangehörigkeitsrecht (EGMR v. 12.07.2001, Slg. 2001-VII Nr. 28 – Ferrazzini/Italien).
- Steuerrecht (EGMR v. 12.07.2001, Slg. 2001-VII Nr. 29 – Ferrazzini/Italien).
- Wahlrecht (EGMR v. 21.10.1997, Slg. 1997-VI, S. 2223 Nr. 50 – Pierre-Bloch/Frankreich).
- Abhörmaßnahmen.
- Wehrpflicht, Freistellung davon und Wehrdienstverweigerung.
- Entscheidung über Prozesskostenhilfe, andere gerichtliche Nebenentscheidungen wie z.B. über Beweissicherung, einstweilige Anordnung, Ordnungsstrafe, Streitwertfestsetzung.

Insbesondere Beamte und Angestellte des öffentlichen Dienstes: Der Gerichtshof stellt nicht darauf ab, ob die betroffene Person Beamter oder Angestellter ist, sondern legt den Begriff des öffentlichen Dienstes autonom aus, damit Bedienstete gleich behandelt werden, die gleichwertige oder ähnliche Aufgaben erfüllen. Der Gerichtshof ist dabei bestrebt, die Garantien von Art. 6 nicht zu weitgehend zu beschränken; er wählt deswegen einen restriktiven Ansatz und greift auf ein funktionelles Abgrenzungsmerkmal zurück: Danach werden von Art. 6 nicht erfasst nur Streitigkeiten von Angehörigen des öffentlichen Dienstes, deren Dienstpflichten für den besonderen Bereich der öffentlichen Verwaltung charakteristisch sind und die an der Ausübung der Staatsgewalt beteiligt sind (EGMR v. 08.12.1999, NJW 2000, 661 – Pellegrin/Frankreich). 10

Als nicht unter Art. 6 fallend sind angesehen worden: Diplomaten und andere Bedienstete im auswärtigen Dienst, Bedienstete in französischen Ministerien, die als Berater bei ausländischen Regierungen Dienst tun und dabei auch im Bereich der öffentlichen Staatsfinanzen tätig sind 11

(EGMR v. 08.12.1999, NJW 2000, 661 – Pellegrin/Frankreich), dagegen nicht unterschiedslos alle Bediensteten eines Entwicklungshilfebüros im Wirtschaftsministerium (EGMR v. 27.06.2000, Slg. 2000-VII – Frydlender/Frankreich). Ausgeschlossen sind in der Regel Angehörige der Streitkräfte (EGMR, III. Sektion, v. 27.02.2001, Beschw.-Nr. 33919/96 Nr. 44 – R./Belgien: auch für Reserveoffiziere, die herangezogen wurden), der Polizei, Richter (EGMR, II. Sektion, Entsch. v. 08.02.2001, Beschw.-Nr. 47936/99 – Pitkevich/Russland), Finanzbeamte, Verwaltungsangestellte, soweit sie Rechtsvorschriften vorbereiten oder ihre Anwendung überwachen.

12 Art. 6 wird dagegen angewendet auf Streitigkeiten über Pensionen und zwar bei allen Angehörigen des öffentlichen Dienstes und auch, wenn die Verwaltung insoweit einen Ermessensspielraum hat, auf Streitigkeiten von Bediensteten in der Verwaltung, soweit sie nicht Rechtsvorschriften vorbereiten oder ihre Anwendung überwachen, z.B. Angestellte im Sozialamt, an Universitäten und wissenschaftlichen Instituten, medizinischen und sozialen Einrichtungen, Lehrer (EGMR, III. Sektion, Entsch. v. 22.11.2001, NJW 2002, 3087 – Volkmer/Deutschland), im sozialen Dienst eines Kreises, im Bereich der Verwaltung des öffentlichen Transports, der Energieversorgung, des Flugverkehrs, der Schifffahrt, der Post und Telekommunikation, Bedienstete von Radio und Fernsehen, der Gesundheitsverwaltungen, des Schulwesens und der Forschung für nicht militärische Zwecke.

2. Strafrechtliche Anklage

13 Auch hier grenzt der Gerichtshof autonom nach materiellen Kriterien ab. Das war schon deswegen erforderlich, weil der in der französischen Fassung gewählte Ausdruck »accusation« einen sehr begrenzten Anwendungsbereich hat, nämlich nur für Schwurgerichtsverfahren verwendet wird. Die Schwierigkeiten bei der Abgrenzung sind aber nicht so groß wie im Zivilrecht.

14 Die Anklage muss sich auf eine **Straftat** beziehen. Der Gerichtshof hat sie definiert als die amtliche Mitteilung an den Betroffenen durch die zuständige Behörde, dass er einer Straftat beschuldigt wird (EGMR v. 27.02.1980, EuGRZ 1980, 667 Nr. 46 – Deweer/Belgien). Gleiches gilt, wenn gegen den Bf. Maßnahmen getroffen sind, aus denen sich eine Beschuldigung ergibt und welche die Lage des Betroffenen erheblich beeinträchtigen, wie insbesondere die Festnahme (EGMR v. 10.12.1982, EuGRZ 1985, 578 Nr. 52 – Foti u.a./Italien).

Abgrenzungsschwierigkeiten haben sich z.B. zum **Disziplinarrecht** erge- 15
ben, aber auch bei **Ordnungsstrafen**, die im Prozess verhängt werden. Der Gerichtshof stellt auf drei Kriterien ab, die alternativ, nicht kumulativ angewendet werden. Sie sind

- die Beurteilung durch das staatliche Recht, ob also der Staat davon ausgeht, dass es sich um Strafrecht handelt,
- die Natur des Vergehens und
- die Schwere der angedrohten Strafe und ihren Zweck (EGMR v. 08.06.1976, EuGRZ 1976, 221 Nr. 82 – Engel u.a./Niederlande für ein Disziplinarverfahren; EGMR, III. Sektion v. 14.11.2000, Slg. 2000-XII Nr. 61 – T./Österreich für ein Ordnungsgeld; EGMR, II. Sektion, v. 03.05.2001, NJW 2002, J.B./Schweiz). Wenn die Strafe eine **Freiheitsentziehung** ist, nimmt der Gerichtshof grundsätzlich eine Strafsache an, es sei denn, die Strafe ist nach Dauer und Art des Vollzugs nicht schwerwiegend (z.B. maximal 2 Tage strenger Arrest). Er hat eine Strafsache auch bei einer Versetzung in eine Strafeinheit der Armee angenommen und bei einer Geldstrafe von 500 Schweizer Franken, die in eine Gefängnisstrafe umgewandelt werden kann (EGMR v. 22.05.1990, Serie A, Bd. 177, S. 17 f. – Weber/Schweiz). Andererseits hat der Gerichtshof eine mögliche Strafe von 1000 Schwedischen Kronen, die in eine Gefängnisstrafe umgewandelt werden kann, nicht für ausreichend gehalten, um die Anwendung von Art. 6 zu begründen, wohl aber ein Ordnungsgeld von 400.000 Österreichischen Schillingen mit Möglichkeit der Umwandlung in eine Gefängnisstrafe (EGMR, III. Sektion, v. 14.11.2000, Slg. 2000-XII Nr. 61, 67 – T./Österreich). Ordnungswidrigkeiten fallen unter Art. 6 (EGMR v. 21.02.1984, NJW 1985, 1273 – Öztürk/Deutschland). Eine

Strafsache ist auch bei anderen Sanktionen angenommen worden (Auferlegung erheblicher zusätzlicher Steuern, Ausübung des Vorkaufrechts durch Steuerbehörden als Strafmaßnahme).

16 Art. 6 gilt auch für **Gesamtstrafen** einschließlich Rechtsmittelverfahren und die Strafzumessung. Der Gerichtshof hat deswegen die Bestimmung einer maximalen Zeit der Verbüßung einer unbestimmten Gefängnisstrafe durch ein Ministerium nicht für vereinbar mit Art. 6 gehalten (EGMR v. 16.12.1999, Beschw.-Nr. 24724/94, Nr. 113 – T./Vereinigtes Königreich).

17 Art. 6 gilt grundsätzlich nicht für **vorbereitende Maßnahmen**, wie die vorläufige Festnahme, die Vernehmung des Betroffenen oder die Sicherstellung seines Führerscheins als vorläufige Maßnahme (EGMR v. 17.12.1996, Slg. 1996-VI, S. 2064 Nr. 67 – Saunders/Vereinigtes Königreich; EGMR v. 28.10.1999, Slg. 1999-VII Nr. 34 – Escoubet/Belgien); solche Maßnahmen können aber gegen Art. 3 oder 5 verstoßen.

III. Recht auf ein Gericht und Recht auf Zugang zu einem Gericht (Art. 6 Abs. 1 S. 1)

1. Zivilsachen

18 Aus Abs. 1 Satz 1 ergibt sich ein **Recht auf ein Gericht und als Ausfluss dieses Rechts, ein Recht auf Zugang zu einem Gericht** im Rahmen des Anwendungsbereichs der Vorschrift (EGMR v. 18.02.1999, NJW 1999, 1173 Nr. 50 – Waite u. Kennedy/Deutschland). Dieses Recht umfasst nicht nur die Befugnis, das Verfahren bei Gericht anhängig zu machen, sondern auch das Recht auf eine abschließende gerichtliche Entscheidung (EGMR v. 19.03.1997, Slg. 1997-II, S. 510 Nr. 40 – Hornsby/Griechenland; EGMR, I.Sektion, v. 01.03.2002, Beschw.-Nr. 48778/99 Nr. 25 – Kutic/Kroatien).

20 Das Recht auf Zugang zu einem Gericht ist aber **nicht absolut**, es kann durch gesetzliche Regelungen des innerstaatlichen Rechts **eingeschränkt werden**. Die Konventionsstaaten haben dabei einen gewissen Beurteilungsspielraum; ihre Entscheidung wird aber, wie auch sonst, vom

Gerichtshof darauf überprüft, ob sie mit der Konvention vereinbar ist, also nicht darauf, ob die beste Lösung gefunden worden ist. Das innerstaatliche Recht kann den Zugang z.B. durch Vorschriften beschränken, die Fristen und Formen bestimmen, einen Vertretungszwang vorschreiben, die Prozessfähigkeit umschreiben oder in Verwaltungsstreitsachen ein Vorverfahren vorschreiben, Gebühren vorsehen und eine Vorschusspflicht bestimmen (EGMR v. 10.05.2001, Slg. 2001-V Nr. 93 – Z. u.a./Vereinigtes Königreich).

Der Zugang darf aber nicht auf eine Weise eingeschränkt werden, dass **21**
die in Art. 6 gegebene Garantie **in ihrem Wesensgehalt** angetastet wird. Die Beschränkungen müssen im Interesse einer geordneten Rechtspflege erforderlich sein, also ein berechtigtes Ziel verfolgen und verhältnismäßig sein (EGMR v. 18.02.1999, NJW 1999, 1173 – Waite u. Kennedy/Deutschland). Eine Verletzung ist z.B. bei unangemessen hohen Gebühren angenommen worden (EGMR, I. Sektion, v. 19.06.2001, Slg. 2001-VI – Kreuz/Polen), weiter, wenn staatliche Vorschriften die Aussetzung aller Verfahren wegen bestimmter Ansprüche bis zum Erlass neuer Rechtsvorschriften anordnen und das über Jahre dauert (für Schadensersatzansprüche wegen terroristischer Taten EGMR, I. Sektion, v. 01.03.2002, Beschw.-Nr. 48778/99 Nr. 26, 31 – Kutic/Kroatien). Als zulässig ist der Ausschluss von Klagen in einem Vertrag zur Regelung von Kriegs- und Besatzungsfolgen angesehen worden (EGMR v. 12.07.2001, Slg. 2001-VIII – Prince Hans Adam II v. Liechtenstein/Deutschland).

Fristvorschriften sind zulässig und dienen einer geordneten Justizver- **22**
waltung und der Rechtssicherheit. Die Vorschriften und ihre Anwendung dürfen aber dem Betroffenen nicht auf unangemessene Weise den Zugang zum Rechtsmittelgericht beschneiden. Das kann z.B. der Fall sein, wenn das Rechtsmittelgericht irrtümlich ein Rechtsmittel wegen Fristversäumnis als unzulässig verwirft obwohl es rechtzeitig eingelegt war (EGMR, II. Sektion v. 26.10.2000, Beschw.-Nr. 43269/98 – Leoni/Italien). Bei ungewöhnlichen Umständen wird es erforderlich sein, im Wege der Wiedereinsetzung zu helfen (vgl. EGMR, I. Sektion, v. 06.12.2001, Beschw.-Nr. 44584/98 Nr. 27 ff. – Tsironis/Griechenland).

23 Das Recht auf ein Gericht und auf Zugang dazu muss **wirksam** sein. Das bedeutet, dass der Betroffene das Recht haben muss, einen Anwalt zu konsultieren, auch wenn er im Gefängnis ist. Wenn der Betroffene einen Anwalt nicht bezahlen kann und seine Sache wegen der Schwierigkeit oder wegen eines Vertretungszwangs nicht selbst vertreten kann muss ein Rechtsanwalt im Wege der **Prozesskostenhilfe** (PKH) beigeordnet werden, wenn das für einen wirksamen Zugang zum Gericht erforderlich ist (EGMR v. 09.10.1979, Serie A, Bd. 32, S. 12 ff. Nr. 34 – Airey/Irland). Die EMRK garantiert aber keine PKH. Die Staaten haben einen Spielraum und können eine andere angemessene Lösung für einen wirksamen Zugang wählen (EGMR, IV. Sektion, Entsch. v. 25.01.2001, Beschw.-Nr. 28460/95 – M.C./Finnland: z.B. Kosten für Sachverständige und Zeugen, die vom Gericht geladen wurden, trägt der Staat). Wenn aber der Zugang zum Gericht von einer Sicherheitsleistung abhängig gemacht und keine PKH vorgesehen ist, verletzt das Art. 6 Abs. 1 (EGMR, IV. Sektion, v. 15.02.2000, Slg. 2000-II Nr. 43 ff. – Garcia Manibardo/Spanien). Von einer hinreichenden Erfolgsaussicht kann die Gewährung der PKH abhängig gemacht werden (EGMR, III. Sektion, v. 19.09.2000, Slg. 2000-IX – Gnahore/Frankreich; EGMR, III. Sektion, v. 26.02.2002, Beschw.-Nr. 46800/99 Nr. 23 – Del Sol/Frankreich), ebenso von Formerfordernissen, wie z.B. bei der Einreichung eines Formulars über die Einkommens- und Vermögensverhältnisse. Wenn dem Bf. ein Rechtsanwalt beigeordnet worden ist, begründen Pflichtverletzungen dieses Anwalts die Haftung des Staates wegen der Unabhängigkeit des Anwaltsberufs nur unter besonderen Umständen, z.B. wenn Nachlässigkeiten des Rechtsanwalts glaubhaft mitgeteilt werden (EGMR, IV. Sektion, v. 19.10.2000, Slg. 2000-XI – Rutkowski/Polen). Art. 6 Abs. 1 gibt kein Recht auf Kostenerstattung durch den unterlegenen Gegner (EGMR, IV. Sektion, Entsch. v. 25.01.2001, Beschw.-Nr. 28460/95 – M.C./Finnland).

24 Ein Recht auf eine **Rechtsmittelbelehrung** wegen Form- und Fristvorschriften besteht nicht (EGMR, III. Sektion, Entsch. v. 04.07.2000, Beschw.-Nr. 51717/99 – Societé Guerin/15 Mitgliedsstaaten der EU).

25 Zum Recht auf Zugang zu einem Gericht gehört auch das Recht darauf, dass ein endgültiges Urteil beachtet wird; das folgt aus dem Grundsatz

der Rechtssicherheit. Daraus ergibt sich ein Recht **auf Vollstreckung aus dem Urteil**, weil das Recht auf Zugang sonst illusorisch wäre (EGMR v. 19.03.1997, Slg. 1997-II, S. 510 Nr. 40 – Hornsby/Griechenland). Zum Einfluss der Legislative auf den Rechtsstreit und mögliche Verletzungen von Art. 6 aus diesem Grunde vgl. Rn 59.

Immunität: Zur Übertragung von Hoheitsrechten durch völkerrechtliche Verträge, insbesondere auf internationale Organisationen, vgl. Art. 1 Rn. 8, 9). Die anderen Staaten in Zivilprozessen gewährte Immunität verfolgt das legitime Ziel, dem Völkerrecht Rechnung zu tragen und gute Beziehungen zwischen den Staaten zu fördern. Wenn solche Vorschriften allgemein anerkannten Regeln des Völkerrechts entsprechen, sind sie keine unverhältnismäßige Einschränkung des Zugangs zum Gericht, denn die EMRK muss soweit wie möglich unter Heranziehung anderer Regeln des Völkerrechts ausgelegt werden (EGMR v. 21.11.2001, Beschw.-Nr. 37112/97 – Fogarty/Vereinigtes Königreich für Arbeitsverhältnisse an einer Botschaft; EGMR v. 21.01.2001, Beschw.-Nr. 31253/96 – McElhinney/Irland für Schadensersatzansprüche wegen rechtswidrigen Verhaltens von Soldaten im Ausland). 26

2. Strafsachen

Zum Begriff bei der strafrechtlichen Anklage vgl. Rn 14. Art. 6 Abs. 1 Satz 1 gibt einen Anspruch darauf, dass über die Anklage ein unabhängiges und unparteiisches Gericht entscheiden muss. Dieses Recht ist auch in Bußgeld- und Strafbefehlsverfahren gewahrt, weil der Betroffene die Möglichkeit hat, ein Gericht anzurufen (EGMR v. 27.02.1980, EuGRZ 1980, 667 – Deweer/Belgien). Auch hier kann der staatliche Gesetzgeber Einzelheiten bestimmen. Art. 6 hat auch für das Verfahren vor der gerichtlichen Hauptverhandlung Bedeutung, wie sich insbesondere aus Art. 6 Abs. 3 ergibt. Die Anwendung der Vorschrift hängt von den Besonderheiten des jeweiligen Ermittlungsverfahrens und den Umständen des Einzelfalles ab. Zum Recht auf einen Anwalt vgl. Rn 91. 27

Aus Art. 6 ergibt sich kein Recht auf Strafverfolgung gegen Dritte; dies kann sich aus Art. 2 und 3 ergeben (vgl. EGMR, IV. Sektion, v.

05.10.1999, NJW 2001, 1989 – Grams/Deutschland; Art. 2 Rn. 13; Art. 3 Rn. 4). Auch ein Recht auf ein Strafurteil (Freispruch oder Verurteilung) des Betroffenen selbst kann aus Art. 6 nicht abgeleitet werden. Das Verfahren kann eingestellt werden (Frowein/Peukert Rn. 66).

3. Rechtsmittelgericht

28 Die EMRK verpflichtet nicht dazu, ein Rechtsmittel zuzulassen und Rechtsmittelgerichte einzurichten (Ausnahme: Art. 2 Prot. 7, das Deutschland bisher nicht ratifiziert hat). Art. 6 gewährt einen Schutz durch den Richter, aber nicht gegen den Richter. Die Konventionsstaaten können bestehende Rechtsmittel auch einschränken oder wieder abschaffen. Wenn sie aber Rechtsmittelgerichte vorgesehen haben, gilt Art. 6 auch für das Verfahren vor diesen Gerichten; d.h. es besteht ein Anspruch auf Zugang zu diesem Gericht und auf ein faires Verfahren. Der Gerichtshof zieht bei der Beurteilung das gesamte Verfahren in Betracht und berücksichtigt, welche Rolle dem Rechtsmittelverfahren im staatlichen Recht zugewiesen ist. So kann der Konventionsstaat den Zugang zu einer Revisionsinstanz von strengeren Voraussetzungen abhängig machen, als den Zugang zur Berufsinstanz. Was das Verfahren der Rechtsmittelinstanz angeht, können sich Modifikationen ergeben, z.B. bei der Notwendigkeit einer mündlichen Verhandlung (vgl. dazu Rn. 66). Auch hier können die Konventionsstaaten den Zugang näher regeln, z.B. Vorschriften über die Form des Rechtsmittels, die Frist, Kosten oder einen Anwaltszwang vorsehen. Sie dürfen aber den Zugang nicht unzumutbar erschweren und das Recht auf Zugang nicht in seinem Wesensgehalt antasten. Es muss ein Gleichgewicht hergestellt sein zwischen dem Interesse an der Vollstreckung gerichtlicher Entscheidungen und dem Zugang zur Rechtsmittelinstanz. Deswegen darf der Zugang zur Revisionsinstanz in Strafsachen z.B. nicht davon abhängig gemacht werden, dass der Betroffene sich dem angefochtenen Haftbefehl unterworfen hat und erschienen ist (EGMR v. 23.11.1993, Serie A, Bd. 277, S. 15 Nr. 38 – Poitrimol/Frankreich).

Rechtsmittelfristen: Die im deutschen Recht vorgesehenen Fristen für die Einlegung und Begründung von Rechtsbehelfen sind bisher nicht beanstandet worden. Das gilt für Fristen von einem Monat, aber auch für die Wochenfristen in §§ 311, 314, 341 StPO. Auch die Revisionsbegründungsfrist von einem Monat nach § 345 StPO wird grundsätzlich nicht zu beanstanden sein (abw. für schwierige Fälle Grabenwarter, NJW 2002, 109), auch wenn sie nicht verlängert werden kann (vgl. die Verlängerungsmöglichkeit in § 515 Abs. 2 S. 2, § 551 Abs. 2 S. 5, § 544 Abs. 2 S. 2 ZPO, § 124 a Abs. 3 S. 3, § 139 Abs. 3 S 4 VwGO). Es wäre aber besser gesetzlich eine Verlängerungsmöglichkeit vorzusehen. In kritischen Fällen muss mit der Wiedereinsetzung geholfen werden.

Vgl. zur Vertretung durch einen Rechtsanwalt Rn. 23.

IV. Unabhängiges Gericht

Das Gericht muss **unabhängig** und unparteiisch sein und auf Gesetz beruhen (Art. 6 Abs. 1 Satz 1). Es muss sich nicht notwendig um ein klassisches ordentliches Gericht handeln, aber ein justizförmiger, unabhängiger und unparteiischer Spruchkörper sein, der über Streitfragen auf der Grundlage des Rechts und in einem gesetzlich vorgesehenem Verfahren mit rechtsstaatlichen Garantien entscheidet. Der Spruchkörper muss unabhängig sein, insbesondere von der Exekutive, aber auch von den Parteien. Die Richter, und zwar Berufsrichter und Laienrichter, dürfen nicht weisungsgebunden oder rechenschaftspflichtig sein. Die Richter müssen während ihrer Amtszeit unabsetzbar sein. In diesem Zusammenhang spielt auch die Art der Ernennung der Richter und die Dauer des Richteramts eine Rolle und die Garantien gegen Einflussnahmen von außen. Das Gericht muss auch äußerlich den Anschein der Unabhängigkeit bieten. Daran fehlt es, wenn Angehörige des öffentlichen Dienstes oder Soldaten Richter sind, die von einer Partei oder vom Staat abhängig sind (vgl. EGMR v. 29.04.1988, Serie A, Bd. 132, S. 29 Nr. 64 ff. – Belilos/Schweiz; EGMR v. 28.06.1984, EuGRZ 985, 534 Nr. 76 ff. – Campbell und Fell/Vereinigtes Königreich; EGMR v. 22.10.1984, EuGRZ 1985, 336 Nr. 41 f. – Sramek/Österreich). Dagegen bestehen grundsätzlich keine Bedenken dagegen, dass bei Standes- oder Berufsgerichten Berufsangehörige als Richter mitwirken (EGMR v. 23.06.1981, EuGRZ 1981, 551 Nr. 58 – Le Compte u.a./Belgien). 29

30 Das Gericht muss auch **unparteiisch** sein. Der Gerichtshof prüft das unter subjektiven und objektiven Gesichtspunkten. Er untersucht zunächst, ob Gesichtspunkte erkennbar sind, dass der Richter oder ein Richter eines Spruchkörpers subjektiv befangen ist; seine subjektive Unparteilichkeit wird bis zum Beweis des Gegenteils vermutet (EGMR v. 29.03.2001, Slg. 2001-III Nr. 45 – D.N./Schweiz). Dann prüft der Gerichtshof, ob berechtigte Zweifel an der Unparteilichkeit des Richters ausgeschlossen sind oder, anders ausgedrückt, ob nachweisbar Umstände objektiv berechtigte Zweifel an der Unparteilichkeit des Richters begründen, wobei, wenn das der Fall ist, der Anschein ausreichen kann. Dass ein Richter vor dem Prozess Entscheidungen in demselben Verfahren getroffen hat, begründet für sich genommen solche Zweifel nicht. Es kommt auf die Tragweite an, nämlich darauf, ob die vorher getroffene Entscheidung eine ähnliche Tragweite hatte wie die später im Rechtsstreit zu treffende (EGMR v. 22.04.1994, Serie A, Bd. 286, S. 38 Nr. 35, 38 – Saraiva de Carval/Portugal). Eine vorherige Entscheidung über eine Richterablehnung schadet nicht (EGMR, II. Sektion, Entsch. v. 05.04.2001, Beschw.-Nr. 48799/99 – Priebke/Italien). Ebenso ist unschädlich, dass der Richter in anderen Verfahren über ähnliche, aber gesonderte Fälle entschieden hat, es sei denn, die früheren Entscheidungen hätten sich auf die Schuld des Bf. in Fällen bezogen, über die noch zu entscheiden ist oder sie vorweggenommen (EGMR, II. Sektion, Entsch. v. 14.06.2001, Beschw.-Nr. 63226/00 – Craxi/Italien).

31 **An der Unparteilichkeit kann es fehlen**, wenn ein Strafrichter vorher im Ermittlungsverfahren als Vertreter der Anklagebehörde oder als Ermittlungsrichter beteiligt war (EGMR v. 01.10.1982, EuGRZ 1985, 301 Nr. 30 – Piersack/Belgien; EGMR v. 26.10.1984, EuGRZ 1985, 407 Nr. 24 ff. – De Cubber/Belgien). Das ist nicht angenommen worden, wenn der Richter vorher über die Untersuchungshaft und damit über den Tatverdacht zu entscheiden hatte oder über eine Haftentlassung (Frowein/Peukert Rn. 133). Auch eine frühere Beteiligung an der Vorbereitung von Gesetzen oder Verwaltungsentscheidungen kann den Anschein der Parteilichkeit begründen, wenn es im Rechtsstreit darum geht, ob von dem Wortlaut abgewichen werden kann. Art. 6 Abs. 1 ist auch verletzt, wenn an den Beratungen des VG ein Commissaire du Gouvernement teilnimmt (EGMR v. 07.06.2001, Slg. 2001-VI – Nr. 77 ff. – Kress/Frankreich).

Objektiv begründete Zweifel an der Unparteilichkeit können auch in Fällen bestehen, in denen zwischen dem Richter und dem Beteiligten besondere positive oder negative Beziehungen bestehen, wenn also der Richter von der Ausübung des Richteramts nach § 41 ZPO ausgeschlossen wäre oder nach § 42 ZPO wegen der Besorgnis der Befangenheit abgelehnt werden könnte, z.B. wenn ein ehrenamtlicher Richter in einem Strafverfahren gegen einen Ausländer rassistische Witze oder Bemerkungen macht (EGMR, III. Sektion, v. 09.05.2000, Slg. 2000-V – Sander/Vereinigtes Königreich; EGMR v. 25.02.1997, Slg. 1997-I, S. 308 Nr. 43 – Gregory/Vereinigtes Königreich). In diesen Fällen müssen die Bedenken rechtzeitig, insbesondere durch ein Ablehnungsgesuch, im Rechtsstreit geltend gemacht werden. 32

Öffentliche Erklärungen von Ministern oder Staatsanwälten schaden grundsätzlich nicht, denn auf diese Personen bezieht sich die Garantie der Unabhängigkeit und Unparteilichkeit nicht. Auch Pressekampagnen schaden nicht, sofern sich nicht konkret zeigt, dass sie das Verfahren beeinflusst haben (EGMR, II. Sektion, Entsch. v. 05.04.2001, Beschw.-Nr. 48799/99 – Priebke/Italien; EGMR, III. Sektion, Entsch. v. 15.11.2001, Beschw.-Nr. 54210/00 – Papon/Frankreich). 33

Ein Verstoß gegen diese Grundsätze kann jedenfalls in Strafsachen nicht immer durch eine konventionsgemäße Verhandlung in der Rechtsmittelinstanz **geheilt werden**, denn der Betroffene hat Anspruch auf ein erstinstanzliches Verfahren, das allen Garantien von Art. 6 entspricht (EGMR v. 26.10.1984, EuGRZ 1985, 407 Nr. 32 f. – De Cubber/Belgien; EGMR v. 25.02.1997, Slg. 1997-I, S. 282 Nr. 79 – Findlay/Vereinigtes Königreich). Wenn aber in zweiter Instanz ein Spruchkörper vollen Umfangs prüft und allen Anforderungen von Art. 6 genügt, ist ein Mangel der ersten Instanz geheilt (EGMR, IV. Sektion, Entsch. v. 08.01.2002, Beschw.-Nr. 35640/97 – Lesnik/Slovakei). Diese Grundsätze werden auch für andere Verfahren gelten müssen. In diesem Zusammenhang ist aber darauf hinzuweisen, dass es nach der Konvention unproblematisch ist, wenn für die Ahndung geringer Verstöße, z.B. in Sachen nach dem **Ordnungswidrigkeitengesetz** oder in **Disziplinarsachen** zunächst eine Behörde zuständig ist, die nicht den Anforderungen von Art. 6 Abs. 1 entspricht. Dann muss aber ein Gericht 34 angerufen werden können, das die Sache in vollem Umfang überprüfen kann (EGMR v. 23.06.1981, Serie A, Bd. 43,S. 16 Nr. 51 – Le Compte u.a./ Belgien und für das deutsche OWiG EGMR v. 21.02.1984, Serie A, Bd. 73, S. 21 – Öztürk/Deutschland).

V. Faires Verfahren (Art. 6 Abs. 1 S. 1)

35 Art. 6 gibt in den Abs. 2 und 3 für Strafverfahren einige besondere Vorschriften. Es handelt sich dabei um besondere Aspekte des allgemeinen Grundsatzes in Abs. 1 Satz 1 (EGMR, III. Sektion, v. 12.02.2001, NJW 2001, 2387 – Krombach/Frankreich). Was dieser Grundsatz eines fairen Verfahrens besagt, ergibt sich im Übrigen nicht aus der EMRK. Wesentlich ist, dass der Beteiligte nicht Objekt in einem gerichtlichen Verfahren sein darf, er muss Subjekt sein und also angemessene Mitwirkungsrechte haben. Zweck von Art. 6 Abs. 1 ist zugleich Schutz gegen Willkür des Gerichts zu geben; der EGMR prüft deswegen, ob ein Gericht willkürlich verfahren ist (z.B. EGMR, IV. Sektion, Entsch. v. 04.10.2001, Beschw.-Nr. 60350/00 – Canela Santiago/Spanien für Fall einer Nichtvorlage an EuGH nach Art. 234 EG-Vertrag). Die reiche Rechtsprechung hat eine Vielzahl von Einzelaspekten verdeutlicht. Sie kann hier nicht vollständig, sondern nur in ihren wesentlichen Bezügen behandelt werden (vgl. im Übrigen Pache NVwZ 2001, 1342).

36 Ob ein Verfahren fair war, beurteilt der Gerichtshof unter Berücksichtigung aller Umstände des Verfahrens einschließlich der Rechtsmittelinstanz (mögliche Heilung – s. dazu Rn 37, aber auch Rn 34, 65). Er hat immer wieder betont, dass er keine Superrechtsmittelinstanz ist und es den staatlichen Gerichten überlässt, das innerstaatliche Recht auszulegen. Aufgabe des Gerichtshofs ist es, die Vereinbarkeit mit der EMRK zu prüfen, z.B. bei der Anwendung von Fristvorschriften (vgl. EGMR v. 28.10.1998, Slg. 1998-VIII, S. 3255 Nr. 43 – Perez de Rada Cavanilles/Spanien).

37 **Heilung:** Ein Fehler der unteren Instanz kann u.U. im Rechtsmittelverfahren geheilt werden. Voraussetzung ist, dass das Rechtsmittelgericht den von dem Fehler möglicherweise beeinflussten Verfahrensteil völlig wiederholt, u. U. einschließlich der Beweisaufnahme (EGMR, III. Sektion, v.

14.11.2000, Slg. 2000-XII Nr. 41 – Riepan/Österreich). Bei Verletzung der Vorschriften über die Öffentlichkeit muss das ganze Verfahren wiederholt werden (vgl. Rn. 65, zur Heilung bei Verstößen gegen das Gebot der Unparteilichkeit Rn. 34). Voraussetzung ist weiter, dass das Rechtsmittelgericht das frühere Urteil aufheben und neu entscheiden kann (vgl. EGMR, II. Sektion, v. 01.03.2001, Slg. 2001-II Nr. 47 ff. – Dallos/Ungarn für unterlassenen Hinweis auf andere rechtliche Qualifikation der angeklagten Tat).

1. Recht auf Gehör

Es beinhaltet als Ausfluss der Garantie eines fairen Verfahrens wie im **38**
deutschen Recht den Anspruch darauf, sich in gerichtlichen Verfahren zu allen erheblichen Tatsachen und rechtlichen Fragen ausreichend zu äußern und Beweise anzubieten. Daraus ergibt sich zugleich das Recht, von dem Vortrag der anderen Beteiligten, von Beweismaterialien, auch wenn sie das Gericht von Amts wegen herangezogen hat (EGMR, III. Sektion, v. 03.03.2000, Beschw.-Nr. 35376/97 – Krcmar/Tschechien), Kenntnis zu erlangen. Das staatliche Gericht muss den Vortrag zur Kenntnis nehmen und ihn berücksichtigen, also prüfen (EGMR v. 19.04.1994, Serie A, Bd. 288, S. 19 Nr. 59 – Van de Hurk/Niederlande). Die Beteiligten müssen also in der Lage sein, sich angemessen an dem Verfahren zu beteiligen, der Gerichtshof spricht von adversarial proceedings (vgl. EGMR v. 18.03.1997, Slg. 1997-II, S. 436 Nr. 33 – Mantovanelli/Frankreich). Wenn es sich um schwierige Fragen handelt, müssen die Beteiligten rechtzeitig vor der mündlichen Verhandlung von dem Beweismittel unterrichtet werden, es genügt z.B. nicht, Urkunden solcher Art in der mündlichen Verhandlung zu verlesen (EGMR, III. Sektion, v. 03.03.2000, Beschw.-Nr. 35376/97 Nr. 42 – Krcmar/Tschechien).

Die Beteiligten können ihr Recht auf Gehör **in der mündlichen Ver-** **39**
handlung ausüben. Das setzt voraus, dass sie rechtzeitig geladen werden und teilnehmen können. Insoweit haben auch die Beteiligten gewisse Sorgfaltspflichten (z.B. Anschriftenermittlung; vgl. weiter Frowein/Peukert Rn. 72). Vgl. Rn 46, 49.

40 Wie auch das deutsche Recht verpflichtet die EMRK nicht zu einem **Rechtsgespräch**. Überraschungsentscheidungen werden gegen Art. 6 Abs. 1 Satz 1 verstoßen.

41 **Ausnahmen:** Der Gerichtshof erkennt an, dass es unter besonderen Umständen im Interesse der nationalen Sicherheit, zum Schutz von Zeugen (siehe auch Rn. 56) oder um geheime Ermittler in der Polizei nicht offen zulegen, nötig sein kann, bestimmte Beweismittel nicht mitzuteilen. Erforderlich ist dann eine Interessenabwägung. Es sind nur solche Einschränkungen zulässig, die unbedingt erforderlich sind. Etwaige Schwierigkeiten für die Beteiligten müssen im Verfahren ausreichend ausgeglichen werden (EGMR v. 26.03.1996, Slg. 1996-II, S. 471 Nr. 72 – Doorson/Niederlande; EGMR v. 23.04.1997, Slg. 1997-III Nr. 58 – Van Mechelen u.a./Niederlande). Darüber, was insoweit notwendig ist, entscheiden in erster Linie die staatlichen Gerichte, die aber auch insoweit der Kontrolle durch den Gerichtshof unterliegen. Der Gerichtshof prüft auch hier unter Berücksichtigung aller Umstände, ob das Verfahren insgesamt fair war und insbesondere, ob die Interessen eines Beschuldigten in einem Strafverfahren ausreichend geschützt worden sind, ob die Verteidigung bei der Entscheidung über die Nichtmitteilung von Unterlagen ausreichend beteiligt worden ist und das Gericht über diese Frage entschieden hat (EGMR v. 16.02.2000, Slg. 2000-II Nr. 76 – Fitt/Vereinigtes Königreich).

42 **Begründung des Urteils:** Aus dem Grundsatz einer geordneten Rechtspflege folgert der Gerichtshof, dass gerichtliche Entscheidungen angemessen begründet werden müssen. Der Umfang ist je nach der Natur der Entscheidung unterschiedlich. Das Gericht muss nicht auf jeden Beteiligtenvortrag eingehen. Ein Rechtsmittelgericht kann sich, wenn es ein Rechtsmittel zurückweist, grundsätzlich darauf beschränken, sich die Begründung der angefochtenen Entscheidung zu eigen zu machen (EGMR v. 21.01.1999, NJW 1999, 2429 – Garcia Ruiz/Spanien).

43 Wenn nicht besondere Umstände das Gegenteil ergeben, wird angenommen, dass das Gericht den Vortrag der Beteiligten zur Kenntnis genommen hat. Ein solcher besonderer Umstand kann vorliegen, wenn sich aus der Begründung des Urteils ergibt, dass es auf einem Irrtum über den Vor-

trag beruht (EGMR, III. Sektion, v. 31.03.2000, Beschw.-Nr. 34553/97 – Dulaurans/Frankreich).

2. Waffengleichheit

Aus dem Grundsatz eines fairen Verfahrens ergibt sich weiter das Erfordernis der Waffen- und Chancengleichheit, das mit dem Diskriminierungsverbot in Art. 14 zusammenhängt. Alle Beteiligten in einem Verfahren müssen gleich behandelt werden, also insbesondere in gleichem Umfang unterrichtet werden und unter denselben Bedingungen die Möglichkeit haben, vorzutragen und ihre Sache geltend zu machen (EGMR v. 22.02.1996, Slg. 1996-II, S. 359 Nr. 47 – Bulut/Österreich). Der Gerichtshof hat einen Verstoß gegen diesen Grundsatz angenommen, wenn der Generalanwalt bei dem französischen Kassationshof von seiner Stellungnahme nur die Anwälte von Beteiligten unterrichtet, nicht aber Beteiligte ohne anwaltliche Vertretung (EGMR, III. Sektion, v. 08.02.2000, Beschw.-Nr. 27362/95 – Voisine/Frankreich; vgl. die Zusammenfassung der Rspr. des EGMR zum Generalanwalt und Generalstaatsanwalt in Belgien, Portugal, Frankreich und den Niederlanden EGMR v. 07.06.2001, Slg. 2001-VI Nr. 64 f. – Kress/Frankreich und zur Anwesenheit des Commissaire du Gouvernement bei den Beratungen eines VG Nr. 77 ff: Verletzung von Art. 6). 44

In Strafsachen muss Waffengleichheit zwischen den Vertreter der Anklage und dem Beschuldigten bestehen, beide müssen in gleicher Weise von dem Vortrag der Gegenseite und Beweismitteln unterrichtet werden (EGMR v. 28.08.1991, Serie A, Bd. 211, S. 27 Nr. 66 f – Brandstetter/Österreich). Die Anklagebehörde muss den Beschuldigten über alle in ihrer Hand befindlichen Beweismittel für oder gegen den Beschuldigten informieren. 45

3. Weitere Einzelfälle

a) Teilnahme an der mündlichen Verhandlung: Der Beteiligte hat ein Recht darauf, an der mündlichen Verhandlung teilzunehmen. Das gilt besonders in Strafverfahren. Denn Art. 6 garantiert ihm das Recht, wirk- 46 sam am Strafverfahren gegen ihn mitzuwirken (EGMR v. 16.12.1999, Slg. 1999-IX Nr. 85 – V./Vereinigtes Königreich). Der Gerichtshof hat wiederholt betont, dass die Anwesenheit des Beschuldigten in der Hauptverhandlung im Interesse eines fairen und gerechten Strafverfahrens von entscheidender Bedeutung ist und zwar sowohl wegen des Rechts auf Gehör, als auch wegen der Notwendigkeit, die Richtigkeit der Ausführungen von Beteiligten zu überprüfen und sie den Aussagen von Zeugen gegenüber zu stellen. Deswegen muss der Gesetzgeber dem ungerechtfertigten Nichterscheinen entgegenwirken können. Eine angemessene Verteidigungsmöglichkeit ist gleichfalls von grundlegender Bedeutung (s. Abs. 3 Buchst. c)). Deswegen kann dem Rechtsanwalt eines Beschuldigten, der selbst nicht erschienen ist, nicht das Recht genommen werden, seinen Mandanten zu verteidigen (EGMR v. 21.01.1999, NJW 1999, 2353 – Van Geyseghem/Belgien; EGMR, III. Sektion, v. 13.02.2001, NJW 2001, 2387 – Krombach/Frankreich und dazu Gündel, NJW 2001, 2380).

47 Einem jungen Menschen muss das Gericht bei der Ausgestaltung des Verfahrens helfen, seine Schüchternheit und Hemmungen zu überwinden (EGMR v. 16.12.1999, Slg. 1999-IX Nr. 86 f. – V./Vereinigtes Königreich).

48 Der Beschuldigte selbst hat ein Recht auf Teilnahme, auch wenn er einen Verteidiger hat. Ob das auch in Rechtsmittel- oder Wiederaufnahmeverfahren gilt, muss nach den Umständen entschieden werden, nämlich den Besonderheiten dieses Verfahrens und die Art und Weise, wie die Interessen der Verteidigung geschützt sind. Es kommt weiter darauf an, über welche Fragen das Gericht entscheidet und auf die Bedeutung für den Beschuldigten (EGMR v. 25.03.1998, Slg. 1998-II, S. 570 Nr. 37 – Belziuk/Polen). Wenn es auf den persönlichen Eindruck des Beschuldigten ankommt, muss er anwesend sein dürfen, auch wenn er das nicht besonders beantragt.

49 Das Recht auf Teilnahme ist verletzt, wenn der Beschuldigte oder sein Verteidiger nicht ordnungsgemäß geladen sind.

50 Ein Verfahren in Abwesenheit des Angeklagten ist nicht konventionswidrig, wenn der Verurteilte später erreichen kann, dass ein Gericht nach seiner Anhörung über die Anklage in tatsächlicher und rechtlicher Hinsicht neu entscheidet (EGMR, III. Sektion, v. 13.02.2001, NJW 2001, 2387 – Krombach/Frankreich).

Vgl. zu der Frage, ob eine mündliche Verhandlung auch in Rechtsmittelinstanzen nötig ist, weiter Rn. 66. **51**

b) Recht zu Schweigen und sich nicht selbst zu bezichtigen: Dieses Recht ist nicht ausdrücklich in Art. 6 erwähnt, ergibt sich aber aus dem Grundsatz eines fairen Verfahrens und entspricht allgemein anerkannten internationalen Standards (EGMR, II. Sektion, v. 03.05.2001, NJW 2002, 499 – J.B./Schweiz; vgl. dazu Weiß, NJW 1999, 2236). Es soll den Beschuldigten vor Pressionen schützen und hängt mit der Unschuldsvermutung in Abs. 2 zusammen. Die Anklage soll gezwungen sein, die notwendigen Beweise ohne Rückgriff auf Beweismittel zu erbringen, die gegen den Willen des Beschuldigten durch ungerechtfertigten Zwang erlangt wurden (EGMR, II. Sektion, v. 03.05.2001, NJW 2002, 499 – J.B./Schweiz). Das Recht schließt die Benutzung anderer Beweismittel nicht aus, auch wenn sie gegen den Willen des Beschuldigten gewonnen worden sind (z.B. Urkunden, Tachoscheiben, medizinische Untersuchungen, z.B. Blutuntersuchungen, vgl. EGMR v. 17.12.1996, Slg. 1996-VI, S. 2064 Nr. 68 f. – Saunders/Vereinigtes Königreich). Wenn aber der Betroffene in einem Steuerverfahren unter Androhung von Zwangsgeld zu Angaben gezwungen wird, die auch für ein Steuerstrafverfahren relevant sind, ist das eine Verletzung von Art. 6 (EGMR, II. Sektion, v. 03.05.2001, NJW 2002, 499 – J.B./Schweiz). **52**

Das Recht gilt auch für juristische Personen, z.B. in Kartellverfahren (Weiß, NJW 1999, 2236; abw. für das deutsche Recht BVerfG NJW 1997, 1841). **53**

Aus dem Schweigen eines Beschuldigten dürfen Schlüsse nur unter engen Voraussetzungen gezogen werden. Denn das Recht zu schweigen und sich nicht selbst zu beschuldigen ist wesentlicher Bestandteil eines fairen Verfahrens. Besondere Vorsicht ist am Platze, wenn aus dem Schweigen oder unvollständigen Aussagen eines Beschuldigten bei der ersten Vernehmung durch die Polizei, bei der ein Verteidiger noch nicht **54** anwesend war, negative Schlüsse gezogen werden sollen. Es ist aber nicht gänzlich ausgeschlossen, solche Schlüsse zu ziehen. Bei der Beurteilung müssen alle Umstände des Einzelfalls berücksichtigt werden, insbesondere die Situation, in der sich der Beschuldigte befand, das Gewicht, das dem Schweigen bei der Beweiswürdigung beigemessen wird, inwieweit Zwang damit verbunden war, ob ein Verteidiger anwesend war und ob der Beschuldigte später sein ursprüngliches Schweigen erklärt hat. Eine Verurteilung kann nach der Rechtsprechung des Gerichtshofs nicht ausschließlich oder wesentlich auf Schlüsse gestützt werden, die aus dem Schweigen gezogen werden. Wenn aber nach der Sachlage und den Beweisergebnissen eine Erklärung des Beschuldigten eindeutig zu erwarten ist, kann das vom Gericht bei der Beweiswürdigung u.a. berücksichtigt werden (EGMR, III. Sektion, v. 08.02.1996, Slg. 1996-I, S. 49 Nr. 47 und S. 55 Nr. 66 – Murray/Vereinigtes Königreich; EGMR, III. Sektion, v. 02.05.2000, Slg. 2000-V Nr. 56 – Condron/Vereinigtes Königreich; EGMR, III. Sektion, v. 20.03.2001, Beschw.-Nr. 33501/96 Nr. 17-19 – Telfner/Österreich).

55 **c) Beweisaufnahme:** Art. 6 regelt nicht, wann eine Beweisaufnahme vor den staatlichen Gerichten erforderlich ist und welche Beweismittel zulässig sind. Es gibt auch kein Recht auf Zeugenvernehmung oder sonstige Beweiserhebung in Zivilsachen. Das zu regeln ist Sache des innerstaatlichen Rechts, darüber zu entscheiden Sache der staatlichen Gerichte. Der Gerichtshof prüft aber, ob das Verfahren insgesamt fair war (EGMR, I. Sektion, v. 18.6.2002, Beschw.-Nr. 24541/94 Nr. 39 – Wierzbicki/Polen). Es ist nicht ausgeschlossen, über lange Zeit zurückliegende Ereignisse (z.B. Kriegsverbrechen) Beweis zu erheben. Das Gericht hat dann festzustellen, ob der der Anklage obliegende Beweis erbracht ist (EGMR, III. Sektion, Entsch. v. 29.05.2001, Slg. 2001-VI – Sawoniuk/Vereinigtes Königreich). Es gilt auch nicht ein allgemeiner Grundsatz, dass nach staatlichem Recht unzulässige Beweismittel (z.B. unzulässiges Abhören von Telefongesprächen) im gerichtlichen Verfahren nicht verwertet werden dürfen. Der Gerichtshof prüft die Gesamtumstände und entscheidet danach, ob das Verfahren fair gewesen ist (EGMR v. 12.07.1988, EuGRZ 1988, 390 – Schenk/Schweiz; EGMR v. 25.03.1999, NJW 1999, 3545

Nr. 45 – Pelissier u. Sassi/Frankreich). Die Verwertung von Beweismitteln, die unter Verletzung von Art. 8 gewonnen worden sind, verletzt nicht automatisch Art. 6, auch wenn sie der einzige oder der ausschließliche Beweis sind, wenn der Betroffene die Möglichkeit hat zu dem Beweismittel Stellung zu nehmen und das Verfahren insgesamt fair war (EGMR, III. Sektion v. 12.05.2000, Slg. 2000-V – Kahn/Vereinigtes Königreich). Der Gerichtshof wägt die Interessen der Beteiligten und anderer Personen, z.B. Zeugen, und des Staates ab.

Die genannten Grundsätze gelten auch für die Frage, **ob anonyme Zeugenaussagen** verwertet werden dürfen (dazu Renzikowski, JZ 1999, 605). 56
Der Gerichtshof geht davon aus, dass Zeugen grundsätzlich in der mündlichen Verhandlung vernommen werden müssen, damit die Beteiligten den Zeugen Fragen stellen und Vorhaltungen machen können (vgl. Abs. 3 Buchst. d) und dazu Rn. 93). Wenn aber wichtige öffentliche Interessen, z.B. bei der Bekämpfung der organisierten Kriminalität, und die Notwendigkeit des Schutzes von Zeugen besondere Maßnahmen erforderlich machen, hält der Gerichtshof anonyme Informationen in der Ermittlungsphase für zulässig, nicht aber als ausschließliches oder entscheidendes Beweismittel in der Hauptverhandlung (EMGR v. 20.11.1989, Serie A, Bd. 166, S. 20 Nr. 41, 44 – Kostovski/Niederlande). Auch sonst sind nach der Rechtsprechung anonyme Zeugenaussagen nicht allgemein ausgeschlossen, weil es eben auf die Umstände des Einzelfalles ankommt. So muss das Gericht dafür sorgen, dass Nachteile für die Verteidigung ausgeglichen werden. Eine Verurteilung darf jedenfalls nicht ausschließlich auf anonyme Zeugenaussagen oder Aussagen von Zeugen gestützt werden, die von der Verteidigung weder im Ermittlungsstadium noch während der Hauptverhandlung befragt werden konnten (EGMR v. 26.03.1996, Slg. 1996-II, S. 446, 472 Nr. 76 – Doorsen/Niederlande). Diese Grundsätze gelten auch für Aussagen Mitangeklagter (EGMR, I. Sektion, v. 27.02.2001, Beschw.-Nr. 33354/96 Nr. 41 – Luca/Spanien). Auch sonst berücksichtigt der Gerichtshof bei unzulässigen Beweismitteln, welchen Einfluss sie im konkreten Fall gehabt haben. Wenn sie für das Urteil nicht ausschlaggebend waren, scheidet eine Verletzung von Art. 6 aus (EGMR v. 25.03.1999, NJW 1999, 2545 Nr. 47 – Pelissier und Sassi/Frankreich).

Vgl. zur Verwertung von Videovernehmungen Weider, StV 1999, 51. Wenn ein von der Verteidigung benannter **Sachverständiger** zu Ergebnissen kommt, die die Anklage stützten oder wenn er seine Meinung zum Nachteil des Angeklagten in der Verhandlung ändert, ist das Verfahren nicht schon deswegen unfair, weil das staatliche Recht dem Angeklagten keinen Anspruch auf einen neuen Sachverständigen gibt. Etwas anderes kann bei plötzlichem Sinneswandel innerhalb derselben Verhandlung nach flüchtiger Durchsicht neuer Urkunden gelten (EGMR, III. Sektion, v. 02.10.2001, Beschw.-Nr. 44069/98 – G.B./Frankreich).

57 Der Gerichtshof geht bei der Prüfung der Frage, ob ein Verfahren fair war, zum Teil in erstaunlicher Weise in Einzelheiten (vgl. EGMR v. 13.07.2000, NJW 2001, 2315 Nr. 66 – Elsholz/Deutschland: Verletzung, weil kein psychologisches Gutachten vor einer Entscheidung über eine Umgangsregelung eines unehelichen Vaters mit seinem Kind angefordert worden ist und keine erneute mündliche Anhörung in zweiter Instanz stattgefunden hat; vgl. auch Art. 8 Rn 29).

58 **d) Lockspitzel:** Der Gerichtshof geht davon aus, dass der Einsatz verdeckter Ermittler grundsätzlich zulässig ist (vgl. Rn. 56), hält aber die Verwertung von Beweismitteln aus dem Einsatz von Lockspitzeln für unzulässig, wenn der Betroffene nicht der provozierten Tat verdächtig und die Tätigkeit des Lockspitzels der Polizei nicht von einem Gericht kontrolliert war. Dann darf eine Verurteilung jedenfalls nicht hauptsächlich aufgrund der Aussage des Lockspitzels ausgesprochen werden (EGMR v. 09.06.1998, NStZ 1999, 47 – Teixeira de Castro/Portugal; dazu Sommer, NStZ 1999, 48; vgl. zur Rechtslage in Deutschland BGH NJW 2000, 1123 – Strafzumessungslösung – und kritisch dazu Endriß, NStZ 2000, 271).

59 **e) Einflussnahme auf das Verfahren oder das Urteil:** Der Gerichtshof bestreitet dem nationalen Gesetzgeber nicht grundsätzlich das Recht, in Zivilsachen auch rückwirkende Gesetze zu erlassen (EGMR v. 28.10.1999, Slg. 1999-VII Nr. 57 – Zielinski u.a./Frankreich). Nach der Rechtsprechung verstößt das aber gegen den Grundsatz eines fairen Verfahrens, wenn der Gesetzgeber auf das Verfahren selbst Einfluss nimmt und eine Norm erlässt, die im Kern darauf abzielt, den Ausgang des gerichtlichen Verfahrens, an dem der Staat Partei ist, zu beeinflussen (EGMR v. 09.12.994, Serie A, Bd. 301, S. 81 Nr. 47 – Stran Greek Refineries u. Stratis Andreadis/Griechenland; EGMR v. 22.10.1997, Slg. 1997-VI, S. 2288 Nr. 37 – Papgeorgiou/Griechenland).

f) Auslieferung: Sie kann gegen Art. 6 verstoßen, wenn der Bf. nachweist, dass ihm eine »flagrante Rechtsverweigerung« im Aufnahmeland droht, z.B. das er eine in Abwesenheit verhängte Strafe ohne erneute Verhandlung verbüßen muss (EGMR, III. Sektion, v. 16.10.2001, Slg. 2001-X – Einhorn/Frankreich; vgl. Art. 3 Rn. 19, 24). **60**

VI. Öffentlichkeit des Verfahrens

Der Grundsatz soll vor Geheimjustiz schützen, Vertrauen in die Rechtsprechung schaffen und ein faires Verfahren sichern. **61**

Ein Verstoß gegen das Gebot der Öffentlichkeit kann bei rechtlichem und tatsächlichem Ausschluss gegeben sein. Die Öffentlichkeit ist garantiert, wenn sie Informationen über Zeit und Ort des Termins erhalten kann und der Ort für die Öffentlichkeit leicht zugänglich ist. Ein ausreichend großer Gerichtsraum ist in der Regel zugänglich und damit ausreichend. Es sind aber auch Gerichtstermine außerhalb des Gerichts möglich, auch in einem Gefängnis, selbst wenn Besucher Identitäts- und Sicherheitskontrollen unterworfen werden. Weil der Zugang im Gefängnis aber normalerweise nicht gewährleistet ist, muss der Staat zusätzlich Maßnahmen treffen, damit die Öffentlichkeit und die Medien ausreichend über den Ort informiert werden und damit sie einen wirksamen Zugang haben, z.B. durch Aushang an der Gerichtstafel, u.U. mit Hinweisen, wie man das Gefängnis erreichen kann und über Zugangsbedingungen (EGMR, III. Sektion, v. 14.11.2000, Slg. 2000-XII Nr. 28-30 – Riepan/Österreich). **62**

Auf eine **mündliche Verhandlung** in der ersten Instanz kann **grundsätzlich nur mit Zustimmung der Beteiligten** verzichtet werden. Die deutsche Regelung über **Gerichtsbescheide** nach § 84 VwGO, § 105 SGG verstößt nicht gegen Art. 6 Abs. 1, weil die Beteiligten eine mündliche Verhandlung erzwingen können, indem sie Berufung einlegen oder **63**

Antrag auf mündliche Verhandlung stellen (BVerwG DVBl 1996, 105). Der Gerichtshof würdigt das Verfahren insgesamt, wenn er die Vereinbarkeit mit der Konvention prüft. Wenn aber die Berufung ausgeschlossen ist, darf das VG nicht durch Gerichtsbescheid entscheiden und die Revision zulassen, wenn auch Tatfragen streitig sind und sich ein Beteiligter gegen den Erlass eines Gerichtsbescheides gewendet hat. Es ist also eine konventionskonforme Anwendung dieser Vorschriften nötig (Clausing in Schoch/Schmidt/Assmann/Pietzner, VwGO, § 84 Rn. 6; Meyer-Ladewig, SGG, 7. Aufl., § 105 Rn. 3; Kopp/Schenke, VwGO, 12. Aufl., § 84 Rn. 2 a)).

64 Der Gerichtshof hat anerkannt, dass z.B. in Sachen nach dem **OWiG** oder in **Disziplinarsachen** geringere Verstöße durch eine Behörde auch ohne mündliche Verhandlung geahndet werden können, sofern nur ein Gericht angerufen werden kann, das umfassende Prüfungs- und Entscheidungsbefugnisse hat (s. Rn. 34).

65 Wenn das Verfahren in erster Instanz nicht mündlich und öffentlich war, kann der Fehler nur unter engen Voraussetzungen in höherer Instanz geheilt werden, nämlich durch eine völlige Wiederholung einschließlich der Beweisaufnahme. Für Strafsachen hat der Gerichtshof das mit der Bedeutung des Grundsatzes der Öffentlichkeit begründet und damit, dass Beweise grundsätzlich in Anwesenheit des Beschuldigten in mündlicher Verhandlung erhoben werden müssen (EGMR, III. Sektion, v. 14.11.2000, Slg. 2000-XII Nr. 40 – Riepan/Österreich). Das wird auch für andere Verfahren gelten müssen.

66 Für **Rechtsmittelinstanzen** gilt: Ist nach innerstaatlichem Recht eine mündliche Verhandlung vorgesehen, muss sie öffentlich sein. Von einer mündlichen Verhandlung kann aber nach der Rechtsprechung u.U. abgesehen werden, wenn in der ersten Instanz eine mündliche Verhandlung stattgefunden hat und es nur um die Zulassung eines Rechtsmittels geht oder wenn das Rechtsmittel nur eine rechtliche Überprüfung eröffnet und außerdem, selbst wenn über Tatsachenfragen zu entscheiden ist, unter der Voraussetzung, dass das Rechtsmittel ohne eigene Ermittlungen aufgrund der Aktenlage in der Sache entscheiden kann. Eine zweite mündliche Verhandlung ist dagegen erforderlich, wenn der Fall schwierig ist und tatsächliche Fragen erhebliche Bedeutung haben, insbesondere wenn das Berufungsgericht eine Frage zum ersten Mal entscheidet, z.B. weil sich der Streitgegenstand geändert hat, und Beweisergebnisse selbst würdigen muss, weil ein Beteiligter substantiierte Einwendungen gegen die Tatsachenfeststellungen der Vorinstanz erhoben hat oder wenn einer persönliche Anhörung des Beteiligten für die Tatsachenfeststellungen erforderlich ist (EGMR v. 08.12.83, EuGRZ 19985, 225 Nr. 28 ff. – Laxen/Deutschland; EGMR v. 26.05.1988, Serie A, Bd. 134, S. 14 Nr. 31 – Ekbatani/Schweden; EGMR v. 29.10.1991, Serie A, Bd. 212, S. 69 Nr. 69 Nr. 33 – Feyde/Schweden; EGMR v. 29.10.1991, NJW 1992, 1813 Nr. 38 – Helmers/Schweden; BVerwG NVwZ 1999, 1000; dazu Ziekow, JZ 1999, 90). Das BVerwG (NVwZ 1999, 763) hat weiter angenommen, dass eine mündliche Verhandlung auch dann nicht erforderlich ist, wenn die Beweisaufnahme vor dem voll besetzten Senat des OVG an Ort und Stelle stattgefunden hat, die Beteiligten sich dazu äußern konnten und das OVG seine Auffassung über das Ergebnis der Beweisaufnahme mitgeteilt hat, weitere Urkundenbeweise vorlagen und eine Entscheidung auf dieser Aktengrundlage sachgerecht möglich war. In der Rspr. des EGMR gilt aber der Grundsatz, dass eine Rechtsmittelinstanz mit voller Überprüfung in tatsächlicher und rechtlicher Hinsicht nicht ohne persönlichen Eindruck von Zeugen entscheiden kann (EGMR, I. Sektion, v. 27.06.2000, Slg. 2000-VIII Nr. 55 – Constantinescu/Rumänien).

§ 130 a VwGO erlaubt eine Zurückweisung der Berufung durch Beschluss 67
ohne mündliche Verhandlung. Das Berufungsgericht muss diese Vorschrift konventionskonform auslegen und darf einen Beschluss nicht erlassen, wenn das VG erster Instanz auf verfahrensfehlerhafte Weise ohne mündliche Verhandlung entschieden hat oder wenn der Fall schwierige Tatsachenfragen aufwirft (vgl. Meyer-Ladewig in Schoch/Schmidt-Aßmann/Pietzner, VwGO, § 130 a Rn. 7). Außerdem stellt das BVerwG besondere Anforderungen an die vorherige Unterrichtung der Beteiligten (vgl. BVerwG NVwZ 2000, 1040). Nach **§ 153 Abs. 4 SGG** ist eine Entscheidung durch Beschluss ohnehin nicht möglich, wenn sich die Berufung gegen einen Gerichtsbescheid richtet. Bei konventionsgerechter Anwendung verstößt die Regelung nicht gegen Art. 6 (BSG NZS 1994, 1990). Eine

Beschlussentscheidung darf nicht ergehen, wenn der Fall schwierig ist und Tatsachenfragen erhebliche Bedeutung haben (Meyer-Ladewig, SGG, 7. Aufl., § 153 Rn. 13 a).

68 Das Recht ist **verzichtbar**. Ein Verzicht muss eindeutig sein und darf öffentlichen Interessen nicht widersprechen. Wenn nach innerstaatlichem Recht eine mündliche Verhandlung nur auf Antrag stattfindet, nimmt der Gerichtshof einen gültigen Verzicht an, wenn der Antrag nicht gestellt wird (EGMR v. 21.02.1990, EuGRZ 1992, 5 Nr. 66 – Hakansson und Sturreson/Schweden).

69 Die Öffentlichkeit kann aus den in Art. 1 Abs. 1 Satz 2 genannten Gründen **ausgeschlossen** werden. Dem entsprechen die deutschen Vorschriften in §§ 169-172 GVG. Es kann auch sonst Gründe geben, die Öffentlichkeit einzuschränken, z.B. um die Sicherheit oder die Privatsphäre von Zeugen zu schützen oder um den freien Informations- und Meinungsaustausch zu fördern und zu schützen (EGMR, III. Sektion, v. 24.04.2001, Slg. 2001-III Nr. 37 – B. und P./Vereinigtes Königreich).

70 Die Öffentlichkeit ist auch für die **Urteilsverkündung** vorgeschrieben, und zwar auch bei rechtmäßigem Ausschluss der Öffentlichkeit für die Verhandlung (Art. 6 Abs. 1 Satz 2, vgl. § 173 Abs. 1 GVG). Eine summarische Zusammenfassung des Urteils genügt dann (Frowein/Peukert Rn. 119). Ob § 116 Abs. 2 VwGO (Zustellung eines verwaltungsgerichtlichen Urteils anstelle der Verkündung) konventionskonform ist, kann fraglich sein (dazu Clausing in Schoch/Schmidt-Aßmann/Pietzner, VwGO, § 116 Rn. 9: kein Verzicht auf Verkündung bei ausdrücklichem Widerspruch der Beteiligten). Der Gerichtshof wendet Art. 6 Abs. 1 insoweit flexibel an und lässt es genügen, wenn die Entscheidung zugestellt wird, aber der Öffentlichkeit z.B. durch Möglichkeit der Einsicht auf der Geschäftsstelle des Gerichts oder auf Anforderung durch Übersendung von Kopien zugänglich gemacht wird (EGMR v. 08.12.1983, EuGRZ 1985, 225 – Axen/Deutschland für den Fall eines Beschlusses durch den BGH ohne mündliche Verhandlung, mit dem die Revision zurückgewiesen wird, weil der BGH sie einstimmig für unbegründet hält und die Parteien vorher gehört worden sind; EGMR, III. Sektion, v. 24.04.2001, Slg. 2001-III Nr. 45 ff. – B. und P./Vereinigtes Königreich). § 133 SGG (Zustellung von

Urteilen nach schriftlichem Verfahren) verstößt nicht gegen Art. 6 Abs. 2, weil nur mit Einverständnis der Beteiligten ohne mündliche Verhandlung entschieden werden kann (§ 124 Abs. 2 SGG).

VII. Entscheidung in angemessener Frist (Art. 6 Abs. 1)

Innerhalb der angemessenen Frist muss das Gericht nicht nur verhandelt, sondern auch entschieden haben (zum Recht auf eine Entscheidung Rn. 19). Die Garantie ist die am meisten vor dem Gerichtshof in Anspruch Genommene; sie führt auch am meisten zu Urteilen, in denen eine Verletzung festgestellt wird (s. Rn. 1). Beschwerde kann nur erheben, wer am Verfahren beteiligt war (EGMR, I. Sektion, v. 18.12.2001, Beschw.-Nr. 41803/98 Nr. 8 – Pupillo/Italien). 71

1. Der in Betracht zu ziehende Zeitraum

a) Zivilsachen: Der maßgebliche Zeitraum ist der vom Eingang des Antrags oder der Klage bei Gericht bis zur abschließenden Entscheidung bzw. anderweitigen Erledigung. Tritt eine Partei einem laufenden Verfahren bei, ist dieser Zeitpunkt maßgebend (Frowein/Peukert Rn. 137). Wird die Sache in der Revisionsinstanz aufgehoben und zurückgewiesen, ist die letzte gerichtliche Entscheidung maßgebend. Wenn die gerichtliche Entscheidung nicht oder erst spät durchgesetzt werden kann, stellt der Gerichtshof auf den Zeitpunkt der endgültigen Befriedigung des Bf. (z.B. den der **Zwangsvollstreckung**) ab (z.B. EGMR, IV. Sektion, v. 2.7.2002, Beschw.Nr. 71891/01 Nr. 20 – Halka u.a./Polen). 72

Die Erschöpfung der innerstaatlichen Rechtsbehelfe (Art. 35 Abs. 1) setzt für Deutschland grundsätzlich voraus, dass auch Verfassungsbeschwerde erhoben worden ist. Die bis zu Entscheidung des **BVerfG** verstrichene Zeit wird dann eingerechnet, der maßgebende Zeitraum rechnet also vom Eingang der Klage bis zu Entscheidung des Bundesverfassungsgerichts (EGMR, I. Sektion, v. 25.02.2000, NJW 2001, 211 Nr. 69 – Gast u. Popp/Deutschland; EGMR, IV. Sektion v. 27.07.2000, NJW 2001, 213 Nr. 35 – Klein/Deutschland). Hat das Gericht eine Norm nach Art. 100 GG dem BVerfG zur Entscheidung vorgelegt, wird auch der dafür erforderliche Zeitraum einbezogen. 73

74 **b) Verwaltungsgerichtliche Verfahren:** Soweit Art. 6 für sie anwendbar ist, gelten die zu a) geschilderten Grundsätze. Ist ein Vorverfahren (§ 68 VwGO, § 78 SGG) vorgeschrieben, rechnet die dafür verstrichene Zeit mit (EGMR v. 28.06.1978, NJW 1979, 477 Nr. 98 – König/Deutschland).

75 Wenn der Bf. nach Abschluss des Verfahrens die Zwangsvollstreckung nicht betreiben kann, rechnet der Gerichtshof auch insoweit die Zeit mit ein (EGMR; IV. Sektion, v. 04.04.2000, Beschw.-Nr. 38670/97 – Dewizka/Polen).

76 **c) Strafverfahren:** Der maßgebende Zeitraum beginnt mit der Anklage im Sinne von Art. 6 Abs. 1 (vgl. Rn. 13), also wenn dem Betroffenen offiziell mitgeteilt oder er sonst darüber in Kenntnis gesetzt wird, dass wegen des Verdachts einer strafbaren Handlung gegen ihn ermittelt wird (z.B. durch Festnahme, Kenntnis von dem Haftbefehl, Beginn von Ermittlungen, z.B. Vernehmung von Zeugen). Der Zeitraum endet auch hier mit der letzten und rechtskräftigen gerichtlichen Entscheidung. Ein Rechtsmittelverfahren wird auch dann berücksichtigt, wenn es auf das Strafmaß begrenzt ist. Wenn eine Gesamtstrafe gebildet wird, kommt es auf diesen Zeitpunkt an (Frowein/Peukert Rn. 140). Das Verfahren über eine Verfassungsbeschwerde gegen ein Strafurteil vor dem BVerfG wird nach den gleichen Grundsätzen geprüft (EGMR, I. Sektion, v. 25.02.2000, NJW 2001, 211 – Gast u. Popp/Deutschland).

2. Angemessene Frist

77 Es gibt keine feste zeitliche Grenze. Der Gerichtshof entscheidet von Fall zu Fall und berücksichtigt Besonderheiten eines jeden. Er stellt auf die Schwierigkeiten der Sache ab, das Verhalten des Bf., die Verhaltensweise der Gerichte und die Bedeutung der Sache für den Bf. (z.B. EMRK, I. Sektion, v. 25.02.2000, NJW 2001, 211 Nr. 70 – Gast u. Popp/Deutschland). **Besonders schwierig** kann der Fall sein, wenn er tatsächlich kompliziert ist, z.B. bei Enteignungen vieler Grundstücke, bei Ermittlungen im Ausland im Wege der Rechtshilfe, bei komplexen Wirtschaftsstrafsachen oder wenn mehrere Sachverständigengutachten erforderlich waren.

Verhalten des Beschwerdeführers: Der Gerichtshof berücksichtigt, wenn der Bf. das Verfahren verzögert, z.B. Fristen nicht einhält oder zur Sache nicht rechtzeitig und nicht vollständig vorträgt. Es wird dem Bf. nicht angelastet, wenn er von Rechtsbehelfen Gebrauch macht, die ihm das innerstaatliche Recht zur Verfügung stellt, z.B. Richter ablehnt. Er muss aber zur Aufklärung der Sache beitragen, soweit ihm das zuzumuten ist, z.B. erforderliche Urkunden rechtzeitig vorlegen. In **Strafsachen** wird nicht erwartet, dass der Bf. zu einer schnellen Verurteilung beiträgt. Die durch sein Verhalten eingetretenen Verzögerungen können aber auch dem beklagten Staat nicht zugerechnet werden (EGMR v. 15.07.82, EuGRZ 1983, 371 Nr. 82 – Eckle/Deutschland). **78**

Wenn das Gericht das Verfahren nicht zügig betreibt, geht das zu Lasten des beklagten Staates und zwar auch in Verfahren mit Parteimaxime (EGMR, III. Sektion, v. 04.04.2002, Beschw.-Nr. 45181/99 Nr. 36 –Volkwein/Deutschland). Das kann bei längeren Perioden der Untätigkeit der Fall sein. Wenn Richterplanstellen nicht besetzt sind oder sonst Personalengpässe zu Verzögerungen führen, müssen Abhilfemaßnahmen schnell getroffen werden. Länger bestehende Rückstände bei Gericht entlasten den beklagten Staat nicht, denn nach ständiger Rechtsprechung des Gerichtshofs legt die EMRK den Konventionsstaaten die Verpflichtung auf, ihr Gerichtssystem so einzurichten, dass die Gerichte den Anforderungen von Art. 6 entsprechen können, einschließlich der Entscheidung innerhalb angemessener Frist (EGMR, I. Sektion, v. 25.02.2000, NJW 2001, 211 Nr. 75 – Gast u. Popp/Deutschland). **79**

Wegen der Bedeutung der Sache müssen besonders zügig behandelt werden z.B. Haftsachen, arbeitsrechtliche Klagen z.B. wegen einer Kündigung, Kindschaftssachen oder Unterhaltssachen. **80**

Bei **Verfassungsgerichten** erkennt der Gerichtshof an, dass diese Grundsätze nicht in derselben Weise angewendet werden können, weil die Rolle des Verfassungsgerichts als Hüter der Verfassung auf besondere Weise nötig macht, die Fälle nicht nur nach der Zeitfolge ihres Eingangs, sondern nach anderen Kriterien zu entscheiden (EGMR, I. Sektion, v. 25.02.2000, NJW 2001, 211 Nr. 75 – Gast u. Popp/Deutschland). **81**

82 Ergebnis: Die noch als angemessen angesehenen Fristen sind in der Rechtsprechung sehr unterschiedlich. In der jüngeren Zeit hat der **Gerichtshof noch als angemessen** angesehen folgende Verfahrensdauer:

- 2 Jahren und 10 Monate für das Verfahren über eine Verfassungsbeschwerde beim BVerfG (EGMR, I. Sektion, v. 25.02.2000, NJW 2001, 211 – Gast u. Popp/Deutschland)
- 3 Jahre und 3 Monate bei schwierigen Verfahren in drei Instanzen (EGMR v. 25.03.1999, NJW 1999, 1325 Nr. 41 – Papachelas/Griechenland)
- 3 Jahre und 7 Monate für eine Instanz (EGMR, III. Sektion, v. 07.11.2000, Beschw.-Nr. 45891/99 – Piccolo/Italien)
- 3 Jahre und 9 Monate für Verfahren vor BVerfG (EGMR, IV. Sektion, Entsch. v. 02.03.2000, Beschw.-Nr. 52442/99 – Schwengel/Deutschland)
- 3 Jahre und 11 Monate in einer schwierigen Kindschaftssache
- 6 Jahre in einer Haftsache mit Beweisaufnahme im Ausland
- 7 Jahre und 10 Monate für eine schwierige Strafsache mit vielen wirtschaftlich verbundenen Unternehmen in drei Instanzen (EGMR, III. Sektion v. 01.08.2000, Beschw.-Nr. 36009/97 – C.P. u.a./Frankreich).

83 **Als nicht mehr angemessen** hat der Gerichtshof angesehen eine Dauer von

- 3 Jahren und 3 Monate für eine Instanz (EGMR, IV. Sektion, v. 16.11.2000, Beschw.-Nr. 46521/99 – Ziccardi/Italien)
- 3 Jahre und 9 Monate für zwei Instanzen in einer Arbeitssache (EGMR, III. Sektion, v. 14.11.2000, Beschw.-Nr. 38437/97 – Delgado/Frankreich)
- 4 Jahre für eine Instanz
- 4 Jahre und 3 Monate für zwei Instanzen in einer Strafsache
- 4 Jahre und 9 Monate für zwei Instanzen in einer Strafsache.

3. Folgen einer Verletzung von Art. 6 Abs. 1

Wenn der Gerichtshof eine Verletzung von Art. 6 Abs. 1 feststellt, wird er in der Regel **eine gerechte Entschädigung** nach Art. 41 gewähren, d.h. den Konventionsstaat zur Zahlung eines bestimmten Betrages verurteilen. In einigen Fällen hat der Gerichtshof entschieden, dass die Feststellung der Konventionsverletzung als Entschädigung ausreichend ist; solche Entscheidungen bilden aber immerhin die Ausnahme (s. Art. 41 Rn 14). Wegen der Folgen und möglichen Rechtsbehelfe nach deutschem Recht vgl. Art. 13 Rn. 19 ff. **84**

VIII. Unschuldsvermutung (Art. 6 Abs. 2)

Der in Art. 6 Abs. 2 zum Ausdruck gekommene Grundsatz gilt für alle Verfahren, die Strafverfahren im Sinne von Art. 6 sind (dazu oben Rn. 13 ff.). Die Beachtung der Unschuldsvermutung ist Element eines fairen Verfahrens (EGMR, IV. Sektion, v. 05.07.2001, Beschw.-Nr. 41087/98 Nr. 40 – Phillips/Vereinigtes Königreich). Sie verlangt, dass die Richter nicht mit der Vorstellung in die Verhandlung gehen, der Angeklagte habe die Straftat begangen. Die Beweislast hat die Anklage, jeder Zweifel muss zu Gunsten des Angeklagten sprechen. Eine Umkehr dieser Beweislast verletzt Abs. 2. Das kann auch der Fall sein, wenn aus dem Schweigen des Angeklagten ungerechtfertigt Schlüsse gezogen werden (o. Rn. 52 ff.; EGMR, III. Sektion, v. 20.03.2001, Beschw.-Nr. 33501/96 Nr. 15 ff. – Telfner/Österreich). Der gesetzliche Beweis der Schuld wird durch ein rechtskräftiges Gerichtsurteil erbracht (Frowein/Peukert Rn. 156). Der Gerichtshof verlangt, dass das Gericht die Schuld des Angeklagten prüfen kann und nicht durch gesetzliche Vermutungen gebunden ist (EGMR v. 07.10.1988, Serie A, Bd. 141, S. 15 Nr. 27 – Salabiaku/Frankreich). **85**

Auch **andere staatlichen Stellen** müssen Art. 6 Abs. 2 beachten. Der Gerichtshof musste sich mit Fällen befassen, in denen Staatsanwälte oder auch Politiker eine verhaftete Person als Täter bezeichnet hatten (z.B. EGMR v. 10.02.1995, Serie A, Bd. 308, S. 16 Nr. 36 ff. – Ribemont/Frankreich; EGMR, III. Sektion, v. 10.12.2000, Slg. 2000-X Nr. 41, 42 – **86**

Daktaras/Litauen; EGMR, II. Sektion, v. 26.03.2002, Beschw.-Nr. 48297/99 Nr. 49 – Butkevicius/Litauen). Nicht zulässig sind direkte oder indirekte Schuldfeststellungen bei Entscheidungen über die Einstellung des Verfahrens oder über die Kosten nach einer Einstellung (z.B. EGMR v. 25.03.1983, EuGRZ 1983, 475 – Minelli/Schweiz). Schuldprognosen, z.B. dass eine Verurteilung wahrscheinlicher wäre als ein Freispruch, oder Hinweise auf einen bestehenden Verdacht hat der Gerichtshof nicht beanstandet (vgl. EGMR v. 25.08.1987, EuGRZ 1987, 399 – Lutz/Deutschland; EGMR v. 25.08.1987, NJW 1988, 3257 – Englert/Deutschland). Wenn aber nach einem Freispruch in einem Schadensersatzprozess Schuldfeststellungen getroffen oder ein Verdacht geäußert wird, verletzt das Art. 6 Abs. 2 (EGMR v. 25.08.1993, Serie A, Bd. 266, S. 15 Nr. 29 – Sekanina/Österreich; EGMR, III. Sektion, v. 21.03.2000, Beschw.-Nr. 28389/95 Nr. 28 – Rushiti/Österreich). Ein Recht auf Entschädigung wegen eingestellter Ermittlungen gibt es nicht. Ein Gericht kann deswegen Entschädigung auch versagen, weil der Betroffene ein eindeutiges Schuldgeständnis abgegeben hatte. Dass nach § 581 Abs. 1 ZPO das Zivilgericht u.U. im Wiederaufnahmeverfahren nach Einstellung des Strafverfahrens strafrechtliche Ermittlungen selbst würdigen darf, verstößt nicht gegen Art. 6 Abs. 2 (Meyer-Ladewig, SGG, 7. Aufl., § 179 Rn. 5 b).

87 Aus Abs. 2 kann kein Recht auf unterschiedliche Behandlung von Untersuchungs- und Strafgefangenen hergeleitet werden (EGMR, II. Sektion, v. 19.04.2001, Slg. 2001-III Nr. 78 – Peers/Griechenland).

IX. Weitere Rechte der Angeklagten (Art. 6 Abs. 3)

88 Die hier aufgezählten besonderen Rechte sind Ausprägungen der allgemeinen Garantie eines fairen Verfahrens. Sie haben deswegen nicht nur für Strafverfahren Bedeutung. Die Aufzählung der Rechte ist – auch für Strafverfahren – keineswegs erschöpfend. So wichtige Rechte, wie das zu schweigen und sich nicht selbst zu beschuldigen, sowie das Recht auf Teilnahme an der mündlichen Verhandlung sind hier nicht erwähnt. Sie werden aus dem Gebot des fairen Verfahrens unmittelbar abgeleitet (dazu oben Rn. 46, 52).

Buchst. a): Unterrichtung über die Beschuldigung: Sie hängt mit dem Recht auf Vorbereitung der Verteidigung nach Buchst. b) zusammen, denn ohne genaue Kenntnis der Beschuldigung ist eine angemessene Verteidigung nicht möglich. Daraus folgt, dass der Beschuldigte über die Tat, die ihm vorgeworfen wird und auch über die rechtliche Bewertung der Tatsachen im Einzelnen unterrichtet werden muss. Notwendig ist eine genaue und vollständige Unterrichtung über die Vorwürfe. Eine besondere Form schreibt Buchst. a) nicht vor. Über eine Veränderung des rechtlichen Gesichtspunkts ist der Beschuldigte zu unterrichten (EGMR v. 25.03.1999, NJW 1999, 3545 Nr. 51 ff. Pelissier u. Sassi/Frankreich; EGMR, II. Sektion, v. 01.03.2001, Slg. 2001-II Nr. 47 – Dallos/Ungarn; über Heilung in Rechtsmittelinstanz Nr. 50), ebenso über Änderungen im Sachverhalt. Er muss ausreichend Zeit haben, seine Verteidigung darauf einzurichten. Ein Verstoß dagegen ist eine Verletzung von Art. 6, auch wenn der Beschuldigte Akteneinsicht hätte beantragen können (EGMR, I. Sektion v. 25.07.2000, Slg. 2000-IX – Mattoccia/Italien). Die Unterrichtung muss möglichst schnell und in verständlicher Sprache vorgenommen werden; die wesentlichen Elemente, nicht notwendig die ganzen Akten, müssen übersetzt werden, wenn der Beschuldigte sie sonst nicht versteht (Frowein/Peukert Rn. 177). Der Gerichtshof hat darauf hingewiesen, dass ein Ausländer der die Gerichtssprache nicht versteht, erhebliche Nachteile erleiden kann, wenn ihm nicht eine vollständige Übersetzung der Anklageschrift gegeben wird (EGMR v. 19.12.1989, Serie A, Bd. 168, S. 63 Nr. 79 – Kamasinski/Österreich). 89

Buchst. b): Ausreichende Vorbereitung der Verteidigung: Die Regelung hängt zusammen mit den Buchst. a) und c). Wie viel Zeit erforderlich ist, hängt von den Umständen ab. Auch der Anwalt muss hinreichende Zeit zur Vorbereitung haben. Unter Umständen muss das Gericht die Verhandlung auf Antrag vertagen. Im dem Urteil Campbell und Fell/Vereinigtes Königreich (v. 28.06.1984, Serie A, Bd. 80, S. 45 Nr. 98) hat der Gerichtshof eine Frist von 5 Tagen für ausreichend gehalten und dabei berücksichtigt, dass der Verteidiger Vertagung nicht beantragt hatte. Dem Beschuldigtem muss spätestens nach der Anklage Zugang zu den Urkunden gewährt werden; das sind in der Regel alle Urkunden, die sich auf 90 objektive und subjektive Tatbestandsmerkmale beziehen. Auch hier sind unter Umständen Einschränkungen möglich (Frowein/Peukert Rn. 185). Wenn ein Beschuldigter einen Verteidiger hat, kann das Recht auf Akteneinsicht auf diesen beschränkt werden. Zu Rechtsmittelfristen Rn. 28.

91 **Buchst. c): Verteidigung selbst oder durch einen Anwalt:** Die Vorschrift gewährt das Recht, sich selbst zu verteidigen, sich durch einen Verteidiger seiner Wahl verteidigen zu lassen und bei Mittellosigkeit das Recht auf Bestellung eines unentgeltlichen Pflichtverteidigers, nicht unbedingt seiner Wahl. Diese Rechte gelten schon im Ermittlungsverfahren und auch im Rechtsmittelverfahren, auch im Revisionsverfahren. Zum Recht auf Teilnahme an der Hauptverhandlung vgl. Rn. 46. Das Recht auf kostenlose Verteidigerbestellung hat keine endgültige Kostenbefreiung zur Folge. Ein Anspruch auf Erlass der Verfahrenskosten besteht nur, wenn der Beschuldigte noch bei der Geltendmachung mittellos ist (EGMR v. 25.09.1992, EuGRZ 1992, 542 Nr. 35 ff. – Croissant/Deutschland). Die Pflichtverteidigung muss im Interesse der Rechtspflege erforderlich sein, insoweit kommt es auf die Bedeutung der Sache für den Beschuldigten (Schwere der vorgeworfenen Tat und der angedrohten Strafe) und deren Schwierigkeiten an, wobei auch von Bedeutung sein kann, dass der Beschuldigte die Gerichtssprache nicht versteht. Der Beschuldigte muss eine realistische Chance haben, sich während des gesamten Verfahrens zu verteidigen (EGMR, IV. Sektion, v. 18.12.2001, Beschw.-Nr. 29692/96 Nr. 49 – R.D./Polen). Die Behörden müssen darauf achten, dass die Pflichtverteidigung wirksam ist. Sie müssen einen anderen Pflichtverteidiger bestellen, wenn sie davon erfahren, dass die Verteidigung nicht ausreichend ist oder wenn das offensichtlich ist (EGMR v. 19.12.1989, Serie A, Bd. 168, S. 33 Nr. 65 – Kamasinski/Österreich).

92 Aus Buchst. c) folgt ein **Recht auf ungestörten und unüberwachten Verkehr mit dem Verteidiger** (EGMR v. 28.11.1991, Serie A, Bd. 220, S. 16 Nr. 58 – S./Schweiz, und zwar auch schon im Ermittlungsverfahren, z.B. bei der ersten Vernehmung durch die Polizei nach der vorläufigen Festnahme. Kurzfristige Beschränkungen sind möglich, soweit das unbedingt nötig ist. Wie das Recht gewährt wird, hängt von den Umständen des Einzelfalles ab.

Wenn Zugang zum Anwalt nicht unverzüglich gewährt wird, prüft der Gerichtshof, ob dadurch insgesamt die Fairness des Verfahrens erheblich beeinflusst worden ist (EGMR v. 08.02.1996, Slg. 1996-I, S. 54 Nr. 62 f. – Murray/Vereinigtes Königreich). Das ist unter Umständen nicht der Fall, wenn eine zusätzlich bei der Polizei abgegebene und später zurückgezogene Aussage des Beschuldigten im weiteren Verfahren keine wesentliche Bedeutung mehr hat oder wenn die darauf beruhende Verurteilung durch ein Rechtsmittelgericht aufgehoben worden ist. Dazu, dass das Recht auf Verteidigung durch einen Rechtsanwalt nicht deswegen entzogen werden kann, weil der Beschuldigte selbst nicht erschienen ist, Rn 46. Wenn der Pflichtverteidiger so spät bestellt wird, dass er sich unter Berücksichtigung der Schwierigkeiten des Falles und seiner Arbeitslast im Übrigen nicht ausreichend auf das Verfahren vorbereiten kann, ist Art. 6 Abs. 3 Buchst. c) verletzt (Frowein/Peukert Rn. 180).

Buchst. d): Das Recht, Fragen an Belastungszeugen zu stellen: Es hängt mit dem Recht auf Gehör und dem Prinzip der Waffengleichheit zusammen. Der Beschuldigte muss die Möglichkeit haben, als Subjekt an dem Verfahren mitzuwirken und darf nicht nur Objekt des Verfahrens sein. Deswegen hat er nach Buchst. d) das Recht, bei der Vernehmung von Zeugen in der Hauptverhandlung anwesend zu sein und Fragen zu stellen. Buchst. d) ist grundsätzlich verletzt, wenn eine Verurteilung ausschließlich oder wesentlich auf eine Zeugenaussage gestützt wird und der Beschuldigte weder im Ermittlungsverfahren noch in der Hauptverhandlung die Möglichkeit hatte, den Zeugen zu befragen (EGMR v. 27.04.1997, Slg. 1997-III, S. 711 Nr. 49 – Van Mechelen u.a./Niederlande; EGMR, III. Sektion, v. 20.12.2001, Beschw.-Nr. 33900/96 Nr. 21 ff. – P.S./Deutschland). Vgl. zum anonymen Zeugen Rn. 56. 93

Das Recht, die Ladung von Entlastungszeugen zu erwirken, ist nicht unbeschränkt. Das Gericht kann eine Ladung ablehnen, wenn es die zu erwartende Aussage nicht für erheblich hält. Auch hier überlässt der EGMR dem staatlichen Gericht grundsätzlich die Entscheidung, ob der angebotene Beweis erhoben werden muss. Die Ablehnung muss nicht notwendig begründet werden (EGMR v. 07.07.1989, Serie A, Bd. 158, S. 31 Nr. 89 – Bricmont/Belgien), sollte das aber. Es genügt also nicht, dass der 94

Bf. rügt, er habe bestimmte Zeugen nicht befragen können. Er muss auch darlegen, dass die Beweiserhebung wichtig und zur Wahrheitsermittlung notwendig gewesen wäre (EGMR, II. Sektion, v. 25.07.2001, Beschw.-Nr. 48898/99 Nr. 26 – Perna/Italien). Eine Verletzung kann gegeben sein, wenn es nach den Umständen nahe liegt, dass die Aussagen erheblich sind und das Gericht die Ablehnung nicht begründet (EGMR v. 22.04.1992, EuGRZ 1992, 440 Nr. 34 – Vidal/Belgien).

95 **Buchst. e): Recht auf einen Dolmetscher:** Das Recht gilt in allen Strafverfahren, auch für Verfahren nach dem OWiG, auch im Ermittlungsverfahren, und bezieht sich nicht nur auf die mündliche Verhandlung, sondern auch auf Urkunden. Es räumt dem der Gerichtssprache nicht kundigen Angeklagten unabhängig von seiner finanziellen Lage für das gesamte Strafverfahren einschließlich vorbereitender Gespräche mit einem Verteidiger einen Anspruch auf unentgeltliche Zuziehung eines Dolmetschers ein; das gilt auch dann, wenn kein Fall der notwendigen Verteidigung (§ 140 Abs. 2 StPO) vorliegt. Das Recht gilt für alle dem Angeklagten gegenüber vorgenommenen maßgeblichen schriftlichen und mündlichen Verfahrensakte, alle von ihm im Verfahren abgegebenen mündlichen und schriftlichen Erklärungen, auch außerhalb der mündlichen Verhandlung, z.B. für Beweisanträge, weiter für Termine bei der StA (BGH NJW 2001, 309).

96 Es ist aber **nicht notwendig, dass alle Urkunden** übersetzt werden; das muss nur insoweit geschehen, als der Beschuldigte erfahren muss, was ihm vorgeworfen wird und ihm die Möglichkeit gegeben wird, sich zu verteidigen. Ein Dolmetscher ist danach notwendig für die Vorführung nach Art. 6 Abs. 3 Buchst. a) und Art. 5 Abs. 2, das Haftprüfungsverfahren, die Anklage und die mündliche Verhandlung (EGMR v. 23.10.78, EuGRZ 1979, 34 Nr. 48 – Luedicke u.a./Deutschland). Eine Übersetzung schriftlicher Urkunden ist nicht erforderlich, wenn die Urkunden in der mündlichen Verhandlung oder bei der Urteilsverkündung übersetzt werden (vgl. EGMR v. 19.12.1989, Serie A, Bd. 168, S. 35 Nr. 74 – Kamasinski/Österreich).

Der Beschuldigte ist endgültig von den Kosten befreit.

X. Mehrere Verletzungen von Artikel 6, Verhältnis zu anderen Artikeln

Wie bei Rn. 35 ausgeführt, sind die in Art. 6 Abs. 3 genannten Rechte besondere Aspekte des allgemeinen Rechts auf ein faires Verfahren. Der Gerichtshof prüft deswegen in der Regel eine Beschwerde unter dem Gesichtspunkt der Abs. 1 und 3 zusammengenommen (z.B. EGMR v. 12.10.1992, Serie A, Bd. 245, S. 41 Nr. 25 – T./Italien) und hält es nicht für notwendig, die Beschwerde gesondert unter dem Gesichtspunkt von Abs. 3 zu prüfen. 97

Wenn Art. 5 Abs. 4 verletzt ist, ist häufig auch Art. 6 Abs. 1 verletzt. 98

Art. 6 gibt weitergehende Rechte als Art. 13 und geht diesem Art. vor mit der Folge, dass eine Prüfung von Art. 13 nicht mehr erforderlich ist, wenn keine Verletzung von Art. 6 Abs. 1 wegen fehlenden Zugangs zu einem Gericht festgestellt wird. Wenn aber Art. 6 Abs. 1 wegen einer unangemessenen Dauer verletzt ist und der Betroffene insoweit keinen Rechtsbehelf nach innerstaatlichem Recht einlegen kann, ist auch Art. 13 verletzt (so in Abweichung von der früheren Rechtsprechung EGMR v. 26.10.2000, NJW 2001, 2694, Nr. 146 ff. – Kudla/Polen; vgl. dazu Art. 13 Rn. 19 ff.). 99

Wenn Kinder nach staatlichem Recht keine Möglichkeit haben, ihr Recht auf Schutz gegen Missbrauch (s. Art. 3 Rn. 3) durchzusetzen, ist das kein Verstoß gegen Art. 6, sondern gegen Art. 13 (EGMR v. 10.05.2001, Slg. 2001-V Nr. 102 f. – Z. u.a./Vereinigtes Königreich). 100

Artikel 7 Keine Strafe ohne Gesetz

(1) Niemand darf wegen einer Handlung oder Unterlassung verurteilt werden, die zur Zeit ihrer Begehung nach innerstaatlichem oder internationalem Recht nicht strafbar war. Es darf auch keine schwerere als die zur Zeit der Begehung angedrohte Strafe verhängt werden.

(2) Dieser Artikel schließt nicht aus, dass jemand wegen einer Handlung oder Unterlassung verurteilt oder bestraft wird, die zur Zeit ihrer Begehung nach den von den zivilisierten Völkern anerkannten allgemeinen Rechtsgrundsätzen strafbar war.

I. Allgemeines

1 Art. 7 ist eine grundlegende Vorschrift für den rechtsstaatlichen Strafprozess. Eine Abweichung von Art. 7 ist auch in Notstandsfällen nicht zulässig (Art. 15 Abs. 2). Der Gerichtshof legt die Vorschrift so aus, dass sie wirksame Garantien gegen willkürliche Verfolgung, Verurteilung und Bestrafung gibt (EGMR v. 22.03.2001, NJW 2001, 3035 Nr. 50 – Streletz, Kessler und Krenz/Deutschland).

2 Vorbild für Art. 7 war Art. 11 Abs. 2 der Allgemeinen Erklärung der Menschenrechte. Art. 15 des Zivilpakts enthält eine entsprechende Vorschrift. Art. 7 Abs. 1 entspricht Art. 103 Abs. 2 GG.

3 Deutschland hat zu Abs. 2 den Vorbehalt gemacht, dass es die Vorschriften nur in den Grenzen des § 103 Abs. 2 GG anwenden wird. Dazu bei Rn. 12 ff.

II. Nulla poena sine lege

1. Allgemeines

4 Der Grundsatz bedeutet, dass nur ein Gesetz einen Straftatbestand bestimmen und eine Strafe androhen darf. Daraus folgt weiter, dass ein Strafgesetz nicht rückwirkend zum Nachteil des Angeklagten auf frühere Straftaten angewendet werden darf sowie, dass ein Strafgesetz nicht zum Nachteil des Beschuldigten ausdehnend ausgelegt werden darf und dass eine Analogie unzulässig ist. Die Straftat muss im Gesetz klar umrissen sein (vgl. Rn. 6). Die Vorschrift schützt auch vor rückwirkender Straferhöhung.

5 Nicht anwendbar ist Art. 7 auf Verfahrensrecht und Vorschriften für den Strafvollzug einschließlich einer veränderten Bewährungspraxis (Frowein/Peukert Rn. 5).

2. Das Wort »Recht«

Es wird so verstanden, wie das Wort »Gesetz« in anderen Vorschriften (Art. 8 Abs. 2, 9 Abs. 2, 10 Abs. 2, 11 Abs. 2 – EGMR v. 22.11.1995, Serie A, Bd. 335, S. 42 Nr. 35 – S.W./Vereinigtes Königreich; vgl. Art. 8 Rn 38). Es umfasst Gesetze und ungeschriebenes Recht in den Common-law-Staaten und enthält auch qualitative Anforderungen, insbesondere an die Zugänglichkeit und Vorhersehbarkeit. Der Betroffene muss aus dem Wortlaut der Vorschrift, notfalls mit Hilfe der Auslegung durch die Rechtsprechung, erkennen können, welche Handlungen und Unterlassungen ihn strafrechtlich verantwortlich machen (EGMR v. 22.03.2001, NJW 2001, 3035 Nr. 50 – Streletz, Kessler und Krenz/Deutschland). Der EGMR erkennt dabei an, dass es in bestimmten Bereichen schwierig sein kann, Gesetze mit absoluter Bestimmtheit zu fassen und dass eine **gewisse Flexibilität** notwendig ist, um die Rechtsnorm sich ändernden Verhältnissen anzupassen (EGMR v. 08.07.1999, NJW 2001, 1995 Nr. 36 – Baskaya und Okcuoglu/Türkei). Auch Strafgesetze bedürfen der Auslegung, so dass es immer notwendig sein wird, Zweifelsfragen zu klären und die Änderung tatsächlicher Umstände in Betracht zu ziehen. In den Konventionsstaaten wird auch das Strafrecht durch Richterrecht fortentwikkelt. Art. 7 verbietet eine schrittweise Klärung strafrechtlicher Vorschriften durch gerichtliche Auslegung von Fall zu Fall nicht, so lange die sich damit ergebende Entwicklung mit dem Kern des Straftatbestands im Einklang steht und vernünftiger weise vorhersehbar ist (EGMR v. 22.03.2001, NJW 2001, 3035 Nr. 50, 82 – Streletz, Kessler und Krenz/Deutschland). Wichtig kann dabei sein, dass die Auslegung bei der Verurteilung z.B. durch die Rechtsprechung der obersten staatlichen Gerichte geklärt worden ist. Wenn die gefundene Auslegung eine vorhersehbare Entwicklung darstellt, verstößt eine Verurteilung nicht gegen Art. 7 (für den Fall der Vergewaltigung in der Ehe EGMR v. 22.11.1995, Serie A, Bd. 335, S. 34 ff. – S.W./Vereinigtes Königreich). Der notwendige Grad der Bestimmtheit hängt davon ab, für welche Bereiche die Norm gilt und von der Zahl und dem Status der Adressaten. Wenn es notwendig ist, Rechtsrat einzuholen, schadet das nicht immer, besonders nicht bei Adressaten, die einen Beruf ausüben, der sie dazu zwingt (EGMR v. 22.10.1996, Slg. 1996-V Nr. 35 – Cantoni/Frankreich; EGMR, I. Sektion, Entsch. v. 6

01.02.2000, Beschw.-Nr. 32307/96 – Schimanek/Österreich: »von nationalsozialistischen Ideen inspirierte Handlungen« ausreichend deutlich).

7 Der EGMR prüft, ob zur Tatzeit eine Gesetzesvorschrift in dem geschilderten Sinne bestand, welche die Handlung strafbar machte und ob die auferlegte Strafe die von dieser Vorschrift bestimmten Grenzen überschritten hat. Eine **Änderung von Verfahrensvorschriften**, auch von Verjährungsvorschriften fällt nicht unter Art. 7, der nicht verbietet, Vorschriften über die Verjährung zu überprüfen und die Fristen zu verlängern (EGMR v. 22.06.2000, Slg. 2000-VII Nr. 145 – Coeme u.a./Belgien). Dass ein Richter bei der Bemessung der Strafe auch die gewollte Abschreckung berücksichtigt, ist für den Betroffenen vorhersehbar (EGMR, III. Sektion, v. 14.12.1999, Beschw.-Nr. 33448/96 – Wedenig/Österreich).

8 In dem Urteil betreffend die Schüsse an der DDR-Mauer (EGMR v. 22.03.2001, NJW 2001, 3035 – Streletz, Kessler und Krenz/Deutschland sowie K.-H. W./Deutschland NJW 2001, 3042; dazu Rau, NJW 2001, 3008) ist der EGMR zu dem Ergebnis gekommen, Art. 7 sei nicht verletzt. Die Taten seien nach DDR-Recht strafbar gewesen. Die Strafbarkeit sei auch für die Bf. als Personen in leitender Position erkennbar gewesen, denn sie selbst hätten die Diskrepanz zwischen der Rechtslage und der Praxis geschaffen (Nr. 88).

3. Keine rückwirkende Anwendung

9 Die Tat muss zur Zeit ihrer Begehung strafbar gewesen sein. Diesem Erfordernis ist bei fortgesetzten Handlungen, die auch noch nach dem Erlass der angewendeten Strafvorschrift begangen worden sind, genügt. Der EGMR verlangt aber, dass sich aus der Anklage klar ergibt, dass sie sich auch auf später begangene Taten erstreckt, oder dass sich dies doch jedenfalls aus dem Strafurteil ergibt (EGMR, I. Sektion, v. 27.02.2001, Slg. 2001-II Nr. 33 ff. – Ecer u. Zeyrek/Türkei).

4. Strafrechtliche Verurteilung

10 Der EGMR legt auch diese Vorschrift **autonom** aus. Er prüft, ob eine Maßnahme eine Strafe ist im Sinne von Art. 7, nämlich eine Sanktion, die

nach einer Verurteilung für eine strafbare Handlung auferlegt worden ist. Der EGMR stellt auf die Natur der Maßnahme und ihren Zweck ab, ihre Charakterisierung durch das innerstaatliche Recht, das vorgesehene Verfahren, den Vollzug und die Schwere der Maßnahme. Art. 7 ist auf eine Beschlagnahme, die einer Strafe entspricht, anwendbar (EGMR v. 09.02.1995, Serie A, Bd. 307 S. 13 Nr. 27 f. – Welch/Vereinigtes Königreich), ebenso auf die Anordnung einer Ersatzfreiheitsstrafe für den Fall der Nichtzahlung einer Geldstrafe (EGMR v. 08.06.1995, Serie A, Bd. 317 S. 28 Nr. 32 – Jamil/Frankreich). Nicht angewendet worden ist Art. 7 auf eine Freiheitsentziehung als präventive Maßnahme zur Verhinderung einer Straftat nach Art. 5 Abs. 1 Buchst. c) (EGMR v. 01.07.1961, Serie A, Bd. 3, S. 54 Nr. 19 – Lawless/Irland). Disziplinarverfahren, die als Strafverfahren i.S. von Art. 6 Abs. 1 qualifiziert werden, fallen unter Art. 7 (EKMR v. 24.07.1970, DR 35, 158 – X/Deutschland).

III. Die Ausnahmen in Absatz 2

Die Regelung ist mit Rücksicht auf die Nürnberger Militärgerichtsverfahren nach dem zweiten Weltkrieg aufgenommen worden. Anwendungsfälle sind Gesetze, die nach dem Krieg gegen Kriegsverbrecher, auch gegen Kollaborateure erlassen worden sind (Frowein/Peukert Rn. 8; vgl. z.B. EGMR, III. Sektion, Entsch. v. 15.11.2001, Beschw.-Nr. 54210/00 – Papon/Frankreich). In seinem Urteil wegen der Schüsse an der DDR-Mauer (EGMR v. 22.03.2001, NJW 2001, 2035 – Streletz, Kessler und Krenz/Deutschland; K.-H. W./Deutschland, NJW 2001, 3042) ist der EGMR zu dem Ergebnis gekommen, dass die Verurteilung Art. 7 Abs. 1 nicht verletzt hat (oben Rn. 8). Er hat es deswegen nicht für notwendig angesehen zu prüfen, ob die Verurteilung nach Abs. 2 gerechtfertigt war (Nr. 108 bzw. 112). **11**

Der deutsche Vorbehalt: Die EMRK ist von der Bundesrepublik Deutschland am 05.12.1952 mit folgendem Vorbehalt ratifiziert worden: **12**

»Gemäß Art. 64 der Konvention macht die Bundesrepublik Deutschland den Vorbehalt, dass sie die Bestimmung des Art. 7 Abs. 2 der Konvention nur in den Grenzen des Art.s 103 Abs. 2 des Grundgesetzes der Bundesrepublik Deutschland anwenden wird. Die letztgenannte Vorschrift lautet wie folgt: ....« (BGBl. II, 1954, 14).

13 In ihrer Antwort vom 14.07.2000 auf die Kleine Anfrage von Abgeordneten der CDU/CSU, BT-Drs. 14/3694 hat die Bundesregierung (BT-Drs. 14/3892) darauf hingewiesen, dass hier Widersprüche erkennbar sind. Denn ein entsprechender Vorbehalt ist gegenüber Art. 15 Abs. 2 Zivilpakt nicht erklärt worden, obwohl es sich inhaltlich um die gleiche Bestimmung handelt. Die Bundesregierung weist darauf hin (unter Nr. 3), dass beide Bestimmungen in den genannten Fällen eine rückwirkende Bestrafung erlauben, aber nicht vorschreiben, so dass es Deutschland also frei steht, auch ohne Vorbehalt eine rückwirkende Bestrafung nicht vorzusehen. Auch angesichts der Rechtsprechung des BVerfG zu Art. 103 Abs. 2 GG liegt es nahe, den Vorbehalt zurückzunehmen.

Artikel 8 Recht auf Achtung des Privat- und Familienlebens

(1) Jede Person hat das Recht auf Achtung ihres Privat- und Familienlebens, ihrer Wohnung und ihrer Korrespondenz.

(2) Eine Behörde darf in die Ausübung dieses Rechts nur eingreifen, soweit der Eingriff gesetzlich vorgesehen und in einer demokratischen Gesellschaft notwendig ist für die nationale oder öffentliche Sicherheit, für das wirtschaftliche Wohl des Landes, zur Aufrechterhaltung der Ordnung, zur Verhütung von Straftaten, zum Schutz der Gesundheit oder der Moral oder zum Schutz der Rechte und Freiheiten anderer.

I. Allgemeines

Die Vorschrift fasst den Schutz von vier Rechten zusammen (Privat- und Familienleben, Wohnung und Korrespondenz), wie das auch Art. 17 des Zivilpakts tut, der noch den Schutz der Ehre und des Rufes ausdrücklich hinzufügt. Das GG gibt in Art. 1 (Schutz der Menschenwürde), Art. 6 (Ehre und Familie), Art. 10 (Briefgeheimnis) und Art. 13 (Wohnung) Garantien, welche die des Art. 8 EMRK umfassen. 1

Das Recht auf Achtung dieser Rechte bedeutet, dass der Staat nicht in sie eingreifen darf, sofern nicht die Ausnahmen des Abs. 2 vorliegen. Es 2 bedeutet aber zugleich, dass eine Verletzung in einem Nichtstun bestehen kann, weil sich aus dem Art. positive Schutz- und Handlungspflichten des Staates ergeben, z.B. auf Erlass von Gesetzen (z.B. EGMR v. 09.10.79, Serie A, Bd. 32, S. 17 Nr. 32 f – Airey/Irland). Eine genaue Abgrenzung der negativen Unterlassungspflichten und der positiven Handlungspflichten ist nicht möglich. In beiden Fällen muss nach der Rechtsprechung ein gerechter Ausgleich hergestellt werden zwischen den widerstreitenden Interessen des Einzelnen und der Gemeinschaft; der Staat hat dabei einen gewissen Beurteilungsspielraum (EGMR v. 26.05.1994, Serie A, Bd. 290, S. 19 Nr. 49 – Keegan/Irland). Der Staat muss für rechtliche Regelungen sorgen, die dem Betroffenen die Möglichkeit geben, sich gegen Beeinträchtigungen seiner Rechte aus Art. 8 Abs. 1 zu wehren (vgl. insbes. EGMR v. 26.03.1985, EuGRZ 1985, 297 Nr. 27 – X und Y/Niederlande) und zu positiven Verpflichtungen Rn. 20; Einleitung Rn. 36.

II. Privatleben

1. Abgrenzung

3 Der Begriff wird umfassend verstanden. Gemeint ist eine geschützte Sphäre, in der eine Person ihr Leben nach ihrer Wahl lebt und ihre Persönlichkeit entwickeln kann, aber auch **Beziehungen zu anderen Menschen auch sexueller Art** aufnehmen kann (EGMR, III. Sektion, v. 25.09.2001, Slg. 2001-IX Nr. 56 – P.G. und J.H./Vereinigtes Königreich). Art. 8 umfasst aber auch **geschäftliche und berufliche Aktivitäten** (z.B. zur Durchsuchung einer Anwaltskanzlei EGMR v. 16.12.1992, EuGRZ 1993, 65 Nr. 29 – Niemietz/Deutschland). Wesentliche Elemente sind **Name, geschlechtliche Ausrichtung, Sexualleben, Identifizierung mit dem Geschlecht, aber auch körperliche Integrität und geistige Gesundheit** (EGMR, III. Sektion, v. 06.02.2001, Slg. 2001-I Nr. 47 – Bensaid/Vereinigtes Königreich). Wann eine **geschützte Sphäre** betroffen ist, kann schwierig zu bestimmen sein, insbesondere wenn es um Maßnahmen außerhalb des häuslichen Bereichs geht. Dabei ist von Bedeutung, ob der Betroffene Achtung seiner Privatsphäre erwarten kann. Der Bereich von Art. 8 kommt ins Spiel, wenn systematische oder dauernde Aufzeichnungen aus öffentlichen Bereichen gemacht werden, z.B. in Akten des

Geheimdienstes. Die Kommission hat Fotos anlässlich von Demonstrationen in Polizeiakten nicht als Eingriff in die Privatsphäre angesehen. Heimliche Tonbandaufnahmen in einer Polizeizelle fallen unter Art. 8 (EGMR, III. Sektion, v. 25.09.2001, Slg. 2001-IX Nr. 59-60 – P.G. und J.H./Vereinigtes Königreich).

Die Kommission hat entschieden, dass die deutsche **Abtreibungsgesetzgebung** kein Eingriff im Sinne von Art. 8 Abs. 1 sei, weil die Schwangerschaft nicht allein zum Privatleben der Frau gehöre (EGMR v. 12.07.1977 in der Sache Brüggemann und Scheuten/Deutschland, EuGRZ 1978, 199). Auch die Verpflichtung, im Auto einen Sicherheitsgurt zu tragen, ist nicht als Eingriff in die Privatsphäre angesehen worden, sondern als zulässige Schutzmaßnahme (EGMR v. 13.12.79 in der Sache X/Belgien, EuGRZ 1980, 170). 4

Zum Privatleben gehört auch die **körperliche und psychische Integrität.** So kann eine Zwangsmaßnahme staatlicher Stellen, die unterhalb der für Art. 3 erforderlichen Schwere liegt, ein Verstoß gegen Art. 8 sein, wenn sie die physische oder psychische Integrität einer Person erheblich nachteilig beeinflusst (EGMR v. 25.03.1993, Serie A, Bd. 247 Nr. 36 – Costello-Roberts/Vereinigtes Königreich; EGMR, III. Sektion, v. 06.02.2001, Slg. 2001-I Nr. 46 – Bensaid/Vereinigtes Königreich). Zwangsuntersuchungen wie die zwangsweise Blutentnahme sind Eingriffe in das Recht nach Art. 8 Abs. 1 und nur unter den Voraussetzungen von Abs. 2 zulässig. Im Fall Horno hat der Gerichtshof eine Umsiedlung wegen Braunkohleabbau als Eingriff in Art. 8 Abs. 1 angesehen, der nach Abs. 2 gerechtfertigt war (Entsch. v. 25.05.2000, LKV 2001, 69 – Noack u.a./Deutschland). Vgl. zu Umweltschäden Rn. 17. 5

2. Einzelfälle

a) Recht auf einen Namen: Der Name als Mittel zur persönlichen Identität und Verbindungsglied einer Familie gehört zum Privat- und Familienleben (EGMR v. 22.02.1994, Serie A, Bd. 280, S. 28 Nr. 24 – Burghartz/Schweiz). Der Fall betraf das Recht eines Mannes, seinen Nachnamen dem Familiennamen voranzusetzen, wie das nach Schwei- 6 zer Recht Frauen dürfen. Der Gerichtshof hat eine Verletzung von Art. 8 i.V.m. Art. 14 angenommen. Ein Recht auf Namensänderung folgt aus Art. 8 nicht (EGMR v. 25.11.94, Serie A, Bd. 299, S. 60 Nr. 38 f. – Stjerna/Finnland). Auch auf Vornamen ist Art. 8 anwendbar und schützt das Recht der Eltern, für ihr Kind einen Vornamen auszuwählen, wobei eine Regelungsbefugnis der staatlichen Behörden anerkannt wird (vgl. EGMR v. 24.10.96, Slg. 1996-V, S. 1602 Nr. 21 – Guillot/Frankreich).

7 **b) Recht auf sexuelle Identität:** Das Recht auf Privatleben umfasst die physische und psychische Integrität einer Person einschließlich ihres Geschlechtslebens. Die Bestrafung einvernehmlicher homosexueller Handlungen zwischen Erwachsenen über 21 Jahren in ihrer Privatsphäre verstößt gegen Art. 8 (EGMR v. 22.10.1981, Serie A, Bd. 45, S. 24 Nr. 60 – Dudgeon/Vereinigtes Königreich; EGMR v. 26.10.1988 Serie A, Bd. 142, S. 20 Nr. 46 – Norris/Irland; EGMR v. 22.04.1993, Serie A, Bd. 259, S. 12 Nr. 25 – Modinos/Zypern). In der Sache Smith und Grady/Vereinigtes Königreich (Urt. v. 27.09.1999, NJW 2000, 2089) hat der Gerichtshof entschieden, dass die Entlassung aus den Streitkräften nur wegen Homosexualität gegen Art. 8 verstößt.

8 Probleme der **Transsexualität** haben den Gerichtshof mehrfach beschäftigt. In dem Urteil B./Frankreich (v. 25.03.1992, Serie A, Bd. 232, S. 52 Nr. 58) ging es um eine männlich-weibliche Geschlechtsumwandlung. Der Gerichtshof hat festgestellt, dass die fortbestehende Bezeichnung ihres Geschlechts als männlich in amtlichen Urkunden eine Quelle täglicher Probleme in ihrem Privatleben sei und mit der Achtung ihres Privatlebens nicht vereinbar. Deswegen sei Art. 8 verletzt. Der Staat werde aber nicht verpflichtet, die Geschlechtsumwandlung in den amtlichen Urkunden zu berücksichtigen, aber dazu, Maßnahmen zu treffen, um die Schwierigkeiten der Bf. zu beheben. In dem Fall X, Y und Z/Vereinigtes Königreich (Urt. V. 22.04.1997, Slg. 1997-II, S. 632, 635 Nr. 42, 52) war dem Bf., einem weiblich-männlichen Transsexuellen, nicht erlaubt worden, als Vater eines durch künstliche Insemination von seinem Partner geborenen Kindes registriert zu werden. Der Gerichtshof hat Art. 8 angewendet, aber nicht für verletzt gehalten, weil es zu den damit verbundenen schwierigen wissenschaftlichen, rechtlichen, medizinischen und sozialen Fragen in den Konventions-

staaten keinen gemeinsamen Standard gebe. Der Gerichtshof hat diese zurückhaltende Rechtsprechung in zwei Urteilen der Großen Kammer vom 11.7.2002 (Beschw.-Nr. 28957/95 – Christine Goodwin/Vereinigtes Königreich; Beschw.-Nr. 25680/94 – I./Vereinigtes Königreich) fortentwickelt und die mangelnde rechtliche Anerkennung einer Geschlechtsumwandlung als Verstoß gegen Art. 8, 12 angesehen.
Sado-masochistische Praktiken fallen zwar unter Art. 8, der Staat hat aber das Recht, angesichts der dabei zugefügten körperlichen Verletzungen strafrechtliche Vorschriften anzuwenden (EGMR v. 19.02.1997, Slg. 1997-I, S. 131 Nr. 36 ff. – Lasky, Jaggard und Brown/Vereinigtes Königreich).

Nicht unter Art. 8 Abs. 1 fällt die **Prostitution** (Frowein/Peukert Rn. 4). 9

c) Staatliche Telefonüberwachung: Eine staatliche Telefonüberwachung ist ein Eingriff in das Privatleben, der aber nach Abs. 2 gerechtfertigt sein kann. Das Gesetz (dazu Rn. 38, 46), das die Überwachung zulässt, muss in besonderem Maße konkret sein; das innerstaatliche Recht muss Schutz gegen willkürliche Eingriffe durch Behörden geben. Denn gerade bei geheimen behördlichen Maßnahmen ist die Gefahr der Willkür groß (EGMR v. 02081984, Serie A, Bd. 82, S. 30 Nr. 64 ff. – Malone/Vereinigtes Königreich). Danach muss das Gesetz angeben, gegen wen die Abhörmaßnahmen ergriffen werden können, unter welchen Voraussetzungen, mit welchen Mitteln und nach welchem Verfahren (EGMR v. 16.02.2000, Slg. 2000-II Nr. 58 – Amann/Schweiz: Der Gerichtshof hat beanstandet, dass keine Regeln getroffen sind über Personen, die zufällig, als Gesprächspartner der überwachten Person, abgehört worden sind). 10

d) Datenschutz: Der Schutz persönlicher Daten, insbesondere medizinischer und sozialer Daten, ist wesentlicher Teil des Rechts einer Person auf Schutz ihres Privatlebens. Datenschutz ist wesentlich für den Betroffenen und für die Erhaltung des Vertrauens in Behörden und Gesundheitsdienste. Das innerstaatliche Recht muss deswegen ausreichende Garantien gegen Datenmissbrauch geben. Eine Offenbarung sensibler Daten insbesondere aus dem Gesundheitsbereich ohne Zustimmung des Betroffenen ist nur 11 unter engen Voraussetzungen zulässig. Bei der erforderlichen Interessenabwägung haben die staatlichen Behörden auch hier einen Beurteilungsspielraum (EGMR v. 25.02.1997, Slg. 1997-I, S. 347 Nr. 95 ff. – Z./Finnland).

12 In Deutschland trägt das vom BVerfG aus Art. 2 Abs. 1 i.V.m. Art. 1 Abs. 1 GG abgeleitete Grundrecht auf informationelle Selbstbestimmung diesen Anforderungen Rechnung (vgl. zur Speicherung des »genetischen Fingerabdrucks« BVerfG NJW 2001, 879).

13 Besondere Garantien sind nach der Rechtsprechung auch erforderlich bei der **Sammlung geheimer Informationen** über Personen, z.B. im Interesse der Staatssicherheit. Der Gerichtshof (Urt. v. 26.03.1987, Serie A, Bd. 116, S. 22 ff. Nr. 48, 60, 65, 67 – Leander/Schweden: Das Urteil betrifft die Nichteinstellung bei einer Marinebasis aufgrund geheimer Informationen durch den Sicherheitsdienst) hat die Auffassung vertreten, solche geheimen Datensammlungen seien ein Eingriff in Art. 8 Abs. 1, der nach Abs. 2 gerechtfertigt sein könne, aber nur, wenn bestimmte Garantien gegen Missbräuche vorgesehen und berücksichtigt werden (z.B. Beteiligung von Abgeordneten; vgl. EGMR v. 06.09.1978, EuGRZ 1979, 278 Nr. 49 – Klass u.a./Deutschland).

14 Auch hier muss das **Gesetz**, das Eingriffe nach Abs. 2 zulässt, ausreichend **deutlich und genau** sein, z.B. bei einer Datei regeln, unter welchen Umständen sie angelegt wird, das Verfahren und die Informationen, die gesammelt werden dürfen, weiter die Aufbewahrungsfrist und die Vernichtung (EGMR v. 16.02.2000, Slg. 2000-II Nr. 76 ff. – Amann/Schweiz). Die Verwendung von **Stasi-Unterlagen** zur Begründung einer Kündigung kann nach Abs. 2 gerechtfertigt sein (EGMR, III. Sektion, Entsch. v. 22.11.2001, Beschw.-Nr. 41111/98 – Knauth/Deutschland und 42358/98 – Bester/Deutschland).

15 **e) Recht auf Staatsangehörigkeit:** Ein Recht auf Staatsangehörigkeit wird von der EMRK nicht garantiert. Willkürliche Vorenthaltung der Staatsangehörigkeit kann aber Auswirkungen auf das Privatleben haben und unter bestimmten Umständen eine Verletzung von Art. 8 sein, wenn die Folgen der Ablehnung gravierend sind (EGMR v. 12.01.1999, NVwZ 2000, 301 – Karrasen/Finnland für den Fall, dass Voraussetzung des Erwerbs der Staatsangehörigkeit durch Geburt ist, dass damit nicht eine andere Staatsangehörigkeit erworben wird).

f) Minderheitenrechte: Die EMRK garantiert keine besonderen Minder- 16
heitenrechte. Die in ihr geschützten Rechte stehen allen ihrer Hoheitsgewalt unterworfenen Personen zu (Art. 1). Die Konventionsrechte müssen nach Art. 14 ohne Diskriminierung insbesondere wegen Zugehörigkeit zu einer nationalen Minderheit gewährt werden. Aber auch die Lebensweise einer Minderheit kann grundsätzlich vom Schutz des Privatlebens, des Familienlebens und der Wohnung erfasst werden (EGMR, Entsch. v. 25.05.2000, LKV 2001, 69 – Günther Noack u.a./Deutschland betreffend Horno und dazu Lenz, LKV 2001, 446). Der EGMR hat z.B. angenommen, dass das Wohnen in Wohnwagen wesentlicher Teil der ethnischen Identität von Roma sei und die Verweigerung einer Genehmigung dazu und Zwangsmaßnahmen dagegen ein Eingriff in Art. 8 sind. Art. 8 verpflichtet aber nicht dazu, Roma mit ausreichenden Plätzen zu versorgen (EGMR v. 18.01.2001, Slg. 2001-I, Chapman u.a./Vereinigtes Königreich: Eingriff nach Abs. 2 gerechtfertigt).

g) Umweltschäden: Einwirkungen durch Lärm, Geruch oder andere Emis- 17
sionen sind Eingriffe in Art. 8 (vgl. Rn. 34). Wenn die beeinträchtigende Anlage nicht von einer staatlichen Stelle betrieben wird, handelt es sich nicht um einen staatlichen Eingriff. Der Staat hat aber die positive Verpflichtung (Einleitung Rn. 36), vernünftige und angemessene Maßnahmen zu treffen, das Recht der Betroffenen aus Art. 8 zu schützen (z.B. Lärmschutz). Für die dabei erforderliche Interessenabwägung vgl. Rn. 42, 45. Dem Staat wird ein Beurteilungsspielraum eingeräumt; die in Art. 8 Abs. 2 aufgezählten Schutzzwecke sind von Bedeutung. Die Interessen der wirtschaftlichen Entwicklung überwiegen nicht immer. Der Staat muss den Eingriff soweit wie möglich begrenzen, nach anderen Lösungen suchen, wenn damit ein weniger schwerwiegender Eingriff verbunden ist. Dafür sind u.U. angemessene und umfassende Ermittlungen und Gutachten vor der Entscheidung notwendig (EGMR, III. Sektion, v. 02.10.2001, Beschw.-Nr. 36022/97 Nr. 95 ff. – Hatton u.a./Vereinigtes Königreich wegen Flughafen Heathrow: Verletzung von Art. 8; die Sache ist der Großen Kammer vorgelegt worden). Art. 8 kann auch verletzt sein, wenn die Behörden die

Betroffenen über Umweltrisiken nicht rechtzeitig und ausreichend **informieren** (EGMR, I. Sektion, v. 18.6.2002, Beschw.Nr. 48939/99 Nr. 84 – Öneryildiz/Türkei).

III. Familienleben

1. Abgrenzung

18 Art. 8 schützt bestehende Familien, er gibt kein Recht auf Gründung einer Familie (vgl. Art. 12). **Familienleben ist weit zu verstehen.** Der Begriff umfasst jedenfalls die Beziehungen zwischen Elternteilen und ihren Kindern, einerlei, ob es sich um legitime oder nicht legitime Familien handelt, also auch um die Beziehungen zwischen Personen, die eine de facto-Familie bilden, bei denen also eine enge persönliche Beziehung besteht (EGMR v. 12.07.2001, Beschw.-Nr. 25702/94 Nr. 150 – K. und T./Finnland). Eine Familie kann aus Mutter und Kind, Vater und Kind, Großeltern und Kind (EGMR v. 09.06.1998, Slg. 1998-IV – Bronda/Italien und dazu Rixe FamRZ 1999, 680) bestehen. Familienbeziehungen bestehen zu allen nahen Verwandten, also auch zu Geschwistern, zwischen Großeltern und Enkeln (EGMR v. 13.06.79, Serie A, Bd. 31, S. 21 Nr. 45 – Marckx/Belgien).

19 Art. 8 begründet ein Recht auf Zusammenleben oder auf persönliche Kontakte unter den Familienmitgliedern, zwischen dem Kind und Elternteilen auch dann, wenn die Beziehung zwischen den Eltern beendet ist, die Eltern nicht mehr zusammenleben oder geschieden sind (EGMR v. 21.06.1988, Serie A, Bd. 138, S. 14 Nr. 21 – Berehab/Niederlande; EGMR, I. Sektion, v. 11.07.2000, NJW 2001, 547 Nr. 59 – Ciliz/Niederlande). Staatliche Maßnahmen, die in dieses Recht eingreifen, verletzen Art. 8 Abs. 1 und bedürfen der Rechtfertigung nach Art. 8 Abs. 2 (EGMR v. 13.07.2000, NJW 2001, 2315 Nr. 43 – Elsholz/Deutschland).

20 Ziel von Art. 8 ist, gegen unberechtigte und **willkürliche Eingriffe in das Familienleben** zu schützen. Für staatliche Behörden folgen aus der Vorschrift **negative und positive Verpflichtungen**, die sich nicht genau abgrenzen lassen. Jedenfalls muss ein gerechter Ausgleich zwischen den widerstreitenden Interessen von Einzelpersonen und der Gemeinschaft gefunden werden, wobei der Staat einen Beurteilungsspielraum hat. Staatliche Stellen müssen alles unterlassen, was einen Bruch der Familienbindungen verursachen kann. Sie haben grundsätzlich die positive Verpflichtung sicherzustellen, dass sich die Beziehungen zwischen den Familienmitgliedern normal entwickeln können, dass Eltern und Kind vereinigt werden und dass ein Familienleben zwischen Elternteilen und Kindern möglich ist und auch nach der Scheidung fortgesetzt werden kann. Die Behörden müssen grundsätzlich Maßnahmen treffen, die das Zusammenleben oder den Kontakt zwischen Familienmitgliedern ermöglichen (EGMR v. 26.03.1985, Serie A, Bd. 91, S. 11 Nr. 23 – X u. Y/Niederlande; EGMR v. 28.10.1998, Slg. 1998-VIII, S. 3159 Nr. 115 – Osman/Vereinigtes Königreich; EGMR, III. Sektion, v. 19.02.2000 Beschw.-Nr. 32346/96 Nr. 63 – Glaser/Vereinigtes Königreich; EGMR, I. Sektion v. 11.07.2000, NJW 2001, 547 Nr. 61 – Ciliz/Niederlande). Gegen Art. 8 verstößt auch, wenn Eltern der Leichnam ihres Kindes nach dessen Tod im Krankenhaus verspätet freigegeben wird (EGMR, III. Sektion, v. 30.10.2001, Beschw.-Nr. 37794/97 Nr. 38 – Pannullo und Forte/Frankreich).

Die Verpflichtungen der staatlichen Stellen sind aber nicht absolut, es ist 21
eine **Interessenabwägung** erforderlich. Unter Umständen ist es nicht sofort möglich, Kontakte zwischen dem nicht sorgeberechtigten Elternteil und dem Kind herzustellen, weil vorbereitende Maßnahmen nötig sind. In solchen Fällen sind die Zusammenarbeit und das gegenseitige Verständnis der beteiligten Personen besonders wichtig. Deswegen können auch Zwangsmaßnahmen unangemessen sein. Die zuständigen Behörden müssen alle notwendigen Maßnahmen zur Erleichterung des Kontakts ergreifen, die nach den Umständen sinnvoll sind. Bei der Wahl des Verfahrens muss auch der Zeitfaktor berücksichtigt werden, weil u.U. vollendete Tatsachen geschaffen sein können, bevor die Sache vor Gericht kommt (EGMR v. 23.09.1994, Serie A, Bd. 299, S. 20 Nr. 55 ff. – Hokkanen/ Finnland; EGMR v. 08.07.1987, Serie A, Bd. 120, S. 63 Nr. 89 f. – H./ Vereinigtes Königreich; EGMR v. 08.07.1987, Serie A, Bd. 121, S. 28

Nr. 62 ff. – W/Vereinigtes Königreich). An einem Verfahren müssen Elternteile ausreichend beteiligt werden (Rn. 29).

22 **Die Trennung einer Familie** durch behördliche Anordnung ist eine sehr weitgehende Maßname; sie muss mit gewichtigen Argumenten im Interesse des Kindes begründet werden (EGMR v. 24.03.1988, Serie A, Bd. 130, S. 33 Nr. 72 – Olsson/Schweden). Deswegen geht der Gerichtshof davon aus, dass eine Unterbringung des Kindes außerhalb der Familie grundsätzlich eine zeitlich beschränkte Maßnahme sein muss, die aufzuheben ist, sobald es die Umstände zulassen (EGMR v. 24.03.1988, Serie A, Bd. 130, S. 36 Nr. 81 – Olsson/Schweden).

23 Zur Fürsorgemaßnahmen bei Rn. 43.

24 Eine **Adoption** begründet Familienbeziehungen, Art. 8 gibt aber kein Recht auf Adoption. Mit der Adoption werden die Beziehungen mit der ursprünglichen Familie beendet (EGMR, III. Sektion, v. 26.02.2002, Beschw.-Nr. 36515/97 Nr. 32 – Frette/Frankreich; Frowein/Peukert Rn. 17).

2. Einzelfälle

25 **a) Auslieferung, Abschiebung:** Art. 8 spielt eine erhebliche Rolle in diesen Fällen. Die EMRK hindert die Konventionsstaaten grundsätzlich nicht daran, die Einreise und die Dauer des Aufenthalts von Ausländern zu regeln. Sie haben auch das Recht, Straftäter auszuweisen. Der Gerichtshof prüft bei der Abschiebung eines Familienmitglieds, ob einer solcher Eingriff nach Abs. 2 gerechtfertigt, insbesondere einem zwingenden sozialem Bedürfnis entspricht und verhältnismäßig ist (unten Rn. 37 ff.). Der Gerichtshof nimmt auch hier eine Interessenabwägung unter Berücksichtigung aller Umstände vor. Die Ausweisung bzw. Abschiebung muss insbesondere einen gerechten Ausgleich zwischen dem Interesse des Bf. wegen der Achtung seines Familienlebens und dem Schutz der öffentlichen Ordnung, der Verhütung von Straftaten und dem Schutz der Gesundheit herstellen. Die Abschiebung junger Menschen insbesondere der zweiten oder dritten Generation, die keine Verbindungen zu ihrem förmlichen Heimatstaat haben, ist nur unter besonderen Voraussetzungen möglich (Frowein, NVwZ 2002, 29, 31).

Der EGMR hat die **Verhältnismäßigkeit verneint** in dem Fall Berrehab/ Niederlande (Urt. v. 21.06.1988, Serie A, Bd. 138, S. 16 Nr. 29), in dem der Vater eines Kindes nach Scheidung von der Ehefrau und Mutter abgeschoben worden ist. Wenn ein erwachsener Ausländer wegen Drogenstraftaten abgeschoben wird, der keine Kinder hat, dessen Eltern und Geschwister aber in dem ausweisendem Staat leben, ist das ein Eingriff in das Privat- und Familienleben. Die Maßnahme dient aber der Verteidigung der öffentlichen Ordnung, der Verhinderung von Straftaten und dem Schutz der Gesundheit und verfolgt also legitime Ziele (vgl. EGMR; III. Sektion, v. 30.11.1999, NVwZ 2000, 1401 – Baghli/Frankreich: Zeitweiliger Ausschluss vom französischen Staatsgebiet nicht unverhältnismäßig und deswegen nach Abs. 2 gerechtfertigt). **26**

Der EGMR berücksichtigt insbesondere die **Schwere der Straftat** (z.B. EGMR, III. Sektion, v. 13.02.2001, Beschw.-Nr. 47160/99 Nr. 34 – Ezzouhdi/Frankreich: Zwei Jahre Gefängnis wegen Rauschgiftgebrauchs stellt keine schwerwiegende Gefahr für die öffentliche Ordnung dar). Im Fall Moustaquim/Belgien hat der Gerichtshof eine Verletzung von Art. 8 festgestellt; es ging um die Ausweisung eines Marokkaners wegen zahlreicher Jugendstraftaten, seine Familie lebte in Belgien, er hatte in Marokko keine Verwandten und sprach nicht Arabisch (EGMR v. 18.02.1991, EuGRZ 1993, 552; vgl. auch EGMR v. 26.03.1992, EuGRZ 1993, 556 – Beldjoudi/Frankreich). Art. 8 kann auch verletzt sein, wenn einem Ausländer, der sich um eine gerichtliche Regelung des Umgangsrechts zu seinem Kind bemüht, Aufenthalt und Wiedereinreise zur Teilnahme am Verfahren verweigert wird (EGMR, I. Sektion, v. 11.07.2000, NJW 2001, 547 – Ciliz/Niederlande). **27**

Deutsches Recht: Vgl. zum AuslG Art. 3 Rn. 23 ff. Das BVerwG (NVwZ 1998, 526) legt § 53 Abs. 4 AuslG (keine Abschiebung, wenn sie nach EMRK unzulässig ist) restriktiv aus. Die Regelung gelte nur für zielstaatsbezogene Abschiebungshindernisse (z.B. Foltergefahr). Für inlandsbezogene Hindernisse wie das aus Art. 8 gilt danach § 55 AuslG (Duldung als zeitweise Aussetzung der Abschiebung); bei der Ermessensentscheidung muss den Anforderungen von Art. 8 genügt werden, auch in den Fällen des § 47 Abs. 1 AuslG (VGH BW NVwZ-Beil. 2001, 81). **28**

29 **b) Verfahrensrechtliche Garantien:** Der Gerichtshof entnimmt aus Art. 8 auch **verfahrensrechtliche Garantien** (vgl. auch Rn. 43). Das Verfahren, das zu einem Eingriff führt, muss fair sein und die Garantien von Art. 8 ausreichend berücksichtigen. Das hat der EGMR insbesondere für Verfahren wegen des Umgangsrechts nichtehelicher und geschiedener Väter entschieden. Elternteile müssen so ausreichend an dem Entscheidungsprozess beteiligt werden, dass der erforderliche Schutz ihrer Interessen sichergestellt ist. Dazu gehört, dass Eltern wichtige Urkunden zugänglich gemacht werden (EGMR v. 24.02.1995, Serie A, Bd. 307, S. 57 Nr. 92 – Mc Michael/Vereinigtes Königreich). Eine Abwägung unter Berücksichtigung der Kindesinteressen ist notwendig (EGMR v. 10.05.2001, Slg. 2001-V Nr. 80, 83 – T. P. und K. M./Vereinigtes Königreich für den Zugang der Eltern zu Kindesaussagen über Missbrauch). Die Einholung eines Sachverständigengutachtens und die erneute Anhörung der Beteiligten kann notwendig sein (EGMR v. 13.07.2000, NJW 2001, 2315 – Elsholz/Deutschland; EGMR, I. Sektion, v. 11.07.2000, NJW 2001, 547 – Ciliz/Niederlande; EGMR, IV. Sektion, v. 11.10.2001, Beschw.-Nr. 30943/96 – Sahin/Deutschland; Beschw.-Nr. 31871/96 – Sommerfeld/Deutschland; Beschw.-Nr. 34045/96 – Hoffmann/Deutschland; diese Urteile betreffen das Umgangsrecht unehelicher Väter mit ihrem Kind, wobei der EGMR angenommen hat, dass ein unehelicher Vater aufgrund § 1711 BGB a.F. unter Verstoß gegen Art. 8 i.V.m. Art. 14 schlechter behandelt worden ist als ein geschiedener Vater. Die Sachen Sahin und Sommerfeld sind der Großen Kammer nach Art. 43 vorgelegt worden). Im Fall Mikulic/Kroatien (EGMR, I. Sektion, v. 07.02.2002, Beschw.-Nr. 53176/99) hat es der EGMR nicht für ausreichend gehalten, das eine staatliche Rechtsordnung nicht ermöglicht, den Vater im Rechtsstreit um die Feststellung der Vaterschaft zu einer DNA-Untersuchung zu zwingen oder andere Ermittlungsmöglichkeiten zur Verfügung stellt.

30 **c) Familienleben von Gefangenen:** Jede, also auch die rechtmäßige Haft beeinträchtigt das Familienleben. Die Gefängnisverwaltung muss aber dem Gefangenen helfen, den Kontakt zu seiner engen Familie aufrecht zu erhalten. Wenn Kontakte beschränkt werden, (z.B. nur zweimal

monatlich, Trennscheibe), ist das ein Eingriff in das Familienleben nach Art. 8 Abs. 1, der nach Abs. 2 gerechtfertigt sein muss. Bei der Interessenabwägung müssen die normalen und angemessenen Erfordernisse der Haft berücksichtigt werden, wobei die Behörden insbesondere bei der Regelung des Besuchsrechts einen Ermessensspielraum haben (EGMR v. 27.04.1988, Serie A, Bd. 131, S. 29 Nr. 74 – Boyle u. Rice/Vereinigtes Königreich).

Die Konvention gibt kein Recht darauf, sich den Haftort auszusuchen, 31 damit Besuche einfacher möglich sind. Auch eine Abschiebung von Familienmitgliedern ist nicht grundsätzlich unzulässig, auch wenn das Besuche im Gefängnis schwierig macht. Es kommt auf die Einzelumstände an (Kontakt durch Briefe und Telefongespräche, Haftdauer; vgl. EGMR, II. Sektion, Entsch. v. 28.06.2001, Slg. 2001-VII – Selmani/Schweiz).

d) Erbrecht: Art. 8 garantiert kein Erbrecht. Erbrechtliche Fragen zwi- 32 schen nahen Verwandten fallen aber in den Bereich dieses Art., weil sie ein besonderer Ausdruck des Familienlebens sind. Deswegen ist Art. 14 anwendbar (vgl. EGMR v. 13.06.1979, Serie A, Bd. 31, S. 23 Nr. 52 f. – Marckx/Belgien).

IV. Wohnung

Geschützt werden Miet- und Eigentumswohnungen, auch Büros (für 33 eine Anwaltskanzlei EGMR v. 16.12.1992, EuGRZ 1993, 65 Nr. 29 – Niemietz/Deutschland), gewerbliche Räume, auch einer juristischen Person (EGMR v. 30.03.1989, Serie A, Bd. 152, S. 13 Nr. 25; S. 26 Nr. 63 – Chappel/Vereinigtes Königreich; EGMR, II. Sektion, v. 16.04.2002, Beschw.-Nr. 37971/97 Nr. 41 – STÉS Colas Est u.a./Frankreich), weiter Wohnwagen (vgl. EGMR v. 25.09.1996, Slg. 1996-IV, S. 1287 Nr. 34 – Buckley/Vereinigtes Königreich in einem Fall, in dem einem Roma die Genehmigung verweigert wurde, auf eigenem Grund und Boden in einem Wohnwagen zu leben).

Eingriffe in das Recht sind z.B. Zwangsumsiedlungen und Durchsuchun- 34 gen, weiter die Zerstörung von Wohnungen, Hinderung am Zugang zu ihnen (EGMR v. 10.05.2001, Slg. 2001-IV Nr. 175 – Zypern/Griechenland). Von wachsender Bedeutung sind die Fälle von Beeinträchtigungen der Wohnung durch Umwelteinflüsse, z.B. durch Fluglärm (vgl. Schmidt-Radefeldt, JuS 1999, 997; Schrader, NVwZ 1999, 40). Der EGMR hat anerkannt, dass Art. 8 Abs. 1 gegen übermäßige Immissionen schützt (vgl. Rn. 17 und EGMR, Urt. v. 21.02.1190, Serie A, Bd. 172, S. 18 – Powell u. Rayner/Vereinigtes Königreich; der Fall Lopez Ostra/Spanien, Urt. v. 09.12.1994, EuGRZ 1995, 530 betraf Geruchsbelästigungen). Art. 8 kann auch verletzt sein, wenn der Staat unterlässt, die Bevölkerung über notwendige Sicherheitsmaßnahmen zu informieren (EGMR v. 19.02.1998, NVwZ 1999, 57 – Guerra u.a./Italien und dazu Dörr, JuS 1999, 809). Wenn die Zelle eines Strafgefangenen durchsucht wird, verletzt das nicht sein Recht auf Schutz der Wohnung, wohl aber seine Privatsphäre (Frowein/Peukert Rn. 33).

V. Korrespondenz

35 Art. 8 erfasst nicht nur den Schriftwechsel, sondern auch **Telefongespräche** (EGMR v. 25.06.1992, EuGRZ 1992, 301 – Lüdi/Schweiz).

36 Der Schutz der Korrespondenz hat Bedeutung erlangt bei der **Briefkontrolle** von Gefangenen. Der Gerichtshof hat festgestellt, dass die Überwachung des Briefverkehrs zwischen dem Gefangenen und seinem Rechtsanwalt und auch der EKMR gegen Art. 8 verstößt (Urt. v. 25.03.1992, Serie A, Bd. 233, S. 16 Nr. 33 – Campbell/Vereinigtes Königreich). Er hat im Übrigen anerkannt, dass Art. 8 Abs. 2 eine Briefkontrolle und das Anhalten von Briefen unter bestimmten Voraussetzungen rechtfertigen kann (Urt. v. 25.03.1983, Serie A, Bd. 61, S. 40 Nr. 103 – Silver u.a./Vereinigtes Königreich). Es bedarf aber einer detaillierten Regelung, die nach Korrespondenzpartnern differenziert, die Grundsätze für die Ausübung der Zensur festlegt und die Art und Weise sowie den zeitlichen Rahmen bestimmt (vgl. Rn. 40). Eine automatische Zensur ist nicht zulässig (EGMR, I. Sektion v. 04.07.2000, Beschw.-Nr. 27915/95 Nr. 81 – Niedbala/Polen; EGMR; II. Sektion, v. 19.04.2001, Slg. 2001-III Nr. 81 ff. – Peers/Griechenland zur Öffnung von Gefangenenpost von der EKMR in dessen Gegenwart).

VI. Rechtfertigungsgründe (Abs. 2)

1. Allgemeines

Für Art. 8-11 gilt in ähnlicher Weise, dass im ersten Absatz der Vorschrift eine Garantie bestimmter Rechte ausgesprochen wird und in Abs. 2 ausnahmsweise Eingriffe zugelassen werden. Die Rechtsprechung zu diesen zweiten Absätzen ist sehr ähnlich. Der Gerichtshof verwendet in ständiger Rechtsprechung die Formel: Der Eingriff in das Recht verstößt gegen die EMRK, es sei denn, er ist »gesetzlich vorgesehen«, verfolgt eines oder mehrere der in Abs. 2 genannten berechtigten Ziele und ist »in einer demokratischen Gesellschaft notwendig«, um diese Ziele zu erreichen (vgl. z.B. EGMR v. 20.05.1999, NJW 2000, 1015 Nr. 58 – Bladet Tromsø/Norwegen; EGMR v. 25.05.2000, LKV 2001, 69 – Günther Noack u.a./Deutschland betreffend Horno). **37**

2. Gesetzlich vorgesehen

Notwendig ist, dass eine ausreichende gesetzliche Basis im innerstaatlichen Recht besteht. Dieses Erfordernis ist Ausfluss des allgemeinen Rechtsstaatsprinzips. Der Gerichtshof stellt nicht nur formale, sondern **auch qualitative Anforderungen**. Das Gesetz muss für den Bürger zugänglich und vorhersehbar, es darf nicht willkürlich sein (EGMR v. 20.05.1999, NVwZ 2000, 421 Nr. 59 – Rekvenyi/Ungarn). **Vorhersehbar** in diesem Sinn ist ein Gesetz, wenn es mit hinreichender Bestimmtheit gefasst ist, so dass der Bürger sein Verhalten nach ihm ausrichten kann. Er muss – notfalls mit sachkundiger Hilfe (rechtlicher Beratung) – in einem nach den Umständen angemessenen Umfang die Folgen vorhersehen können, die eine bestimmte Handlung hat. Der Gerichtshof erkennt an, dass eine absolute Sicherheit dabei nicht möglich ist, weil das Gesetz notwendigerweise mehr oder weniger unbestimmte Begriffe verwenden muss und insoweit von der Auslegung durch die Rechtsprechung abhängig ist, weil es sonst starr wäre und veränderten Umständen nicht angepasst werden könnte. Es ist dann Sache der Rechtsprechung, verbliebene Auslegungszweifel zu beseitigen. Ein Gesetz kann nicht jede mögliche Gestaltung regeln. Der Grad der möglichen Bestimmtheit hängt deswegen von dem Inhalt der Regelung ab, ihrem Anwendungsbereich und der Zahl und der Rechtsstellung der Personen, an **38** die sie gerichtet ist (EGMR v. 20.09.1995, NJW 1996, 375 Nr. 48 – Vogt/Deutschland). Weil eine Verfassung allgemeiner Natur ist, nimmt der Gerichtshof an, dass der erforderliche Grad der Bestimmtheit bei ihr geringer sein kann, als bei einfachen Gesetzen (EGMR v. 20.05.1999, NVwZ 2000, 421 Nr. 34 – Rekvenyi/Ungarn). Umgekehrt hat der Gerichtshof bei gesetzlichen Regelungen über die Zulassung von Abhörmaßnahmen eine größere Genauigkeit verlangt (vgl. dazu bei Rn. 10).

39 **Beispiele**: Androhung einer Sanktion für

- fehlendes Wohlverhalten zu ungenau (EGMR v. 23.09.1998, Slg. 1998-VII, S. 2739 Nr. 76 – Steel u.a./Vereinigtes Königreich).
- Erregung öffentlichen Ärgernisses ausreichend (EGMR v. 25.08.1993, EuGRZ 1991, 203 – Chorherr/Österreich).
- Verstoß gegen die guten Sitten zu ungenau (EGMR v. 25.11.1999, Slg. 1999-VIII Nr. 41 – Hashman u. Harrup/Vereinigtes Königreich).

40 Wenn Behörden bei dem Eingriff **nach ihrem Ermessen** handeln können, muss das Gesetz mit hinreichender Genauigkeit den Anwendungsbereich und die Art und Weise der Ermessensausübung regeln, um den Bürgern einen Mindestschutz zu sichern, auf den sie nach dem Grundsatz der Rechtsstaatlichkeit Anspruch haben (EGMR v. 15.11.1996, Slg. 1996-V, S. 1800 Nr. 33 – Domenichini/Italien).
Ein Gesetz, das die **Briefkontrolle in Haft** erlaubt, ist nicht genau genug, wenn es nicht die Dauer der Maßnahme regelt, nicht die Voraussetzungen und nicht das Ausmaß der Kontrolle sowie die Grenzen des Ermessens (vgl. Rn. 36; weiter EGMR v. 06.04.2000 – Slg. 2000-IV Nr. 175 ff. – Labita/Italien; EGMR, IV. Sektion, v. 26.07.2001, Beschw.-Nr. 39920/98 Nr. 26 – Di Giovine/Italien).

3. Verfolgung eines oder mehrerer der in Absatz 2 genannten berechtigten Ziele

41 Der Eingriff muss notwendig sein, um mindestens eines der in Abs. 2 genannten Ziele zu erreichen. Die Frage der Ziele ist in der Rechtspre-

chung nur selten streitig. Von wesentlicher Bedeutung ist, ob der Eingriff notwendig war.

4. Notwendigkeit in einer demokratischen Gesellschaft

Die Konvention verlangt eine Notwendigkeit, also mehr als Nützlichkeit 42
oder Zweckmäßigkeit. Ein Eingriff ist notwendig, wenn er einem »dringendem sozialen Bedürfnis« entspricht, um das berechtigte Ziel zu erreichen und die angewandten Mittel verhältnismäßig sind. Dabei berücksichtigt der Gerichtshof die wesentlichen Merkmale der demokratischen Gesellschaft: Pluralismus, Toleranz und offene Geisteshaltung (EGMR v. 29.04.1999, NJW 1999, 3695 Nr. 112 – Chassagnou/Frankreich). Der Gerichtshof verlangt bei seiner Prüfung (dazu Rn. 44) u.U. besonders triftige Gründe, z.B. wenn der fragliche Eingriff einem sehr intimen Bereich des Privatlebens einer Person betrifft, wie die Sexualität (EGMR v. 27.09.1999, NJW 2000, 2098 Nr. 89 – Smith u. Grady/Vereinigtes Königreich). Zu der erforderlichen Interessenabwägung weiter unten bei Rn. 44, 45.

Insbesondere behördliche Eingriffe **in das Familienleben** (siehe auch 43
bei Rn. 20 ff.: Besonders schwerwiegend sind Maßnahmen, die zur Trennung von Eltern bzw. Großeltern und Kindern führen, z.B. die Unterbringung eines Kindes in einer Pflegeeinrichtung oder bei Pflegeeltern. Bei der Beurteilung erkennt der Gerichtshof an, dass die maßgebenden Bedingungen sehr unterschiedlich sind. Er betont, dass das **Kindeswohl** in jedem Falle wesentliche Bedeutung haben muss. Bei der Beurteilung, ob ein Kind in Pflege genommen werden muss, haben die staatlichen Behörden einen weiten Beurteilungsspielraum, nicht aber, wenn es um weitere Beschränkungen geht, z.B. des Rechts der Eltern auf Umgang mit dem Kind (EGMR v. 07.08.1996, Slg. 1996-III, S. 1003 Nr. 64 – Johanson/Norwegen; EGMR v. 13.07.2000, NJW 2001, 2315 Nr. 48 – Elsholz/Deutschland). Insoweit prüft der Gerichtshof durchaus die Einzelumstände und die jeweils getroffenen Maßnahmen. Er verlangt, dass ein gerechter Ausgleich hergestellt wird zwischen den Interessen des Kindes und der Eltern, wobei die Kindesinteressen besonderes Gewicht haben. Eltern haben keinen Anspruch nach Art. 8 auf Maßnahmen, die die Gesundheit oder Entwicklung des Kindes schä-

digen können (EGMR v. 13.07.2000, NJW 2001, 2315 Nr. 50 – Elzholz/Deutschland). Der Gerichtshof leitet aus Art. 8 auch **verfahrensrechtliche Garantien** ab (Rn. 29). Elternteile müssen bei dem Entscheidungsprozess und insbesondere bei Fürsorge- und Unterbringungsmaßnahmen so ausreichend beteiligt sein, dass ihre Interessen angemessen geschützt sind (EGMR v. 08.07.1987, Serie A, Bd. 121, S. 29 Nr. 64 – W/Vereinigtes Königreich; EGMR v. 13.07.2000, NJW 2001, 2315 Nr. 50 – Elsholz/Deutschland: Verletzung von Art. 8, weil kein psychologischer Sachverständiger bestellt worden ist und keine erneute Anhörung stattgefunden hat).

Bei Gefahr im Verzug kann eine **Eilentscheidung** getroffen werden, die, wenn wirklich nötig, ohne vorherige Anhörung der Beteiligten ergehen kann. Dafür müssen aber insbesondere bei Unterbringung eines Babys mit der Geburt zwingende Gründe vorgetragen werden (EGMR v. 12.07.2001, Slg. 2001-VII Nr. 166-168 – K. und T./Finnland).

5. Überprüfung durch den Gerichtshof

44 Wie eine innerstaatliche gesetzliche Regelung auszulegen ist, überlässt der Gerichtshof den staatlichen Gerichten. Bei der Beurteilung, ob eine Maßnahme »notwendig in einer demokratischen Gesellschaft« ist, haben die Konventionsstaaten nach ständiger Rechtsprechung einen gewissen **Beurteilungsspielraum**, ob ein »dringendes soziales Bedürfnis« besteht. Sie unterliegen nur einer europäischen Überwachung, die sich sowohl auf das Gesetz bezieht, als auch auf die Entscheidung, die das Gesetz anwendet einschließlich gerichtlicher Entscheidungen. Der Gerichtshof entscheidet also abschließend darüber, ob eine Einschränkung mit den in Abs. 1 ausgesprochenen Garantien vereinbar ist. Dabei setzt sich der Gerichtshof nicht an die Stelle der zuständigen staatlichen Behörden und Gerichte, die die Lebensverhältnisse an Ort und Stelle besser kennen und direkten Kontakt zu den betroffenen Personen haben. Er überprüft unter dem Gesichtspunkt der Konvention die Entscheidung, die sie in Wahrnehmung ihres Beurteilungsspielraums getroffen haben. Er beschränkt seine Prüfung nicht darauf, ob der beklagte Staat sein Ermessen angemessen, sorgfältig und in gutem Glauben ausgeübt hat. Der Gerichtshof prüft vielmehr den

Eingriff im Lichte aller Umstände des Falles und entscheidet, ob er »verhältnismäßig zu dem verfolgten berechtigten Ziel« ist und ob die von den staatlichen Behörden und Gerichten zur Rechtfertigung angeführten Gründe »stichhaltig und ausreichend« sind. Die angewendeten Regeln müssen mit der Konvention übereinstimmen, und die Entscheidung muss sich auf eine angemessene Bewertung der erheblichen Tatsachen stützen (EGMR v. 26.09.1995, NJW 1996, 375 Nr. 52 – Vogt/Deutschland; EGMR v. 20.05.1999, NVwZ 2000, 421 Nr. 42 – Rekvenyi/Ungarn).

Der Beurteilungsspielraum der staatlichen Behörden und Gerichte ist je **45**
nach Sachlage unterschiedlich weit. In bestimmten Fällen nimmt der Gerichtshof eine besonders strenge Prüfung vor und zieht den Beurteilungsspielraum eng, z.B. bei Eingriffen in die Pressefreiheit (dazu bei Art. 10 Rn. 27). Der Eingriff darf nicht **unverhältnismäßig** sein; der Gerichtshof prüft, ob die staatlichen Stellen eine Interessenabwägung vorgenommen haben und einen gerechten Ausgleich zwischen den Interessen des Einzelnen an der Achtung seiner Konventionsrechte und den allgemeinen öffentlichen Interessen gefunden haben. Auch eine Abwägung zwischen einander widerstreitenden privaten Interessen kann erforderlich sein, z.B. den Interessen eines Kindes, das in staatlicher Obhut ist, und denen der Eltern. Der Gerichtshof erkennt an, dass in bestimmten Fällen individuelle Interessen Allgemeininteressen untergeordnet werden müssen, betont aber, dass Demokratie nicht bedeutet, dass Mehrheitsmeinungen immer den Vorzug haben müssen. Es muss vielmehr ein Gleichgewicht hergestellt werden, das auch Minderheiten eine gerechte Behandlung garantiert und jeden Missbrauch einer beherrschenden Stellung vermeidet (EGMR v. 29.04.1999, NJW 1999, 3695 Nr. 112 – Chassagnou/Frankreich).

VII. Mehrere Verletzungen, Verhältnis zu anderen Artikeln

1. Mehrfache Verletzung von Art. 8

Wenn Art. 8 mehrfach verletzt ist, stellt der Gerichtshof das zumTeil fest **46**
(z.B. IV. Sektion, Urt. v. 27.04.2000, Beschw.-Nr. 25702/94 Nr. 155 – K. u. T./Finnland: Feststellung, dass Art. 8 sowohl durch die Anordnung der Unterbringung eines Kindes in einer Pflegeeinrichtung verletzt ist, als

auch durch die Weigerung, die Anordnung zu beenden; in dem Tenor ist nur die Verletzung von Art. 8 als solche erwähnt), zum Teil erklärt er, eine weitere Prüfung sei nicht erforderlich, weil schon eine Verletzung festgestellt worden ist (vgl. das zitierte Urteil Nr. 176 wegen der Beschränkung des Umgangs der Eltern mit ihrem Kind). Das ist nicht immer konsequent.

2. Verhältnis zu Art. 3

47 Bei Eingriffen in die körperliche Unversehrtheit, die nicht den für Art. 3 erforderlichen Grad der Schwere erreichen, kann Art. 8 verletzt sein (s. Rn 5; Art. 3. Rn. 29).

3. Verhältnis zu Art. 6

48 Wenn der Gerichtshof eine Verletzung von Art. 8 wegen seiner verfahrensrechtlichen Garantien angenommen hat (Rn. 29), ist nicht selten auch Art. 6 verletzt. Der Gerichtshof prüft das wegen der unterschiedlichen Schutzziele gesondert (EGMR v. 24.02.1995, Serie A, Bd. 307, S. 57 Nr. 91 – McMichael/Vereinigtes Königreich; EGMR, III. Sektion, v. 20.12.2001, Beschw.-Nr. 32899/96 Nr. 49 – Buchberger/Österreich).

4. Verhältnis zu Art. 13

49 Der EGMR hat Ermittlungspflichten des Staates wie bei Art. 2 und 3 auch bei Art. 8 angenommen, wenn eine Person vertretbar mitteilt, dass ihr Haus und ihre beweglichen Sachen vom Repräsentanten des Staates vorsätzlich zerstört worden sind (Art. 13 Rn. 11).

5. Verhältnis zu Art. 14

50 Der Gerichtshof hat einige Fälle entschieden, die eine unterschiedliche Behandlung beim Erbrecht unehelicher Kinder betrafen (dazu bei Art. 14 Rn. 19). Er prüft Art. 14 nicht, wenn die Rüge auf einen Beschwerdepunkt hinausläuft, über den er unter dem Gesichtspunkt eines anderen Art. schon entschieden hat, auch wenn das unter einem anderen Blickwinkel geschehen ist (z.B. für Art. 14 i.V.m. 8 EGMR v. 27.09.1999, NJW 2000, 2089 Nr. 115 – Smith u. Grady/Deutschland).

Artikel 9 Gedanken-, Gewissens- und Religionsfreiheit

(1) Jede Person hat das Recht auf Gedanken-, Gewissens- und Religionsfreiheit; dieses Recht umfasst die Freiheit, seine Religion oder Weltanschauung zu wechseln, und die Freiheit, seine Religion oder Weltanschauung einzeln oder gemeinsam mit anderen öffentlich oder privat durch Gottesdienst, Unterricht oder Praktizieren von Bräuchen und Riten zu bekennen.

(2) Die Freiheit, seine Religion oder Weltanschauung zu bekennen, darf nur Einschränkungen unterworfen werden, die gesetzlich vorgesehen und in einer demokratischen Gesellschaft notwendig sind für die öffentliche Sicherheit, zum Schutz der öffentlichen Ordnung, Gesundheit oder Moral oder zum Schutz der Rechte und Freiheiten anderer.

I. Allgemeines

Die in Art. 9 verankerte Freiheit ist einer der Grundpfeiler der demokratischen Gesellschaft. In ihrer religiösen Dimension ist sie eines der wichtigen Elemente, das die Identität der Gläubigen und ihre Auffassung vom Leben bestimmt. Sie ist auch wertvolles Gut für Atheisten, Agnostiker, Skeptiker und Gleichgültige. Der von einer demokratischen Gesellschaft untrennbare Pluralismus – teuer erkauft über Jahrhunderte – hängt von ihr ab. Die Garantie umfasst die Freiheit, einer Religion anzugehören oder nicht, sowie die, eine Religion zu praktizieren oder nicht (EGMR v. 18.02.1999, NJW 1999, 2957 Nr. 34 – Buscarini u.a./San Marino). Mit Art. 9 steht Art. 2 des Zusatzprot. in Zusammenhang (Recht der Eltern, die Erziehung und den Unterrichtung entsprechend ihren eigenen religiösen und weltanschaulichen Überzeugungen sicher zu stellen). 1

Art. 18 des Zivilpakts enthält eine entsprechende Vorschrift. Art. 4 GG schützt die Freiheit des Glaubens, des Gewissens und die Freiheit des religiösen und weltanschaulichen Bekenntnisses und gewährleistet die ungestörte Religionsausübung.

II. Gedankenfreiheit

2 Die Garantie bezieht sich streng genommen auf einen inneren Vorgang und berührt sich insoweit mit der Meinungsfreiheit nach Art. 10 (dazu Art. 10 Rn. 10). Wie dort ist wesentlicher Ausfluss des Rechts, dass der Staat nicht indoktrinieren und nicht nach Meinungen diskriminieren darf (vgl. EGMR v. 07.12.76, EuGRZ 1976, 478 Nr. 53 – Kjeldsen u.a./ Dänemark).

III. Gewissensfreiheit

3 Auch insoweit geht es um einen inneren Vorgang; die Garantie verbietet jeglichen staatlichen Zwang. Der Staat darf Gewissensentscheidungen nicht beeinflussen und keinen Vor- oder Nachteil daran knüpfen. Ein Recht auf **Kriegsdienstverweigerung** aus Gewissensgründen gibt die Konvention nicht. Die EMRK hatte darüber zu entscheiden, ob die Bestrafung wegen Verweigerung des Ersatzdienstes durch einen Kriegsdienstverweigerer gegen Art. 9 verstößt. Sie hat das unter Hinweis auf Art. 4 Abs. 3 Buchst. b) verneint und ausgesprochen, dass der Staat bei Verweigerung Sanktionen vorsehen kann (EGMR v. 05.07.1977, DR 9, 203 ff. – X/Deutschland). Eine **Wahlpflicht** verstößt nicht gegen Art. 9, weil eine ungültige Stimme abgegeben werden kann.

IV. Religionsfreiheit

4 Sie ist die Garantie, die am häufigsten in Anspruch genommen worden ist, wenn eine Verletzung von Art. 9 gerügt wird. Aus dieser Vorschrift folgt, dass jeder das Recht hat, **einer Religionsgemeinschaft anzugehören oder nicht, sie zu wechseln und sie zu bekennen**, insbesondere in Gottesdiensten oder sonst mit Worten oder Taten, oder das nicht zu tun (vgl. zur Auslegung von Art. 9 Goehrlich, NJW 2001, 2862). Die EKMR hat in einigen Entscheidungen religiöse von politischen Überzeugungen abgegrenzt (Entscheidung vom 12.10.1978, DR 19, S. 19 Nr. 71 f. – Arrowsmith/Vereinigtes Königreich zur britischen Nordirlandpolitik) und von wirtschaftlichen Anzeigen zu Werbezwecken (Entscheidung vom 05.05.1979, DR 16, S. 72 Nr. 4 zur Scientologie-

Werbung). Der Gerichtshof hat in der Sache Manoussakis u.a./Griechenland (Urt. v. 26.09.1996, Slg. 1996-IV, S. 1365 Nr. 47) deutlich gemacht, dass der Staat nicht darüber entscheiden darf, ob ein Glaube oder die zum Bekenntnis benutzten Mittel legitim sind, dass er die Werbung für die Religion nicht verbieten darf; der Fall betraf die Zeugen Jehovas. Immerhin muss die Religion identifizierbar sein. Es verstößt gegen Art. 9, wenn verlangt wird, dass ein Eid auf die Evangelien geleistet wird, was einem Treuebekenntnis zu einer Religion gleichkommt (EGMR v. 18.02.1999, NJW 1999, 2957 – Buscarini/San Marino). Wenn es nur darum geht, Propaganda für eine politische islamische Organisation zu machen, ist das kein Ausdruck religiöser Überzeugung i.S.v. Art. 9 (EGMR, II. Sektion, Entsch. v. 18.01.2001, Beschw.-Nr. 41615/98 – Zaoui/Schweiz).

Als Verstoß gegen Art. 14 i.V.m. Art. 9 hat der Gerichtshof eine gericht- **5**
liche Entscheidung in Österreich gewertet, wonach einer den **Zeugen Jehovas** angehörenden Frau wegen etwaiger Schwierigkeiten bei Blut übertragungen die Personensorge für ein Kind nicht übertragen worden ist (EGMR v. 23.06.1993, EuGRZ 1996, 648 – Hoffmann/Österreich). Zur Freiheit, die Religion zu bekennen, gehört das Recht, am **Leben einer religiösen Gemeinschaft** teilzunehmen. Die Bestimmung der Priester oder anderer Würdenträger ist von besonderer Bedeutung. **Die Autonomie religiöser Gemeinschaften** ist für einen Pluralismus unabdingbar und gehört zum Wesensgehalt der von Art. 9 gewährten Garantie. Staatliche Behörden müssen bei der Eintragung oder Anerkennung religiöser Gemeinschaften den Grundsatz der Neutralität beachten. Wenn sie Maßnahmen treffen, die einen von mehreren rivalisierenden Religionsführer bevorzugen oder darauf abzielen, die Gemeinschaft dazu zu zwingen, sich entgegen ihrer Weigerung einer einheitlichen Leitung zu unterstellen, ist das ein Eingriff in die Religionsfreiheit, der nach den Kriterien von Abs. 2 beurteilt und insbesondere gesetzlich vorgesehen sein muss (EGMR v. 26.10.2000, Slg. 2000-XI – Hassan u. Tchaouch/Bulgarien).

Zur Praktizierung **religiöser Gebräuche** gehört das Recht, religiöse **6**
Kleidung zu tragen (Turban, Kopftuch) oder religiöse Haar- oder Bart-

tracht. Insoweit sind Einschränkungen möglich, z.B. das Verbot des Kopftuches an der Universität oder an Schulen (Entscheidung der EKMR v. 03.05.1993, DR 74, S. 93 – Karadriman/Türkei; Verbot für einen Lehrer an einer Grundschule: EGMR, II. Sektion, Entsch. v. 15.02.2001, NJW 2001, 2871 – Dahlab/Schweiz; vgl. auch VGH BW NJW 2001, 2899).

7 Eine Verletzung hat der EGMR bei Beschränkungen der Bewegungsfreiheit angenommen, die eine Bevölkerungsgruppe erheblich daran gehindert hat, ihren Glauben auszuüben (EGMR v. 10.05.2001, Slg. 2001-IV Nr. 245 – Zypern/Türkei).

Schutz vor **Abschiebung** im deutschen Recht: Nach BVerwG NVwZ 2000, 1302 ist eine Abschiebung unzulässig (§ 53 Abs. 4 AuslG, i.V.m. Art. 9 EMRK), wenn in dem Zielstaat der unveräußerliche Kern der Religionsfreiheit bedroht ist (vgl. Art. 3 Rn. 24).

V. Ausnahmen (Abs. 2)

8 Die Fassung zeigt, dass nur das Recht, die Religion oder Weltanschauung zu bekennen, eingeschränkt werden kann. Wegen der allgemeinen Anforderungen (gesetzlich vorgesehen, berechtigte Ziele, in einer demokratischen Gesellschaft notwendig) vgl. zu Art. 8 Abs. 2. So kann der Staat Vorschriften über die **Anerkennung von Religionsgemeinschaften** erlassen und prüfen, ob sie etwa unter dem Deckmantel der Kirche Aktivitäten entfalten, die der Bevölkerung oder der öffentlichen Sicherheit schaden. Der Staat muss aber bei seinen Regelungen neutral und unparteiisch sein (EGMR, I. Sektion, v. 13.12.2001, Beschw.-Nr. 45701/99 Nr. 113, 116 – Eglise Metropolitaine de Bessarabie u.a./ Moldavia). Die Prüfung der **Verhältnismäßigkeit** spielt dabei eine besondere Rolle (vgl. EGMR v. 25.05.1993, Serie A, Bd. 260, S. 21 Nr. 49 – Kokkinakis/Griechenland: Verurteilung eines Zeugen Jehovas nach dem griechischen Gesetz gegen Proselytismus ist Verletzung von Art. 9). Ein Apotheker kann sich nicht unter Berufung auf Art. 9 weigern, die Pille zu verkaufen (EGMR, III. Sektion, Entsch. v. 04.10.2001, Beschw.-Nr. 49853/99 – Pichon u. Sajous/Frankreich).

VI. Verhältnis zu anderen Artikeln

Wenn es um die Organisation einer religiösen Gemeinschaft geht, muss Art. 9 im Lichte von Art. 11 gelesen werden. Das Recht auf Freiheit der Religionsausübung setzt voraus, dass die Religionsgemeinschaften friedlich und ohne Eingriffe des Staates funktionieren können (dazu bei Rn. 5). Wenn die sich zu Art. 11 stellenden Fragen schon bei Art. 9 erörtert worden sind, prüft der Gerichtshof Art. 11 nicht gesondert (EGMR v. 26.10.2000, Slg. 2000-XI – Hassan u. Tchaouch/Bulgarien). **9**

Artikel 10 Freiheit der Meinungsäußerung

(1) Jede Person hat das Recht auf die freie Meinungsäußerung. Dieses Recht schließt die Meinungsfreiheit und die Freiheit ein, Informationen und Ideen ohne behördliche Eingriffe und ohne Rücksicht auf Staatsgrenzen zu empfangen und weiterzugeben. Dieser Artikel hindert die Staaten nicht, für Hörfunk-, Fernseh- oder Kinounternehmen eine Genehmigung vorzuschreiben.

(2) Die Ausübung dieser Freiheiten ist mit Pflichten und Verantwortung verbunden; sie kann daher Formvorschriften, Bedingungen, Einschränkungen oder Strafdrohungen unterworfen werden, die gesetzlich vorgesehen und in einer demokratischen Gesellschaft notwendig sind für die nationale Sicherheit, die territoriale Unversehrtheit oder die öffentliche Sicherheit, zur Aufrechterhaltung der Ordnung oder zur Verhütung von Straftaten, zum Schutz der Gesundheit oder der Moral, zum Schutz des guten Rufes oder der Rechte anderer, zur Verhinderung der Verbreitung vertraulicher Informationen oder zur Wahrung der Autorität und der Unparteilichkeit der Rechtsprechung.

I. Allgemeines

1 Der Gerichtshof hat wiederholt die grundlegende Bedeutung der Meinungs- und Pressefreiheit für die Demokratie und zugleich für die Entwicklung eines jeden Menschen betont und darauf hingewiesen, dass die demokratische Gesellschaft Pluralismus, Toleranz und offene Geisteshaltung verlangt (z.B. EGMR v. 21.01.1999, NJW 1999, 1315 – Fressoz u. Roire/Frankreich). Die Vorschrift will eine offene Auseinandersetzung insbesondere in politischen Fragen ermöglichen und ist damit besonders wichtig für die Presse und die anderen Medien (EGMR v. 26.11.1991, EuGRZ 1995, 16 – The Observer and Guardian/Vereinigtes Königreich; vgl. weiter Rn. 20). Der Gerichtshof hat Art. 10 insbesondere bei staatlichen Maßnahmen gegen Kritik an Politikern oder Regierungsmitgliedern oder bei kritischen Beiträgen zu Fragen öffentlichen Interesses angewendet; nicht selten waren die Beschwerdeführer wegen Beleidigung oder Verleumdung verurteilt worden.

2 Art. 19 Zivilpakt enthält eine entsprechende Vorschrift. Das GG gibt in Art. 5 eine Garantie der Meinungs- und Pressefreiheit mit besonderer Erwähnung der Freiheit von Kunst, Wissenschaft, Forschung und Lehre in Art. 5 Abs. 3.

Art. 10 Abs. 1 Satz 1 enthält die allgemein gefasste Garantie der Meinungsfreiheit. Abs. 1 Satz 2 konkretisiert dies durch Erwähnung auch des Rechts auf Empfang und Weitergabe von Informationen und Ideen. Abs. 1 Satz 3 gibt eine Sonderregelung für Fernseh- und Kinounternehmen. Abs. 2 nennt die Voraussetzungen, unter denen Einschränkungen der Meinungsfreiheit zulässig sind. 3

II. Anwendungsbereich

Die Redefreiheit wird **jeder Person** garantiert, natürlichen und juristischen Personen, auch im Wirtschaftsverkehr (EGMR v. 20.11.1989, EuGRZ 1996, 302 – markt intern Verlag GmbH und Klaus Beermann/ Deutschland). Der Art. schützt auch Angehörige des öffentlichen Dienstes, auch Beamte (dazu Rn. 18). 4

Von Art. 10 werden **alle Kommunikationsformen** erfasst. Von wesentlicher Bedeutung sind die Meinungsäußerungen in Presse, Funk und Fernsehen, durch Verbreitung von Büchern und in Vorträgen. Dabei schützt Art. 10 **Tatsachen- und Meinungsäußerungen** (Werturteile) ohne Rücksicht auf den Inhalt der geäußerten Meinung, auf die Art der Verbreitung, er schützt nicht nur den Autor, sondern auch den Verleger bzw. das Medienunternehmen (vgl. z.B. EGMR v. 28.09.1999, Slg. 1999-VI Nr. 48 – Öztürk/Türkei). Wird einer Zeitung verwehrt, ein Foto einer eines Verbrechens beschuldigten Person zu veröffentlichen, ist das ein Eingriff in die Rechte nach Art. 10 (EGMR, I. Sektion, v. 11.01.2000, Slg. 2000-I Nr. 40 – News Verlags-GmbH & Co KG/Österreich). 5

Art. 10 schützt nicht nur günstig aufgenommene oder als unschädlich oder unwesentlich angesehene Informationen oder Ideen, **sondern auch Meinungsäußerungen, die verletzten, schockieren oder beunruhigen** (EGMR v. 01.07.1997, NJW 1999, 1321 – Oberschlick/Österreich). 6

Art. 10 schützt auch die Freiheit, sich durch **Mittel der Kunst** auszudrücken (EGMR v. 24.05.1988, EuGRZ 1988, 543 Nr. 27 – Müller u.a./ Schweiz). Unter diese Vorschrift fällt weiter die Möglichkeit, Radio und Fernsehen zur Übermittlung von Informationen zu nutzen, insbesondere im Wahlkampf (EGMR v. 24.11.1993, EuGRZ 1994, 549 Nr. 27 – 7

Informationsverein Lentia u.a./Österreich). Die Teilnahme an **Wahlen** wird in Art. 3 Zusatzprot. garantiert. Sie fällt nicht unter Art. 10.

8 Die von Art. 10 geschützte Meinungsäußerung kann lakonisch sein, z.B. die Anzeige eines Rechtsanwalts mit Name, Beruf, Adresse und Telefonnummer (EGMR v. 24.02.1994, Serie A, Bd. 285 Nr. 36 – Casado Coca/ Spanien). Unter Umständen kann auch **durch eine Handlung Protest ausgedrückt werden**, so dass eine Meinungsäußerung vorliegt, z.B. durch Stören der Fuchsjagd durch Hornblasen und Lärmen (EGMR v. 25.11.1999, Slg. 1999-VIII Nr. 28 – Hashman u. Harrup/Vereinigtes Königreich).

III. Verpflichtung des Staates aus Artikel 10

9 Im Vordergrund steht die Verpflichtung des Staates, **in die Freiheit der Meinungsäußerung nicht einzugreifen**, es handelt sich um ein klassisches Freiheitsrecht (Abwehrrecht, negatives Recht). Aus Art. 10 kann sich aber auch die Verpflichtung ergeben, **zur Ermöglichung der Freiheit zur Meinungsäußerung tätig zu werden**, u.U. auch im Verhältnis von Privatpersonen zueinander. Eine solche Verpflichtung kann z.B. bestehen, wenn erkennbar ist, dass ein Presseorgan oder dessen Bedienstete Ziel von Gewalttaten war und ist und dass die Betroffenen Grund haben zu befürchten, dass dies geschieht, um die Veröffentlichung und Verurteilung einer Zeitung zu verhindern und sich deswegen schutzsuchend an staatliche Stellen wenden (EGMR, IV. Sektion, v. 16.03.2000, Slg. 2000-III Nr. 34 – Özgür Gündem/Türkei). Eine Verpflichtung besteht auch insoweit, als der **Pluralismus im Medienbereich** garantiert sein muss (EGMR v. 24.11.1993, EuGRZ 1994, 549 Nr. 38 – Informationsverein Lentia/Österreich). Ein Recht auf **Gegendarstellung** ist bisher nicht anerkannt worden, könnte sich aber aus Art. 10 i.V.m. Art. 8 ergeben (Frowein/Peukert Rn. 16).

IV. Meinungsfreiheit

10 Sie wird in Abs. 1 Satz 2 ausdrücklich erwähnt und betrifft den inneren Bereich, den der Meinungsbildung, aber auch die Gedankenfreiheit (Art. 9 Rn. 2). Wesentlicher Ausdruck dieses Rechts ist, dass der Staat nicht

indoktrinieren darf, wie sich das schon aus Art. 9 ergibt (vgl. EGMR v. 07.12.76, EuGRZ 1976, 478 Nr. 53 – Kjeldsen u.a./Dänemark. Staatliche Stellen dürfen auch nicht wegen politischer Meinungen oder anderer Auffassungen diskriminieren. Auch die Verpflichtung, den Pluralismus im Medienbereich zu garantieren (vgl. Rn. 9), gehört hierher.

V. Freiheit der Meinungsäußerung

Sie ist das Recht, eigene und andere Ideen und Informationen mitzuteilen, ohne daran durch den Staat gehindert zu werden. 11

1. Öffentliche Diskussion über politische Fragen, Kritik an Politikern

Die besondere Bedeutung des garantierten Rechts zeigt sich in diesem Bereich (vgl. Rn. 1). Der Gerichtshof hat zu Recht betont, dass die Freiheit der politischen Diskussion das Herzstück einer demokratischen Gesellschaft ist (EGMR v. 08.07.1986, EuGRZ 1986, 424 – Lingens/Österreich; EGMR v. 20.05.1999, NVwZ 2000, 421 Nr. 26 – Rekvenyi/Ungarn). Dabei ist die Meinungsfreiheit von besonderer Bedeutung für gewählte Vertreter des Volkes. Deswegen prüft der EGMR Eingriffe in diese Freiheit bei Parlamentsmitgliedern besonders gründlich (EGMR v. 23.04.1992, Serie A, Bd. 236, S. 22 Nr. 42 – Castells/Spanien; EGMR, III. Sektion, v. 27.02.2001, Slg. 2001-II Nr. 36 – Jerusalem/Österreich). Auch die Pressefreiheit ist hier von besonderer Bedeutung (vgl. Rn. 20). 12

Ein **Eingriff kann eine Formvorschrift, Bedingung, Beschränkung oder Strafe** sein (EGMR v. 28.10.1999, NJW 2001, 1195 Nr. 43 – Wille/Liechtenstein: Schreiben des Staatsoberhaupts, dass ein Richter nicht wieder ernannt wird). Von besonderer Bedeutung ist die Bestrafung aufgrund einer Meinungsäußerung wegen Beleidigung oder Verleumdung von Politikern, Regierungsmitgliedern oder Beamten. Der Gerichtshof prüft dann, ob die Grenzen zulässiger Kritik eingehalten sind unter Berücksichtigung etwaiger besonderer Verpflichtungen für Beamte und Richter und von Sorgfaltspflichten der Journalisten. Die Prüfung der Verhältnismäßigkeit spielt dann eine besondere Rolle (vgl. dazu Rn. 27 ff.). 13

2. Freiheit, Informationen zu empfangen und weiterzugeben (Abs. 1 Satz 2)

14 Dieses Recht ist wesentlicher Teil des Rechts auf Freiheit der Meinungsäußerung. Das Recht, Informationen zu empfangen, bezieht sich auf solche Informationen, die der Inhaber weitergeben möchte. Aus Art. 10 ergibt sich also nicht ein Anspruch auf Informationen, die der Inhaber, z.B. der Staat, geheim halten möchte (EGMR v. 26.03.1987, Serie A, Bd. 116, S. 29 Nr. 74 f. – Leander/Schweden). Die Verweigerung des Zugangs zu persönlichen Daten kann aber gegen Art. 8 verstoßen (EGMR v. 07.07.1989, Serie A, Bd. 160, S. 20 Nr. 49 – Gaskin/Vereinigtes Königreich). Das Recht umfasst auch die Sammlung von Informationen durch Privatpersonen. Auch Strafgefangene haben ein Recht auf Informationen, z.B. darauf, sich auf eigene Kosten Gesetzestexte und Bücher zu verschaffen. Ausnahmen müssen nach Abs. 2 gerechtfertigt sein (Frowein/Peukert Rn. 14). Aus Art. 10 ergibt sich nicht die Pflicht des Staates, z.B. bei Umweltgefahren Informationen zu sammeln und weiterzugeben (EGMR v. 19.02.1998, NVwZ 1999, 57 – Guerra u.a. /Italien).

15 Wenn eine Veröffentlichung untersagt oder beschränkt wird, weil **geheime Informationen** veröffentlicht worden sind, ist das ein Eingriff, der nach Abs. 2 gerechtfertigt sein muss. Bei der Interessenabwägung berücksichtigt der Gerichtshof z.B., ob es gerechtfertigt ist, die Veröffentlichung schon bekannter Tatsachen zu verhindern (EGMR v. 26.11.1991, EuGRZ 1995, 16 – Observer u. Guardian/Vereinigtes Königreich; EGMR v. 09.02.1995, Serie A, Bd. 306, S. 15 Nr. 43 – Verenigung Weekblad Bluf!/Niederlande). Von besonderer Bedeutung sind die technischen Mittel, um Informationen weiterzugeben. Beschränkungen dieser Mittel sind Eingriffe in Art. 10 (EGMR v. 22.05.1990, NJW 1991, 620 – Autronic/ Schweiz). Der Staat kann u.U. verpflichtet sein, solche technischen Mittel bereit zu halten, z.B. Papier und Schreibzeug im Gefängnis (EKMR v. 12.10.1983, DR 49, 5 – X/Vereinigtes Königreich).

16 Die Weitergabe von Informationen ist nicht nur in der öffentlichen Diskussion über Fragen von allgemeinem Interesse, sondern auch im Geschäftsverkehr geschützt, z.B. durch **Werbung** (vgl. Rn. 4 und für den

Fall der Werbung für einen Tierarzt EGMR v. 25.03.1985, EuGRZ 1985, 170 – Barthold/Deutschland; EGMR v. 24.02.1994, Serie A, Bd. 285, S. 16 Nr. 35 – Casado Coca/Spanien.

3. Bücher, Kunst

Die Freiheit künstlerischer Meinungsäußerungen wird von Art. 10 **17** geschützt, der das allerdings nicht ausdrücklich sagt. Diese Freiheit soll Gelegenheit geben, an dem öffentlichen Austausch kultureller, politischer und sozialer Informationen und Ideen aller Art teilzuhaben. Diejenigen, die Kunstwerke schaffen, verbreiten oder ausstellen, tragen zu einem solchen für eine demokratische Gesellschaft wesentlichen Austausch bei. Daraus ergibt sich die Verpflichtung des Staates, diese Meinungsfreiheit nicht unangemessen zu beschränken. Art. 10 schützt nicht nur Ideen ihrem Inhalt nach, sondern auch die Form, in der sie vermittelt werden (EGMR v. 08.07.1999, Slg. 1999-IV Nr. 49 – Karatas/Türkei).

Ideen können insbesondere durch **Bücher, Aufsätze, Flugblätter** usw. verbreitet werden. Wird deswegen eine Strafe ausgesprochen, z.B. wegen Veröffentlichung eines obszönen Buches, ist das ein Eingriff in Art. 10 (EGMR v. 07.12.1976, EuGRZ 1977, 38 Nr. 24 – Handyside/ Vereinigtes Königreich: Veröffentlichung eines Schulbuchs), ebenso die Bestrafung oder die Einziehung eines Buches, weil sein Inhalt strafbar sei. In solchen Fällen ist zu prüfen, ob der Eingriff nach Abs. 2 gerechtfertigt war. Eine Zensur für Bücher ist ein Eingriff (EGMR v. 10.05.2001, Slg. 2001-IV Nr. 252 ff. – Zypern/Türkei. Allg. Zensur für Schulbücher verletzt Art. 10).

4. Öffentlicher Dienst

Art. 10 gilt auch für Angehörige des öffentlichen Dienstes, z.B. Beamte. **18** Das Recht wird »jeder Person« garantiert. Der Staat kann Angehörigen des öffentlichen Dienstes aber aufgrund ihres Status eine Verpflichtung zur Zurückhaltung auferlegen, die jedoch nach den Kriterien von Abs. 2 zu prüfen ist (dazu Rn. 36 und EGMR v. 28.08.1986, EuGRZ 1986, 497 Nr. 49 – Glasenapp/Deutschland; EGMR v. 26.09.1995, NJW 1996, 375 – Vogt/Deutschland).

19 Ein Recht auf **Zugang zum öffentlichen Dienst** (einschließlich Polizei und Streitkräfte) gibt es nicht, es ist bewusst nicht in die EMRK aufgenommen worden. Also kann die Weigerung, eine Person wegen ihrer Meinung in den öffentlichen Dienst zu berufen, nicht für sich allein eine Konventionsverletzung begründen (EGMR v. 28.10.1999, NJW 2001, 1195 Nr. 47 – Wille/Liechtenstein). Eine **Entlassung aus dem öffentlichen Dienst** wegen bestimmter Meinungen oder der Zugehörigkeit zu einer politischen Partei kann dagegen sehr wohl ein Eingriff in Art. 10 sein (EGMR v. 26.09.1995, NJW 1996, 375 – Vogt/Deutschland: Entlassung einer Lehrerin wegen Mitgliedschaft in der DKP). Ein Eingriff durch Entlassung kann nach Abs. 2 gerechtfertigt sein, z. B. wenn bei der Eignungsprüfung zunächst nach der Wiedervereinigung Deutschlands übernommener Angehöriger des öffentlichen Dienstes auch deren vor der Wiedervereinigung verfassten Prüfungsarbeiten herangezogen werden (EGMR, III. Sektion, Entsch. v. 22.11.2001, Beschw.-Nr. 39793/98 – Petersen/Deutschland) oder wenn ein Lehrer entlassen wird, der als Stasi-Informant Schüler für Spitzel-Dienste mißbraucht hat (EGMR, III. Sektion, Entsch. v. 22.11.2001, Beschw.-Nr. 39799/98 – Volkmer/Deutschland). Die genannten Grundsätze gelten auch für andere Beschränkungen, z.B. die Beschränkung politischer Betätigung für Beamte (EGMR v. 20.05.1999, NVwZ 2000, 421 Nr. 43 – Rekvenyi/Ungarn für Polizisten) sowie für die Erklärung, eine Person wegen der von ihr vertretenen Meinungen nicht wieder in ein öffentliches Amt berufen zu wollen (EGMR v. 28.10.1999, NJW 2001, 1195 – Wille/Liechtenstein: Keine Wiederberufung als VG-Präsident).

5. Presse, Funk, Fernsehen, Kino

20 Die Pressefreiheit, eines der wesentlichen Anliegen von Art. 10, ist nicht ausdrücklich erwähnt, wohl aber Hörfunk und Fernsehen im letzten Satz des ersten Abs. (Möglichkeit, eine Genehmigung vorzuschreiben – dazu bei Rn 37).

21 Die Presse sowie die anderen Medien haben die **Aufgabe, Informationen und Ideen über Fragen des öffentlichen Interesses zu verbreiten**. Dem entspricht das Recht der Öffentlichkeit diese Informationen zu empfangen, z.B. Fernsehprogramme, die an die allgemeine Öffentlichkeit gerichtet sind (EGMR v. 22.05.1990, NJW 1991, 620 – Autronic/Österreich; EGMR v. 26.11.1991, EuGRZ 1995, 16 Nr. 65 – Observer u. Guardian/ Vereinigtes Königreich: Interesse der Angehörigen von Opfern medizinischer Versuche, Informationen zu erhalten). Wäre es anders, könnten die Medien die ihnen zukommende wichtige Aufgabe eines »öffentlichen Wachhundes« nicht erfüllen. Sie müssen aber bei ihrer Berichterstattung **bestimmte Grenzen** einhalten (vgl. Rn. 23), insbesondere des Schutzes des guten Rufes und der Rechte anderer sowie hinsichtlich der Notwendigkeit, die Verbreitung vertraulicher Informationen zu verhindern. Zur Freiheit des Journalisten gehört die **Möglichkeit, zu übertreiben und zu provozieren** (EGMR v. 01.07.1997, NJW 1999, 1321 Nr. 29 – Oberschlick/Österreich; EGMR v. 21.01.1999, NJW 1999, 1315 Nr. 45 – Fressoz u. Roire/Frankreich; EGMR v. 21.01.1999, NJW 1999, 1318 Nr. 30 – Janowski/Polen; EGMR v. 20.05.1999, NJW 2000, 1015 Nr. 59 – Bladet Tromsø/Norwegen).

Wesentliches Ziel der Aufgaben eines Journalisten ist es, **Interviews zu verbreiten**, also darüber zu berichten, was auf ihre Fragen geantwortet worden ist. Wird in diese Freiheit eingegriffen, bedarf es dafür besonders guter Rechtfertigungsgründe (dazu Rn. 27; vgl. EGMR v. 23.09.1994, Serie A, Bd. 298, S. 23 Nr. 31, 35 – Jersild/Dänemark: Bestrafung eines Journalisten wegen Verbreitung eines Interviews mit rassistischen Erklärungen). 22

Die Ausübung der Meinungsfreiheit ist mit **Pflichten und Verantwortung** verbunden (Art. 10 Abs. 2 Satz 1). Die Medien dürfen die Grenzen nicht überschreiten, die insbesondere zum Schutze wesentlicher Interessen des Staates gesetzt sind, wie der Schutz der nationalen Sicherheit oder der territorialen Unversehrtheit gegen die Bedrohung mit Gewalt oder zur Aufrechterhaltung der Ordnung oder zur Verhinderung von Straftaten (EGMR, IV. Sektion, v. 16.03.2000, Slg. 2000-III Nr. 58 – Özgür Gündem/Türkei). Für Journalisten hat der Gerichtshof daraus abgeleitet, dass sie in gutem Glauben tätig werden müssen, **um auf der Grundlage exakter Tatsachen** genaue und zuverlässige Informationen in Übereinstimmung mit ihrem Berufsethos zu liefern. 23

Der EGMR unterscheidet zwischen **Tatsachenbehauptungen und Werturteilen** (s. Rn. 28). Bei Tatsachenbehauptungen, die Personen herabsetzen, muss der Journalist in der Regel prüfen, ob sie richtig sind. Bei Übernahme amtlicher Berichte ist das grundsätzlich nicht notwendig (vgl. EGMR v. 21.01.1999, NJW 1999, 1315 Nr. 54 – Fressoz u. Roire/Frankreich; EGMR v. 20.05.1999, NJW 2000, 1015 Nr. 66 –Bladet Tromsø/Norwegen). Diese Sorgfaltspflichten dürfen aber nicht überspannt werden. Ein Journalist kann z.B. über Berichte und Erzählungen anderer zu Brutalitäten bei der Polizei berichten, ohne dass er die Richtigkeit beweisen kann, sofern er die Berichte nicht ohne jeden Grund und nicht böswillig gemacht hat. Anderenfalls stünde er vor einer unangemessenen Aufgabe (EGMR v. 25.06.1992, Serie A, Bd. 239 – Thorgeir Thorgeirson/Island). Ob die von Informanten erhaltenen Unterlagen mit abgedruckt werden sollen, muss der Journalist nach seinem Ermessen entscheiden. Bei Konflikten und Spannungen bestehen besondere Sorgfaltspflichten, wenn Ansichten veröffentlicht werden sollen, die Aufrufe zur Gewalt gegen den Staat enthalten, damit die Medien nicht ein Vehikel zur Verbreitung von Hass und Gewalt werden (EGMR, III. Sektion, v. 18.07.2000, Beschw.-Nr. 26680/95 Nr. 42 – Sener/Türkei).

24 Ein allgemeines Recht auf **Zugang von Privatpersonen zu Sendemöglichkeiten** gibt es nicht, bei Ungleichbehandlung von Personen oder politischen Parteien, z.B. insbesondere im Wahlkampf, kann Art. 14 i.V.m. Art. 10 verletzt sein.

25 Art. 10 gibt den Journalisten weiter **Quellenschutz**. Journalisten müssen nicht angeben, woher sie ihre Informationen haben. Wäre es anders, könnten Personen davon abgehalten werden, die Presse über Fragen allgemeinen Interesses zu unterrichten, so dass die Rolle der Presse eines »öffentlichen Wachhundes« und ihre Fähigkeit, genaue und verlässliche Informationen zu liefern, gefährdet wäre (vgl. EGMR v. 27.03.1996, Slg. 1996-II, S. 500 Nr. 39, 45 – Goodwin/Vereinigtes Königreich).

VI. Rechtfertigungsgründe (Abs. 2)

26 Die Systematik ist dieselbe wie bei Art. 8 und 9: Ein Eingriff in die von Abs. 1 geschützten Rechte ist konventionswidrig, es sei denn, er ist »gesetzlich vorgesehen«; verfolgt eines oder mehrere der in Abs. 2 genannten berechtigten Ziele und ist »notwendig in einer demokratischen Gesellschaft«, um diese Ziele zu erreichen (stRspr., z.B. EGMR v. 20.05.1999, NVwZ 2000, 421 Nr. 27 – Rekvenyi/Ungarn). Im Einzelnen kann auf Art. 8 Rn. 37 ff. verwiesen werden. Der EGMR legt die Ausnahmen eng aus. Die Notwendigkeit von Einschränkungen muss überzeugend dargetan sein (EGMR v. 08.07.1999, Beschw.-Nr. 23500/94 Nr. 43 – Polat/Türkei).

1. »Notwendig in einer demokratischen Gesellschaft«

Von besonderer Bedeutung ist in der Rechtsprechung auch hier die **27**
Frage gewesen, ob der Eingriff »in einer demokratischen Gesellschaft notwendig« und verhältnismäßig war. Bei der dafür erforderlichen **Interessenabwägung** hat der Gerichtshof die Bedeutung der Meinungsfreiheit und insbesondere die Medienfreiheit für eine Demokratie betont (dazu Rn. 5, 20) und zum Teil strengere Anforderungen an die für den Eingriff vorgebrachten Rechtfertigungsgründe gestellt sowie den Beurteilungsspielraum staatlicher Behörden (dazu bei Art. 8 Rn. 44 f) für enger angesehen. Abs. 2 lässt danach nur wenig Raum für eine Einschränkung im Bereich der **politischen Auseinandersetzung oder Diskussion über Fragen öffentlichen Interesses** (EGMR v. 08.07.1999, NJW 2001, 1995 – Baskaya u. Okcuoglu/Türkei). Staatliche Behörden müssen Kritik hinnehmen, selbst wenn sie als provozierend oder beleidigend angesehen werden kann (EGMR, IV. Sektion v. 16.03.2000, Slg. 2000-III, Nr. 60 – Özgür Gündem/Türkei; EGMR, IV. Sektion, v. 28.09.2000, Slg. 2000-X Nr. 31 – Lopez Gomes da Silva/Portugal: Bestrafung wegen Bezeichnung als »grotesk«, »ungehobelt«, »grob« ist Verletzung von Art. 10). So ist **bei Verurteilung wegen einer Presseveröffentlichung zur politischen Diskussion** nach Auffassung des Gerichtshof »der staatliche Beurteilungsspielraum durch das Interesse der demokratischen Gesellschaft begrenzt, der Presse zu ermöglichen, ihre wichtige Rolle eines »Wachhundes« bei der Mitteilung von Informationen über Fragen großen öffentlichen Interesses zu spielen«. Eine besonders sorgfältige Prüfung hält der Gerichtshof dann für notwendig, wenn von staatlichen Behörden getroffene Maßnahmen oder

verhängte Sanktionen geeignet sind, die Presse zu entmutigen, an der Diskussion über Angelegenheiten berechtigten öffentlichen Interesses teilzunehmen (EGMR v. 21.01.1999, NJW 1999, 1315 Nr. 45, 51 – Fressoz u. Roire/Frankreich; EGMR v. 20.05.1999, NJW 2000, 1015 Nr. 59, 64 – Bladet Tromsø/Norwegen). Das öffentliche Interesse daran, eine informierte öffentliche Diskussion über Angelegenheiten allgemeinen Interesses zu erhalten, muss bei Eingriffen mit den anderen in Abs. 2 genannten Interessen abgewogen werden, z.B. mit dem Interesse anderer Personen an dem Schutz ihres guten Rufes. Der Gerichtshof stellt dann auf die Einzelumstände ab, z.B. darauf, inwieweit der Journalist unabhängige Untersuchungen hätte anstellen müssen (dazu Rn. 23).

28 **Von Bedeutung ist, ob es sich um Tatsachenbehauptungen** oder Werturteile handelt. Wenn auch für letztere ein Wahrheitsbeweis verlangt wird, der nicht möglich ist, ist das ein unverhältnismäßiger Eingriff in Art. 10 (EGMR v. 18.07.1986, EuGRZ 1986, 424 Nr. 46 – Lingens/Österreich, wo ein Journalist das Verhalten eines österreichischen Bundeskanzlers als unmoralisch, würdelos und übelsten Opportunismus bezeichnet hatte). Der EGMR prüft selbst, ob ein Werturteil oder eine Tatsachenbehauptung gemacht wurde, verlangt **aber auch für Werturteile eine ausreichende Tatsachengrundlage** (z.B. EGMR v. 01.07.1997, NJW 1999, 1321 Nr. 33 – Oberschlick/Deutschland; EGMR, III. Sektion, v. 27.02.2001, Slg. 2001-II Nr. 43 – Jerusalem/Österreich: Bezeichnung einer Vereinigung als Sekte).

29 Von Bedeutung kann auch sein, ob bei der Veröffentlichung **gegen Geheimhaltungsvorschriften** verstoßen worden ist (z.B. Steuergeheimnis, EGMR v. 21.01.1999, NJW 1999, 1315 – Fressoz u. Roire/Frankreich). Ein Eingriff kann gerechtfertigt sein bei Verbreitung unwahrer Tatsachenbehauptungen ohne ausreichende Prüfung, von ehrenrührigen Behauptungen und Feststellungen mit unnötiger Schärfe.

30 Bei kritischen Äußerungen gegenüber **Politikern** nimmt der Gerichtshof an, dass die Grenzen zulässiger Kritik weiter sind. »Der Politiker setzt sich unvermeidbar und wissentlich der genauen Prüfung jedes seiner Worte und jeder seiner Handlungen sowohl durch Journalisten, als auch

durch die allgemeine Öffentlichkeit aus und muss eine größere Toleranz zeigen, besonders wenn er selbst öffentliche Erklärungen abgibt, die auf Kritik stoßen können. Er hat selbstverständlich das Recht auf Schutz seines guten Rufes, auch wenn er nicht als Privatmann handelt. Aber die Notwendigkeit eines solchen Schutzes muss abgewogen werden mit den Interessen einer offenen Diskussion politischer Fragen« (EGMR v. 01.07.1997, NJW 1999, 1321 Nr. 29 – Oberschlick/Österreich zum Fall einer Pressekritik an Herrn Haider).

Bei Kritik an **Regierungsmitgliedern** sind diese Grenzen sogar noch wei- 31
ter (EGMR v. 23.04.1992, Serie A, Bd. 236, S. 23 Nr. 46-50 – Castells/ Spanien für den Fall der Kritik eines Abgeordneten an der Regierung). In einer Demokratie müssen Handlungen und Unterlassungen der Regierungsmitglieder Gegenstand sorgfältiger Prüfung nicht nur durch die Legislative und der Justiz sein, sondern auch durch die öffentliche Meinung (EGMR v. 08.07.1999, NJW 2001, 1995 Nr. 62 – Baskaya u. Okcuoglu/Türkei).

Auch bei **Beamten** sind die Grenzen zulässiger Kritik an ihrer Amtsaus- 32
übung weiter, als bei Privatpersonen. Für sie gilt aber nicht dasselbe wie für Politiker, denn sie setzen sich nicht wie diese wissentlich der öffentlichen Prüfung und Kritik aus. Außerdem müssen sie das Vertrauen der Öffentlichkeit ohne unangemessene Störungen genießen, um ihre Aufgaben erfüllen zu können. Deswegen kann es notwendig sein, sie vor beleidigenden Angriffen zu schützen (EGMR v. 21.01.1999, NJW 1999, 1318 Nr. 33 – Janowski/Polen).

In geringerem Umfang setzen sich auch Privatpersonen und private Orga- 33
nisationen der Kritik aus, wenn sie sich an öffentlichen Diskussionen beteiligen. Der EGMR nimmt dann an, dass auch sie Kritik gegenüber toleranter sein müssen (EGMR, III. Sektion, v. 27.02.2001, Slg. 2001-II Nr. 39 – Jerusalem/Österreich).

Bei der Interessenabwägung berücksichtigt der Gerichtshof alle 34
Umstände, insbesondere die gewählten Worte und den Zusammenhang, in dem sie veröffentlicht worden sind, ob es mündliche Äußerungen waren, so dass der Autor sie nicht überlegen oder zurücknehmen konnte. Er

berücksichtigt weiter insbesondere auch das Verhalten des Beleidigten in einer Diskussion über Fragen öffentlichen Interesses, das ein Recht dazu geben kann, auf gleiche oder ähnliche Weise zurückzuschlagen, insbesondere durch Vertreter eines kritisierten Berufsstandes (für eine Vereinigung von Polizisten EGMR v. 25.11.1999, Slg. 1999-VIII Nr. 52 – Nielsen u. Johnsen/Norwegen). Schließlich stellt der Gerichtshof in Rechnung, dass die Regierung wegen ihrer beherrschenden Stellung insbesondere bei Kritik an Regierungsmitgliedern bei der Anwendung von **strafrechtlichen Maßnahmen zurückhaltend** sein muss, besonders wenn es andere Mittel gibt, auf unqualifizierte Angriffe zu reagieren. Dabei wird das grundsätzliche Recht des Staates, Vorschriften auch strafrechtlicher Art zum Schutz anderer, z.B. ihres guten Rufes, zu erlassen, nicht in Frage gestellt. Die Reaktion muss aber angemessen und ohne Übermaß sein (vgl. EGMR v. 23.04.1992, Serie A, Bd. 236, S. 23 Nr. 46 ff. – Castells/Spanien; EGMR v. 09.06.1998, Slg. 1998-IV, S. 1567 Nr. 54 – Incal/Türkei). Bei der Prüfung der Verhältnismäßigkeit berücksichtigt der Gerichtshof auch Art und Schwere der verhängten Strafe. Wenn zu Gewalttaten gegen Privatpersonen, Repräsentanten des Staates oder Teile der Bevölkerung aufgerufen wird, billigt der Gerichtshof dem Staat einen größeren Beurteilungsspielraum zu (EGMR v. 08.07.1999, NJW 2001, 1995 Nr. 62, 66 – Baskaya u. Okcuoglu/Türkei).

35 Bei Eingriffen **aus moralischen Gründen oder zum Schutze religiöser Gefühle** ist der Beurteilungsspielraum für die staatlichen Behörden besonders bedeutsam. Er ist hier weiter, weil bei diesen Fragen starke Unterschiede bestehen und sich die Verhältnisse schnell ändern können (z.B. EGMR v. 07.12.1976, EuGRZ 1977, 38 Nr. 58 ff. – Handyside/Vereinigtes Königreich für den Fall der Verurteilung wegen eines Schulbuchs; EGMR v. 25.11.1996, Slg. 1996-V, S. 1957 Nr. 58, 63 – Wingrove/Vereinigtes Königreich zur Beschlagnahme eines Video wegen Blasphemie). Die Verurteilung wegen unzüchtiger Veröffentlichungen ist eine Einschränkung der Freiheit des künstlerischen Ausdrucks und damit von Art. 10. Er kann bei aller notwendigen Zurückhaltung staatlicher Stellen gerechtfertigt sein, wenn er nicht unverhältnismäßig ist (EGMR v. 24.05.1988, NJW 1989, 379 Nr. 27 –

Müller u.a./Schweiz; der Fall betraf die Darstellung homosexueller Aktivitäten und von Sodomie; kritisch dazu Würkner, NJW 1989, 369). Auch bei der Beschränkung von Meinungsäußerungen im wirtschaftlichen Bereich hat der EGMR einen weiten Beurteilungsspielraum anerkannt, insbesondere im Bereich des **Wettbewerbsrechts** (EGMR v. 20.11.1989, EuGRZ 1996, 302 – markt intern/Deutschland; vgl. auch EGMR v. 23.06.1994, EuGRZ 1996, 306 – Jacubowski/Deutschland). Das gilt auch bei Einschränkungen für die Werbung (EGMR v. 24.02.1994, Serie A, Bd. 285, Nr. 51 – Casado Coca/Spanien).

2. Besondere Pflichten für Beamte, Richter und andere Angehörige des öffentlichen Dienstes zur Zurückhaltung

36 Der Staat kann seinen Beamten aufgrund ihres Status eine Pflicht zur Zurückhaltung auferlegen (vgl. Rn. 18). Die in Art. 10 Abs. 2 erwähnten Pflichten und Verantwortung haben bei der Freiheit der Meinungsäußerung von Beamten besondere Bedeutung. Von Trägern eines öffentlichen Amtes in der Justiz kann erwartet werden, dass sie bei der Ausübung ihrer Freiheit der Meinungsäußerung immer dann, wenn die Autorität und die Unparteilichkeit der Justiz in Frage stehen, Zurückhaltung üben. Der Gerichtshof prüft bei Eingriffen, ob ein gerechter Ausgleich zwischen dem Grundrecht auf freie Meinungsäußerung und dem berechtigten Interesse des Staates, dass seine Beamten in angemessener Weise die in Art. 10 Abs. 2 genannten Ziele fördern, gefunden worden ist (EGMR v. 28.10.1999, NJW 2000, 1195 Nr. 62 – Wille/Liechtenstein). Diese Grundsätze gelten auch für Rechtsanwälte (EGMR, IV. Sektion, v. 21.03.2002, Beschw.-Nr. 31611/96 Nr. 45 – Nikula/Finnland).

3. Einschränkung der Medienfreiheit

37 Art. 10 Abs. 1 Satz 3 gibt den Konventionsstaaten die Möglichkeit, **eine Genehmigung** (Lizenz) vorzusehen, um so z.B. den Rundfunk und das Fernsehen auf ihrem Gebiet zu kontrollieren, vor allem in technischer Hinsicht, aber auch aus anderen Gründen, wobei die Natur und die Ziele einer geplanten Station, ihrer Hörer bzw. Zuschauer auf staatlicher, regionaler oder örtlicher Ebene, die Rechte und Bedürfnisse der

Zuschauer und die sich aus internationalen Übereinkommen ergebenden Verpflichtungen eine Rolle spielen können (EGMR, II. Sektion, v. 21.09.2000, Beschw.-Nr. 32240/96 Nr. 25 – Tele I Privatfernsehgesellschaft mbH/Österreich). Genehmigungen und andere Einschränkungen müssen sich aber an den Anforderungen von Abs. 2 messen lassen, sonst wäre der Zweck von Art. 10 gefährdet (EGMR v. 28.03.1990, EuGRZ 1990, 255 – Groppera Radio AG u.a./Schweiz).

38 Ein Eingriff in die von Art. 10 geschützten Rechte ist insbesondere die Versagung einer Lizenz. Der Staat ist **Garant des notwendigen Pluralismus**. Deswegen ist ein **staatliches Monopol** der schärfte Eingriff und zur zulässig, wenn dafür ein zwingendes soziales Bedürfnis besteht. Auch bei einem staatlichen Monopol kann die Qualität und Ausgewogenheit der Programme durch angemessene Überwachungsmaßnahmen staatlicher Stellen gewährleistet sein (EGMR v. 20.10.1997, Slg. 1997-VI, S. 2197 Nr. 28 – Radio ABD/Österreich). Die Versagung einer Radiolizenz in diesen Fällen muss trotzdem auf ihre Vereinbarkeit mit Abs. 2 geprüft werden. Die Verhältnismäßigkeit kann bestehen, wenn z.B. ausreichende Möglichkeiten bestehen, durch Kabelanschlüsse konkurrierende Sendungen zum empfangen (EGMR, II. Sektion, v. 21.09.2000, Beschw.-Nr. 32240/96 Nr. 25, 40 – Tele 1 Privatfernsehgesellschaft mbH/Österreich).

4. Einschränkungen zum Schutze religiöser Gefühle

39 Sie sind nach Abs. 2 grundsätzlich möglich. In bestimmten demokratischen Gesellschaften kann es nach Auffassung des Gerichtshofs notwendig sein, **ungerechtfertigte Angriffe auf Gegenstände religiöser Verehrung** zu bestrafen oder zu verhindern, wenn die angewandten Mittel nicht unverhältnismäßig sind. Die Konventionsstaaten haben insoweit einen größeren Beurteilungsspielraum (dazu Rn. 35). Das ändert aber nichts daran, dass Maßnahmen unter dem Gesichtspunkt der Konvention vom Gerichtshof überprüft werden, was insbesondere wegen der Unbestimmtheit der Begriffe und der Gefahr willkürlicher oder übermäßiger Eingriffe in die Meinungsfreiheit notwendig ist (EGMR v. 22.09.1994, Serie A, Bd. 295, S. 19 Nr. 49 – Otto-Preminger-

Institut/Österreich für den Fall einer Beschlagnahme eines Films wegen seiner Katholiken provozierenden Wirkung).

Besondere Fragen können sich ergeben, wenn **sich Bedienstete kirchlicher Einrichtungen** auf eine Weise äußern, die zeigt, dass sie Wertvorstellungen der Kirche nicht teilen. Die EKMR hat angenommen, die Kirche könne verlangen, dass Bedienstete ihrer Einrichtungen nicht von wichtigen Wertvorstellungen abweichen (vgl. EKMR v. 06.09.1989, Beschw.-Nr. 12242/86 – Rommelfanger/Deutschland für den Fall eines Arztes in einem katholischen Spital, der die Haltung der Kirche in Abtreibungsfragen kritisiert). Ein staatliches Verbot, in Irland Auskunft über Abtreibungen in Großbritannien zu erteilen, hat der Gerichtshof als Verstoß gegen Art. 10 gewertet (EGMR v. 29.10.1992, EuGRZ 1992, 484 – Open Door u. Dublin Well Woman/Irland). **40**

5. Maßnahmen zum Schutze der Justiz

Der Gerichtshof hat wiederholt Fälle entschieden, in denen Journalisten wegen **Beleidigung eines Richters** bestraft worden sind. Er hat das wegen der besonderen Rolle der Justiz in der Gesellschaft für gerechtfertigt gehalten, wenn die Angriffe schwerwiegend waren und einer ausreichenden Tatsachengrundlage entbehrten sowie unnötig voreingenommen waren (EGMR v. 26.04.1995, Serie A, Bd. 313 – Prager und Oberschlick/Österreich; vgl. auch EGMR v. 22.02.1989, Serie A, Bd. 149 – Barfod/Dänemark zur Beleidigung von Laienrichtern). **41**

VII. Verhältnis zu anderen Artikeln

Art. 10 und 11 sind eng verbunden. Wenn gegen Art. 11 verstoßen worden ist, liegt nicht selten auch ein Verstoß gegen Art. 10 vor. Eines der Ziele der in Art. 11 garantierten Versammlungs- und Vereinigungsfreiheit ist auch der Schutz persönlicher Meinungen. Deswegen muss Art. 11 in bestimmten Fällen auch im Licht von Art. 10 gelesen werden (EGMR v. 26.09.1995, NJW 1996, 375 Nr. 64 – Vogt/Deutschland; EGMR v. 20.05.1999, NVwZ 2000, 421 Nr. 58 – Rekvenyi/Ungarn). Und Art. 10 ist eines der wesentlichen Mittel, eine wirksame Erfüllung **42** der in Art. 11 garantierten Rechte zu sichern (EGMR v. 25.11.1999, Slg. 1999-VIII Nr. 44 – Nielsen u. Johnsen/Norwegen).

43 Der Gerichtshof hat bei Konkurrenz mit anderen Art. in einigen Fällen darauf abgestellt, worum es bei der Beschwerde vorrangig ging und die Prüfung auf den damit angesprochenen Art. beschränkt, es nicht für notwendig gehalten, dann noch den anderen Art. zu prüfen (z.B. EGMR v. 27.09.1999, NJW 2000, 2089 Nr. 127 – Smith u. Grady/Vereinigtes Königreich: Entlassung aus den Streitkräften wegen Homosexualität verletzt Art. 8, deswegen nicht notwendig, Verletzung von Art. 10 zu prüfen). Wenn eine Verletzung von Art. 10 festgestellt worden ist und dieselben tatsächlichen Umstände auch eine Verletzung von Art. 6 Abs. 2 ergeben können, hat sich der Gerichtshof in einzelnen Fällen darauf beschränkt auszusprechen, dass sich im Hinblick auf die Feststellungen zu Art. 10 keine gesonderte Frage zu Art. 6 Abs. 2 stelle (EGMR v. 21.01.1999, NJW 1999,1315 Nr. 60 – Fressoz u. Roire/Frankreich).

Artikel 11 Versammlungs- und Vereinigungsfreiheit

(1) Jede Person hat das Recht, sich frei und friedlich mit anderen zu versammeln und sich frei mit anderen zusammenzuschließen; dazu gehört auch das Recht, zum Schutz seiner Interessen Gewerkschaften zu gründen und Gewerkschaften beizutreten.

(2) Die Ausübung dieser Rechte darf nur Einschränkungen unterworfen werden, die gesetzlich vorgesehen und in einer demokratischen Gesellschaft notwendig sind für die nationale oder öffentliche Sicherheit, zur Aufrechterhaltung der Ordnung oder zur Verhütung von Straftaten, zum Schutz der Gesundheit oder der Moral oder zum Schutz der Rechte und Freiheiten anderer. Dieser Artikel steht rechtmäßigen Einschränkungen der Ausübung dieser Rechte für Angehörige der Streitkräfte, der Polizei oder der Staatsverwaltung nicht entgegen.

I. Allgemeines

1 Die in Art. 11 garantierte Versammlungsfreiheit hängt eng mit der Freiheit der Meinungsäußerung in Art. 10 zusammen (vgl. Art. Rn. 42). Der durch Art. 10 garantierte Schutz persönlicher Meinungen ist eines der Ziele der Versammlungs- und Vereinigungsfreiheit (EGMR v. 26.09.1995, NJW 1996, 375 Nr. 64 – Vogt/Deutschland). Ebenso wie die Meinungsfreiheit ist die Versammlungs- und Vereinigungsfreiheit für die demokratische Gesellschaft von grundlegender Bedeutung (EGMR v. 07.12.1976, EuGRZ 1990, 502 – Handyside/Vereinigtes Königreich).

2 Der Zivilpakt garantiert in Art. 21 die Versammlungsfreiheit und in Art. 22 die Vereinigungsfreiheit. Auch das Grundgesetz garantiert die beiden Rechte in unterschiedlichen Art.n (Art. 8 und 9).

II. Verpflichtung des Staates

3 Im Vordergrund steht wie bei Art. 10 das **klassische Freiheitsrecht**. Der Staat darf in die gewährten Freiheiten nicht eingreifen, es sei denn, die Voraussetzungen des Abs. 2 lägen vor. Wie auch sonst können sich aber

positive Verpflichtungen des Staates ergeben. Der Staat muss durch angemessene und geeignete Maßnahmen auch gesetzlicher Art dafür sorgen, dass von den Freiheitsrechten auch in der Praxis Gebrauch gemacht werden kann. Dazu gehört, dass Personen an einer Demonstration teilnehmen können, ohne Gewalttaten von Gegnern befürchten zu müssen. Positive Maßnahmen können auch im Verhältnis zwischen einzelnen Personen erforderlich sein. Der Staat hat einen weiten Beurteilungsspielraum, welche Maßnahmen angemessen sind und hinsichtlich der Mittel (EGMR v. 21.06,1988, EuGRZ 1989, 522 Nr. 32, 34 – Plattform »Ärzte für das Leben«/Österreich).

III. Versammlungsfreiheit, Demonstrationsfreiheit

4 Eine **Versammlung** ist das Zusammentreffen von Menschen, um Meinungen auszutauschen oder zu äußern (EGMR v. 21.06.1988, EuGRZ 1989, 522, 524 – Plattform »Ärzte für das Leben«/Österreich). Wenn sich Menschen zufällig treffen, ist das keine Versammlung in diesem Sinne, ebenso nicht Zusammenkünfte gesellschaftlicher Art. Insoweit kann Art. 8 anwendbar sein (Frowein/Peukert Rn. 2).

5 Die Versammlung muss **friedlich** sein, sie kann ein privates Zusammentreffen und eine Versammlung auf öffentlichen Straßen und Plätzen sein (EKMR v. 10.10.1979, DR 17, 119 Nr. 3 – Rassemblement Jurassien/Schweiz). Das Recht umfasst auch Umzüge, also Demonstrationen. Geschützt sind nicht nur die Teilnehmer, sondern auch die Veranstalter (EKMR v. 16.07.1980, EuGRZ 1980, 36 – Christians Against Racism and Fascism/Vereinigtes Königreich). Wenn für öffentliche Versammlungen eine Genehmigung erforderlich ist, mit der sichergestellt werden soll, dass die öffentliche Ordnung nicht gestört wird und dass die Versammlung friedlich ist, stellt das nach Auffassung der EKMR keinen Eingriff in die Versammlungsfreiheit dar (EKMR v. 10.10.1979, DR 17, 119 Nr. 3 – Rassemblement Jurassien/Schweiz). Es wird richtiger sein, einen Eingriff anzunehmen und ihn an den Kriterien von Abs. 2 zu messen. Wenn Versammlungen auf der Straße stattfinden sollen, sind Regelungen möglich, um einen störungsfreien Ablauf sicherzustellen und Verkehrsbeeinträchtigungen möglichst gering zu halten (Frowein/Peukert Rn. 3). Wenn die

Versammlung der gewaltsamen Durchsetzung bestimmter Ziele dienen soll, ist sie nicht friedlich (vgl. zu Blockaden Frowein/Peukert Rn. 4).

Nicht von Art. 11 geschützt ist der Wunsch von **Gefangenen**, gemeinsam in einer Zelle untergebracht zu werden (EKMR v. 15.05.1980, DR 20, 98 Nr. 114 f. – McFeeley/Vereinigtes Königreich). 6

Eingriffe sind z.B. das Verbot einer Versammlung oder Demonstration sowie Bedingungen oder Auflagen, Bestrafung oder andere Maßnahmen gegen Organisatoren oder Teilnehmer. 7

IV. Vereinigungsfreiheit

1. Vereinigung

Art. 11 garantiert das Recht, sich freiwillig zusammenzuschließen, um bestimmte Zwecke zu fördern. Der Staat muss solche Zusammenschlüsse ermöglichen, darf aber Einzelheiten rechtlich regeln, z.B. gesetzliche Vorschriften über die Voraussetzungen und die Gründung von Zusammenschlüssen erlassen. Art. 11 schützt den Zusammenschluss einschließlich der Vorbereitung. Die Vereinigung selbst kann sich gegen seinen Eingriff in die von Art. 11 garantierten Rechte beschweren. Besondere Bedeutung hat Art. 11 für **politische Parteien** (Rn. 22), die nicht nur deswegen aus dem Anwendungsbereich fallen, weil ihre Tätigkeit nach Ansicht der Behörden die Verfassungsstruktur des Staates angreift und einschränkende Maßnahmen erfordert (EGMR, IV. Sektion, v. 09.04.2002, Beschw.-Nr. 22723-5/93 Nr. 32 – Yazar, Karatas, Aksoy und Volkspartei der Arbeit (HEP)/Türkei). 8

Art. 11 bezieht sich **nicht auf Körperschaften des öffentlichen Rechts**, generell nicht auf öffentlich-rechtliche Institutionen. Zur Abgrenzung ist insbesondere auf das Urteil des EGMR v. 23.06.1981, EuGRZ 1981, 551 Nr. 64, 65 – Le Compte u.a./Belgien hinzuweisen. Der Gerichtshof stellt auf drei Kriterien ab: Den Ursprung, das Ziel und die Mittel der Organisation. Wenn es sich um eine durch eine Rechtsnorm geschaffene Einrichtung handelt, die öffentliche Interessen verfolgt und mit Hoheitsgewalt ausgestattet ist, z.B. Normen setzen oder Disziplinargewalt ausüben kann, handelt es 9 sich um eine Einrichtung öffentlichen Rechts und nicht um eine Vereinigung i.S. von Art. 11. Der Fall betraf eine Ärztekammer. Wenn es sich um eine Organisation handelt, die in erster Linie Interessen von Berufsangehörigen vertritt, dabei auch im öffentlichen Interesse tätig wird, reicht es nicht aus, um den Anwendungsbereich von Art. 11 auszuschließen (EGMR v. 30.06.1993, Serie A, Bd. 264, S. 13 Nr. 30 – Sigurour A. Sigurjonsson/Island für eine Vereinigung von Taxifahrern).

10 Die Möglichkeit einer **Verbandsklage** wird durch Art. 11 nicht garantiert (Frowein/Peukert Rn. 7).

2. Positive und negative Vereinigungsfreiheit

11 Die positive Freiheit ist die, sich zu vereinigen, die negative die Freiheit, das nicht zu tun.

12 Die negative Vereinigungsfreiheit ist bei einer **Zwangsmitgliedschaft** von Bedeutung. Sie ist für Art. 11 nicht relevant, wenn es sich um eine öffentlich-rechtliche Einrichtung handelt, bei denen das besonders häufig ist. In solchen Fällen muss aber die Möglichkeit bestehen, daneben auch andere Verbindungen zu bilden und sich ihnen anzuschließen (EGMR v. 25.06.1981, EuGRZ 1981, 551, Nr. 65 – Le Compte u.a./Belgien für eine Ärztekammer des öffentlichen Rechts; EGMR, III. Sektion, Entsch. v. 03.04.2001, Beschw.-Nr. 44319/98 – O.V.R./Russland für eine Notarkammer). Wenn es sich nicht um eine öffentlich-rechtliche Vereinigung handelt, verbietet Art. 11 grundsätzlich eine Zwangsmitgliedschaft (EGMR v. 30.06.1993, Serie A, Bd. 264, S. 16 Nr. 35 – Sigurour A. Sigurjonsson/Island; das Urteil des EGMR v. 13.08.1991, EuGRZ 1981, 559 Nr. 52 ff. – Young, James u. Webster/Vereinigtes Königreich betraf eine closed-shop-Regelung einer britischen Gewerkschaft). Das muss aber nicht so sein, wenn der Eingriff nach Abs. 2 gerechtfertigt und insbesondere verhältnismäßig ist (vgl. EGMR v. 29.04.1999, NJW 1999, 3695 Nr. 117 – Chassagnou u.a./Frankreich: Zwangsmitgliedschaft in einem Jagdverband unverhältnismäßig). Das kann bei der Zwangsmitgliedschaft in einer Standesorganisation und

Berufsvereinigung der Fall sein, die allerdings häufig öffentlich-rechtliche Einrichtungen sein werden.

V. Insbesondere Gewerkschaften

Die Gewerkschaft ist ein Zusammenschluss von Arbeitnehmern zur Vertretung ihrer Interessen. Eine Studentenorganisation ist keine Gewerkschaft (Frowein/Peukert Rn. 9). Die Gewerkschaften sind ein besonders wichtiger Unterfall der Vereinigungen, wie der Wortlaut von Art. 11 Abs. 1 zeigt (EGMR v. 27.10.1975, EuGRZ 1975, 562 Nr. 38 – National Union of Belgian Police/Belgien). Wenn deswegen ein Eingriff in die Vereinigungsfreiheit allgemein festgestellt wird, muss der Frage nicht nachgegangen werden, ob die Vereinigung eine Gewerkschaft ist (EGMR v. 30.06.1983, Serie A, Bd. 264, S. 14 Nr. 32 – Sigurour A. Sigurjonsson/Island). 13

Bei Gewerkschaften ist ebenso wie bei den anderen Vereinigungen die positive Freiheit, einer Gewerkschaft beizutreten, und die negative, das nicht zu tun, von Bedeutung. **Arbeitgebereinigungen** sind nicht besonders erwähnt, fallen aber unter die Vereinigungsfreiheit. 14

Aus dem Recht, Gewerkschaften zu bilden, folgt ein **Gestaltungsspielraum** für sie z.B. wegen der Verwaltung ihrer Angelegenheiten, aber auch hinsichtlich des Beitritts zu Gewerkschaftszusammenschlüssen. Sie können auch frei darüber entscheiden, wer Mitglied werden kann und unter welchen Voraussetzungen Mitglieder ausgeschlossen werden können. Insoweit gibt es kein Recht, einer Gewerkschaft seiner Wahl beizutreten, wenn diese Gewerkschaft den Beitritt nach ihren Regeln nicht zulässt (vgl. EKMR v. 13.05.1985, DR 42, 185 – Cheall/Vereinigtes Königreich). Der Staat muss aber den Einzelnen gegen Missbrauch der beherrschenden Stellung einer Gewerkschaft schützen, z.B. bei einem Ausschluss der nicht durch die Satzung gedeckt ist, bei unangemessenen oder willkürlichen Satzungsbestimmungen oder wenn der Ausschluss eine außergewöhnliche Härte zur Folge hat, wie den Verlust des Arbeitsplatzes (EKMR v. 13.05.1985, DR 42, 185 – Cheall/Vereinigtes Königreich). 15

16 Der Staat muss **Tätigkeiten der Gewerkschaften zulassen** und ermöglichen, die für das wirksame Handeln erforderlich sind. Sie müssen für den Schutz der Interessen ihrer Mitglieder eintreten können und angehört werden, haben aber keinen Anspruch auf eine bestimmte Form des Tätigwerdens und der Anhörung. Insoweit können die Konventionsstaaten Regelungen treffen. Das **Streikrecht** darf jedenfalls nicht generell ausgeschlossen werden. Art. 6 Abs. 4 der Europäischen Sozialcharta v. 18.10.1961 verpflichtet dazu, das Streikrecht anzuerkennen. Das wird bei der Auslegung von Art. 11 EMRK berücksichtigt. Eine Einschränkung des Streikrechts kann zulässig sein (EGMR v. 06.02.1976, EuGRZ 1976, 68, 70 – Schmidt u. Dahlström/Schweden; Villiger Rn. 615; Frowein/Peukert Rn. 13).

17 Aus Art. 11 folgt, dass Gewerkschaftsvertretern grundsätzlich und innerhalb bestimmter Grenzen solche Erleichterungen zugebilligt werden müssen, die notwendig sind, um **ihre Gewerkschaftsaufgaben** schnell und wirksam zu erfüllen (vgl. Art. 28 Sozialcharta). Der EGMR prüft aber genau, ob z. B. ein Bildungsurlaub dafür wirklich notwendig ist (EGMR, IV. Sektion, Entsch. v. 21.06.2001, Slg. 2001-VI – Sanchez Navajas/Spanien).

18 Der Staat muss die Gewerkschaften anhören und kann nach seinem Ermessen bestimmen, welches Verfahren dabei angewendet wird (EGMR v. 27.10.1975, EuGRZ 1975, 562 Nr. 38, 39 – National Union of Belgian Police/Belgien). Aus Art. 11 folgt insbesondere kein Recht darauf, Kollektivverträgen abzuschließen, auch kein Recht gegen den Staat auf Abschluss eines Tarifvertrages (EGMR v. 06.02.1976, EuGRZ 1976, 68 Nr. 34, 36 – Schmidt u. Dahlström/Schweden). Wenn aber Arbeitgeber nach staatlichem Recht keine Tarifverhandlungen mit den Gewerkschaften führen müssen und Arbeitnehmer durch finanzielle Anreize dazu bewegen können, auf wesentliche tarifliche Rechte zu verzichten, verstößt der Staat gegen die Schutzpflichten, die sich aus Art. 11 ergeben (EGMR, II. Sektion, v. 2.7.2002, Beschw.Nr. 30668/96 Nr. 41 ff – Wilson & The National Union of Journalists/Vereinigtes Königreich).

VI. Einschränkungen (Abs. 2)

1. Allgemeines

19 Das System ist das gleiche wie bei Art. 8 bis 10. Art. 11 Abs. 1 garantiert bestimmte Rechte, Abs. 2 legt fest, unter welchen Voraussetzungen ausnahmsweise eine Einschränkung zulässig ist. Eine Besonderheit ist Abs. 2 S. 2, der die Mitglieder der Streitkräfte, Polizei und Verwaltung betrifft. Hinsichtlich des ersten Satzes gilt, was zu Art. 8-10 gesagt worden ist. Der Eingriff in das Recht verstößt gegen die Konvention, es sei denn, er ist »gesetzlich vorgesehen«, verfolgt eines oder mehrere der in Abs. 2 Satz 1 genannten berechtigten Ziele und ist »notwendig in einer demokratischen Gesellschaft«, um dieses Ziel zu erreichen (vgl. Art. 8 Rn. 37 ff. und zu Art. 11 EGMR v. 29.04.1999, NJW 1999, 3695 Nr. 104 – Chassagnou u.a./ Frankreich).

2. Abs. 2 Satz 1 – generelle Zulässigkeitsvoraussetzungen für Eingriffe

20 **a) Versammlungs- und Demonstrationsfreiheit:** Ein Genehmigungsvorbehalt ist möglich (o. Rn. 5), ein generelles Demonstrationsverbot nur bei ganz außergewöhnlichen Umständen und Gefahren, die auf andere Weise nicht gebannt werden können (EKMR v. 1607.1980, DR 21, 148 Nr. 5 – Christians Against Racism and Fascism/Vereinigtes Königreich). Wenn Versammlungen oder Demonstrationen zur Aufrechterhaltung der öffentlichen Ordnung untersagt oder beschränkt werden, sind die privaten und öffentlichen Interessen abzuwägen, also z.B. die Art und das Ausmaß zu erwartender Störungen und die Möglichkeit, weniger schwerwiegende Mittel zu wählen.

21 Eine **Bestrafung** wegen der Teilnahme an oder der Organisation einer nicht verbotenen Demonstration ist ein Eingriff, der nicht gerechtfertigt ist, solange der Betroffene keine strafbaren Handlungen vorgenommen hat (für eine Disziplinarstrafe gegen einen Rechtsanwalt EGMR v. 26.04.1991, Serie A, Bd. 202 Nr. 53 – Ezelin/Frankreich).

22 **b) Vereinigungsfreiheit:** Ein erheblicher Eingriff ist die Auflösung einer politischen Partei (vgl. Rn. 8; dazu Klein, ZRP 2001, 397). Art. 11 muss

im Lichte von Art. 10 gelesen werden (vgl. Rn. 1); das gilt insbesondere für politische Parteien wegen ihrer besonderen Rolle für den Pluralismus und ein angemessenes Funktionieren der Demokratie. Aktivitäten politischer Parteien sind Teil der gemeinsamen Ausübung der Freiheit der Meinungsäußerung (EGMR v. 30.01.1998, Slg. 1998-I, S. 20 Nr. 42 f. – United Communist Party of Turkey/Türkei). Deswegen müssen die Voraussetzungen des Abs. 2 bei politischen Parteien eng ausgelegt werden. Nur überzeugende und zwingende Gründe können Einschränkungen rechtfertigen. Die Konventionsstaaten haben insoweit nur einen begrenzten Beurteilungsspielraum und unterliegen einer strengen europäischen Überwachung sowohl hinsichtlich der gesetzlichen Regelung als auch wegen der sie anwendenden Entscheidungen, auch der Gerichte. Die Demokratie lebt von der politischen Diskussion. Deswegen kann grundsätzlich nicht in Betracht kommen, eine politische Gruppierung daran zu hindern, an einer solchen Diskussion teilzunehmen (EGMR v. 08.12.1999, Slg. 1999-VIII Nr. 44 – Freedom and Democracy Party – ÖZDEP/Türkei).

23 Bei der Prüfung, ob ein Verbot verhältnismäßig ist, prüft der Gerichtshof insbesondere, ob das Parteiprogramm zur Gewaltanwendung aufruft oder zu sonst irgendeiner Verletzung demokratischer Prinzipien. Dass ein Parteiprogramm nicht mit den gegebenen Strukturen und Prinzipien eines Staates übereinstimmt und zur Veränderung aufruft, heißt noch nicht, dass es demokratische Regeln verletzt. Das Programm darf auch die Art, wie der Staat zur Zeit organisiert ist, in Frage stellen, solange das nicht die Demokratie selbst gefährdet. Das gilt aber nur unter der Voraussetzung, 1. dass die angewandten Mittel in jeder Hinsicht legal und demokratisch sind und 2., dass die angestrebte Veränderung selbst mit den demokratischen Grundprinzipien vereinbar ist. Wenn die Verantwortlichen die Abschaffung der Demokratie propagieren oder die Missachung der Rechte und Freiheiten, die sie anerkennt, kann sich die Partei nicht auf den Schutz der Konvention gegen deswegen getroffene Sanktionen berufen. Das gleiche gilt, wenn das Parteiprogramm oder öffentliche Erklärungen der Verantwortlichen die wahren Ziele und Absichten verbergen, die aus Handlungen und Stellungnahmen von Funktionären erkennbar werden (EGMR,

IV. Sektion, v. 09.04.2002, Beschw.,-Nr. 22723-5/93 Nr. 49, 50 – Yazar, Karatas, Aksoy und Volkspartei der Arbeit (HEP)/Türkei).

3. Beschränkungen für die Verwaltung (Abs. 2 S. 2)

Konventionsstaaten können **Angehörigen des öffentlichen Dienstes** besondere Pflichten auferlegen (dazu bei Art. 10 Rn. 18, 36). Die Möglichkeit, die Ausübung der in Art. 11 garantierten Rechte einzuschränken, ist ausdrücklich vorgesehen. Auch solche Einschränkungen müssen im Gesetz vorgesehen sein, das ergibt sich aus dem Wort »rechtmäßig«. Der Gerichtshof wendet dieselben Kriterien an, wie bei dem »gesetzlich vorgesehen« in den Abs. 2 von Art. 8 bis 10 (EGMR v. 20.05.1999, NVwZ 2000, 421 Nr. 59 – Rekvenyi/Ungarn). Ob Eingriffe nach Abs. 2 Satz 2 auch den anderen aufgezählten Voraussetzungen unterliegen müssen, ist streitig (offengelassen in EGMR v. 20.05.1999, NVwZ 2000, 421 Nr. 61 – Rekvenyi/Ungarn: Einschränkungen der politischen Betätigung für Polizeibeamte nach Abs. 2 gerechtfertigt). Das ist aber anzunehmen. Jedenfalls wird eine Verhältnismäßigkeit gefordert (vgl. EGMR v. 20.01.1987, DR 50, 239, 241 – Council of Civil Service Unions/Vereinigtes Königreich). 24

VII. Verhältnis zu anderen Artikeln

Über das Verhältnis zu Art. 10 vgl. bei Rn. 1 und Art. 10 Rn. 42. Wenn auf Versammlungen Meinungen geäußert werden, geht Art. 10 vor (EGMR v. 26.04.1991, Serie A, Bd. 202, S. 20 Nr. 35 – Ezelin/Frankreich). Auch Art. 9 (Religionsfreiheit) muss im Licht von Art. 11 gelesen werden, wenn die Organisation einer religiösen Gemeinschaft in Frage steht (vgl. Art. 9 Rn 9). 25

Artikel 12 Recht auf Eheschließung

Männer und Frauen im heiratsfähigen Alter haben das Recht, nach den innerstaatlichen Gesetzen, welche die Ausübung dieses Rechts regeln, eine Ehe einzugehen und eine Familie zu gründen.

I. Allgemeines

1 Die Vorschrift ist aus Art. 16 der Allgemeinen Erklärung der Menschenrechte vom 10.12.1948 übernommen worden. Die Fassung stimmt weitgehend mit Art. 23 Abs. 2 Zivilpakt überein. Art. 12 hat in der Rechtsprechung keine große Bedeutung gewinnen können. Anders als Art. 8 bis 11 kennt Art. 12 keinen Abs. 2, der unter bestimmten Voraussetzungen Einschränkungen rechtfertigt. Das ist wegen der doppelten Verweisung auf das innerstaatliche Recht nicht erforderlich (dazu Rn. 5).

II. Inhalt der Garantie

2 Ein ehefähiger Erwachsener hat das Recht, selbst zu entscheiden, ob und wen er heiraten will. Das Recht hat also hier auch eine negative Seite, nämlich das Recht, nicht zu heiraten.

3 Garantiert wird das Recht nur **unter Männern und Frauen**, d.h. Personen unterschiedlichen Geschlechts (EGMR v. 17.10.1986, Serie A, Bd. 106, S. 19 Nr. 49 ff. – Rees/Vereinigtes Königreich). Art. 9 der Charta der Grundrechte der Europäischen Union vom 08.12.2000 geht bewusst darüber hinaus und gewährt allgemein das Recht, eine Ehe einzugehen und eine Familie zu gründen, verweist aber wie Art. 12 EMRK auf das nationale Recht. Auch Transsexuelle haben das Recht (EGMR v. 11.7.2002, Beschw.-Nr. 28957/95 Nr. 97 ff. – Goodwin/Vereinigtes Königreich).

4 Garantiert wird das Recht auf Eheschließung, auch auf Wiederverheiratung, aber **nicht das Recht auf Scheidung** (EGMR v. 18.12.1986, EuGRZ 1987, 313 – Johnston u.a./Irland).

5 **Verweisungen auf das innerstaatliche Recht:** Dieses kann Einzelheiten regeln und Voraussetzungen festlegen, das gilt wegen des erforderlichen

Alters (»im heiratsfähigen Alter«), aber auch darüber hinaus. Das innerstaatliche Recht darf aber Art. 12 nicht auf eine Weise einschränken, dass er in seinem Wesensgehalt berührt wird (EGMR v. 17.10.1986, Serie A, Bd. 106, S. 19 Nr. 49 ff. – Rees/Vereinigtes Königreich). Regelungen dieser Art können verfahrensrechtlicher Natur sein (z.B. der Publizität, der feierlichen Eingehung) und materielle Vorschriften sein (z.B. über die Ehefähigkeit, Ehescheidung, Ehehindernisse und -verbote). Für die Anforderungen an das nationale Recht und die notwendige Verhältnismäßigkeit der Mittel kann auf die Ausführungen zu Art. 8 Abs. 2 verwiesen werden. Auch hier ist eine Interessenabwägung notwendig (vgl. z.B. EGMR v. 18.12.1987, Serie A, Bd. 128, S. 16 Nr. 32 f. – F./Schweiz: dreijährige Wartefrist nach dritter Scheidung unverhältnismäßig). Strafgefangenen darf die Eheschließung nicht verboten werden (Villiger Rn. 621). Eine unterschiedliche Besteuerung Verheirateter und nicht verheirateter Personen wird durch Art. 12 nicht verhindert (EKMR DR 49, 193 – Lindsy/Vereinigtes Königreich).

III. Das Recht auf Familiengründung

Das Recht wird nur einem verheirateten Paar garantiert, die Adoption von Kindern gehört dazu. Eine einzelne Person kann deswegen ein Recht auf Adoption eines Kindes nicht aus Art. 12 ableiten. **6**

IV. Verhältnis zu anderen Artikeln

Art. 8 (Recht auf Achtung des Familienlebens) enthält weitergehende Garantien, und umfasst auch die Beziehungen zwischen Mitgliedern einer nicht ehelichen Familie und zwischen engen Verwandten. **7**

Artikel 13 Recht auf wirksame Beschwerde

Jede Person, die in ihren in dieser Konvention anerkannten Rechten oder Freiheiten verletzt worden ist, hat das Recht, bei einer innerstaatlichen Instanz eine wirksame Beschwerde zu erheben, auch

wenn die Verletzung von Personen begangen worden ist, die in amtlicher Eigenschaft gehandelt haben.

I. Allgemeines

1 Art. 13 enthält eine **verfahrensrechtliche** Garantie und muss zusammen mit der Behauptung einer Verletzung von materiellen Konventionsvorschriften geltend gemacht werden. Art. 13 spiegelt den Grundsatz wieder, dass der internationale Menschenrechtsschutz durch den EGMR nur subsidiär sein kann. Es ist in erster Linie Aufgabe der Konventionsstaaten, die Einhaltung der in der EMRK garantierten Rechte zu überwachen und wirksame Rechtsbehelfe vorzusehen, insbesondere Gerichte zu schaffen, und den Bürgern wirksamen Zugang zu ihnen zu geben. Eine Beschwerde an den Gerichtshof ist erst zulässig, wenn alle innerstaatlichen Rechtsbehelfe erschöpft sind (Art. 35 Abs. 1). Die Behörden und Gerichte der Konventionsstaaten sollen die Möglichkeiten haben, die Beschwerde zu prüfen und ihr ggf. abzuhelfen, bevor sie an den Gerichtshof in Straßburg weitergeleitet wird.

2 Art. 13 verpflichtet dazu, einen **wirksamen Rechtsbehelf** zur Verfügung zu stellen, Art. 6 Abs. 1 gibt das Recht auf ein Gericht und auf Zugang zu diesem Gericht. Auch Art. 5 Abs. 4 mit seiner Garantie des habeas corpus gehört dazu. Art. 13 bezieht sich auf alle in der EMRK garantierten Rechte und ist insofern weiter als Art. 5 und 6. Art. 6 Abs. 1 gilt nur für Streitigkeiten über zivilrechtliche Ansprüche und Verpflichtungen und über eine strafrechtliche Anklage. Art. 13 ist aber auch enger, weil er nicht verlangt, dass über den Rechtsbehelf ein Gericht entscheidet.

3 Art. 13 ist in der Rechtsprechung des Gerichtshofs von großer und zunehmender Bedeutung.

II. Voraussetzungen

Anders als der Wortlaut vermuten lassen könnte, ist Voraussetzung nicht, dass ein Art. der Konvention verletzt worden ist. Mit dem garantierten Rechtsbehelf soll gerade geprüft werden, ob das geschehen ist. Art. 13 verlangt, dass im innerstaatlichen Recht ein Rechtsbehelf gegeben sein muss, mit dem der einzelne geltend machen kann, dass ein Konventionsrecht durch Verstoß gegen innerstaatliches Recht verletzt worden ist. 4

Die bloße Behauptung einer Konventionsverletzung genügt nach der Rechtsprechung nicht. Die Behauptung muss vielmehr **vertretbar** sein (arguable claim), um eine missbräuchliche Berufung auf Art. 13 auszuschließen. Was vertretbar ist, entscheidet sich nach dem Umständen des Einzelfalles (vgl. dazu EGMR v. 26.03.1987, Serie A, Bd. 116, S. 29 Nr. 77 – Leander/Schweden; EGMR v. 27.04.1988, Serie A, Bd. 131, S. 23 Nr. 52, 55 – Boyle u. Rice/Vereinigtes Königreich; EGMR v. 28.10.1999, NJW 2001, 1195 Nr. 75 – Wille/Liechtenstein). Es ist also nicht erforderlich, dass ein Erfolg der Beschwerde sicher ist, so dass die Tatsache allein, dass sie erfolglos war, nichts darüber aussagt, ob sie auch nicht wirksam war (EGMR v. 16.02.2000, Slg., 2000-II Nr. 88 – Amann/Schweiz). 5

Wenn eine Beschwerde, mit der die Verletzung eines materiellen Art. gerügt wird, **offensichtlich unbegründet** i.S. von Art. 35 Abs. 3 ist, wird sie in der Regel nicht vertretbar sein (EGMR v. 12.02.1990, Serie A, Bd. 172, S. 14 Nr. 33 – Powell u. Rayner/Vereinigtes Königreich). 6

Wenn sich ein Bf. gegen seine Nichtanerkennung als Asylbewerber und seine Abschiebung beschwert und vertretbar geltend macht, dass die Abschiebung ihn dem Risiko einer gegen Art. 3 verstoßenden Behandlung aussetzen würde, muss das innerstaatliche Recht des abschiebenden Staates einen Rechtsbehelf i.S. von Art. 13 geben (EGMR, I. Sektion, v. 11.07.2000, Slg. 2000-VIII Nr. 36 – G.H.H. u.a./Türkei). 7

III. Verpflichtungen der Konventionsstaaten

Sie müssen einen Rechtsbehelf zur Verfügung stellen (dazu Rn. 10 ff.), mit dem im innerstaatlichen Recht eine Konventionsverletzung festge- 8 stellt werden kann. Das innerstaatliche Recht muss also dazu verpflichten, die materiellen Konventionsgarantien zu beachten. Mit der Ratifizierung der EMRK werden deren Vorschriften in inzwischen fast allen Konventionsstaaten in das innerstaatliche Recht inkorporiert (vgl. für die Rechtslage in Deutschland Einleitung Rn. 29) mit der Folge, dass sie staatliche Behörden und Gerichte unmittelbar binden und von Einzelpersonen geltend gemacht werden können. Art. 13 verpflichtet aber nicht dazu, diesen Weg zu gehen (EGMR stRspr., vgl. v. 27.09.1999, NJW 2000, 2089, 2097 Nr. 135 – Smith u. Grady/Vereinigtes Königreich), sondern überlässt es den Konventionsstaaten, auf welche Weise sie sicherstellen wollen, dass die Konventionsrechte respektiert werden, d.h. dass im innerstaatlichen Recht Garantien bestehen, die mindestens ebenso weit gehen wie die der EMRK und der Protokolle dazu. Die mit einer Ausnahme inzwischen von den Konventionsstaaten praktizierte Inkorporierung ist der beste Weg, die Konventionsrechte innerstaatlich unmittelbar zu garantieren.

9 Die Verpflichtung der Konventionsstaaten aus Art. 13 kann von Fall zu Fall unterschiedlich sein.

IV. Die garantierte Beschwerde

10 Art. 13 garantiert eine Beschwerde im innerstaatlichen Recht, mit der die Konventionsrechte und -freiheiten ihrem Wesen nach durchgesetzt werden können, in welcher Form auch immer sie in der innerstaatlichen Rechtsordnung gewährleistet werden. Die Ausübung des Beschwerderechts darf nicht auf ungerechtfertigte Weise durch Handlungen oder Unterlassungen staatlicher Behörden behindert werden (EGMR v. 27.06.2000, NJW 2001, 2001 Nr. 121 – Salman/Türkei).

11 Bei Rechten grundlegender Bedeutung, z.B. Art. 2, 3 und 8, insbesondere im Falle des Todes einer Person durch Gewaltanwendung verlangt Art. 13 außer der Zahlung von Schadensersatz, wo das angemessen ist (EGMR, III. Sektion, v. 03.04.2001, Slg. 2001-III Nr. 129 – Keenan/Vereinigtes Königreich: Auch für immateriellen Schaden) **gründliche und wirksame Ermittlungen**, die dazu geeignet sind, die Verantwortlichen zu identifizieren und zu bestrafen; der Bf. muss an dem Ermittlungsverfahren wirksam beteiligt werden (EGMR v. 27.06.2000, NJW 2001, 2001 Nr. 121 – Salman/Türkei; EGMR v. 20.05.2001, Slg. 2001-V Nr. 109 – Z u.a./Vereinigtes Königreich). Dasselbe gilt, wenn eine Person vertretbar (arguable) behauptet, dass eine andere Person aus dem Gewahrsam des Staates verschwunden ist (EGMR, I. Sektion, v. 14.11.2000, Beschw.-Nr. 24396/94 Nr. 91 – Tas/Türkei). Für den Fall, dass vertretbar geltend gemacht wird, das Haus, die Wohnung oder das Eigentum sei durch Vertreter des Staates zerstört worden, hat der Gerichtshof dasselbe angenommen (EGMR, II. Sektion, v. 16.11.2000, Beschw.-Nr. 23819/94 Nr. 114 – Bilgin/Türkei; EGMR v. 28.11.1997, Slg. 1997-VIII, S. 2715 Nr. 89 – Mentes u.a./Türkei; EGMR, I. Sektion, v. 30.01.2001, Beschw.-Nr. 25801/94 Nr. 66 – Dulas/Türkei). Das gilt, wenn Repräsentanten des Staates beteiligt waren. Wenn es um die behauptete Verletzung der Schutzpflicht des Staates gegen andere Privatpersonen geht (Art. 3 Rn. 3), nimmt der EGMR nicht immer eine Ermittlungspflicht des Staates an. Dann muss aber der Betroffene die Möglichkeit haben, durch ein Verfahren eine etwaige Pflichtverletzung des Staates feststellen zu lassen, bei einer Verletzung von Art. 2 oder 3 muss ein Anspruch auf Ersatz von immateriellen Schäden gegeben sein (EGMR v. 10.05.2001, Slg. 2001- V Nr. 109 – Z u.a./Vereinigtes Königreich). Wenn aber Angehörige einen Zivilprozess anstrengen und sich mit der Zahlung einer Entschädigung einverstanden erklären und daraufhin weitere Schritte unterlassen, können sie nicht mehr als Opfer i.S. von Art. 34 angesehen werden (EGMR, III. Sektion, v. 17.10.2000, Slg. 2000-XI – Hay/Vereinigtes Königreich). Eine Verpflichtung zu wirksamen Ermittlungen ergibt sich auch aus Art. 2 und 3 (vgl. Art. 2 Rn. 9; Art. 3 Rn. 4). Wegen der Verhältnisse dieser Art. zu Art. 13 bei Rn. 18.

Im Falle einer Abschiebung, die gegen Art. 3 verstoßen würde (Art. 3 Rn. 19 ff.), muss die Beschwerde eine unabhängige und gründliche Prüfung des Vorbringens über das Risiko einer Art. 3 zuwiderlaufenden Behandlung eröffnen; die Möglichkeit der Aussetzung der Vollziehung muss gegeben sein (EGMR, IV. Sektion, v. 11.07.2000, InfAuslR 2001, 57 Nr. 50 – Jabari/Türkei). 12

Die Konventionsstaaten können im Rahmen ihres Beurteilungsspielraums die **Zugangsvoraussetzungen für die Beschwerde** näher bestimmen, 13 z.B. Vorschriften über die Form und die Frist erlassen, solange sie das Recht nicht in seinem Wesensgehalt antasten. Das staatliche Recht kann z.B. ein Beschwerderecht wegen Verletzung von Art. 9 nicht den einzelnen Mitgliedern einer religiösen Gemeinschaft, sondern nur den Führern geben (EGMR v. 26.10.2000, Slg. 2000-XI Nr. 99 – Hassan u. Tschaouch/Bulgarien). Der Gerichtshof prüft die Gesamtsituation. Selbst wenn ein Rechtsbehelf für sich genommen nicht ausreichend ist, kann Art. 13 durch eine Kombination mehrerer Rechtsbehelfe Rechnung getragen sein (EGMR v. 25.03.1983, EuGRZ 1984, 147 Nr. 113 – Silver u.a./Vereinigtes Königreich; EGMR v. 26.10.2000, NJW 2001, 2694 Nr. 157 – Kudla/Polen; kritisch dazu Frowein/Peukert Rn. 6).

14 Die Zulassungsschwelle für Beschwerden darf nicht so hoch sein, **dass eine wirkliche Prüfung nicht mehr stattfinden kann**. So verstößt es gegen Art. 13, wenn die staatliche Instanz nicht prüfen kann, ob der Eingriff einem dringenden sozialen Bedürfnis entsprach und verhältnismäßig war (EGMR v. 27.09.1999, NJW 2000, 2089, 2097 Nr. 138 – Smith u. Grady/Vereinigtes Königreich). Es genügt z.B. nicht, wenn die Beschwerdeinstanz von einer Überprüfung in der Sache wegen eines Ermessensspielraums der Verwaltung völlig absieht (EGMR v. 26.10.2000, Slg. 2000-XI Nr. 100 – Hassan u. Tchaouch/Bulgarien) oder nur prüfen darf, ob die angegriffene Entscheidung unvernünftig, rechtswidrig oder offensichtlich unangemessen war und nicht, ob die Maßnahme verhältnismäßig und gerechtfertigt war (EGMR, III. Sektion, v. 02.10.2001, Beschw.-Nr. 36022/97 Nr. 115 – Hatton u.a./Vereinigtes Königreich wegen Lärmbelästigungen durch den Flughafen Heathrow).

Gleiches gilt, wenn eine Überprüfung wegen »prozessualer Überholung« z.B. eines Durchsuchungsbefehls nach durchgeführter Durchsuchung nicht mehr möglich wäre (vgl. BVerfGE 96, 27 und dazu Frowein, NVwZ 2002, 29, 30).

15 Anders als bei Art. 5 Abs. 4, 6 Abs. 1 ist bei Art. 13 **nicht erforderlich, dass ein Gericht** über den Rechtsbehelf entscheidet. Auch die Entscheidung durch eine Behörde oder Kommission kann genügen. Erforderlich ist aber, dass die Behörde ausreichende Kontroll- und Entscheidungsbefugnisse hat (EGMR v. 26.03.1987, Serie A, Bd. 116, S. 29 Nr. 77 – Leander/

Schweden). Sie muss in einem Verfahren mit prozessualen Garantien entscheiden und die Möglichkeit haben, Abhilfe zu geben, z.B. durch Aufhebung der angefochtenen Entscheidung, aber auch durch Leistung von Schadensersatz oder auf sonstige Weise. Die entscheidende Behörde muss insbesondere ausreichend unabhängig von der Ausgangsbehörde sein (vgl. EGMR v. 25.03.1983, EuGRZ 1984, 147 – Silver u.a./Vereinigtes Königreich). Eine Beschwerde an eine übergeordnete Behörde oder an ein Ministerium genügt möglicherweise (EGMR v. 28.06.1984, EuGRZ 1985, 534 – Campbel u. Fell/Vereinigtes Königreich), eine Beschwerde an einen Ombudsman nicht (EGMR v. 10.05.2001, Slg. 2001-V Nr. 109 – T.P. und K.M./Vereinigtes Königreich). Eine Dienstaufsichtsbeschwerde wird nicht ausreichend sein, nicht wegen fehlender Unabhängigkeit der übergeordneten Behörde (so Frowein/Peukert Rn. 4), sondern weil das Verfahren keine ausreichenden prozessualen Garantien bietet. Wenn auch Einzelheiten des Verfahrens nicht geregelt sind, muss der Bf. doch seine Argumente vortragen können und ausreichend beteiligt sein; eine mündliche Verhandlung ist nicht notwendig.

Keine Anwendung von Art. 13 bei Konventionsverletzungen unmittelbar durch Gesetz oder durch gerichtliche Entscheidung. Die Vorschrift verlangt keinen Rechtsbehelf gegen ein Gesetz; die Konventionsstaaten sind insbesondere nicht verpflichtet, eine Verfassungsbeschwerde oder ähnliche Rechtsbehelfe bereitzustellen (EGMR v. 26.03.1987, Serie A, Bd. 116, S. 29 Nr. 77 – Leander/Schweden; EGMR v. 08.07.1986, EuGRZ 1988, 350 Lithgow/Vereinigtes Königreich). 16

Art. 13 ist weiter nicht anwendbar bei Verletzung der Konventionsrechte durch Gerichtsentscheidungen, denn die Konvention verlangt nicht, dass Rechtsmittelinstanzen geschaffen werden (vgl. Art. 6 Rn. 28; wegen eines Rechtsbehelfs gegen überlange Verfahrensdauer unten Rn. 20 ff.). 17

V. Verhältnis zu anderen Artikeln

Zu Art. 2 vgl. dort Rn. 26, zu Art. 3 vgl. dort Rn 30. 18

Die Rechtsprechung über das Verhältnis zu Art. 6 hat sich erheblich geändert (vgl. Art. 6 Rn. 99). Unverändert gilt, dass hinsichtlich des 19

Zugangs zu einem Gericht Art. 5 Abs. 4 und 6 Abs. 1 weitergehende Garantien geben als Art. 13 und leges speciales sind. Das bedeutet, dass es nicht erforderlich ist, eine Verletzung von Art. 13 zu prüfen, wenn der Gerichtshof festgestellt hat, dass Art. 5 Abs. 4 oder 6 Abs. 1 verletzt ist (vgl. zu Art. 5 Abs. 4 EGMR v. 18.02.1999, NVwZ 2001, 304 Nr. 72 – Hood/Vereinigtes Königreich; EGMR v. 25.03.1999, NJW 2000, 2883, 2886 Nr. 69 – Nikolova/Bulgarien; zu Art. 6 EGMR, III. Sektion, v. 22.05.2001, Slg. 2001-V – Baumann/Frankreich) oder nicht verletzt ist. Insoweit kann auf Art. 5 Rn. 47 und Art. 6 Rn. 99 verwiesen werden.

20 Nach jüngster Rechtsprechung gilt aber etwas anderes, wenn Art. 6 Abs. 1 **wegen unangemessener Dauer des Verfahrens** verletzt ist und der Betroffene insoweit keinen Rechtsbehelf nach innerstaatlichem Recht einlegen kann. Dann ist auch Art. 13 verletzt. In der Sache Kudla/Polen (Urt. v. 26.10.2000, NJW 2001, 2694 Nr. 146 ff. und dazu Meyer-Ladewig, NJW 2001, 2679) hat der Gerichtshof in Abweichung von der bisherigen Rechtsprechung angenommen, dass es in solchen Fällen keine Überschneidung gebe und also auch keine Absorbtion von Art. 13 durch Art. 6 Abs. 1. Zur Begründung hat der Gerichtshof auf die vielen Fälle hingewiesen, welche die Dauer gerichtlicher Verfahren betreffen, auf den Grundsatz der Subsidiarität des europäischen Menschenrechtsschutzes und ausgeführt (Nr. 152), das Recht auf ein Gerichtsverfahren in angemessener Frist werde weniger wirksam sein, wenn es keine Möglichkeit gebe, die Beschwerde zunächst einer staatlichen Behörde zu unterbreiten. Das müsse nicht notwendig im Wege eines Rechtsmittels geschehen. Es gebe Beispiele, die zeigen, dass es nicht unmöglich sei, einen solchen Rechtsbehelf vorzusehen (Nr. 154 unter Hinweis auf EGMR v. 05.10.1999, NJW 2001, 2691 – Gonzalez Marin/Spanien; EGMR v. 02.12.1999, NJW 2001, 2692 – Tomé Mota/Portugal). Der Gerichtshof macht in Nr. 159 seines Urteils deutlich, dass es sich dabei um präventive oder kompensatorische Rechtsbehelfe handeln könne.

21 Die Konventionsstaaten werden zu überlegen haben, wie sie den Anforderungen des Gerichtshofs Rechnung tragen können. Im deutschen Recht (vgl. Lansnicker/Schwirtzek, NJW 2001, 1969) kommen drei Rechtsbehelfe in Betracht:

Im Strafrecht kann der Bf. geltend machen, das Verfahren habe unangemessen lange gedauert; das kann auch durch ein Rechtsmittel geschehen. Eine überlange Verfahrensdauer und damit eine Verletzung des Beschleunigungsgebots muss als Strafmilderungsgrund berücksichtigt werden. Das Gericht muss Art und Ausmaß der Verzögerung feststellen und das Maß der Kompensation durch eine Ermäßigung der an sich verwirkten Strafe konkret bestimmen (BVerfG NStZ, 1997, 591; BGH NJW 2000, 748). Das führt dann zum Fortfall der Opfereigenschaft (Art. 34 Rn. 15). In außergewöhnlichen Einzelfällen kann der Verstoß gegen Art. 6 Abs. 1 zu einem Verfahrenshindernis führen das es ausschließt, über die Anklage zu verhandeln und das gesamte Verfahren unzulässig macht, so dass es eingestellt werden muss. Das kommt in Extremfällen in Betracht, wenn das Ausmaß der Verfahrensverzögerung besonders schwer wiegt und zu besonderen Belastungen des Beschuldigten geführt hat (BVerfG NJW 1995, 1277, 1278; NJW 2001, 2707, 2708; BGHSt 35, 137). Ein solches Verfahrenshindernis muss der Tatrichter beachten; es ist vom Revisionsgericht von Amts wegen zu berücksichtigen (BGHSt NJW 2001, 1146). 22

Zu den übrigen Verfahren ist streitig, ob bei **Untätigkeit des Gerichts eine Beschwerde** möglich ist oder ob ein Rechtsmittel stets voraussetzt, dass eine Entscheidung bereits ergangen ist. Eine Beschwerdemöglichkeit ist zum Teil anerkannt worden für Fälle, in denen das Gericht seine Entscheidung unangemessen verzögert, insbesondere wenn das zu einem Verfahrensstillstand führt, der nicht mehr zu rechtfertigen ist und auf eine Rechtsverweigerung hinausläuft (vgl. die Nachweise bei Meyer-Ladewig SGG, 7 Aufl. Vorbemerkung 143 Rn. 3 d; Meyer-Ladewig in Schoch/Schmidt-Aßmann/Pietzner, VwGO, Vorbemerkung § 124 Rn. 34 und weiter BVerfG NJW 2001, 961; BayVGH DVBI. 1978, 212,213; NVwZ 2000, 693; OLG HA NJW-RR 1989, 1022; OLG Köln NJW 1981, 2263; OLG Saarbrücken NJW-RR 1998, 1531; abw. z.B. OVG NW NVwZ-RR 1998, 340). Eine solche Beschwerdemöglichkeit ist insbesondere angenommen worden bei Verzögerung einer Entscheidung über Prozesskostenhilfe (Meyer-Ladewig, SGG, § 73 a Rn. 12 e), gegen Ablehnung einer Terminbestimmung (Meyer-Ladewig, SGG § 110 Rn. 7) oder Bestimmung eines weit hinausgeschobenen Termins (Meyer-Ladewig, SGG, § 172 Rn. 2c, 6a). Es steht zu hoffen, dass die Rechtsprechung die Ent- 23 scheidung in der Sache Kudla zum Anlass nimmt, die noch weitgehend bestehenden Bedenken gegen ein solches Beschwerderecht zurückzustellen. In diesen Fällen wäre ein präventiver Rechtsbehelf im Sinne von Art. 13 gegeben. Ob das allerdings lückenlos der Fall wäre, bleibt zu prüfen, z. B. bei Verfahren vor einem oberen Gericht, gegen dessen Entscheidung es keine Beschwerde gibt, und bei Verzögerung des Urteils (z. B. im schriftlichen Verfahren).

Ein solcher vom EGMR geforderter Rechtsbehelf, über den ein Gericht entscheidet, steht allerdings nicht mit dem bisher zugrunde gelegten Grundsatz im Einklang, dass Rechtsbehelfe gegen richterliche Entscheidungen von Art. 13 erfasst nicht werden (vgl. Rn. 16; kritisch auch Frowein/Peukert Rn. 10).

25 Im Übrigen steht die **Verfassungsbeschwerde** zur Verfügung (dazu Breuer, NJW 2001, Sonderheft Prof. Dr. Weber, S. 6). Aus Art. 1 Abs. 1, 2 GG in Verbindung mit dem Rechtsstaatsprinzip (Art. 20 Abs. 3 GG) folgt ein Anspruch auf Gewährleistung eines wirkungsvollen Rechtsschutzes (BVerfGE 88, 118, 124; NJW 2001, 961). Dieser Anspruch kann bei einer unangemessen langen Dauer des Verfahrens verletzt sein. In solchen Fällen kann das Bundesverfassungsgericht auf eine Verfassungsbeschwerde feststellen, dass eine Verfassungswidrigkeit vorliegt. Das mit der Sache befasste Gericht muss dann unter Berücksichtigung der Ausführungen in der Entscheidung des BVerfG wirksame Maßnahmen ergreifen, die zu einem möglicht raschen Abschluss des Verfahrens führen (BVerfG NJW 2001, 214). Es wird auch möglich sein, dem zuständigen Gericht eine Frist zu setzen. Der Anspruch auf Gewährleistung wirkungsvollen Rechtsschutzes kann auch verletzt sein, wenn es das Gericht trotz schon langer Verfahrensdauer unterlässt, sämtliche zur Verfügung stehenden Möglichkeiten der Verfahrensbeschleunigung zu nutzen und sich ggf. um gerichtsinterne Entlastung zu bemühen (BVerfG NJW 2001, 214). Auch eine Verfassungsbeschwerde nach **Landesrecht** kann gegeben sein (z.B. Bbg. VerfG LKV 2001, 409; ThürVerfGH NJW 2001, 2708).

26 Es steht zu hoffen, dass diese Möglichkeiten zusammengenommen ausreichend sind, um den Anforderungen des EGMR zu entsprechen.

In einigen Konventionsstaaten gibt es **ausdrückliche gesetzliche Regelungen**. Das gilt für **Österreich**, das in § 91 des Gerichtsorganisationsgesetzes eine besondere Regelung getroffen hat. Danach kann eine Partei bei dem übergeordneten Gericht beantragen, eine angemessene Frist für den in Frage kommenden verfahrensrechtlichen Schritt zu setzen, wenn das zuständige Gericht das Verfahren verzögert, z. B. die Anberaumung eines Termins, die Einholung eines Sachverständigengutachtens oder die Vorbereitung einer Entscheidung. Über den Antrag entscheidet eine Kammer des übergeordneten Gerichts, die mit drei Berufsrichtern besetzt ist mit Vorrang. Die Entscheidung ist nicht anfechtbar. Der EGMR hat wiederholt entschieden, dass er diesen Rechtsbehelf als einen solchen ansieht, der nach Art. 35 erschöpft sein muss (z.B. EGMR, III. Sektion, v. 30.01.2001, Slg. 2001-I Nr. 24 f. – Holzinger/Österreich). Für Verwaltungsverfahren ist in Art. 132 Bundesverfassungsgesetz eine Beschwerde vorgesehen für den Fall, dass Verwaltungsbehörden pflichtwidrig nicht entscheiden. Nach Art. 130 der Verfassung entscheidet der Verfassungsgerichtshof. Auch diese Beschwerde muss erschöpft sein (Art. 35 Abs. 1; vgl. EGMR, III. Sektion, Entsch. v. 30.01.2001, Beschw.-Nr. 30160/96 Nr. 33 – Pallanich/Österreich). 27

Das portugiesische Recht kennt einen Rechtsbehelf zur Beschleunigung der Verfahren in Art. 108 und 109 portugiesische StPO. Dort sind für einzelne Verfahrensschritte gesetzliche Fristen vorgesehen. Wenn sie überschritten sind, können insbesondere die Staatsanwaltschaft und der Beschuldigte eine Beschleunigung des Verfahrens beantragen. Über einen solchen Antrag entscheidet im Ermittlungsverfahren der Generalstaatsanwalt, im gerichtlichen Verfahren ein oberer Richterrat. Auf den Antrag können insbesondere eine Untersuchung angeordnet oder Maßnahmen des Disziplinarrechts, des Verfahrens, der Organisation oder Rationalisierung der erforderlichen Methoden vorgeschlagen oder beschlossen werden (vgl. EGMR, IV. Sektion, v. 02.12.1999 NJW 2001, 2692 – Tomé Mota/Portugal). 28

Das spanische Recht sieht folgendes vor: Art. 24 Abs. 2 der Verfassung garantiert ein Verfahren ohne Verzögerung. Art. 121 der Verfassung gibt einen Anspruch auf Schadensersatz u.a. bei Fehlern der Justizverwaltung, wozu auch ein unangemessen langes Verfahren gehört. § 292 spanisches GVG regelt Einzelheiten dieses Schadensersatzanspruches. Der Anspruch muss nach § 293 Abs. 2 spanisches GVG an das Justizministerium gerichtet werden. Die Entscheidung des Ministeriums kann vor den Verwaltungsgerichten angefochten werden (vgl. EGMR; IV. Sektion, v. 05.10.1999, NJW 2001, 2691 – Gonzalez Marin/Spanien).

30 In **Frankreich** kann bei überlanger Verfahrensdauer auf Schadensersatz nach § L 781-1 französisches GVG geklagt werden. Der EGMR hat anerkannt, dass es sich dabei um einen Rechtsbehelf handelt, der nach Art. 35 Abs. 1 erschöpft sein muss (III. Sektion, Entsch. v. 12.06.2001, Beschw.-Nr. 61166/00 – Giummarra/Frankreich).

Artikel 14 Diskriminierungsverbot

Der Genuss der in dieser Konvention anerkannten Rechte und Freiheiten ist ohne Diskriminierung insbesondere wegen des Geschlechts, der Rasse, der Hautfarbe, der Sprache, der Religion, der politischen oder sonstigen Anschauung, der nationalen oder sozialen Herkunft, der Zugehörigkeit zu einer nationalen Minderheit, des Vermögens, der Geburt oder eines sonstigen Status zu gewährleisten.

I. Allgemeines

Die Vorschrift geht auf Art. 2 Abs. 1 der Allgemeinen Erklärung der Menschenrechte zurück. Art. 2 Abs. 1 des Zivilpakts und Art. 2 Abs. 2 des Internationalen Pakts über wirtschaftliche, soziale und kulturelle Rechte enthalten ähnliche Vorschriften. Art. 3 GG garantiert den Gleichheitssatz in darüber hinaus gehender und allgemeiner Form. 1

Eine Sondervorschrift enthält Art. 5 Prot. Nr. 7 hinsichtlich der Ehegatten. Eine enge Beziehung besteht zu dem aus Art. 6 Abs. 1 abgeleiteten Grundsatz der Waffengleichheit als Merkmal des fairen Verfahrens 2

II. Prot. Nr. 12

Eine erhebliche Änderung ist in Prot. Nr. 12 zur EMRK vorgesehen. Es ist am 04.11.2000 in Rom zur Unterschrift aufgelegt worden und auch durch Deutschland gezeichnet worden, aber noch nicht in Kraft. Es sieht folgendes vor: 3

Artikel 1
Generelles Diskriminierungsverbot

(1) Der Genuss eines jeden auf Gesetz beruhenden Rechts ist ohne Diskriminierung insbesondere wegen des Geschlechts, der Rasse, der Hautfarbe, der Sprache, der Religion, der politischen oder sonstigen Anschauung, der nationalen oder sozialen Herkunft, der Zugehörigkeit zu einer nationalen Minderheit, des Vermögens, der Geburt oder eines sonstigen Status zu gewährleisten.
(2) Niemand darf, insbesondere aus einem der in Abs. 1 genannten Gründe, von einer Behörde diskriminiert werden.

Das Prot. tritt nach seinem Art. 5 am 1. Tag des Monats in Kraft, der auf einen Zeitabschnitt von 3 Monaten nach dem Tag folgt, an dem 10 Mit- 4 gliedsstaaten des Europarats das Prot. ratifiziert haben. Am 01.05.2002 hatten es zwei Staaten ratifiziert, Deutschland noch nicht. In dem Erläuternden Bericht wird darauf hingewiesen, dass der Ausdruck Diskriminierung in demselben Sinne wie in Art. 14 der Konvention verwandt wird. Sie liegt also nicht vor, wenn eine objektive und vernünftige Rechtfertigung für eine unterschiedliche Behandlung besteht; das ist in der Präambel zu Prot. Nr. 12 ausdrücklich gesagt. Art. 1 ist eine Vorschrift von allgemeinem Charakter über den Grundsatz der Nichtdiskriminierung; die Vorschrift gilt nicht, wie Art. 14 EMRK, nur akzessorisch. Art. 1 Prot. Nr. 12 schützt gegen Diskriminierung durch eine Behörde, womit auch Gerichte und gesetzgebende Organe umfasst werden, wie in dem Erläuternden Bericht ausdrücklich vermerkt wird. Die Vertragsstaaten werden demgegenüber nicht verpflichtet, eine Diskriminierung zwischen Privatpersonen zu verhindern oder ihr abzuhelfen. Das Diskriminierungsverbot bezieht sich anders als nach Art. 14 EMRK nicht nur auf die in dieser Konvention anerkannten Rechte und Freiheiten, sondern auf den Genuss eines jeden auf Gesetz beruhenden Rechts.

III. Akzessorietät des geltenden Artikel 14

5 Anders als Art. 1 Prot. Nr. 12 hat Art. 14 keine eigenständige Bedeutung; er ergänzt andere materielle Vorschriften der EMRK. Seine Anwendung setzt voraus, dass der Sachverhalt, um den es geht, in den Anwendungsbereich eines oder mehrerer Vorschriften der Konvention oder Prot. dazu fällt. Nicht notwendig ist dagegen, dass eine dieser Vorschriften verletzt ist (EGMR, stRspr., vgl. Urteil v. 18.07.1994, EuGRZ 1995, 392 Nr. 22 – Karlheinz Schmidt/Deutschland; EGMR v. 25.05.1999 NJW 2001, 1558 – Olbertz/Deutschland).

6 Der erforderliche Bezug zu dem garantierten Recht besteht auch, soweit die Maßnahme einen Eingriff in das Recht darstellt, aber nach Art. 8 bis 11 Abs. 2 oder durch sonstige Vorschriften gerechtfertigt ist. Der Konventionsstaat darf also bei den nach dem Gesetz gerechtfertigten Einschränkungen des Konventionsrechts nicht diskriminieren. Gerade in diesem Bereich kann Art. 14 besonders wirksame Garantien geben. Das selbe gilt für andere Eingriffe, soweit sie nach der Konvention zulässig sind und sich auf die Ausübung des jeweiligen Rechts auswirken (Art. 5 Abs. 1 S. 2, Art. 7 Abs. 2). Eine Verletzung von Art. 14 i.V.m. diesem Recht kann also gegeben sein, auch wenn das Recht selbst nicht verletzt ist. Denn Art. 14 schützt Personen oder Gruppen von Personen, sie in vergleichbarer Lage sind, vor einer Diskriminierung. Das gilt insbesondere, wenn Konventionsstaaten bei der Wahl der Mittel, mit denen das Konventionsrecht wirksam geschützt werden soll, einen weiten Beurteilungsspielraum haben (EGMR v. 27.10.1975, EuGRZ 1975, 562 – Nationale Belgische Polizeigewerkschaft/Belgien).

Die Diskriminierung ist **nur im Bezug auf den Genuss anerkannter Rechte und Freiheiten verboten**, also hinsichtlich solcher Rechte, die von dem Konventionsstaat in der Konvention oder in Prot. dazu anerkannt worden sind. Das gilt also nicht, wenn der Staat ein Zusatzprot. nicht ratifiziert hat (wie Deutschland das 7. Prot.) oder soweit er einen wirksamen Vorbehalt nach Art. 57 gemacht hat. In solchen Fällen wäre die Beschwerde unzulässig. 7

IV. Die verbotene Diskriminierung

1. Ungleichbehandlung aus sachlichen Gründen

Der Gerichtshof hat anerkannt, dass Art. 14 nicht jede Ungleichbehandlung ausschließt, wenn auch der französische Text (»sans distinction aucune«) darauf hindeuten könnte. Unterschiedliche Gegebenheiten verlangen häufig eine unterschiedliche Lösung und rechtliche Unterscheidungen versuchen häufig, tatsächliche Unterschiede auszugleichen (EGMR v. 23.07.1968, EuGRZ 1975, 298 Nr. 10 – Belgischer Sprachenfall/Belgien). Eine unterschiedliche Behandlung von Personen in vergleichbarer Lage ist daher nur Diskriminierung, **wenn ihr eine sachlich und vernünftige Rechtfertigung fehlt**. Das bedeutet, dass sie ein berechtigtes Ziel verfolgen muss und dass ein angemessenes Verhältnis zwischen den angewandten Mitteln und dem verfolgten berechtigten Ziel bestehen muss. 8

Die Konventionsstaaten haben bei der Beurteilung, ob und in welchem Ausmaß Unterschiede in der im übrigen gleichen Lage eine unterschied- 9 liche rechtliche Behandlung rechtfertigt, einen **Beurteilungsspielraum**. Das Ausmaß dieses Spielraums ist je nach den Umständen, dem Fall und seinem Hintergrund unterschiedlich (EGMR v. 08.07.1986, EuGRZ 1988, 350 Nr. 177 – Lithgow u.a./Vereinigtes Königreich; EGMR v. 25.05.1999, NJW 2001, 1558 – Olbertz/Deutschland; EGMR v. 29.04.1999, NJW 1999, 3695 Nr. 91 – Chassagnou u.a./Frankreich). Insoweit gilt nichts anderes als bei den Rechtfertigungsgründen in den Abs. 2 von Art. 8 bis 11 (dazu Art. 8 Rn. 45). Wenn **Fragen von moralischer oder ethischer Bedeutung** anstehen, bei denen es unter den Mitgliedsstaaten keine einheitliche Auffassung gibt und sich das Recht in einem Stadium der Fortentwicklung befindet, lässt der EGMR den Mitgliedsstaaten eine weiten Spielraum (EGMR, III. Sektion, v. 26.02.2002, Beschw.-Nr. 36515/97 Nr. 41 – Frette/Frankreich: Ausschluss der Adoption durch Homosexuellen verstößt nicht gegen Art. 14). Auch die Herabsetzung der Pensionen von Angehörigen des öffentlichen Dienstes in der früheren DDR, um Privilegierungen gegenüber anderen Personen in der DDR auszugleichen, ist keine Diskriminierung, weil sie der sozialen Gerechtigkeit dient und damit ein berechtigtes Ziel verfolgt (EGMR, IV. Sektion, Entsch. v. 02.03.2000, Beschw.-Nr. 52442/99 – Schwengel/Deutschland).

2. Anspruch auf Ungleichbehandlung

10 Art. 14 verbietet nicht nur die unterschiedliche Behandlung von Personen in vergleichbarer Lage ohne sachliche und vernünftige Gründe. Es gilt auch das Umgekehrte. Art. 14 ist verletzt, wenn der Staat ohne sachliche und vernünftige Begründung Personen in eindeutig unterschiedlicher Lage nicht unterschiedlich behandelt (EGMR v. 06.04.2000, Slg. 2000-IV Nr. 44 – Thlimmenos/Griechenland: Keine sachliche und vernünftige Rechtfertigung dafür, alle Personen von dem Beruf des Wirtschaftsprüfers auszuschließen, die vorbestraft sind auch wenn das deswegen der Fall ist, weil sie sich geweigert haben, aus religiösen Gründen eine Uniform zu tragen. Der Gesetzgeber hätte Ausnahmen vorsehen müssen).

V. Einzelne Merkmale

Art. 14 zählt einige Merkmale auf, wegen der eine Diskriminierung verboten ist. Die Aufzählung ist **nicht abschließend** (»oder eines anderen Status«). 11

1. Geschlecht

Die Gleichberechtigung von Frau und Mann ist ein wesentliches Ziel der Mitgliedsstaaten des Europarates. Deswegen müssen für eine Ungleichbehandlung nur wegen des Geschlechts sehr gewichtige Gründe vorgebracht werden (EGMR v. 22.02.1994, Serie A, Bd. 280, S. 29 Nr. 27 – Burghartz/Schweiz: Art. 8 i.V.m. Art. 14 verletzt durch Ungleichbehandlung von Frau und Mann bei der Möglichkeit, den eigenen Nachnamen mit dem Familiennamen zu verbinden). 12

In dem Fall Karlheinz Schmidt/Deutschland (Urt. V. 18.07.1994, EuGRZ 1995, 392 Nr. 28) hat der Gerichtshof offengelassen, ob es noch rechtfertigende Gründe dafür gibt, Frauen und Männer hinsichtlich einer Dienstpflicht bei der Feuerwehr unterschiedlich zu behandeln. Er hat eine Verletzung von Art. 14 angenommen und das so begründet: Es gebe stets eine ausreichende Zahl von Freiwilligen, so dass keiner dazu gezwungen werde, Dienst zu leisten. Deswegen hätte die im Gesetz vorgesehene Abgabepflicht ihren Ausgleichscharakter verloren und sei zur einzigen Verpflichtung geworden. Dann aber sei eine Differenzierung nach dem Geschlecht nicht gerechtfertigt. 13

2. Rasse, Hautfarbe

Die Diskriminierung wegen dieser Merkmale ist eng verbunden mit der aufgrund der nationalen Herkunft (dazu Rn. 18) und betrifft die Rassendiskriminierung. Wenn ein Staat zulässigerweise allgemeine Einwanderungsbeschränkungen erlässt, verstoßen sie nicht nur deswegen gegen Art. 14, weil faktisch eine bestimmte ethnische Gruppe bei den Zuwanderern überwiegt (Frowein/Peukert Rn. 37). 14

3. Sprache

15 Vgl. auch Art. 6 Abs. 3 Buchst. e. Im Belgischen Sprachenfall (EGMR v. 23.07.1968, EuGRZ 1975, 298 Nr. 33) hat der Gerichtshof als gerechtfertigt angesehen, dass im schulischen Bereich die Sprache der Mehrheit vorgeschrieben wird.

4. Religion

16 Art. 14 ist z.B. verletzt bei Weigerung einer Übertragung elterlicher Gewalt auf die Mutter im Wesentlichen deswegen, weil sie zu den Zeugen Jehovas gehört (EGMR v. 23.06.1993, EuGRZ 1996, 648 Nr. 33, 36 – Hoffmann/Österreich: Verletzung von Art. 8 i.V.m. Art. 14).

5. Politische und sonstige Meinung

17 Vgl. Art. 10 Rn. 27.

6. Nationale Herkunft und soziale Herkunft

18 Das Merkmal hängt eng mit dem der Rasse zusammen (o. Rn. 14). Art. 16 erlaubt es, bestimmte Rechte der Ausländer (Art. 10, 11 und 14) zu beschränken. Der Staat ist auch grundsätzlich frei, die Einreise, den Aufenthalt und die Ausweisung von Ausländern zu regeln. Er kann Ausländer bestimmter Länder bei der Einreise bevorzugen (EGMR v. 18.02.1991, EuGRZ 1993, 552 Nr. 49 – Moustaquim/Belgien: Zugehörigkeit zu einem bestimmten Rechtssystem), solange das aus sachlichen Gründen und nicht geschieht, um eine rein rassistische Politik zu verfolgen (EGMR v. 28.05.1985, EuGRZ 1985, 567 Nr. 84 – Abdulaziz u.a./ Vereinigtes Königreich). Der Gerichtshof verlangt für eine unterschiedliche Behandlung nur wegen der Nationalität im Übrigen besonders gewichtige Rechtfertigungsgründe (EGMR v. 16.09.1996, Slg. 1996-IV, S. 1142 Nr. 42, 46-50 – Gaygusus/Österreich: Verweigerung von Unterstützungszahlungen in einer Notlage nach dem Arbeitslosenversicherungsgesetz wegen der Nationalität verletzt Art. 14). Im Falle Darby/ Schweden (EGMR v. 23.10.1990, EuGRZ 1990, 504 Nr. 32) hat der Gerichtshof eine Verletzung von Art. 14 angenommen, weil dem Bf.

eine Reduktion der Kirchensteuer mit der Begründung verweigert wurde, dass er nicht im Inland wohne.

7. Geburt

19 Hier haben in der Rechtsprechung vor allem Unterschiede zwischen **ehelichen und nichtehelichen Kindern** eine Rolle gespielt und zwar wegen des Verwandtschaftsverhältnisses zu dem Vater und den Verwandten der Mutter und des Erbrechts (vgl. EGMR v. 13.06.1979, EuGRZ 1979, 454 – Marckx/Belgien: Verletzung von Art. 8 i.V.m. Art. 14). Die EMRK garantiert zwar kein Recht zu erben, die gesetzliche Erbfolge zwischen nahen Verwandten fällt aber in den Anwendungsbereich von Art. 8. Für eine unterschiedliche Behandlung eines nichtehelichen Kindes müssen gewichtige Gründe vorgebracht werden, sonst verstößt sie gegen Art. 14 (EGMR v. 28.10.1987, Serie A, Bd. 126 S. 18 Nr. 41 – Inze/Österreich; EGMR v. 01.02.2000, Sgl. 2000-II Nr. 43 – Mazurek/Frankreich; EGMR, I. Sektion, v. 03.10.2000, Slg. 2000-X Nr. 35 – Camp u. Bourimi/Niederlande). Eine Regelung, nach der eheliche Erben bei der Erbschaft an einen Bauernhof gegenüber nichtehelichen Kindern Vorrang haben, verletzt Art. 1 Zusatzprot. i.V.m. Art. 14 (EGMR v. 28.10.1987, Serie A, Bd. 126, S. 18 Nr. 41 ff. – Inze/Österreich).

20 In dem Fall Elsholz/Deutschland (EGMR v. 13.07.2000, NJW 2001, 2315 Nr. 59) hat der Gerichtshof offengelassen, ob § 1711 Abs. 2 BGB a.F. auf ungerechtfertigte Weise zwischen Vätern nichtehelicher Kinder und geschiedenen Vätern unterschieden hat, weil im konkreten Fall die Anwendung der Vorschrift nicht zu einem anderen Ergebnis geführt hätte. Im Fall Sommerfeld hat der EGMR (IV. Sektion, v. 11.10.2001, Beschw.-Nr. 31871/96) eine Diskriminierung durch § 1711 Abs. 2 BGB a.F. bejaht. Der Fall ist nach Art. 43 an die Große Kammer verwiesen worden.

VI. Verhältnis zu anderen Vorschriften

21 Der Gerichtshof hält es i.d.R. nicht für erforderlich zu prüfen, ob auch Art. 14 verletzt ist, wenn er die Verletzung einer anderen Vorschrift der

Konvention festgestellt hat (z.B. EGMR v. 18.02.1999, NJW 1999, 3107 Nr. 68 – Matthews/Vereinigtes Königreich; EGMR v. 25.05.2000, LKV 2001, 69, 72 – Günther-Noack u.a./Deutschland, sie sog. Horno-Entscheidung). Etwas anderes gilt dann, wenn eine Ungleichbehandlung bei der Ausübung des geltend gemachten Rechts einen wesentlichen Aspekt des Streitfalles ausmacht (EGMR v. 29.04.1999, NJW 1999, 3695 Nr. 89 – Chassagnou u.a./Frankreich).

22 Wenn der Gerichtshof einen Eingriff nach den Absätzen 2 von Art. 8 bis 11 für gerechtfertigt gehalten hat, haben die dafür maßgebenden Gründe häufig auch eine unterschiedliche Behandlung gerechtfertigt (z.B. EGMR v. 20.05.1999, NVwZ 2000, 421 Nr. 68 – Rekvenyi/Ungarn; EGMR v. 27.06.2000, Slg. 2000-VII Nr. 87 – Cha'are Shalom Ve Tsedek/Frankreich).

23 Eine Diskriminierung kann auch eine erniedrigende Behandlung i.S. v. Art. 3 sein (Art. 3 Rn. 8).

Artikel 15 Abweichen im Notstandsfall

(1) Wird das Leben der Nation durch Krieg oder einen anderen öffentlichen Notstand bedroht, so kann jede Hohe Vertragspartei Maßnahmen treffen, die von den in dieser Konvention vorgesehenen Verpflichtungen abweichen, jedoch nur, soweit es die Lage unbedingt erfordert und wenn die Maßnahmen nicht im Widerspruch zu den sonstigen völkerrechtlichen Verpflichtungen der Vertragspartei stehen.

(2) Aufgrund des Absatzes 1 darf von Artikel 2 nur bei Todesfällen infolge rechtmäßiger Kriegshandlungen und von Artikel 3, Artikel 4 Absatz 1 und Artikel 7 in keinem Fall abgewichen werden.

(3) Jede Hohe Vertragspartei, die dieses Recht auf Abweichung ausübt, unterrichtet den Generalsekretär des Europarats umfassend über die getroffenen Maßnahmen und deren Gründe. Sie unterrichtet den Generalsekretär des Europarats auch über den Zeitpunkt,

zu dem diese Maßnahmen außer Kraft getreten sind und die Konvention wieder volle Anwendung findet.

I. Allgemeines

Abs. 1 erlaubt Konventionsstaaten, von bestimmten Konventionsart. unter genau bestimmten und ganz besonderen Umständen abzuweichen. **Abs. 2** schließt die Abweichung von Art. 3 (Verbot der Folter), Art. 4 Abs. 1 (Verbot der Sklaverei und Leibeigenschaft) und Art. 7 (keine Strafe ohne Gesetz) gänzlich aus. Ein Abweichen von Art. 2 (Recht auf Leben) ist wegen Todesfällen in Folge rechtmäßiger Kriegshandlungen zulässig. Prot. Nr. 6 (Verbot der Todesstrafe) schließt Abweichungen nach Art. 15 EMRK in seinem Art. 3 aus, erlaubt den Vertragsstaaten aber in Art. 2, die Todesstrafe für Taten vorzusehen, die in Kriegszeiten oder bei unmittelbarer Kriegsgefahr begangen werden. Prot. Nr. 13 (Verbot der Todesstrafe auch in Kriegszeiten), das noch nicht in Kraft ist, schließt Abweichungen nach Art. 15 in seinen Art. 2 aus. Art. 15 **Abs. 3** enthält eine Unterrichtungspflicht über Abweichungen gegenüber dem Generalsekretär des Europarats. 1

Art. 15 macht die Verbindung mit dem humanitären Völkerrecht deutlich (Heintze ZRP 2000, 506, 507). Vorbild für Art. 15 ist Art. 4 Zivilpakt.

II. Voraussetzungen

1. Krieg oder Notstand

Der Fall eines Krieges hat bisher keine Rolle gespielt. Die Konventionsstaaten haben sich in einigen Fällen auf das Vorliegen eines Notstandes berufen. 2

Die bloße Behauptung des Konventionsstaats, dass die Voraussetzungen vorliegen, genügt nicht. **Der EGMR prüft** auch, ob sie gegeben sind. Er legt die Voraussetzungen eng aus (z.B. EGMR v. 01.07.1961, Serie A, Bd. 3, S. 55 – Lawless/Irland). 3

Die EMRK hat für das Vorliegen eines Notstandes folgende **vier Voraussetzungen** aufgestellt: 1. Der Notstand muss bestehen oder unmittelbar bevorstehen. Er muss 2. Auswirkungen auf die gesamte Nation 4 haben und 3. eine Bedrohung für das organisierte Gemeinschaftswesen darstellen. Der Ausnahmecharakter muss 4. derart sein, dass nach der Konvention zulässige, normale Maßnahmen oder Einschränkungen eindeutig unzureichend sind, um die Sicherheit, die Gesundheit und die öffentliche Ordnung zu gewährleisten (EKMR v. 02.06.1956, DR. 2, 174 – Griechenland/Vereinigtes Königreich; EGMR v. 01.07.1961, Serie A, Bd. 3, S. 56 Nr. 28 – Lawless/Irland). Im Falle Irland ist ein solcher Notstand angenommen worden (vgl. auch EGMR v. 18.01.1978, Serie A, Bd. 25, S. 83 Nr. 220 – Irland/Vereinigtes Königreich), ebenso hinsichtlich des Südostens der Türkei (EGMR v. 18.12.1996, Slg. 1996-VI Nr. 69 Aksoy/Türkei).

5 Es ist anerkannt, dass die Vertragsstaaten auch hier einen weiten **Beurteilungsspielraum** haben. Zunächst ist es Sache des Staates zu entscheiden, ob ihn ein öffentlicher Notstand bedroht und, wenn das der Fall ist, was er dagegen unternehmen muss. Die staatlichen Behörden stehen unmittelbar und ständig mit den realen Verhältnissen in Verbindung, die zur Zeit bestehen und sind deswegen grundsätzlich besser in der Lage als der internationale Richter, über das Bestehen eines solchen Notstandes und das Ausmaß der erforderlichen Maßnahmen zu befinden. Sie stehen aber auch hier unter der Überwachung des Gerichtshofs (EGMR v. 18.01.1978, EuGRZ 1979, 149 Nr. 207 – Irland/Vereinigtes Königreich; EGMR v. 18.12.1996, Slg. 1996-VI Nr. 68 – Aksoy/Türkei).

2. Notwendigkeit der Maßnahmen

6 Der Konventionsstaat darf unter den engen Voraussetzungen von Art. 15 und unter Berufung darauf Regelungen treffen, die von Konventionsgarantien abweichen. Die Abweichung muss **unbedingt notwendig** sein. Die **Verhältnismäßigkeit** der Maßnahmen wird besonders geprüft. Es muss eine konkrete Beziehung bestehen zwischen der Maßnahme und der Notlage, der begegnet werden muss (EGMR v. 25.01.1976, DR 19, 513, 589 – Irland/Vereinigtes Königreich). Der Gerichtshof berücksichtigt dabei die Tatsachenverhältnisse und die Natur der Rechte, von denen abgewichen wird, die Dauer des Notstands und die Umstände, die ihn verursacht haben (EGMR v. 18.12.1996,

Slg. 1996-VI Nr. 68 – Aksoy/Türkei). Im Falle Brogan/Vereinigtes Königreich (Urt. v. 29.11.1988, Serie A, Bd. 145) hat der Gerichtshof angenommen, dass eine Verletzung der in Art. 5 Abs. 3 vorgesehenen Pflichten zur unverzüglichen Vorführung vor einen Richter eine Konventionsverletzung darstellte.

3. Übereinstimmung mit sonstigen völkerrechtlichen Verpflichtungen

Nach Abs. 1 sind nur solche Maßnahmen zulässig, die nicht im Widerspruch zu den sonstigen völkerrechtlichen Verpflichtungen des Konventionsstaates stehen. Hier kann insbesondere Art. 4 Zivilpakt (oben Rn. 1) von Bedeutung sein, der eine amtliche Verkündung des Notstands erfordert. Der Gerichtshof hat eine Erklärung der Regierung an das Parlament ausreichen lassen (EGMR v. 26.05.1993, Serie A, Bd. 258, S. 56 f. Nr. 68 ff. – Brannigan u. McBride/Vereinigtes Königreich). 7

4. Unterrichtung (Abs. 3)

Der Generalsekretär des Europarats muss ausreichend informiert werden; der Gerichtshof prüft, ob das geschehen ist (EGMR v. 18.12.1996, Slg. 1996-VI Nr. 86 – Aksoy/Türkei). Er hat für ausreichend gehalten, wenn der Generalsekretär nach 12 Tagen über das erlassene Gesetz mit Begründung informiert wird (EGMR v. 01.07.1961, Serie A, Bd. 3, S. 61 Nr. 47 – Lawless/Vereinigtes Königreich: Unterrichtung so schnell wie möglich), die EKMR hat eine Unterrichtung erst nach vier Monaten für verspätet angesehen (EKMR v. 05.11.1969, DR 12, 42 Nr. 78 ff. – Griechenland-Fall). Wenn in der Erklärung nach Art. 15 Ausnahmen nur für bestimmte Gebiete genannt sind, geht der Gerichtshof davon aus, dass Abweichungen in anderen Regionen nicht zulässig sind (EGMR v. 26.11.1997, Slg. 1997-VII Nr. 39 – Sakik u.a./Türkei). 8

Artikel 16 Beschränkung der politischen Tätigkeit ausländischer Personen

Die Artikel 10, 11 und 14 sind nicht so auszulegen, als untersagten sie den Hohen Vertragsparteien, die politische Tätigkeit ausländischer Personen zu beschränken.

I. Allgemeines

1 Art. 1 verpflichtet die Konventionsstaaten, die Konventionsrechte »allen ihrer Hoheitsgewalt unterstehenden Personen« zuzusichern. Art. 14 verbietet eine Diskriminierung u.a. wegen der Rasse, der Hautfarbe, der Sprache und der nationalen Herkunft. Diese Vorschriften zeigen deutlich, dass sich der Grundrechtsschutz nach der Konvention auf alle Personen, also auch auf Ausländer bezieht. Von diesem Grundsatz gibt es einige Ausnahmen in Regelungen, die zwischen Staatsangehörigen und Ausländern unterscheiden. Dazu zählt insbesondere Art. 16, vgl. aber auch Art. 2 bis 4 Prot. Nr. 4 über die Freizügigkeit, das Verbot der Ausweisung eigener Staatsangehöriger und der Kollektivausweisung ausländischer Personen sowie Art. 1 Prot. 7 über verfahrensrechtliche Schutzvorschriften für die Ausweisung von Ausländern. Ein Vorbild für die Regelung von Art. 16 gibt es in der Allgemeinen Erklärung der Menschenrechte und im Zivilpakt nicht.

2 Die praktische Bedeutung von Art. 16 in der Rechtsprechung des Gerichtshofs ist gering. Die Leitentscheidung ist die in der Sache Piermont/Frankreich (EGMR v. 27.04.1995, Serie A, Bd. 314, S. 24 Nr. 62 ff.). Die Bf. war eine Deutsche, die Mitglied des Europäischen Parlaments war und sich darüber beschwerte, dass sie in ihrer Meinungsfreiheit durch französische Behörden in Polynesien und Neu-Kaledonien beschränkt worden sei, nachdem sie an einer Demonstration gegen Atomversuche teilgenommen hatte. Der Gerichtshof hat entschieden, dass Art. 16 auf die Bf., die Staatsangehörige eines Mitgliedstaats der EU und Mitglied des Europäischen Parlaments sei, nicht angewendet werden könne.

II. Zulässige Beschränkungen

Nur die ausdrücklich genannten Garantien in Art. 10 (Freiheit der Meinungsäußerung), Art. 11 (Versammlungs- und Vereinigungsfreiheit) und Art. 14 (Diskriminierungsverbot) dürfen beschränkt werden, keine anderen Rechte, und nur wegen der politischen Tätigkeit von Ausländern (vgl. Art. 18). Insoweit entspricht die Vorschrift dem herkömmlichen Völkerrecht (Frowein/Peukert Rn. 2). Einschränkungen sind nur möglich für Ausländer, nach dem Urteil nach der Sache Piermont (oben Rn. 2) möglicherweise nicht bei Staatsangehörigen der Mitgliedsstaaten der EU. Ein sachlicher Grund für die Ungleichbehandlung im Sinne von Art. 14 ist wegen der Rechte aus Art. 10 und 11 nach der ausdrücklichen Vorschrift in Art. 16 nicht notwendig. 3

Artikel 17 Verbot des Missbrauchs der Rechte

Diese Konvention ist nicht so auszulegen, als begründe sie für einen Staat, eine Gruppe oder eine Person das Recht, eine Tätigkeit auszuüben oder eine Handlung vorzunehmen, die darauf abzielt, die in der Konvention festgelegten Rechte und Freiheiten abzuschaffen oder sie stärker einzuschränken, als es in der Konvention vorgesehen ist.

I. Allgemeines

Art. 17 gibt ein Missbrauchsverbot: Die Konventionsrechte dürften nicht zu dem Zweck in Anspruch genommen werden, sie selbst abzuschaffen oder stärker als zulässig einzuschränken. Vorbild für Art. 17 ist Art. 5 Abs. 1 Zivilpakt. Das GG enthält in Art. 18, 21 Abs. 2 ähnliche Vorschriften. 1

II. Inhalt von Artikel 17

Die Vorschrift nennt den Staat und Personen. Sie dürfen die Konventionsrechte nicht in Anspruch nehmen, um Handlungen vorzunehmen, 2 die auf die Abschaffung der Konventionsrechte abzielen. Daraus kann nicht allgemein abgeleitet werden, dass eine Person, die illegale Handlungen vornimmt, ohne sich zur Rechtfertigung auf die Konvention zu berufen, damit allgemein das Recht verliert, Konventionsrechte geltend zu machen, die den Mitgliedsstaaten allgemeine Pflichten auferlegen (EGMR v. 01.07.1961, Serie A, Bd. 3, S. 44 Nr. 5 ff. – Lawless/Irland für ein Mitglied der IRA; EGMR v. 08.12.1999, Slg. 1999-VIII Nr. 47 – Freiheits- und Demokratiepartei (ÖZDEP)/Türkei).

3 Ein Deutschland betreffender Beispielsfall ist von der EKMR abgeschlossen worden. Die damalige KPD hatte gegen das Verbot durch das BVerfG nach Art. 21 GG Beschwerde eingelegt. Die Kommission ist zu dem Ergebnis gekommen, die KPD wolle die Konventionsfreiheit abschaffen und eine Diktatur errichten. Sie könne sich deswegen nach Art. 17 nicht auf die von ihr in Anspruch genommenen Art. 9 bis 11 berufen (EKMR, Jahrbuch 1, 222-KPD/Deutschland). In der Sache Vogt/Deutschland (EGMR v. 26.09.1995, EuGRZ 1995, 590) hat der Gerichtshof festgestellt, dass die Entlassung einer in der KPD aktiven Lehrerin gegen Art. 10 verstoße und das Argument, sie missbrauche ihre Konventionsrechte, nicht geltend lassen. In der Sache Schimanek/Österreich (EGMR, I. Sektion, v. 01.02.2000, Beschw.-Nr. 32307/96 hat der Gerichtshof die Individualbeschwerde eines wegen NS-Aktivitäten Verurteilten für unzulässig erklärt und ausgeführt, der Nationalsozialismus sei eine totalitäre Doktrin, die mit Demokratie und Menschenrechten unvereinbar sei. Deswegen sei Art. 17 anzuwenden.

4 Ein weiteres Beispiel ist die Entscheidung der EKMR in der Sache Glimmerveen u. Hagenbeek/Niederlande (EKMR v. 11.10.1979, DR 18, 196). Sie betraf die Verurteilung einer Person, die Flugblätter besaß, in denen zum Rassenhass aufgerufen wurde. Außerdem wurde ihr verboten, für eine rassistische politische Partei an einer Gemeindewahl teilzunehmen. Die Kommission ist zu dem Ergebnis gekommen, dass Art. 10 nicht verletzt sei, denn die Äußerung dieser politischen Meinungen sei eindeutig eine Aktivität im Sinne von Art. 17. Auch der Gerichtshof hat klargestellt, dass rassistische Äußerungen nicht von Art. 10 geschützt werden (EGMR v. 23.09.1994, Serie A, Bd. 298 Nr. 35 – Jersild/Dänemark).

III. Verhältnis zu anderen Artikeln

In einigen Fällen haben die Bf. eine Verletzung bestimmter Konventions- 5
rechte gerügt und zugleich geltend gemacht, auch Art. 17 und 18 seien verletzt. Der Gerichtshof hat in der Regel nicht für nötig gehalten zu prüfen, ob eine solche Verletzung vorliegt, wenn er einen Verstoß gegen eine andere Konventionsvorschrift festgestellt hat (z.B. EGMR v. 23.09.1982, EuGRZ 1983, 523 – Sporrong und Lönnroth/Schweden; EGMR v. 27.02.2001, Beschw.-Nr. 25704/94 Nr. 192 – Cicek/Türkei) oder zu dem Ergebnis gekommen ist, dass ein Eingriff in eines der Konventionsrechte gerechtfertigt war (z.B. EGMR v. 08.06.1976, EuGRZ 1976, 221 – Engel u.a./Niederlande). Die Rechtsprechung ist insoweit mit der zu Art. 18 vergleichbar.

Artikel 18 Begrenzungen der Rechtseinschränkungen

Die nach dieser Konvention zulässigen Einschränkungen der genannten Rechte und Freiheiten dürfen nur zu den vorgesehenen Zwecken erfolgen.

Die Vorschrift bringt einen allgemeinen Gedanken zum Ausdruck, der 1
sich nur auf Konventionsrechte bezieht, die eingeschränkt werden dürfen (z.B. die Abs. 2 von Art. 8 bis 11). Selbständige Bedeutung hat die Vorschrift kaum. Wenn ein Eingriff gerechtfertigt war und der Gerichtshof deswegen die Verletzung eines Konventionsartikels nicht festgestellt hat, ist auch Art. 18 nicht verletzt. Wenn Einschränkungen dagegen nicht zu den vorgesehenen Zwecken vorgenommen waren, ist auch der besondere Konventionsartikel verletzt. So kann Art. 18 immer nur unterstützend herangezogen werden. Der Gerichtshof hat häufig ausgesprochen, dass eine Prüfung der Beschwerde unter dem Gesichtspunkt von Art. 18 nicht notwendig sei, wenn er die Verletzung einer Konventionsgarantie festgestellt hat (z.B. EGMR v. 18.12.1986, EuGRZ 1987, 101 – Bozano/Frankreich; EGMR v. 23.09.1982, EuGRZ 1983, 523 – Sporrong u. Lönnroth/Schweden) oder nicht festgestellt hat (z.B. EGMR v. 08.06.1976, EuGRZ 1976,

221 Nr. 108 – Engel u.a./Niederlande; EGMR, II. Sektion, v. 16.11.2000, Beschw.-Nr. 23819/94 Nr. 129 – Bilgin/Türkei). In einem Fall hat er sich darauf beschränkt auszuführen, der Bf. habe nicht substantiiert vorgetragen, dass er Opfer von Einschränkungen sei, die nicht zu den in der Konvention vorgesehenen Zwecken vorgenommen worden seien (EGMR, III. Sektion, v. 10.04.2001, Slg. 2001-III Nr. 177 – Tanli/Türkei).

2 Die Rechtsprechung hat Ähnlichkeiten mit der zu Art. 17 (vgl. Art. 17 Rn. 5).

Abschnitt II.
Europäischer Gerichtshof für Menschenrechte

Artikel 19 Errichtung des Gerichtshofs

Um die Einhaltung der Verpflichtungen sicherzustellen, welche die Hohen Vertragsparteien in dieser Konvention und den Protokollen dazu übernommen haben, wird ein Europäischer Gerichtshof für Menschenrechte, im folgenden als »Gerichtshof« bezeichnet, errichtet. Er nimmt seine Aufgaben als ständiger Gerichtshof war.

Der Art. ist mit Wirkung vom 01.11.1998 durch das 11. Prot. neu gefasst worden (vgl. Einleitung Rn. 5 ff.; 8 ff.). Er macht deutlich, dass es ausschließlich Aufgabe des Gerichtshofs ist, über die Einhaltung von Konventionsverpflichtungen zu entscheiden. Eine EKMR wird abweichend von Art. 19 a.F. nicht mehr erwähnt, weil es sie nicht mehr gibt. Satz 2 stellt klar, dass der Gerichtshof ein ständiger Gerichtshof ist. **1**

Der Gerichtshof hat seinen Sitz in Straßburg, dem Sitz des Europarats. Er kann auswärtige Sitzungen abhalten, er kann auch durch einzelne Richter an anderen Orten Untersuchungen vornehmen oder andere Aufgaben wahrnehmen (Art. 19 VerfO). **2**

Artikel 20 Zahl der Richter

Die Zahl der Richter des Gerichtshofs entspricht derjenigen der Hohen Vertragsparteien.

Der Gerichtshof hat ebenso viele Richter wie die EMRK Konventionsstaaten hat, zur Zeit (01.07.2002) sind es 41, weitere zwei Richter waren am 1.7.2002 noch zu wählen. Art. 38 a.F. stellte bis 01.11.1998 auf die Zahl der Mitglieder des Europarates ab, so dass auch für Europastaaten, **1** die nicht Konventionsstaaten waren, Richter gewählt wurden. Abweichend von Art. 38 Satz 2 a.F. ist nicht mehr vorgesehen, dass dem Gerichtshof jeweils nur ein Angehöriger jedes einzelnen Staates angehören darf. Es können also auch mehrere Richter aus einem Konventionsstaat kommen, so dass einer für einen Nachbarstaat derselben oder einer verwandten Rechtskultur vorgeschlagen und gewählt werden kann.

2 Am 01.07.2002 gehörten dem Gerichtshof folgende Richter an:

Luzius WILDHABER, Präsident	(Schweiz)
Jean-Paul COSTA, Vizepräsident	(Schweden)
Christos ROZAKIS, Vizepräsident	(Griechenland)
Georg RESS, Sektionspräsident	(Deutschland)
Nicolas BRATZA, Sektionspräsident	(Vereinigtes Königreich)
Gaukur JÖRUNDSSON	(Island)
Elisabeth PALM	(Schweden)
Antonio PASTOR RIDRUEJO	(Spanien)
Giovanni BONELLO	(Malta)
Lucius CAFLISCH	(Schweiz, gewählt für Lichtenstein)
Loukis LOUCAIDES	(Zypern)
Jerzy MAKARCZYK	(Polen)
Pranas KURIS	(Litauen)
Ireneu CABRAL BARRETO	(Portugal)
Riza TÜRMEN	(Türkei)
Francoise TULKENS	(Belgien)
Viera STRÁZNICKÁ	(Slovakei)
Corneliu BÎRSAN	(Rumänien)
Peer LORENZEN	(Dänemark)
Karel JUNGWIERT	(Tschechien)
Marc FISCHBACH	(Luxemburg)
Volodymyr BUTKEVYCH	(Ukraine)
Josep CASADEVALL	(Andorra)
Bostjan ZUPANCIC	(Slovenien)
Nina VAJIC	(Kroatien)
John HEDIGAN	(Irland)
Wilhelmina THOMASSEN	(Niederlande)

Matti PELLONPÄÄ	(Finnland)
Margarita TSATSA-NIKOLOVSKA	(frühere jugoslawische Republik Mazedonien)
Hanne Sophie GREVE	(Norwegen)
András BAKA	(Ungarn)
Rait MARUSTE	(Estland)
Egils LEVITS	(Lettland)
Kristaq TRAJA	(Albanien)
Snejana BOTOUCHAROVA	(Bulgarien)
Mindia UGREKHELIDZE	(Georgien)
Anatoly KOVLER	(Russland)
Vladimiro ZAGREBELSKY	(Italien)
Antonella MULARONI	(St. Marino)
Elisabeth STEINER	(Österreich)
Stanislav PAVLOVSCHI	(Moldavien)

Artikel 21 Voraussetzungen für das Amt

(1) Die Richter müssen hohes sittliches Ansehen genießen und entweder die für die Ausübung hoher richterlicher Ämter erforderlichen Voraussetzungen erfüllen oder Rechtsgelehrte von anerkanntem Ruf sein.

(2) Die Richter gehören dem Gerichtshof in ihrer persönlichen Eigenschaft an.

(3) Während ihrer Amtszeit dürfen die Richter keine Tätigkeit ausüben, die mit ihrer Unabhängigkeit, ihrer Unparteilichkeit oder mit den Erfordernissen der Vollzeitbeschäftigung in diesem Amt unvereinbar ist; alle Fragen, die sich aus der Anwendung dieses Absatzes ergeben, werden vom Gerichtshof entschieden.

Abs. 1 ist aus Art. 39 Abs. 3 a.F. übernommen. Die Voraussetzungen **1**
müssen von dem Konventionsstaat bei der Aufstellung der Vorschlagsliste und von der Parlamentarischen Versammlung bei der Wahl nach

Art. 11 beachtet werden. Richter sind zur Zeit überwiegend ehemalige hohe Richter aus den Konventionsstaaten oder Professoren mit besonderen Kenntnissen des Völkerrechts.

2 Abs. 2 stellt klar, dass die Richter nicht den Konventionsstaat vertreten, für den sie gewählt worden sind, sondern dem Gerichtshof **in ihrer persönlichen Eigenschaft** angehören. Das ist von besonderer Bedeutung, weil der für den jeweiligen Konventionsstaat gewählte Richter, der sog. nationale Richter, von Amts wegen Mitglied der Kammer und der Großen Kammer ist, die über eine Beschwerde gegen das Land entscheiden, für das er gewählt worden ist (Art. 27 Abs. 2).

3 Abs. 3 trägt der Tatsache Rechnung, dass der Gerichtshof ein **ständiger Gerichtshof** ist. Die Richter müssen deswegen nicht nur Gewähr für ihre Unabhängigkeit und Unparteilichkeit bieten – dürften also z.B. nicht aktive Beamte eines Konventionsstaats sein oder sonst eine politische, administrative oder berufliche Tätigkeit ausüben, die mit ihrer Unabhängigkeit und Unparteilichkeit oder mit den Erfordernissen der Vollzeitbeschäftigung unvereinbar wäre (Art. 4 VerfO). Die Verfahrensordnung verpflichtet die Richter, dem Präsidenten des Gerichtshofs jede Nebentätigkeit anzuzeigen. Bei Meinungsverschiedenheiten zwischen dem Präsidenten und dem betroffenen Richter entscheidet das Plenum (Abs. 3 letzter Halbsatz, Art. 4. S. 4 VerfO).

Artikel 22 Wahl der Richter

(1) Die Richter werden von der Parlamentarischen Versammlung für jede hohe Vertragspartei mit der Mehrheit der abgegebenen Stimmen aus einer Liste von drei Kandidaten gewählt, die von der Hohen Vertragspartei vorgeschlagen werden.

(2) Dasselbe Verfahren wird angewendet, um den Gerichtshof im Fall des Beitritts neuer Hoher Vertragsparteien zu ergänzen und um freigewordene Sitze zu besetzen.

Die Richter werden von der Parlamentarischen Versammlung des Europarats gewählt. Ihre frühere Bezeichnung war »Beratende Versammlung«. Sie besteht aus Parlamentsmitgliedern jedes Konventionsstaats (Art. 25 der Satzung des Europarats). Dass eine parlamentarische Wahl vorgesehen ist, was sonst keineswegs bei internationalen Gerichten die Regel ist, gibt den Richtern eine **hohe demokratische Legitimation**. Die Parlamentarische Versammlung wählt die Richter mit Mehrheit der abgegebenen Stimmen. 1

Die Konventionsstaaten müssen eine **Liste mit drei Kandidaten aufstellen**, welche die Erfordernisse von Art. 21 Abs. 1 erfüllen. Sie haben dabei eine hohe Verantwortung, denn die Qualität des Gerichtshofs und damit des europäischen Menschenrechtsschutzes steht und fällt mit der Qualität der Richter. Es sollten keine Richter vorgeschlagen werden, die das 70. Lebensjahr während ihrer Amtsperiode vollenden (Art. 23 Abs. 4). Konventionsstaaten sollten eine ausgewogene Liste vorlegen, die Frauen und Männer enthält und nach Möglichkeit Angehörige unterschiedlicher Berufe (Richter, Professoren, Rechtsanwälte). 2

Die Parlamentarische Versammlung kann eine **Liste zurückweisen** und den Konventionsstaat auffordern, eine neue vorzulegen, wenn die alte Liste den Anforderungen nicht entspricht, z.B. eine echte Wahl nicht ermöglicht. Das ist bei der ersten Wahl der Richter für den neuen Gerichtshof in einigen Fällen geschehen. 3

Die Parlamentarische Versammlung nimmt die Wahl vor, nachdem ein Ausschuss die Kandidaten persönlich angehört hat. Die Reihenfolge der Kandidaten auf der Liste ist nicht relevant und macht allenfalls die Präferenz des vorgeschlagenen Konventionsstaates deutlich. 4

Dasselbe Verfahren, also Wahl aus einer Vorschlagsliste, ist anzuwenden, wenn ein **neuer Konventionsstaat** beigetreten ist oder ein Richter **ausscheidet**, z.B. weil er die Altersgrenze erreicht hat (Art. 23 Abs. 4). Die Richter bleiben zwar nach Art. 23 Abs. 7 im Amt, bis ihr Nachfolger seinen Amtseid abgelegt hat. Das berechtigt den Vertragsstaat aber nicht dazu, eine Liste zunächst nicht vorzulegen. 5

Artikel 23 Amtszeit

(1) Die Richter werden für sechs Jahre gewählt. Ihre Wiederwahl ist zulässig. Jedoch endet die Amtszeit der Hälfte der bei der ersten Wahl gewählten Richter nach drei Jahren.

(2) Die Richter, deren Amtszeit nach drei Jahren endet, werden unmittelbar nach ihrer Wahl vom Generalsekretär des Europarats durch das Los bestimmt.

(3) Um soweit wie möglich sicherzustellen, dass die Hälfte der Richter alle drei Jahre neu gewählt wird, kann die Parlamentarische Versammlung vor jeder späteren Wahl beschließen, dass die Amtszeit eines oder mehrerer der zu wählenden Richter nicht sechs Jahre betragen soll, wobei diese Amtszeit weder länger als neun noch kürzer als drei Jahre sein darf.

(4) Sind mehrere Ämter zu besetzen und wendet die Parlamentarische Versammlung Absatz 3 an, so wird die Zuteilung der Amtszeiten vom Generalsekretär des Europarats unmittelbar nach der Wahl durch das Los bestimmt.

(5) Ein Richter, der anstelle eine Richters gewählt wird, dessen Amtszeit noch nicht abgelaufen ist, übt sein Amt für die restliche Amtszeit seines Vorgängers aus.

(6) Die Amtszeit der Richter endet mit Vollendung des 70. Lebensjahres.

(7) DieRichter bleiben bis zum Amtsantritt ihrer Nachfolger im Amt. Sie bleiben jedoch in den Rechtssachen tätig, mit denen sie bereits befasst sind.

1 Das 11. Prot. hat die Amtszeit auf **sechs Jahre** beschränkt; das ist aus Art. 22 a.F. für die Mitglieder der Kommission übernommen. Die Amtszeit der Richter betrug früher neun Jahre (Art. 40 Abs. 1 a.F.). Eine längere Amtszeit wäre für die Unabhängigkeit des Gerichtshofs und die

Gewährleistung einer stetigen Arbeit besser. Eine Wiederwahl der Richter ist möglich.

Die Amtszeit der Hälfte der bei der ersten Wahl gewählten Richter **endet nach drei Jahren**. Diese Richter werden vom Generalsekretär des Europarats durch Los bestimmt (Art. 23 Abs. 1 S. 3, Abs. 2). Zweck dieser Regelung ist zu vermeiden, dass ale Richter zu einem bestimmten Zeitpunkt neu gewählt werden, was den Gerichtshof vor organisatorischen Schwierigkeiten stellen und der Stetigkeit der Rechtsprechung abträglich sein könnte. Für spätere Wahlen gibt Art. 23 Abs. 3, 4 eine entsprechende Vorschrift. Danach kann die Amtszeit eines später gewählten Richters sogar länger sein als sechs Jahre, aber nicht länger als neun Jahre. 2

Die Amtszeit wird vom Zeitpunkt der Wahl der Richter an gerechnet. Bei Wiederwahl eines Richters oder bei Wahl anstelle eines Richters, dessen Amtszeit abgelaufen ist, vom Ablauf dieser Amtszeit an (Art. 2 Abs. 1 VerfO).

Abs. 5 bestimmt für den Fall der Wahl eines Richters für einen anderen, dessen Amtszeit noch nicht abgelaufen ist, dass er sein Amt **für die restliche Amtszeit** des Vorgängers ausübt (vgl. auch Art. 2 Abs. 2VerfO). Das kann bei kurzen Restamtszeiten zu Schwierigkeiten führen. Die Vertragsstaaten sollten deswegen darauf achten, dass die vorgeschlagenen Richter das 70. Lebensjahr nicht während ihrer Amtszeit, jedenfalls aber nicht kurz vor deren Ende vollenden. 3

Abs. 6: Die **Altersgrenze von 70 Jahren** ist vom 11. Prot. eingeführt worden. Sie steht mit der Tatsache in Zusammenhang, dass der Gerichtshof nunmehr ein ständiger Gerichtshof ist; für die Gerichte der Konventionsstaaten sind üblicherweise Altersgrenzen bestimmt worden. Die Altersgrenze von 70 Jahren ist kritisiert worden. Es sprechen aber hier ebenso wie bei den entsprechenden Vorschriften für nationale Gerichte gute Gründe dafür, sie im Interesse der Arbeitsfähigkeit des Gerichts beizubehalten. 4

Abs. 7: Ein gewählter Richter **bleibt im Amt**, bis sein Nachfolger den Eid leistet oder die in Art. 3 VerfO abgegebene Erklärung abgegeben hat 5

(Art. 2 Abs. 3 VerfO). Er bleibt nach Satz 2 in Rechtssachen tätig, mit denen er bereits befasst ist, also auch noch nach Beendigung seines Amts. Die Regelung ist aus Art. 40 Abs. 6 S. 2 a.F. übernommen. Sie wird durch Art. 26 Abs. 3 VerfO für die Kammern und Art. 24 Abs. 4 VerfO für die Große Kammer dahin präzisiert, dass ausscheidende Richter weiter tätig bleiben, wenn sie an der Prüfung der Begründetheit der Beschwerde teilgenommen haben.

6 Die Amtszeit endet weiter durch **Entlassung** (Art. 24) und **Rücktritt** eines Richters (Art. 6 VerfO).

Artikel 24 Entlassung

Ein Richter kann nur entlassen werden, wenn die anderen Richter mit Zweidrittelmehrheit entscheiden, dass er die erforderlichen Voraussetzungen nicht mehr erfüllt.

1 Die Vorschrift ist vom 11. Prot. in Anlehnung an Art. 18 der Satzung des Internationalen Gerichtshofs eingefügt worden.

2 Eine Entlassung kann ausgesprochen werden, wenn der Richter die Voraussetzungen nicht mehr erfüllt, z.B. eine Tätigkeit aufgenommen hat, die nach Art. 21 Abs. 3 nicht zulässig ist. Bei Erreichung der **Altersgrenze** nach Art. 23 Abs. 6 wird eine Entlassung nicht in Betracht kommen, weil die Amtszeit ohne weiteres endet. Es wird aber ein feststellender Beschluss nach Art. 24 möglich sein.

3 Über die Entlassung entscheiden die anderen Richter im Plenum mit zwei Drittel-Mehrheit der im Amt befindlichen gewählten Richter. Der betroffene Richter ist vorher vom Plenum zu hören. Er selbst kann das Amtsenthebungsverfahren in Gang setzen (Art. 7 VerfO).

4 Das Amt kann auch durch **Rücktritt** des Richters enden (Art. 6 VerfO). Eine Rücktrittserklärung wird an den Präsidenten des Gerichtshofs gerichtet, der sie an den Generalsekretär des Europarats weiterleitet.

Durch den Rücktritt wird der Sitz des Richters frei, er darf nur noch unter den Voraussetzungen der Art. 26 Abs. 3, Art. 24 Abs. 2 VerfO in Verfahren weiter tätig sein, bei denen er an der Prüfung der Begründetheit teilgenommen hat (vgl. zu Art. 23 Abs. 7).

Artikel 25 Kanzlei und wissenschaftliche Mitarbeiter

Der Gerichtshof hat eine Kanzlei, deren Aufgaben und Organisation in der Verfahrensordnung des Gerichtshofs festgelegt werden. Der Gerichtshof wird durch wissenschaftliche Mitarbeiter unterstützt.

Zur Kanzlei vgl. Art. 15 bis 18 VerfO. Aufgabe der Kanzlei ist, den Gerichtshof bei der Erfüllung seiner Aufgaben zu unterstützen (Art. 17 Abs. 1 S. 1, Art. 18 Abs. 2 VerfO). **1**

Verantwortlich für die Organisation und Tätigkeit der Kanzlei insgesamt ist der **Kanzler**, der vom Plenum des Gerichtshofs gewählt wird und dem Präsidenten untersteht (Art. 17 Abs. 1 VerfO). Zu seinen Aufgaben zählen die Verwaltung der Archive, der Schriftwechsel des Gerichtshofs, die Zustellung (Art. 17 Abs. 2 VerfO) und die Beantwortung von Anfragen und Erteilung von Auskünften insbesondere gegenüber der Presse (Art. 17 Abs. 3 VerfO). Die Kanzlei gibt Pressemitteilungen heraus. Die Arbeit der Kanzlei wird durch eine Allgemeine Weisung geregelt, die der Kanzler vorbereitet und die vom Präsidenten genehmigt wird (Art. 17 Abs. 4 VerfO). **2**

Jede Sektion des Gerichtshofs (vgl. zu Art. 27) hat eine **Sektionskanzlei**. Sie ist mit den erforderlichen Stellen besetzt (Art. 18 Abs. 1 VerfO). Ihr steht der Sektionskanzler vor (Art. 18 Abs. 2 VerfO). **3**

Die Bediensteten der Kanzlei einschließlich der wissenschaftliche Mitarbeiter werden vom Generalsekretär des Europarats mit Zustimmung des Präsidenten oder des Kanzlers **eingestellt** (§ 18 Abs. 3 VerfO). Damit ist klargestellt, dass die nicht richterlichen Bediensteten des **4**

Gerichtshofs Bedienstete des Europarats sind und in das allgemeine Personalgefüge eingegliedert sind. Der Einfluss des Gerichtshofs wird durch das vorgesehene Zustimmungsverfahren gewahrt.

5 **Wissenschaftliche Mitarbeiter**: Bei Ausarbeitung des 11. Prot., das die wissenschaftlichen Mitarbeiter in Art. 25 eingefügt hat, war an eine ähnliche Einrichtung gedacht, wie in Deutschland beim BVerfG oder den obersten Gerichtshöfen des Bundes. Jüngere qualifizierte Juristen, z.B. Richter an staatlichen Gerichten, können auf eine bestimmte Zeit an den Gerichtshof abgeordnet werden. Das hat den Vorteil, dass der Gerichtshof bessere Verbindungen mit den nationalen Rechtsordnungen haben kann. Bei Rückkehr der Richter an die nationalen Gerichte können sie ihre Erfahrungen aus Straßburg in ihr Land transportieren. Um eine engere Verbindung zwischen dem Richter am Gerichtshof und dem wissenschaftlichen Mitarbeiter herzustellen, kann es zweckmäßig sein, dass der Mitarbeiter auf Vorschlag des Richters ernannt wird, der auf diese Weise einen maßgebenden Einfluss auf die Besetzung der Mitarbeiterstelle haben kann. Andererseits sollte jedoch die Personalhoheit des Europarats nicht angetastet werden. Die wissenschaftlichen Mitarbeiter müssen die erforderlichen Befähigungen und praktischen Erfahrungen haben (vgl. den Erläuternden Bericht, BT-Drs. 13/858 S. 39 Nr. 67 und die Denkschrift zu dem Vertragsgesetz BT-Drs. 13/858 S. 26 zu Art. 25). In der Übergangsphase nach Inkrafttreten des 11. Prot. hat sich ergeben, dass die Angehörigen des bisherigen Sekretariats der Kommission und der bisherigen Kanzlei des alten Gerichtshofs übernommen und nunmehr dem neuen Gerichtshof zur Verfügung stehen. Wenn sich nunmehr aber Bedarf ergibt, sollten wissenschaftliche Mitarbeiter im Sinne von Art. 25 S. 2 eingestellt werden.

Artikel 26 Plenum des Gerichtshofs

Das Plenum des Gerichtshofs

a) wählt seinen Präsidenten und einen oder zwei Vizepräsidenten für drei Jahre; ihre Wiederwahl ist zulässig,
b) bildet Kammern für einen bestimmten Zeitraum,
c) wählt die Präsidenten der Kammern des Gerichtshofs; ihre Wiederwahl ist zulässig;
d) beschließt die Verfahrensordnung des Gerichtshofs und
e) wählt den Kanzler und einen oder mehrere stellvertretende Kanzler.

I. Allgemeines

Das Plenum, bestehend aus allen Richtern, ist zu groß geworden, als dass es noch Aufgaben der Rechtsprechung wahrnehmen könnte. Insoweit wird die Große Kammer tätig (Art. 27). Das Plenum hat nur die in Art. 26 aufgezählten organisatorischen Aufgaben, nämlich 1

a) die Wahl des Präsidenten und eines oder mehrerer Vizepräsidenten. Sie werden für drei Jahre mit absoluter Mehrheit der anwesenden gewählten Richter (Art. 8 VerfO). Wiederwahl ist unbeschränkt zulässig. Zur Zeit (01.07.2002) ist Präsident der Schweizer Richter Prof. Luzius Wildhaber, Vizepräsidenten sind der französische Richter Jean-Paul Costa und der griechische Richter Christos Rozakis (vgl. Art. 20 Rn. 2). 2

b) Der Präsident hat den **Vorsitz im Plenum und in der Großen Kammer** (Art. 27 Abs. 3 EMRK, Art. 9 Abs. 2 VerfO). Die Vizepräsidenten des Gerichtshofs sind zugleich **Sektionspräsidenten** (Art. 10 S. 3 VerfO) und haben den Vorsitz in den Sitzungen der Sektionen und Kammern (Art. 12 VerfO), sofern nicht über eine Beschwerde gegen den Konventionsstaat verhandelt wird, für den sie gewählt sind (Art. 13 VerfO). 3

b) die Bildung der Kammer für einen bestimmten Zeitraum. Die VerfO sieht die Bildung von **mindestens vier Sektionen für drei Jahre** vor 4 und bringt zum Ausdruck, dass die in der Konvention sog. Kammern als Sektionen bezeichnet werden (Art. 25 Abs. 1 VerfO). Aus den Sektionen werden dann die Kammern aus sieben Richtern gebildet, die in der Sache nach Art. 27 Abs. 1 EMRK entscheiden. Die Sektionen sind damit nach deutschem Verständnis überbesetzte Kammern. Dass der Gerichtshof damit nach außen durch Sektionen entscheidet, von denen in der Konvention nicht die Rede ist, ist keine glückliche Lösung; sie fördert nicht die Verständlichkeit und Übersichtlichkeit des Systems.

5 Die **Sektionen** (Art. 25 VerfO) werden auf Vorschlag des Präsidenten vom Plenum gebildet und zwar für drei Jahre gerechnet von der Wahl des Präsidenten und der Vizepräsidenten des Gerichthofs und der Sektionen. Jeder Richter ist Mitglied einer Sektion. Die Zusammensetzung soll sowohl in geographischer Hinsicht, als auch in Beziehung auf die Vertretung der Geschlechter ausgewogen sein und den unterschiedlichen Rechtssystemen der Konventionsstaaten Rechnung tragen. Es gibt also weder Fachsektionen, noch regionale Sektionen, letzte nicht, um sicherzustellen, dass der Gerichtshof nach einheitlichen Maßstäben entscheidet. Unter besonderen Umständen kann der Präsident die Zusammensetzung der Sektionen ändern, auf seinem Vorschlag kann eine weitere Sektion gebildet werden.

6 Den **Kammern** (Art. 26 VerfO) gehören der Sektionspräsident und der für den betroffenen Staat gewählte Richter an, im Falle seiner Verhinderung ein Richtung, der ad hoc von dem betroffenen Konventionsstaat benannt werden kann (Art. 29 VerfO). Die anderen Kammermitglieder werden vom Sektionspräsidenten bestellt, der insoweit freier ist als der deutsche Vorsitzende, weil er an die strengen Anforderungen des deutschen Rechts an den gesetzlichen Richter nicht gebunden ist. Die anderen Sektionsmitglieder sind Ersatzrichter.

7 c) die Wahl der Kammerpräsidenten, die als **Sektionspräsidenten** bezeichnet werden. Zur Zeit sind es zwei, weil die Vizepräsidenten des Gerichts zugleich Kammervorsitzende sind. Auch die Sektionspräsidenten werden vom Plenum für drei Jahre mit der absoluten Mehrheit der anwesen-

den gewählten Richter gewählt (Art. 8 Abs. 5 VerfO). Ihre Aufgabe ist es, den Präsidenten zu unterstützen und zu vertreten (Art. 10 VerfO).

d) Beschluss über die **Verfahrensordnung** des Gerichthofes. Der Gerichtshof hat dabei einen erheblichen Regelungsspielraum (Erläutender Bericht BT-Drs. 13/858 S. 39 Nr. 70, 71). Anders als der EuGH in Luxemburg haben die Konventionsstaaten für den EGMR kein Statut als völkerrechtlichem Vertrag abgeschlossen. Der Gerichtshof hat damit eine größere Gestaltungsfreiheit und Flexibilität. Die Konventionsstaaten sind davon ausgegangen, dass es einem internationalen Gericht dieses Ranges selbst überlassen bleiben kann, Einzelheiten seiner Organisation und seines Verfahrens zu bestimmen. Die Verfahrensordnung ist in der Anlage abgedruckt. **8**

e) Wahl des **Kanzlers und eines oder mehrerer Stellvertreter** (vgl. Art. 15, 16 VerfO). Der Kanzler muss die erforderlichen juristischen, administrativen und sprachlichen Kenntnisse haben. Er wird für fünf Jahre gewählt. Wiederwahl ist unbeschränkt möglich. Wegen seiner Aufgaben vgl. zu Art. 25 EMRK und Art. 17 VerfO. **9**

II. Sitzungen des Plenums

Sie werden **vom Gerichtspräsidenten einberufen** (Art. 20 VerfO). Er muss das tun, wenn mindestens ein Drittel der Richter es verlangt, jedenfalls zur Erörterung von Verwaltungsfragen einmal im Jahr. Das Quorum ist zwei Drittel der Richter, wird es nicht erreicht, vertagt der Präsident die Sitzung. **10**

Artikel 27 Ausschüsse, Kammern und Große Kammer

(1) Zur Prüfung der Rechtssachen, die bei ihm anhängig gemacht werden, tagt der Gerichtshof in Ausschüssen mit drei Richtern, in Kammern mit sieben Richtern und in einer Großen Kammer mit

siebzehn Richtern. Die Kammern des Gerichtshofs bilden die Ausschüsse für einen bestimmten Zeitraum.

(2) Der Kammer und der Großen Kammer gehört von Amts wegen der für den als Partei beteiligten Staat gewählte Richter oder, wenn ein solcher nicht vorhanden ist oder er an den Sitzungen nicht teilnehmen kann, eine von diesem Staat benannte Person an, die in der Eigenschaft eines Richters an den Sitzungen teilnimmt.

(3) Der Großen Kammer gehören ferner der Präsident des Gerichtshofs, die Vizepräsidenten, die Präsidenten der Kammern und andere nach der Verfahrensordnung des Gerichtshofs ausgewählte Richter an. Wird eine Rechtssache nach Artikel 43 an die Große Kammer verwiesen, so dürfen Richter der Kammer, die das Urteil gefällt hat, der Großen Kammer nicht angehören; das gilt nicht für den Präsidenten der Kammer und den Richter, welcher in der Kammer für den als Partei beteiligten Staat mitgewirkt hat.

I. Kammern

1 Die Kammer von sieben Richtern ist der Spruchkörper, **der grundsätzlich über Beschwerden entscheidet** und zwar über Staatenbeschwerden (Art. 35) und Individualbeschwerden (Art. 34). Die Kammer wird aus einer Sektion gebildet; es gibt also vier Kammern (dazu Art. 26 Rn. 4). **Vorsitzender** ist der Sektionspräsident, wobei die beiden Vizepräsidenten des Gerichtshofs zugleich Sektionspräsidenten sind. Der Kammer gehören weiter der für den als Partei beteiligten Konventionsstaat gewählte Richter an sowie weitere vom Sektionspräsidenten bestellte Richter. Die übrigen Richter der Sektion sind Ersatzrichter.

II. Ausschüsse (Art. 27 Abs. 1 S. 1)

2 Sie werden von den Kammern für ein Jahr gebildet (Art. 27 VerfO) und bestehen aus drei Richtern derselben Sektion. Über **die Zahl der Ausschüsse** entscheidet der Präsident nach Anhörung des Sektionspräsidenten. Der Sektionspräsident gehört dem Ausschuss nicht an. Den Vorsitz

hat das rangälteste Mitglied. Auch der nationale Richter muss dem Ausschuss nicht angehören.

Einzige Befugnis des Ausschusses ist es, eine Individualbeschwerde nach Art. 28 für unzulässig zu erklären. 3

III. Große Kammer

Sie besteht aus 17 Richtern (Art. 27 Abs. 1 S. 1). Ihr gehören an: Der Präsident des Gerichtshofs, die Vizepräsidenten, die Präsidenten der Sektionen, der nationale Richter und weitere nach der VerfO ausgewählte Richter (Art. 27 Abs. 2, Abs. 3 S. 1). 4

Die **Besetzung der Großen Kammer** ist im Übrigen unterschiedlich, je nach dem, ob sie nach Art. 30 durch Abgabe der Kammer vor dem Urteil oder nach Art. 43 durch Verweisung nach dem Urteil der Kammer zuständig wird. 5

Im Falle einer **Abgabe nach Art. 30** sind die Richter der abgebenden Kammer auch Mitglieder der Großen Kammer (Art. 24 Abs. 2 Buchst. c) VerfO). Diese Regelung ist durch eine Änderung der VerfO wegen der Erfahrungen in einem konkreten Fall eingeführt worden. 6

Bei einer **Verweisung nach Art. 43** dürfen die Richter, die das Urteil gefällt haben, nach Art. 27 Abs. 3 S. 2 EMRK an der Großen Kammer nicht teilnehmen (vgl. Art. 24 Abs. 2 d) VerfO). 7

Die übrigen Richter der Großen Kammer werden für jeden ihr zugewiesenen Fall unter den übrigen Richtern vom Präsidenten **durch Los** bestimmt. Dabei soll auf eine ausgewogene Besetzung hinsichtlich der geographischen Lage des jeweiligen Staates und der unterschiedlichen Rechtssysteme geachtet werden (Art. 24 Abs. 2 Buchst. e) VerfO). Mit dieser Regelung soll erreicht werden, dass alle Richter des Gerichtshofs auch Mitglieder der Großen Kammer sein können; eine Aufspaltung des Gerichtshofs in Richter erster und zweiter Klasse sollte vermieden werden. 8

Der Großen Kammer gehören mindestens **drei Ersatzrichter** an (Art. 24 Abs. 1 VerfO). 9

IV. Verhinderung eines Richters

10 Ist ein Richter verhindert, an der Sitzung teilzunehmen, muss er das dem Kammerpräsidenten anzeigen (Art. 28 Abs. 1 VerfO). Das kann auch der Fall sein, wenn er ein persönliches Interesse an der Sache hat oder vorher an ihr mitgewirkt hat (Art. 28 VerfO). In solchen Fällen werden **Ersatzrichter** herangezogen. Wenn es keinen für einen beteiligten Staat gewählten Richter gibt oder dieser Richter verhindert ist, kann der Konventionsstaat **einen Richter ad hoc** bestellen, der in der Eigenschaft eines Richters an der Sitzung teilnimmt (Art. 27 Abs. 2 EMRK). Wenn der nationale Richter verhindert ist, fordert der Kammerpräsident den Konventionsstaat auf, mitzuteilen, ob er einen anderen gewählten Richter oder einen Richter ad hoc benennen will. Wird binnen 30 Tagen nicht geantwortet, gilt das als Verzicht auf eine solche Benennung (Art. 29 VerfO).

Artikel 28 Unzulässigkeitserklärungen der Ausschüsse

Ein Ausschuss kann durch einstimmigen Beschluss eine nach Artikel 34 erhobene Individualbeschwerde für unzulässig erklären oder im Register streichen, wenn eine solche Entscheidung ohne weitere Prüfung getroffen werden kann. Die Entscheidung ist endgültig.

I. Allgemeines

1 Vgl. zum Verfahren Einleitung Rn. 15 ff. Einzelheiten sind in der VerfO geregelt, von der der Gerichtshof im Einzelfall abweichen kann (Art. 31 VerfO). Der Präsident kann Verfahrensanordnungen praktischer Natur erlassen (Art. 32 VerfO). Art. 28 betrifft nur Individualbeschwerden, nicht Staatenbeschwerden nach Art. 33.

2 Die Beschwerde wird **zunächst von der Kanzlei** bearbeitet, die eine vorläufige Akte anlegt. Die Ausschüsse haben die Aufgabe übernommen, die

vor dem 01.11.1998 die Kommission hatte, nämlich die unzulässigen Beschwerden auszufiltern. Diese Filteraufgabe ist wegen des erheblichen Anwachsens der Zahl der Individualbeschwerden von großer Bedeutung, was insbesondere dadurch deutlich wird, dass auch offensichtlich unbegründete Beschwerden als unzulässig zurückgewiesen werden können (Art. 35 Abs. 3 EMRK). Eine erste Filterung wird schon durch die Kanzlei vorgenommen, die den Bf. schon vor der Registrierung der Beschwerde auf Zweifel wegen der Zulässigkeit hinweist und um weitere Nachweise bittet, z.B. wegen der notwendigen Erschöpfung der staatlichen Rechtsbehelfe (Art. 35 Abs. 1). Viele Bf. sehen daraufhin davon ab, ihre Beschwerde weiter zu verfolgen, so dass längst nicht alle Beschwerden von den Richtern bearbeitet werden müssen. Von den registrierten Beschwerden wird dann ein erheblicher Teil durch die Ausschüsse für unzulässig erklärt und damit in einem einfachen Verfahren erledigt. Die Effektivität des **Filtersystems** wird durch folgende Zahlen verdeutlicht: Im Jahre 2000 sind beim Gerichtshof rund 26.400 Beschwerden eingegangen, rund 10.500 sind registriert worden, rund 6.800 für unzulässig erklärt oder aus dem Register gestrichen worden, rund 1.080 sind für zulässig erklärt und in 700 Fällen sind Urteile erlassen worden. Seit 2002 hat sich die Praxis bei der Registrierung geändert. Es werden alle Beschwerden registriert.

Der Bf. kann seine Individualbeschwerde in einer der Amtssprachen des 3
beklagten Staates, eine Beschwerde gegen Deutschland also **in deutscher Sprache** abfassen (Art. 34 Abs. 2 VerfO). Nach der Zulässigkeitserklärung ist die Verwendung einer der Amtssprachen (Englisch, Französisch) vorgeschrieben; der Kammerpräsident kann aber Ausnahmen zulassen (Art. 34 Abs. 3 VerfO). Der Bf. kann die Beschwerde selbst oder durch einen Vertreter einreichen, einen **Vertretungszwang** gibt es für die Einreichung der Beschwerde nicht (Art. 36 VerfO). Nach Zulässigkeitserklärung der Beschwerde und in der mündlichen Verhandlung muss der Bf. durch einen Rechtsanwalt oder eine andere vom Kammerpräsidenten zugelassene Person vertreten sein, wenn nicht der Kammerpräsident ausnahmsweise etwas anderes zulässt (Art. 36 Abs. 3, 4 VerfO).

Die Kammer oder ihr Präsident kann auf Antrag **vorläufige Maßnahmen** empfehlen, z.B. die Nichtabschiebung eines Bf., der sich unter 4

Berufung auf Art. 3 gegen sein Abschiebung wehrt (Art. 39 VerfO). Diese Empfehlungen sind rechtlich nicht verbindlich, werden aber von den Mitgliedstaaten fast ausnahmslos beachtet (Art. 29 Rn. 6).

5 Die Beschwerde wird schriftlich an den Gerichtshof gerichtet (vgl. Einleitung Rn. 16, 17).

6 **Berichterstatter:** Bei Staatenbeschwerden wird er von der Kammer benannt (Art. 48 VerfO), bei Individualbeschwerden vom Sektionspräsidenten (Art. 49 VerfO).

II. Der Ausschuss und seine Befugnisse

7 Der Ausschuss besteht aus drei Richtern (vgl. zu Art. 27), die im Rotationsverfahren aus dem Kreis der Sektionsmitglieder mit Ausnahme des Sektionspräsidenten gebildet werden (Art. 27 Abs. 2 VerfO). Der nationale Richter muss nicht Mitglied des Ausschusses sein. Den Vorsitz führt das rangälteste Mitglied (Art. 27 Abs. 4 VerfO). Die Ausschüsse tagen ständig, der Gerichtshof legt aber Sitzungsperioden fest (Art. 21 VerfO).

8 Ob eine Individualbeschwerde **zulässig** ist (vgl. zu Art. 35), wird vom Gerichtshof zuerst geprüft. Er kann eine Beschwerde wegen Unzulässigkeit in jedem Stadium des Verfahrens zurückweisen (Art. 35 Abs. 4), also nicht nur durch die Ausschüsse, sondern auch durch eine Kammer oder die Große Kammer. Üblicherweise entscheidet der Ausschuss, wenn Bedenken wegen der Zulässigkeit bestehen. Der Gerichtshof muss aber nicht jedes Verfahren in den Ausschuss geben und tut das dann nicht, wenn anzunehmen ist, dass eine einstimmige Entscheidung nicht möglich sein wird (vgl. zu Abs. 3) oder wenn die Entscheidung nicht ohne weitere Prüfung getroffen werden kann (Art. 28 S. 1). Im Einzelnen entscheidet der Berichterstatter über das Verfahren (vgl. Rn 10). Der Ausschuss kann nur eine negative Entscheidung fällen. Wenn die Beschwerde für zulässig erklärt werden soll, kann das nicht durch den Ausschuss, sondern muss durch die Kammer geschehen (Art. 29).

9 Staatenbeschwerden nach Art. 33 kann der Ausschuss nicht zurückweisen.

III. Verfahren vor dem Ausschuss

Der Berichterstatter entscheidet, ob eine Individualbeschwerde von einem Ausschuss oder der Kammer geprüft wird; der Sektionspräsident kann die Prüfung durch die Kammer anordnen (Art. 49 Abs. 2 Buchst. a) VerfO). Diese Flexibilität soll Leerlauf vermeiden, der dadurch entstehen kann, dass ein Ausschuss befasst wird, obwohl schon feststeht, dass eine einstimmige Entscheidung nicht erreicht werden kann. Wenn die Sache vom Richterausschuss geprüft werden soll, macht der Berichterstatter einen Bericht mit einer kurzen Darstellung des Sachverhalts und der Gründe, die dafür sprechen, die Beschwerde für unzulässig zu erklären oder im Register zu streichen (Art. 49 Abs. 3 VerfO). Der Ausschuss berät in nicht öffentlicher Sitzung (vgl. Art. 22 VerfO). In der Regel wird die Beschwerde dem beklagten Staat nicht zugestellt; er ist vorher mit der Sache nicht befasst worden. Es ist aber nicht ausgeschlossen, dass der Berichterstatter oder der Ausschuss anders verfährt. Der Ausschuss ist auch nicht daran gehindert, die Beteiligten mündlich zu hören, tut das aber in der Praxis nicht. **10**

Wenn der Ausschuss die Beschwerde einstimmig für unzulässig erklärt oder im Register streicht, ist die Sache damit erledigt. Die Ausschussentscheidung ist endgültig (Art. 28 S. 2) und beendet das Verfahren über die Individualbeschwerde. **11**

Artikel 29 Entscheidungen der Kammern über die Zulässigkeit und Begründetheit

(1) Ergeht keine Entscheidung nach Artikel 28, so entscheidet eine Kammer über die Zulässigkeit und Begründetheit der nach Artikel 34 erhobenen Individualbeschwerden.

(2) Eine Kammer entscheidet über die Zulässigkeit und Begründetheit der nach Artikel 33 erhobenen Staatenbeschwerden.

(3) Die Entscheidung über die Zulässigkeit ergeht gesondert, sofern nicht der Gerichtshof in Ausnahmefällen anders entscheidet.

I. Entscheidung über die Zulässigkeit

1 Wenn der Ausschuss eine Individualbeschwerde nach Art. 28 für unzulässig erklärt oder im Register streicht, ist die Sache erledigt. Geschieht das nicht, entscheidet die Kammer, die anders als der Ausschuss volle Juristiktion hat, sie entscheidet über die Zulässigkeit und Begründetheit aller Beschwerden, also auch von Staatenbeschwerden.

2 Die Entscheidung, dass eine Beschwerde unzulässig ist, kann nach Art. 35 Abs. 4 **in jedem Stadium des Verfahrens** ergehen. Sie sollte aber möglichst früh getroffen werden. Im Falle einer negativen Entscheidung weist die Kammer die Beschwerde zurück; das tut sie durch eine »Entscheidung« (decision), nach deutscher Terminologie durch Beschluss, also nicht durch Urteil. Die positive Entscheidung über die Zulässigkeit der Beschwerde muss nach Abs. 3 i.d.R. gesondert ergehen; sie ist nach Art. 45 Abs. 1 kurz zu begründen. Die gesonderte Entscheidung ist vorgesehen worden, weil sie den Beteiligten erleichtern kann, Vergleichsverhandlungen aufzunehmen. Der Gerichtshof kann aber in Ausnahmefällen von einer gesonderten Zulässigkeitsentscheidung absehen, wenn das zweckmäßig ist, z.B. wenn die Zulässigkeit der Beschwerde von dem beklagten Staat nicht bezweifelt wird oder sonst in eindeutigen Fällen.

3 Alle Einwendungen wegen der Zulässigkeit der Beschwerde müssen **in diesem ersten Abschnitt des Verfahrens** vorgebracht werden, also vor der Entscheidung über die Zulässigkeit; später ist der beklagte Staat mit solchen Einwendungen ausgeschlossen (vgl. Art. 55 VerfO und zu Art. 35 EMRK Rn. 4).

4 Nach der Erklärung der Beschwerde für zulässig wird das Verfahren fortgesetzt (Art. 38). Der Gerichtshof ist bei seiner weiteren **Prüfung an die Zulässigkeitsentscheidung gebunden** und kann die Beschwerde nur in dem von ihr gezogenen Rahmen prüfen (EGMR v. 22.10.1997, Slg. 1997-VI, S. 2310 Nr. 31 ff. – Erdagöz/Türkei; EGMR, III. Sektion,

v. 10.04.2001 Nr. 99, Beschw.-Nr. 36445/97 – Sablon/Belgien). **Neuen Vortrag** kann er in diesem Rahmen berücksichtigen. Der neue Vortrag kann sich auf die Begründetheit der Beschwerde beziehen und zwar sowohl in tatsächlicher als auch in rechtlicher Hinsicht (EGMR v. 12.07.2001, Slg. 2001-VII Nr. 147 – K. und T./Finnland).

II. Verfahrensgang

1. Verfahren vor der Kammer

Vgl. zum Verfahrensgang Einleitung Rn. 15 ff. Die Kammer besteht aus sieben Richtern, ihr Vorsitzender ist der Sektionspräsident. Der Präsident des Gerichtshofs nimmt nur teil, wenn er für den betroffenen Konventionsstaat gewählter Richter ist (Art. 9 Abs. 3 VerfO). **Die Kammer tagt ständig**, der Gerichtshof kann jährlich auf Vorschlag des Präsidenten Sitzungsperioden festlegen (Art. 21 Abs. 1 VerfO). Die Beschwerden werden in der Reihenfolge behandelt, in der sie zur Prüfung bereit sind; es kann aber bestimmt werden, dass eine Beschwerde vorrangig behandelt wird (Art. 41 VerfO). Der Gerichtshof tut das dann durch ausdrückliche Entscheidung. Mehrere Beschwerden können verbunden werden (Art. 43 VerfO). 5

Das Verfahren **beginnt schriftlich**. Die Beteiligten reichen Schriftsätze innerhalb der ihnen vom Kammerpräsidenten gesetzten Fristen ein (Art. 38 VerfO). **Sprachen**: Vor der Zulassung der Beschwerde kann der Bf. Schriftsätze in seiner Sprache (einer der Amtssprachen des Konventionsstaats) einreichen, nach der Zulassung und in Beziehung auf eine mündliche Verhandlung nur in einer der Amtssprachen (Englisch, Französisch), wenn nicht der Kammerpräsident den Gebrauch anderer Sprachen genehmigt (Art. 34 Abs. 2, 3 VerfO). Der betroffene Staat muss Schriftsätze in einer der Amtssprachen einreichen und in der Amtssprache in der mündlichen Verhandlung plädieren; der Kammerpräsident kann auch hier etwas anderes genehmigen, dann muss aber der Konventionsstaat die Übersetzungskosten tragen (Art. 34 Abs. 4 VerfO). **Vertretung**: Der betroffene Staat wird durch seinen Verfahrensbevollmächtigten vertreten, in Deutschland ein höherer Beamter – der »Beauftragte für Men- 6 schenrechtsfragen«, ein MDgt im BMJ, der Rechtsanwälte und Berater hinzuziehen kann (Art. 35 VerfO). Der Bf. kann seine Beschwerde selbst einreichen oder sich vertreten lassen. In der mündlichen Verhandlung und nach der Zustellung der Beschwerde muss er durch einen Rechtsanwalt vertreten sein, wenn nicht der Kammerpräsident Ausnahmen zulässt (Art. 36 Abs. 1 bis 4). Die Kammer oder ihr Präsident können vorläufige Maßnahmen empfehlen (Art. 39 VerfO), die rechtlich nicht binden (EGMR v. 20.03.1991, NJW 1991, 3079 Nr. 97 ff. – Cruz Varas/Schweden; abw. Wittinger, NJW 2001, 1239, 1241), aber in der Praxis befolgt werden.

7 **Öffentlichkeit**: Alle dem Gerichtshof eingereichten Unterlagen sind öffentlich, können also von den Beteiligten und dritten Personen eingesehen werden, soweit nicht der Kammerpräsident anders entscheidet. Unterlagen im Rahmen von Vergleichsverhandlungen sind nicht öffentlich (Art. 33 Abs. 2, 3 VerfO). Wenn eine mündliche Verhandlung stattfindet, ist sie grundsätzlich öffentlich (Art. 33 Abs. 1 VerfO). Zur Möglichkeit einer gütlichen Einigung vgl. zu Art. 38.

2. Staatenbeschwerden nach Art. 33

8 Sie werden dem beklagten Konventionsstaat zur Kenntnis zugeleitet; der Präsident weist sie einer Sektion zu. Der Sektionspräsident bildet die Kammer und fordert den beklagten Staat zur schriftlichen Stellungnahme auf (Art. 51 VerfO). Nach Eingang der Schriftsätze benennt die Kammer einen oder mehrere Berichterstatter, der einen Bericht vorlegt (Art. 48 VerfO). Eine mündliche Verhandlung über die Zulässigkeit findet statt, wenn das beantragt wird oder die Kammer dies von Amts wegen beschließt (Art. 51 Abs. 5 VerfO). Der Kammerpräsident bestimmt das schriftliche und ggf. mündliche Verfahren. Zu diesem Zweck bestimmt er die Fristen für die Stellungnahmen (Art. 51 Abs. 6 VerfO).

3. Individualbeschwerden nach Art. 34

9 Der Präsident des Gerichtshofs weist sie einer Sektion zu; er tut das nach seinem Ermessen unter Berücksichtigung der Arbeitslast der Sektionen.

Wenn die Beschwerde von einer Kammer geprüft wird, bildet der Sektionspräsident die Kammer mit sieben Richtern (Art. 52 VerfO) und bestimmt einen Richter nach seinem Ermessen als Berichterstatter (Art. 49 Abs. 1 VerfO), häufig den nationalen Richter. Der Berichterstatter kann weitere vorbereitende Maßnahmen treffen (Art. 49 Abs. 2 Buchst. a) VerfO) und erstellt einen Bericht mit einer kurzen Darstellung des Sachverhalts und den Fragen, welche die Beschwerde nach der Konvention aufwirft sowie einem Vorschlag wegen der Zulässigkeit, wegen weiterer zu treffender Maßnahmen und ggf. eine vorläufige Stellungnahme zur Begründetheit (Art. 49 Abs. 4 VerfO). Die Kammer kann die Beschwerde sofort für unzulässig erklären oder weitere Aufklärungsmaßnahmen treffen, die Beschwerde dem Konventionsstaat zustellen und ihn zur Stellungnahme auffordern sowie weitere schriftliche Unterlagen erbitten (Art. 54 VerfO). Schon vor der Zulässigkeitsentscheidung kann eine mündliche Verhandlung anberaumt werden. Die Parteien werden dann aufgefordert, sich auch zur Begründetheit zu äußern. Über das weitere Verfahren entscheidet der Kammerpräsident (Art. 54 Abs. 5 VerfO). Nach der Zulässigkeitsentscheidung findet eine mündliche Verhandlung über die Begründetheit statt, wenn die Kammer das beschließt oder, falls nicht schon vor der Zulässigkeit auch zur Begründetheit verhandelt worden ist, wenn eine der Parteien es beantragt, Auch dann aber kann die Kammer ausnahmsweise beschließen, dass eine mündliche Verhandlung nicht notwendig ist (Art. 59 Abs. 2 VerfO).

4. Mündliche Verhandlung

Die mündliche Verhandlung wird durch Art. 63 bis 70 VerfO näher 10
geregelt. Sie wird vom Kammerpräsidenten bzw. in der Großen Kammer vom Präsidenten des Gerichtshofs geleitet (Art. 63 Abs. 1 VerfO). Wenn eine Partei ohne Entschuldigung ausbleibt, kann trotzdem verhandelt werden (Art. 64 VerfO). Jeder Richter kann Fragen stellen (Art. 68 VerfO). Über die mündliche Verhandlung wird eine Niederschrift angefertigt (Art. 70 VerfO).

5. Prozesskostenhilfe (PKH)

11 Das Verfahren ist kostenlos. Für notwendige außergerichtliche Kosten kann PKH gewährt werden. Sie ist in Art. 91 bis 96 VerfO geregelt. PKH kann vom Kammerpräsidenten auf Antrag des Bf., ausnahmsweise auch von Amts wegen, gewährt werden, nachdem die beklagte Regierung zur Zulässigkeit der Beschwerde nach Art. 54 Abs. 3 Buchst. b) VerfO schriftlich Stellung genommen hat oder die Frist dafür verstrichen ist. Die Bewilligung gilt bei einer Abgabe oder Verweisung an die Große Kammer für das Verfahren vor dieser weiter.

12 **Voraussetzungen für die Bewilligung** der PKH: Sie muss für die ordnungsgemäße Prüfung der Rechtssache vor der Kammer notwendig sein und der Bf. darf nicht über ausreichende finanzielle Mittel verfügen (Art. 92 VerfO). Der Bf. wird aufgefordert, ein Erklärungsformular vorzulegen, das von der zuständigen staatlichen Behörde bestätigt sein muss. Die beklagte Regierung wird aufgefordert, Stellung zu nehmen (Art. 93 VerfO).

13 **Gegenstand der PKH**: Honorar für den Rechtsanwalt, Fahrt- und Aufenthaltskosten sowie sonstige notwendige Auslagen. Die Höhe des Honorars entsprechend den geltenden Tarifen und den Betrag der zu zahlenden Kosten bestimmt der Kanzler (Art. 95 VerfO). Der Kammerpräsident kann die Bewilligung jederzeit zurücknehmen, wenn ihre Voraussetzungen nicht mehr bestehen (Art. 96 VerfO).

Artikel 30 Abgabe der Rechtssache an die Große Kammer

Wirft eine bei einer Kammer anhängige Rechtssache eine schwerwiegende Frage der Auslegung dieser Konvention oder der Protokolle dazu auf oder kann die Entscheidung einer ihr vorliegenden Frage zu einer Abweichung von einem früheren Urteil des Gerichtshofs führen, so kann die Kammer diese Sache jederzeit, bevor sie ihr Urteil gefällt hat, an die Große Kammer abgeben, sofern nicht eine Partei widerspricht.

Die Große Kammer hat die Aufgabe, **für die Fortbildung und die Einheitlichkeit** der Rechtsprechung des Gerichthofes zu sorgen. Deswegen muss sie die Möglichkeit haben, Leitentscheidungen in Fällen grundsätzlicher Bedeutung oder möglicher Divergenz mit früheren Urteilen zu fällen. Das Verfahren ähnelt dem der Grundsatz- oder Divergenzvorlage an einen Großen Senat eines obersten Gerichthofes des Bundes nach § 132 Abs. 2 bis 4 GVG. 1

Nach Art. 30 kann die **Kammer die Sache an die Große Kammer abgeben**, wenn der Fall eine schwerwiegende Frage der Auslegung aufwirft oder wenn die Entscheidung zu einer Abweichung von einem früheren Urteil führen kann. Ein früheres Urteil ist auch ein Urteil des Gerichtshofs vor dem 01.11.1998. Das könnte zweifelhaft sein, ist praktisch aber ohne Bedeutung, weil in solchen Fällen jedenfalls eine schwerwiegende Frage der Auslegung gegeben sein wird. Die Abgabe ist in das **Ermessen** der Kammer gestellt. Unter den genannten Voraussetzungen sollte die Kammer aber abgeben und zwar im Interesse der Beschleunigung in einem möglichst frühen Stadium des Verfahrens. Eine Abgabe ist auch bei Fragen der Zulässigkeit einer Individualbeschwerde möglich, weil auch Zulässigkeitsfragen grundsätzlich bedeutsam sein können. 2

Nach Art. 30 kann die Kammer die Sache nicht abgeben, **wenn eine Partei widerspricht**. Diese Regelung ist eine Anomalie (vgl. Wittinger, NJW 2001, 1238, 1241); sie erklärt sich aus dem politischen Kompromiss, der zu der Verweisungsmöglichkeit nach Art. 43 geführt hat. Die Zweistufigkeit des Verfahrens, die Art. 43 gewährt, soll nicht gefährdet werden (Zander, Anm. zu EGMR v. 05.10.2000, InfAuslR 2001, 109 – Maaouia/Frankreich). Der Partei soll die Möglichkeit, nach Art. 43 die Verweisung der Sache nach dem Urteil der Kammer zu beantragen, nicht dadurch genommen werden können, dass die Kammer die Sache an die Große Kammer abgibt. Bisher haben die Parteien nur sehr selten von diesem Widerspruchsrecht Gebrauch gemacht. Es steht zu hoffen, dass es dabei bleibt. Wäre es anders, könnte dem Gerichtshof die Möglichkeit genommen werden, von den Rationalisierungsergebnissen des 11. Prot. Gebrauch zu machen. 3

4 **Verfahren (vgl. Art. 72 VerfO):** Die Entscheidung über die Abgabe braucht nicht begründet zu werden. Der Kanzler teilt den Beteiligten die Absicht der Abgabe mit. Sie haben einen Monat Zeit zu widersprechen, müssen das aber »gebührend begründen«. Tun sie das nicht, wird der Widerspruch als unwirksam angesehen (Art. 72 Abs. 2 VerfO). Es wird nicht einfach sein, Gründe für einen Widerspruch zu geben. Das Motiv wird häufig sein, zunächst abzuwarten, wie das Verfahren vor der Kammer läuft und notfalls Verweisung nach Art. 43 zu beantragen, wenn das Urteil anders als gewünscht ausgeht. Ein solches Verfahren ist nach der Vorgeschichte auch zulässig (vgl. den Erläuternden Bericht BT-Drs. 13/858 S. 40 Nr. 79). Es ist bewusst nicht in der Konvention bestimmt worden, dass eine Partei, die der Abgabe nach Art. 30 widersprochen hat, danach nicht den Antrag auf Verweisung auf Art. 43 stellen darf. Dennoch ist nicht zu verkennen, dass die Regelung zu sinnwidrigen Ergebnissen führen kann. Deswegen ist anzunehmen, dass der Gerichtshof eine restriktive Praxis entwickeln und Anträge einer Partei auf Verweisung besonders kritisch prüfen wird, wenn sie vorher einer Abgabe widersprochen hatte.

Artikel 31 Befugnisse der Großen Kammer

Die Große Kammer

a) **entscheidet über nach Artikel 33 oder Artikel 34 erhobene Beschwerden, wenn eine Kammer die Rechtssache nach Artikel 30 an sie abgegeben hat oder wenn die Sache nach Artikel 43 an sie verwiesen worden ist, und**
b) **behandelt Anträge nach Artikel 47 auf Erstattung von Gutachten.**

1 Die Große Kammer mit 17 Richtern tritt an die Stelle des Plenums, soweit es um Aufgaben der Rechtsprechung geht. Über eine Beschwerde (Individual- und Staatenbeschwerde) entscheidet sie, wenn eine Kammer die Sache vor dem Urteil nach Art. 30 an sie abgegeben hat oder wenn die

Sache nach dem Urteil nach Art. 43 an sie verwiesen worden ist. Außerdem ist sie für die praktisch nicht vorkommende Erstellung von Gutachten nach Art. 47 zuständig. Wegen der Bildung der Großen Kammer vgl. zu Art. 27.

Verfahren: Wenn die Große Kammer nach Art. 30 oder 43 angerufen wird, bestellt der Präsident einen Berichterstatter, bei Staatenbeschwerden auch mehrere. Im Übrigen gelten die zu Art. 29 genannten Verfahrensregeln (Art. 71 VerfO). 2

Artikel 32 Zuständigkeit des Gerichtshofs

(1) Die Zuständigkeit des Gerichtshofs umfasst alle die Auslegung und Anwendung dieser Konvention und der Protokolle dazu betreffenden Angelegenheiten, mit denen er nach den Artikeln 33, 34 und 47 befasst wird.

(2) Besteht Streit über die Zuständigkeit des Gerichtshofs, so entscheidet der Gerichtshof.

Die Vorschrift bestimmt in Anlehnung an den früheren Art. 45 die **Allzuständigkeit** des Gerichtshofs, der seit der Reform durch das 11. Prot. das einzige Entscheidungsorgan über Menschenrechtsverletzungen ist. Er muss über alle Fragen der Auslegung und Anwendung der Konvention entscheiden. Das Ergebnis kann auch sein, dass die Beschwerde unzulässig ist, weil der vorgetragene Fall nicht in den Anwendungsbereich der Konvention oder eines der Prot. dazu fällt. Die Beschwerde ist dann ratione materiae unzulässig. 1

Der Umfang der gerichtlichen Prüfung wird von der **Zulässigkeitsentscheidung** festgelegt, welche der Gerichtshof selbst trifft (vgl. Art. 29 Rn. 4). In diesem Rahmen kann der Gerichtshof alle vom Bf. vorgetragenen Umstände prüfen und sie auch rechtlich anders qualifizieren als der Bf., er kann auch die Tatsachen anders bewerten (EGMR v. 16.12.1997, 2

Slg. 1997-VIII, S. 2895 Nr. 50 – Camenzind/Schweiz; EGMR, I. Sektion, vom 28.11.2000, Slg. 2000-XII Nr. 63 – Rehbock/Slowenien; EGMR v. 22.03.2001, EuGRZ 2001, 3035 Nr. 111 – Streletz, Kessler und Krenz/ Deutschland).

Artikel 33 Staatenbeschwerden

Jede Hohe Vertragspartei kann den Gerichtshof wegen jeder behaupteten Verletzung dieser Konvention und der Protokolle dazu durch eine andere Hohe Vertragspartei anrufen.

1 Staatenbeschwerden werden von einem Konventionsstaat oder mehreren gegen einen anderen Konventionsstaat eingelegt mit der Behauptung, dieser Staat habe eines oder mehrere der in der Konvention und in den Prot. garantierten Rechte verletzt. Möglich ist eine Staatenbeschwerde auch, wenn ein Vertragsstaat sich weigert, entgegen Art. 46 Abs. 1 einem gegen ihn ergangenen Urteil des Gerichtshofs Folge zu leisten.

2 Bisher sind **nur wenige Staatenbeschwerden** eingelegt worden; das ist nur bei Fällen grundsätzlicher Bedeutung und großer politischer Tragweite, bei Menschenrechtsverletzungen großen Umfangs geschehen (z.B. die Problematik Vereinigtes Königreich/Nordirland, Griechenland/ Türkei, z.B. wegen Zypern; zuletzt das Urt. des EGMR v. 10.05.2001, Slg. 2001-IV Zypern/Türkei).

3 Art. 46 VerfO bestimmt im Einzelnen, welchen **Inhalt** eine Staatenbeschwerde haben muss.

Artikel 34 Individualbeschwerden

Der Gerichtshof kann vor jeder natürlichen Person, nichtstaatlichen Organisationen oder Personengruppe, die behauptet, durch eine der Hohen Vertragsparteien in einem der in dieser Konvention oder den Protokollen dazu anerkannten Rechte verletzt zu sein, mit einer Beschwerde befasst werden. Die Hohen Vertragsparteien verpflichten sich, die wirksame Ausübung dieses Rechts nicht zu behindern.

I. Allgemeines

Das Instrument der Individualbeschwerde hat das Schutzsystem der 1
Konvention geprägt und mit Leben erfüllt. Die in großer Zahl eingehenden Individualbeschwerden geben dem Gerichtshof die Möglichkeit, die Konvention fortzuentwickeln. Die Zahl der Individualbeschwerden wächst ständig. Bis Ende 2001 sind bei der früheren Kommission und dem Gerichtshof insgesamt über 210.000 Individualbeschwerden eingelegt, fast 78.000 sind registriert worden, im Jahre 2001 allein fast 14.000. Der enorme Anstieg der Eingänge hängt mit dem Anwachsen

der Zahl der Konventionsstaaten zusammen, aber auch damit, dass die Bürger Vertrauen in den Gerichtshof setzen.

2 Das **11. Prot**. hat mit Wirkung vom 01.11.1998 eine Entwicklung des Europäischen Menschenrechtsschutzes abgeschlossen, die nicht einfach war. Es war lange Zeit nicht selbstverständlich, dass ein Internationaler Gerichtshof über Menschenrechtsverletzungen eines souveränen Staates in einem öffentlichen gerichtlichen Verfahren und mit völkerrechtlich bindender Wirkung entscheidet. Deswegen mussten bei der Schaffung der Konvention zunächst politische Kompromisse geschlossen werden. Eine besondere Anerkennung des Individualbeschwerderechts war erforderlich (Art. 25 a.F. EMRK). Nach dem alten System musste sich zunächst die Kommission in einem vertraulichen Verfahren mit der Sache befassen. Auch zur Unterwerfung unter die Jurisdiktion des Gerichtshofs war eine besondere Erklärung notwendig (Art. 46 a.F.). Der Gerichtshof konnte nur von der Kommission und dem Staat angerufen werden, nicht vom Bf. (Art. 48 a.F.). Dem Bf. wurde erst mit dem Prot. Nr. 9 ab 01.10.1994 die Möglichkeit gegeben, die Sache an den Gerichtshof zu bringen. Das 9. Prot. war ein Fakultativprot. und galt nur für die Konventionsstaaten, die es ratifiziert hatten. Wenn der Gerichtshof nicht angerufen wurde, entschied nach früheren Recht das Ministerkomitee des Europarats, ein politisches Gremium, in einem geheimen Verfahren, mit Beteiligung des beklagten Staates und ohne Beteiligung des Bf. (Art. 32 a.F.). Mit der Neufassung der Konvention gilt ab 01.11.1998 ein einfaches System: **Jede Person kann den Gerichtshof unmittelbar anrufen**. Eine besondere Unterwerfungserklärung ist nicht mehr nötig. Der Gerichtshof entscheidet in einem gerichtsförmigen Verfahren durch bindendes Urteil.

3 Das System ist damit zu einem Höhepunkt gelangt; es ist das am besten organisierte internationale Schutzsystem der Welt. Sein einziges Problem ist seine Überlastung, die längere Verfahrensdauern zur Folge hat, als wünschenswert wäre. Überlegungen, wie dem abgeholfen werden kann, werden schon angestellt. Es steht zu hoffen, dass bald wirksame Maßnahmen getroffen werden (vgl. Einleitung Rn. 40).

II. Parteifähigkeit, Prozessfähigkeit, Vertretung (locus standi)

Art. 34 ist gegenüber Art. 25 a.F. insoweit nicht geändert worden.

1. Natürliche Personen

Parteifähig ist jede natürliche Person, nicht nur Staatsangehörige des beklagten Staates, auch Ausländer oder Staatenlose. Sie kann eine Beschwerde auch dann einlegen, wenn sie selbst als Repräsentant eines Staates schwere Menschenrechtsverletzungen zu verantworten hat. Eine **Verwirkung** von Menschenrechten gibt es nicht, wohl aber die Grenzen, die in Art. 17 genannt sind. Partei ist die Person ohne Rücksicht auf ihr Alter oder ihre Prozessfähigkeit. Die Parteifähigkeit des ungeborenen Kindes ist noch nicht anerkannt (vgl. dazu Frowein/Peukert Rn. 12). Beim **Tod eines Bf.** während des Verfahrens vor dem Gerichtshof können nahe Verwandte, Ehegatten und Erben das Verfahren fortsetzen, wenn sie es wünschen (z.B. EGMR, III. Sektion, v. 31.07.2000, Slg. 2000-IX Nr. 41 – Jecius/Litauen). Es genügt, wenn die Partei testamentarisch als Erbe eingesetzt ist, auch wenn die Erbfolge noch streitig ist. Der Neffe eines Bf. kann ein Interesse daran haben, dass dem Bf. Gerechtigkeit widerfährt (EGMR v. 13.12.2000, Slg. 2000-XII – Malhous/Tschechien). Wenn nahe Verwandte nicht mitteilen, dass sie das Verfahren fortsetzen möchten, stellt der EGMR es nach Art. 37 Abs. 1 Buchst. c) ein (z.B. EGMR, IV. Sektion, v. 16.03.2000, Slg. 2000-III Nr. 36 – Özgür Gündem/Türkei). Auch **juristische Personen** können als Rechtsnachfolger das Verfahren fortsetzen, aber nur, wenn sie ein berechtigtes Interesse haben, das auch nichtvermögensrechtlicher Art sein kann (EGMR, III. Sektion, v. 18.09.2001, Beschw.-Nr. 40669/98 – S.G./Frankreich; vgl. auch Art. 37 Rn. 5). 4

Eine besondere **Prozessfähigkeit** kennt die Konvention nicht. Auch Individualbeschwerden von betreuten Personen und Minderjährigen werden geprüft, die in der Praxis durch ihre Eltern oder sorgeberechtigten Personen vertreten werden. Es gibt Fälle, in denen das eigentliche Opfer nicht als Bf. auftritt, sondern dies eine andere Person tut. Wenn ein Familienmitglied Beschwerde gegen Menschenrechtsverletzungen an einem ande- 5 ren Familienmitglied einlegt, ergeben sich keine Probleme, wenn die verletzte Person als Bf. bezeichnet wird und der Angehörige als Bevollmächtigter und eine Vollmacht für ihn vorgelegt wird. Der Gerichtshof akzeptiert unter besonderen Umständen insbesondere bei Verletzung von Art. 2 oder 3, dass ein Familienmitglied als Bf. auftritt, der selbst von dem Eingriff mit betroffen ist, weil er sich um das Opfer gekümmert hat, der Verletzte zu erkennen gegeben hat, dass er einverstanden ist und Interessenkonflikte nicht bestehen (z.B. für den Bruder EGMR v. 27.06.2000, Slg. 2000-VII Nr. 54 – Ilhan/Türkei). In der Sache Sanles/Spanien (Entscheidung vom 26.10.2000, Slg. 2000-XI) hat der Gerichtshof die Beschwerde einer Schwägerin ratione personae für unzulässig erklärt, die wegen ihres Schwagers Beschwerde eingelegt hat, der erfolglos Sterbehilfe erbeten und sich inzwischen selbst getötet hatte.

6 In einigen Fällen hat der EGMR akzeptiert, dass **Minderjährige** als Bf. von jemand anderem vertreten werden, als von der **sorgeberechtigten Person**, z.B. von der Mutter, der das Sorgerecht entzogen worden ist. Er möchte auf diese Weise sicherstellen, dass bei Meinungsverschiedenheiten über die Interessen eines Kindes zwischen einem natürlichen Elternteil und dem von den Behörden eingesetzten Vertreter die Kindesinteressen wirksam vom EGMR geschützt werden können. Die staatlichen Regelungen über das Recht, vor Gericht aufzutreten, können anderen Zielen dienen als Art. 34 und müssten nicht immer gültig sein (EGMR v. 13.07.2000, Slg. 2000-VIII Nr. 138 – Scozzari u. Giunta/Italien).

2. Personenvereinigungen und nichtstaatliche Organisationen

7 Dazu zählen juristische Personen, nicht rechtsfähige Handelsgesellschaften, rechtsfähige und nicht rechtsfähige Vereine, politische Parteien, Kirchen, aber nicht Körperschaften und Anstalten des öffentlichen Rechts.

8 Die Vereinigungen müssen **eigene Interessen** geltend machen, eine Popularklage ist unzulässig. Die Vereinigung ist nicht befugt, Beschwerde gegen Maßnahmen einzulegen, die sich gegen ihre Mitglieder wenden, wenn sie nicht behaupten kann, selbst verletzt zu sein (EGMR v. 25.05.2000, LKV 2001, 69 – Günther Noack u.a./Deutschland die sog. Horno-Entscheidung).

Eine **Kirche oder religiöse Vereinigung** kann die Verletzung in Art. 9 garantierter Rechte ihrer Mitglieder geltend machen (EGMR v. 27.06.2000, Slg. 2000-VII Nr. 72 – Cha'are Shalom Ve Tsedek/Frankreich). Dasselbe hat der EGMR für eine Loge angenommen (Art. 11; EGMR, IV. Sektion, v. 02.08.2001, Slg. 2001-VIII – Grande Oriente d' Italia di Palazzo Giustiniani/Italien). **9**

III. Beschwer, Opfereigenschaft

Der Bf. muss behaupten, selbst in seinem Konventionsrecht verletzt zu sein, **10** er muss »Opfer« sein. Wenn Verletzung eines Rechts gerügt wird, das in der Konvention und vom beklagten Staat ratifizierten Prot. nicht geschützt wird, ist die Beschwerde ratione materiae unzulässig. Das gilt auch dann, wenn die Maßnahme, über die sich der Bf. beklagt, vor Inkrafttreten der Konvention oder eines Prot. vorgenommen worden ist (Unzulässigkeit ratione temporis – dazu bei Art. 35). Fehlt die Beschwer, weist der Gerichtshof die Beschwerde ratione personae als unzulässig zurück.

1. Unmittelbare Beschwer

Der Bf. muss **selbst beschwert sein, eine Popularklage gibt es nicht** **11** (EGMR v. 27.06.2000, Slg. 2000-VII Nr. 52 – Ilhan/Türkei). Nach der Rechtsprechung bezeichnet der Begriff Opfer die Person, die von der streitigen Handlung oder Unterlassung direkt betroffen ist (EGMR v. 28.10.1999, Slg. 1999-VII Nr. 50 – Brumarescu/Rumänien). Bei einer unmittelbaren Beschwer gibt es an der Opfereigenschaft keine Zweifel, wenn sich die Maßnahme gegen den Bf. gerichtet hat und rechtskräftig oder sofort vollstreckbar ist. Eine unmittelbare Beschwer kann auch dann vorliegen, wenn ein materieller oder immaterieller Schaden nicht verursacht worden ist (EGMR v. 27.06.2000, Slg. 2000-VII Nr. 52 – Ilhan/Türkei). Die Opfereigenschaft kann dagegen zweifelhaft sein, wenn durch die streitige Maßnahme sehr viele Personen betroffen sind. Nach Auffassung der EGMR genügt die Eigenschaft als Zeitungsleser nicht, um wegen der Beschränkung von Zeutungsberichterstattung beschwert zu sein (Fall Spycatcher/Vereinigtes Königreich, DR. 41, 123). Wenn sich die streitige Maßnahme gegen ein Wirtschaftsunternehmen richtet, werden Miteigentümer, Gesellschafter, Anteilseigner u. auch Angehörige selbst betroffen sein, wenn sich die Maßnahme auch auf ihre Vermögensverhältnisse auswirkt. Die bloße Androhung einer Maßnahme kann, muss aber nicht die Opfereigenschaft begründen (EGMR, II. Sektion, Entsch. v. 18.01.2001, Beschw.-Nr. 41615/98 – Zaoui/Schweiz für den Fall der Androhung der Beschlagnahme von Telefonanlagen bei Zuwiderhandlung). Im Falle einer Beschwerde wegen überlanger Verfahrensdauer nach Art. 6 Abs. 1 muss der Bf. selbst am Verfahren beteiligt gewesen sein (Art. 6 Rn. 71).

2. Mittelbare Beschwer

12 Eine Beschwer wird zunehmend auch in Fällen angenommen, in denen sich die Maßnahme gegen einen anderen richtet, z.B. **gegen den Ehegatten oder nahe Familienangehörige**. Die Witwe kann z.B. Beschwerde wegen Verletzung von Art. 2 und 3 wegen des Todes ihres Ehegatten einlegen (vgl. EGMR v. 27.06.2000, NJW 2001, 2001 Salman/Türkei), ebenso Eltern (z.B. EGMR, IV. Sektion, v. 05.10.1999, NJW 2001, 1989 – Grams/Deutschland; EGMR v. 20.05.1999, NJW 2001, 1991 – Ogur/Türkei). Die **Witwe** kann Beschwerde einlegen gegen die Verurteilung ihres früheren Ehegatten wegen Beleidigungen durch Presseartikel; sie hat ein legitimes Interesse daran, eine Verletzung der Konvention feststellen zu lassen (EGMR v. 28.09.1999, Slg. 1999-VI Nr. 39 – Dalban/Rumänien).

3. Beschwer unmittelbar durch Gesetz

13 Eine Beschwer ist gegeben, wenn schon die durch bestehende Rechtsvorschriften geschaffene Rechtslage den Bf. beeinträchtigt. Er muss dann nicht auf eine gegen ihn gerichtete Vollzugsmaßnahme, z.B. einen Verwaltungsakt oder ein Strafurteil warten. Das ist etwa angenommen worden bei der Strafbarkeit der Homosexualität zwischen einverstandenen Volljährigen (vgl. Art. 8 Rn. 7), wegen der Beschwerde einer Mutter und ihres nichtehelichen Kindes über das belgische Recht, das die Herstellung von familien- und erbrechtlichen Beziehungen von einer Adoption abhängig machte (EGMR v. 13.06.1979, EuGRZ 1979, 454 – Marckx/Belgien).

Juristische Personen: In der Regel ist sie selbst, nicht ihre Teilhaber beschwert. Das kann ausnahmsweise anders sein, z.B. wenn die GmbH in Liquidation ist und ein Verwalter für sie handelt, gegen dessen Handlungen sich die Beschwerde richtet, weil die Gesellschaft selbst dann nicht mehr Beschwerde einlegen kann (EGMR, II. Sektion, v. 26.10.2000, Beschw.-Nr. 21156/93 Nr. 23 f. – G.J./Luxemburg). 14

4. Fortfall der Beschwer

Wenn die Beschwer fortgefallen ist, der Bf. nicht mehr »Opfer« einer Verletzung ist, ist die Beschwerde **nicht mehr zulässig**. Das kann aus tatsächlichen Gründen der Fall sein, z.B. wenn ein Bf., der sich unter Berufung auf Art. 3 gegen eine Abschiebung wendet, von sich aus in einen anderen Staat wechselt (EGMR, I. Sektion, v. 11.07.2000, Slg. 2000-VIII Nr. 28 – G.H.H. u.a./Türkei) oder die zuständige Behörde ihre Ausweisungsentscheidung aufhebt und feststellt, dass eine Ausweisung in ein bestimmtes Land nicht möglich ist (EGMR, IV. Sektion, v. 11.10.2001, Slg. 2001-X – Kalantari/Deutschland). Es handelt sich um Fälle der **Erledigung der Hauptsache**. Die Opfereigenschaft kann aus rechtlichen Gründen entfallen, wenn ein Rechtsbehelf des Bf. bei innerstaatlichen Gerichten Erfolg hatte. Der Gerichtshof verlangt aber für den Fortfall der Opfereigenschaft, dass der beklagte Staat den Eingriff aufhebt und ausdrücklich oder jedenfalls implizit **anerkennt, dass eine Konventionsverletzung vorgelegen hat** sowie ggf. eine angemessene Entschädigung gewährt. Eine Strafmilderung wegen der Verfahrensdauer nimmt die Opfereigenschaft nur, wenn die staatlichen Institutionen die Verletzung ausreichend anerkannt und das Strafmaß deswegen ausdrücklich und messbar herabgesetzt haben (EGMR v. 15.07.1982, Serie A, Bd. 51 Nr. 66 – Eckle/Deutschland; EGMR, III. Sektion, v. 26.06.2001, Beschw.-Nr. 26390/95 Nr. 27 – Beck/Norwegen; vgl. zur Rechtslage in Deutschland Art. 13 Rn. 22). Wenn eine streitige Verurteilung im Wiederaufnahmeverfahren aufgehoben worden ist, ohne dass in dem neuen Urteil auf die behauptete Konventionsverletzung eingegangen wird, genügt das nicht (EGMR v. 28.09.1999, Slg. 1999-VI Nr. 44 – Dalban/Rumänien; EGMR v. 27.06.2000, Slg. 2000-VIII Nr. 15

40 ff. – Constantinescu/Rumänien). Wenn ein Strafurteil wegen Beleidigung durch nationale Gerichte aufgehoben wird, genügt das nicht, wenn nicht darüber hinaus eine ausreichende Entschädigung gewährt wird (EGMR v. 28.09.1999, Slg. 1999-VI Nr. 44 Dalban/Rumänien). Ebenso ist nicht ausreichend, dass der Bf. von einem staatlichen Gericht Entschädigung für U-Haft nach seinem Freispruch erhalten hat, in dem Urteil aber nichts darüber steht, ob die Haft mit Art. 5 im Einklang stand (EGMR v. 06.04.2000, Slg. 2000-IV Nr. 41 ff. – Labita/Italien).

16 Wenn durch die Konventionsverletzung **kein Schaden** verursacht worden ist, kann es genügen, dass der Verstoß seitens der Behörden eingeräumt und bedauert wird. Das gleiche gilt, wenn der Bf. nicht vorgetragen hat, dass ein Schaden entstanden ist (EGMR, I. Sektion, v. 10.10.2000, Slg. 2000-X Nr. 67 – Akkoc/Türkei für den Fall der Aufhebung einer Disziplinarmaßnahme). Wenn der Bf. wegen der streitigen Maßnahme eine **Entschädigung erhalten**, sie angenommen und auf weitere Rechtsbehelfe verzichtet hat, ist er nicht mehr Opfer (EGMR, III. Sektion, v. 17.10.2000, Slg. 2000-XI – Hay/Vereinigtes Königreich; EGMR, III. Sektion, v. 04.05.2000, Slg. 2000-V – Powell/Vereinigtes Königreich; EGMR, III. Sektion, v. 11.01.2000, Slg. 2000-I – Caraher/Vereinigtes Königreich für die Annahme einer Entschädigung in einem Schadensersatzprozess wegen des Todes von Familienangehörigen). Wenn sich eine politische Partei während des Verfahrens vor den staatlichen Gerichten selbst auflöst, um Nachteile zu vermeiden, fällt die Opfereigenschaft nicht fort (EGMR v. 08.12.1999, Slg. 1999-VIII Nr. 26 – Freiheits- und Demokratiepartie (ÖZDEP)/Türkei). Vgl. wegen des Todes des Bf. während des Verfahrens Rn. 4.

IV. Rüge der fehlenden Parteifähigkeit oder Opfereigenschaft

17 Die Rüge muss seitens der Regierung **bei der Zulässigkeitsprüfung** vorgebracht werden, sonst wird die Regierung mit diesem Einwand ausgeschlossen (Estoppel – vgl. EGMR v. 25.1.1997, Slg. 1997-VII, S. 2546 Nr. 44 – Zana/Türkei; EGMR v. 08.12.1999, Slg. 1999-VIIII Nr. 25 – Freiheits- und Demokratiepartei (ÖZDEP)/Türkei).

V. Rechtsschutzbedürfnis

18 Ein **besonderes Rechtsschutzbedürfnis** ist neben der Opfereigenschaft **nicht erforderlich.** Insoweit gilt dasselbe wie bei dem Rechtsschutzbedürfnis neben der Beschwer bei einem Rechtsmittel nach deutschem Recht. Das Rechtsschutzbedürfnis kann dann nur unter besonderen Umständen fehlen, möglicherweise dann, wenn der Bf. mit seiner Beschwerde keinen Vorteil erlangen kann. Ein Rechtsschutzbedürfnis fehlt insbesondere nicht nur deswegen, weil die Menschenrechtsverletzung und ihre Folgen geringfügig sind (vgl. dazu Frowein/Peukert Rn. 37).

VI. Beschwerdegegner

19 Die Beschwerde wird **gegen den Konventionsstaat** gerichtet, der durch seinen Verfahrensbevollmächtigten vertreten wird, in Deutschland ist das ein höherer Beamter (Ministerialdirigent) im Bundesministerium der Justiz.

VII. Form der Beschwerde

20 Art. 47 VerfO regelt im Einzelnen, welchen Inhalt die Individualbeschwerde haben muss. Sie muss grundsätzlich unter Verwendung des von der Kanzlei zur Verfügung gestellten Formulars erhoben werden (vgl. dazu das Merkblatt des EGMR, das im Anhang abgedruckt ist; Einleitung Rn. 16).

VIII. Verpflichtung, das Beschwerderecht nicht zu behindern (Satz 2)

21 Die Konventionsstaaten dürfen Personen nicht hindern, Individualbeschwerden beim Gerichtshof einzulegen. Es muss weiter garantiert sein, dass Bf. **frei mit dem Gerichtshof verkehren können**, ohne in irgendeiner Form **einem Druck der staatlichen Behörden** ausgesetzt zu sein, ihre Beschwerde zurückzunehmen oder zu ändern. Druck in diesem Sinne ist nicht nur unmittelbarer Zwang oder Einschüchterung, sondern auch indirekte Handlungen oder Kontakte mit dem Ziel, den Bf. abzuraten oder ihn zu ermutigen, Beschwerde einzulegen oder sie weiter zu verfolgen. Bei der Bewertung, ob Kontakte zwischen Behörden des

beklagten Staates und dem Bf. gegen Art. 34 S. 2 verstoßen, berücksichtigt der Gerichtshof die Umstände des Falles, insbesondere, dass Bf. furchtsam sein können und verletzbar sind. Auch die besonderen örtlichen und politischen Verhältnisse werden berücksichtigt, z.B. die begründete Furcht vor Repressalien im Südosten der Türkei. Eine Verletzung von Art. 34 S. 2 kann z.B. darin bestehen, dass ein Bf. von den Behörden, insbesondere den für behauptete Menschenrechtsverletzung verantwortlichen Behörden, zu der Beschwerde vernommen wird (vgl. EGMR v. 27.06.2000, NJW 2001, 2001 –Nr. 130-133 – Salman/Türkei; EGMR, II. Sektion v. 16.12.2000, Beschw.-Nr. 23819/94 Nr. 133 – Bilgin/Türkei; EGMR, I. Sektion, v. 30.01.2001 Beschw.-Nr. 25801/94 Nr. 79 f. – Dulas/Türkei).

22 Im Falle einer Behinderung dieser Art **spricht der Gerichtshof aus**, dass der beklagte Staat seine Verpflichtungen aus Art. 34 S. 2 missachtet hat.

Art. 34 S. 2 steht in einem gewissen Zusammenhang mit Art. 38 Abs. 1 Buchst. a), nach dem die Konventionsstaaten bei Ermittlungen Hilfe leisten müssen.

Artikel 35 Zulässigkeitsvoraussetzungen

(1) Der Gerichtshof kann sich mit einer Angelegenheit erst nach Erschöpfung aller innerstaatlichen Rechtsbehelfe in Übereinstimmung mit den allgemein anerkannten Grundsätzen des Völkerrechts und nur innerhalb einer Frist von sechs Monaten nach der endgültigen innerstaatlichen Entscheidung befassen.

(2) Der Gerichtshof befasst sich nicht mit einer nach Artikel 34 erhobenen Individualbeschwerde, die

a) anonym ist oder

b) im Wesentlichen mit einer schon vorher vom Gerichtshof geprüften Beschwerde übereinstimmt oder schon einer anderen internatio-

nalen Untersuchungs- oder Vergleichsinstanz unterbreitet worden ist und keine neuen Tatsachen enthält.

(3) Der Gerichtshof erklärt eine nach Artikel 34 erhobene Individualbeschwerde für unzulässig, wenn er sie für unvereinbar mit dieser Konvention oder den Protokollen dazu, für offensichtlich unbegründet oder für einen Missbrauch des Beschwerderechts hält.

(4) Der Gerichtshof weist eine Beschwerde zurück, die er nach diesem Artikel für unzulässig hält. Er kann dies in jedem Stadium des Verfahrens tun.

I. Überblick

Die Zulässigkeitsgründe sind gegenüber den in Art. 26 und 27 in der bis 31.10.1998 geltenden Fassung unverändert. Die Beschwerde ist zulässig, wenn 1

1. vor der Einlegung alle innerstaatlichen Rechtsbehelfe erschöpft sind,
2. sie binnen sechs Monate nach der endgültigen innerstaatlichen Entscheidung erhoben worden ist,
3. sie nicht anonym ist,

4. sie nicht mit einer früheren Beschwerde übereinstimmt oder einer anderen internationalen Instanz unterbreitet ist,
5. sie nicht unvereinbar mit der Konvention und den Protokollen dazu ist,
6. sie nicht offensichtlich unbegründet ist und
7. nicht missbräuchlich ist.

2 Wenn die Beschwerde unzulässig ist, kann der Gerichtshof sie in jedem Stadium des Verfahrens **zurückweisen** (Art. 35 Abs. 4, vgl. Rn. 31). Das geschieht entweder durch den Ausschluss nach Art. 28 oder durch die Kammer nach Art. 29 Abs. 2 oder durch die Große Kammer. Wird die Beschwerde für unzulässig erklärt, ist die Sache damit endgültig erledigt. Die Entscheidung kann nicht angefochten werden.

3 Die Zulässigkeitsvoraussetzungen sind überwiegend **verfahrensrechtlicher** Art. Dass auch eine **offensichtlich unbegründete Beschwerde** unzulässig ist, zeigt die gewollte Filterung von Beschwerden. Der Gerichtshof kann Beschwerden, an denen offenbar »nichts daran« ist, in einem einfachen Verfahren durch den Richterausschuss endgültig erledigen. Je größer die Arbeitslast des Gerichtshofs ist, desto mehr wird diese Möglichkeit an Gewicht zunehmen.

4 Der Gerichtshof prüft **von Amts wegen**, ob die Zulässigkeitsvoraussetzungen gegeben sind. Einreden des beklagten Staates in dieser Hinsicht müssen nach Art. 55 VerfO, soweit ihre Natur und die Umstände es zulassen, in den schriftlichen oder mündlichen Stellungnahmen **zur Zulässigkeit der Beschwerde** vorgebracht werden. Geschieht das nicht wenigstens ihrem Wesen nach und mit ausreichender Klarheit, ist der beklagte Staat mit solchen Einwendungen **später ausgeschlossen** (vgl. Art. 34 Rn. 17 und z.B. EGMR v. 26.10.2000, Slg. 2000-XI Nr. 54 – Hassan u. Tshauch/Bulgarien). Zur Erschöpfung innerstaatlicher Rechtsbehelfe hat der Gerichtshof eine besondere Verteilung der Darlegungslast entwickelt (vgl. dazu Rn. 18).

Der Bf. kann noch nach Einlegung der Beschwerde bis zur Entscheidung über die Zulässigkeit **nachträglich ergänzende Angaben** zur Erfüllung der Zulässigkeitsvoraussetzungen liefern, auch wenn innerstaatliche Rechtsbehelfe erst dann eingelegt worden sind (EGMR v.

16.07.1971, Serie A, Bd. 13, S. 38 Nr. 89-93 – Ringeisen/Österreich; EGMR, II. Sektion, v. 28.06.2001, Slg. 2001-VI Nr. 33 – VGT Verein gegen Tierfabriken/Schweiz).

II. Im Einzelnen

1. Erschöpfung der innerstaatlichen Rechtsbehelfe

a) Allgemeines: Art. 35 Abs. 1 spiegelt einen allgemeinen Grundsatz wider, nämlich den, dass der internationale Menschenrechtsschutz **subsidiär** ist. In erster Linie ist es Aufgabe der staatlichen Instanzen, insbesondere der Gerichte, einen wirksamen Menschrechtsschutz zu geben. Ein solcher Schutz von nationalen Instanzen wird durch die Konvention in den Art. 6 Abs. 1 und 13 garantiert. Zweck der Regelung in Art. 35 Abs. 1 ist, den Konventionsstaaten die Möglichkeit zu geben, ihnen vorgeworfene Konventionsverletzungen zu verhindern oder ihnen abzuhelfen, bevor sie dem Gerichtshof unterbreitet werden. Art. 35 beruht auf der Annahme, dass die innerstaatlichen Rechtsordnungen einen solchen wirksamen Rechtsbehelf vorsehen (EGMR v. 28.07.1999, NJW 2001, 56 Nr. 74 – Selmouni/Frankreich; EGMR v. 26.10.2000, NJW 2001, 2694 Nr. 152 – Kudla/Polen). 5

Diesem Zweck der Regelung wird auch dann Genüge getan, wenn der Rechtsbehelf nicht vom Bf. selbst, **sondern von einem anderen eingelegt ist**, z.B. vom Arbeitgeber des Opfers (EGMR v. 20.05.1999, NJW 2001, 1991 Nr. 67 – Ogur/Türkei). Andererseits hat der Gerichtshof eine Beschwerde als unzulässig zurückgewiesen, in der die Rechtsbehelfe durch eine inzwischen aufgelöste und aus den Beteiligten bestehende Vereinigung eingelegt worden waren und die Bf. selbst an den Verfahren nicht teilgenommen hatten (EGMR, III. Sektion, v. 16.05.2000 Beschw.-Nr. 51609/99 – Loulmet u.a./Frankreich). 6

Abs. 1 verpflichtet den Bf. dazu, die Rechtsbehelfe einzulegen, **die nach dem Recht des Konventionsstaates normalerweise verfügbar und ausreichend sind**, Wiedergutmachung für die behauptete Verletzung zu erhalten. Die Rechtsbehelfe müssen mit einem ausreichenden Grad von 7

Gewissheit **nicht nur theoretisch, sondern auch in der Praxis bestehen, müssen wirksam und zugänglich sein**. Die dem Gerichtshof vorgelegte Beschwerde muss vorher wenigstens der Sache nach und in Übereinstimmung mit den Form- und Fristvorschriften des staatlichen Rechts eingelegt worden sein. Ein Rechtsbehelf muss auch dann eingelegt werden, wenn wegen seiner Erfolgsaussichten Zweifel bestehen (EGMR, IV. Sektion, v. 02.12.1999, NJW 2001, 2692 Nr. 2 – Tomé Mota/Portugal). Wenn die Rechtsbehelfe **aber weder angemessen, noch wirksam sind**, muss der Bf. sie nicht einlegen (EGMR v. 21.01.1999, NJW 1999, 1315 Nr. 37 – Fressoz u. Roire//Frankreich; EGMR v. 28.09.1999, NJW 2001, 54 Nr. 41 – Civet/Frankreich; EGMR, IV. Sektion, v. 02.12.1999, NJW 2001, 2692 Nr. 2 – Tomé Mota/Portugal).

8 Der Gerichtshof wendet Art. 35 Abs. **1 mit einer gewissen Geschmeidigkeit und ohne übertriebene Förmlichkeit an**. Die Regel von der Erschöpfung der innerstaatlichen Rechtsbehelfe wird nach der Rechtsprechung nicht automatisch angewendet und hat keinen absoluten Charakter. Die Umstände des Einzelfalles werden berücksichtigt, die Frage, **was dem Bf. zumutbar** ist, hat Gewicht. Der Gerichtshof berücksichtigt nicht nur die theoretisch vorgesehenen Rechtsbehelfe, sondern auch den Zusammenhang, in dem sie stehen und die persönliche Lage des Bf. Er prüft, ob der Bf. unter Berücksichtigung aller Umstände des Einzelfalles alles getan hat, was vernünftigerweise von ihm erwartet werden konnte, um die innerstaatlichen Rechtsbehelfe auszuschöpfen (EGMR v. 27.06.2000, NJW 2001, 2001 Nr. 68 – Salman/Türkei). Von einem Asylbewerber, der erfolglos Anträge und einen Folgeantrag gestellt und die aufschiebende Wirkung seiner Klage beantragt hat, wird u.U. nicht verlangt, erneut Verfahren anzustrengen (EGMR, IV. Sektion, Entsch. v. 28.09.2000, InfAuslR 2001, 59 – Kalantari/Deutschland).

9 Auch **gegen eine überlange Dauer des Verfahrens** (Beschwerde nach Art. 6 Abs. 1) muss der Bf. Rechtsbehelfe einlegen, wenn sie zur Verfügung stehen (vgl. dazu bei Art. 13 Rn. 20 ff.).

Wenn der Bf. einen Rechtsbehelf ohne Erfolg eingelegt hat, muss er nicht noch einen weiteren Rechtsbehelf ergreifen, der zur Verfügung steht, aber voraussichtlich kaum erfolgreicher wäre (EGMR v. 29.04.1999, NJW 2001, 51 Nr. 39 – Aquilina/Malta). Andererseits kann durchaus erforderlich sein, z.B. neben einer Strafanzeige Klage auf Schadensersatz zu erheben.

b) Staatenbeschwerden: Die Regel der Erschöpfung innerstaatlicher Rechtsbehelfe **gilt auch für Staatenbeschwerden** (vgl. Art. 46 Buchst. d) VerfO, der eine Darstellung dazu in der Beschwerde verlangt). Das hat praktische Bedeutung, wenn ein Staat anstelle einer oder mehrerer bestimmter verletzter Personen Beschwerde einlegt. Diese Personen müssen dann die Rechtsbehelfe erschöpft haben (z.B. EGMR v. 10.05.2001, Slg. 2001-IV Nr. 99 – Zypern/Türkei). Wenn die Staatenbeschwerde, wie das häufig der Fall ist, mehr allgemeiner Natur ist und eine konventionswidrige Gesetzgebung oder die Häufung bestimmter typischer Menschenrechtsverletzungen rügt, wird ein Rechtsbehelf kaum in Betracht kommen (vgl. Frowein/Peukert, Rn. 2). 10

c) Im Einzelnen: Rechtsbehelfe der oben 1. a) beschriebenen Art können sein: **Klage** vor den VG, **Zivilprozesse**, wenn in ihnen über die für eine Konventionsverletzung wesentlichen Fragen entschieden wird (Rechtmäßigkeit des Eingriffs, Verhältnismäßigkeit – vgl. EGMR, III. Sektion, v. 04.05.2001, Beschw. Nr. 30054/96 Nr. 108 ff. – Kelly u.a./Vereinigtes Königreich) sowie Strafverfahren. 11

Auf das **deutsche Recht** bezogen hat Art. 35 Abs. 1 folgende Auswirkungen: Vor Einlegung der Beschwerde müssen die zuständigen Gerichte angerufen worden sein. Gegen negative Entscheidungen müssen die nach den Prozessordnungen gegebenen Rechtsmittel form- und fristgerecht eingelegt worden sein, also Beschwerde, Berufung, Revision bzw., wenn das Rechtsmittel nur auf Zulassung zur Verfügung steht, der Antrag auf Zulassung bzw. eine Nichtzulassungsbeschwerde und zwar unter Beachtung der Vorschriften über die Rechtsmittelfrist, von Begründungsanforderungen, eines Vertretungszwangs, des Erfordernisses von Kostenvorschüssen usw. **Auch die Verfassungsbeschwerde zum BVerfG** ist nach der ständigen Rechtsprechung des Gerichtshofs ein Rechtsbehelf, der schöpft sein muss. Wenn in einem Parallelfall schon eine abweichende Entscheidung ergangen ist, muss 12 die Verfassungsbeschwerde nicht erneut eingelegt werden (vgl. Wittinger, NJW 2001, 1238). Bei Freiheitsentziehungen muss der Bf. Haftbeschwerde einlegen oder Antrag auf Entlassung stellen.

13 Auch eine **Strafanzeige** kann ein Rechtsbehelf dieser Art sein, z.B. bei angeblichen Verstößen gegen Art. 2 und 3, weil auf diesem Wege Menschenrechtsverletzungen festgestellt werden können (vgl. z.B. EGMR v. 27.06.2000, NJW 2001, 2001 Nr. 85 – Salman/Türkei). Wenn das Verfahren eingestellt wird, ist ggf. Beschwerde einzulegen oder das Klageerzwingungsverfahren durchzuführen. Daneben kommt in Betracht, auf Schadensersatz zu klagen. Der Bf. muss allerdings eine Klage auf Schadensersatz nicht erheben, die nur auf eine Garantiehaftung gestützt werden kann und die Ermittlungspflicht des Staates mit dem Ziel der Feststellung der Verantwortlichen illusorisch machen würde (EGMR v. 27.06.2000, NJW 2001, 2001 Nr. 83 f. – Salman/Türkei; EGMR v. 20.05.1999, NJW 2001, 1991 Nr. 66 – Ogur/Türkei).

14 Der Bf. muss keinen Rechtsbehelf einlegen, der nicht ausreichend wirksam ist, wie z.B. eine Beschwerde **beim Ombudsmann** (EGMR v. 23.05.2001, Slg. 2001-V Nr. 362 – Denizci u.a./Zypern), Petitionen, Gnadengesuche, Anträge auf Wiederaufnahme des Verfahrens (EGMR, III. Sektion, v. 22.05.2001, Slg. 2001-V Nr. 46 – Baumann/Frankreich: weil sonst der EGMR auf Dauer nicht angerufen werden könnte), Dienstaufsichtsbeschwerden. Die EKMR hat bisher angenommen, dass auch **Gegenvorstellungen** nicht erhoben zu werden brauchen (vgl. Frowein/Peukert, Rn. 34). Ob das angesichts der erheblichen praktischen Bedeutung dieses Rechtsbehelfs zutreffend ist, mag zweifelhaft sein. Nach der Rechtsprechung des BVerfG muss vor Erhebung der Verfassungsbeschwerde eine Gegenvorstellung erhoben worden sein, weil sonst der Rechtsweg nicht erschöpft ist (BVerfG NJW 1983,1900; 1987, 1319). Dasselbe müsste für Art. 35 Abs. 1 gelten.

15 Der Bf. muss in dem Rechtsbehelfsverfahren vor den innerstaatlichen Gerichten **den bei dem Gerichtshof gerügten Konventionsverstoß geltend gemacht haben**, wenigstens der Sache nach, also im Kern. Sein Rechtsbehelf muss das Gericht dazu in die Lage versetzt haben, den

Konventionsverstoß zu prüfen. In Deutschland genügt es, wenn sich der Bf. auf die Verletzung eines Grundrechts beruft, das ein Konventionsrecht umfasst. Außerdem muss der Bf. an dem innerstaatlichen Rechtsbehelfsverfahren aktiv teilnehmen und die zur Wahrung seiner Rechte notwendigen Anträge stellen (z.B. Beweisanträge, Anträge auf Richterablehnung, auf Wiedereinsetzung in den vorigen Stand, auf Wiedereröffnung der mündlichen Verhandlung zur Wahrnehmung des rechtlichen Gehörs (vgl. die Übersicht bei Frowein/Peukert Rn. 12).

Sind die geschilderten Rechtsbehelfe nicht eingelegt worden oder wegen 16
Verstoßes gegen Frist- oder Formvorschriften von innerstaatlichen Gerichten als unzulässig verworfen worden, oder hat der Bf. seine Rechte nicht ausreichend in dem Verfahren verteidigt, ist auch die Individualbeschwerde nach Art. 34 **unzulässig** (vgl. für einen Verstoß gegen die Begründungspflicht hinsichtlich eines Rechtsmittels EGMR v. 28.09.1999, NJW 2001, 54 Nr. 42 – Civet/Frankreich). Das gilt nur unter besonderen Umständen nicht, z.B. nicht bei aussichtslosen Rechtsbehelfen, die unter Berücksichtigung der Rechtsprechung der staatlichen Gerichte keinerlei Erfolgsaussichten haben (EGMR, I. Sektion, v. 30.01.2000, Beschw.-Nr. 25801/94 Nr. 46 – Dulas/Türkei). Bei zweifelhafter Erfolgsaussicht muss der Rechtsbehelf eingelegt werden (vgl. Rn. 7). Hat aber das Gericht, das anzurufen möglich gewesen wäre, in seiner bisherigen Rechtsprechung Rechtsbehelfe dieser Art nie positiv entschieden, kann eine erneute Anrufung unnötig sein. Auch die bekannte Dauer des Rechtsbehelfsverfahrens kann eine Rolle spielen sowie die Furcht vor Repressalien (vgl. Frowein/Peukert, Rn. 40).

Droht eine Amtshandlung, z.B. eine Abschiebung, muss ein Rechtsbe- 17
helf, der **keine aufschiebende Wirkung** hat, nicht erschöpft werden.

d) Darlegungslast: Die beklagte Regierung muss den Gerichtshof 18
davon überzeugen, dass ein Rechtsbehelf theoretisch und praktisch zur Verfügung steht, dass er also zugänglich und geeignet ist, der Beschwer abzuhelfen und dass er angemessene Erfolgsaussichten hat. Wenn ihr das gelingt, **muss der Bf. nachweisen**, dass er den Rechtsbehelf form- und fristgerecht eingelegt hat oder dass der Rechtsbehelf unter den

besonderen Umständen des Falles weder angemessen noch wirksam war oder dass der Bf. aus besonderen Gründen von der Einlegung befreit war. Ein solcher besonderer Grund kann die Untätigkeit der Behörden gegenüber ernsthaften Vorwürfen sein (vgl. EGMR v. 29.04.1999, NJW 2001, 51 Nr. 39 – Aquilina/Malta; EGMR v. 28.07.1999, NJW 2001, 56 Nr. 74-77 – Selmouni/Frankreich; EGMR, IV. Sektion, v. 02.12.1999, NJW 2001, 2692 Tomé und Mota/Portugal). Der Gerichtshof verlangt u.a. Nachweise aus der Rechtsprechung, dass Rechtsbehelfe in den fraglichen Fällen wirksam waren.

2. Sechs-Monats-Frist (Art. 35 Abs. 1)

19 Die Sechs-Monats-Frist dient der Rechtssicherheit und wird deswegen vom Gerichtshof auch dann geprüft, wenn die Regierung Einwendungen nicht erhoben hat (EGMR, III. Sektion Entscheidung v. 25.01.2000, Slg. 2000-I – Walker/Vereinigtes Königreich).

20 Die Frist läuft **ab der endgültigen innerstaatlichen Entscheidung** über den Gegenstand der Beschwerde, in Deutschland häufig ab der Entscheidung des BVerfG. Es muss sich um eine Entscheidung über einen Rechtsbehelf im Sinne von Rn. 7, 12 handeln, also um einen wirksamen Rechtsbehelf. Hat der Bf. einen aussichtslosen Rechtsbehelf eingelegt, läuft die Frist ab der Entscheidung darüber (Frowein/Peukert Rn. 45).

21 **Die Frist beginnt**, wenn der Bf. wirksam und ausreichend von der endgültigen Entscheidung Kenntnis erlangt hat. Wann das war, muss der Staat dartun; im Zweifel wird das Datum der wirklichen Kenntnisnahme angesetzt (EGMR, III: Sektion, v. 30.11.1999, Slg. 1999-VIII Nr. 31 Baghli/Frankreich). Wenn die Entscheidung nach staatlichem Recht zugestellt werden muss, ist das Zustellungsdatum für den Fristbeginn maßgebend (EGMR v. 29.08.1997, Slg. 1997-V, S. 1547 Nr. 33 – Worms/Österreich), und zwar das Datum der Zustellung an den Bf. oder seinen Vertreter. Wenn eine Zustellung nicht vorgeschrieben ist, stellt der Gerichtshof auf die schriftliche Abfassung des Urteils, so dass die Parteien von dem Inhalt Kenntnis nehmen können, ab (EGMR v. 25.03.1999, NVwZ 1999, 1325 Nr. 30 – Papachelas/Griechenland), bzw. auf das Datum der endgültigen Abfassung und Unterzeichnung (EGMR v. 29.03.2001, II. Sektion, Beschw.-Nr. 36706/97 Nr. 38 – Haralambidis/Griechenland).

Wenn keine Rechtsbehelfe gegeben sind, z.B. bei Entscheidungen höchster Gerichte, wird auf diese abgestellt, bei Fehlen eines Rechtsbehelfs gegen andauernde Verletzungen auf deren Ende, z.B. bei Freiheitsentziehung auf den Zeitpunkt der Entlassung, auch wenn eine Präventivhaft später in eine U-Haft umgewandelt worden ist (EGMR, III. Sektion, v. 31.07.2000, Slg. 2000-IX Nr. 44 – Jecius/Litauen). Das gleiche gilt bei Weigerungen des Staates, einem Gerichtsurteil Folge zu leisten (EGMR v. 25.03.1999, Slg, 1999-II Nr. 50 – Iatrides/Griechenland). Eine andauernde Verletzung wird aber nicht bei späteren Folgen einer abgeschlossenen Entscheidung angenommen z.B. nicht bei einer Enteignung (Frowein/Peukert Rn. 52). Wenn der EGMR eine andauernde Verletzung annimmt, lässt er Vorgänge außer Acht, die sechs Monate vor Einlegung der Beschwerde beendet waren (EGMR v. 10.05.2001, Slg. 2001-IV Nr. 401 – Zypern/Türkei). 22

Für die Einhaltung der Frist kommt es auf das Absendungsdatum der Beschwerde an, wenn es nicht belegt ist, auf den Eingang der Beschwerde bei der Kanzei (vgl. Art. 38 Abs. 3 VerfO). Der Gerichtshof stellt auf das erste Schreiben ab, solange es nur den Beschwerdegegenstand in seinen wesentlichen Teilen bezeichnet. Wenn später ein neuer Beschwerdegegenstand unterbreitet wird, der bisher nicht berücksichtigt werden konnte, kommt es auf das Datum dieses Schriftsatzes an. Wenn der Bf. gebeten wird, das Formular ausgefüllt zurückzusenden oder sonst weitere Informationen zu geben und eine erhebliche Zeit verstreicht, bis er das tut, prüft der Gerichtshof die Umstände, bevor er das Datum der Beschwerde bestimmt. War z.B. das Formular für die Individualbeschwerde erst 10 Monate nach Erhalt zurückgeschickt worden, ist das spätere Datum maßgebend (EGMR, III. Sektion, v. 11.07.2000, Beschw.-Nr. 47337/99 – Gaillard/Frankreich). Im Falle Buscarini/San Marino (EGMR v. 18.02.1999, NJW 1999, 2957 Nr. 23) hat der Gerichtshof nicht beanstandet, dass der Bf. das Formular acht Monate später eingereicht hatte. 23

3. Anonyme Beschwerden

24 Sie sind unzulässig, spielen in der Praxis aber kaum eine Rolle.

4. Wiederholte Beschwerden

25 **Sie sind unzulässig, wenn sie denselben Beschwerdegegenstand** wie eine schon einmal eingereichte Beschwerde an den Gerichtshof betreffen, insbesondere denselben Sachverhalt. Wenn mehrere Personen Opfer eines Eingriffs sind, kann jeder von ihnen Beschwerde erheben. Wenn aber das Opfer der Verletzung Beschwerde eingereicht hat, die dann von einem Verwandten wiederholt wird, ist die wiederholte Beschwerde unzulässig (vgl. EKMR in der Sache Rudolf Hess EuGRZ 1982, 15). Die wiederholte Beschwerde ist unzulässig, wenn die vorherige in der Sache geprüft worden ist, auch wenn sie als unzulässig zurückgewiesen worden ist, weil sie offensichtlich unbegründet war oder als ratione materiae unzulässig. Bei anderen förmlichen Mängeln, z.B. des Fehlens der Erschöpfung von Rechtsbehelfen, ist die Wiederholung der Beschwerde möglich.

26 Wenn die wiederholte Beschwerde **neue Tatsachen** enthält, ist sie zulässig. Neue rechtliche Argumente genügen nicht.

27 **Internationale Untersuchungsinstanz**: Es muss sich um dieselbe Beschwerde handelt, denselben Bf. und Sachverhalt. Im Zeitpunkt der Zulässigkeitsprüfung darf die Beschwerde vor dem Gerichtshof nicht vor der anderen internationalen Instanz anhängig oder schon beschieden sein. Die anderen internationalen Instanzen können insbesondere Ausschüsse nach den UN-Menschenrechtspakten sein.

5. Unvereinbarkeit mit der Konvention

28 Die Beschwerde kann **ratione personae unzulässig** sein, wenn der Bf. nicht Individualbeschwerde erheben kann (Art. 34 Rn. 4 ff, 10 ff.) oder sie gegen einen richtet, der nicht Konventionsstaat ist bzw. das in Anspruch genommene Prot. nicht ratifiziert hat. **Ratione temporis** ist die Beschwerde unzulässig, wenn der Eingriff vor Inkrafttreten der Konvention oder des Prot. durch den Konventionsstaat gelegen hat. **Ratione**

materiae ist die Beschwerde unzulässig, wenn sich der Bf. auf ein Recht beruft, das in der Konvention oder einem Prot. nicht geschützt wird oder zu dem der beklagte Staat einen Vorbehalt eingelegt hat.

6. Offensichtlich unbegründete Beschwerden

Eine Beschwerde ist offensichtlich unbegründet, wenn die vorgetragenen **29**
Tatsachen offenbar keine Verletzung von Konventionsrechten erkennen Lasen (Frowein/Peukert Rn. 32). Es versteht sich, dass der Gerichtshof bei der Anwendung dieser Formel einen erheblichen Beurteilungsspielraum hat.

7. Missbrauch

Die Regelung wird eng ausgelegt und hat keine wesentliche praktische **30**
Bedeutung. In den meisten Fällen genügt eine Erklärung der Beschwerde als offensichtlich unbegründet. Unsachliche und auch beleidigende Ausführungen in der Beschwerde genügen in der Regel für die Annahme eines Missbrauchs nicht, wenn nicht der Bf. in seiner Sprache jedes erträgliche Maß überschreitet. Eine Irreführung des Gerichtshofs mit einem falschen Sachverhalt kann ausreichen (Villiger Rn. 80). In der Sache Buscarini u.a./San Marino (EGMR v. 16.02.1999, NJW 1999, 2957) hatte die Regierung geltend gemacht, die Beschwerde sei missbräuchlich, weil sie von den Abgeordneten zu politischen Zwecken eingelegt worden sei. Der Gerichtshof ist dem nicht gefolgt und hat ausgeführt, die Ankündigung im Parlament, die streitige Frage dem Gerichtshof vorzulegen, lasse keinen Missbrauch erkennen (Nr. 21).

III. Verfahren

Der Gerichtshof weist unzulässige Beschwerden zurück (Art. 35 Abs. 3, 4); **31**
das geschieht nicht durch Urteil, sondern durch eine andere Entscheidung (decision), nach deutschem Verständnis durch Beschluss. Er kann das in jedem Stadium des Verfahrens tun, nach früherer Zulässigkeitserklärung tut er das nur bei Vorliegen neuer Elemente und unter außergewöhnlichen Umständen (EGMR, II. Sektion, v. 09.04.2002, Beschw.-Nr. 51346/99 – Cisse/Frankreich).

Artikel 36 Beteiligung Dritter

(1) In allen bei einer Kammer oder der Großen Kammer anhängigen Rechtssachen ist die Hohe Vertragspartei, deren Staatsangehörigkeit der Beschwerdeführer besitzt, berechtigt, schriftliche Stellungnahmen abzugeben und an den mündlichen Verhandlungen teilzunehmen.

(2) Im Interesse der Rechtspflege kann der Präsident des Gerichtshofs jeder Hohen Vertragspartei, die in dem Verfahren nicht Partei ist, oder jeder betroffenen Person, die nicht Beschwerdeführer ist, Gelegenheit geben, schriftlich Stellung zu nehmen oder an den mündlichen Verhandlungen teilzunehmen.

1 Abs. 1 ist aus Art. 48 Buchst. b) a.F. übernommen. Der Staat kann danach einem Staatsangehörigen bei der Durchsetzung seiner Rechte behilflich sein, wie Deutschland das im Falle Soering/Vereinigtes Königreich getan hat (EGMR v. 07.07.1989, EuGRZ 1989, 314). Abs. 1 gibt dem Staat einen Anspruch auf Beteiligung.

2 Abs. 2 gibt dem Präsidenten des Gerichtshofs die Möglichkeit, einen anderen Konventionsstaat oder eine dritte Person als amicus curiae heranzuziehen, der dann Stellungnahmen abgeben kann. Ein Staat, der sich nach Art. 36 beteiligt, wird dadurch nicht Beteiligter an dem Verfahren und deswegen auch nicht nach Art. 46 gebunden (Denkschrift zum 11. Prot. BT-Drs. 13/858 S. 28 zu Art. 36).

Artikel 37 Streichung von Beschwerden

(1) Der Gerichtshof kann jederzeit während des Verfahrens entscheiden, eine Beschwerde in seinem Register zu streichen, wenn die Umstände Grund zur Annahme geben, dass

a) der Beschwerdeführer seine Beschwerde nicht weiterzuverfolgen beabsichtigt,

b) die Streitigkeit einer Lösung zugeführt worden ist oder

c) eine weitere Prüfung der Beschwerde aus anderen vom Gerichtshof festgestellten Gründen nicht gerechtfertigt ist.

Der Gerichtshof setzt jedoch die Prüfung der Beschwerde fort, wenn die Achtung der Menschenrechte, wie sie in dieser Konvention und den Protokollen dazu anerkannt sind, dies erfordert.

(2) Der Gerichtshof kann die Wiedereintragung einer Beschwerde in sein Register anordnen, wenn er dies den Umständen nach für gerechtfertigt hält.

I. Allgemeines (Dispositionsmaxime)

Die im deutschen Prozessrecht geltende Dispositionsmaxime bedeutet, 1
dass ein Gericht Rechtsschutz auf Antrag des Beteiligten gewährt, nicht von Amts wegen. Die Beteiligten können über das Verfahren verfügen. Sie entscheiden, ob es weitergeführt oder beendet wird, ob ein Antrag zurückgenommen werden soll, ein Vergleich abgeschlossen werden soll und ob Rechtsmittel eingelegt werden sollen. Im Verfahren vor dem Gerichtshof gilt die Dispositionsmaxime **nur beschränkt**. Das Verfahren kommt nur auf Antrag eines Beteiligten in Gang (Art. 34). Er kann seinen Antrag zurücknehmen oder nicht weiter verfolgen (Art. 37 Abs. 2 S. 1 Buchst. a)). Er kann einen Vergleich abschließen (Art. 39). Wenn er den Antrag zurücknimmt oder eine gütliche Einigung zustande kommt, wird der Gerichtshof in aller Regel die Beschwerde im Register streichen. Insofern herrscht praktisch die Dispositionsmaxime. Theoretisch nicht uneingeschränkt, denn der Gerichtshof prüft, ob die Achtung der Menschenrechte eine Fortsetzung der Prüfung erfordert (Art. 37 Abs. 1 S. 2); er kann von sich aus die Wiedereintragung in das Register und die Fortsetzung der Prüfung anordnen (Art. 37 Abs. 2 EMRK; Art. 44 Abs. 5 VerfO).

II. Gründe für die Streichung im Register

2 Die Regelung ist aus dem früheren Art. 30 übernommen worden, sie gilt für Individual- und Staatenbeschwerden.

3 Nach Buchst. a) kommt eine Streichung in Betracht, wenn der Bf. dem Kanzler mitteilt, dass er seine **Beschwerde nicht mehr weiter verfolgen möchte.** Für Staatenbeschwerden ist weiter Voraussetzung, dass die anderen Beteiligten damit einverstanden sind (Art. 44 Abs. 2 VerfO). Die Streichung kann aber auch beschlossen werden, wenn die Umstände Anlass zu der Annahme geben, dass der Bf. das Beschwerdeverfahren **nicht mehr betreiben will**. Der Gerichtshof hat das angenommen, wenn er über lange Zeit nichts vom Bf. hört, dieser insbesondere auf Schreiben des EGMR nicht reagiert, keine Schriftsätze vorlegt (z.B. EGMR v. 23.05.2001, Slg. 2001-V Nr. 368 – Denizci/Zypern, EGMR, III. Sektion, v. 21.03.2000 Beschw.-Nr. 25283/94 – M.C. u.a./Vereinigtes Königreich: Keine Äußerung seit acht Monaten). Der Gerichtshof hat, wenn der Bf. an ihn gerichtete Briefe des Gerichtshofs nicht beantwortet, den Bf. auf die Möglichkeit nach Buchst. a) hingewiesen und nach einiger Zeit die Sache im Register gestrichen (vgl. z.B. EGMR, I. Sektion v. 23.05.2000, Beschw.-Nr. 26757/95 – Wójcik/Polen: nach acht Monaten; EGMR, I. Sektion, v. 19.09.2000, Beschw.-Nr. 43362/97 – Yakan/Türkei: nach vier Monaten seit dem Belehrungsschreiben). Dieses Verfahren ist angemessen, eine Belehrung sollte, wie in dem zuletzt genannten Fall geschehen, gegeben werden.

4 Buchst. b): Der häufigste Fall ist der einer **gütlichen Einigung** nach Art. 39. Eine Streichung ist aber auch möglich, wenn die Beteiligten nur mitteilen, dass die Sache intern geregelt worden sei, weiter, wenn die Sache endgültig erledigt und die Beschwer fortgefallen ist (z.B. EGMR, III. Sektion v. 27.02.2001, Beschw.-Nr. 37838/97 – Abdouni/Frankreich: Aufhebung einer Gerichtsentscheidung über die Abschiebung). Das kommt auch in anderen Fällen in Betracht, in denen die Beschwer fortgefallen ist (vgl. Art. 34 Rn. 15).

5 Buchst. c) gibt eine Auffangregelung, nach der eine Streichung im Register auch dann beschlossen werden kann, wenn eine **weitere Prüfung aus**

anderen Gründen nicht gerechtfertigt ist. Der Gerichtshof hat diese Vorschrift angewendet, wenn der Bf. **gestorben** ist und nahe Verwandte oder Angehörige nicht mitgeteilt haben, dass sie das Verfahren weiter betreiben wollen (EGMR, IV. Sektion, v. 16.03.2000, Slg. 2000-II NR. 34 ff. – Özgür Gündem/Türkei) oder mitgeteilt haben, dass sie das nicht wünschen (z.B. EGMR, IV. Sektion, v. 14.03.2000, Beschw.-Nr. 29697/96 – Gladkowski/Polen).

Eine Streichung im Register kann auch in Betracht kommen, wenn der beklagte Staat nach gescheiterten Vergleichsverhandlungen eine ausreichende einseitige Erklärung abgibt, z.B. die Konventionsverletzung einräumt und Schadensersatz anbietet (z.B. EGMR, I. Sektion, v. 26.06.2001, Beschw.-Nr. 37453/97 – Ahmam/Türkei). Ob das von Art. 37 gedeckt ist, mag zweifelhaft sein. Denkbar ist immerhin, die Vorschrift auch dann anzuwenden, wenn der Bf. keinen oder nur einen sehr geringen Nachteil erlitten hat. 6

III. Verfahren

Die Entscheidung, die Sache im Register zu streichen, ergeht **durch Urteil** (Art. 44 Abs. 3 VerfO). Der Gerichtshof entscheidet über die Kosten, er kann dem Bf. Kostenersatz zusprechen (Art. 44 Abs. 4 VerfO). Ergeht die Kostenentscheidung im Rahmen einer Entscheidung, mit der eine nicht für zulässig erklärte Beschwerde im Register gestrichen wird, übermittelt der Kammerpräsident die Entscheidung dem Ministerkomitee (Art. 44 Abs. 4 VerfO). Auch das Urteil, mit dem eine für zulässig erklärte Beschwerde im Register gestrichen wird, wird dem Ministerkomitee übermittelt, damit es nach Art. 46 Abs. 2 EMRK die Erfüllung etwa übernommener Verpflichtungen in einer gütlichen Einigung überwachen kann. 7

Artikel 38 Prüfung der Rechtssache und gütliche Einigung

(1) Erklärt der Gerichtshof die Beschwerde für unzulässig, so

a) setzt er mit den Vertretern der Parteien die Prüfung der Rechtssache fort und nimmt, falls erforderlich, Ermittlungen vor; die betreffenden Staaten haben alle zur wirksamen Durchführung der Ermittlungen erforderlichen Erleichterungen zu gewähren;

b) hält er sich zur Verfügung der Parteien mit dem Ziel, eine gütliche Einigung auf der Grundlage der Achtung der Menschenrechte, wie sie in dieser Konvention und den Protokollen dazu anerkannt sind, zu erreichen.

(2) Das Verfahren nach Absatz 1 Buchstabe b ist vertraulich.

1 Die Vorschrift regelt den Fortgang des Verfahrens nach Erklärung der Beschwerde für zulässig (Art. 29 Abs. 3; vgl. die Übersicht über das Verfahren Einleitung Rn. 15 ff., Art. 29 Rn. 5 ff.).

I. Fortsetzung des Verfahrens

1. Allgemeines (Untersuchungsgrundsatz)

Für den Gerichtshof gilt, wenn auch in eingeschränkter Form, der Untersuchungsgrundsatz (**Inquisitionsmaxime, Amtsermittlungsprinzip**). Er ermittelt den Sachverhalt von Amts wegen und ist an das Vorbringen und die Beweisanträge der Beteiligten nicht gebunden. Der Bf. bestimmt mit seiner Beschwerde den Gegenstand des Verfahrens (**Dispositionsmaxime**). Der EGMR kann aber daraufhin alle Ermittlungen anstellen, die er für erforderlich hält, ohne an Beweisanträge gebunden zu sein (Art. 42 Abs. 1 VerfO). An ein Geständnis der Beteiligten ist er nicht gebunden, wenn es auch naturgemäß faktisch von großer Bedeutung ist. Wenn der beklagte Staat einen Vorwurf einräumt, wird der Gerichtshof das in aller Regel nicht in Frage stellen, er kann das aber. 2

2. Mitwirkungspflicht der Beteiligten

Ohne dass dies besonders gesagt ist, gilt, dass die Verfahrensbeteiligten besondere Mitwirkungspflichten haben. Das zeigt die Fassung von Abs. 1 Buchst. a): Der Gerichtshof setzt »mit den Vertretern der Parteien die Prüfung der Rechtssache fort«. Die Beteiligten haben dem Gerichtshof alle wesentlichen Informationen zu geben (Erläuternder Bericht zum 11. Prot., BT-Drs. 13/858, S. 41 Nr. 93; Denkschrift zu Art. 38 S. 28). Für den Staat ergibt sich das aus dem in Art. 1 zum Ausdruck gebrachten allgemeinen Gedanken i.V.m. Art. 34 S. 2, für Ermittlungen ist das in Art. 38 Buchst. a) 2. Halbsatz ausdrücklich gesagt. Es gibt Fälle, in denen nur die Regierung Zugang zu wesentlichen Informationen hat oder nur sie von bestimmten Ereignissen Kenntnis hat. Wenn sie die Informationen dann ohne ausreichende Erklärung nicht oder verspätet gibt, kann der Gerichtshof daraus Schlüsse ziehen; u.U. nimmt er dann eine Umkehr der Beweislast an (EGMR, I. Sektion, v. 18.6.02, Beschw.-Nr. 25656/94 Nr. 266, 327 – Orhan/Türkei). Für die Bf. ergibt sich das aus allgemeinen Überlegungen (EGMR v. 23.05.2001, Slg. 2001-V Nr. 368 – Denizci u.a./Zypern). Wenn ein Bf. eine Beschwerde einlegt, hat er Anspruch darauf, dass der Gerichtshof die Beschwerde 3 prüft. Das kann der Gerichtshof aber nur aufgrund einer ausreichenden Sachverhaltsdarstellung. Es gibt Bereiche, über die nur der Bf. informieren kann. Tut er das nicht, wird ihm das i.d.R. zum Nachteil gereichen. Wie im deutschen Prozessrecht wird man annehmen müssen, dass es zwischen der Amtsermittlungspflicht des Gerichts und der Mitwirkungslast des Bf. eine Beziehung gibt: Je weniger der Bf. beiträgt, desto weniger muss der Gerichtshof von sich aus ermitteln. Wenn der Bf. auf Informationsbitten nicht in angemessener Zeit reagiert, kann der Gerichtshof daraus den Schluss ziehen, dass der Bf. seine Beschwerden nicht weiter zu betreiben beabsichtigt und die Sache im Register streichen (vgl. zu Art. 37 Rn. 3). Eine besondere Mitwirkungspflicht besteht bei der Beweisaufnahme (dazu Rn. 11).

3. Ermittlungen

4 **a) Feststellung des Sachverhalts:** Der Gerichtshof muss prüfen, ob der beklagte Konventionsstaat ein Konventionsrecht verletzt hat. Dazu ist eine Feststellung des Sachverhalts erforderlich. Dem Gerichtshof liegt die Sachverhaltsschilderung des Bf. in der Beschwerde vor. Er bittet den beklagten Staat um Stellungnahme dazu. Aufgrund dieses Materials und der von den Beteiligten vorgelegten Urkunden kann er sich in den meisten Fällen ein ausreichendes Bild von dem Sachverhalt machen. Wenn der Bf. ein Fehlverhalten von Repräsentanten des Staates rügt und der beklagte Staat das zugesteht, wird der Gerichtshof in der Regel keinen Anlass sehen, daran zu zweifeln und wird diesen Sachverhalt zugrunde legen. Er muss das aber nicht tun (vgl. Rn. 2).

5 Wenn über den streitigen Vorfall Ermittlungen durch staatliche Behörden vorgenommen worden sind, wenn insbesondere die Staatsanwaltschaft oder die staatlichen Gerichte Zeugen vernommen haben, **verwertet der Gerichtshof die Ergebnisse aus den Akten und dem Urteil**. Er nimmt an, dass es wegen der Subsidiarität seiner Aufgaben in erster Linie Sache der staatlichen Justizbehörden ist, den Sachverhalt zu ermitteln und dass sie dafür besser ausgerüstet sind, früheren und unmittelbaren Zugriff zu Beweismitteln haben. Der Gerichtshof überlässt deswegen die **Beweiserhebung und Beweiswürdigung in erster Linie den staatlichen Gerich-**

ten, und setzt seine Beweiswürdigung regelmäßig nicht an die Stelle der staatlichen Gerichte. Der Gerichtshof ist an dieses Ergebnis nicht gebunden, weicht von ihnen aber nur aus besonderen und zwingenden Gründen ab (z.B. EGMR v. 22.09.1993, EuGRZ 1994, 106 Nr. 29 f. – Klaas/ Deutschland). Bei Beschwerden nach Art. 2 und 3 prüft der Gerichtshof besonders sorgfältig und berücksichtigt, dass nach staatlichem Recht eine Person nur verantwortlich gemacht werden kann, wenn ihre Schuld nachgewiesen ist, während die Verantwortlichkeit des Staates nach der Konvention davon unabhängig ist (EGMR, III. Sektion, v. 10.04.2001, Slg. 2001-III Nr. 111 – Tanli/Türkei).

b) Notwendigkeit von Ermittlungen: Alle für die rechtliche Beurteilung nach der Konvention wesentlichen Tatsachen müssen festgestellt sein. Das gilt für **alle Tatsachen, die für die Entscheidung in prozessualer und materieller Hinsicht notwendig sind**, also für die Entscheidung über die Zulässigkeit und die Begründetheit der Beschwerde. Welche Tatsachen das sind, hängt davon ab, welche Pflichten eine bestimmte Konventionsvorschrift dem Staat auferlegt, in prozessualer Hinsicht sind es die Voraussetzungen nach Art. 35. Ermittlungen sind notwendig, wenn die für die Entscheidung erheblichen Tatsachen nicht bereits aus den schriftlichen Unterlagen festgestellt sind und wenn sie nicht offenkundig sind. Der Gerichtshof verschafft sich **grundsätzlich volle Überzeugung von den Tatsachen**. Absolute Gewissheit ist nicht erforderlich und selten möglich. Es genügt, wenn die Tatsachen auf eine Weise festgestellt worden sind, **dass keine vernünftigen Zweifel mehr bestehen** (z.B. EGMR v. 27.06.2000, NJW 2001, 2001 Nr. 100 – Salman/ Türkei; EGMR, III. Sektion, v. 10.04.2001, Slg. 2001-III Nr. 122, 142 – Tanli/Türkei). Ob einer solcher Grad an Überzeugung erreicht worden ist, hängt von der Beweiswürdigung ab (dazu bei Rn. 12 ff.). 6

c) Beweisverfahren: Der Gerichtshof entscheidet frei, ob er Ermittlungen für erforderlich hält und welche. In der Praxis spielt die Heranziehung von Urkunden eine große Rolle, die Vernehmung von Zeugen und Sachverständigen sowie Ortsbesichtigungen sind selten. 7

8 Der Gerichtshof kann
- Auskünfte, Stellungnahmen bzw. Berichte von jeder Person oder Institution seiner Wahl erbitten (Art. 42 Abs. 3 VerfO). Die Beteiligten werden der Anforderung entsprechen müssen, nicht notwendig aber nicht staatliche Institutionen und Privatpersonen;
- Urkunden von den Beteiligten anfordern;
- Zeugen vernehmen;
- Sachverständige bestellen und anhören und
- Ortsbesichtigungen durchführen oder sonst Augenschein einnehmen.

9 Die Kammer kann **Zeugen und Sachverständige in mündlicher Verhandlung** vernehmen. Sie werden dann vom Kanzler geladen (Art. 65 VerfO) und haben vor der Vernehmung einen Eid zu leisten oder eine feierliche Erklärung abzugeben (Art. 66 VerfO). Über eine Ablehnung entscheidet die Kammer (§ 67 VerfO). Bei unentschuldigtem Nichterscheinen eines Zeugen oder einer anderen Person teilt der Kanzler das dem Konventionsstaat mit (Art. 69 VerfO).

10 Die Kammer kann eines oder mehrere ihrer Mitglieder oder andere Richter des Gerichtshofs **beauftragen, eine Beweisaufnahme durchzuführen**. Sie kann zur Unterstützung der Richter unabhängige externe Sachverständige bestellen. Zeugenvernehmungen oder Ortsbesichtigungen (z.B. eines Gefängnisses) werden häufig an drei Richter übertragen, die dann in den beklagten Konventionsstaat reisen und dort tätig werden (vgl. Art. 19 Abs. 2 VerfO). Wenn eine Delegation von Richtern ermittelt, leitet der Delegationsleiter die Verhandlungen und die Delegation übt die Befugnisse der Kammer aus (Art. 63 Abs. 2 VerfO). Die Parteien können bei den Ermittlungsmaßnahmen anwesend sein. Wenn ein Beteiligter nicht erscheint, hat das keine negativen Auswirkungen für seine Beschwerde, solange er sie aufrecht erhält (EGMR v. 20.05.1999, NJW 2001, 1991 Nr. 69 – Ogur/Türkei).

11 **d) Mitwirkungspflichten der Beteiligten:** Vgl. allgemein zur Mitwirkungspflicht Rn. 3. Für Ermittlungen ist die Mitwirkungspflicht in Art. 38 Abs. 1 Buchst. a) für den beklagten Konventionsstaat besonders erwähnt (vgl. auch Art. 42 Abs. 4 VerfO: Die Parteien unterstützen die

Kammer oder ihre beauftragten Mitglieder bei der Beweiserhebung). Die **Mitwirkung des beklagten Staates** ist von besonderer Bedeutung, weil er in vielen Fällen der einzige ist, der Zugang zu den erforderlichen Informationen hat. Der beklagte Staat ist z.B. dazu verpflichtet, den Zeugen etwa erforderlicher Aussagegenehmigungen zu verschaffen, Richtern und Sachverständigen die Einreise und den Zugang zu staatlichen Gebäuden zu verschaffen, z.B. den Zugang zu Gefängnissen, psychiatrischen Anstalten und anderen Orten, an denen Personen gegen oder ohne ihren Willen festgehalten werden, bei der Ladung von Zeugen und Sachverständigen Amtshilfe zu leisten, Einsicht in Akten zu gewähren und Verhandlungsräume zur Verfügung zu stellen. Wenn z.B. über die Echtheit einer Fotokopie gestritten wird, muss der Staat Einsicht in das Original gewähren und kann sich nicht darauf zurückziehen, dass die Urkunde geheim sei (EGMR v. 13.06.2000, Slg. 2000-VI Nr. 67 – Timurtas/Türkei). Wegen der Folgen der Verletzung einer solchen Verpflichtung vgl. bei g). Der EGMR kann in der Begründung seines Urteils feststellen, dass die Regierung ihre Verpflichtung, alle erforderlichen Erleichterungen zu gewähren, nicht erfüllt hat (vgl. EGMR, I. Sektion, v. 14.11.2000, Beschw.-Nr. 24396/94 Nr. 54 – Tas/Türkei).

e) Beweiswürdigung: Die Gerichthof würdigt die Beweise unter Berücksichtigung aller Umstände des Falles, einschließlich der Erklärungen der Parteien. Er berücksichtigt **auch Indizien und nicht widerlegte Vermutungen**, wenn sie ausreichend gewichtig, genau und nicht widersprüchlich sind (EGMR v. 18.01.1978, Serie A, Bd. 25, S. 64 Nr. 160 f – Irland/Vereinigtes Königreich; EGMR, III. Sektion, v. 18.07.2000, Beschw.-Nr. 25625/94 Nr. 72 – Ekinci/Türkei). 12

Wenn nur der Staat über die Ereignisse gänzlich oder in großen Teilen Kenntnis haben kann, z.B. bei einer Person in **Haft**, nimmt der Gerichtshof eine starke **tatsächliche Vermutung für die Verantwortung staatlicher Stellen an, wenn während der Haft Verletzungen oder der Tod eintritt, ohne dass dafür seitens des Staates eine überzeugende Erklärung geliefert werden kann**. Die Beweislast liegt insoweit dann beim Staat (z.B. EGMR v. 28.07.1999, NJW 2001, 56 Nr. 87 – Selmouni/Frankreich, EGMR v. 27.06.2000, NJW 2001, 2001 Nr. 100 – Salman/ 13

Türkei; EGMR, III. Sektion, v. 10.04.2001, Slg. 2001-III Nr. 142 – Tanli/ Türkei). Wenn eine Person bei guter Gesundheit in Haft genommen worden ist und bei ihrer Entlassung verletzt, muss der Staat dafür eine plausible Erklärung geben (vgl. Art. 2 Rn. 17, 19; Art. 3 Rn. 15).

14 Bei der Beweiswürdigung kann der Gerichtshof das Verhalten der Beteiligten berücksichtigen. Geben sie keine Erklärung ab, obwohl das nach Sachlage von ihnen erwartet werden kann, kann der Gerichtshof daraus den Schluss ziehen, dass die Behauptung der Gegenseite zutrifft (vgl. oben Rn. 11 für den Fall des Streits über die Echtheit einer Fotokopie und die Verpflichtung des Staates, die Urkunde einsehen zu lassen).

15 **f) Beweislast: Eine Beweisführungslast gibt es nicht**, weil der Gerichtshof von Amts wegen ermittelt (oben Rn. 2). Es gibt aber eine **materielle Beweislast**, die darüber entscheidet, zu wessen Nachteil es gereicht, wenn bestimmte Feststellungen nicht getroffen werden konnten. Als Grundsatz gilt, dass der Bf. den Nachteil tragen muss, wenn nicht festgestellt werden kann, dass die Beschwerde zulässig ist oder dass der beklagte Konventionsstaat für eine Konventionsverletzung verantwortlich ist. Der Gerichtshof hat aber eine Reihe von **Beweislast-Regeln** entwickelt, z.B. zur

- Erschöpfung der Rechtsbehelfe (Art. 35 Abs. 1, dazu Art. 35 Rn. 18);
- Beendigung der Sechs-Monats-Frist nach Art. 35 1: vgl. Art. 35 Rn. 21;
- Feststellung einer Konventionsverletzung, z.B. in Fällen der Art. 2 und 3. So muss der Staat beweisen, dass er seinen Ermittlungspflichten nachgekommen ist (vgl. Art. 2 Rn. 9; Art. 3 Rn. 4). Ist eine Person bei guter Gesundheit in Haft genommen worden und war sie bei der Entlassung verletzt, muss der Staat eine plausible Erklärung dafür geben (dazu oben bei Rn. 13);
- Prüfung, ob ein Eingriff nach den Abs. 2 der Art. 8 bis 11 ausnahmsweise gerechtfertigt ist. Der Gerichtshof erwartet eine stichhaltige und ausreichende Begründung staatlicher Stellen. Wird sie nicht gegeben, stellt er eine Verletzung fest (vgl. Art. 8 Rn. 44);
- Erstattung der Kosten. Der Bf. muss nachweisen, dass die Kosten tatsächlich entstanden sind und angemessen waren.

g) Kosten der Beweisaufnahme: Die Konvention schweigt zu dieser Frage. Die VerfO gibt folgende Regeln: Nach Art. 42 Abs. 5 VerfO trägt eine Partei die Kosten, wenn eine von ihr beantragte Ermittlungsmaßnahme durchgeführt worden ist, sofern die Kammer nicht anders entscheidet. Hat eine Partei die Maßnahme nicht beantragt, sondern ist sie von Amts wegen oder auf Antrag eines Dritten vorgenommen worden, entscheidet die Kammer, ob die Kosten dem Europarat oder Beteiligten oder Drittbeteiligten angelastet werden sollen, der die Maßnahme beantragt hat. Der Kammerpräsident setzt die Höhe der Kosten fest. 16

Art. 65 VerfO bestimmt, dass bei Ladung und Erscheinen von Personen auf Antrag oder auf Seiten einer klagenden oder beklagten Partei die entstehenden Kosten von dieser Partei zu tragen sind, wenn die Kammer nicht anders entscheidet. In den übrigen Fällen entscheidet die Kammer, ob diese Kosten vom Europarat oder dem Bf. oder Drittbeteiligten zu tragen sind, auf dessen Antrag die Personen erschienen sind. Auch hier werden die Kosten vom Kammerpräsidenten festgesetzt. 17

II. Gütliche Einigung (Vergleich)

1. Allgemeines

Die Konvention geht davon aus, dass eine **gütliche Einigung** wünschenswert ist (Erläuternder Bericht zum 11. Prot., BT-Drs. 13/858, S. 41 Nr. 94). Sie regelt nur die Folgen einer solchen Einigung in Art. 39, hinsichtlich des Verfahrens nur wenige Fragen (dazu Rn. 21). 18

2. Möglicher Inhalt eines Vergleichs

In den meisten Fällen wird vereinbart, dass der beklagte Staat dem Bf. ohne Anerkennung einer Rechtspflicht **einen bestimmten Betrag zahlt**. Es sind aber auch andere Verpflichtungen möglich, z.B. eine Sache zurückzugeben, dem Bf. den Aufenthalt zu erlauben, von der Strafvollstreckung abzusehen oder eine Strafe ganz oder teilweise im Gnadenwege zu erlassen, auch die Verpflichtung, den Entwurf eines 19

Änderungsgesetzes im Parlament einzubringen oder eine Gesetzesänderung zu prüfen.

20 Der Vergleich muss auf der Grundlage der Achtung der Menschenrechte abgeschlossen sein (Art. 38 Abs. 1 Buchst. d)), d.h. der Vergleich muss inhaltlich Respekt für den Menschenrechtsschutz unter Beachtung der Rechtsprechung des Gerichtshofs bezeugen. Der Gerichtshof prüft das, bevor er die Sache im Register streicht (vgl. zu Art. 39).

3. Das Verfahren bei den Vergleichsverhandlungen

21 Art. 38 Abs. 1 Buchst. d) verpflichtet den Gerichthof, **den Beteiligten bei Vergleichsverhandlungen zu helfen**. Einzelheiten sind in Art. 62 VerfO geregelt. Danach nimmt der Kanzler nach den Weisungen der Kammer oder ihres Präsidenten mit dem Ziel einer gütlichen Einigung Kontakt mit den Parteien auf, sobald die Beschwerde für zulässig erklärt worden ist. Die Kammer trifft alle Maßnahmen, um eine solche Einigung zu erleichtern. Eine gesonderte Zulässigkeitserklärung ist insbesondere vorgesehen, um Vergleichsverhandlungen anzustoßen. Die Kommission hat früher provisorische Meinungen über die Begründetheit geäußert, um Vergleichsverhandlungen noch mehr zu fördern. Bei einem gerichtlichen Verfahren ist das nach der Rechtstradition in einigen europäischen Staaten schwierig. Nach deutschem Verständnis ist kein Problem, dass sich ein Richter oder eine Kammer bei Vergleichsverhandlungen zu den Erfolgsaussichten äußert (vgl. die Denkschrift zum 11. Prot., BT-Drs. 13/858, S. 28 zu Art. 38). Das wäre auch bei dem Gerichtshof zulässig. Wegen der erwähnten unterschiedlichen Rechtstraditionen ist der Gerichtshof insoweit aber zurückhaltend.

22 Vergleichsverhandlungen sind auch schon **vor der Zulässigkeitserklärung** möglich. Einer der Verfahrensbeteiligten kann den anderen ansprechen. Sie können die Kanzlei um Vermittlung bitten. Es ist möglich, dass die Kanzlei oder die Kammer auf Bitten der Beteiligten einen Vergleichsvorschlag macht. Ein solches Verfahren ist sehr nützlich, weil es in einem Vergleich fast immer um die Zahlung eines bestimmten Betrages geht und der Bf. dabei häufig übertriebene Erwartungen hat.

Die Kanzlei oder die Kammer kann dann einen Vergleichsvorschlag machen, der sich im Rahmen der bisher nach der Rechtsprechung gewährten Beträge bewegt.

Vergleichsverhandlungen sind **auch über die Höhe einer gerechten Entschädigung** nach Art. 41 möglich, nämlich nach Erlass eines die Konventionsverletzung feststellenden Urteils, das die Frage der Entschädigung offen lässt (vgl. Art. 75 Abs. 4 VerfO). 23

Vergleichsverhandlungen und das sich darauf beziehende Verfahren sind **vertraulich** (Art. 38 Abs. 2 EMRK; Art. 33 Abs. 3 VerfO). Die Beteiligten sind nicht berechtigt, im Zusammenhang mit diesen Verhandlungen abgegebene Erklärungen anderen mitzuteilen (Erläuternder Bericht zum 11. Prot., BT-Drs. 13/858, S. 41 Nr. 93). Auch im streitigen Verfahren dürfen Argumente und Eingeständnisse nicht erwähnt oder geltend gemacht werden, die im Vergleichsverfahren gemacht worden sind (Art. 62 Abs. 2 VerfO). 24

Artikel 39 Gütliche Einigung

Im Fall einer gütlichen Einigung streicht der Gerichtshof durch eine Entscheidung, die sich auf eine kurze Angabe des Sachverhalts und der erzielten Lösung beschränkt, die Rechtssache in seinem Register.

Dazu, dass Vergleiche wünschenswert sind und zu den Vergleichsverhandlungen vgl. Art. 38 Rn. 18, zu dem möglichen Inhalt eines Vergleichs Art. 38 Rn. 19, 20. 1

I. Streichung im Register

Wird dem Gerichtshof von dem Betroffenen mitgeteilt, dass eine gütliche Einigung erzielt worden ist, prüft er, ob das auf der Grundlage der Achtung der Menschenrechte geschehen ist (Art. 38 Abs. 1 Buchst. 2

b)). Wenn das – wie bisher immer – anzunehmen ist, streicht er die Sache im Register. Das geschieht nach Art. 39 durch ein kurzes Urteil, das den Sachverhalt gestrafft schildert, die abgegebenen Erklärungen der Beteiligten zu der erzielten Einigung wiedergibt und feststellt, dass die gütliche Einigung auf der Achtung der Menschenrechte, wie sie in der Konvention und den Prot. dazu niedergelegt sind, beruht und die Sache aus dem Register streicht. Eine Kostenentscheidung wird in dem Urteil nicht getroffen. Für die Streichung im Register gilt Art. 37 EMRK, Art. 44 VerfO, hinzuweisen ist insbesondere auf die Möglichkeit nach Art. 44 Abs. 5 VerfO, die Wiedereintragung in das Register zu beschließen, wenn der Gerichtshof dies wegen außergewöhnlicher Umstände für gerechtfertigt hält. Das wäre also auch möglich, wenn ein beklagter Staat die von ihm übernommenen Verpflichtungen nicht erfüllt. Folge ist, dass die Prüfung der Sache fortgesetzt wird. Eine Streichung kommt nach gescheiterten Vergleichsverhandlungen auch bei einer **einseitigen Erklärung** der Staaten in Betracht (Art. 37 Rn. 6).

II. Rechtsnatur der Einigung

3 Eine gütliche Einigung nach Art. 38, 39 ist kein Prozessvergleich. Sie beendet die Rechtshängigkeit nicht, es bedarf vielmehr zusätzlich der Entscheidung des Gerichtshofs über die Streichung im Register. Anders als sonst bei Verfahren nach der Dispositionsmaxime haben die Parteien nicht in der Hand, die Sache von sich aus und durch ihre Einigung zu beenden (vgl. Art. 37 Rn. 1).

III. Überwachung der Einhaltung des Vergleichs

4 Der Kammerpräsident übermittelt das Urteil nach Art. 39, sobald es endgültig ist, dem Ministerkomitee des Europarats, das nach Art. 46 Abs. 2 nicht nur die Durchführung von Urteilen, sondern auch von Vergleichen überwacht (vgl. Art. 44 Abs. 3 VerfO).

Artikel 40 Öffentliche Verhandlung und Akteneinsicht

(1) Die Verhandlung ist öffentlich, soweit nicht der Gerichtshof aufgrund besonderer Umstände anders entscheidet.

(2) Die beim Kanzler verwahrten Schriftstücke sind der Öffentlichkeit zugänglich, soweit nicht der Präsident des Gerichtshofs anders entscheidet.

I. Allgemeines

Vgl. zum Ablauf des Verfahrens Einleitung Rn 15 ff.; Art. 29 Rn. 5 ff.). **1**
Art. 40 betrifft die mündliche Verhandlung (mündliche Anhörung), die stattfinden kann, aber nicht in allen Fällen stattfinden muss (vgl. Art. 29 Rn. 10). Wegen des Ablaufs der mündlichen Verhandlung vgl. Art. 63 bis 70 VerfO).

II. Öffentlichkeit der Verhandlung (Abs. 1)

Der Grundsatz ist der der Öffentlichkeit. Jeder hat Zutritt zu dem Ver- **2**
handlungsraum. Die Anwesenheit der Presse wird gestattet.

Ausnahmen: Der Gerichtshof kann unter besonderen Umständen anders **3**
entscheiden und die Öffentlichkeit während der ganzen Verhandlung oder von einem Teil ausschließen. Die Entscheidung kann von Amts wegen oder auf Antrag eines Beteiligten oder einer anderen Person, z.B. eines Zeugen, ergehen. Anträge sind zu begründen (Art. 33 Abs. 4 VerfO). Mögliche Gründe für den Ausschluss (Art. 33 Abs. 2 VerfO) sind: das Interesse der Moral, der öffentlichen Ordnung, der nationalen Sicherheit in einer demokratischen Gesellschaft, Interessen von Jugendlichen und der Schutz des Privatlebens. Wenn die Kammer es für unbedingt erforderlich hält, also unter besonders außergewöhnlichen Umständen, kann sie die Öffentlichkeit auch ausschließen, wenn sonst die Interessen der Rechtspflege beeinträchtigt würden.

Beratungen sind stets nicht öffentlich (Art. 22 Abs. 1 VerfO). **4**

III. Öffentlichkeit von Urkunden (Abs. 2)

5 Alle in der Kanzlei verwahrten Urkunden sind der Öffentlichkeit zugänglich (Art. 33 Abs. 3 VerfO). Auch hier kann der Kammerpräsident aus den erwähnten Gründen anders entscheiden.

Artikel 41 Gerechte Entschädigung

Stellt der Gerichtshof fest, dass diese Konvention oder die Protokolle dazu verletzt worden sind, und gestattet das innerstaatliche Recht der Hohen Vertragspartei nur eine unvollkommene Wiedergutmachung für die Folgen dieser Verletzung, so spricht der Gerichtshof der verletzten Partei eine gerechte Entschädigung zu, wenn dies notwendig ist.

I. Allgemeines

Urteile des Gerichtshofs sind feststellende Urteile. Eine Ausnahme ist Art. 41. Das Gericht kann den beklagten Staat unmittelbar und direkt dazu verurteilen, eine gerechte Entschädigung in bestimmter Höhe zu leisten. Das hat in der Praxis große Bedeutung. Die verletzte Partei im Sinne von Art. 41 ist das Opfer der Menschenrechtsverletzung, d.h. der Bf., auch wenn er das Verfahren für einen verstorbenen Bf. fortsetzt (Art. 34 Rn 4). 1

Die Regelung ist auf **Individualbeschwerden** zugeschnitten, dürfte in bestimmten Fällen aber auch für Staatenbeschwerden gelten, z.B. wenn ein Staat für einen direkten Betroffenen Beschwerde einlegt (vgl. EGMR v. 10.05.2001, Slg. 2001-IV – Zypern/Griechenland: Entsch. über Art. 41 bleibt vorbehalten). 2

II. Voraussetzungen

1. Feststellung einer Konventionsverletzung

Sie allein genügt aber nicht. Eine Entschädigung wird nicht in allen Fällen gewährt, sondern nur, wenn der Gerichtshof sie für angemessen hält (dazu weiter bei Rn. 16). 3

2. Unvollkommene Wiedergutmachung nach staatlichem Recht

Dieses Erfordernis hat keine praktische Bedeutung erlangt; der Gerichtshof kann nach seiner Rechtsprechung eine gerechte Entschädigung **auch dann gewähren, wenn nach innerstaatlichem Recht eine Entschädigung möglich ist**. Dann den Bf. darauf zu verweisen, erneut im staatlichen Recht gegebene Rechtsbehelfe zu erschöpfen, wäre unzumutbar und würde das Verfahren auf eine Weise verlängern, die mit dem Zweck des Menschenrechtsschutzes nicht vereinbar wäre (EGMR v. 31.10.1995, Serie A, Bd. 330 Nr. 40 – Papamichalopoulos/Griechenland – Art. 50; EGMR v. 10.03.1972, Serie A, Bd. 14, S. 9 Nr. 16 – De Wilde u.a./Belgien – Art. 50; EGMR v. 20.05.1999, NJW 2001,1991 Nr. 98 – Ogur/Türkei) Der Gerichtshof kann eine Entschädigung zusprechen, auch wenn eine vollkom- 4 mene Wiedergutmachung nach nationalem Recht möglich ist, aber bis zum Urteil nicht erfolgt ist; er kann die Entscheidung auch hilfsweise treffen, nämlich für den Fall, dass die in erster Linie angeordnete Rückgabe einer enteigneten Sache binnen bestimmter Frist nicht geschieht (vgl. das erwähnte Urteil in der Sache Papamichalopoulos/Griechenland).

3. Schaden

5 Eine Konventionsverletzung kann auch festgestellt werden, wenn der Bf. keinen Schaden erlitten hat. Eine gerechte Entschädigung kann nur zugesprochen werden, **wenn nachweisbar ein solcher Schaden eingetreten ist.** Die Entschädigung, wenn sie denn gewährt wird (dazu Rn. 16), kann Ersatz für materielle Schäden (unten Rn. 7), immaterielle Schäden (unten Rn. 8, 9) und Ersatz für Kosten und Auslagen umfassen (dazu Rn. 19 ff.).

6 In Einzelfällen kann es schwierig sein, materielle und immaterielle Schäden genau abzugrenzen. Der Gerichtshof setzt dann eine Summe global fest (z.B. EGMR v. 06.04.2000, Slg. 2000-IV Nr. 29 – Comingersoll/Portugal).

7 **a) Materielle Schäden:** Materieller Schaden ist der tatsächlich durch die **Konventionsverletzung direkt und eindeutig verursachte Verlust**, also die dadurch eingetretene Einbuße an Vermögenswerten. Ein direkter Schaden ist eingetreten, wenn z.B. eine Sache enteignet worden ist. Schaden ist z.B. aber auch entgangener Unterhalt einer Witwe oder von Familienangehörigen bei der Tötung des Ehemannes (z.B. EMGR, III. Sektion v. 10.04.2001, Slg. 2001-III Nr. 181 – Tanli/Türkei; EGMR v. 27.06.2000, NJW 2001-2001 Nr. 137 – Salman/Türkei). Dazu gehören auch Krankenkosten bei der Folter, Einbußen an Einkünften, entgangene Nutzung, Zinsverluste und durch Inflation eingetretene Verluste. Auch entgangene Chancen gehören dazu, z.B. der Verlust eines Kundenstamms bei konventionswidrigem Widerruf einer Konzession oder Erlaubnis für einen Gewerbebetrieb oder einen freien Beruf. Wenn ein Bf. unter Verstoß gegen Art. 10 zu einer Geldstrafe verurteilt worden ist, ist sie zu erstatten (EGMR v. 08.07.1999, NJW 2001, 1995 Nr. 88 – Baskaya u.

Okcuoglu/Türkei). Wenn ein Verstoß gegen Art. 6 Abs. 1 wegen überlanger Dauer festgestellt worden ist, kann ein Verlust von Chancen, bei konventionsgerechter Ausgestaltung des Verfahrens doch zum Vorteil des Bf. Einfluss zu nehmen, als materieller Schaden anerkannt werden (z.B. EGMR v. 01.07.1997, Slg. 1997-IV Nr. 78 – Pammel/Deutschland: Wegen Dauer eines Verfahrens vor BVerfG keine Möglichkeit, höhere Pacht zu verlangen. 15.000,- DM).

b) Immaterieller Schaden: In vielen Urteilen gewährt der Gerichtshof Schadensersatz für Nichtvermögensschadens **als Ausgleich für die psychologischen Wirkungen der Konventionsverletzung**, z.B. bei Folter als Schmerzensgeld, aber auch bei anderen Konventionsverletzungen, z.B. wegen unangemessener Dauer gerichtlicher Verfahren und der damit verbundenen Ungewissheit und Schwierigkeit für weitere Planungen (dazu Rn. 13), u.U. aber auch bei Verstoß gegen Art. 5 Abs. 4 (EGMR, IV: Sektion, v. 26.02.2002, Beschw.-Nr. 44872/98 Nr. 66 – Magalhaes Pereira/Portugal; vgl. aber Rn. 10, 17). 8

Auch **Handelsgesellschaften** als juristische Personen können immateriellen Schaden erleiden und Ersatz dafür erhalten, dabei können der Ruf der Gesellschaft eine Rolle spielen und die Ungewissheit für die Planung bei langer Verfahrensdauer, Störungen des Managements und in geringem Umfang Unsicherheit und Unbequemlichkeit für die Geschäftsführer (EGMR v. 06.04.2000, Slg. 2000-IV Nr. 29 – Comingersoll S.A./Portugal; EGMR v. 08.12.1999, Slg. 1999-VIII Nr. 57 – Freiheits- und Demokratiepartei (ÖZDEP)/Türkei: Immaterieller Schaden durch Frustration der Mitglieder bei Verletzung von Art. 11). 9

4. Ursächlicher Zusammenhang

Der Schaden muss eindeutig durch die festgestellte Konventionsverletzung verursacht worden sein. Das wird bei Verletzungen von **Verfahrensgarantien** insbesondere in Art. 5 und 6 selten festzustellen sein. Für Art. 5 wird also eine Entschädigung nur für Schäden gewährt, die als Folge einer Freiheitsentziehung entstanden sind, die der Bf. nicht erlitten hätte, wenn er in den Genuss der Garantien von Art. 5 gekommen wäre 10

(EGMR v. 18.12.1999, NVwZ 2001, 304 Nr. 85 ff. – Hood/Vereinigtes Königreich). Der Gerichtshof pflegt zum Ausdruck zu bringen, dass er über den Ausgang des Verfahrens ohne die Konventionsverletzung nicht spekulieren könne (vgl. Rn, 17; z.B. EGMR v. 25.04.1983, EuGRZ 1983, 344 Nr. 45 – Pakelli/Deutschland: Verletzung von Art. 6 mangels Offizialverteidiger; EGMR v. 12.05.1992, EuGRZ 1992, 347 Nr. 30 – Megyeri/Deutschland bei Verletzung von Art. 5 und 4; EGMR v. 06.04.2000, Slg. 2000-IV Nr. 29 ff. – Comingersoll A.S./Portugal für überlange Dauer eines Zwangsvollstreckungsverfahrens: nicht Ersatz im Wert der Forderung). Auch bei Art. 6 (überlange Verfahrensdauer) sind negative Folgen des Ausgangs des Verfahrens nicht kausal verursacht, weil es nur auf die Dauer, nicht auf das Ergebnis des Prozesses in der Sache ankommt, es können aber andere Schäden eingetreten sein, z.B. bei überlanger Dauer eines Verfahrens über die Entziehung einer Erlaubnis für eine Klinik Aufschub der Suche nach anderen Lösungen, Schwierigkeiten bei dem Betrieb des Unternehmens, Aufschub seines Verkaufs (z.B. EGMR v. 10.03.80, EuGRZ 1980, 598 Nr. 19 König/Deutschland – Art. 50). Der EGMR gewährt Ersatz für immateriellen Schaden (Rn. 13).

5. Art und Höhe der Entschädigung

11 **a) Naturalrestitution:** Ein Urteil des Gerichtshofs, das eine Verletzung feststellt, verpflichtet den beklagten Staat, die Konventionsverletzung abzustellen und Ersatz für die Folgen zu leisten und zwar so, dass der Zustand vor der Verletzung soweit wie möglich wieder hergestellt wird (EGMR v. 31.10.1995, Serie A, Bd. 330, S. 58 Nr. 34 – Papamichalopoulos/Griechenland – Art. 50; EGMR v. 06.04.2000, Slg. 2000-IV Nr. 29 – Comingersoll S.A./Portugal; EGMR, III. Sektion, v. 25.07.2000, NJW 2001, 809 Nr. 18 – Smith und Grady/Vereinigtes Königreich – Art. 41; vgl. auch BVerfG NJW 1986, 1425: nicht notwendig rechtskraftdurchbrechende Wirkung). Der beklagte Staat hat einen gewissen **Beurteilungsspielraum**, wie er seine Verpflichtungen aus dem Urteil erfüllen will. Wenn nach der Art der Verletzung eine **Naturalrestitution möglich** ist, muss er sie vornehmen (EGMR v. 19.10.2000, Slg. 2000-XI Nr. 32 – Iatridis/Griechenland – Art. 41). In solchen Fällen hat der Gerichtshof den beklagten Staat dazu verurteilt, enteignete Sachen, z.B. enteignete Grundstücke, zurückzugeben (z.B. EGMR v. 31.10.1995, Serie A, Bd. 330, S. 58 Nr. 34 – Papamichalopoulos u.a./ Griechenland – Art. 50). Er hat in dem zuletzt genannten Fall zu einer Entschädigung in Geld verurteilt für den Fall, dass die Grundstücke nicht binnen einer bestimmten Frist zurückgegeben werden.

b) Schadensersatz in Geld: Der Gerichtshof entscheidet **nach billigem Ermessen** und ermittelt wegen der Höhe eines materiellen Schadens nicht in allen Einzelheiten. Wenn eine Sache entzogen ist, wird grundsätzlich deren Wert ersetzt, bei Schädigung einer Sache die Wertminderung. Entgangener Gewinn, entgangene Chancen oder entgangene Unterhaltszahlungen werden überschlägig berechnet, vom beklagten Staat nicht bestrittene Beträge werden i.d.R. angesetzt (vgl. z.B. EGMR, III. Sektion, v. 10.04.2001, Slg. 2001-III Nr. 182 – Tanli/Türkei; EGMR v. 25.07.2000, NJW 2001, 809 Nr. 18 ff. – Smith und Grady/Vereinigtes Königreich – Art. 41). Bei Schadensersatz wegen immaterieller Schäden sind die gewährten Beträge recht unterschiedlich, aber grundsätzlich eher bescheiden. Einige Beispiele: 12

- EGMR v. 30.03.1980, EuGRZ 1980, 598 Nr. 19 – König/Deutschland – Art. 50: 3000,- DM bei Verletzung von Art. 6, Verfahrensdauer von 10 Jahren im Rechtsstreit über die Erlaubnis für eine Klinik (vgl. Rn. 13)
- EGMR v. 12.05.1992, EuGRZ 1992, 347 Nr. 32 – Megyeri/Deutschland: 5.000,- DM bei Verletzung von Art. 5 Abs. 4 hinsichtlich einer Unterbringung in psychiatrischer Klinik
- EGMR v. 02.09.1996, Slg. 1996-IV, S. 1086 – Vogt/Deutschland – Art. 50: Nach Feststellung einer Verletzung von Art. 10 wegen Entlassung einer Lehrerin aufgrund ihrer Aktivitäten für die KPD hat das Land Niedersachsen vergleichsweise 60.000,- DM als Eratz für Nichtvermögensschaden gezahlt
- EGMR v. 20.05.1999, NJW 2001, 1991 Nr. 98 – Ogur/Türkei: 100.000 Französische Franc (etwa 30.000,- DM) bei Tötung des Sohnes durch türkische Sicherheitskräfte
- EGMR v. 08.07.1999, NJW 2001, 1995 Nr. 93 – Baskaya und Okcuoglu/Türkei: 40.000 bzw. 45000 Französische Franc (ungefähr

12.000 bzw. 13.500 DM) bei Bestrafung wegen eines kritischen Buches und Beschlagnahme in der Türkei
- EGMR v. 27.06.2000, NJW 2001, 2001 Nr. 140 – Salman/Türkei: 25.000 Pfund Sterling für gefolterten und getöteten Gefangenen, 10.000 Pfund Sterling für seine Witwe
- EGMR, III. Sektion, v. 25.07.2000, NJW 2001, 809 Nr. 113 – Smith und Grady/Vereinigtes Königreich – Art. 41: 19.000 Pfund Sterling wegen Entlassung aus den Streitkräften wegen Homosexualität
- EGMR v. 28.10.1999, NJW 2001, 1155 Nr. 89 – Wille/Liechtenstein: 10.000 Schweizer Franken bei Verstoß gegen Art. 10 durch Nichtwiederernennung eines Gerichtspräsidenten
- EGMR v. 13.07.2000, NJW 2001, 2315 Nr. 71 – Elsholz/Deutschland: 35.000 DM bei Verletzung von Art. 8 bei Regelung des Umgangsrechts
- EGMR, III. Sektion, v. 10.04.2001, Slg. 2001-III Nr. 186 – Tanli/Türkei: 10.0000 Pfund Sterling für den Vater bei Tod des Sohnes in Haft, 20.000 Pfund Sterling für die Witwe und Tochter.

13 Bei Verletzung von Art. 6 Abs. 1 (**Dauer des Verfahrens**) spricht der Gerichtshof üblicher Weise eine gerechte Entschädigung als Ersatz für immaterielle Schäden zu, z.B. EGMR v. 29.03.1989, Serie A, Bd. 150 Nr. 52 – Bock/Deutschland: 10.000 DM, EGMR, IV. Sektion, v. 31.05.2001, NJW 2002, 2856 – Metzger/Deutschland: 10.000 DM). Aus der Rechtsprechung des EGMR der Jahre 2001, 2002 insbesondere zu italienischen Fällen ergeben sich die folgenden Anhaltswerte (im Einzelfall können sich wegen besonderer Umstände Abweichungen ergeben):

Verfahrensdauer Jahre/Monate	1 Instanz Euro	2 Instanzen Euro	3 und mehr Instanzen Euro
3,4 – 3,7	4000		
4 – 5	5000	5 – 8000	
5 – 7	6 – 7000	5 – 8000	
7 – 8	8000	5 – 8000	4 – 5000
8 – 9	10000		
9 – 10	10 – 14000	7 – 10000	8000
11 – 12	10 – 18000	12 – 14000	
12 – 15	20000	15 – 16000	16000
16 – 17	24000		18000
19,5	28000	20 – 26000	
23	26 – 32000		
31,7	50000	30 – 40000 (24-26 J.)	

In einzelnen Fällen hat der Gerichtshof die **Feststellung der Konventionsverletzung durch das Urteil als ausreichende Entschädigung** angesehen, z.B. im Fall Deumeland/Deutschland (EGMR v. 29.05.1986, EuGRZ 1988, 20 Nr. 97) und im Fall Eckle/Deutschland (EGMR v. 21.06.1983, EuGRZ 1983, 553 Nr. 24) sowie im Fall Klein/Deutschland (EGMR, IV. Sektion, v. 27.07.2000, NJW 2001, 213 Nr. 54). 14

e) Entschädigung als Strafe: Der Gerichtshof hat bisher eine Entschädigung als Strafe (punitive damages), die es im US-amerikanischen Recht gibt (vgl. Frowein/Peukert Rn. 6) auch bei schweren Konventionsverletzungen nicht ausgesprochen (vgl. EGMR v. 24.04.1998, Slg. 1998-II Nr. 119 – Secuk und Asker/Türkei; EGMR v. 18.02.1999, 15

NVwZ 2001, 304, Nr. 89 – Hood/Vereinigtes Königreich: Unter den vorliegenden Umständen kein Grund dafür).

6. Absehen von einer Entschädigung

16 Der Gerichtshof spricht eine Entschädigung zu, wenn das nach seiner Auffassung notwendig ist. Die Gewährung oder Nichtgewährung steht in seinem billigen Ermessen. Soweit Kosten und Auslagen zu erstatten sind, wird insoweit jedenfalls eine Entschädigung gewährt (dazu Rn. 19 ff.). Im Übrigen kann der Gerichtshof trotz des Vorliegens eines Schadens eine Entschädigung unter Berücksichtigung der Umstände des Falles **ablehnen** (z.B. EGMR v. 27.09.1995, Serie A, Bd. 324 Nr. 219 McCann u.a./Vereinigtes Königreich: Weil Getötete Bombenanschlag vorbereitet hatten). Wenn die Folgen einer Konventionsverletzung durch staatliche Maßnahmen schon ausgeglichen worden sind, ohne dass eine Verletzung anerkannt wurde, sieht der Gerichtshof von einer Entschädigung ab (vgl. EGMR v. 21.06.1983, EuGRZ 1983, 553 Nr. 14 – Eckle/Deutschland – Art. 50).

17 In bestimmten Fällen hat der Gerichtshof zum Ausdruck gebracht, dass nicht festgestellt werden könne, ob der Bf. einen Schaden erlitten hat, den er ohne **Verletzung von Verfahrensgarantien in den Art. 5 und 6** nicht erlitten hätte (vgl. Rn. 10), und dass deswegen die Feststellung der Konventionsverletzung ausreichend sei, die Gewährung einer gerechten Entschädigung nicht notwendig. Beispiele: EGMR v. 25.04.1983, EuGRZ 1983, 344 Nr. 46 – Pakelli/Deutschland; EGMR v. 29.05.1986, EuGRZ 1988, 20 Nr. 97 – Deumeland/Deutschland: Verletzung von Art. 6 Abs. 1; EGMR v. 18.02.1999, Slg. 1999-I Nr. 45 – Buscarini/San Marino wegen Verletzung von Art. 9 durch religiöse Eidespflicht für Abgeordnete; EGMR v. 29.04.1999, NJW 2001, 51 Nr. 59 – Aquilina/Malta wegen Verletzung von Art. 5 Abs. 3; EGMR, III. Sektion, v. 01.08.2000, Beschw.-Nr. 38781/97 – P.B./Frankreich: Verletzung von Art. 5 Abs. 3 und 6 Abs. 1; EGMR v. 18.02.1999, NVwZ 2001, 304 Nr. 87 – Hood/Vereinigtes Königreich: Verletzung von Art. 5 Abs. 3, 6; EGMR v. 25.03.1999, NJW 2000, 2883 Nr. 76 – Nikolova/Bulgarien mit einer Übersicht über die Rechtsprechung zu dieser Frage bei Verlet-

zung von Art. 5 Abs. 3 und 4; EGMR v. 16.12.1992, EuGRZ 1993, 65 Nr. 43 – Niemietz/Deutschland; EGMR v. 13.02.2001, NJW 2002,2013 Nr. 52 – Lietzow/Deutschland. Im Falle Musial/Polen (EGMR v. 25.03.1999, NJW 2000, 2727 Nr. 58) hat der Gerichtshof eine gerechte Entschädigung bei Verletzung von Art. 5 Abs. 4 zugesprochen (vgl. auch Rn. 10). Zum Teil erkennt der Gerichtshof an, dass immerhin ohne die gerügten und festgestellten Verfahrensfehler eine Chance bestanden hätte, stärker auf das Verfahren Einfluss zu nehmen und gewährt eine Entschädigung (vgl. den Fall Elzholz Rn. 12; dazu Dannemann, RabelsZ 63, 452; EGMR, III. Sektion, v. 02.10.2001, Beschw.-Nr. 44069/98 Nr. 74 – G.B./Frankreich).

III. Kosten und Auslagen

Sie können nach Art. 41 als Teil der gerechten Entschädigung erstattet werden. Die Kosten und Auslagen werden aber nur erstattet, **soweit sie tatsächlich entstanden sind, notwendig waren, um die festgestellte Konventionsverletzung zu verhindern oder ihr abzuhelfen und wenn sie der Höhe nach angemessen sind** (z.B. EGMR v. 19.10.2000, Slg. 2000-XI Nr. 54 – Iatridis/Griechenland – Art. 41, EGMR v. 08.07.1999, NJW 2001, 1995 Nr. 98 – Baskaya und Okcuoglu/Türkei). 18

Erstattet werden auch Kosten und **Auslagen für Rechtsbehelfsverfahren vor staatlichen Instanzen**, aber nur insoweit, als sie die später festgestellte Konventionsverletzung abwenden sollten oder sich dagegen richteten, z.B. bei Verstößen gegen Art. 6 Abs. 1 wegen der Dauer des Verfahrens nur für Rechtsbehelfe, die zur Beschleunigung eingelegt worden sind, nicht für Rechtsbehelfe hinsichtlich der Hauptsache. Bei Art. 5 Abs. 4 werden nur die mit der Haftprüfung zusammenhängenden Kosten erstattet. 19

Für eine Erstattung kommen danach in Betracht **Gerichtskosten und Auslagen vor den staatlichen Gerichten und vor dem Gerichtshof** in Straßburg, **Anwaltskosten** dafür, Reise- und Aufenthaltskosten auch zu Zeugenvernehmungen durch den Gerichtshof, Übersetzungskosten. 20

Bei der Erstattung von **Anwaltsgebühren** vor dem EGMR hält sich der Gerichtshof nicht an staatliche Gebührenordnungen gebunden, kann sich 21 aber daran orientieren (EGMR v. 08.07.1999, NJW 2001, 1995 Nr. 98 – Baskaya und Okcuoglu/Türkei). Der Gerichtshof prüft, ob das berechnete Honorar insgesamt angemessen ist. Er verlangt die Angabe der Arbeitsstunden des Rechtsanwalts. Honorarabsprachen binden den Gerichtshof nicht, er stellt fest, ob das Honorar angemessen ist. Honorare für mehrere Rechtsanwälte akzeptiert der Gerichtshof nur in besonders schwierigen Fällen oder Fällen besonders großer Bedeutung (EGMR v. 19.10.2000, Slg. 2000-XI Nr. 55, 56 – Iatridis/Griechenland – Art. 41).

22 **Beispiele**: Im Falle Pammel/Deutschland (EGMR v. 01.07.1997, Slg. 1997-IV Nr. 80) hat der Gerichtshof nach billigem Ermessen 10.000 DM als Ersatz für Anwaltshonorare für die Vertretung vor dem Gerichtshof zugebilligt, im Fall Janssen/Deutschland (I. Sektion v. 20.12.2001, Beschw.-Nr. 23959/94) 4000 DM bei einem Fall der Dauer des Verfahrens, im Fall Metzger/Deutschland (EGMR, IV. Sektion, v. 31.05.2001, NJW 2002, 2856) 15.000 DM für die Vertretung vor deutschen Gerichten und dem EGMR. Nach Frowein/Peukert Rn. 64 werden in Fällen durchschnittlicher Schwierigkeit Beträge zwischen 10.000 und 30.000 DM für die anwaltliche Vertretung im Verfahren über die Individualbeschwerde als angemessen akzeptiert.

23 Der Bf. muss die **notwendigen Angaben** machen (vgl. Rn. 26). Bei Unklarheiten im Einzelnen ist der Gerichtshof bereit, die Kosten nach billigem Ermessen festzusetzen (z.B. EGMR v. 25.05.1999, NJW 2001, 1991 Nr. 102 – Ogur/Türkei).

24 Beträge die der Bf. **im Wege der PKH** erhalten hat, werden von der Entschädigung abgezogen (z.B. EGMR v. 20.05.1999, NJW 2001, Nr. 102 – Ogur/Türkei).

25 Wenn der Gerichtshof der **Beschwerde nur teilweise stattgegeben hat**, führt das nicht notwendig dazu, dass er einen Teil der Kosten für nicht notwendig hält (EGMR, III. Sektion, v. 25.07.2000, NJW 2001, 809 Nr. 30 – Smith u. Grady/Vereinigtes Königreich – Art. 41). In der Sache Öztürk/Deutschland (EGMR v. 23.10.1984, EuGRZ 1985, 144 Nr. 8) hat der Gerichtshof angenommen, dass Kosten, die eine Rechtsschutzversicherung getragen hat, nicht tatsächlich entstanden waren und des-

wegen nicht erstattet werden können. Andererseits schadet es nach der Rechtsprechung nicht, wenn eine Organisation die Kosten übernimmt; der Gerichtshof stellt darauf ab, ob der Bf. zunächst selbst Kostenschuldner war (EGMR v. 24.02.1983, EuGRZ 1983, 496 Nr. 21 – Dudgeon/Vereinigtes Königreich – Art. 50). Auch dass der Rechtsanwalt wegen der finanziellen Situation des Bf. seine Honorarforderung zunächst nicht geltend macht, schadet nicht (EGMR v. 25.04.1983, EuGRZ 1983, 344 Nr. 47 – Pakelli/Deutschland).

IV. Verfahren

1. Entschädigung nur auf Antrag

Eine gerechte Entschädigung nach Art. 41 wird nur gewährt, wenn der 26
Bf. sie beantragt. Äußert er sich zu dieser Frage nicht, wird ihm eine Entschädigung versagt. Der Bf. muss seine Ansprüche auf gerechte Entschädigung nach Art. 60 VerfO im Schriftsatz über die Begründetheit oder, wenn ein Schriftsatz dazu nicht eingereicht wird, **spätestens zwei Monate nach der Zulässigkeitsentscheidung in einem besonderen Schriftsatz** geltend machen. Verspätete Anträge werden zurückgewiesen (z.B. EGMR, I. Sektion, v. 26.09.2000, Beschw.-Nr. 25989/94 Nr. 40 – Van Vlimmeren u.a./Niederlande). Die Ansprüche sind **zu beziffern und zu belegen und zu ordnen**, geschieht das nicht, können sie zurückgewiesen werden (Art. 60 Abs. 2 VerfO; z.B. EGMR v. 18.02.1999, Slg. 1999-II Nr. 48 – Buscarini/San Marino; EGMR v. 25.03.1999, NJW 2000, 2727 Nr. 61 – Musial/Polen). Die Kammer kann jede Partei jederzeit auffordern, sich zu dieser Frage zu äußern (Art. 60 Abs. 3 VerfO).

2. Entscheidung im Urteil

Der Gerichtshof entscheidet nach Möglichkeit in dem Urteil, mit dem er 27
eine Verletzung feststellt, auch über die Entschädigung (Art. 75 Abs. 1 VerfO). Der Ausspruch geht dahin, **dass der beklagte Staat an den Bf. einen bestimmten Betrag binnen drei Monaten** von dem Tage, an dem das Urteil endgültig wird (Art. 44 Abs. 2) **zu zahlen hat, nach**

Ablauf dieser Frist zuzüglich Zinsen in Höhe des gesetzlichen Zinsfußes in dem jeweiligen Lande.

28 Ist die Frage der Entschädigung **noch nicht zur Entscheidung reif**, behält sich die Kammer die Entscheidung vor und bestimmt das weitere Verfahren (Art. 75 Abs. 1 2. Halbsatz VerfO). Die Entscheidung trifft die Kammer möglichst in der gleichen Besetzung (Art. 75 Abs. 2 VerfO). Wenn sich die Parteien auf eine Entschädigung einigen, prüft der Gerichtshof, ob die Einlegung der Billigkeit entspricht und streicht, wenn das – wie fast immer – der Fall ist, die Sache im Register (Art. 75 Abs. 4 VerfO).

3. Aufrechnung, Pfändbarkeit

29 Der Gerichtshof hat wiederholt zum Ausdruck gebracht, dass der aufgrund Art. 41 festgesetzte Betrag **unpfändbar** sein sollte. Sonst würde der Zweck einer Entschädigung für immaterielle Schäden verfehlt und das System von Art. 41 pervertiert. Der Gerichtshof hat sich aber außerstande gesehen, eine Feststellung dieser Art zu treffen und hat die Entscheidung der Einsicht der staatlichen Stellen überlassen (EGMR v. 28.07.1999, NJW 2001, 56 Nr. 132 – Selmouni/Frankreich; EGMR v. 07.08.1996, Slg. 1996-III Nr. 18 – Allenet de Ribemont/Frankreich). Auch eine **Aufrechnung des Staates** gegen die Entschädigungsforderung wird wegen des besonderen völkerrechtlichen Charakters der Entschädigung nicht für zulässig gehalten (Frowein/Peukert Rn. 67).

30 Es wird erforderlich sein, bei diesen Fragen **auf das staatliche Recht** abzustellen (so auch EGMR v. 22.06.1972, Serie A, Bd. 15 – Nr. 27 – Ringeisen/Österreich – Art. 50). Es kann nicht richtig sein, Entschädigungsansprüche gegen den Staat nach Art. 41 anders zu behandeln, als entsprechende Ansprüche nach staatlichem Recht (vgl. § 851 ZPO).

4. Überwachung

31 Das Ministerkomitee des Europarats prüft die Erfüllung der Zahlungsverpflichtungen durch den Staat (vgl. zu Art. 46 Abs. 2).

Artikel 42 Urteile der Kammern

Urteile der Kammern werden nach Maßgabe des Artikels 44 Absatz 2 endgültig.

I. Allgemeines

Der EGMR entscheidet über die Zulässigkeit durch eine »Entscheidung« (decision), in der Sache entscheidet die Kammer ebenso wie die Große Kammer durch Urteil. Auch die Entscheidung, eine Beschwerde im Register zu streichen (Art. 37), ergeht durch Urteil. Die EMRK beschränkt sich in Art. 42 darauf, die Endgültigkeit (Rechtskraft) des Urteils unter Verweisung auf Art. 44 Abs. 2 zu regeln und in Art. 45 zu bestimmen, dass eine Begründung erforderlich ist. Im Übrigen überlässt sie es der VerfO, Einzelheiten zu regeln. 1

II. Urteile zur Streichung der Sache im Register

Das Urteil enthält keinen Ausspruch zur Sache und beschränkt sich darauf, die Streichung im Register anzuordnen. Wenn eine gütliche Einigung vorangegangen ist, gibt das Urteil sie wieder, und der EGMR stellt fest, dass sie auf der Grundlage der Achtung der Menschenrechte, wie sie in dieser Konvention und den Prot. dazu anerkannt sind, erfolgt ist (Art. 38 Abs. 1 Buchst. b); vgl. Art. 39 Rn. 2). Ein Urteil dieser Art kann auch eine Kostenentscheidung enthalten (Art. 44 Abs. 4 VerfO). Auch nach dem Urteil gemäß Art. 37 ist eine Verweisung an die Große Kammer möglich, wenngleich das in der Praxis nicht vorkommen wird. Es gelten also auch für dieses Urteil Art. 43, 44 Abs. 2. Eine »Wiederaufnahme« ist hier nach Art. 44 Abs. 5 VerfO dadurch möglich, dass der EGMR die Wiedereintragung der Beschwerde in das Register wegen ungewöhnlicher Umstände beschließt. 2

III. Urteile in der Sache

Wird die Beschwerde nicht durch eine »Entscheidung« für unzulässig erklärt und nicht durch Urteil im Register gestrichen, entscheidet die 3

Kammer in der Sache, d.h. darüber, ob ein Konventionsrecht verletzt worden ist oder nicht.

1. Sachlicher Inhalt des Urteils

4 Das Urteil ist hinsichtlich der Konventionsverletzung ein **Feststellungsurteil**, hinsichtlich einer etwa gewährten gerechten Entschädigung nach Art. 41 ein **Leistungsurteil** (Zahlungsurteil).

5 Beim EGMR wird häufig beantragt, im Urteil darüber hinausgehende Anordnungen oder Feststellungen zu treffen. Das ist nicht möglich. Insbesondere kann der Gerichtshof **nicht Verwaltungsakte oder Urteile staatlicher Instanzen aufheben** oder feststellen, dass sie nichtig sind, **die Nichtigkeit von staatlichen Gesetzen anordnen** oder feststellen, eine Wiederaufnahme des Verfahrens anordnen, die Unpfändbarkeit von Entschädigungszahlungen bestimmen oder die Entlassung von Gefangenen anordnen. Es bleibt den Konventionsstaaten überlassen, wie sie einem Urteil Folge leisten wollen, dabei haben sie einen Beurteilungsspielraum (vgl. Art 46 Rn. 7).

2. Förmlicher Inhalt des Urteils

6 Das Urteil enthält nach Art. 74 VerfO die Namen des Präsidenten und der Richter der Kammer, des Kanzlers und Stellvertretenden Kanzlers, den Tag, an dem das Urteil gefällt und den Tag, an dem es verkündet wird, die Bezeichnung der Parteien, die Namen der Prozessbevollmächtigten, Rechtsbeistände und Berater, die Darstellung des Prozessverlaufs, den Sachverhalt, eine Zusammenfassung des Parteivortrags, die Entscheidungsgründe, den Tenor, u.U. die Entscheidung über eine gerechte Entschädigung nach Art. 41, die Zahl der Richter, die die Mehrheit gebildet haben und u.U. eine Angabe, welche Sprachfassung maßgebend ist, was am Ende des Urteils vermerkt wird. Die Richter können Sondervoten beifügen (Art. 45 Abs. 2 – zustimmende, abweichende, teilweise zustimmende und teilweise abweichende Voten).

7 Zum Ausspruch über die gerechte Entschädigung vgl. bei Art. 41, zur Begründung bei Art. 45. Die **Sprache des Urteils**: Es ergeht in englischer oder französischer oder in beiden Amtssprachen (Art. 76 VerfO).

Veröffentlichung: Entscheidungen und Urteile sind der Öffentlichkeit zugänglich (Art. 33 Abs. 5 VerfO). Sie sind im Internet abrufbar (unter hudoc.echr.coe.int.). Vgl. zur Veröffentlichung Art. 44 Rn. 9. 8

Das Urteil wird vom Kammerpräsidenten und dem Kanzler unterschrieben (Art. 77 Abs. 1 VerfO). 9

Verlautbarung des Urteils: Die Konvention regelt die Frage nicht, sie überlässt sie der VerfO. Das Urteil kann vom Kammerpräsidenten oder einem von ihm beauftragten Richter in öffentlicher Sitzung verkündet werden, sonst gilt die Übermittlung als Verkündung (Art. 77 Abs. 2 VerfO). Die Frist für den Antrag auf Verweisung an die Große Kammer nach Art. 43 stellt auf das Datum des Urteils ab, deswegen muss sichergestellt werden, dass die Parteien möglichst umgehend von dem Urteil erfahren (Denkschrift zum 11. Prot. BT-Drs. 13/858, S. 29 zu Art. 42). 10

Mitteilung des Urteils: Es wird dem Ministerkomitee des Europarates zugeleitet. Der Kanzler übermittelt eine beglaubigte Kopie den Parteien, dem Generalsekretär des Europarats, Drittbeteiligten und allen anderen unmittelbar betroffenen Personen (Art. 77 Abs. 3 VerfO). 11

3. Endgültigkeit des Urteils (Rechtskraft)

Art. 42 verweist auf Art. 44 Abs. 2. Diese Regelung trägt der Möglichkeit einer Verweisung nach Art. 43 Rechnung. Kammerurteile werden erst rechtskräftig, wenn feststeht, dass eine Verweisung an die Große Kammer nicht stattfindet. 12

Vgl. wegen eines Antrags auf **Auslegung** des Urteils, auf **Wiederaufnahme** des Verfahrens und wegen der Möglichkeit der **Berichtigung** des Urteils Art. 44 Rn. 4 ff. 13

Artikel 43 Verweisung an die Große Kammer

(1) Innerhalb von drei Monaten nach dem Datum des Urteils der Kammer kann jede Partei in Ausnahmefällen die Verweisung der Rechtssache an die Große Kammer beantragen.

(2) Ein Ausschuss von fünf Richtern der Großen Kammer nimmt den Antrag an, wenn die Rechtssache eine schwerwiegende Frage der Auslegung oder Anwendung dieser Konvention oder der Protokolle dazu oder eine schwerwiegende Frage von allgemeiner Bedeutung aufwirft.

(3) Nimmt der Ausschuss den Antrag an, so entscheidet die Große Kammer die Sache durch Urteil.

I. Allgemeines

1 Die Sache kann nach Art. 30 durch Abgabe der Kammer vor ihrem Urteil oder nach Art. 43 durch Verweisung nach dem Urteil an die Große Kammer gelangen (vgl. zu dem zugrunde liegenden Kompromiss bei Abfassung des 11. Prot. Denkschrift zum 11. Prot., BT-Drs. 13/858, S. 23 bei A. III.).

2 Eine Verweisung an die Große Kammer nach dem Urteil der Kammer muss auf **Ausnahmefälle** beschränkt sein. Das ist in Art. 43 Abs. 1 ausdrücklich gesagt und Kern des zugrunde liegenden Kompromisses (vgl. den Erläuternden Bericht zum 11. Prot., BT-Drs. 13/858, S. 42 zu Art. 43, 44, Denkschrift S. 29). Die EMRK geht davon aus, dass normalerweise die Kammer endgültig entscheidet. Wäre es anders, könnte die vom 11. Prot. beabsichtigte Vereinfachung (Entscheidung durch einen Gerichtshof) und Beschleunigung nicht erreicht werden, weil doch wieder eine quasi-Rechtsmittelinstanz entscheidet. Auch die EMRK i.d.F. des 11. Prot. erkennt an, dass in Fällen grundsätzlicher Bedeutung eine Entscheidung der Großen Kammer sinnvoll und wünschenswert sein kann. Dann ist aber im Interesse der Beschleunigung des Verfahrens eine Abgabe an die Große Kammer nach Art. 30 in einem frühen Verfahrensstadium vorzuziehen. Das ist 2001 in 8 Fällen geschehen. Aus diesen Gründen ist es wünschenswert, dass der Ausschuss von fünf Richtern, der nach Art. 43 Abs. 2 über die Verweisung entscheidet, die Voraussetzungen eng auslegt (Denkschrift zum 11. Prot., BT-Drs. 13/858, S. 29 zu Art. 43). Bisher ist der Ausschuss so verfahren; es sind nur wenige Fälle nach Art. 43 an die Große Kammer verwiesen worden (im Jahre 2000 nur 2 Fälle, 2001 6 Fälle).

II. Verweisung nur bei Urteilen

Eine Verweisung nach Art. 43 ist möglich, wenn eine Kammer ein Urteil erlassen hat. Urteile ergehen bei Entscheidungen der Kammer über Beschwerden in der Sache, auch bei Streichung einer Sache im Register nach Art. 37. Wenn ein Ausschuss nach Art. 28 eine Beschwerde für unzulässig erklärt, geschieht das durch eine andere Entscheidung (Beschluss), nicht durch Urteil. Auch die Kammer entscheidet über die Zulässigkeit einer Beschwerde bzw. deren Unzulässigkeit durch Entscheidung. Es hätte vielmehr nahe gelegen, die abschließende Entscheidung der Kammer über die Unzulässigkeit durch Urteil zu treffen (vgl. die Denkschrift zum 11. Prot. BT-Drs. 13/858, S. 30 zu Art. 45), danach könnte auch sie Gegenstand einer Verweisung sein. Es steht außer Frage, dass bei der Prüfung der Zulässigkeit auch Fragen grundsätzlicher Bedeutung auftauchen können. Immerhin ist eine Abgabe nach Art. 30 möglich. 3

III. Antrag auf Verweisung (Art. 43 Abs. 1)

Eine Verweisung ist **nur auf Antrag möglich**, anders als die Abgabe nach Art. 30, die von Amts wegen geschieht. Den Antrag kann jede Partei stellen, also der Bf. und der beklagte Staat, nicht aber Personen, die nach Art. 36 beigezogen sind. 4

Der Antrag kann nur »in Ausnahmefällen« gestellt werden (dazu Rn. 7 ff). **Frist: Drei Monate** seit Datum des Urteils, also nicht ab Verkündung oder sonstiger Verlautbarung. Den Parteien muss deswegen zur Kenntnis gebracht werden, an welchem Tage das Urteil ergeht (vgl. Art. 42 Rn. 10). 5

Form des Antrags: Schriftlich an die Kanzlei. In dem Antrag muss die schwerwiegende Frage (Art. 43 Abs. 2) dargelegt werden, die nach Mei- 6 nung des Antragstellers eine Prüfung durch die Große Kammer rechtfertigt (Art. 73 Abs. 1 VerfO).

IV. Voraussetzungen für die Verweisung (Art. 43 Abs. 2)

7 Die Rechtssache muss eine schwerwiegende Frage der Auslegung oder Anwendung der Konvention oder des Prot. aufwerfen oder eine schwerwiegende Frage von allgemeiner Bedeutung. Die Fassung ist ähnlich wie in Art. 30, aber nicht gleichlautend, führt aber wohl zum selben Ergebnis. Art. 43 erwähnt die Divergenz von einem früheren Urteil nicht. Es ist aber anzunehmen, dass dann eine schwerwiegende Frage der Auslegung entschieden werden muss (so auch der Erläuternde Bericht, BT-Drs. 13/858, S. 42 Nr. 100).

8 **Eine schwerwiegende Auslegungsfrage** liegt vor, wenn eine wichtige Frage aufgeworfen wird, die bisher nicht entschieden worden ist. In der Regel wird die Frage wichtig sein, weil die Entscheidung über sie über den Einzelfall hinaus für künftige Fälle richtungsweisend sein wird, für die Fortentwicklung der Rechtsprechung von Bedeutung. Eine schwerwiegende Frage in diesem Sinne wird deswegen vorliegen, wenn die Rechtssache grundsätzliche Bedeutung hat oder die Entscheidung von einer früheren abweicht, wie das z.B. in § 132 Abs. 2 Nr. 1, 2 VwGO vorgesehen ist. Anders als dort werden aber nicht nur grundsätzliche Rechtsfragen, sondern auch grundsätzliche Tatsachenfragen, die verallgemeinerungsfähig und deswegen für künftige Fälle wichtig sind, erfasst (vgl. dazu die Denkschrift zum 11. Prot., BT-Drs. 13/858, S. 29 zu Art. 43).

9 Dazu, was eine schwerwiegende Frage **der Anwendung der Konvention** oder der Prot. ist, erwähnt der erläuternde Bericht den Fall, dass ein Urteil eine erhebliche Änderung innerstaatlicher Rechtsvorschriften oder einer Verwaltungspraxis erforderlich macht (BT-Drs. 13/858, S. 42 Nr. 101). Es kann sich danach um Fälle handeln, in denen sich die Bedeutung der Sache nicht für künftige Fälle, sondern für diesen einzelnen Fall bei seiner Anwendung auf den Konventionsstaat ergibt.

10 Das weitere Kriterium einer **schwerwiegenden Frage von allgemeiner Bedeutung** hat mehr Auffangcharakter und geht über die anderen Krite-

rien wohl nicht hinaus. Der Erläuternde Bericht erwähnt wesentliche politische Fragen oder wirtschaftliche Fragen der politischen Zielsetzung (BT-Drs. 13/858, S. 42 Nr. 102). Ob dieses Kriterium eine eigene Bedeutung erlangen wird, muss deswegen abgewartet werden (Denkschrift BT-Drs. 13/858, S. 29 zu Art. 43).

V. Entscheidung des Ausschusses

Über den Antrag entscheidet der Ausschuss. Es ist also nicht die Partei, die verweist, sondern der Ausschuss tut das mit seiner Annahme des Antrags. **11**

Der **Ausschuss der Großen Kammer** besteht aus fünf Richtern, nämlich aus dem Präsidenten des EGMR, den Präsidenten der Sektionen mit Ausnahme der, deren Kammer vorher entschieden hat und weiteren Richtern, die im Rotationsverfahren aus den Richtern bestimmt werden, die an der Kammerentscheidung nicht mitgewirkt haben. Der für den beklagten Staat gewählte Richter oder ein Richter mit der Staatsangehörigkeit dieses Staates kann nicht Mitglied im Ausschuss sein. Verhinderte Sektionspräsidenten werden von den Vizepräsidenten vertreten, verhinderte Richter durch einen anderen Richter (vgl. Art. 24 Abs. 5 VerfO). **12**

Der Ausschuss prüft den Antrag auf Grundlage der Akten. Er kann den Antrag auch ablehnen, wenn die Partei ihn nicht ausreichend begründet hat. Die Begründung wird in Fällen Schwierigkeiten aufwerfen, in denen die Partei einer Abgabe an die Große Kammer nach Art. 30 widersprochen hatte (dazu bei Art. 30). In der Denkschrift zum 11. Prot. (BT-Drs. 13/858, S. 29 zu Art. 43) heißt es, für das Verfahren nach Art. 43 werde dann nur in ganz besonderen Ausnahmefällen Raum sein. **13**

Der Ausschuss berät in nicht öffentlichen Sitzung. Seine Beratungen sind geheim (Art. 22 Abs. 1 VerfO). Er entscheidet mit Mehrheit der Stimmen (Art. 23 VerfO). Die Entscheidung, den Antrag abzulehnen, braucht nicht begründet zu werden (Art. 73 Abs. 2 S. 3 VerfO). Mit der Ablehnung wird das Kammerurteil rechtskräftig (Art. 44 Abs. 2 Buchst. c). **14**

Wenn der Ausschuss den Antrag annimmt, was er nur tun kann, wenn er davon überzeugt ist, dass eine Frage grundsätzlicher Bedeutung auf- **15**

geworfen wird (Art. 73 Abs. 2 VerfO), wird die Sache damit an die Große Kammer verwiesen, die endgültig durch Urteil entscheidet (Art. 43 Abs. 3). Sie kann das aufgrund einer mündlichen Verhandlung tun oder im schriftlichen Verfahren (Art. 71 i.V.m. Art. 59 Abs. 3 VerfO). Die Große Kammer entscheidet dann über die Sache, soweit sie für zulässig erklärt worden ist, vollen Umfangs und nicht nur über die schwerwiegende Frage, die zu der Verweisung geführt hat. Die Zulassungsgründe sind danach also nicht mehr erheblich. Eine teilweise Verweisung ist nicht möglich. Wie auch sonst kann der EGMR neue Tatsachen berücksichtigen (EGMR v. 12.07.2001, Slg. 2001-VII Nr. 140, 141, 147 – K. u. T./Finnland; vgl. Art. 29 Rn. 4).

Artikel 44 Endgültige Urteile

(1) Das Urteil der Großen Kammer ist endgültig.

(2) Das Urteil einer Kammer wird endgültig,

a) wenn die Parteien erklären, dass sie die Verweisung der Rechtssache an die Große Kammer nicht beantragen werden,
b) drei Monate nach dem Datum des Urteils, wenn nicht die Verweisung der Rechtssache an die Große Kammer beantragt worden ist, oder
c) wenn der Ausschuss der Großen Kammer den Antrag auf Verweisung nach Artikel 43 abgelehnt hat.

(3) Das endgültige Urteil wird veröffentlicht.

I. Rechtskraft

1 **Die Rechtskraft tritt ein**, d.h. das Urteil wird endgültig, bei Urteilen der Großen Kammer mit Erlass des Urteils und bei Urteilen der Kammer unter den Voraussetzungen des Abs. 2, nämlich wenn die Partei erklärt, dass sie Verweisung nach Art. 43 an die Große Kammer nicht beantra-

gen werde, oder, wenn ein Verweisungsantrag nicht gestellt worden ist, drei Monate nach dem Datum des Kammerurteils, und außerdem wenn der Ausschuss der Großen Kammer den Antrag auf Verweisung abgelehnt hat (dazu Art. 43 Rn. 14).

II. Wirkungen der Rechtskraft

1. Bindungswirkung

Die Urteile **binden die Beteiligten** (Art. 46 Abs. 1). Im Verhältnis zwischen ihnen steht verbindlich fest, dass eine Konventionsverletzung stattgefunden hat oder nicht. 2

Der Gerichtshof kann erlassene **Urteile nicht zurücknehmen und nicht mehr ändern**, es sei denn, dass es sich um rein redaktionelle Fragen handelt. Der EGMR ist an sein Urteil gebunden, wenn es verkündet oder von der Kanzlei auf andere Weise den Beteiligten übermittelt worden ist. In diesem Zeitpunkt wird das Urteil existent und wirksam, vorher ist es ein Entwurf. Der EGMR kann das Urteil im Wege der Auslegung erläutern (dazu Rn. 4), auf einen Antrag auf Wiederaufnahme des Verfahrens neu entscheiden (dazu Rn 5 ff.) und das Urteil berichtigen (Rn. 8). 3

2. Antrag auf Auslegung des Urteils (Art. 79 VerfO)

Eine Regelung in der Konvention fehlt. Nach Art. 79 VerfO kann jede Partei die Auslegung eines Urteils innerhalb eines Jahres nach der Verkündung beantragen (Abs. 1). Der Antrag muss genau bezeichnen, inwieweit eine Auslegung des Tenors begehrt wird (Abs. 2). Zuständig ist die Kammer, die das Urteil beschlossen hat. Sie kann den Antrag abweisen, wenn eine Prüfung nicht gerechtfertigt ist. Wenn die ursprüngliche Kammer nicht zusammentreten kann, bildet oder ergänzt der Präsident des EGMR die Kammer durch Los (Art. 3). Wenn die Kammer den Antrag nicht abweist, erhält die andere betroffene Partei Gelegenheit, Stellung zu nehmen. Eine mündliche Verhandlung ist möglich, aber nicht notwendig. Die Kammer entscheidet durch Urteil (Ab. 4). 4

3. Wiederaufnahme des Verfahrens (Art. 80 VerfO)

Auch hier fehlt eine Regelung in der EMRK.

5 **a) Voraussetzungen:** Eine Wiederaufnahme des Verfahrens ist eine Durchbrechung der Bindungswirkung des Urteils, seiner Rechtskraft und deswegen nur unter engen Voraussetzungen zulässig. Es muss eine Tatsache bekannt werden, die im Zeitpunkt des Urteils den Parteien und dem EGMR unbekannt war. Weitere Voraussetzung ist, dass die Tatsache der Partei, die den Antrag stellt, nach menschlichem Ermessen nicht bekannt sein konnte.

6 **b) Antrag:** Er muss binnen sechs Monaten seit Kenntnis der Partei von der Tatsache gestellt werden (Art. 80 Abs. 1 VerfO). Der Antrag muss das Urteil bezeichnen, und die Angaben enthalten, aus denen sich ergibt, dass die Voraussetzungen erfüllt sind. Die zur Begründung dienenden Unterlagen müssen in Kopie beigefügt werden.

7 **c) Entscheidung durch die Kammer:** Es entscheidet die ursprüngliche Kammer. Ist das nicht mehr möglich, bildet oder ergänzt der Präsident des EGMR die Kammer durch Los (Art. 80 Abs. 3 VerfO). Die Kammer prüft, ob ein Wiederaufnahmegrund vorliegt. Ist das nicht der Fall, weist sie den Antrag ab. Anderenfalls übermittelt der Kanzler den Antrag der anderen Partei und gibt ihr Gelegenheit zur Stellungnahme. Wenn die Kammer es so beschließt, findet eine mündliche Verhandlung statt. Die Kammer entscheidet durch Urteil, für das Art. 42 bis 45 gelten.
Beispiel: Urt. des EGMR v. 10.07.1996, Slg. 1996-III – Pardo/Frankreich.

4. Urteilsberichtigung (Art. 81 VerfO)

8 Der Gerichtshof kann Schreib- und Rechenfehler oder andere offensichtliche Unrichtigkeiten von Amts wegen oder auf Antrag einer Partei, der innerhalb eines Monats nach Erlass der Entscheidung oder des Urteils gestellt werden muss, berichtigen.

III. Veröffentlichung des Urteils

9 Das Urteil ist seit seinem Erlass öffentlich, d.h. der Öffentlichkeit zugänglich. Veröffentlicht wird es erst, wenn es endgültig geworden ist.

Die Kanzlei gibt eine Presserklärung heraus. Die Urteile werden in das Internet eingestellt (hudoc.echr.coe.int). Eine Auswahl der Urteile und Entscheidungen wird in der amtlichen Sammlung veröffentlicht und zwar in beiden Amtssprachen (Englisch und Französisch – Art. 76 Abs. 2 VerfO; vgl. den Recueil des Arrêts et Décisions; Reports of Judgments and Decisions, Karl Heymanns Verlag, Köln). Für die Herausgabe ist die Kanzlei verantwortlich.

Artikel 45 Begründung der Urteile und Entscheidungen

(1) Urteile sowie Entscheidungen, mit denen Beschwerden für zulässig oder für unzulässig erklärt werden, werden begründet.

(2) Bringt ein Urteil ganz oder teilweise nicht die übereinstimmende Meinung der Richter zum Ausdruck, so ist jeder Richter berechtigt, seine abweichende Meinung darzulegen.

Zu begründen sind Urteile und Entscheidungen über die Zulässigkeit einer Beschwerde. Eine Begründungspflicht gilt danach **für alle Urteile** des Gerichtshofs, also auch die zur Streichung der Sache im Register und wegen der Entscheidung über die gerechte Entschädigung nach Art. 41. **1**

Es steht **im Ermessen des Gerichtshofs**, wie er die Begründung fasst. Bei der Entscheidung über die Zulässigkeit oder Unzulässigkeit einer Beschwerde genügt eine kurze Begründung (vgl. den Erläuternden Bericht, BT-Drs. 13/858, S. 42 Nr. 105). Insbesondere werden die Zulässigkeitsentscheidungen nur sehr kurz begründet. Art. 56 Abs. 1 VerfO bestimmt für solche Entscheidungen, dass anzugeben ist, ob sie einstimmig oder durch Mehrheitsentscheidung getroffen worden sind. Nach Art. 74 Abs. 1 Buchst. k) VerfO ist im Urteil die Zahl der Richter, die die Mehrheit gebildet haben, anzugeben. **2**

3 **Nicht begründet** werden müssen andere Entscheidungen, z.B. des Ausschusses von fünf Richtern der Großen Kammer nach Art. 43. Wegen des Inhalts eines Urteils im Übrigen vgl. Art. 42 Rn. 4 ff.

Artikel 46 Verbindlichkeit und Durchführung der Urteile

(1) Die Hohen Vertragsparteien verpflichten sich, in allen Rechtssachen, in denen sie Partei sind, das endgültige Urteil des Gerichtshofs zu befolgen.

(2) Das endgültige Urteil des Gerichtshofs ist dem Ministerkomitee zuzuleiten; dieses überwacht seine Durchführung.

I. Allgemeines

1 Die Vorschrift ist ohne sachliche Änderung vom 11. Prot. aus Art. 53, 54 EMRK a.F. übernommen. Sie regelt die völkerrechtliche Verbindlichkeit rechtskräftiger Urteile.

II. Bindungswirkung innerhalb der Grenzen des Streitgegenstands

Die Verpflichtung, ein Urteil zu befolgen, gilt in den **jeweiligen personellen, sachlichen und zeitlichen Grenzen des Streitgegenstands** (BVerfG NJW 1986, 1425). 2

Die Verpflichtung, das Urteil zu befolgen, gilt **nur für den beklagten Staat**, der an dem Verfahren beteiligt war, das durch das Urteil abgeschlossen worden ist, nicht für drittbeteiligte Staaten und nicht für Staaten, die an dem Verfahren nicht beteiligt waren. 3

Urteile, die in Verfahren **gegen andere Konventionsstaaten** ergehen, können über Sachverhalte und Rechtsfragen entscheiden, die auch in einem nicht beteiligten anderen Staat von Bedeutung sind. Ein Urteil gegen einen anderen Staat kann zeigen, dass eine gesetzliche Regelung in einem nicht beteiligten Staat konventionswidrig ist. Eine Bindung des nicht beteiligten Staates ergibt sich dann nicht aus Art. 46 Abs. 1. Trotzdem sind solche Urteile für ihn nicht ohne rechtliche Bedeutung. Das ergibt sich aus folgendem: 4

Art. 1 verpflichtet die Konventionsstaaten, die Konventionsrechte zu gewährleisten. Maßgebend sind die in der EMRK und den Prot., soweit sie der Konventionsstaat ratifiziert hat, garantierten Rechte und Freiheiten. Sie sind zu lesen in der Gestalt, die sich in der Rechtsprechung des EGMR entwickelt hat (Einführung Rn. 30 ff., Art. 1 Rn. 11). Der Gerichtshof hat insoweit Richterrecht geschaffen, mit dem die EMRK fortentwickelt worden ist und das an der völkerrechtlichen Verbindlichkeit der Konvention teilhat. Es ist weder wünschenswert, noch rechtlich möglich, zwischen der Konvention selbst und der dazu ergangenen Rechtsprechung zu differenzieren. Mit einer Präjudizien-Bindung in der Art des anglo-amerikanischen Rechts hat das nichts zu tun. Es handelt sich vielmehr um dasselbe Phänomen, das auch in Staaten mit einer kontinentalen Rechtstradition anzutreffen ist. Was insbesondere ältere Gesetze, wie z.B. das BGB, zum Inhalt haben, ergibt sich nicht nur aus dem Gesetzestext, sondern vor allem auch aus der höchstrichterlichen Rechtsprechung dazu. Aus Art. 1 ergibt sich dann die Verpflichtung der Konventionsstaaten, dem Rechnung zu tragen. Es kann immerhin der Fall eintreten, dass ein Konventionsstaat ein Urteil für unrich- 5 tig hält. Er wird, wenn es gegen einen anderen Staat ergangen ist, in einem späteren Verfahren gegen ihn vortragen, die Verhältnisse seien anders und die in seiner Rechtsordnung gefundene Lösung konventionsgemäß. Man wird dem Konventionsstaat das Recht nicht absprechen können, mit Reaktionen bis zum Urteil gegen ihn zu warten, nämlich abzuwarten, ob der EGMR auch in diesem Verfahren an seiner Auffassung festhält. Jedenfalls bei einer ständigen Rechtsprechung des Gerichtshofs wird aber eine Bindung nach Art. 1 daran anzunehmen sein. **Die Rechtsprechung des EGMR hat dann normative Leitfunktion, an der sich die Vertragsstaaten orientieren müssen** (BVerwG NVwZ 2002, 87). Auch im Übrigen ist unverkennbar, dass der Gerichtshof von einem einmal eingeschlagenen Wege nur unter sehr besonderen Umständen abweicht, insbesondere von einem Urteil der Großen Kammer. Die Rechtsprechung des Gerichtshofs hat eine beachtliche Stetigkeit.

III. Verpflichtung des Konventionsstaates aus dem Urteil

6 Welche Verpflichtungen das gegen ihn ergangene Urteil auslöst und in welchem Umfang es durchgeführt werden kann, hängt von dem Inhalt des Urteils ab. Wenn der EGMR feststellt, dass die Konventionsrechte nicht verletzt worden sind, ist nichts durchzuführen. Im Falle der Feststellung einer Verletzung ist zu unterscheiden:

1. Allgemeines

7 Die Feststellung einer Konventionsverletzung begründet für den beklagten Staat die **Verpflichtung, die Konventionsverletzung abzustellen und Ersatz** für die Folgen zu leisten, wenn möglich im Wege der Naturalrestitution. Der Staat hat dabei einen **Beurteilungsspielraum**, wie er seinen Verpflichtungen aus dem Urteil nachkommen will (vgl. Art. 41 Rn. 11).

2. Konventionsverletzung durch Verwaltungsakt oder Urteil

8 In den meisten Fällen sind Konventionsrechte durch einen Verwaltungsakt oder durch ein Urteil verletzt worden, das auf einem an sich nicht konventionswidrigem Gesetz beruht, welches im Einzelfall unrichtig angewendet worden ist (z.B. Verletzungen von Verfahrensgarantien Art. 5 und 6). Die Feststellung der Konventionsverletzung durch den EGMR hat dann die Wirkung, dass der beklagte Staat die Konventionsverletzung nicht mehr bestreiten kann, er ist insoweit gebunden. Eine etwa andauernde Verletzung muss er beenden, z.B. unrechtmäßig durch Verwaltungsakt angeforderte Leistungen nicht erzwingen, eine Abschiebungsandrohung gegen einen Ausländer zurücknehmen, Verbote von Publikationen oder Versammlungen aufheben. Das wird bei Verwaltungsakten i.d.R. nicht schwierig sein. Bei Urteilen ist der Staat durch die Rechtskraft und die Unabhängigkeit der Justiz gebunden. Auch hier kann er von einer Vollstreckung absehen, wenn er Gläubiger ist. Er kann das Urteil aber nicht selbst aufheben. Das kann nur im Wege **der Wiederaufnahme des Verfahrens** geschehen. Das Urteil des EGMR durchbricht nicht die Rechtskraft von Urteilen staatlicher Gerichte. Die EMRK und auch das GG verpflichten nicht dazu, eine Wiederaufnahme zu ermöglichen (BVerfG, NJW 1986, 1425 und dazu Frowein, ZaöRV 46, 286; Trechsel, StV 1987, 187; Herdegen, NJW 1988, 593; Ress, EuGRZ 1996, 352; zu § 97 BDO BVerwG NJW 1999, 1649). Eine Wiederaufnahme ist nach deutschem Recht im Strafverfahren nach § 359 Nr. 6 StPO zulässig, wenn der EGMR eine Verletzung der EMRK oder eines Prot. festgestellt hat und das Urteil auf dieser Verletzung beruht. Für Zivil-, Verwaltungs-, Finanz- und Sozialprozesse gilt das nicht (Meyer-Ladewig in Schoch/Schmidt-Aßmann/Pietzner, VwGO § 153 Nr. 7). Das ist bedenklich, weil auch in solchen Verfahren Fälle auftreten können, bei denen nur durch eine Wiederaufnahme Abhilfe geschaffen werden kann. Bisher ist ein solcher Fall in Deutschland nicht aufgetreten.

Wenn nach staatlichem Recht eine **Entschädigung** für die Konventions- 9
verletzung möglich ist, z.B. im Wege der Staatshaftung, wird sie in Betracht kommen. Im Übrigen kann der EGMR eine gerechte Entschädigung nach Art. 41 festsetzen.

Wenn das innerstaatliche Recht die Behörde oder das Gericht dazu 10
gezwungen hat, so zu entscheiden, gilt: Z.T. wird angenommen, die Befolgungspflicht aus Art. 46 Abs. 1 verpflichte den Staat dazu, das Recht zu ändern (Frowein/Peukert Rn. Art. 53 Rn. 7; Frowein, JuS 1986, 850; Villiger Rn. 242).

11 Die Bindungswirkung von Art. 46 Abs. 1 hat jedenfalls nicht zur Folge, **dass staatliche Gerichte eine vom EGMR für konventionswidrig gehaltene Rechtsvorschrift nicht mehr anwenden dürfen** (offen gelassen in BVerfGE 92, 91, 108; BVerwG NJW 1999, 1649, 1651). Die Feststellung und damit die Rechtskraft bezieht sich auf die Konventionsverletzung durch einen bestimmten Verwaltungsakt oder durch ein bestimmtes Urteil. Das präjudizelle Rechtsverhältnis wird nicht erfasst. Wird das Recht nicht geändert, können und werden ähnliche Fälle durch andere Bf. nach Straßburg gelangen. Muss der Konventionsstaat sein Recht ändern? Art. 1 verpflichtet in solchen Fällen dazu, allgemeine Maßnahmen zu treffen, um künftige Konventionsverletzungen zu verhüten. Aus dieser Verpflichtung, nicht aus Art. 46 Abs. 1, folgt dann die Notwendigkeit von Rechtsänderungen, d.h. die Regierung muss solche Änderungen vorbereiten, wenn es sich um Gesetze handelt, Gesetzentwürfe den Parlament vorlegen. Art. 46 Abs. 2 bezieht sich nur auf Art. 45 Abs. 1. Das Ministerkomitee prüft aber im Verfahren nach Art. 46 Abs. 2 EMRK seit vielen Jahren, ob die Konventionsstaaten allgemeine Maßnahmen getroffen haben. Es kann deswegen angenommen werden, dass sich insoweit **Völkergewohnheitsrecht** gebildet hat. Es wird von den Konventionsstaaten respektiert. Eine andere Praxis wäre nicht nur ungerecht, weil sie den Gleichheitssatz verletzen würde, sondern auch unklug, weil sie weitere Verurteilungen durch den EGMR zu Folge hätte.

3. Konventionsverletzung durch eine Rechtsnorm selbst

12 Es gibt Fälle, in denen nicht ein Durchführungsakt der Exekutive oder ein Urteil der Judikative die Konvention verletzt, sondern das Recht selbst (z.B. eine gesetzliche Regelung über die Rechtsstellung nichtehelicher Kinder: EGMR v. 13.06.1979, EuGRZ 1979, 454 – Marckx/Belgien; Strafandrohung für homosexuelle Handlungen zwischen einvernehmlichen Erwachsenen nicht in der Öffentlichkeit: EGMR v. 22.10.1981, EuGRZ 1983, 488 – Dudgeon/Vereinigtes Königreich). Der Staat ist in solchen Fällen aus Art. 46 Abs. 1 verpflichtet, die andauernde Verletzung durch die Rechtsnorm zu beenden und **also für eine Gesetzesänderung** zu sorgen, den Entwurf eines Änderungsgesetzes vorzubereiten und dem

Parlament zuzuleiten. Er wird dabei auf die völkerrechtliche Verpflichtung des Staates hinweisen, an die auch das Parlament gebunden ist.

4. Gerechte Entschädigung

Soweit der EGMR nach Art. 41 zur Zahlung eines bestimmten Betrages verurteilt, ist das Urteil ein Leistungsurteil. Der beklagte Staat ist nach Art. 46 Abs. 1 dazu verpflichtet, den vom Gerichtshof festgesetzten Betrag an den Bf. zu zahlen. 13

IV. Überwachung der Durchführung (Abs. 2)

1. Allgemeines

Die Überwachung der Durchführung obliegt **dem Ministerkomitee des Europarates** und ist eine wichtige Aufgabe. Das Konventionssystem würde in Frage gestellt, wenn einzelne Staaten dazu übergingen, die Verpflichtung aus einem gegen sie ergangenen Urteil nicht zu befolgen. Die Durchführung der Urteile dauert zum Teil bedauerlicher Weise zu lange (vgl. den Bericht der Parlamentarischen Versammlung v. 12.07.2000, DOC. 8808). Bisher ist nur ganz vereinzelt vorgekommen, dass ein Urteil nicht befolgt wurde. Der Fall Loizidou/Türkei, in dem der EGMR 1998 entschieden hat (EGMR v. 28.07.1998, Slg. 1998-IV – Loizidou/Türkei – Art. 50 a.F.) und in dem das Überwachungsverfahren vor dem Ministerkomitee immer noch nicht abgeschlossen werden konnte, ist eine betrübliche Ausnahme (vgl. die Resolution des Ministerkomitees v. 24.07.2000, DH (2000) 105). 14

2. Verfahren vor dem Ministerkomitee

a) Allgemeines: Das Urteil wird dem Ministerkomitee zugeleitet (Art. 46 Abs. 2). Es setzt die Sache auf die Tagesordnung; die Sitzungen werden üblicherweise von den Ständigen Vertretungen der Konventionsstaaten in Straßburg wahrgenommen (von den Botschaften oder Angehörigen der Vertretung). Die Arbeitslast ist erheblich. Der Vertreter des beklagten Staates wird um Stellungnahme gebeten, was veran- 15 lasst worden ist. In der Sache werden die Sitzungen insbesondere vom Generaldirektor für Menschenrechte des Europarats und seiner Abteilung vorbereitet, die in dem Verfahren eine erhebliche Rolle spielen, die einem Generalanwalt vergleichbar ist. Das ist im Einzelnen nicht geregelt, hat sich aber in der Praxis zum Vorteil eines effizienten Menschenrechtsschutzes entwickelt. Auf der Basis der Vorbereitung des Generaldirektors findet ein Dialog zwischen dem Ministerkomitee und dem beklagten Staat statt. Wenn die Antworten nicht ausreichend sind, wird die Sache vertagt. Das Ministerkomitee kann **Zwischenresolutionen** verabschieden. Das Prüfungsverfahren wird mit einer **Schlussresolution** abgeschlossen, in der die getroffenen Maßnahmen geschildert werden. Sie kann im Internet abgerufen werden (hudoc.echr.coe.int).

16 **b) Zahlung einer Entschädigung:** Der beklagte Staat legt Urkunden vor, aus denen sich die Zahlung ergibt. In Deutschland werden die Zahlungen von einem Land oder der Bundesregierung (BMJ) bewirkt. Der Verfahrensbevollmächtigte der Bundesregierung im BMJ veranlasst das Notwendige.

17 **c) Allgemeine Maßnahmen:** Das Ministerkomitee prüft, ob außer der Zahlung **allgemeine Maßnahmen zur Verhinderung künftiger Menschenrechtsverletzungen notwendig sind** und überwacht, dass sie getroffen werden. Weil sich eine Verpflichtung zu allgemeinen Maßnahmen nicht aus dem Urteil, also nicht aus Art. 46, sondern aus Art. 1 ergibt (vgl. Rn. 11), mag die rechtliche Basis dafür zweifelhaft sein. Denn das Ministerkomitee kann nach Art. 46 Abs. 2 nur die Durchführung des Urteils überprüfen. Auch insoweit hat sich aber Völkergewohnheitsrecht entwickelt, das von den Konventionsstaaten akzeptiert wird.

18 Wenn die Konvention aufgrund einer **»Panne« im Einzelfall** verletzt worden ist, sind allgemeine Maßnahmen möglicherweise nicht notwendig. Im Übrigen kommt in Betracht: Unterrichtung der Gerichte und von Verwaltungsbehörden über das Urteil, Vorbereitung von Gesetzesänderungen, der Änderung anderer Rechtsnormen oder von Verwaltungsanweisungen. Gesetzesänderungen sind jedenfalls zur Klarstellung auch dann nötig, wenn – wie in Deutschland – die Konvention Bestandteil des nationalen Rechts ist und wenn sich der Inhalt der Konvention aus der Rechtsprechung ergibt. Das verlangt schon die Rechtssicherheit. Allgemeine Maßnahmen können auch die personelle Verstärkung von Gerichten oder Verwaltungsbehörden sein oder gesetzliche Maßnahmen zur Beschleunigung des Verfahrens.

d) Konventionsverletzung unmittelbar durch eine Rechtsvorschrift: 19
Der beklagte Staat berichtet, was er veranlasst hat, um eine Gesetzesänderung zu bewirken. Wegen des erforderlichen parlamentarischen Gesetzgebungsverfahrens kann es lange dauern, bis eine Gesetzesänderung in Kraft tritt. Das Ministerkomitee beendet das Verfahren nach Art. 46 Abs. 2 bis dahin nicht; Zwischenresolutionen sind möglich.

V. Mögliche Sanktionen gegen Staaten, die dem Urteil nicht folgen

Eine Zwangsvollstreckung im eigentlichen Sinne ist nicht möglich. Das 20
Ministerkomitee kann durch Resolutionen politischen Druck erzeugen, ebenso die **Parlamentarische Versammlung**. Der **Generalsekretär** des Europarats kann von seinen Möglichkeiten nach Art. 52 Gebrauch machen und Informationen erbitten. Als letzte Maßnahme bleibt die Möglichkeit, dem beklagten Staat nach Art. 8 der Satzung des Europarats sein Recht auf Vertretung vorläufig zu entziehen. Das ist z.B. in der Parlamentarischen Versammlung für die russische Föderation wegen des Tschetschenien-Kriegs zeitweise geschehen. Der Mitgliedstaat kann schließlich vom Europarat ausgeschlossen werden. Andere Konventionsstaaten können Staatenbeschwerden nach Art. 33 auf die Nichtbefolgung eines Urteils stützen.

Artikel 47 Gutachten

(1) Der Gerichtshof kann auf Antrag des Ministerkomitees Gutachten über Rechtsfragen erstatten, welche die Auslegung dieser Konvention und der Protokolle dazu betreffen.

(2) Diese Gutachten dürfen keine Fragen zum Gegenstand haben, die sich auf den Inhalt oder das Ausmaß der in Abschnitt I dieser Konvention und in den Protokollen dazu anerkannten Rechte und Freiheiten beziehen, noch andere Fragen, über die der Gerichtshof oder das Ministerkomitee aufgrund eines nach dieser Konvention eingeleiteten Verfahrens zu entscheiden haben könnte.

(3) Der Beschluss des Ministerkomitees, ein Gutachten beim Gerichtshof zu beantragen, bedarf der Mehrheit der Stimmen der zur Teilnahme an den Sitzungen des Komitees berechtigten Mitglieder.

Artikel 48 Gutachterliche Zuständigkeit des Gerichtshofs

Der Gerichtshof entscheidet, ob ein vom Ministerkomitee gestellter Antrag auf Erstattung eines Gutachtens in seine Zuständigkeit nach Artikel 47 fällt.

Artikel 49 Begründung der Gutachten

(1) Die Gutachten des Gerichtshofs werden begründet.

(2) Bringt das Gutachten ganz oder teilweise nicht die übereinstimmende Meinung der Richter zum Ausdruck, so ist jeder Richter berechtigt, seine abweichende Meinung darzulegen.

(3) Die Gutachten des Gerichtshofs werden dem Ministerkomitee übermittelt.

Der EGMR kann auf Antrag des Ministerkomitees Gutachten über Rechtsfragen erstatten, welche die Auslegung der EMRK betreffen. Die Regelung ist bei der Neufassung der EMRK durch das 11. Prot. aus dem zweiten Prot. übernommen worden, obwohl sie reformbedürftig ist. Denn die Einschränkungen nach Art. 47 Abs. 2 sind so strikt, dass es **bisher keinen praktischen Anwendungsfall** gibt. Der für die Vorbereitung des 11. Prot. zuständige Ausschuss des Europarats hat sich dafür ausgesprochen, die Diskussion über eine Reform dieser Vorschriften auf einen späteren Zeitpunkt zu verschieben (Denkschrift zum 11. Prot., BT-Drs. 13/858, S. 30 zu Art. 47 bis 49). Mit Anwendungsfällen ist auch künftig nicht zu rechnen.

Artikel 50 Kosten des Gerichtshofs

Die Kosten des Gerichtshofs werden vom Europarat getragen.

Die Vorschrift ist bei der Reform durch das 11. Prot. aus Art. 58 a.F. übernommen worden. Kosten ist umfassend gemeint, nämlich Personal- und Sachkosten, also auch Gehälter für Richter und den Unterbau, auch die Kosten für die soziale Sicherheit (Denkschrift zum 11. Prot., BT-Drs. 13/858, S. 30). Aus Art. 50 ergibt sich, dass diese Kosten vom Europarat getragen werden, der seinerseits von den Mitgliedsstaaten finanziert wird. Der EGMR ist kein Organ des Europarats, er hat seine Rechtsgrundlage nicht in der Satzung des Europarats, sondern allein in der EMRK. Er ist aber vielfach mit dem Europarat verbunden. Das zeigen Art. 22 (Wahl der Richter durch die Parlamentarische Versammlung), Art. 46 Abs. 2 (Überwachung der Durchführung von Urteilen durch das Ministerkomitee) und Art. 52 (Anfragen des Generalsekretärs als ergänzendes Kontrollinstrument), insbesondere aber Art. 50.

Artikel 51 Vorrechte und Immunitäten der Richter

Die Richter genießen bei der Ausübung ihres Amtes die Vorrechte und Immunitäten, die in Artikel 40 der Satzung des Europarats und den aufgrund jenes Artikels geschlossenen Übereinkünften vorgesehen sind.

1 Die Regelung entspricht im Wesentlichen dem früheren Art. 59. Sie gibt den Richtern dieselben Vorrechte und Immunitäten, wie sie in Art. 40 der Satzung des Europarats vorgeschrieben sind. Diese Vorschrift bestimmt, dass dem Europarat und dem Sekretariat im Gebiet der Mitglieder die Immunitäten und Vorrechte zustehen, die für ihre Aufgaben erforderlich sind. Art. 51 Satz 2 erwähnt die aufgrund jenes Artikels geschlossenen Übereinkünfte. Der Erläuternde Bericht zum 11. Prot. (BT-Drs. 13/858, S. 43 Nr. 111) weist darauf hin, dass damit insbesondere das Vierte Prot. zum Allgemeinen Abkommen über die Vorrechte und Befreiungen des Europarats vom 16.12.1960 gemeint ist und die weiteren Verträge, die von den Mitgliedsstaaten ratifiziert worden sind.

2 Hinzuweisen ist insbesondere auf das **Sechste Prot. zum Allgemeinen Abkommen über die Vorrechte und Befreiungen** vom 05.03.1996. Es bestimmt in Art. 1, dass die Richter zusätzlich zu den Vorrechten und Befreiungen in Art. 18 des Allgemeinen Abkommens für sich, ihren Ehegatten und minderjährige Kinder dieselben Vorrechte, Immunitäten, Ausnahmen und Erleichterungen erhalten, wie sie Diplomaten nach innerstaatlichem Recht gewährt werden. Art. 2 stellt klar, dass sich dies auf Richter und ad hoc-Richter bezieht. Art. 3 gewährt Richtern Immunitäten von gerichtlichen Verfahren wegen von ihnen in Erfüllung ihrer Pflichten geschriebener oder gesprochener Worte und aller Handlungen. Nach Art. 4 kann nur der EGMR die Immunität aufheben. Art. 5 des Sechsten Prot. bestimmt, dass Art. 1, 3 und 4 auch für den Kanzler und den Stellvertretenden Kanzler des EGMR gelten. Art. 6 bestimmt, dass Urkunden und Papiere des EGMR unverletzlich sind.

3 Das Ministerkomitee des Europarates hat am 10.09.1999 die Resolution (97) 9 über den Status und die Dienstbedingungen der Richter des

EGMR erlassen. Einzelheiten sind in Vorschriften festgelegt, die der Resolution als Anhang I beigefügt sind (Gehälter, Residenzpflicht, Urlaub, Krankheit, Auslagenersatz und sozialer Schutz).

Immunität für Verfahrensbeteiligte: Vgl. das Europäische Übereinkommen über die an Verfahren vor dem EGMR teilnehmenden Personen v. 23.10.1996, das seit 01.01.1999 in Kraft ist (BGBl. II 2001, 359).

Abschnitt III.
Verschiedene Bestimmungen

Artikel 52 Anfragen des Generalsekretärs

Auf Anfrage des Generalsekretärs des Europarats erläutert jede Hohe Vertragspartei, auf welche Weise die wirksame Anwendung aller Bestimmungen dieser Konvention in ihrem innerstaatlichen Recht, gewährleistet wird.

Das 11. Prot. hat den früheren Art. 57 nicht gestrichen, sondern in Art. 52 in redaktionell geänderter Form übernommen. Es hätte nahegelegen, auf die Vorschrift zu verzichten, die früher unter bestimmten Umständen einziges Kontrollinstrument war, wenn nämlich Konventionsstaaten die damals noch erforderliche besondere Unterwerfungserklärung für das Individualbeschwerdeverfahren (Art. 25 Abs. 1 a.F.) und die Jurisdiktion des Gerichtshofs (Art. 46 a.F.) nicht abgegeben hatten. Jetzt ist eine solche Erklärung nicht mehr nötig. Trotzdem hat Art. 52 seinen Sinn behalten. Das Individualbeschwerdeverfahren nach der EMRK ist effizient, aber es kommt spät, weil der Bf. die innerstaatlichen Rechtsbehelfe erschöpft haben muss und dann auch der EGMR seine Zeit benötigt, bis er sein Urteil erlässt. Art. 52 gibt dem Generalsekretär ein Instrument an die Hand, früher und auf allgemeinere Weise zu reagieren, auch auf stärker präventive Weise tätig zu werden. Ein Beispielsfall für eine Anfrage des Generalsekretärs ist der Tschetschenien-Krieg.

Artikel 53 Wahrung anerkannter Menschenrechte

Diese Konvention ist nicht so auszulegen, als beschränke oder beeinträchtige sie Menschenrechte und Grundfreiheiten, die in den Geset-

zen einer Hohen Vertragspartei oder in einer anderen Übereinkunft, deren Vertragspartei sie ist, anerkannt werden.

Vor Inkrafttreten des 11. Prot. befand sich die Regelung in Art. 60. 1

Art. 53 bringt den Grundsatz zum Ausdruck, dass die EMRK ebenso wie andere Übereinkünfte dieser Art Mindeststandards gibt. Die Konventionsstaaten können in ihren innerstaatlichen Gesetzen oder in anderen völkerrechtlichen Vereinbarungen darüber hinausgehen (vgl. Frowein/Peukert zu Art. 60 a.F.). 2

Artikel 54 Befugnisse des Ministerkomitees

Diese Konvention berührt nicht die dem Ministerkomitee durch die Satzung des Europarats übertragenen Befugnisse.

Die Satzung des Europarats sieht Sanktionen vor, wenn ein Mitgliedstaat seine Verpflichtungen zum Schutze der Menschenrechte verletzt (Art. 3 der Satzung – vgl. Art. 46 Rn. 20). Dem Mitgliedstaat kann das Recht auf Vertretung vorläufig entzogen und er kann vom Ministerkomitee aufgefordert werden, seinen Austritt zu erklären. Wenn er dieser Aufforderung nicht nachkommt, kann das Ministerkomitee beschließen, dass der Staat von einem bestimmten Zeitpunkt dem Europarat nicht mehr angehört (Art. 8 der Satzung). 1

Diese Befugnisse des Ministerkomitees bestehen fort; das wird durch Art. 54 klargestellt. 2

Artikel 55 Ausschluss anderer Verfahren zur Streitbeilegung

Die Hohen Vertragsparteien kommen überein, dass sie sich vorbehaltlich besonderer Vereinbarung nicht auf die zwischen ihnen geltenden Verträge, sondern Übereinkünfte oder Erläuterungen berufen werden, um eine Streitigkeit über die Auslegung oder Anwendung dieser Konvention einem anderen als den in der Konvention vorgesehenen Beschwerdeverfahren zur Beilegung zu unterstellen.

Die Vorschrift bestimmt, dass für die Entscheidung über Streitigkeiten wegen der Auslegung oder Anwendung der EMRK das Verfahren vor dem EGMR Vorrang hat.

Artikel 56 Räumlicher Geltungsbereich

(1) Jeder Staat kann bei der Ratifikation oder jederzeit danach durch eine an den Generalsekretär des Europarats gerichtete Notifikation erklären, dass diese Konvention vorbehaltlich des Absatzes 4 auf alle oder einzelne Hoheitsgebiete Anwendung findet, für deren internationale Beziehungen er verantwortlich ist.

(2) Die Konvention findet auf jedes in der Erklärung bezeichnet Hoheitsgebiet ab dem dreißigsten Tag nach Eingang der Notifikation beim Generalsekretär des Europarats Anwendung.

(3) In den genannten Hoheitsgebieten wird diese Konvention unter Berücksichtigung der örtlichen Notwendigkeiten angewendet.

(4) Jeder Staat, der eine Erklärung nach Absatz 1 abgegeben hat, kann jederzeit danach für eines oder mehrere der in der Erklärung bezeichneten Hoheitsgebiete erklären, dass er die Zuständigkeit des

Gerichtshofs für die Entgegennahme von Beschwerden von natürlichen Personen, nichtstaatlichen Organisationen oder Personengruppen nach Artikel 34 anerkennt.

Die Vorschrift gibt eine typische Kolonialklausel, die für Deutschland keine Bedeutung hat. Von ihr haben z.B. die Niederlande und das Vereinigte Königreich Gebrauch gemacht (vgl. zu Gibraltar EGMR v. 18.02.1999, 3107 Nr. 59 ff. – Matthews/Vereinigtes Königreich).

Artikel 57 Vorbehalte

(1) Jeder Staat kann bei der Unterzeichnung dieser Konvention oder bei der Hinterlegung seiner Ratifikationsurkunde einen Vorbehalt zu einzelnen Bestimmungen der Konvention anbringen, soweit ein zu dieser Zeit in seinem Hoheitsgebiet geltendes Gesetz mit der betreffenden Bestimmung nicht übereinstimmt. Vorbehalte allgemeiner Art sind nach diesem Artikel nicht zulässig.

(2) Jeder nach diesem Artikel angebrachte Vorbehalt muss mit einer kurzen Darstellung des betreffenden Gesetzes verbunden sein.

I. Begriff

1 Vorbehalte sind einseitige Erklärungen, die ein Staat bei der Unterzeichnung oder Ratifikation eines völkerrechtlichen Vertrages abgibt, durch die einzelne Vertragsbestimmungen von der Anwendung ausgeschlossen oder geändert werden (Art. 2 Abs. 1 Buchst. d) Wiener Vertragsrechtskonvention von 1969). Wenn ein Staat eine »Interpretationserklärung« abgibt, muss sie ausgelegt werden. Sie ist ein Vorbehalt, wenn sie die völkerrechtlichen Verpflichtungen rechtswirksam ändern soll. Sie kann aber auch nur zum Ausdruck bringen, wie der Staat eine bestimmte Vorschrift des völkerrechtlichen Vertrages versteht.

II. Vorbehalte nach der EMRK

1. Zulässigkeit

2 Vorbehalte sind nach Art. 57 zulässig. Viele Konventionsstaaten haben Vorbehalte eingelegt. Dass dies einseitig möglich ist, wird vielfach kritisiert. Der Europarat wirkt darauf hin, von der Einlegung solcher Vorbehalte abzusehen und eingelegte Vorbehalte darauf zu prüfen, ob sie wirklich notwendig sind. In einigen Prot. wird ein **Verbot von Vorbehalten** ausdrücklich bestimmt (z. B. Art. 4 Prot. Nr. 6).

3 Der Vorbehalt muss sich nach Art. 57 **auf ein bestimmtes Gesetz beziehen**, also auf ein bereits in Kraft befindliches Gesetz und nicht auf solche, die nach der Ratifikation in Kraft treten (EGMR v. 26.04.1995, Serie A, Bd. 312, S. 19 Nr. 41 – Fischer/Österreich; EGMR, III. Sektion, v. 03.10.2000, Slg. 2000-X Nr. 25 – Eisenstecken/Österreich). **Territoriale Vorbehalte** sind nicht zulässig (EGMR, Entsch. v. 4.7.2001, Beschw. Nr. 48787/99 – Ilic Ilascu u.a./Moldawien und Russland).

2. Form

4 Der Vorbehalt muss **genau und klar** sein. Er muss **zu einem bestimmten Konventionsartikel** erklärt werden und eine kurze Darstellung des Gesetzes, das mit der EMRK nicht übereinstimmt, enthalten (Abs. 2). Dabei handelt es sich nicht nur um ein förmliches Erfordernis, sondern um eine wesentliche Bedingung mit Beweiswirkung, die zur Rechtssicherheit beiträgt, denn sie verdeutlicht, dass die Wirkung des Vorbehalts nicht über die ausdrücklich genannten Gesetze hinausgeht (EGMR, III. Sektion, v. 03.10.2000, Slg. 2000-X Nr. 24 – Eisenstecken/Österreich). Es ist aber nicht notwendig, eine Beschreibung des Gesetzes zu geben; ein Hinweis auf das Gesetzblatt, in dem es veröffentlicht ist, genügt (EGMR v. 25.08.1993, Serie A, Bd. 266 Nr. 20 – Chorherr/Österreich). Ein Vorbehalt, der nur auf eine allgemeine Vorschrift in der Verfassung verweist und nicht die Gesetzesvorschriften genau bezeichnet, die von dem Vorbehalt erfasst sein sollen, ist nicht genau genug und deswegen unwirksam (EGMR; III. Sektion, v. 03.10.2000, Slg. 2000-X Nr. 29 – Eisenstecken/

Österreich). Das folgt aus Abs. 1 S. 2, wonach Vorbehalte allgemeiner Art nicht zulässig sind. Damit sind insbesondere Vorbehalte gemeint, die zu unklar und so weit sind, dass ihre genaue Bedeutung und Tragweite nicht erkennbar wird. Der Vorbehalt kann sich auch auf mehrere Gesetze beziehen, sie müssen dann ausreichend deutlich bezeichnet sein (EGMR, III. Sektion, Entsch. v. 23.10.2001, Beschw.-Nr. 57381/00 – Kozlova u. Smirnova/Lettland).

3. Prüfung durch den Gerichtshof

Der EGMR prüft, ob die Konventionspflichten eines Staates durch einen Vorbehalt gültig eingeschränkt worden sind. Er hat die Rechtswirksamkeit eines Vorbehalts verneint, wenn der Vorbehalt unklar war und eine kurze Darstellung des Gesetzes, das nicht mit der EMRK übereinstimmt, nicht enthielt (z.B. EGMR v. 29.04.1988, EuGRZ 1989, 21 – Belilos/Schweiz). 5

4. Wirkungen

Wenn der Vorbehalt zulässig ist, tritt eine Konventionsbindung insoweit nicht ein. Eine Beschwerde ist **ratione materiae** unzulässig. 6

5. Deutsche Vorbehalte

a) Die EMRK ist am 04.12.1952 mit dem folgenden Wortlaut ratifiziert worden (BGBl. II 1954, 14): 7

> »Gemäß Art. 64 der Konvention macht die Bundesrepublik Deutschland den Vorbehalt, dass sie die Bestimmung des Artikel 7 Abs. 2 der Konvention nur in den Grenzen des Artikels 103 Abs. 2 des Grundgesetzes der Bundesrepublik Deutschland anwenden wird. Die letztgenannte Vorschrift lautet wie folgt:
>
> »Eine Tat kann nur bestraft werden, wenn die Strafbarkeit gesetzlich bestimmt war, bevor die Tat begangen wurde««.

b) Das Zusatzprot. ist am 13.03.1957 mit folgender Erklärung ratifiziert worden (BGBl. II 1957, 226): 8

> »Die Bundesrepublik Deutschland macht sich die Auffassung zu eigen, dass Artikel 2 Satz 2 des Zusatzprotokolls keine Verpflichtung des Staates begründet, Schulen religiösen oder weltanschaulichen Charakters zu finanzieren oder sich an

ihrer Finanzierung zu beteiligen, da diese Frage nach der übereinstimmenden Erklärung des Rechtsausschusses der Beratenden Versammlung und des Generalsekretärs des Europarats außerhalb des Rahmens der Konvention über Menschenrechte und Grundfreiheiten sowie des Zusatzprotokolls liegt.«

9 c) Zum Prot. Nr. 6 hat die Bundesrepublik Deutschland bei Hinterlegung der Ratifikationsurkunde erklärt (BGBl. II 1989, 814)

»daß sich nach ihrer Auffassung die Verpflichtungen aus dem Protokoll Nr. 6 in der Abschaffung der Todesstrafe im Geltungsbereich des jeweiligen Staates erschöpfen und nichtstrafrechtliche innerstaatliche Rechtsvorschriften unberührt bleiben. Die Bundesrepublik Deutschland hat ihren Verpflichtungen aus dem Protokoll bereits durch Artikel 102 Grundgesetz genügt.«

Diese Vorbehalte werden jeweils bei den betroffenen Vorschriften der EMRK und der Prot. erläutert

Artikel 58 Kündigung

(1) Eine Hohe Vertragspartei kann diese Konvention frühestens fünf Jahre nach dem Tag, an dem sie Vertragspartei geworden ist, unter Einhaltung einer Kündigungsfrist von sechs Monaten durch eine an den Generalsekretär des Europarats gerichtete Notifikation kündigen; dieser unterrichtet die anderen Hohen Vertragsparteien.

(2) Die Kündigung befreit die Hohe Vertragspartei nicht von ihren Verpflichtungen aus dieser Konvention in Bezug auf Handlungen, die sie vor dem Wirksamwerden der Kündigung vorgenommen hat und die möglicherweise eine Verletzung dieser Verpflichtungen darstellen.

(3) Mit derselben Maßgabe scheidet eine Hohe Vertragspartei, deren Mitgliedschaft im Europarat endet, als Vertragspartei dieser Konvention aus.

(4) Die Konvention kann in Bezug auf jedes Hoheitsgebiet, auf das sie durch eine Erklärung nach Artikel 56 anwendbar geworden ist, nach den Absätzen 1 bis 3 gekündigt werden.

Ein Europaratsstaat, dessen Mitgliedschaft im Europarat endet, scheidet auch als Konventionsstaat aus (Abs. 3). Die EMRK ist eine geschlossene Konvention; nur Europaratsstaaten können Konventionsstaaten sein. Außerdem ist eine Kündigung der EMRK durch einen Vertragsstaat möglich (Abs. 1, 2). Das ist bisher nur einmal und zwar durch Griechenland im Jahre 1969 geschehen, das 1974 die EMRK dann erneut ratifiziert hat.

Artikel 59 Unterzeichnung und Ratifikation

(1) Diese Konvention liegt für die Mitglieder des Europarats zur Unterzeichnung auf. Sie bedarf der Ratifikation. Die Ratifikationsurkunden werden beim Generalsekretär des Europarats hinterlegt.

(2) Diese Konvention tritt nach Hinterlegung von zehn Ratifikationsurkunden in Kraft.

(3) Für jeden Unterzeichner, der die Konvention später ratifiziert, tritt sie mit der Hinterlegung seiner Ratifikationsurkunde in Kraft.

(4) Der Generalsekretär des Europarats notifiziert allen Mitgliedern des Europarats das Inkrafttreten der Konvention, die Namen der Hohen Vertragsparteien, die sie ratifiziert haben, und jede spätere Hinterlegung einer Ratifikationsurkunde.

Geschehen zu Rom am 4. November 1950 in englischer und französischer Sprache, wobei jeder Wortlaut gleichermaßen verbindlich ist, in einer Urschrift, die im Archiv des Europarats hinterlegt wird. Der Generalsekretär übermittelt allen Unterzeichnern beglaubigte Abschriften.

Die EMRK ist am 03.09.1953 gemäß Abs. 2 nach Hinterlegung von Ratifikationsurkunden, auch der deutschen, in Kraft getreten.

Zusatzprotokoll zur Konvention zum Schutz der Menschenrechte und Grundfreiheiten

(Übersetzung in der Fassung der Bekanntmachung vom 17.05.2002 – BGBl. II S. 1072)

Deutschland ist Vertragsstaat (BGB. II 1956, 1880). Das Prot. wird auch als Prot. Nr. 1 bezeichnet.

Die Unterzeichnerregierungen, Mitglieder des Europarats –

entschlossen, Maßnahmen zur kollektiven Gewährleistung gewisser Rechte und Freiheiten zu treffen, die in Abschnitt I der am 4. November 1950 in Rom unterzeichneten Konvention zum Schutz der Menschenrechte und Grundfreiheiten (im Folgenden als »Konvention« bezeichnet) noch nicht enthalten sind –

haben Folgendes vereinbart:

Artikel 1 Schutz des Eigentums

Jede natürliche oder juristische Person hat das Recht auf Achtung ihres Eigentums. Niemandem darf sein Eigentum entzogen werden, es sei denn, dass das öffentliche Interesse es verlangt, und nur unter den durch Gesetz und durch die allgemeinen Grundsätze des Völkerrechts vorgesehenen Bedingungen.

Absatz 1 beeinträchtigt jedoch nicht das Recht des Staates, diejenigen Gesetze anzuwenden, die er für die Regelung der Benutzung des Eigentums im Einklang mit dem Allgemeininteresse oder zur Sicherung der Zahlung der Steuern oder sonstiger Abgaben oder von Geldstrafen für erforderlich hält.

I. Allgemeines

1 Art. 1 gehört zu den wichtigsten Menschenrechtsgarantien. Es verwundert, dass er nicht in der EMRK selbst, sondern in dem ersten Zusatzprot. verankert ist, denn der Schutz des Eigentums wird in fast allen Verfassungen der Konventionsstaaten garantiert (vgl. Art. 14 GG). Weil viele Individualbeschwerden auf eine Verletzung von Art. 1 gestützt werden, ist die Rechtsprechung zu dieser Vorschrift reich.

II. Aufbau der Vorschrift

2 Der EGMR betont in ständiger Rechtsprechung, dass die **Vorschrift drei unterschiedliche Regelungen** enthält. Die erste Regelung ist in Abs. 1 S. 1 zum Ausdruck gekommen. Sie ist allgemeiner Natur und verankert den Grundsatz des Rechts auf Achtung des Eigentums. Die zweite Regelung in Abs. 1 S. 2 betrifft die Enteignung und macht sie von bestimmten Voraussetzungen abhängig. Die dritte Regel in Abs. 2 erkennt an, dass die Konventionsstaaten dazu berechtigt sind, die Benutzung des Eigentums im Allgemeininteresse zu regeln.

3 Die drei Regeln stehen nicht beziehungslos nebeneinander. **Die zweite und dritte Regel sind Sonderfälle für Eingriffe in das Eigentum**. Sie müssen deswegen im Licht des allgemeinen Grundsatzes in Abs. 2 S. 2 verstanden werden (z.B. EGMR v. 23.11.2000, NJW 2001, 2002, 45 Nr. 50 – früherer König von Griechenland/Griechenland).

III. Reihenfolge der Prüfung

4 Der EGMR prüft zunächst, ob in ein Eigentumsrecht eingegriffen worden ist, dann, ob es sich um eine Enteignung, um eine Nutzungsbeschränkung oder um einen sonstigen Eingriff handelt, der allgemein Abs. 1 S. 1 zugeordnet wird. Schließlich prüft der EGMR, ob der Eingriff gesetzlich vorgesehen war und im öffentlichen Interesse liegt sowie ob er verhältnismäßig war.

IV. Begriff des Eigentums

1. Wortlaut

Der englische Wortlaut verwendet den Begriff »possessions« in Abs. 1, in Abs. 2 den Begriff »property«, der französische Text enthält in Abs. 1 S. 1 den Begriff »biens«, in Abs. 1 S. 2 »propriété« und in Abs. 2 den Begriff »biens«. Die deutsche Übersetzung verwendet einheitlich das Wort »Eigentum« und das ist zutreffend, wie die Rechtsprechung des EGMR zeigt (z.B. EGMR v. 13.06.1979, EuGRZ 1979, 454 Nr. 63 – Marckx/Belgien). 5

2. Eigentum

Der EGMR legt diesen Begriff wie in anderen Fällen **autonom** aus und misst ihm eine selbständige Bedeutung zu, die unabhängig von der Einordnung nach staatlichem Recht ist. Es kommt darauf an, ob der Bf. eine Rechtsposition hat, die von Art. 1 geschützt wird (EGMR v. 23.11.2000, NJW 2001, 2002,45 Nr. 60 – früherer König von Griechenland/Griechenland). Der Bf. muss nachweisen, dass dies der Fall ist. 6

a) Bestehendes Eigentum: Art. 1 schützt **nur bestehende Rechte**. Er gibt kein Recht auf Erwerb von Eigentum (EGMR v. 13.06.1979, EuGRZ 1979, 454 Nr. 50 – Marckx/Belgien: Keine Verletzung bei Ausschluss eines Erbrechts für nichteheliches Kind; EGMR v. 23.11.1983, EuGRZ 1985, 477 Nr. 47 bis 49 – Van der Mussele/Belgien: Keine Verletzung, wenn Rechtsanwalt im PKH-Verfahren keine Gebühr erhält). **Chancen, z.B. good will**, haben dagegen Eigentumscharakter. Künftiges Einkommen zählt zu den geschützten Rechtspositionen, wenn es verdient ist oder ein durchsetzbarer Anspruch darauf besteht (vgl. Rn. 9 ff.). 7

b) Eigentum und andere Rechte: Der Eigentumsbegriff ist nicht auf das Eigentum an Sachen beschränkt. Es werden auch bestimmte **Rechte und Interessen erfasst, die einen Vermögenswert darstellen** und deswegen dem Eigentum gleichgesetzt werden können (EGMR v. 23.02.1995, Serie A, Bd. 306, S. 46 Nr. 53 – Gasus Dosier und Fördertechnik/Niederlande). Eigentum im Sinne von Art. 1 sind auch dingliche Rechte an einem Grundstück, das Pfandrecht oder Sicherungseigentum an einer beweglichen Sache, 8 aber auch das Recht, das Eigentum zu nutzen, z.B. das Grundstück zu verkaufen, zu vermieten, zu bebauen, darauf zu jagen (EGMR v. 29.04.1999, NJW 1999, 3695 Nr. 74 – Chassagnou/Frankreich: Zwangsweise Übertragung des Jagdrechts auf einen Jagdverband). Auch andere Rechte an einem Grundstück fallen darunter, z.B. das Miet- oder Pfandrecht.

9 Eigentum im Sinne von Art. 1 sind weiter Ansprüche auf vermögensrechtliche Leistungen, Forderungen, Zahlungsansprüche. Die Forderungen müssen tatsächlich existieren (EGMR v. 23.11.1983, EuGRZ 1985, 477 Nr. 47 bis 49 – Van der Mussele/Belgien). Sie müssen ausreichend festgestellt sein, so dass sie durchsetzbar sind. Wenn ein Urteil die Forderung bestätigt hat, schadet es nicht, dass noch Rechtsmittel möglich sind, sofern sie keine aufschiebende Wirkung haben. Der allen Konventionsartikeln immanente Grundsatz der Rechtsstaatlichkeit verlangt dann, dass der Staat ein Urteil befolgt. Wenn ein Gesetzgeber daraufhin zum Nachteil des Bf. eingreift, bricht er damit den erforderlichen gerechten Ausgleich zwischen den widerstreitenden Interessen, so dass Art. 1 verletzt ist (vgl. EGMR v. 19.03.1997, Slg. 1997-II, S. 511 Nr. 41 – Hornsby/Griechenland). Ein Anspruch aus einem Sozialversicherungsverhältnis mit Pflichtbeiträgen ist ein Recht im Sinne von Art. 1. Ein Anspruch auf eine Pension in bestimmter Höhe besteht aber nicht. Die Konventionsstaaten haben also einen Beurteilungsspielraum und können Pensionen kürzen (EGMR, IV. Sektion, Entsch. v. 12.10.2000, Slg. 2000-X – Jankovic/Kroatien wegen der Herabsetzung der Pension eines früheren Offiziers in der jugoslawischen Volksarmee; EGMR, IV: Sektion, Entsch. v. 13.09.2001, Beschw.-Nr. 48788/99 – Hadzic/Kroatien). Im Falle Schwengel/Deutschland (EGMR, IV. Sektion, Entsch. v. 02.03.2000, Beschw.-Nr. 52442/99) hat der EGMR die Beschwerde eines Angehörigen des öffentlichen Dienstes in der früheren DDR nach Art. 14 i.V.m. Art. 1 Zusatzprot. geprüft und für unzulässig erklärt, mit der die Herabsetzung der Pension zur Anpassung an die Pension im Übrigen gerügt wird.

10 Zu Forderungen, die nach Art. 1 geschützt werden, zählen Ansprüche auf **Arbeitsentgelt**, die tatsächlich entstanden sind, Ansprüche aus einem **Kaufvertrag** (EGMR v. 05.01.2000, Slg. 2000-I Nr. 105 – Beyeler/Italien). Bei streitigen Forderungen prüft der EGMR, ob nach staatlichem

Recht, insbesondere nach in der Sache gesprochenen Urteilen staatlicher Gerichte eine Forderung besteht, die ausreichend festgestellt ist, so dass sie durchgesetzt werden kann (EGMR v. 09.12.1994, Serie A, Bd. 301, S. 84 Nr. 58-62 – Stran Griechische Rafinerien u.a./Griechenland). Wenn ein Grundstück vor Inkrafttreten der Konvention enteignet worden ist und lange Zeit eine Nutzung des Grundstücks unmöglich war, ist die bloße Hoffnung auf Anerkennung des Fortbestands des Eigentums kein nach Art. 1 geschützter Vermögenswert (EGMR, Entsch. v. 13.12.2000, Slg. 2000-XII – Malhous/Tschechien).

Geistiges Eigentum (Urheberrechte, Patent- und Warenzeichenrechte 11
usw.) wird durch Art. 1 geschützt.

Ein **erworbener Kundenstamm** bzw. good will eines Unternehmens 12
sind Vermögenswerte, die der EGMR dem Eigentum grundsätzlich zurechnet. Das spielt insbesondere eine Rolle, wenn zur Ausübung eines Berufs oder Gewerbes eine Genehmigung erforderlich ist und diese zurückgenommen wird (vgl. z.B. EGMR, IV. Sektion, v. 25.05.1999, NJW 2001, 1558 – Olbertz/Deutschland: Kundenstamm eines Steuerberaters, EGMR, IV. Sektion, v. 09.11.1999, NJW 2001, 1556 – Döring/ Deutschland: Klientel eines Rechtsanwalts; EGMR, IV. Sektion, v. 20.04.1999, NJW 2001, 1555 – Hoerner Bank/Deutschland: Kundenstamm für Nachlassabwicklung; EGMR v. 25.03.1999, Slg. 1999-II Nr. 51 – Iatridis/Griechenland: Kundenstamm eines Kinos, das dem Bf. entzogen worden ist). Künftiges Einkommen ist nur ein geschützter Vermögenswert, wenn es verdient ist oder ein durchsetzbarer Anspruch darauf besteht (EGMR, III. Sektion, Entsch. v. 26.09.2000, Beschw.-Nr. 37657/97 – Andrews u.a./Vereinigtes Königreich: Kein Anspruch darauf, die Gesetzgebung über Feuerwaffen unverändert zu lassen).

Öffentliches Eigentum: Ob das Vermögen eines Staatsoberhaupts des- 13
sen Privatvermögen ist oder eine Rechtsstellung eigener Art hat und quasi öffentliches Eigentum ist mit der Folge, dass es nicht nach Art. 1 geschützt wird, hat in dem Fall des früheren Königs von Griechenland/ Griechenland (EGMR v. 23.11.2000, NJW 2001, 2002,45 Nr. 65) eine Rolle gespielt. Der EGMR hat eine gewisse Sonderstellung festgestellt,

ist aber zu dem Ergebnis gekommen, dass das Vermögen der königlichen Familie dessen Privateigentum sei.

14 Das **Erbrecht** wird von Art. 1 nicht geschützt. Nach dem Erbfall kann sich der Erbe auf den Schutz des Eigentums berufen.

V. Eingriff

15 Eine Verletzung von Art. 1 setzt voraus, dass **ein Eingriff in das Eigentum** vorgenommen worden ist. Es muss sich um einen Eingriff **durch staatliche Stellen** handeln. Art. 1 gilt nicht für gesetzliche Regelungen, die privatrechtliche Leistungspflichten zwischen einzelnen Personen begründen, z.B. Unterhaltspflichten. Auch eine unangemessene Dauer gerichtlicher Verfahren darüber verletzt Art. 1 nicht (vgl. Frowein/Peukert Rn. 45).

16 Wenn **Eigentum entzogen** worden ist, ist das unzweifelhaft ein Eingriff. Dasselbe gilt für **Beschränkungen des Rechts**, mit der Sache wie ein Eigentümer zu verfahren, also es z.B. zu nutzen, zu vermieten oder zu verkaufen (vgl. Rn. 8). Wenn staatliche Stellen dem Eigentümer den Zugang zu seinem Grundstück andauernd und uneingeschränkt verweigern, ist das ein Eingriff, der unter Art. 1 fällt (EGMR v. 10.05.2001, Slg. 2001-IV – Nr. 187 – Zypern/Türkei). **Vorläufige Bauverbote** sind ein Eingriff, wenn auch möglicherweise keine Enteignung, fallen aber unter Art. 1, insbesondere wenn sie über eine lange Zeit bestehen (EGMR v. 23.09.1982, EuGRZ 1983, 523 Nr. 60 – Sporrong und Lönnroth/Schweden).

17 Der Eingriff kann eine **Enteignung** sein, dann fällt er unter Abs. 1 S. 2. Ist er eine **Nutzungsbeschränkung**, dann fällt er unter Abs. 2. Wenn der Eingriff unter keine dieser Kategorien fällt, wird er nach allgemeinen Kriterien gemäß Abs. 1 S. 1 geprüft.

18 Ein Eingriff in das Eigentum ist auch die **Zerstörung eines Hauses** oder einer Wohnung durch Sicherheitskräfte (z.B. EGMR, I. Sektion, v. 30.01.2001, Beschw.-Nr. 25801/94 Nr. 60 – Dulas/Türkei). Der Eingriff kann auch darin bestehen, dass dem Bf. der Zugang zu seinem Eigentum verwehrt wird. Ein Staat ist aber nicht verpflichtet, einem Ausländer, dem ein Grundstück auf seinem Staatsgebiet gehört, zu erlauben, ständig

in dem Staat zu leben, damit er sein Eigentum nutzen kann (EGMR, IV. Sektion, Entsch. v. 19.09.2000, Slg. 2000-X – Ilic/Kroatien).

Der Eingriff kann auch ein Urteil sein, mit dem ein staatliches Gericht ein früheres rechtskräftiges Urteil aufhebt, das den Bf. Eigentumsrechte einräumt (EGMR v. 28.10.1999, Slg. 1999-VII Nr. 74 – Brumarescu/Rumänien). 19

VI. Enteignung (Abs. 1 S. 2)

1. Begriff

a) Förmliche Enteignung: Enteignung ist **Entziehung des Eigentums**. 20
Darüber, dass sie vorliegt, kann bei förmlichen Enteignungen kein Zweifel sein, z.B. bei Enteignungen von Grundstücken, auch im Rahmen einer Bodenreform, einem Umlegungsverfahren (EGMR v. 15.11.1996, Slg. 1996-V, S. 1824 Nr. 44 – Prötsch/Österreich), bei Verstaatlichung von Industriebetrieben. Keine Enteignung liegt vor, wenn das Eigentum nicht entzogen wird, die wesentlichen Befugnisse eines Eigentümers nicht angetastet werden, das Eigentum also weiter genutzt, verkauft usw. werden kann (EGMR v. 23.09.1982, EuGRZ 1983, 523 Nr. 62 – Sporrong und Lönnroth/Schweden).

b) Faktische Enteignung: Wenn keine förmliche Enteignung vorgenom- 21
men worden ist, kann auch eine **de facto-Enteignung** ausreichen, um unter Abs. 1 S. 2 zu fallen. Denn nach der Rspr. will die Konvention Rechte garantieren, die praktisch und effizient sind. Der EGMR prüft deswegen, ob die getroffene Maßnahme Wirkungen hat, die einer Enteignung gleichgesetzt werden können (EGMR v. 28.10.1999, Slg. 1999-VII Nr. 76 – Brumarescu/Rumänien). Das ist z.B. der Fall, wenn Streitkräfte ein Grundstück besetzen mit der Folge, dass die Eigentümer es nicht mehr nutzen und nicht mehr darüber verfügen können (EGMR v.24.06.1993, Serie A, Bd. 260, S. 69 Nr. 41 ff. – Papamichalopoulos/Griechenland) oder wenn der Staat ein Haus in Besitz nimmt und Eigentumsrechte daran geltend macht, obwohl rechtskräftig festgestellt war, dass die Enteignung rechtswidrig war (EGMR v. 28.10.1999, Slg. 1999-VII Nr. 76 – Brumarescu/Rumänien). Die Aus-

übung eines **Vorkaufsrechts** kann eine Enteignung in diesem Sinne sein (EGMR v. 22.09.1994, EuGRZ 1996, 593 Nr. 35 – Hentrich/Frankreich: Vorkauf durch Steuerbehörde).

22 **c) Beschlagnahme:** Die **Beschlagnahme oder Entziehung** von Sachen ist eine Enteignung (z.B. EGMR v. 07.12.1976, EuGRZ 1977, 38 Nr. 63 – Handyside/Vereinigtes Königreich. Einziehung eines Schulbuchs; EGMR v. 24.10.1986, EuGRZ 1988, 513 – Agosi/Vereinigtes Königreich: Beschlagnahme geschmuggelter Goldmünzen). Das gilt aber nicht, wenn es sich nicht um eine endgültige Entscheidung handelt, sondern um eine provisorische (EGMR v. 23.04.1987, Serie A, Bd. 117 S. 108 Nr. 64 – Poiss/Österreich für eine provisorische Maßnahme, die nur gilt, bis ein Konsolidierungsplan in Kraft tritt).

2. Voraussetzungen

23 Die Enteignung muss gesetzlich vorgesehen sein und vom öffentlichen Interesse verlangt werden, sie muss auf gesetzmäßige Weise durchgeführt werden und die allgemeinen Grundsätze des Völkerrechts beachten.

24 **a) Gesetzlich vorgesehen:** Abs. 1 S. 2 erlaubt eine Eigentumsentziehung nur unter den durch Gesetz vorgesehenen Bedingungen. Der Erlass eines Gesetzes ist auch in Abs. 2 vorausgesetzt. Eine gesetzliche Grundlage wird außerdem vom Rechtsstaatsprinzip verlangt, das als eines der Grundprinzipien einer demokratischen Gesellschaft in allen Konventionsartikeln enthalten ist (EGMR v. 25.06.1996, Slg. 1996, Slg. 1996-III, S. 850 Nr. 50 – Amnur/Frankreich; EGMR v. 23.11.2000, NJW 2002,45 Nr. 79 – früherer König von Griechenland/Griechenland).

25 Das Erfordernis des Gesetzes ist, wie auch sonst (vgl. Art. 8 Rn. 38), **formal und qualitativ** zu verstehen. Es kann sich um ein Gesetz oder eine Rechtsverordnung handeln. Die Rechtsnorm muss mit dem staatlichen Recht des Konventionsstaats im Einklang stehen, insbesondere mit der Verfassung (EGMR v. 23.11.2000, NJW 2002,45 Nr. 83 – früherer König von Griechenland/Griechenland). Das Gesetz muss für den Bürger zugänglich und die Regelung vorhersehbar, sie darf nicht willkürlich sein. Das Gesetz muss

ausreichend bestimmt gefasst sein (vgl. Art. 8 Rn. 38. und zu Art. 1 EGMR v. 22.09.1994, EuGRZ 1996, 593 Nr. 42 – Hentrich/Frankreich).

b) Öffentliches Interesse: Bei der Prüfung, ob die Enteignung vom öffentlichen Interesse verlangt wird, geht der EGMR davon aus, dass die staatlichen Behörden dies wegen ihrer unmittelbaren Kenntnis der gesellschaftlichen und sonstigen Bedingungen grundsätzlich besser beurteilen können, als der internationale Richter. Die staatlichen Stellen haben einen gewissen **Beurteilungsspielraum**. Der EGMR respektiert ihre Entscheidung, es sei denn, dass sie offensichtlich einer vernünftigen Begründung entbehrt (EGMR v. 23.11.2000, NJW 2002,45 Nr. 87 – früherer König von Griechenland/Griechenland). Wenn die Enteignung tatsächlich nur zum Vorteil weniger Personen geschieht, schadet das nicht unbedingt, wenn sie z.B. im Interesse der sozialen Gerechtigkeit vorgenommen wird (EGMR v. 21.02.1986, EuGRZ 1988, 341 Nr. 41, 45 – James u.a./Vereinigtes Königreich). **26**

Ein öffentliches Interesse ist z.B. bei Enteignungen im Rahmen einer **Flurbereinigung** angenommen worden (EGMR v. 15.11.1996, Slg. 1996-V, S. 1824 Nr. 44 – Prötsch/Österreich). **27**

c) Verhältnismäßigkeit des Eingriffs: Bei Eingriffen in das Recht auf Achtung des Eigentums **muss ein gerechter Ausgleich** zwischen den Erfordernissen des Allgemeininteresses und denen des Schutzes der Grundrechte einzelner Personen hergestellt werden. Dieser Grundsatz gilt allgemein für Maßnahmen nach Art. 1, insbesondere bei Maßnahmen, mit denen einer Person ihr Eigentum entzogen wird. Zwischen den angewendeten Mitteln und dem verfolgten Ziel muss ein angemessenes Verhältnis bestehen, es muss ein gerechter Ausgleich vorhanden sein, so dass dem Bf. keine unverhältnismäßigen Lasten auferlegt werden (EGMR v. 29.09.1982, EuGRZ 1983, 523 Nr. 69 – Sporrong und Lönnroth/Schweden; EGMR v. 20.11.1995, Serie A, Bd. 332, S. 23 Nr. 38 – Pressos Compania Naviera S.A./Belgien). **28**

Ein gerechter Ausgleich besteht in der Regel nur, wenn **eine angemessene Entschädigung** vorgesehen wird, die dem Wert der enteigneten Sache entspricht. Gibt es keine solche Entschädigung, ist der Eingriff i.d.R. **29** unverhältnismäßig. Ein Recht auf vollständige Entschädigung wird aber nicht gewährt, denn berechtigte Ziele des öffentlichen Interesses können für eine geringere Entscheidung als nach dem vollem Marktwert sprechen (EGMR v. 25.03.1999, NVwZ 1999, 1325 Nr. 48 – Papachelas/Griechenland: Keine pauschale Wertminderung ohne Berücksichtigung wirklicher Vorteile). Wird gar keine Entschädigung gewährt, kann der Eingriff nur in außergewöhnlichen Umständen als gerechtfertigt angesehen werden. **Das Fehlen einer Entschädigung macht die Enteignung also nicht immer, aber doch i.d.R. rechtswidrig** (EGMR v. 09.12.1994, Serie A, Bd. 301 Nr. 71 – Heilige Klöster (Holy Monasteries)/Griechenland; EGMR v. 23.11.2000, NJW 2002,45 Nr. 89 – früherer König von Griechenland/Griechenland: Bei der entschädigungslosen Enteignung eines früheren griechischen Königs bei Abschaffung der Monarchie sind keine außergewöhnlichen Umstände erkennbar, die das Absehen von einer Entschädigung rechtfertigen).

30 **Bei der Bemessung der Entschädigung** muss auch die Dauer der Eigentumsentziehung berücksichtigt werden, ebenso die Dauer, bis der Bf. Entschädigung erhält (z.B. EGMR v. 21.02.1997, Slg. 1997-I, S. 164 Nr. 54 – Guillemin/Frankreich; EGMR, III. Sektion, v. 14.11.2000, Beschw.-Nr. 36436/97 Nr. 44 ff. – Piron/Frankreich). Der Gerichtshof hat wiederholt ausgesprochen, dass eine ungewöhnliche **Verzögerung bei der Zahlung** der Entschädigung für die Enteignung den finanziellen Verlust der enteigneten Person vergrößert und sie in eine ungewisse Lage bringt, insbesondere wenn man die Geldentwertung in bestimmten Staaten berücksichtigt. Dasselbe gilt für eine ungewöhnliche **Dauer der Verwaltungs**- und **der gerichtlichen Verfahren** zur Festsetzung der Entschädigung. In solchen Fällen müssen die enteigneten Personen eine unverhältnismäßige Last tragen, die den erforderlichen gerechten Ausgleich zwischen den Erfordernissen der Allgemeininteressen und dem Schutz der Menschenrechte einzelner Personen aufhebt, so dass Art. 1 verletzt ist (vgl. EGMR v. 09.07.1997, Slg. 1997-IV, S. 1300 Nr. 29 – Akkus/Türkei: Eine Verzögerung von 17 Monaten; EGMR, I. Sektion, v. 14.11.2000, Beschw.-Nr. 27697/95 – Yasar u.a./Türkei: Auszahlung nach zwei Jahren nach zweijährigem Gerichtsverfahren; EGMR v. 23.09.1998, Slg. 1998-VI, S. 2680 Nr. 48 ff. – Aka/Türkei).

Bei der Beurteilung der **Verhältnismäßigkeit** berücksichtigt der EGMR auch sonst das Verhalten der Behörden, z.B. dass sie lange Zeit warten, bis sie eine Entscheidung treffen (EGMR v. 05.01.2000, Slg. 2000-I Nr. 120 ff. – Beyeler/Italien für die Ausübung eines Vorkaufsrechts). 31

Auch eine **Ungleichbehandlung** verschiedener Betroffener kann bedeutsam sein und einige Personen unverhältnismäßig belasten (z.B. EGMR v. 29.04.1999, NJW 1999, 3695 Nr. 85 – Chassagnou u.a./ Frankreich: Benachteiligung kleiner Grundeigentümer).

VII. Regelung der Benutzung des Eigentums (Abs. 2)

Die Regelung muss nach Auffassung des Staates erforderlich sein. Aber auch hier muss der Eingriff gesetzlich vorgesehen und nach innerstaatlichem Recht rechtmäßig sein (vgl. Rn. 23 ff.) und im Allgemeininteresse vorgenommen worden sein, er muss einen gerechten Ausgleich herstellen zwischen den angestrebten Allgemeininteressen und den Erfordernissen des Schutzes der Grundrechte einzelner Personen (s. Rn. 28 und EGMR v. 23.02.1995, Serie A, Bd. 306, S. 49 Nr. 62 – Gasus Dosier und Fördertechnik GmbH/Niederlande; EGMR, IV. Sektion, Entsch. v. 25.05.1999, NJW 2001, 1558 – Olbertz/Deutschland). 34

Beispiele: Wohnraumbewirtschaftung, auch Räumungsschutz (EGMR v. 27.07.1999, Slg. 1999-V Nr. 46 – Immobiliare Saffi/Italien; Räumungsschutz im Allgemeininteresse, aber Unmöglichkeit der Durchsetzung auf acht Jahre unverhältnismäßig; EGMR, II. Sektion, v. 03.08.2000, Beschw.-Nr. 22671/93 Nr. 26 – GLe/Italien: Unverhältnismäßig, wenn jahrelang keine Räumungsvollstreckung möglich); Mietpreisbindung (EGMR v. 19.12.1989, Serie A, Bd. 169, S. 25 Nr. 44 – Mellacher u.a./Österreich), Pfändung, Baubeschränkung (EGMR v. 239.03.1982, EuGRZ 1983, 523 Nr. 64 – Sporrong u. Lönnroth/Schweden); sonstige Nutzungsbeschränkungen, z.B. zwangsweise Einbringung des Jagdrechts in einem Jagdverband (EGMR v. 29.04.1999, NJW 1999, 3695 Nr. 71, 75 – Chassagnou u.a./ Frankreich); Zulassungserfordernisse für Rechtsanwälte (EGMR, IV. Sek- 35 tion, Entsch. v. 09.11.1999, NJW 2001, 1556 – Döring/Deutschland: Nachträgliche Überprüfung von Rechtsanwaltszulassungen, die durch DDR-Behörden ausgesprochen waren; Beschränkungen durch RBerG (EGMR, IV. Sektion, Entsch. v. 20.04.1999, NJW 2001, 1555 – Hörner Bank/Deutschland); Genehmigungserfordernisse für Steuerberater, Rücknahme bei nachträglicher Überprüfung (EGMR, IV. Sektion, Entsch. v. 25.05.1999, NJW 2001, 1558 – Olbertz/Deutschland: Überprüfung der durch DDR-Behörden vorgenommenen Bestellungen sind im öffentlichen Interesse und verhältnismäßig; Regelung über den Besitz von Feuerwaffen (EGMR, III. Sektion, Entsch. v. 26.09.2000, Beschw.-Nr. 37657/97 – Andrews/Vereinigtes Königreich).

Auch eine Eigentumsentziehung kann eine Benutzungsregelung sein, z. B. eine Beschlagnahme von Guthaben in DM-Ost bei der anlässlich des Umtausch in DM-West vorgenommenen Herkunftsüberprüfung (EGMR, III. Sektion, Beschw.-Nr. 53991/00 – Honecker/Deutschland und Nr. 54999/00 – Axen, Teubner und Jossifov/Deutschland: gerechtfertigt).

VIII. Sonstige Eingriffe (Abs. 1 S. 1)

36 Abs. 1 S. 1 ist eine **Auffangregelung**, die bei Eingriffen in das Eigentumsrecht herangezogen wird, die weder eine Enteignung, noch eine Nutzungsbeschränkung sind. Der EGMR wendet diese Regelung auch dann an, wenn im Einzelfall schwierig festzustellen ist, ob eine Enteignung vorgenommen worden ist. Denn Abs. 1 S. 2 ist ein Unterfall von Satz 1 (EGMR v. 05.01.2000, Slg. 2000-I Nr. 106 – Beyeler/Italien). Er kann diese Frage offen lassen, weil die Folgen der Einordnung dieselben sind (Notwendigkeit eines Gesetzes, im Allgemeininteresse, Verhältnismäßigkeit).

37 **Beispiele:** Genehmigung für eine Enteignung als vorläufige Maßnahme (EGMR v. 23.09.1992, EuGRZ 1983, 523 Nr. 65 – Sporrong und Lönnroth/Schweden); vorläufige Übertragung von Grundbesitz zur Vorbereitung einer Flurbereinigung (EGMR v. 23.04.1987, Serie A, Bd. 117, S. 107 Nr. 62 ff – Poiss/Österreich); Unmöglichkeit der Vollstreckung einer Arbitrage (EGMR v. 09.12.1994, Serie A, Bd. 301, S. 86 Nr. 67 –

Stran griechische Rafinerien (Greek Refineries)/Griechenland); Entziehung eines Kinos, das der Bf. betrieben hat, das aber nicht ihm gehörte (EGMR v. 25.03.1999, Slg. 1999-II Nr. 55 – Iatrides/Griechenland); Nichtbefolgung eines Urteils auf Zahlung von Pension (EGMR, II. Sektion, v. 28.03.2000, Beschw.-Nr. 41209/98 – Georgiadis/Griechenland: Unverhältnismäßig); Nichtbefolgung eines Urteils auf Abriss eines Gebäudes (EGMR, II. Sektion, v. 20.07.2000, Beschw.-Nr. 15918/89 Nr. 34 – Antonetto/Italien); Ausübung eines Vorkaufsrechts für ein Kunstwerk (EGMR v. 05.01.2000, Slg. 2000-I Nr. 106 – Beyeler/Italien).

Prüfung durch den Gerichtshof: Wenn ein Eingriff weder unter 38
Abs. 1 S. 2 noch unter Abs. 2 fällt, heißt das nicht, dass Abs. 1 S. 1 verletzt oder nicht verletzt ist. Der EGMR prüft vielmehr auch hier, ob der Eingriff gesetzlich vorgesehen, also nach staatlichem Recht rechtmäßig war (EGMR v. 23.09.1999, Slg. 1999-II Nr. 58 ff. – Iatridis/Griechenland). Rechtmäßigkeit in diesem Sinne bedeutet auch, dass der Staat ein rechtskräftiges Urteil befolgt (EGMR v. 19.03.1997, Slg. 1997-II, S. 511 Nr. 41 – Hornsby/Griechenland). Der EGMR prüft dann weiter, ob mit dem Eingriff ein berechtigtes Ziel verfolgt worden ist, ob er insbesondere im Allgemeininteresse lag und ob ein gerechter Ausgleich hergestellt worden ist (s. Rn. 26 ff).

IX. ratione temporis

Konventionsrechte gelten **vom Tage der Ratifikation** durch den Konven- 39
tionsstaat ab. Wenn eine Beschwerde auf einen davor liegenden Eingriff gestützt wird, ist sie ratione temporis unzulässig. Für Eingriffe in Vermögensrechte nach Art. 1 gilt: Enteignungen sind ein einmaliger Eingriff und haben keine andauernden Auswirkungen. Auch die bloße Hoffnung, dass der Fortbestand des Eigentumsrechts später anerkannt werde, ist kein Vermögenswert, der nach Art. 1 geschützt ist (EGMR, Entsch. v. 13.12.2000, Slg. 2000-XII – Malhous/Tschechien). Diese Frage hat bei der Entsch. der EKMR zur **Bodenreform in der früheren DDR** eine Rolle gespielt; die EKMR hat die Beschwerde ratione temporis für unzulässig erklärt (EKMR v. 04.03.1996, DR 85-A, 5 – Weidlich u.a./Deutschland). Damit ist die EKMR der früheren Spruchpraxis gefolgt,

nach der die Bundesrepublik Deutschland nicht für Enteignungen und sonstige Beeinträchtigungen von Eigentümern aufgrund von Maßnahmen des Deutschen Reichs im Zweiten Weltkrieg haftet. Es gibt dann auch keine Konventionsgarantie dahin, dass der Staat nach Inkrafttreten der Konvention eine Entschädigung leisten muss (Frowein/Peukert Rn. 21).

X. Verhältnis zu anderen Artikeln

40 In einigen Fällen hat der EGMR eine Prüfung von Art. 1 Zusatzprot. nicht für erforderlich gehalten, weil er eine Verletzung von Art. 6 Abs. 1 (Verfahrensdauer) festgestellt hatte (z.B. EGMR v. 19.02.1991, Serie A, Bd. 194, S. 47 Nr. 23 – Zanghi/Italien; EGMR, IV. Sektion, v. 01.03.2001, Beschw.-Nr. 44486/98 – Tebaldi/Italien). In vielen Fällen, in denen der EGMR eine Verletzung von Art. 1 Zusatzprot. festgestellt hat, bei der Entschädigung zu spät gezahlt wurde (Inflationsverlust; vgl. Rn. 30), hat er eine gesonderte Prüfung von Art. 6 Abs. 1 wegen der Verfahrensdauer nicht für nötig gehalten und das im Tenor festgestellt (z. B. EGMR, I. Sektion, v. 18.09.2001, Beschw.-Nr. 19695/92 Nr. 40 – Necati Tosun/Türkei).

41 Eine Verletzung von Art. 1 i.V.m. Art. 14 EMRK wird häufig gerügt (z.B. EGMR, III. Sektion, v. 01.02.2000, Slg. 2000-II – Mazurek/Frankreich: Diskriminierung von Kindern aus ehebrecherische Beziehung beim Erbrecht).

Artikel 2 Recht auf Bildung

Niemandem darf das Recht auf Bildung verwehrt werden. Der Staat hat bei Ausübung der von ihm auf dem Gebiet der Erziehung und des Unterrichts übernommenen Aufgaben das Recht der Eltern zu achten, die Erziehung und den Unterricht entsprechend ihren eigenen religiösen und weltanschaulichen Überzeugungen sicherzustellen.

I. Allgemeines

Art. 26 der Allgemeinen Erklärung der Menschenrechte enthält eine ausführlichere und weitergehende Regelung. Dem gegenüber ist Art. 2 mehr ein Freiheitsrecht als ein Sozialrecht. Aus ihm ergeben sich aber auch grundlegende positive Verpflichtungen des Staates. Art. 13 des Internationalen Pakts über wirtschaftliche, soziale und kulturelle Rechte vom 19.12.1966 geht wiederum in seinem Inhalt weit über Art. 2 hinaus. Auf diese Vorschrift wird der EGMR auch künftig bei der Auslegung von Art. 2 zurückgreifen, wenngleich er den begrenzten Regelungsumfang dieses Art. naturgemäß berücksichtigt. **1**

Für das deutsche Recht ist auf Art. 7 GG hinzuweisen. **2**

Deutschland hat bei Hinterlegung der Ratifikationsurkunde am 13.02.1957 folgende Erklärung abgegeben (BGBl. II, 1957, 226): **3**

»Die Bundesrepublik Deutschland macht sich die Auffassung zu eigen, dass Art. 2 Satz 2 des Zusatzprotokolls keine Verpflichtung des Staates begründet, Schulen religiösen oder weltanschaulichen Charakters zu finanzieren oder sich an ihrer Finanzierung zu beteiligen, da diese Frage nach der übereinstimmenden Erklärung des Rechtsausschusses der Beratenden Versammlung und des Generalsekretärs des Europarats außerhalb des Rahmens der Konvention über Menschenrechte und Grundfreiheiten sowie des Zusatzprotokolls liegt.«

II. Recht auf Zugang zu Bildungseinrichtungen (Satz 1)

Satz 1 garantiert ein Recht auf Bildung und auf Zugang zu bestimmen schulischen Einrichtungen, wenn die Voraussetzungen dafür vorliegen, aber **nicht darauf, dass die Schulen geschaffen werden**. Aus Art. 2 folgt auch nicht die Verpflichtung, Schulbildung in einer bestimmten Sprache zu gewährleisten. Wenn der Staat aber in der Elementarstufe eine Schuldbildung in einer bestimmten, von den Eltern gewünschten Sprache zur Verfügung stellt, muss er das auch für die Sekundarstufe tun (EGMR v. 10.05.2001, Slg. 2001- IV Nr. 277 f. – Zypern/Griechenland für griechische Schulen in Nordzypern). Mit dem Recht auf Zugang eng verbunden ist das Recht, dass die absolvierten Studien auch amtlich anerkannt werden (EGMR v. 23.07.1968, EuGRZ 1975, 298 Nr. 3-5, 7 – Belgischer Sprachenfall/Belgien). **4**

5 Aus Art. 2 folgt die Verpflichtung des Staates, **ein angemessenes Ausbildungssystem zu organisieren**. Der Staat kann Einzelheiten über den Zugang regeln und die Voraussetzungen dafür bestimmen, er hat dabei einen Beurteilungsspielraum. Regelungen dieser Art dürfen das Recht auf Bildung aber nicht im Kern antasten. Der Staat kann eine **Schulpflicht** bestimmen. Er ist für die Organisation des Schulwesens insgesamt verantwortlich, auch für die Unterrichtspläne. Er ist verpflichtet, das auf eine Weise zu tun, die es den Eltern möglich macht, ihre Kinder in staatliche Schulen zu schicken, und sie nicht dazu zwingt, auf Privatschulen auszuweichen (z.B. EGMR v. 25.02.1982, EuGRZ 1982, 153 Nr. 41 – Campbell and Cosans/Vereinigtes Königreich: Kein Ausschluss eines Kindes, weil Eltern körperliche Strafen nicht akzeptieren).

III. Recht der Eltern (Satz 2)

6 Aus Art. 2 folgt das allgemeine **Recht der Eltern, ihre Kinder zu erziehen** (EGMR v. 07.12.1976, EuGRZ 1976, 478 Nr. 51 ff. – Kjeldsen u.a./Dänemark). Aus Satz 2 ergibt sich auch die Verpflichtung des Staates, allgemein auf die Überzeugungen der Eltern Rücksicht zu nehmen. Die Vorschrift enthält ein Elternrecht, nicht ein Recht des Kindes (EGMR v. 24.03.1988, EuGRZ 1988, 591 Nr. 95 f. – Olsson/Schweden; EGMR v. 22.06.1989, Serie A, Bd. 156 Nr. 93 – Eriksson/Schweden).

7 Der Begriff **der religiösen und weltanschaulichen Überzeugungen** wird weit verstanden. Gemeint sind alle Überzeugungen, die in einer demokratischen Gesellschaft Beachtung verdienen und die nicht unvereinbar sind mit der Menschenwürde und den Grundrechten der Kinder (EGMR v. 25.02.1982, EuGRZ 1982, 153 Nr. 36 – Campbell und Cosans/Vereinigtes Königreich). Die Bevorzugung bestimmter Sprachen zählen nicht dazu (dazu Rn. 4).

8 Das Elternrecht bezieht sich auf **alle staatlichen Aufgaben hinsichtlich der Bildung** und des Schulwesens einschließlich des Religionsunterrichts. Der Staat ist nicht daran gehindert, die Unterrichtung über philosophische Fragen und **Sexualkunde** in den Unterrichtsplan aufzunehmen, auch wenn Eltern dagegen sind (EGMR, IV. Sektion, v.

25.05.2000, Slg. 2000-VI- Jimenez Alonso u.a./Spanien). Der Unterricht muss aber objektiv, kritisch und pluralistisch gestaltet sein, eine Indoktrinierung darf nicht vorgenommen werde (EGMR v. 02.07.1976, EuGRZ 1976, 478 Nr. 51 f. – Kjeldsen u.a./Dänemark. Die Elternüberzeugungen sind auch bei der Ausgestaltung disziplinarischer Maßnahmen zu berücksichtigen, das bezieht sich auch auf die körperliche Züchtigung, die nicht gegen den Willen der Eltern durchgesetzt werden darf (dazu Rn. 5).

IV. Privatschulen

Aus Art. 2 folgt **keine Pflicht des Staates, Privatschulen zu finanzieren oder zu subventionieren** (siehe auch den deutschen Vorbehalt bei I.). Eltern dürfen aber nicht dazu gezwungen werden, Privatschulen zu gründen und zu betreiben; der Staat muss ein allgemein zugängliches Schulsystem organisieren (Frowein/Peukert Rn. 9). 9

V. Verhältnis zu anderen Artikeln

Art. 2 ist eng verbunden mit Art. 8, 9 und 10 EMRK, steht auch in Zusammenhang mit Art. 5 Abs. 1 Buchst. d). 10

Artikel 3 Recht auf freie Wahlen

Die Hohen Vertragsparteien verpflichten sich, in angemessenen Zeitabständen freie und geheime Wahlen unter Bedingungen abzuhalten, welche die freie Äußerung der Meinung des Volkes bei der Wahl der gesetzgebenden Körperschaften gewährleisten.

I. Allgemeines

Die Vorschrift verankert Grundsätze, die für eine Demokratie von wesentlicher Bedeutung sind . Sie gibt ein politisches Grundrecht. Wäh- 1 rend Art. 25 Zivilpakt als Individualrecht gefasst ist (»Jeder Staatsbürger hat das Recht ...«), formuliert Art. 3 eine staatliche Verpflichtung in verbindlicher Form. Die Fassung (»undertake« bzw. »s'engagent«) ist in der deutschen Übersetzung mit »verpflichten sich« wiedergegeben. Aus dieser von den übrigen Art. abweichenden Fassung darf nicht geschlossen werden, dass die sich aus Art. 3 ergebenden Verpflichtungen geringer wären. Der Grund für die abweichende Fassung scheint vielmehr der Wunsch gewesen zu sein, sich feierlicher auszudrücken sowie die Tatsache, dass es hier nicht in erster Linie um ein Freiheitsrecht geht, sondern um die **Verpflichtung der Konventionsstaaten, positive Maßnahmen zu treffen**, damit allgemeine Wahlen abgehalten werden können (EGMR v. 02.03.1987, Serie A, Bd. 113 S. 22 Nr. 48 ff. – Mathieu-Mohin/Belgien).

II. Recht zu wählen und gewählt zu werden

2 Art. 3 gibt ein **subjektives Recht zu wählen und bei Wahlen zu kandidieren**, garantiert also das aktive und passive Wahlrecht (EGMR v. 01.07.1997, Slg. 1997-IV, S. 1233 ff. Nr. 39 ff. – Gitonas u.a./Griechenland; EGMR v. 29.09.1998, Slg. 1998-VI Nr. 75 – Ahmed u.a./Vereinigtes Königreich; EGMR v. 06.04.2000, Slg. 2000-IV Nr. 201 Labita/Italien) sowie das Recht, ein Mandat auszuüben (EGMR, IV. Sektion, v. 11.6.2002, Beschw. Nr. 25144/94 Nr. 33 – Selim Sadak u.a./Türkei).

III. Wahlen zu gesetzgebenden Körperschaften

3 Das Recht gilt nach dem Wortlaut von Art. 3 für Wahlen der gesetzgebenden Körperschaften. Was das ist, muss im Lichte der Verfassungsstruktur eines jeden Konventionsstaats bestimmt werden. Es fallen darunter die **Parlamentswahlen** (BT- und Landtagswahlen, auch die Wahlen zum Europäischen Parlament (EGMR v. 18.02.1999, NJW 1999, 3107 Nr. 40 ff. – Matthews/Vereinigtes Königreich), auch zu anderen Institutionen, wenn sie an der Gesetzgebung mitwirken. Aus Art. 3 ergibt sich damit zugleich, dass **die Existenz einer gesetzgebenden Körperschaft vorausgesetzt wird**, deren Zusammensetzung durch die Wahlen bestimmt wird. Nicht unter Art. 3 fallen Wahlen zu kommunalen Vertre-

tungskörperschaften, die nicht Teil der gesetzgebenden Gewalt sind, sondern im Wesentlichen Verwaltungsaufgaben haben oder nur begrenzte Befugnisse, Satzungen zu erlassen (EGMR, II. Sektion, v. 15.06.2000, Beschw.-Nr. 52492/99 – Xuereb/Malta).

IV. Anforderungen an die Wahlen

Sie müssen **frei und geheim sein, in angemessenen Zeitabständen** und unter Bedingungen abgehalten werden, die eine **freie Meinungsäußerung** gewährleisten. Das Recht nach Art. 3 ist nicht absolut, sondern unterliegt Beschränkungen. Die Konventionsstaaten haben das Recht, Einzelheiten zu regeln und haben dabei einen weiten **Beurteilungsspielraum**, wenn sie z.B. Bedingungen des Wahlrechts festlegen (Alter, Wohnsitzvoraussetzungen). Es ist möglich, bestimmte Personen als Kandidaten auszuschließen (z.B. Inhaber eines öffentlichen Amtes: EGMR v. 01.07.1997, Slg. 1997-IV, S. 1233 ff. Nr. 39 ff. Gitonas u.a./Griechenland; bestimmte Bedienstete von Gemeindeverwaltungen: EGMR v. 29.09.1998, Slg. 1998-VI Nr. 75 – Ahmet u.a./Vereinigtes Königreich; Richter: EGMR, II. Sektion, Entsch. v. 29.06.2000, Beschw.-Nr. 47135/99 – Brike/Lettland; zeitweiser Ausschluss des Wahlrechts für Personen, die Mitglieder der Mafia sind: EGMR v. 06.04.2000, Slg. 2000-IV Nr. 203 – Labita/Italien, aber nicht nach Freispruch). 4

Die Mitgliedstaaten müssen auch die **organisatorischen Einzelheiten** regeln. Sie unterliegen dabei der Überprüfung durch den Gerichtshof, ob solche Regelungen das Recht nicht so verkürzen, dass es in seinem Wesensgehalt angetastet wird und seine Wirksamkeit verliert, dass solche Bedingungen ein berechtigtes Ziel verfolgen und die dabei angewandten Mittel nicht unverhältnismäßig sind. Insbesondere dürfen solche Regelungen nicht die freie Meinungsäußerung des Volkes bei der Wahl behindern (EGMR v. 02.03.1987, Serie A, Bd. 113, S. 23 Nr. 52 – Mathieu-Mohin u.a./Belgien; EGMR v. 18.02.1999, NJW 1999, 3107 Nr. 63 – Matthews/Vereinigtes Königreich). 5

Der Konventionsstaat kann insbesondere festlegen, dass ein **Verhältniswahlrecht**, ein **Mehrheitswahlrecht** oder ein anderes System gelten 6 soll, ob der Wähler eine oder mehrere Stimmen hat, wie die **Wahlbezirke** bestimmt werden sollen usw. Wesentlich ist, dass die Freiheit der Meinungsäußerung (Art. 10) und der Gleichheitssatz (Art. 14) bei der Wahl beachtet werden. Auch Mindestanteile von Stimmen für die Vertretung im Parlament sind zulässig (EGMR, IV. Sektion, Entsch. v. 07.06.2001, Slg. 2001-VI – Federacion Nacionalista Camaria/Spanien: 6 %-Klausel zulässig).

V. Verhältnis zu anderen Artikeln

7 Wenn eine politische Partei unter Verletzung von Art. 11 aufgelöst worden ist, hält der Gerichtshof eine gesonderte Prüfung von Art. 3 Zusatzprot. nicht für erforderlich (z.B. EGMR v. 30.01.1998, Slg. 1998-I Nr. 64 – Vereinigte Kommunistische Partei der Türkei (United Communist Party of Turkey) u.a./Türkei).

Artikel 4 Räumlicher Geltungsbereich

Jede Hohe Vertragspartei kann im Zeitpunkt der Unterzeichnung oder Ratifikation dieses Protokolls oder zu jedem späteren Zeitpunkt an den Generalsekretär des Europarats eine Erklärung darüber richten, in welchem Umfang sie sich zu Anwendung dieses Protokolls auf die in der Erklärung abgegebenen Hoheitsgebiete verpflichtet, für deren internationale Beziehungen sie verantwortlich ist.

Jede Hohe Vertragspartei, die eine Erklärung nach Absatz 1 abgegeben hat, kann jederzeit eine weitere Erklärung abgeben, die den Inhalt einer früheren Erklärung ändert oder die Anwendung der Bestimmungen dieses Protokolls auf irgendein Hoheitsgebiet beendet.

Eine nach diesem Artikel abgegebene Erklärung gilt als eine Erklärung im Sinne des Artikels 56 Absatz 1 der Konvention.

Artikel 5 Verhältnis zur Konvention

Die Hohen Vertragsparteien betrachten die Artikel 1, 2, 3 und 4 dieses Protokolls als Zusatzartikel zur Konvention; alle Bestimmungen der Konvention sind dementsprechend anzuwenden.

Artikel 6 Unterzeichnung und Ratifikation

Dieses Protokoll liegt für die Mitglieder des Europarats, die Unterzeichner der Konvention sind, zur Unterzeichnung auf; es wird gleichzeitig mit der Konvention oder zu einem späteren Zeitpunkt ratifiziert. Es tritt nach Hinterlegung von zehn Ratifikationsurkunden in Kraft. Für jeden Unterzeichner, der das Protokoll später ratifiziert, tritt es mit der Hinterlegung seiner Ratifikationsurkunde in Kraft.

Die Ratifikationsurkunden werden beim Generalsekretär des Europarats hinterlegt, der allen Mitgliedern die Namen derjenigen Staaten, die das Protokoll ratifiziert haben, notifiziert.

Geschehen zu Paris am 20. März 1952 in englischer und französischer Sprache, wobei jeder Wortlaut gleichermaßen verbindlich ist, in einer Urschrift, die im Archiv des Europarats hinterlegt wird. Der Generalsekretär übermittelt allen Unterzeichnerregierungen beglaubigte Abschriften.

Die Vorschriften geben keine Individualrechte, sondern enthalten die üblichen Begleitvorschriften. Art. 4 über den räumlichen Geltungsbereich entspricht Art. 56 EMRK. Art. 5 macht deutlich, dass die Vorschriften des Zusatzprot. wie ein Teil der EMRK zu behandeln sind. Art. 6 regelt die Unterzeichnung, die Ratifikation und das Inkrafttreten und enthält insoweit eine für Ergänzungsprotokolle typische Vorschrift.

Protokoll Nr. 4 zur Konvention zum Schutz der Menschenrechte und Grundfreiheiten, durch das gewisse Rechte und Freiheiten gewährleistet werden, die nicht bereits in der Konvention oder im ersten Zusatzprotokoll enthalten sind

(Übersetzung in der Fassung der Bekanntmachung vom 17.05.2002 – BGBl. II S. 1054, 1074)

Deutschland ist Vertragsstaat (BGBl. II 1968, 423). Am 10.06.2002 hatten 4 Staaten das Prot. gezeichnet, 36 hatten es ratifiziert.

Die Unterzeichnerregierungen, Mitglieder des Europarats –

entschlossen, Maßnahmen zur kollektiven Gewährleistung gewisser Rechte und Freiheiten zu treffen, die in Abschnitt I der am 4. November 1950 in Rom unterzeichneten Konvention zum Schutz der Menschenrechte und Grundfreiheiten (im Folgenden als »Konvention« bezeichnet) und in den Artikeln 1 bis 3 des am 20. März 1952 in Paris unterzeichneten ersten Zusatzprotokolls zur Konvention noch nicht enthalten sind –

haben Folgendes vereinbart:

Artikel 1 Verbot der Freiheitsentziehung wegen Schulden

Niemandem darf die Freiheit allein deshalb entzogen werden, weil er nicht in der Lage ist, eine vertragliche Verpflichtung zu erfüllen.

Die Vorschrift hat keine praktische Bedeutung gewonnen. Sie verbietet nicht eine **Beugehaft** (vgl. Art. 5 Abs. 1 Buchst. b)), **nicht die Erzwingungshaft** nach § 901 ZPO zur Abgabe einer eidesstattlichen Versicherung in der Zwangsvollstreckung, sie gilt auch nicht für zivilrechtliche oder öffentlich-rechtliche Verpflichtungen, die sich aus einer gesetzlichen Vorschrift ergeben und **nicht für Ersatzfreiheitsstrafen** anstelle von Geldstrafen (EKMR v. 12.04.1996, Beschw.-Nr. 26241/95 – Barajas/Frankreich). Wenn eine Freiheitsstrafe nach Art. 5 Abs. 1 Buchst. a) EMRK gerechtfertigt ist, weil sie auf der Verurteilung durch ein staatliches Gericht beruht, findet Art. 1 Prot. Nr. 4 keine Anwendung.

Artikel 2 Freizügigkeit

(1) Jede Person, die sich rechtmäßig im Hoheitsgebiet eines Staates aufhält, hat das Recht, sich dort frei zu bewegen und ihren Wohnsitz frei zu wählen.

(2) Jeder Person steht es frei, jedes Land, einschließlich des eigenen, zu verlassen.

(3) Die Ausübung dieser Rechte darf nur Einschränkungen unterworfen werden, die gesetzlich vorgesehen und in einer demokratischen Gesellschaft notwendig sind für die nationale oder öffentliche Sicherheit, zur Aufrechterhaltung der öffentlichen Ordnung, zur Verhütung von Straftaten, zum Schutz der Gesundheit oder der Moral oder zum Schutz der Rechte und Freiheiten anderer.

(4) Die in Absatz 1 anerkannten Rechte können ferner für bestimmte Gebiete Einschränkungen unterworfen werden, die gesetzlich vorgesehen und in einer demokratischen Gesellschaft durch das öffentliche Interesse gerechtfertigt sind.

I. Allgemeines

1 Abs. 1 garantiert das Recht der Bewegungsfreiheit, Abs. 2 das Recht, jedes Land zu verlassen und die Absätze 3 bis 4 regeln mögliche Einschränkungen.

2 Art. 12 Zivilpakt enthält eine entsprechende Regelung.

II. Bewegungsfreiheit (Abs. 1)

1. Rechtmäßiger Aufenthalt

3 Art. 2 garantiert ebenso wenig wie andere Art. der Konvention oder der Prot. **das Recht, in ein anderes Land einzureisen und sich dort aufzuhalten**. Abs. 1 betrifft deswegen nur Personen, die sich **rechtmäßig** in einem Konventionsstaat aufhalten und gibt ihnen das Recht, sich innerhalb dieses Staates frei zu bewegen. Das Wort »rechtmäßig« verweist auf das Recht des betroffenen Konventionsstaates. Staatsangehörige dieses Staates haben immer das in Abs. 1 gewährte Recht, Ausländer nur, wenn sie und solange sie das Recht zum Aufenthalt haben. Wenn Ausländern während der Dauer des Verfahrens über die Aufenthaltserlaubnis vorläufig der Aufenthalt in einem bestimmten Gebiet gestattet wird, ist ihr Aufenthalt nur rechtmäßig, wenn sie die Bedingungen einhalten (EGMR v. 01.12.86, DR 51, 240 Nr. 1 – P./Deutschland). Wenn dem Bf. eine Ausweisungsverfügung übermittelt wird, ist er von diesem Zeitpunkt an nicht mehr rechtmäßig in dem Land (EGMR v. 27.04.1995, Serie A, Bd. 314 Nr. 44 – Piermont/Frankreich).

2. Recht, sich frei zu bewegen

4 Geschützt wird das Recht, **seinen Wohnsitz frei zu wählen, seine Wohnung frei zu verlassen und zu betreten**. Ein Eingriff ist z.B. die Auflage,

den Wohnsitz nicht zu verlassen oder Meldepflichten bei Behörden einzuhalten.

III. Recht, das Land zu verlassen (Abs. 2)

Das Recht ist, anders als das Recht, in ein Land einzureisen, nicht mehr problematisch; zur Zeit der kommunistischen Diktaturen war es in vielen Staaten Mittel- und Osteuropas nicht gewährleistet, in denen die Konvention zwar nicht galt, vielfach aber Art. 12 des Zivilpakts. 5

Das Recht kann nach Abs. 3 **eingeschränkt** werden. Es versteht sich, dass eine rechtmäßig festgenommene Person nicht das Recht hat, das Land zu verlassen. Auch ein Verbot, seine Kinder in einen anderen Staat zu bringen, ist ein Eingriff (EGMR, II. Sektion, Entsch. v. 26.10.2000, Beschw.-Nr. 406545/98 – Roldan Texeira u.a./Italien: aber gerechtfertigt, wenn es darauf abzielt, die Durchführung des Verfahrens über das Sorgerecht zu sichern). Das Recht umfasst nicht die Befugnisse, das gesamte Vermögen ohne Einschränkungen in einen anderen Staat zu verlagern. 6

IV. Einschränkungen

Abs. 1 ist ähnlich gefasst wie die Absätze 2 der Art. 8 bis 11 (dazu Art. 8 Rn. 37 ff.).

Beispiele: Die Haftentlassung kann mit der Auflage verbunden werden, das Land nicht zu verlassen. Einem Bf. gegen den eine Abschiebungsanordnung ergangen ist, kann während des Rechtsbehelfsverfahrens auferlegt werden, sich in einem bestimmten Bereich aufzuhalten, dasselbe gilt während des Verfahrens über ein Aufenthaltsrecht (EKMR v. 01.12.1986, DR 51, 237 – P./Deutschland). Einer Person, gegen die wegen des Verdachts der organisierten Kriminalität ermittelt wird, kann aufgegeben werden, ihren Wohnsitz nicht zu verlassen und sich regelmäßig bei der Polizei zu melden (EGMR v. 22.02.1994, Serie A, Bd. 281, S. 19 Nr. 39 – Raimondo/Italien: Konventionsverletzung nur wegen eines Verfahrensfehlers). Es kann auch gerechtfertigt sein, einer Person einen Pass wegen Nichterfüllung der Wehrpflicht zu verweigern (EKMR v. 20.02.1995, DR 80, 43 Nr. 1 – Peltonen/Finnland). Ein- 7 schränkungen sind auch bei einer Person in Abschiebehaft möglich (EKMR v. 26.05.1970, DR 53, 169 – X./Deutschland). Besondere Auflagen für Personen, die unter dem Verdacht stehen, Mafioso zu sein, sind möglich, müssen aber notwendig und nach den tatsächlichen Verhältnissen angemessen sein, insbesondere nach Freispruch des Betroffenen (EGMR v. 06.04.2000, Slg. 2000-IV Nr. 195 ff. – Labita/Italien). Wenn eine Person nicht mehr als Angeklagter oder Zeuge betroffen ist, darf ihr Pass nicht mehr einbehalten werden (EGMR, III. Sektion, v. 22.05.2001, Slg. 2001-V – Baumann/Frankreich).

8 Nicht zulässig nach Abs. 2 waren das Grenzregime der früheren DDR. Die Beschränkungen entsprachen nicht dem Recht der DDR, die Maßnahmen waren unverhältnismäßig und verletzten vom Zivilpakt geschützte Rechte, insbesondere das Recht auf Leben (EGMR v. 22.03.2001, EuGRZ 2001, 3035 Nr. 100 – Streletz, Kessler und Krenz/Deutschland).

9 **Abs. 4** regelt mögliche Beschränkungen für bestimmte Gebiete. Er gilt nur für den Fall des Abs. 1.

V. Verhältnis zu anderen Artikeln

10 Wegen der Abgrenzung zu Art. 5 vgl. Art. 5 Rn 2. Eine Verletzung von Art. 2 kann zugleich eine Verletzung von Art. 8 EMRK sein.

Artikel 3 Verbot der Ausweisung eigener Staatsangehöriger

(1) Niemand darf durch eine Einzel- oder Kollektivmaßnahme aus dem Hoheitsgebiet des Staates ausgewiesen werden, dessen Angehöriger er ist.

(2) Niemandem darf das Recht entzogen werden, in das Hoheitsgebiet des Staates einzureisen, dessen Angehöriger er ist.

Vorbild waren Art. 9 der Allgemeinen Erklärung der Menschenrechte (Niemand darf willkürlich des Landes verwiesen werden) und Art. 13 Abs. 2 der Erklärung: Jedermann hat das Recht, in sein Land zurückzukehren. Nach Art. 12 Abs. 4 Zivilpakt darf niemandem willkürlich das Recht entzogen werden, in sein eigenes Land einzureisen. **1**

Abs. 1 verbietet die Ausweisung von Staatsangehörigen, Abs. 2 garantiert das Recht, in das eigene Land einzureisen. Die Regelung betrifft nur Staatsangehörige des betroffenen Landes. Von Bedeutung ist in dieser Hinsicht Art. 16 Abs. 1 S. 1 GG, nach dem die deutsche Staatsangehörigkeit nicht entzogen werden kann. **2**

Für Ausländer gilt Art. 3 nicht (EKMR v. 24.05.1974, DR 46, 202 – I.B./Deutschland). **3**

Artikel 4 Verbot der Kollektivausweisung ausländischer Personen

Kollektivausweisungen ausländischer Personen sind nicht zulässig.

Der EGMR hat im Anschluss an die EKMR die Kollektivausweisung definiert als jede Maßnahme der zuständigen Behörden, durch die Ausländer **als Gruppe** gezwungen werden, das Land zu verlassen, außer wenn eine solche Maßnahme nach und **auf der Grundlage einer angemessenen und objektiven Prüfung der einzelnen Fälle** jedes der Ausländer getroffen wird (EKMR v. 16.12.1988, DR 59, 277 – A. u.a./Niederlande; EGMR, I. Sektion, Entsch. v. 23.02.1999, Beschw.-Nr. 45917/99 – Andric/Schweden). Gemeint sind also Ausweisungen von Personengruppen **nach generellen Kriterien** (z.B. der Staatsangehörigkeit, der Rasse) oder Einzelprüfung (Frowein/Peukert). **1**

Im Fall Conka/Belgien (III. Sektion, v. 05.02.2002, Beschw.-Nr. 51564/99) hat der EGM eine Verletzung von Art. 4 trotz individueller Prüfung **2** angenommen bei einer gleichzeitigen Ausweisung zahlreicher Roma, weil Zweifel, dass es sich dennoch um eine Kollektivausweisung handelte, nicht ausgeschlossen werden konnten (Ankündigung von Politikern, Anweisungen an die Verwaltung, gleichartiges Vorgehen vor Abschluss des Asylverfahrens).

Artikel 5 Räumlicher Geltungsbereich

(1) Jede Hohe Vertragspartei kann im Zeitpunkt der Unterzeichnung oder Ratifikation dieses Protokolls oder zu jedem späteren Zeitpunkt an den Generalsekretär des Europarats eine Erklärung darüber richten, in welchem Umfang sie sich zur Anwendung dieses Protokolls auf die in der Eklärung angegebenen Hoheitsgebiete verpflichtet, für deren internationale Beziehungen sie verantwortlich ist.

(2) Jede Hohe Vertragspartei, die eine Erklärung nach Absatz 1 abgegeben hat, kann jederzeit eine weitere Erklärung abgeben, die den Inhalt einer früheren Erklärung ändert oder die Anwendung der Bestimmungen dieses Protokolls auf irgendein Hoheitsgebiet beendet.

(3) Eine nach diesem Artikel abgegebene Erklärung gilt als eine Erklärung im Sinne des Artikels 56 Absatz 1 der Konvention.

(4) Das Hoheitsgebiet eines Staates, auf das dieses Protokoll aufgrund der Ratifikation oder Annahme durch diesen Staat Anwendung findet, und jedes Hoheitsgebiet, auf welches das Protokoll aufgrund einer von diesem Staat nach diesem Artikel abgegebenen Erklärung Anwendung findet, werden als getrennte Hoheitsgebiete betrachtet, soweit die Artikel 2 und 3 auf das Hoheitsgebiet eines Staates Bezug nehmen.

(5) Jeder Staat, der eine Erklärung nach Absatz 1 oder 2 abgegeben hat, kann jederzeit danach für eines oder mehrere der in der Erklärung bezeichneten Hoheitsgebiete erklären, dass er die Zuständigkeit des Gerichtshofs, Beschwerden von natürlichen Personen, nichtstaat-

lichen Organisationen oder Personengruppen nach Artikel 34 der Konvention entgegenzunehmen, für die Artikel 1 bis 4 dieses Protokolls insgesamt oder für einzelne dieser Artikel annimmt.

Artikel 6 Verhältnis zur Konvention

Die Hohen Vertragsparteien betrachten die Artikel 1 bis 5 dieses Protokolls als Zusatzartikel zur Konvention; alle Bestimmungen dieser Konvention sind dementsprechend anzuwenden.

Artikel 7 Unterzeichnung und Ratifikation

(1) Dieses Protokoll liegt für die Mitglieder des Europarats, die Unterzeichner der Konvention sind, zur Unterzeichnung auf; es wird gleichzeitig mit der Konvention oder zu einem späteren Zeitpunkt ratifiziert. Es tritt nach Hinterlegung von fünf Ratifikationsurkunden in Kraft. Für jeden Unterzeichner, der das Protokoll später ratifiziert, tritt es mit der Hinterlegung der Ratifikation in Kraft.

(2) Die Ratifikationsurkunden werden beim Generalsekretär des Europarats hinterlegt, der allen Mitgliedern die Namen derjenigen Staaten, die das Protokoll ratifiziert haben, notifiziert.

Zu Urkund dessen haben die hierzu gehörig befugten Unterzeichneten dieses Protokolls unterschrieben.

Geschehen zu Straßburg am 16. September 1963 in englischer und französischer Sprache, wobei jeder Wortlaut gleichermaßen verbindlich ist, in einer Urschrift, die im Archiv des Europarats hinterlegt wird. Der Generalsekretär übermittelt allen Unterzeichnerstaaten beglaubigte Abschriften.

Es handelt sich um die üblichen Schlussvorschriften für ein Zusatzprotokoll.

Protokoll Nr. 6 zur Konvention zum Schutz der Menschenrechte und Grundfreiheiten über die Abschaffung der Todesstrafe

(Übersetzung in der Fassung der Bekanntmachung vom 17.05.2002 – BGBl. II S. 1054, 1077)

Das Prot. ist von Deutschland ratifiziert worden (BGBl. II 1988, 663). Es ist am 01.03.1985 in Kraft getreten (Stand 10.04.2002: 3 Zeichnungen, 40 Ratifikationen)

Die Mitgliedstaaten des Europarats, die dieses Protokoll zu der am 4. November 1950 in Rom unterzeichneten Konvention zum Schutz der Menschenrechte und Grundfreiheiten (im Folgenden als »Konvention« bezeichnet) unterzeichnen –

in der Erwägung, dass die in verschiedenen Mitgliedstaaten des Europarats eingetretene Entwicklung eine allgemeine Tendenz zugunsten der Abschaffung der Todesstrafe zum Ausdruck bringt –

haben Folgendes vereinbart:

Artikel 1 Abschaffung der Todesstrafe

Die Todesstrafe ist abgeschafft. Niemand darf zu dieser Strafe verurteilt oder hingerichtet werden

I. Allgemeines

Satz 1 hat denselben Wortlaut wie Art. 102 GG: Die Todesstrafe ist abgeschafft. Satz 2 gibt jeder Person das Recht, dass sie nicht zu dieser Strafe verurteilt und nicht hingerichtet werden. 1

Die Vorschrift hängt mit Art. 2 EMRK zusammen, der in Abs. 1 deutlich macht, dass eine Tötung durch Vollzug eines Todesurteils nicht gegen die Vorschrift verstößt. Diese Lücke füllt das Sechste Prot., ein Zusatzprot., das die Todesstrafe abschafft. Weder die Allgemeine Erklärung der Menschenrechte noch der Zivilpakt verbietet die Todesstrafe (vgl. aber Art. 6 Zivilpakt mit seinen Einschränkungen). Das Sechste Prot. und nun das Prot. Nr. 13 (Rn. 5) sind das Ergebnis einer andauernden Entwicklung in den Europaratsstaaten, die seit langem in Richtung auf Abschaffung der Todesstrafe geht. Die neuen Mitgliedsstaaten aus Mittel- und Osteuropa haben zugesagt, die Todesstrafe abzuschaffen und das inzwischen weitgehend getan. Ein solcher Schritt ist dann auch durch das Zweite Prot. zum Zivilpakt vollzogen worden, das am 11.07.1991 in Kraft getreten ist (vgl. Denkschrift zum 6. Prot., BT-Drs. 11/1468 S. 9). 2

II. Auslieferung und Abschiebung bei drohender Todesstrafe

Vor Geltung des Sechsten Prot. hat eine Auslieferung oder Abschiebung in ein Land, in dem dem Betroffenen die Todesstrafe droht, allein nicht gegen Art. 2 verstoßen. Im Falle Soering/Vereinigtes Königreich (EGMR v. 07.07.1989, EuGRZ 1989, 314) ist der Gerichtshof zu der Feststellung eines Verstoßes nur wegen besonderer weiterer Umstände gekommen. Der Fall hatte auch verfahrensmäßig besondere Bedeutung, weil zum ersten Mal in der Geschichte der Konvention ein Staat, nämlich Deutschland, die Sache gegen einen anderen Staat, nämlich das 3

Vereinigte Königreich, vor den Gerichtshof gebracht hat, um dem Bf., seinem Staatsangehörigen, zu helfen.

Nach Inkrafttreten des Sechsten Prot. stellt sich die Frage neu. Es wird anzunehmen sein, dass ein Vertragsstaat gegen das Sechste Prot. verstößt, wenn er eine Person an einen anderen Staat ausliefert oder dorthin abschiebt, **in dem dieser Person die Todesstrafe mit einiger Wahrscheinlichkeit droht**. Voraussetzung ist, dass der Betroffene ein wirkliches Risiko läuft, mit dem Tode bestraft zu werden (vgl. EGMR, Entsch. v. 08.02.2000, Beschw.-Nr. 40907/98 Nr. 1 – Dougoz/Griechenland; EGMR, IV. Sektion, Entsch. v. 15.03.2001, Beschw.-Nr. 58128/00 – Ismali/Deutschland; EGMR, Entsch. v. 11.01.2001, Beschw.-Nr. 58073/00 – Yang Chun Jin/Ungarn; EGMR, I. Sektion, Entsch. v. 14.12.2000, Beschw.-Nr. 44190/98 – Nivette/Frankreich). Dass eine solche Gefahr besteht, muss glaubhaft gemacht werden.

4 **Die Bundesrepublik Deutschland hat bei der Hinterlegung der Ratifikationsurkunde erklärt**, »dass sich nach ihrer Auffassung die Verpflichtungen aus dem Prot. Nr. 6 in der Abschaffung der Todesstrafe im Geltungsbereich des jeweiligen Staates erschöpfen und nichtstrafrechtliche innerstaatliche Rechtsvorschriften unberührt bleiben. Die Bundesrepublik Deutschland hat ihren Verpflichtungen aus dem Prot. bereits durch Art. 102 GG genügt« (BGBl. II. 1989, 814). Weil Vorbehalte nach Art. 4 Prot. Nr. 6 verboten sind, kann es sich dabei nur um eine **Interpretationserklärung** handeln. Die Denkschrift (BT-Drs. 11/1468 S. 11 zu Art. 1) nimmt an, dass sich aus dem 6. Prot. nur Auswirkungen für das Strafrecht herleiten lassen, also nicht für das Ausländerrecht. Ob dem gefolgt wird, bleibt abzuwarten. Es steht zu hoffen, dass diese Frage keine praktische Bedeutung erlangen wird. § 53 Abs. 2 AuslG bestimmt, dass ein Ausländer nicht in einen Staat abgeschoben werden darf, wenn die Gefahr der Todesstrafe besteht. Nach § 53 Abs. 4 AuslG besteht ein Abschiebungshindernis auch dann, wenn die Abschiebung nach der EMRK unzulässig ist. Art. 11 des Europäischen Auslieferungsübereinkommens (BGBl. II 1964, 1369) sieht vor, dass eine Auslieferung in einen Staat, der die Tat mit Todesstrafe bedroht, nur bei Zusicherung zulässig ist, dass die Todesstrafe nicht verhängt oder nicht vollstreckt wird (vgl. auch § 8 IRG und z. B. BGH NJW 2001, 3110).

Artikel 2 Todesstrafe in Kriegszeiten

Ein Staat kann in seinem Recht die Todesstrafe für Taten vorsehen, die in Kriegszeiten oder bei unmittelbarer Kriegsgefahr begangen werden; diese Strafe darf nur in den Fällen, die im Recht vorgesehen sind, und in Übereinstimmung mit dessen Bestimmungen angewendet werden. Der Staat übermittelt dem Generalsekretär des Europarats die einschlägigen Rechtsvorschriften.

Für die in dem Art. umschriebenen Taten in Kriegszeiten oder bei unmittelbarer Kriegsgefahr ist es nach dem Prot. Nr. 6 noch zulässig, die Todesstrafe vorzusehen. Für Deutschland hat das keine praktische Bedeutung. Das Prot. Nr. 13 schafft die Todesstrafe gänzlich, also auch in Kriegszeiten ab. Es ist noch nicht in Kraft (vgl. Art. 2 Rn. 21).

Artikel 3 Verbot des Abweichens

Von diesem Protokoll darf nicht nach Artikel 15 der Konvention abgewichen werden.

Auch in Notstandsfällen nach Art. 15 EMRK ist ein Abweichen nicht erlaubt. Das unterstreicht die Bedeutung des Sechsten Prot.

Artikel 4 Verbot von Vorbehalten

Vorbehalte nach Artikel 57 der Konvention zu Bestimmungen dieses Protokolls sind nicht zulässig.

Auch diese Sonderregelung zu Art. 57 EMRK macht deutlich, dass im Sechsten Prot. besonders wichtige Fragen geregelt sind. Zu der von Deutschland bei der Hinterlegung der Ratifikationsurkunde abgebenden Erklärung vgl. zu Art. 1 Rn. 4.

Artikel 5 Räumlicher Geltungsbereich

(1) Jeder Staat kann bei der Unterzeichnung oder bei der Hinterlegung seiner Ratifikations-, Annahme- oder Genehmigungsurkunde einzelne oder mehrere Hoheitsgebiete bezeichnen, auf die dieses Protokoll Anwendung findet.

(2) Jeder Staat kann jederzeit danach durch eine an den Generalsekretär des Europarats gerichtete Erklärung die Anwendung dieses Protokolls auf jedes weitere in der Erklärung bezeichnete Hoheitsgebiet erstrecken. Das Protokoll tritt für dieses Hoheitsgebiet am ersten Tag des Monats in Kraft, der auf den Eingang der Erklärung beim Generalsekretär folgt.

(3) Jede nach den Absätzen 1 und 2 abgegebene Erklärung kann in Bezug auf jedes darin bezeichnete Hoheitsgebiet durch eine an den Generalsekretär gerichtete Notifikation zurückgenommen werden. Die Rücknahme wird am ersten Tag des Monats wirksam, der auf den Eingang der Notifikation beim Generalsekretär folgt.

Artikel 6 Verhältnis zur Konvention

Die Vertragsstaaten betrachten die Artikel 1 bis 5 dieses Protokolls als Zusatzartikel zur Konvention; alle Bestimmungen der Konvention sind dementsprechend anzuwenden.

Artikel 7 Unterzeichnung und Ratifikation

Dieses Protokoll liegt für die Mitgliedstaaten des Europarats, welche die Konvention unterzeichnet haben, zur Unterzeichnung auf. Es bedarf der Ratifikation, Annahme oder Genehmigung. Ein Mitgliedstaat des Europarats kann dieses Protokoll nur ratifizieren, annehmen oder genehmigen, wenn er die Konvention gleichzeitig ratifiziert oder sie früher ratifiziert hat. Die Ratifikations-, Annahme- oder Genehmigungsurkunden werden beim Generalsekretär des Europarats hinterlegt.

Artikel 8 Inkrafttreten

(1) Dieses Protokoll tritt am ersten Tag des Monats in Kraft, der auf den Tag folgt, an dem fünf Mitgliedstaaten des Europarats nach Artikel 7 ihre Zustimmung ausgedrückt haben, durch das Protokoll gebunden zu sein.

(2) Für jeden Mitgliedstaat, der später seine Zustimmung ausdrückt, durch das Protokoll gebunden zu sein, tritt es am ersten Tag des Monats in Kraft, der auf die Hinterlegung der Ratifikations-, Annahme- oder Genehmigungsurkunde folgt.

Artikel 9 Aufgaben des Verwahrers

Der Generalsekretär des Europarats notifiziert den Mitgliedstaaten des Rates

a) jede Unterzeichnung;
b) jede Hinterlegung einer Ratifikations-, Annahme- oder Genehmigungsurkunde;
c) jeden Zeitpunkt des Inkrafttretens dieses Protokolls nach den Artikeln 5 und 8;
d) jede andere Handlung, Notifikation oder Mitteilung im Zusammenhang mit diesem Protokoll.

Zu Urkund dessen haben die hierzu gehörig befugten Unterzeichneten dieses Protokoll unterschrieben.

Geschehen zu Straßburg am 28. April 1983 in englischer und französischer Sprache, wobei jeder Wortlaut gleichermaßen verbindlich ist, in einer Urschrift, die im Archiv des Europarats hinterlegt wird. Der Generalsekretär des Europarats übermittelt allen Mitgliedstaaten des Europarats beglaubigte Abschriften.

Es handelt sich um die für Zusatzprotokolle üblichen Schlussbestimmungen

Protokoll Nr. 7 zur Konvention zum Schutz der Menschenrechte und Grundfreiheiten

(in einer zwischen Deutschland, Liechtenstein, Österreich und der Schweiz abgestimmter Übersetzung)

Deutschland hat das Siebte Prot. bisher nicht ratifiziert (Stand 10.06.2002: 7 Zeichnungen, 32 Ratifikationen)

Die Mitgliedstaaten des Europarats, die dieses Protokoll unterzeichnen –

entschlossen, weitere Maßnahmen zur kollektiven Gewährleistung gewisser Rechte und Freiheiten durch die am 4. November 1950 in Rom unterzeichnete Konvention zum Schutz der Menschenrechte und Grundfreiheiten (im folgenden als »Konvention« bezeichnet) zu treffen –

haben Folgendes vereinbart:

Artikel 1 Verfahrensrechtliche Schutzvorschriften in Bezug auf die Ausweisung ausländischer Personen

(1) Eine ausländische Person, die sich rechtmäßig im Hoheitsgebiet eines Staates aufhält, darf aus diesem nur aufgrund einer rechtmäßig ergangenen Entscheidung ausgewiesen werden; ihr muss gestattet werden,

a) Gründe vorzubringen, die gegen ihre Ausweisung sprechen,
b) ihren Fall prüfen zu lassen und
c) sich zu diesem Zweck vor der zuständigen Behörde oder einer oder mehreren von dieser Behörde bestimmten Personen vertreten zu lassen.

(2) Eine ausländische Person kann ausgewiesen werden, bevor sie ihre Rechte nach Absatz 1 Buchstaben a, b und c ausgeübt hat, wenn eine solche Ausweisung im Interesse der öffentlichen Ordnung erforderlich ist oder aus Gründen der nationalen Sicherheit erfolgt.

I. Allgemeines

1 Weil Art. 6 Abs. 1 EMRK nicht für Ausweisungsverfahren gilt (vgl. Art. 6 Rn. 9), gibt das Siebte Prot. besondere Regelungen. Eine Verletzung der Vorschrift ist häufig gerügt worden, die Rüge hatte aber nur selten Erfolg.

II. Ausländer (Abs. 1)

2 Art. 1 betrifft **nur die Ausweisung**, nicht die Auslieferung. Geschützt werden ausschließlich Personen, die sich als Ausländer **rechtmäßig im Hoheitsgebiet** aufhalten. Das trifft nicht zu, wenn die Person in einem Hafen oder Flughafen angekommen ist und die Einreisekontrolle noch nicht passiert hat. Der Ausdruck **»rechtmäßig« verweist auf das staatliche Recht**. Ein Ausländer hält sich nur dann und solange rechtmäßig auf, als er die Bedingungen erfüllt, die für seinen Aufenthalt ausgesprochen sind, und die Aufenthaltserlaubnis noch nicht abgelaufen ist.

III. Verfahrensgarantien

1. Abs. 1

Es muss eine **rechtmäßig ergangene Ausweisungsentscheidung** vorliegen. Auch das verweist auf das staatliche Recht. Es muss sich um eine Entscheidung handeln, die von der zuständigen Behörde des Staates rechtswirksam erlassen worden ist. **3**

a) Der Betroffene hat das Recht, Gründe vorzubringen, die gegen die Ausweisung sprechen; **4**

b) die Behörde muss den Fall unter Berücksichtigung der vorgetragenen Gründe prüfen. Das bedeutet nicht, dass der Betroffene ein Recht auf einen Rechtsbehelf hat oder darauf, solange in dem Staat zu bleiben, bis darüber entschieden ist; **5**

c) der Betroffene darf sich vertreten lassen. Das staatliche Recht bestimmt die Einzelheiten. Ein Recht auf persönliche Anwesenheit und auf eine mündliche Anhörung ist damit nicht verbunden. Ein schriftliches Verfahren genügt. **6**

2. Abs. 2 **7**

Als Grundsatz gilt, dass der Ausländer sein Recht nach Abs. 1 Buchst a) bis c) vor der Ausweisung wahrnehmen kann. Davon gibt Abs. 2 eine Ausnahme für den Fall, dass eine sofortige Ausweisung im Interesse der öffentlichen Ordnung erforderlich ist oder aus Gründen der nationalen Sicherheit erfolgt. Dann darf der Bf. sein Recht nach der Ausweisung wahrnehmen. Bei der Entscheidung ist dem Grundsatz der Verhältnismäßigkeit (vgl. Art. 8 EMRK Rn. 44) Rechnung zu tragen. Es ist Sache des beklagten Staates, die Voraussetzungen darzulegen, wobei im Fall der nationalen Sicherheit eine knappe Begründung ausreichen wird.

Artikel 2 Rechtsmittel in Strafsachen

(1) Wer von einem Gericht wegen einer Straftat verurteilt worden ist, hat das Recht, das Urteil von einem übergeordneten Gericht nachprüfen zu lassen. Die Ausübung dieses Rechts und die Gründe, aus denen es ausgeübt werden kann, richten sich nach dem Gesetz.

(2) Ausnahmen von diesem Recht sind für Straftaten geringfügiger Art, wie sie durch Gesetz näher bestimmt sind, oder in Fällen möglich, in denen das Verfahren gegen eine Person in erster Instanz vor dem obersten Gericht stattgefunden hat oder in denen eine Person nach einem gegen ihren Freispruch eingelegten Rechtsmittel verurteilt worden ist.

I. Allgemeines

1 Eine entsprechende Regelung gibt es in Art. 14 Abs. 5 Zivilpakt. Die Regelung geht über Art. 6 EMRK hinaus, der ein Gericht und den Zugang zu einem Gericht garantiert, aber kein Rechtsmittel (Art. 6 Rn. 28).

II. Rechtsmittel gegen Verurteilung wegen einer Straftat

2 Ein Rechtsmittel **wird nur gegen eine gerichtliche Entscheidung** garantiert, i.d.R. ein Strafurteil. Der EGMR grenzt wie bei Art. 6 nach der Schwere der Sanktion ab (EGMR, III. Sektion, Entsch. v. 31.08.1999, Beschw.-Nr. 34311/96 – Hübner/Österreich). Wenn das Verfahren nicht als Strafsache i.S. von Art. 6 Abs.1 EMRK angesehen worden ist, fällt es auch nicht unter Art. 2 Prot. 7 (EKMR v. 02.09.1993, DR 75, 152 Nr. 3 – Borelli/Schweiz).

III. Das Rechtsmittel

3 Es muss ein **echtes Rechtsmittel mit Devolutiveffekt** sein, über den also ein übergeordnetes Gericht entscheidet. Das staatliche Recht bestimmt Einzelheiten (Abs. 1 S. 2). Es hat einen **Beurteilungsspielraum**. So kann das staatliche Recht die Gründe bestimmen, aus denen

das Rechtsmittel eingelegt werden kann. Es kann z.B. auf eine Rechtsprüfung beschränkt sein (vgl. EGMR, III. Sektion, Entsch. v. 18.01.2000, Slg 2000-I Nr. 4 Pesti u.a./Österreich). Das Rechtsmittel kann umfassend sein, kann aber auch auf den Schuldausspruch oder die Strafzumessung beschränkt sein. Auch im Übrigen kann das staatliche Recht Einzelheiten, z.B. über Formen und Fristen bestimmen, es darf das Recht auf ein Rechtsmittel aber nicht in seinem Wesen antasten (EGMR, II. Sektion, Entsch. v. 29.06.2000 Beschw.-Nr. 32092/96 – Poulsen/Dänemark). Staatliche Regelungen müssen ähnlich wie bei dem Zugang zum Gericht nach Art. 6 Abs. 1 ein berechtigtes Ziel verfolgen (EGMR, III. Sektion, v. 13.02.2001, NJW 2001, 2387 – Krombach/Frankreich). Wenn das Rechtsmittel einer Zulassung durch ein übergeordnetes Gericht bedarf, schadet das nicht (EKMR v. 06.04.1994, DR 77, 40 Nr. 2 – Näss/Schweden).

IV. Ausnahmen (Abs. 2)

Von einem Rechtsmittel **kann abgesehen werden** bei Straftaten geringfügiger Art, bei einem erstinstanzlichen Urteil eines obersten Gerichts, weil dann ein übergeordnetes Gericht nicht vorhanden ist und bei Verurteilung auf ein Rechtsmittel der Staatsanwaltschaft gegen einen Freispruch. **4**

Ob es sich um Straftaten geringfügiger Art handelt, hängt von der Strafandrohung ab. Eine Ordnungsstrafe wegen Ungebührs kann geringfügig sein (EKMR v. 03.12.1993, DR 76, 61 Nr. 2 – Putz/Österreich), ebenso eine Bestrafung wegen einer Übertretung, wohl auch Ordnungswidrigkeiten. **5**

Artikel 3 Recht auf Entschädigung bei Fehlurteilen

Ist eine Person wegen einer Straftat rechtskräftig verurteilt und ist das Urteil später aufgehoben oder die Person begnadigt worden, weil eine neue oder eine neu bekannt gewordene Tatsache schlüssig beweist, dass ein Fehlurteil vorlag, so muss sie, wenn sie aufgrund eines solchen Urteils eine Strafe verbüßt hat, entsprechend dem Gesetz oder der Übung des betreffenden Staates entschädigt werden, sofern nicht nachgewiesen wird, dass das nicht rechtzeitige Bekanntwerden der betreffenden Tatsache ganz oder teilweise ihr zuzuschreiben ist.

1 Eine entsprechende Regelung ist in Art. 14 Abs. 6 Zivilpakt enthalten. Praktische Bedeutung hat Art. 3 nicht gewonnen.

2 Voraussetzungen für die Entschädigung: Es muss sich um eine rechtskräftige Verurteilung handeln. Der Betroffene muss die Strafe mindestens teilweise verbüßt haben. Das Urteil wird später aufgehoben oder eine Begnadigung ausgesprochen, weil eine neue oder neu bekannt gewordene Tatsachen beweisen, dass es sich um ein Fehlurteil gehandelt hat. Eine Aufhebung des Urteils, weil dem Betroffenen die Tat nicht nachgewiesen werden konnte, genügt also nicht, es muss bewiesen sein, dass das Urteil unrichtig war. Nicht notwendig ist dagegen, dass das Urteil auch rechtswidrig gewesen ist (Frowein/Peukert Rn. 1).

3 Ausnahmen: Eine Entschädigung muss nicht gewährt werden, wenn es dem Verurteilten ganz oder teilweise zuzuschreiben ist, dass die Tatsache nicht rechtzeitig bekannt geworden ist.

4 Es muss die nach staatlichem Recht zu gewährende Entschädigung gezahlt werden (vgl. das Gesetz über die Entschädigung von Strafverfolgungsmaßnahmen, v. 08.03.1971, BGBl. I S. 157).

Artikel 4 Recht, wegen derselben Sache nicht zweimal vor Gericht gestellt oder bestraft zu werden

(1) Niemand darf wegen einer Straftat, wegen der er bereits nach dem Gesetz und dem Strafverfahrensrecht eines Staates rechtskräftig verurteilt oder freigesprochen worden ist, in einem Strafverfahren desselben Staates erneut verfolgt oder bestraft werden.

(2) Absatz 1 schließt die Wiederaufnahme des Verfahrens nach dem Gesetz und dem Strafverfahrensrecht des betreffenden Staates nicht aus, falls neue oder neu bekannt gewordene Tatsachen vorliegen oder das vorausgegangene Verfahren schwere, den Ausgang des Verfahrens berührende Mängel aufweist.

(3) Von diesem Artikel darf nicht nach Artikel 15 der Konvention abgewichen werden.

Eine ähnliche Regelung findet sich in Art. 14 Abs. 1 Zivilpakt, Art. 103 Abs. 3 GG). 1

Abs. 1: Er spricht den Grundsatz **ne bis in idem aus** und verbietet die Wiederholung eines durch rechtkräftige Entscheidung abgeschlossenen Strafverfahrens (EGMR v. 23.10.1995, Serie A, Bd. 328 Nr. 53 – Gradinger/Österreich). Art. 4 gilt nur für Strafverfahren in dem selben Staat (EKMR v. 21.10.1993, DR 75, 127 Nr. 3 – Baragiola/Schweiz): Im internationalen Bereich gelten besondere Übereinkommen (Frowein/Peukert Rn. 1). 2

Der Betroffene darf **nicht wegen derselben Straftat, wegen der er rechtskräftig verurteilt oder freigesprochen ist, erneut vor Gericht gestellt oder bestraft werden**. Es muss sich um eine rechtskräftige Entscheidung handeln, gegen die Rechtsmittel nicht mehr zur Verfügung stehen. Nicht ausgeschlossen ist, dass mit derselben Handlung in Idealkonkurrenz mehrere Straftatbestände erfüllt werden. Es kommt dann darauf an, ob die Straftaten im Wesentlichen auf denselben Elementen beruhen (EGMR v. 14.09.1999, Slg. 1999-VI – Ponsetti u. Chesnel/ 3

Frankreich wegen Verurteilung für zwei Steuerstraftaten, die sich aus der Unterlassung, eine Steuererklärung abgegeben haben, ergeben; EGMR, III. Sektion, v. 29.05.2001, Beschw.-Nr. 37950/97 Nr. 26 ff. – Fischer/Österreich: Bußgeld wegen Trunkenheit am Steuer und dann Strafverfahren wegen fahrlässiger Tötung in Trunkenheit; Verletzung).

4 Abs. 2: Nicht ausgeschlossen sind spätere **Wiederaufnahmeverfahren**, aber auch nicht Verfahren, die nicht Strafverfahren sind (z.B. Disziplinarverfahren, Schadensersatzverfahren vor Zivilgerichten). Es ist aber nicht zulässig, dass zunächst ein Strafgericht vom Vorwurf des Fahrens unter Alkoholeinfluss frei spricht und später eine Behörde wegen derselben Tat eine Geldbuße wegen Fahrens unter Alkoholeinfluss festsetzt (EGMR v. 23.10.1995, Serie A, Bd. 328 Nr. 53 – Gradinger/Österreich).

5 Abs. 3 verbietet, von diesem Art. in Notstandsfällen nach Art. 15 EMRK abzuweichen.

Artikel 5 Gleichberechtigung der Ehegatten

Hinsichtlich der Eheschließung, während der Ehe und bei Auflösung der Ehe haben Ehegatten untereinander und in ihren Beziehungen zu ihren Kindern gleiche Rechte und Pflichten privatrechtlicher Art.. Dieser Artikel verwehrt es den Staaten nicht, die im Interesse der Kinder notwendigen Maßnahmen zu treffen.

1 Es handelt sich um eine Sondervorschrift zu Art. 14 EMRK i.V.m. Art. 8. Art. 23 Abs. 4 Zivilpakt formuliert eine entsprechende Vorschrift als Staatenverpflichtung. Vgl. Art. 3 Abs. 2 GG.

2 **Garantierte Gleichbehandlung:** Die Gleichberechtigung wird garantiert für Ehegatten in ihren Beziehungen zueinander und zu den Kindern, das gilt nur für Rechte und Pflichten des Privatrechts, außerdem hinsichtlich der Eheschließung, während der Ehe und bei Auflösung der

Ehe. Im Einzelnen haben die Konventionsstaaten einen weiten Regelungsspielraum, auch für die Vorschriften über die Eingehung der Ehe (dazu bei Art. 12 EMRK). Ein Recht auf Ehescheidung ergibt sich weder aus Art. 12 EMRK, noch aus Art. 5 Prot. 7. Die Staaten können ein gemeinsames Sorgerecht nach Scheidung der Ehe ausschließen (EGMR, III. Sektion, Entsch. v. 22.11.2001, Beschw.-Nr. 36222/97 R.W. u. C.T.G.-W./Österreich).

Dass der Staat Maßnahmen **im Kindesinteresse** treffen kann, wird in 3
Satz 2 ausdrücklich gesagt.

Verhältnis zu anderen Art.: Art. 7 Prot. 7 macht deutlich, dass die 4
Vorschrift die EMRK, insbesondere Art. 8 und 14, ergänzt und nicht beschränkt oder ersetzt (EGMR v. 22.02.1994, Serie A, Bd. 280 S. 28 Nr. 23 – Burghartz/Schweiz).

Artikel 6 Räumlicher Geltungsbereich

(1) Jeder Staat kann bei der Unterzeichnung oder bei der Hinterlegung seiner Ratifikations-, Annahme- oder Genehmigungsurkunde einzelne oder mehrere Hoheitsgebiete bezeichnen, auf die dieses Protokoll Anwendung findet, und erklären, in welchem Umfang er sich verpflichtet, dieses Protokoll auf diese Hoheitsgebiete anzuwenden.

(2) Jeder Staat kann jederzeit danach durch eine an den Generalsekretär des Europarats gerichtete Erklärung die Anwendung dieses Protokolls auf jedes weitere in der Erklärung bezeichnete Hoheitsgebiet erstrecken. Das Protokoll tritt für dieses Hoheitsgebiet am ersten Tag des Monats in Kraft, der auf einen Zeitabschnitt von zwei Monaten nach Eingang der Erklärung beim Generalsekretär folgt.

(3) Jede nach den Absätzen 1 und 2 abgegebene Erklärung kann in Bezug auf jedes darin bezeichnete Hoheitsgebiet durch eine an den

Generalsekretär gerichtete Notifikation zurückgenommen oder geändert werden. Die Rücknahme oder Änderung wird am ersten Tag des Monats wirksam, der auf einen Zeitraum von zwei Monaten nach Eingang der Notifikation beim Generalsekretär folgt.

(4) Eine nach diesem Artikel abgegebene Erklärung gilt als eine Erklärung im Sinne des Artikels 56 Absatz 1 der Konvention.

(5) Das Hoheitsgebiet eines Staates, auf das dieses Protokoll aufgrund der Ratifikation, Annahme oder Genehmigung durch diesen Staat Anwendung findet, und jedes Hoheitsgebiet, auf welches das Protokoll aufgrund einer von diesem Staat nach diesem Artikel abgegebenen Erklärung Anwendung findet, können als getrennte Hoheitsgebiete betrachtet werden, soweit Artikel 1 auf das Hoheitsgebiet eines Staates Bezug nimmt.

(6) Jeder Staat, der eine Erklärung nach Absatz 1 oder 2 abgegeben hat, kann jederzeit danach für eines oder mehrere der in der Erklärung bezeichneten Hoheitsgebiete erklären, dass er die Zuständigkeit des Gerichtshofs, Beschwerden von natürlichen Personen, nichtstaatlichen Organisationen oder Personengruppen nach Artikel 34 der Konvention entgegenzunehmen, für die Artikel 1 bis 5 dieses Protokolls annimmt.

Artikel 7 Verhältnis zur Konvention

Die Vertragsstaaten betrachten die Artikel 1 bis 6 dieses Protokolls als Zusatzartikel zur Konvention; alle Bestimmungen der Konvention sind dementsprechend anzuwenden.

Artikel 8 Unterzeichnung und Ratifikation

Dieses Protokoll liegt für die Mitgliedstaaten des Europarats, welche die Konvention unterzeichnet haben, zur Unterzeichnung auf. Es bedarf der Ratifikation, Annahme oder Genehmigung. Ein Mitgliedstaat des Europarats kann dieses Protokoll nur ratifizieren, annehmen oder genehmigen, wenn er die Konvention gleichzeitig ratifiziert oder sie früher ratifiziert hat. Die Ratifikations-, Annahme- oder Genehmigungsurkunden werden beim Generalsekretär des Europarats hinterlegt.

Artikel 9 Inkrafttreten

(1) Dieses Protokoll tritt am ersten Tag des Monats in Kraft, der auf einen Zeitabschnitt von zwei Monaten nach dem Tag folgt, an dem sieben Mitgliedstaaten des Europarats nach Artikel 8 ihre Zustimmung ausgedrückt haben, durch das Protokoll gebunden zu sein.

(2) Für jeden Mitgliedstaat, der später seine Zustimmung ausdrückt, durch das Protokoll gebunden zu sein, tritt es am ersten Tag des Monats in Kraft, der auf einen Zeitabschnitt von zwei Monaten nach Hinterlegung der Ratifikations-, Annahme- oder Genehmigungsurkunde folgt.

Artikel 10 Aufgabe des Verwahrers

Der Generalsekretär des Europarats notifiziert allen Mitgliedstaaten des Europarats

a) jede Unterzeichnung;

b) jede Hinterlegung einer Ratifikations-, Annahme- oder Genehmigungsurkunde;
c) jeden Zeitpunkt des Inkrafttretens dieses Protokolls nach den Artikeln 6 und 9;
d) jede andere Handlung, Notifikation oder Erklärung im Zusammenhang mit diesem Protokoll.

Zu Urkund dessen haben die hierzu gehörig befugten Unterzeichneten dieses Protokoll unterschrieben.

Geschehen zu Straßburg am 22. November 1984 in englischer und französischer Sprache, wobei jeder Wortlaut gleichermaßen verbindlich ist, in einer Urschrift, die im Archiv des Europarats hinterlegt wird. Der Generalsekretär des Europarats übermittelt allen Mitgliedstaaten des Europarats beglaubigte Abschriften.

Es handelt sich um die üblichen Schlussartikel.

Protokoll Nr. 12 zur Konvention zum Schutze der Menschenrechte und Grundfreiheiten

(nichtamtliche Übersetzung des BMJ)

Die Mitgliedsstaaten des Europarats, die dieses Protokoll unterzeichnen –

eingedenk des grundlegenden Prinzips, nach dem alle Menschen vor dem Gesetz gleich sind und Anspruch auf den gleichen Schutz durch das Gesetz haben,

entschlossen, weitere Maßnahmen zu treffen, um die Gleichheit aller Menschen durch die kollektive Gewährleistung eines allgemeinen Diskriminierungsverbots mittels der am 4. November 1950 in Rom unterzeichneten Konvention zum Schutze der Menschenrechte und Grundfreiheiten (im Folgenden als »Konvention« bezeichnet) zu fördern,

in Bekräftigung der Tatsache, dass der Grundsatz der Nichtdiskriminierung die Vertragsstaaten nicht daran hindert, Maßnahmen zur Förderung der vollständigen und wirksamen Gleichbehandlung zu treffen, sofern es eine objektive und vernünftige Rechtfertigung für diese Maßnahmen gibt –

haben Folgendes vereinbart:

Artikel 1 Generelles Diskriminierungsverbot

(1) Der Genuss eines jeden auf Gesetz beruhenden Rechtes ist ohne Diskriminierung insbesondere wegen des Geschlechts, der Rasse, der Hautfarbe, der Sprache, der Religion, der politischen oder sonstigen Anschauung, der nationalen oder sozialen Herkunft, der Zugehörigkeit zu einer nationalen Minderheit, des Vermögens, der Geburt oder eines sonstigen Status zu gewährleisten.

(2) Niemand darf, insbesondere aus einem der in Absatz 1 genannten Gründe, von einer Behörde diskriminiert werden.

Artikel 2 Räumlicher Geltungsbereich

(1) Jeder Staat kann bei der Unterzeichnung oder bei der Hinterlegung seiner Ratifikations-, Annahme- oder Genehmigungsurkunde einzelne oder mehrere Hoheitsgebiete bezeichnen, auf die dieses Protokoll Anwendung findet.

(2) Jeder Staat kann jederzeit danach durch eine an den Generalsekretär des Europarats gerichtete Erklärung die Anwendung dieses Protokolls auf jedes weitere in der Erklärung bezeichnete Hoheitsgebiet erstrecken. Das Protokoll tritt für dieses Hoheitsgebiet am ersten Tag des Monats in Kraft, der auf einen Zeitabschnitt von drei Monaten nach Eingang der Erklärung beim Generalsekretär folgt.

(3) Jede nach den Absätzen 1 und 2 abgegebene Erklärung kann in Bezug auf jedes darin bezeichnete Hoheitsgebiet durch eine an den Generalsekretär gerichtete Notifikation zurückgenommen oder geändert werden. Die Rücknahme oder Änderung wird am ersten Tag des Monats wirksam, der auf einen Zeitabschnitt von drei Monaten nach Eingang der Notifikation beim Generalsekretär folgt.

(4) Eine nach diesem Artikel abgegebene Erklärung gilt als eine Erklärung im Sinne des Artikels 56 Absatz 1 der Konvention.

(5) Jeder Staat, der eine Erklärung nach Absatz 1 oder 2 abgegeben hat, kann jederzeit danach für eines oder mehrere der in der Erklärung bezeichneten Hoheitsgebiete erklären, dass er die Zuständigkeit des Gerichtshofs, Beschwerden von natürlichen Personen, nichtstaatlichen Organisationen oder Personengruppen nach Artikel 34 der Konvention entgegenzunehmen, für Artikel 1 dieses Protokolls annimmt.

Artikel 3 Verhältnis zur Konvention

Die Vertragstaaten betrachten die Artikel 1 und 2 dieses Protokolls als Zusatzartikel zur Konvention; alle Bestimmungen der Konvention sind dementsprechend anzuwenden.

Artikel 4 Unterzeichnung und Ratifikation

Dieses Protokoll liegt für die Mitgliedstaaten des Europarats, welche die Konvention unterzeichnet haben, zur Unterzeichnung auf. Es bedarf der Ratifikation, Annahme oder Genehmigung. Ein Mitgliedstaat des Europarats kann dieses Protokoll nur ratifizieren, annehmen oder genehmigen, wenn er die Konvention gleichzeitig ratifiziert oder bereits zu einem früheren Zeitpunkt ratifiziert hat. Die Ratifikations-, Annahme- oder Genehmigungsurkunden werden beim Generalsekretär des Europarats hinterlegt.

Artikel 5 Inkrafttreten

(1) Dieses Protokoll tritt am ersten Tag des Monats in Kraft, der auf einen Zeitabschnitt von drei Monaten nach dem Tag folgt, an dem zehn Mitgliedstaaten des Europarats nach Artikel 4 ihre Zustimmung ausgedrückt haben, durch das Protokoll gebunden zu sein.

(2) Für jeden Mitgliedstaat, der später seine Zustimmung ausdrückt, durch dieses Protokoll gebunden zu sein, tritt es am ersten Tag des Monats in Kraft, der auf einen Zeitabschnitt von drei Monaten nach der Hinterlegung der Ratifikations-, Annahme- oder Genehmigungsurkunde folgt.

Artikel 6 Aufgaben des Verwahrers

Der Generalsekretär des Europarats notifiziert allen Mitgliedsstaaten des Europarats

a) jede Unterzeichnung;
b) jeder Hinterlegung einer Ratifikations-, Annahme- oder Genehmigungsurkunde;
c) jeden Zeitpunkt des Inkrafttretens dieses Protokolls nach den Artikeln 2 und 5;
d) jede andere Handlung, Notifikation oder Mitteilung im Zusammenhang mit diesem Protokoll.

Zu Urkund dessen haben die hierzu gehörig befugten Unterzeichneten dieses Protokoll unterschrieben.

Geschehen zu Rom am 4. November 2000 in englischer und französischer Sprache, wobei jeder Wortlaut gleichermaßen verbindlich ist, in einer Urschrift, die im Archiv des Europarats hinterlegt wird. Der

Generalsekretär des Europarats übermittelt allen Mitgliedstaaten des Europarats beglaubigte Abschriften.

Vgl. bei Art. 14 EMRK Rn. 3. Das Prot. ist noch nicht in Kraft. Deutschland hat es am 04.11.2000 gezeichnet, aber noch nicht ratifiziert (Stand 01.06.2002: 27 Zeichnungen, 2 Ratifikationen).

Protokoll Nr. 13 zur Konvention zum Schutze der Menschenrechte und Grundfreiheiten über die vollständige Abschaffung der Todesstrafe

(nichtamtliche Übersetzung des BMJ)

Die Mitgliedstaaten des Europarats, die dieses Protokoll unterzeichnen,

in der Überzeugung, dass das Recht jedes Menschen auf Leben ein grundsätzlicher Wert in einer demokratischen Gesellschaft und die Abschaffung der Todesstrafe zum Schutz dieses Rechts und für die volle Anerkennung der allen Menschen innewohnenden Würde von wesentlicher Bedeutung ist;

in dem Wunsch, den Schutz des Rechts auf Leben gemäß der am 4. November 1950 in Rom unterzeichneten Konvention zum Schutz der Menschenrechte und Grundfreiheiten (im Folgenden als »Konvention« bezeichnet) zu verstärken;

in Anbetracht dessen, dass das am 28. April 1983 in Straßburg unterzeichnete Protokoll Nr. 6 zur Konvention über die Abschaffung der Todesstrafe die Todesstrafe nicht für Taten ausschließt, die in Kriegszeiten oder bei unmittelbarer Kriegsgefahr begangen werden;

entschlossen, den allerletzten Schritt zu tun, um die Todesstrafe vollständig abzuschaffen,

haben Folgendes vereinbart:

Artikel 1 Abschaffung der Todesstrafe

Die Todesstrafe ist abgeschafft. Niemand darf zu dieser Strafe verurteilt oder hingerichtet werden.

Artikel 2 Verbot der Abweichung

Von den Bestimmungen dieses Protokolls darf nicht nach Artikel 15 der Konvention abgewichen werden.

Artikel 3 Verbot von Vorbehalten

Vorbehalte nach Artikel 57 der Konvention zu Bestimmungen dieses Protokolls sind nicht zulässig.

Artikel 4 Räumlicher Geltungsbereich

(1) Jeder Staat kann bei der Unterzeichnung oder bei der Hinterlegung der Ratifikations-, Annahme- oder Genehmigungsurkunde einzelne oder mehrere Hoheitsgebiete bezeichnen, auf die dieses Protokoll Anwendung findet.

(2) Jeder Staat kann jederzeit durch eine an den Generalsekretär des Europarats gerichtete Erklärung dieses Protokoll auf jedes weitere in der Erklärung bezeichnete Hoheitsgebiet erstrecken. Das Protokoll tritt für dieses Hoheitsgebiet am ersten Tag des Monats in Kraft, der auf einen Zeitabschnitt von drei Monaten nach Eingang der Erklärung beim Generalsekretär folgt.

(3) Jede gemäß den zwei vorangegangenen Absätzen abgegebene Erklärung kann durch eine Notifikation an den Generalsekretär hinsichtlich jenes Hoheitsgebiets, das in einer solchen Erklärung bezeichnet ist, zurückgenommen oder geändert werden. Die Zurücknahme oder Änderung wird mit dem ersten Tag des Monats wirksam, der auf einen Zeitabschnitt von drei Monaten nach Eingang einer solchen Notifikation beim Generalsekretär folgt.

Artikel 5 Verhältnis zur Konvention

Die Vertragsstaaten betrachten die Artikel 1 bis 4 dieses Protokolls als Zusatzartikel zur Konvention, alle Bestimmungen der Konvention sind dementsprechend anzuwenden.

Artikel 6 Unterzeichnung und Ratifikation

Dieses Protokoll liegt für die Mitgliedstaaten des Europarats, die die Konvention unterzeichnet haben, zur Unterzeichnung auf. Es bedarf der Ratifikation, Annahme oder Genehmigung. Ein Mitgliedstaat des Europarats kann dieses Protokoll nur ratifizieren, annehmen oder genehmigen, wenn gleichzeitig oder früher die Konvention ratifiziert wurde. Die Ratifikations-, Annahme- oder Genehmigungsurkunden werden beim Generalsekretär des Europarats hinterlegt.

Artikel 7 Inkrafttreten

(1) Dieses Protokoll tritt am ersten Tag des Monats in Kraft, der auf einen Zeitabschnitt von drei Monaten nach dem Tag folgt, an dem zehn Mitgliedstaaten des Europarats nach Artikel 6 ihre Zustimmung ausgedrückt haben, durch das Protokoll gebunden zu sein.

(2) Für jeden Mitgliedstaat, der später seine Zustimmung ausdrückt, durch dieses Protokoll gebunden zu sein, tritt es am ersten Tag des Monats in Kraft, der auf einen Zeitabschnitt von drei Monaten nach der Hinterlegung der Ratifikations-, Annahme- oder Genehmigungsurkunde folgt.

Artikel 8 Aufgaben des Verwahrers

Der Generalsekretär des Europarats notifiziert allen Mitgliedstaaten des Europarats

(a) jede Unterzeichnung;
(b) jede Hinterlegung einer Ratifikations-, Annahme- oder Genehmigungsurkunde;
(c) jeden Zeitpunkt des Inkrafttretens dieses Protokolls nach Artikel 4 und 7;
(d) jeden anderen Rechtsakt, jede Notifikation oder Mitteilung, die sich auf dieses Protokoll bezieht.

Zu Urkund dessen haben die hierzu gehörig befugten Unterzeichneten dieses Protokoll unterschrieben.

Geschehen zu Vilnius am 3. Mai 2002 in englischer und französischer Sprache, wobei jeder Wortlaut gleichermaßen verbindlich ist, in einer Urschrift, die in den Archiven des Europarats hinterlegt wird.

Der Generalsekretär des Europarats übermittelt allen Mitgliedstaaten des Europarats beglaubigte Abschriften.

Das Protokoll ist noch nicht in Kraft. Deutschland hat es gezeichnet, aber noch nicht ratifiziert (Stand 9.7.2002: 34 Zeichnungen, 3 Ratifikationen)

Anhang

I. Konvention zum Schutze der Menschenrechte und Grundfreiheiten

Vom 4. November 1950 (BGBl. II 1952, 686)
in der Fassung der Bekanntmachung vom 17.05.2002 (BGBl. II S. 1055).

Bekanntmachung
der Neufassung der Konvention vom 4. November 1950
zum Schutze der Menschenrechte und Grundfreiheiten

Vom 17. Mai 2002

Auf Grund des Artikels 2 des Gesetzes vom 24. Juli 1995 zu dem Protokoll Nr. 11 vom 11. Mai 1994 zur Konvention zum Schutze der Menschenrechte und Grundfreiheiten (BGBl. 1995 II S. 578) wird nachstehend der Wortlaut der Konvention vom 4. November 1950, zuletzt geändert durch die Protokolle Nr. 9 vom 6. November 1990 und Nr. 10 vom 25. März 1992 zur Änderung der Konvention zum Schutze der Menschenrechte und Grundfreiheiten vom 4. November 1950 (BGBl. 1994 II S. 490) sowie das Protokoll Nr. 11 vom 11. Mai 1994 zur Konvention zum Schutze der Menschenrechte und Grundfreiheiten über die Umgestaltung des durch die Konvention eingeführten Kontrollmechanismus (BGBl. 1995 II S. 578), mit einer sprachlich überarbeiteten deutschen Übersetzung in der ab 1. November 1998 geltenden Fassung bekannt gemacht. Die Neufassung berücksichtigt:

1. die Konvention vom 4. November 1950 zum Schutze der Menschenrechte und Grundfreiheiten (BGBl. 1952 II S. 685, 953), für die Bundesrepublik Deutschland in Kraft getreten am 3. September 1953 (BGBl. 1954 II S. 14),
2. das Zusatzprotokoll vom 20. März 1952 zur Konvention zum Schutze der Menschenrechte und Grundfreiheiten (BGBl. 1956 II S. 1879), für die Bundesrepublik Deutschland in Kraft getreten am 13. Februar 1957 (BGBl. II S. 226),
3. das Protokoll Nr. 4 vom 16. September 1963 zur Konvention zum Schutze der Menschenrechte und Grundfreiheiten, durch das gewisse Rechte und Freiheiten gewährleistet werden, die nicht bereits in der Konvention oder im ersten Zusatzprotokoll enthalten sind (BGBl. 1968 II S. 422), für die Bundesrepublik Deutschland in Kraft getreten am 1. Juni 1968 (BGBl. II S. 1109),
4. das Protokoll Nr. 6 vom 28. April 1983 zur Konvention zum Schutze der Menschenrechte und Grundfreiheiten über die Abschaffung der Todesstrafe (BGBl. 1988 II S. 662), für die Bundesrepublik Deutschland in Kraft getreten am 1. August 1989 (BGBl. II S. 814).

Berlin, den 17. Mai 2002

Die Bundesministerin der Justiz
Däubler-Gmelin

Erläuterung:

- Die Änderungen der Konvention durch die Protokolle Nr. 2, Nr. 3, Nr. 5 (BGBl. 1968 II S. 1111), Nr. 8 (BGBl. 1989 II S. 546) und Nr. 9 (BGBl. 1994 II S. 490) sind durch die Neufassung der Artikel 18 bis 51 im Protokoll Nr. 11 ersetzt worden.
- Protokoll Nr. 7 ist von der Bundesrepublik Deutschland nicht ratifiziert worden.
- Protokoll Nr. 10 ist nicht in Kraft.

Konvention zum Schutz der Menschenrechte und Grundfreiheiten

Convention for the Protection of Human Rights and Fundamental Freedoms

Convention de sauvegarde des Droits de l'Homme et des Libertés fondamentales

(Übersetzung)

The governments signatory hereto, being members of the Council of Europe,

Considering the Universal Declaration of Human Rights proclaimed by the General Assembly of the United Nations on 10th December 1948;

Considering that this Declaration aims at securing the universal and effective recognition and observance of the rights therein declared;

Considering that the aim of the Council of Europe is the achievement of greater unity between its members and that one of the methods by which that aim is to be pursued is the maintenance and further realisation of human rights and fundamental freedoms;

Reaffirming their profound belief in those fundamental freedoms which are the foundation of justice and peace in the world and are best maintained on the one hand by an effective political democracy and on the other by a common understanding and observance of the human rights upon which they depend;

Being resolved, as the governments of European countries which are like-minded and have a common heritage of political traditions, ideals, freedom and the rule of law, to take the first steps for the collective enforcement of certain of the rights stated in the Universal Declaration,

Have agreed as follows:

Les gouvernements signataires, membres du Conseil de l'Europe,

Considérant la Déclaration universelle des Droits de l'Homme, proclamée par l'Assemblée générale des Nations Unies le 10 décembre 1948;

Considérant que cette déclaration tend à assurer la reconnaissance et l'application universelles et effectives des droits qui y sont énoncés;

Considérant que le but du Conseil de l'Europe est de réaliser une union plus étroite entre ses membres, et que l'un des moyens d'atteindre ce but est la sauvegarde et le développement des droits de l'homme et des libertés fondamentales;

Réaffirmant leur profond attachement à ces libertés fondamentales qui constituent les assises mêmes de la justice et de la paix dans le monde et dont le maintien repose essentiellement sur un régime politique véritablement démocratique, d'une part, et, d'autre part, sur une conception commune et un commun respect des droits de l'homme dont ils se réclament;

Résolus, en tant que gouvernements d'Etats européens animés d'un même esprit et possédant un patrimoine commun d'idéal et de traditions politiques, de respect de la liberté et de prééminence du droit, à prendre les premières mesures propres à assurer la garantie collective de certains des droits énoncés dans la Déclaration universelle,

Sont convenus de ce qui suit:

Die Unterzeichnerregierungen, Mitglieder des Europarats –

in Anbetracht der Allgemeinen Erklärung der Menschenrechte, die am 10. Dezember 1948 von der Generalversammlung der Vereinten Nationen verkündet worden ist;

in der Erwägung, dass diese Erklärung bezweckt, die universelle und wirksame Anerkennung und Einhaltung der in ihr aufgeführten Rechte zu gewährleisten;

in der Erwägung, dass es das Ziel des Europarats ist, eine engere Verbindung zwischen seinen Mitgliedern herzustellen, und dass eines der Mittel zur Erreichung dieses Zieles die Wahrung und Fortentwicklung der Menschenrechte und Grundfreiheiten ist;

in Bekräftigung ihres tiefen Glaubens an diese Grundfreiheiten, welche die Grundlage von Gerechtigkeit und Frieden in der Welt bilden und die am besten durch eine wahrhaft demokratische politische Ordnung sowie durch ein gemeinsames Verständnis und eine gemeinsame Achtung der diesen Grundfreiheiten zugrunde liegenden Menschenrechte gesichert werden;

entschlossen, als Regierungen europäischer Staaten, die vom gleichen Geist beseelt sind und ein gemeinsames Erbe an politischen Überlieferungen, Idealen, Achtung der Freiheit und Rechtsstaatlichkeit besitzen, die ersten Schritte auf dem Weg zu einer kollektiven Garantie bestimmter in der Allgemeinen Erklärung aufgeführter Rechte zu unternehmen –

haben Folgendes vereinbart:

Article 1

Obligation to respect human rights

The High Contracting Parties shall secure to everyone within their jurisdiction the rights and freedoms defined in Section I of this Convention.

Article 1

Obligation de respecter les droits de l'homme

Les Hautes Parties contractantes reconnaissent à toute personne relevant de leur juridiction les droits et libertés définis au titre I de la présente Convention:

Artikel 1

Verpflichtung zur Achtung der Menschenrechte

Die Hohen Vertragsparteien sichern allen ihrer Hoheitsgewalt unterstehenden Personen die in Abschnitt I bestimmten Rechte und Freiheiten zu.

Section I

Rights and freedoms

Titre I

Droits et libertés

Abschnitt I

Rechte und Freiheiten

Article 2

Right to life

1 Everyone's right to life shall be protected by law. No one shall be deprived of his life intentionally save in the execution of a sentence of a court following his conviction of a crime for which this penalty is provided by law.

2 Deprivation of life shall not be regarded as inflicted in contravention of this article when it results from the use of force which is no more than absolutely necessary:

a in defence of any person from unlawful violence;

b in order to effect a lawful arrest or to prevent the escape of a person lawfully detained;

c in action lawfully taken for the purpose of quelling a riot or insurrection.

Article 2

Droit à la vie

1 Le droit de toute personne à la vie est protégé par la loi. La mort ne peut être infligée à quiconque intentionnellement, sauf en exécution d'une sentence capitale prononcée par un tribunal au cas où le délit est puni de cette peine par la loi.

2 La mort n'est pas considérée comme infligée en violation de cet article dans les cas où elle résulterait d'un recours à la force rendu absolument nécessaire:

a pour assurer la défense de toute personne contre la violence illégale;

b pour effectuer une arrestation régulière ou pour empêcher l'évasion d'une personne régulièrement détenue;

c pour réprimer, conformément à la loi, une émeute ou une insurrection.

Artikel 2

Recht auf Leben

(1) Das Recht jedes Menschen auf Leben wird gesetzlich geschützt. Niemand darf absichtlich getötet werden, außer durch Vollstreckung eines Todesurteils, das ein Gericht wegen eines Verbrechens verhängt hat, für das die Todesstrafe gesetzlich vorgesehen ist.

(2) Eine Tötung wird nicht als Verletzung dieses Artikels betrachtet, wenn sie durch eine Gewaltanwendung verursacht wird, die unbedingt erforderlich ist, um

a) jemanden gegen rechtswidrige Gewalt zu verteidigen;

b) jemanden rechtmäßig festzunehmen oder jemanden, dem die Freiheit rechtmäßig entzogen ist, an der Flucht zu hindern;

c) einen Aufruhr oder Aufstand rechtmäßig niederzuschlagen.

Article 3

Prohibition of torture

No one shall be subjected to torture or to inhuman or degrading treatment or punishment.

Article 3

Interdiction de la torture

Nul ne peut être soumis à la torture ni à des peines ou traitements inhumains ou dégradants.

Artikel 3

Verbot der Folter

Niemand darf der Folter oder unmenschlicher oder erniedrigender Strafe oder Behandlung unterworfen werden.

Article 4

Prohibition of slavery and forced labour

1 No one shall be held in slavery or servitude.

2 No one shall be required to perform forced or compulsory labour.

3 For the purpose of this article the term "forced or compulsory labour" shall not include:

a any work required to be done in the ordinary course of detention imposed according to the provisions of Article 5 of this Convention or during conditional release from such detention;

b any service of a military character or, in case of conscientious objectors in countries where they are recognised, service exacted instead of compulsory military service;

Article 4

Interdiction de l'esclavage et du travail forcé

1 Nul ne peut être tenu en esclavage ni en servitude.

2 Nul ne peut être astreint à accomplir un travail forcé ou obligatoire.

3 N'est pas considéré comme «travail forcé ou obligatoire» au sens du présent article:

a tout travail requis normalement d'une personne soumise à la détention dans les conditions prévues par l'article 5 de la présente Convention, ou durant sa mise en liberté conditionnelle;

b tout service de caractère militaire ou, dans le cas d'objecteurs de conscience dans les pays où l'objection de conscience est reconnue comme légitime, à un autre service à la place du service militaire obligatoire;

Artikel 4

Verbot der Sklaverei und der Zwangsarbeit

(1) Niemand darf in Sklaverei oder Leibeigenschaft gehalten werden.

(2) Niemand darf gezwungen werden, Zwangs- oder Pflichtarbeit zu verrichten.

(3) Nicht als Zwangs- oder Pflichtarbeit im Sinne dieses Artikels gilt

a) eine Arbeit, die üblicherweise von einer Person verlangt wird, der unter den Voraussetzungen des Artikels 5 die Freiheit entzogen oder die bedingt entlassen worden ist;

b) eine Dienstleistung militärischer Art oder eine Dienstleistung, die an die Stelle des im Rahmen der Wehrpflicht zu leistenden Dienstes tritt, in Ländern, wo die Dienstverweigerung aus Gewissensgründen anerkannt ist;

c any service exacted in case of an emergency or calamity threatening the life or well-being of the community;

d any work or service which forms part of normal civic obligations.

c tout service requis dans le cas de crises ou de calamités qui menacent la vie ou le bien-être de la communauté;

d tout travail ou service formant partie des obligations civiques normales.

c) eine Dienstleistung, die verlangt wird, wenn Notstände oder Katastrophen das Leben oder das Wohl der Gemeinschaft bedrohen;

d) eine Arbeit oder Dienstleistung, die zu den üblichen Bürgerpflichten gehört.

Article 5

Right to liberty and security

1 Everyone has the right to liberty and security of person. No one shall be deprived of his liberty save in the following cases and in accordance with a procedure prescribed by law:

a the lawful detention of a person after conviction by a competent court;

b the lawful arrest or detention of a person for non-compliance with the lawful order of a court or in order to secure the fulfilment of any obligation prescribed by law;

c the lawful arrest or detention of a person effected for the purpose of bringing him before the competent legal authority on reasonable suspicion of having committed an offence or when it is reasonably considered necessary to prevent his committing an offence or fleeing after having done so;

d the detention of a minor by lawful order for the purpose of educational supervision or his lawful detention for the purpose of bringing him before the competent legal authority;

e the lawful detention of persons for the prevention of the spreading of infectious diseases, of persons of unsound mind, alcoholics or drug addicts or vagrants;

f the lawful arrest or detention of a person to prevent his effecting an unauthorised entry into the country or of a person against whom action is being taken with a view to deportation or extradition.

2 Everyone who is arrested shall be informed promptly, in a language which he understands, of the reasons for his arrest and of any charge against him.

3 Everyone arrested or detained in accordance with the provisions of paragraph 1.c of this article shall be brought promptly before a judge or other officer authorised by law to exercise judicial power and shall be entitled to trial within a reasonable time or to release pending trial. Release may be conditioned by guarantees to appear for trial.

Article 5

Droit à la liberté et à la sûreté

1 Toute personne a droit à la liberté et à la sûreté. Nul ne peut être privé de sa liberté, sauf dans les cas suivants et selon les voies légales:

a s'il est détenu régulièrement après condamnation par un tribunal compétent;

b s'il a fait l'objet d'une arrestation ou d'une détention régulières pour insoumission à une ordonnance rendue, conformément à la loi, par un tribunal ou en vue de garantir l'exécution d'une obligation prescrite par la loi;

c s'il a été arrêté et détenu en vue d'être conduit devant l'autorité judiciaire compétente, lorsqu'il y a des raisons plausibles de soupçonner qu'il a commis une infraction ou qu'il y a des motifs raisonnables de croire à la nécessité de l'empêcher de commettre une infraction ou de s'enfuir après l'accomplissement de celle-ci;

d s'il s'agit de la détention régulière d'un mineur, décidée pour son éducation surveillée ou de sa détention régulière, afin de le traduire devant l'autorité compétente;

e s'il s'agit de la détention régulière d'une personne susceptible de propager une maladie contagieuse, d'un aliéné, d'un alcoolique, d'un toxicomane ou d'un vagabond;

f s'il s'agit de l'arrestation ou de la détention régulières d'une personne pour l'empêcher de pénétrer irrégulièrement dans le territoire, ou contre laquelle une procédure d'expulsion ou d'extradition est en cours.

2 Toute personne arrêtée doit être informée, dans le plus court délai et dans une langue qu'elle comprend, des raisons de son arrestation et de toute accusation portée contre elle.

3 Toute personne arrêtée ou détenue, dans les conditions prévues au paragraphe 1.c du présent article, doit être aussitôt traduite devant un juge ou un autre magistrat habilité par la loi à exercer des fonctions judiciaires et a le droit d'être jugée dans un délai raisonnable, ou libérée pendant la procédure. La mise en liberté peut être subordonnée à une garantie assurant la comparution de l'intéressé à l'audience.

Artikel 5

Recht auf Freiheit und Sicherheit

(1) Jede Person hat das Recht auf Freiheit und Sicherheit. Die Freiheit darf nur in den folgenden Fällen und nur auf die gesetzlich vorgeschriebene Weise entzogen werden:

a) rechtmäßige Freiheitsentziehung nach Verurteilung durch ein zuständiges Gericht;

b) rechtmäßige Festnahme oder Freiheitsentziehung wegen Nichtbefolgung einer rechtmäßigen gerichtlichen Anordnung oder zur Erzwingung der Erfüllung einer gesetzlichen Verpflichtung;

c) rechtmäßige Festnahme oder Freiheitsentziehung zur Vorführung vor die zuständige Gerichtsbehörde, wenn hinreichender Verdacht besteht, dass die betreffende Person eine Straftat begangen hat, oder wenn begründeter Anlass zu der Annahme besteht, dass es notwendig ist, sie an der Begehung einer Straftat oder an der Flucht nach Begehung einer solchen zu hindern;

d) rechtmäßige Freiheitsentziehung bei Minderjährigen zum Zweck überwachter Erziehung oder zur Vorführung vor die zuständige Behörde;

e) rechtmäßige Freiheitsentziehung mit dem Ziel, eine Verbreitung ansteckender Krankheiten zu verhindern, sowie bei psychisch Kranken, Alkohol- oder Rauschgiftsüchtigen und Landstreichern;

f) rechtmäßige Festnahme oder Freiheitsentziehung zur Verhinderung der unerlaubten Einreise sowie bei Personen, gegen die ein Ausweisungs- oder Auslieferungsverfahren im Gange ist.

(2) Jeder festgenommenen Person muss innerhalb möglichst kurzer Frist in einer ihr verständlichen Sprache mitgeteilt werden, welches die Gründe für ihre Festnahme sind und welche Beschuldigungen gegen sie erhoben werden.

(3) Jede Person, die nach Absatz 1 Buchstabe c von Festnahme oder Freiheitsentziehung betroffen ist, muss unverzüglich einem Richter oder einer anderen gesetzlich zur Wahrnehmung richterlicher Aufgaben ermächtigten Person vorgeführt werden; sie hat Anspruch auf ein Urteil innerhalb angemessener Frist oder auf Entlassung während des Verfahrens. Die Entlassung kann von der Leistung einer Sicherheit für das Erscheinen vor Gericht abhängig gemacht werden.

4 Everyone who is deprived of his liberty by arrest or detention shall be entitled to take proceedings by which the lawfulness of his detention shall be decided speedily by a court and his release ordered if the detention is not lawful.

4 Toute personne privée de sa liberté par arrestation ou détention a le droit d'introduire un recours devant un tribunal, afin qu'il statue à bref délai sur la légalité de sa détention et ordonne sa libération si la détention est illégale.

(4) Jede Person, die festgenommen oder der die Freiheit entzogen ist, hat das Recht zu beantragen, dass ein Gericht innerhalb kurzer Frist über die Rechtmäßigkeit der Freiheitsentziehung entscheidet und ihre Entlassung anordnet, wenn die Freiheitsentziehung nicht rechtmäßig ist.

5 Everyone who has been the victim of arrest or detention in contravention of the provisions of this article shall have an enforceable right to compensation.

5 Tout personne victime d'une arrestation ou d'une détention dans des conditions contraires aux dispositions de cet article a droit à réparation.

(5) Jede Person, die unter Verletzung dieses Artikels von Festnahme oder Freiheitsentziehung betroffen ist, hat Anspruch auf Schadensersatz.

Article 6

Right to a fair trial

1 In the determination of his civil rights and obligations or of any criminal charge against him, everyone is entitled to a fair and public hearing within a reasonable time by an independent and impartial tribunal established by law. Judgment shall be pronounced publicly but the press and public may be excluded from all or part of the trial in the interests of morals, public order or national security in a democratic society, where the interests of juveniles or the protection of the private life of the parties so require, or to the extent strictly necessary in the opinion of the court in special circumstances where publicity would prejudice the interests of justice.

2 Everyone charged with a criminal offence shall be presumed innocent until proved guilty according to law.

3 Everyone charged with a criminal offence has the following minimum rights:

a to be informed promptly, in a language which he understands and in detail, of the nature and cause of the accusation against him;

b to have adequate time and facilities for the preparation of his defence;

c to defend himself in person or through legal assistance of his own choosing or, if he has not sufficient means to pay for legal assistance, to be given it free when the interests of justice so require;

d to examine or have examined witnesses against him and to obtain the attendance and examination of witnesses on his behalf under the same conditions as witnesses against him;

e to have the free assistance of an interpreter if he cannot understand or speak the language used in court.

Article 6

Droit à un procès équitable

1 Toute personne a droit à ce que sa cause soit entendue équitablement, publiquement et dans un délai raisonnable, par un tribunal indépendant et impartial, établi par la loi, qui décidera, soit des contestations sur ses droits et obligations de caractère civil, soit du bien-fondé de toute accusation en matière pénale dirigée contre elle. Le jugement doit être rendu publiquement, mais l'accès de la salle d'audience peut être interdit à la presse et au public pendant la totalité ou une partie du procès dans l'intérêt de la moralité, de l'ordre public ou de la sécurité nationale dans une société démocratique, lorsque les intérêts des mineurs ou la protection de la vie privée des parties au procès l'exigent, ou dans la mesure jugée strictement nécessaire par le tribunal, lorsque dans des circonstances spéciales la publicité serait de nature à porter atteinte aux intérêts de la justice.

2 Toute personne accusée d'une infraction est présumée innocente jusqu'à ce que sa culpabilité ait été légalement établie.

3 Tout accusé a droit notamment à:

a être informé, dans le plus court délai, dans une langue qu'il comprend et d'une manière détaillée, de la nature et de la cause de l'accusation portée contre lui;

b disposer du temps et des facilités nécessaires à la préparation de sa défense;

c se défendre lui-même ou avoir l'assistance d'un défenseur de son choix et, s'il n'a pas les moyens de rémunérer un défenseur, pouvoir être assisté gratuitement par un avocat d'office, lorsque les intérêts de la justice l'exigent;

d interroger ou faire interroger les témoins à charge et obtenir la convocation et l'interrogation des témoins à décharge dans les mêmes conditions que les témoins à charge;

e se faire assister gratuitement d'un interprète, s'il ne comprend pas ou ne parle pas la langue employée à l'audience.

Artikel 6

Recht auf ein faires Verfahren

(1) Jede Person hat ein Recht darauf, dass über Streitigkeiten in Bezug auf ihre zivilrechtlichen Ansprüche und Verpflichtungen oder über eine gegen sie erhobene strafrechtliche Anklage von einem unabhängigen und unparteiischen, auf Gesetz beruhenden Gericht in einem fairen Verfahren, öffentlich und innerhalb angemessener Frist verhandelt wird. Das Urteil muss öffentlich verkündet werden; Presse und Öffentlichkeit können jedoch während des ganzen oder eines Teiles des Verfahrens ausgeschlossen werden, wenn dies im Interesse der Moral, der öffentlichen Ordnung oder der nationalen Sicherheit in einer demokratischen Gesellschaft liegt, wenn die Interessen von Jugendlichen oder der Schutz des Privatlebens der Prozessparteien es verlangen oder – soweit das Gericht es für unbedingt erforderlich hält – wenn unter besonderen Umständen eine öffentliche Verhandlung die Interessen der Rechtspflege beeinträchtigen würde.

(2) Jede Person, die einer Straftat angeklagt ist, gilt bis zum gesetzlichen Beweis ihrer Schuld als unschuldig.

(3) Jede angeklagte Person hat mindestens folgende Rechte:

a) innerhalb möglichst kurzer Frist in einer ihr verständlichen Sprache in allen Einzelheiten über Art und Grund der gegen sie erhobenen Beschuldigung unterrichtet zu werden;

b) ausreichende Zeit und Gelegenheit zur Vorbereitung ihrer Verteidigung zu haben;

c) sich selbst zu verteidigen, sich durch einen Verteidiger ihrer Wahl verteidigen zu lassen oder, falls ihr die Mittel zur Bezahlung fehlen, unentgeltlich den Beistand eines Verteidigers zu erhalten, wenn dies im Interesse der Rechtspflege erforderlich ist;

d) Fragen an Belastungszeugen zu stellen oder stellen zu lassen und die Ladung und Vernehmung von Entlastungszeugen unter denselben Bedingungen zu erwirken, wie sie für Belastungszeugen gelten;

e) unentgeltliche Unterstützung durch einen Dolmetscher zu erhalten, wenn sie die Verhandlungssprache des Gerichts nicht versteht oder spricht.

Article 7

No punishment without law

1 No one shall be held guilty of any criminal offence on account of any act or omission which did not constitute a criminal offence under national or international law at the time when it was committed. Nor shall a heavier penalty be imposed than the one that was applicable at the time the criminal offence was committed.

2 This article shall not prejudice the trial and punishment of any person for any act or omission which, at the time when it was committed, was criminal according to the general principles of law recognised by civilised nations.

Article 8

Right to respect for private and family life

1 Everyone has the right to respect for his private and family life, his home and his correspondence.

2 There shall be no interference by a public authority with the exercise of this right except such as is in accordance with the law and is necessary in a democratic society in the interests of national security, public safety or the economic well-being of the country, for the prevention of disorder or crime, for the protection of health or morals, or for the protection of the rights and freedoms of others.

Article 9

Freedom of thought, conscience and religion

1 Everyone has the right to freedom of thought, conscience and religion; this right includes freedom to change his religion or belief and freedom, either alone or in community with others and in public or private, to manifest his religion or belief, in worship, teaching, practice and observance.

2 Freedom to manifest one's religion or beliefs shall be subject only to such limitations as are prescribed by law and are necessary in a democratic society in the interests of public safety, for the protection of public order, health or morals, or for the protection of the rights and freedoms of others.

Article 10

Freedom of expression

1 Everyone has the right to freedom of expression. This right shall include freedom to hold opinions and to receive and impart information and ideas without interference by public authority and regardless of frontiers. This article shall not prevent States from requiring the licensing

Article 7

Pas de peine sans loi

1 Nul ne peut être condamné pour une action ou une omission qui, au moment où elle a été commise, ne constituait pas une infraction d'après le droit national ou international. De même il n'est infligé aucune peine plus forte que celle qui était applicable au moment où l'infraction a été commise.

2 Le présent article ne portera pas atteinte au jugement et à la punition d'une personne coupable d'une action ou d'une omission qui, au moment où elle a été commise, était criminelle d'après les principes généraux de droit reconnus par les nations civilisées.

Article 8

Droit au respect de la vie privée et familiale

1 Toute personne a droit au respect de sa vie privée et familiale, de son domicile et de sa correspondance.

2 Il ne peut y avoir ingérence d'une autorité publique dans l'exercice de ce droit que pour autant que cette ingérence est prévue par la loi et qu'elle constitue une mesure qui, dans une société démocratique, est nécessaire à la sécurité nationale, à la sûreté publique, au bien-être économique du pays, à la défense de l'ordre et à la prévention des infractions pénales, à la protection de la santé ou de la morale, ou à la protection des droits et libertés d'autrui.

Article 9

Liberté de pensée, de conscience et de religion

1 Toute personne a droit à la liberté de pensée, de conscience et de religion; ce droit implique la liberté de changer de religion ou de conviction, ainsi que la liberté de manifester sa religion ou sa conviction individuellement ou collectivement, en public ou en privé, par le culte, l'enseignement, les pratiques et l'accomplissement des rites.

2 La liberté de manifester sa religion ou ses convictions ne peut faire l'objet d'autres restrictions que celles qui, prévues par la loi, constituent des mesures nécessaires, dans une société démocratique, à la sécurité publique, à la protection de l'ordre, de la santé ou de la morale publiques, ou à la protection des droits et libertés d'autrui.

Article 10

Liberté d'expression

1 Toute personne a droit à la liberté d'expression. Ce droit comprend la liberté d'opinion et la liberté de recevoir ou de communiquer des informations ou des idées sans qu'il puisse y avoir ingérence d'autorités publiques et sans considération de frontière. Le présent article n'empêche

Artikel 7

Keine Strafe ohne Gesetz

(1) Niemand darf wegen einer Handlung oder Unterlassung verurteilt werden, die zur Zeit ihrer Begehung nach innerstaatlichem oder internationalem Recht nicht strafbar war. Es darf auch keine schwerere als die zur Zeit der Begehung angedrohte Strafe verhängt werden.

(2) Dieser Artikel schließt nicht aus, dass jemand wegen einer Handlung oder Unterlassung verurteilt oder bestraft wird, die zur Zeit ihrer Begehung nach den von den zivilisierten Völkern anerkannten allgemeinen Rechtsgrundsätzen strafbar war.

Artikel 8

Recht auf Achtung des Privat- und Familienlebens

(1) Jede Person hat das Recht auf Achtung ihres Privat- und Familienlebens, ihrer Wohnung und ihrer Korrespondenz.

(2) Eine Behörde darf in die Ausübung dieses Rechts nur eingreifen, soweit der Eingriff gesetzlich vorgesehen und in einer demokratischen Gesellschaft notwendig ist für die nationale oder öffentliche Sicherheit, für das wirtschaftliche Wohl des Landes, zur Aufrechterhaltung der Ordnung, zur Verhütung von Straftaten, zum Schutz der Gesundheit oder der Moral oder zum Schutz der Rechte und Freiheiten anderer.

Artikel 9

Gedanken-, Gewissens- und Religionsfreiheit

(1) Jede Person hat das Recht auf Gedanken-, Gewissens- und Religionsfreiheit; dieses Recht umfasst die Freiheit, seine Religion oder Weltanschauung zu wechseln, und die Freiheit, seine Religion oder Weltanschauung einzeln oder gemeinsam mit anderen öffentlich oder privat durch Gottesdienst, Unterricht oder Praktizieren von Bräuchen und Riten zu bekennen.

(2) Die Freiheit, seine Religion oder Weltanschauung zu bekennen, darf nur Einschränkungen unterworfen werden, die gesetzlich vorgesehen und in einer demokratischen Gesellschaft notwendig sind für die öffentliche Sicherheit, zum Schutz der öffentlichen Ordnung, Gesundheit oder Moral oder zum Schutz der Rechte und Freiheiten anderer.

Artikel 10

Freiheit der Meinungsäußerung

(1) Jede Person hat das Recht auf freie Meinungsäußerung. Dieses Recht schließt die Meinungsfreiheit und die Freiheit ein, Informationen und Ideen ohne behördliche Eingriffe und ohne Rücksicht auf Staatsgrenzen zu empfangen und weiterzugeben. Dieser Artikel hindert die Staaten nicht, für

of broadcasting, television or cinema enterprises.

2 The exercise of these freedoms, since it carries with it duties and responsibilities, may be subject to such formalities, conditions, restrictions or penalties as are prescribed by law and are necessary in a democratic society, in the interests of national security, territorial integrity or public safety, for the prevention of disorder or crime, for the protection of health or morals, for the protection of the reputation or rights of others, for preventing the disclosure of information received in confidence, or for maintaining the authority and impartiality of the judiciary.

pas les Etats de soumettre les entreprises de radiodiffusion, de cinéma ou de télévision à un régime d'autorisations.

2 L'exercice de ces libertés comportant des devoirs et des responsabilités peut être soumis à certaines formalités, conditions, restrictions ou sanctions prévues par la loi, qui constituent des mesures nécessaires, dans une société démocratique, à la sécurité nationale, à l'intégrité territoriale ou à la sûreté publique, à la défense de l'ordre et à la prévention du crime, à la protection de la santé ou de la morale, à la protection de la réputation ou des droits d'autrui, pour empêcher la divulgation d'informations confidentielles ou pour garantir l'autorité et l'impartialité du pouvoir judiciaire.

Hörfunk-, Fernseh- oder Kinounternehmen eine Genehmigung vorzuschreiben.

(2) Die Ausübung dieser Freiheiten ist mit Pflichten und Verantwortung verbunden; sie kann daher Formvorschriften, Bedingungen, Einschränkungen oder Strafdrohungen unterworfen werden, die gesetzlich vorgesehen und in einer demokratischen Gesellschaft notwendig sind für die nationale Sicherheit, die territoriale Unversehrtheit oder die öffentliche Sicherheit, zur Aufrechterhaltung der Ordnung oder zur Verhütung von Straftaten, zum Schutz der Gesundheit oder der Moral, zum Schutz des guten Rufes oder der Rechte anderer, zur Verhinderung der Verbreitung vertraulicher Informationen oder zur Wahrung der Autorität und der Unparteilichkeit der Rechtsprechung.

Article 11

Freedom of assembly and association

1 Everyone has the right to freedom of peaceful assembly and to freedom of association with others, including the right to form and to join trade unions for the protection of his interests.

2 No restrictions shall be placed on the exercise of these rights other than such as are prescribed by law and are necessary in a democratic society in the interests of national security or public safety, for the prevention of disorder or crime, for the protection of health or morals or for the protection of the rights and freedoms of others. This article shall not prevent the imposition of lawful restrictions on the exercise of these rights by members of the armed forces, of the police or of the administration of the State.

Article 11

Liberté de réunion et d'association

1 Toute personne a droit à la liberté de réunion pacifique et à la liberté d'association, y compris le droit de fonder avec d'autres des syndicats et de s'affilier à des syndicats pour la défense de ses intérêts.

2 L'exercice de ces droits ne peut faire l'objet d'autres restrictions que celles qui, prévues par la loi, constituent des mesures nécessaires, dans une société démocratique, à la sécurité nationale, à la sûreté publique, à la défense de l'ordre et à la prévention du crime, à la protection de la santé ou de la morale, ou à la protection des droits et libertés d'autrui. Le présent article n'interdit pas que des restrictions légitimes soient imposées à l'exercice de ces droits par les membres des forces armées, de la police ou de l'administration de l'Etat.

Artikel 11

Versammlungs- und Vereinigungsfreiheit

(1) Jede Person hat das Recht, sich frei und friedlich mit anderen zu versammeln und sich frei mit anderen zusammenzuschließen; dazu gehört auch das Recht, zum Schutz seiner Interessen Gewerkschaften zu gründen und Gewerkschaften beizutreten.

(2) Die Ausübung dieser Rechte darf nur Einschränkungen unterworfen werden, die gesetzlich vorgesehen und in einer demokratischen Gesellschaft notwendig sind für die nationale oder öffentliche Sicherheit, zur Aufrechterhaltung der Ordnung oder zur Verhütung von Straftaten, zum Schutz der Gesundheit oder der Moral oder zum Schutz der Rechte und Freiheiten anderer. Dieser Artikel steht rechtmäßigen Einschränkungen der Ausübung dieser Rechte für Angehörige der Streitkräfte, der Polizei oder der Staatsverwaltung nicht entgegen.

Article 12

Right to marry

Men and women of marriageable age have the right to marry and to found a family, according to the national laws governing the exercise of this right.

Article 12

Droit au mariage

A partir de l'âge nubile, l'homme et la femme ont le droit de se marier et de fonder une famille selon les lois nationales régissant l'exercice de ce droit.

Artikel 12

Recht auf Eheschließung

Männer und Frauen im heiratsfähigen Alter haben das Recht, nach den innerstaatlichen Gesetzen, welche die Ausübung dieses Rechts regeln, eine Ehe einzugehen und eine Familie zu gründen.

Article 13

Right to an effective remedy

Everyone whose rights and freedoms as set forth in this Convention are violated shall have an effective remedy before a national authority notwithstanding that the violation has been committed by persons acting in an official capacity.

Article 13

Droit à un recours effectif

Toute personne dont les droits et libertés reconnus dans la présente Convention ont été violés, a droit à l'octroi d'un recours effectif devant une instance nationale, alors même que la violation aurait été commise par des personnes agissant dans l'exercice de leurs fonctions officielles.

Artikel 13

Recht auf wirksame Beschwerde

Jede Person, die in ihren in dieser Konvention anerkannten Rechten oder Freiheiten verletzt worden ist, hat das Recht, bei einer innerstaatlichen Instanz eine wirksame Beschwerde zu erheben, auch wenn die Verletzung von Personen begangen worden ist, die in amtlicher Eigenschaft gehandelt haben.

Article 14

Prohibition of discrimination

The enjoyment of the rights and freedoms set forth in this Convention shall be secured without discrimination on any

Article 14

Interdiction de discrimination

La jouissance des droits et libertés reconnus dans la présente Convention doit être assurée, sans distinction aucune, fon-

Artikel 14

Diskriminierungsverbot

Der Genuss der in dieser Konvention anerkannten Rechte und Freiheiten ist ohne Diskriminierung insbesondere wegen des

ground such as sex, race, colour, language, religion, political or other opinion, national or social origin, association with a national minority, property, birth or other status.

dée notamment sur le sexe, la race, la couleur, la langue, la religion, les opinions politiques ou toutes autres opinions, l'origine nationale ou sociale, l'appartenance à une minorité nationale, la fortune, la naissance ou toute autre situation.

Geschlechts, der Rasse, der Hautfarbe, der Sprache, der Religion, der politischen oder sonstigen Anschauung, der nationalen oder sozialen Herkunft, der Zugehörigkeit zu einer nationalen Minderheit, des Vermögens, der Geburt oder eines sonstigen Status zu gewährleisten.

Article 15

Derogation in time of emergency

1 In time of war or other public emergency threatening the life of the nation any High Contracting Party may take measures derogating from its obligations under this Convention to the extent strictly required by the exigencies of the situation, provided that such measures are not inconsistent with its other obligations under international law.

2 No derogation from Article 2, except in respect of deaths resulting from lawful acts of war, or from Articles 3, 4 (paragraph 1) and 7 shall be made under this provision.

3 Any High Contracting Party availing itself of this right of derogation shall keep the Secretary General of the Council of Europe fully informed of the measures which it has taken and the reasons therefor. It shall also inform the Secretary General of the Council of Europe when such measures have ceased to operate and the provisions of the Convention are again being fully executed.

Article 15

Dérogation en cas d'état d'urgence

1 En cas de guerre ou en cas d'autre danger public menaçant la vie de la nation, toute Haute Partie contractante peut prendre des mesures dérogeant aux obligations prévues par la présente Convention, dans la stricte mesure où la situation l'exige et à la condition que ces mesures ne soient pas en contradiction avec les autres obligations découlant du droit international.

2 La disposition précédente n'autorise aucune dérogation à l'article 2, sauf pour le cas de décès résultant d'actes licites de guerre, et aux articles 3, 4 (paragraphe 1) et 7.

3 Toute Haute Partie contractante qui exerce ce droit de dérogation tient le Secrétaire Général du Conseil de l'Europe pleinement informé des mesures prises et des motifs qui les ont inspirées. Elle doit également informer le Secrétaire Général du Conseil de l'Europe de la date à laquelle ces mesures ont cessé d'être en vigueur et les dispositions de la Convention reçoivent de nouveau pleine application.

Artikel 15

Abweichen im Notstandsfall

(1) Wird das Leben der Nation durch Krieg oder einen anderen öffentlichen Notstand bedroht, so kann jede Hohe Vertragspartei Maßnahmen treffen, die von den in dieser Konvention vorgesehenen Verpflichtungen abweichen, jedoch nur, soweit es die Lage unbedingt erfordert und wenn die Maßnahmen nicht im Widerspruch zu den sonstigen völkerrechtlichen Verpflichtungen der Vertragspartei stehen.

(2) Aufgrund des Absatzes 1 darf von Artikel 2 nur bei Todesfällen infolge rechtmäßiger Kriegshandlungen und von Artikel 3, Artikel 4 Absatz 1 und Artikel 7 in keinem Fall abgewichen werden.

(3) Jede Hohe Vertragspartei, die dieses Recht auf Abweichung ausübt, unterrichtet den Generalsekretär des Europarats umfassend über die getroffenen Maßnahmen und deren Gründe. Sie unterrichtet den Generalsekretär des Europarats auch über den Zeitpunkt, zu dem diese Maßnahmen außer Kraft getreten sind und die Konvention wieder volle Anwendung findet.

Article 16

Restrictions on political activity of aliens

Nothing in Articles 10, 11 and 14 shall be regarded as preventing the High Contracting Parties from imposing restrictions on the political activity of aliens.

Article 16

Restrictions à l'activité politique des étrangers

Aucune des dispositions des articles 10, 11 et 14 ne peut être considérée comme interdisant aux Hautes Parties contractantes d'imposer des restrictions à l'activité politique des étrangers.

Artikel 16

Beschränkungen der politischen Tätigkeit ausländischer Personen

Die Artikel 10, 11 und 14 sind nicht so auszulegen, als untersagten sie den Hohen Vertragsparteien, die politische Tätigkeit ausländischer Personen zu beschränken.

Article 17

Prohibition of abuse of rights

Nothing in this Convention may be interpreted as implying for any State, group or person any right to engage in any activity or perform any act aimed at the destruction of any of the rights and freedoms set forth herein or at their limitation to a greater extent than is provided for in the Convention.

Article 17

Interdiction de l'abus de droit

Aucune des dispositions de la présente Convention ne peut être interprétée comme impliquant pour un Etat, un groupement ou un individu, un droit quelconque de se livrer à une activité ou d'accomplir un acte visant à la destruction des droits ou libertés reconnus dans la présente Convention ou à des limitations plus amples de ces droits et libertés que celles prévues à ladite Convention.

Artikel 17

Verbot des Missbrauchs der Rechte

Diese Konvention ist nicht so auszulegen, als begründe sie für einen Staat, eine Gruppe oder eine Person das Recht, eine Tätigkeit auszuüben oder eine Handlung vorzunehmen, die darauf abzielt, die in der Konvention festgelegten Rechte und Freiheiten abzuschaffen oder sie stärker einzuschränken, als es in der Konvention vorgesehen ist.

Article 18

Limitation on use of restrictions on rights

The restrictions permitted under this Convention to the said rights and freedoms shall not be applied for any purpose other than those for which they have been prescribed.

Article 18

Limitation de l'usage des restrictions aux droits

Les restrictions qui, aux termes de la présente Convention, sont apportées auxdits droits et libertés ne peuvent être appliquées que dans le but pour lequel elles ont été prévues.

Artikel 18

Begrenzung der Rechtseinschränkungen

Die nach dieser Konvention zulässigen Einschränkungen der genannten Rechte und Freiheiten dürfen nur zu den vorgesehenen Zwecken erfolgen.

Section II

European Court of Human Rights

Titre II

Cour européenne des Droits de l'Homme

Abschnitt II

Europäischer Gerichtshof für Menschenrechte

Article 19

Establishment of the Court

To ensure the observance of the engagements undertaken by the High Contracting Parties in the Convention and the Protocols thereto, there shall be set up a European Court of Human Rights, hereinafter referred to as "the Court". It shall function on a permanent basis.

Article 19

Institution de la Cour

Afin d'assurer le respect des engagements résultant pour les Hautes Parties contractantes de la présente Convention et de ses protocoles, il est institué une Cour européenne des Droits de l'Homme, ci-dessous nommée «la Cour». Elle fonctionne de façon permanente.

Artikel 19

Errichtung des Gerichtshofs

Um die Einhaltung der Verpflichtungen sicherzustellen, welche die Hohen Vertragsparteien in dieser Konvention und den Protokollen dazu übernommen haben, wird ein Europäischer Gerichtshof für Menschenrechte, im Folgenden als „Gerichtshof" bezeichnet, errichtet. Er nimmt seine Aufgaben als ständiger Gerichtshof wahr.

Article 20

Number of judges

The Court shall consist of a number of judges equal to that of the High Contracting Parties.

Article 20

Nombre de juges

La Cour se compose d'un nombre de juges égal à celui des Hautes Parties contractantes.

Artikel 20

Zahl der Richter

Die Zahl der Richter des Gerichtshofs entspricht derjenigen der Hohen Vertragsparteien.

Article 21

Criteria for office

1 The judges shall be of high moral character and must either possess the qualifications required for appointment to high judicial office or be jurisconsults of recognised competence.

2 The judges shall sit on the Court in their individual capacity.

3 During their term of office the judges shall not engage in any activity which is incompatible with their independence, impartiality or with the demands of a full-time office; all questions arising from the application of this paragraph shall be decided by the Court.

Article 21

Conditions d'exercice des fonctions

1 Les juges doivent jouir de la plus haute considération morale et réunir les conditions requises pour l'exercice de hautes fonctions judiciaires ou être des jurisconsultes possédant une compétence notoire.

2 Les juges siègent à la Cour à titre individuel.

3 Pendant la durée de leur mandat, les juges ne peuvent exercer aucune activité incompatible avec les exigences d'indépendance, d'impartialité ou de disponibilité requise par une activité exercée à plein temps; toute question soulevée en application de ce paragraphe est tranchée par la Cour.

Artikel 21

Voraussetzungen für das Amt

(1) Die Richter müssen hohes sittliches Ansehen genießen und entweder die für die Ausübung hoher richterlicher Ämter erforderlichen Voraussetzungen erfüllen oder Rechtsgelehrte von anerkanntem Ruf sein.

(2) Die Richter gehören dem Gerichtshof in ihrer persönlichen Eigenschaft an.

(3) Während ihrer Amtszeit dürfen die Richter keine Tätigkeit ausüben, die mit ihrer Unabhängigkeit, ihrer Unparteilichkeit oder mit den Erfordernissen der Vollzeitbeschäftigung in diesem Amt unvereinbar ist; alle Fragen, die sich aus der Anwendung dieses Absatzes ergeben, werden vom Gerichtshof entschieden.

Article 22

Election of judges

1 The judges shall be elected by the Parliamentary Assembly with respect to each High Contracting Party by a majority of votes cast from a list of three candidates nominated by the High Contracting Party.

2 The same procedure shall be followed to complete the Court in the event of the accession of new High Contracting Parties and in filling casual vacancies.

Article 22

Election des juges

1 Les juges sont élus par l'Assemblée parlementaire au titre de chaque Haute Partie contractante, à la majorité des voix exprimées, sur une liste de trois candidats présentés par la Haute Partie contractante.

2 La même procédure est suivie pour compléter la Cour en cas d'adhésion de nouvelles Hautes Parties contractantes et pourvoir les sièges devenus vacants.

Artikel 22

Wahl der Richter

(1) Die Richter werden von der Parlamentarischen Versammlung für jede Hohe Vertragspartei mit der Mehrheit der abgegebenen Stimmen aus einer Liste von drei Kandidaten gewählt, die von der Hohen Vertragspartei vorgeschlagen werden.

(2) Dasselbe Verfahren wird angewendet, um den Gerichtshof im Fall des Beitritts neuer Hoher Vertragsparteien zu ergänzen und um frei gewordene Sitze zu besetzen.

Article 23

Terms of office

1 The judges shall be elected for a period of six years. They may be re-elected. However, the terms of office of one-half of the judges elected at the first election shall expire at the end of three years.

2 The judges whose terms of office are to expire at the end of the initial period of three years shall be chosen by lot by the Secretary General of the Council of Europe immediately after their election.

Article 23

Durée du mandat

1 Les juges sont élus pour une durée de six ans. Ils sont rééligibles. Toutefois, les mandats d'une moitié des juges désignés lors de la première élection prendront fin au bout de trois ans

2 Les juges dont le mandat prendra fin au terme de la période initiale de trois ans sont désignés par tirage au sort effectué par le Secrétaire Général du Conseil de l'Europe, immédiatement après leur élection.

Artikel 23

Amtszeit

(1) Die Richter werden für sechs Jahre gewählt. Ihre Wiederwahl ist zulässig. Jedoch endet die Amtszeit der Hälfte der bei der ersten Wahl gewählten Richter nach drei Jahren.

(2) Die Richter, deren Amtszeit nach drei Jahren endet, werden unmittelbar nach ihrer Wahl vom Generalsekretär des Europarats durch das Los bestimmt.

3 In order to ensure that, as far as possible, the terms of office of one-half of the judges are renewed every three years, the Parliamentary Assembly may decide, before proceeding to any subsequent election, that the term or terms of office of one or more judges to be elected shall be for a period other than six years but not more than nine and not less than three years.

3 Afin d'assurer, dans la mesure du possible, le renouvellement des mandats d'une moitié des juges tous les trois ans, l'Assemblée parlementaire peut, avant de procéder à toute élection ultérieure, décider qu'un ou plusieurs mandats des juges à élire auront une durée autre que celle de six ans, sans qu'elle puisse toutefois excéder neuf ans ou être inférieure à trois ans.

(3) Um so weit wie möglich sicherzustellen, dass die Hälfte der Richter alle drei Jahre neu gewählt wird, kann die Parlamentarische Versammlung vor jeder späteren Wahl beschließen, dass die Amtszeit eines oder mehrerer der zu wählenden Richter nicht sechs Jahre betragen soll, wobei diese Amtszeit weder länger als neun noch kürzer als drei Jahre sein darf.

4 In cases where more than one term of office is involved and where the Parliamentary Assembly applies the preceding paragraph, the allocation of the terms of office shall be effected by a drawing of lots by the Secretary General of the Council of Europe immediately after the election.

4 Dans le cas où il y a lieu de conférer plusieurs mandats et où l'Assemblée parlementaire fait application du paragraphe précédent, la répartition des mandats s'opère suivant un tirage au sort effectué par le Secrétaire Général du Conseil de l'Europe immédiatement après l'élection.

(4) Sind mehrere Ämter zu besetzen und wendet die Parlamentarische Versammlung Absatz 3 an, so wird die Zuteilung der Amtszeiten vom Generalsekretär des Europarats unmittelbar nach der Wahl durch das Los bestimmt.

5 A judge elected to replace a judge whose term of office has not expired shall hold office for the remainder of his predecessor's term.

5 Le juge élu en remplacement d'un juge dont le mandat n'est pas expiré achève le mandat de son prédécesseur.

(5) Ein Richter, der anstelle eines Richters gewählt wird, dessen Amtszeit noch nicht abgelaufen ist, übt sein Amt für die restliche Amtszeit seines Vorgängers aus.

6 The terms of office of judges shall expire when they reach the age of 70.

6 Le mandat des juges s'achève dès qu'ils atteignent l'âge de 70 ans.

(6) Die Amtszeit der Richter endet mit Vollendung des 70. Lebensjahrs.

7 The judges shall hold office until replaced. They shall, however, continue to deal with such cases as they already have under consideration.

7 Les juges restent en fonctions jusqu'à leur remplacement. Ils continuent toutefois de connaître des affaires dont ils sont déjà saisis.

(7) Die Richter bleiben bis zum Amtsantritt ihrer Nachfolger im Amt. Sie bleiben jedoch in den Rechtssachen tätig, mit denen sie bereits befasst sind.

Article 24

Dismissal

No judge may be dismissed from his office unless the other judges decide by a majority of two-thirds that he has ceased to fulfil the required conditions.

Article 24

Révocation

Un juge ne peut être relevé de ses fonctions que si les autres juges décident, à la majorité des deux tiers, qu'il a cessé de répondre aux conditions requises.

Artikel 24

Entlassung

Ein Richter kann nur entlassen werden, wenn die anderen Richter mit Zweidrittelmehrheit entscheiden, dass er die erforderlichen Voraussetzungen nicht mehr erfüllt.

Article 25

Registry and legal secretaries

The Court shall have a registry, the functions and organisation of which shall be laid down in the rules of the Court. The Court shall be assisted by legal secretaries.

Article 25

Greffe et référendaires

La Cour dispose d'un greffe dont les tâches et l'organisation sont fixées par le règlement de la Cour. Elle est assistée de référendaires.

Artikel 25

Kanzlei und wissenschaftliche Mitarbeiter

Der Gerichtshof hat eine Kanzlei, deren Aufgaben und Organisation in der Verfahrensordnung des Gerichtshofs festgelegt werden. Der Gerichtshof wird durch wissenschaftliche Mitarbeiter unterstützt.

Article 26

Plenary Court

The plenary Court shall

a elect its President and one or two Vice-Presidents for a period of three years; they may be re-elected;

b set up Chambers, constituted for a fixed period of time;

c elect the Presidents of the Chambers of the Court; they may be re-elected;

d adopt the rules of the Court, and

e elect the Registrar and one or more Deputy Registrars.

Article 26

Assemblée plénière de la Cour

La Cour réunie en Assemblée plénière

a élit, pour une durée de trois ans, son président et un ou deux vice-présidents; ils sont rééligibles;

b constitue des Chambres pour une période déterminée;

c élit les presidents des Chambres de la Cour, qui sont rééligibles;

d adopte le règlement de la Cour, et

e élit le greffier et un ou plusieurs greffiers adjoints.

Artikel 26

Plenum des Gerichtshofs

Das Plenum des Gerichtshofs

a) wählt seinen Präsidenten und einen oder zwei Vizepräsidenten für drei Jahre; ihre Wiederwahl ist zulässig,

b) bildet Kammern für einen bestimmten Zeitraum,

c) wählt die Präsidenten der Kammern des Gerichtshofs; ihre Wiederwahl ist zulässig,

d) beschließt die Verfahrensordnung des Gerichtshofs und

e) wählt den Kanzler und einen oder mehrere stellvertretende Kanzler.

Article 27

Committees, Chambers and Grand Chamber

1 To consider cases brought before it, the Court shall sit in committees of three judges, in Chambers of seven judges and

Article 27

Comités, Chambres et Grande chambre

1 Pour l'examen des affaires portées devant elle, la Cour siège en comités de trois juges, en Chambres de sept juges et

Artikel 27

Ausschüsse, Kammern und Große Kammer

(1) Zur Prüfung der Rechtssachen, die bei ihm anhängig gemacht werden, tagt der Gerichtshof in Ausschüssen mit drei Rich-

in a Grand Chamber of seventeen judges. The Court's Chambers shall set up committees for a fixed period of time.

2 There shall sit as an *ex officio* member of the Chamber and the Grand Chamber the judge elected in respect of the State Party concerned or, if there is none or if he is unable to sit, a person of its choice who shall sit in the capacity of judge.

3 The Grand Chamber shall also include the President of the Court, the Vice-Presidents, the Presidents of the Chambers and other judges chosen in accordance with the rules of the Court. When a case is referred to the Grand Chamber under Article 43, no judge from the Chamber which rendered the judgment shall sit in the Grand Chamber, with the exception of the President of the Chamber and the judge who sat in respect of the State Party concerned.

en une Grande Chambre de dix-sept juges. Les Chambres de la Cour constituent les comités pour une période déterminée.

2 Le juge élu au titre d'un Etat Partie au litige est membre de droit de la Chambre et de la Grande Chambre; en cas d'absence de ce juge, ou lorsqu'il n'est pas en mesure de siéger, cet Etat partie désigne une personne qui siège en qualité de juge.

3 Font aussi partie de la Grande Chambre le président de la Cour, les vice-présidents, les présidents des Chambres et d'autres juges désignés conformément au règlement de la Cour. Quand l'affaire est déférée à la Grande Chambre en vertu de l'article 43, aucun juge de la Chambre qui a rendu l'arrêt ne peut y siéger, à l'exception du président de la Chambre et du juge ayant siégé au titre de l'Etat partie intéressé.

tern, in Kammern mit sieben Richtern und in einer Großen Kammer mit 17 Richtern. Die Kammern des Gerichtshofs bilden die Ausschüsse für einen bestimmten Zeitraum.

(2) Der Kammer und der Großen Kammer gehört von Amts wegen der für den als Partei beteiligten Staat gewählte Richter oder, wenn ein solcher nicht vorhanden ist oder er an den Sitzungen nicht teilnehmen kann, eine von diesem Staat benannte Person an, die in der Eigenschaft eines Richters an den Sitzungen teilnimmt.

(3) Der Großen Kammer gehören ferner der Präsident des Gerichtshofs, die Vizepräsidenten, die Präsidenten der Kammern und andere nach der Verfahrensordnung des Gerichtshofs ausgewählte Richter an. Wird eine Rechtssache nach Artikel 43 an die Große Kammer verwiesen, so dürfen Richter der Kammer, die das Urteil gefällt hat, der Großen Kammer nicht angehören; das gilt nicht für den Präsidenten der Kammer und den Richter, welcher in der Kammer für den als Partei beteiligten Staat mitgewirkt hat.

Article 28

Declarations of inadmissibility by committees

A committee may, by a unanimous vote, declare inadmissible or strike out of its list of cases an individual application submitted under Article 34 where such a decision can be taken without further examination. The decision shall be final.

Article 28

Déclarations d'irrecevabilité par les comités

Un comité peut, par vote unanime, déclarer irrecevable ou rayer du rôle une requête individuelle introduite en vertu de l'article 34 lorsqu'une telle décision peut être prise sans examen complémentaire. La décision est définitive.

Artikel 28

Unzulässigkeitserklärungen der Ausschüsse

Ein Ausschuss kann durch einstimmigen Beschluss eine nach Artikel 34 erhobene Individualbeschwerde für unzulässig erklären oder im Register streichen, wenn eine solche Entscheidung ohne weitere Prüfung getroffen werden kann. Die Entscheidung ist endgültig.

Article 29

Decisions by Chambers on admissibility and merits

1 If no decision is taken under Article 28, a Chamber shall decide on the admissibility and merits of individual applications submitted under Article 34.

2 A Chamber shall decide on the admissibility and merits of inter-State applications submitted under Article 33.

3 The decision on admissibility shall be taken separately unless the Court, in exceptional cases, decides otherwise.

Article 29

Décisions des Chambres sur la recevabilité et le fond

1 Si aucune décision n'a été prise en vertu de l'article 28, une Chambre se prononce sur la recevabilité et le fond des requêtes individuelles introduites en vertu de l'article 34.

2 Une Chambre se prononce sur la recevabilité et le fond des requêtes étatiques introduites en vertu de l'article 33.

3 Sauf décision contraire de la Cour dans des cas exceptionnels, la décision sur la recevabilité est prise séparément.

Artikel 29

Entscheidungen der Kammern über die Zulässigkeit und Begründetheit

(1) Ergeht keine Entscheidung nach Artikel 28, so entscheidet eine Kammer über die Zulässigkeit und Begründetheit der nach Artikel 34 erhobenen Individualbeschwerden.

(2) Eine Kammer entscheidet über die Zulässigkeit und Begründetheit der nach Artikel 33 erhobenen Staatenbeschwerden.

(3) Die Entscheidung über die Zulässigkeit ergeht gesondert, sofern nicht der Gerichtshof in Ausnahmefällen anders entscheidet.

Article 30

Relinquishment of jurisdiction to the Grand Chamber

Where a case pending before a Chamber raises a serious question affecting the interpretation of the Convention or the protocols thereto, or where the resolution of a question before the Chamber might have a result inconsistent with a judgment previously delivered by the Court, the Chamber may, at any time before it has rendered its judgment, relinquish jurisdiction in favour of the Grand Chamber, unless one of the parties to the case objects.

Article 30

Dessaisissement en faveur de la Grande Chambre

Si l'affaire pendante devant une Chambre soulève une question grave relative à l'interprétation de la Convention ou de ses protocoles, ou si la solution d'une question peut conduire à une contradiction avec un arrêt rendu antérieurement par la Cour, la Chambre peut, tant qu'elle n'a pas rendu son arrêt, se dessaisir au profit de la Grande Chambre, à moins que l'une des parties ne s'y oppose.

Artikel 30

Abgabe der Rechtssache an die Große Kammer

Wirft eine bei einer Kammer anhängige Rechtssache eine schwerwiegende Frage der Auslegung dieser Konvention oder der Protokolle dazu auf oder kann die Entscheidung einer ihr vorliegenden Frage zu einer Abweichung von einem früheren Urteil des Gerichtshofs führen, so kann die Kammer diese Sache jederzeit, bevor sie ihr Urteil gefällt hat, an die Große Kammer abgeben, sofern nicht eine Partei widerspricht.

Article 31

Powers of the Grand Chamber

The Grand Chamber shall

a determine applications submitted either under Article 33 or Article 34 when a Chamber has relinquished jurisdiction under Article 30 or when the case has been referred to it under Article 43; and

b consider requests for advisory opinions submitted under Article 47.

Article 31

Attributions de la Grande Chambre

La Grande Chambre

a se prononce sur les requêtes introduites en vertu de l'article 33 ou de l'article 34 lorsque l'affaire lui a été déférée par la Chambre en vertu de l'article 30 ou lorsque l'affaire lui a été déférée en vertu de l'article 43; et

b examine les demandes d'avis consultatifs introduites en vertu de l'article 47.

Artikel 31

Befugnisse der Großen Kammer

Die Große Kammer

a) entscheidet über nach Artikel 33 oder Artikel 34 erhobene Beschwerden, wenn eine Kammer die Rechtssache nach Artikel 30 an sie abgegeben hat oder wenn die Sache nach Artikel 43 an sie verwiesen worden ist, und

b) behandelt Anträge nach Artikel 47 auf Erstattung von Gutachten.

Article 32

Jurisdiction of the Court

1 The jurisdiction of the Court shall extend to all matters concerning the interpretation and application of the Convention and the protocols thereto which are referred to it as provided in Articles 33, 34 and 47.

2 In the event of dispute as to whether the Court has jurisdiction, the Court shall decide.

Article 32

Compétence de la Cour

1 La compétence de la Cour s'étend à toutes les questions concernant l'interprétation et l'application de la Convention et de ses protocoles qui lui seront soumises dans les conditions prévues par les articles 33, 34 et 47.

2 En cas de contestation sur le point de savoir si la Cour est compétente, la Cour décide.

Artikel 32

Zuständigkeit des Gerichtshofs

(1) Die Zuständigkeit des Gerichtshofs umfasst alle die Auslegung und Anwendung dieser Konvention und der Protokolle dazu betreffenden Angelegenheiten, mit denen er nach den Artikeln 33, 34 und 47 befasst wird.

(2) Besteht Streit über die Zuständigkeit des Gerichtshofs, so entscheidet der Gerichtshof.

Article 33

Inter-State cases

Any High Contracting Party may refer to the Court any alleged breach of the provisions of the Convention and the protocols thereto by another High Contracting Party.

Article 33

Affaires interétatiques

Toute Haute Partie contractante peut saisir la Cour de tout manquement aux dispositions de la Convention et de ses protocoles qu'elle croira pouvoir être imputé à une autre Haute Partie contractante.

Artikel 33

Staatenbeschwerden

Jede Hohe Vertragspartei kann den Gerichtshof wegen jeder behaupteten Verletzung dieser Konvention und der Protokolle dazu durch eine andere Hohe Vertragspartei anrufen.

Article 34

Individual applications

The Court may receive applications from any person, non-governmental organisation or group of individuals claiming to be the victim of a violation by one of the High Contracting Parties of the rights set forth in the Convention or the protocols thereto. The High Contracting Parties undertake not to hinder in any way the effective exercise of this right.

Article 34

Requêtes individuelles

La Cour peut être saisie d'une requête par toute personne physique, toute organisation non gouvernementale ou tout groupe de particuliers qui se prétend victime d'une violation par l'une des Hautes Parties contractantes des droits reconnus dans la Convention ou ses protocoles. Les Hautes Parties contractantes s'engagent à n'entraver par aucune mesure l'exercice efficace de ce droit.

Artikel 34

Individualbeschwerden

Der Gerichtshof kann von jeder natürlichen Person, nichtstaatlichen Organisation oder Personengruppe, die behauptet, durch eine der Hohen Vertragsparteien in einem der in dieser Konvention oder den Protokollen dazu anerkannten Rechte verletzt zu sein, mit einer Beschwerde befasst werden. Die Hohen Vertragsparteien verpflichten sich, die wirksame Ausübung dieses Rechts nicht zu behindern.

Article 35

Admissibility criteria

1 The Court may only deal with the matter after all domestic remedies have been exhausted, according to the generally recognised rules of international law, and within a period of six months from the date on which the final decision was taken.

2 The Court shall not deal with any application submitted under Article 34 that

a is anonymous; or

b is substantially the same as a matter that has already been examined by the Court or has already been submitted to another procedure of international investigation or settlement and contains no relevant new information.

Article 35

Conditions de recevabilité

1 La Cour ne peut être saisie qu'après l'épuisement des voies de recours internes, tel qu'il est entendu selon les principes de droit international généralement reconnus, et dans un délai de six mois à partir de la date de la décision interne définitive.

2 La Cour ne retient aucune requête individuelle introduite en application de l'article 34, lorsque

a elle est anonyme; ou

b elle est essentiellement la même qu'une requête précédemment examinée par la Cour ou déjà soumise à une autre instance internationale d'enquête ou de règlement, et si elle ne contient pas de faits nouveaux.

Artikel 35

Zulässigkeitsvoraussetzungen

(1) Der Gerichtshof kann sich mit einer Angelegenheit erst nach Erschöpfung aller innerstaatlichen Rechtsbehelfe in Übereinstimmung mit den allgemein anerkannten Grundsätzen des Völkerrechts und nur innerhalb einer Frist von sechs Monaten nach der endgültigen innerstaatlichen Entscheidung befassen.

(2) Der Gerichtshof befasst sich nicht mit einer nach Artikel 34 erhobenen Individualbeschwerde, die

a) anonym ist oder

b) im Wesentlichen mit einer schon vorher vom Gerichtshof geprüften Beschwerde übereinstimmt oder schon einer anderen internationalen Untersuchungs- oder Vergleichsinstanz unterbreitet worden ist und keine neuen Tatsachen enthält.

3 The Court shall declare inadmissible any individual application submitted under Article 34 which it considers incompatible with the provisions of the Convention or the protocols thereto, manifestly ill-founded, or an abuse of the right of application.

3 La Cour déclare irrecevable toute requête individuelle introduite en application de l'article 34, lors qu'elle estime la requête incompatible avec les dispositions de la Convention ou de ses protocoles, manifestement mal fondée ou abusive.

(3) Der Gerichtshof erklärt eine nach Artikel 34 erhobene Individualbeschwerde für unzulässig, wenn er sie für unvereinbar mit dieser Konvention oder den Protokollen dazu, für offensichtlich unbegründet oder für einen Missbrauch des Beschwerderechts hält.

4 The Court shall reject any application which it considers inadmissible under this Article. It may do so at any stage of the proceedings.

4 La Cour rejette toute requête qu'elle considère comme irrecevable en application du présent article. Elle peut procéder ainsi à tout stade de la procédure.

(4) Der Gerichtshof weist eine Beschwerde zurück, die er nach diesem Artikel für unzulässig hält. Er kann dies in jedem Stadium des Verfahrens tun.

Article 36

Third party intervention

1 In all cases before a Chamber of the Grand Chamber, a High Contracting Party one of whose nationals is an applicant shall have the right to submit written comments and to take part in hearings.

2 The President of the Court may, in the interest of the proper administration of justice, invite any High Contracting Party which is not a party to the proceedings or any person concerned who is not the applicant to submit written comments or take part in hearings.

Article 36

Tierce intervention

1 Dans toute affaire devant une Chambre ou la Grande Chambre, une Haute Partie contractante dont un ressortissant est requérant a le droit de présenter des observations écrites et de prendre part aux audiences.

2 Dans l'intérêt d'une bonne administration de la justice, le président de la Cour peut inviter toute Haute Partie contractante qui n'est pas partie à l'instance ou toute personne intéressée autre que le requérant à présenter des observations écrites ou à prendre part aux audiences.

Artikel 36

Beteiligung Dritter

(1) In allen bei einer Kammer oder der Großen Kammer anhängigen Rechtssachen ist die Hohe Vertragspartei, deren Staatsangehörigkeit der Beschwerdeführer besitzt, berechtigt, schriftliche Stellungnahmen abzugeben und an den mündlichen Verhandlungen teilzunehmen.

(2) Im Interesse der Rechtspflege kann der Präsident des Gerichtshofs jeder Hohen Vertragspartei, die in dem Verfahren nicht Partei ist, oder jeder betroffenen Person, die nicht Beschwerdeführer ist, Gelegenheit geben, schriftlich Stellung zu nehmen oder an den mündlichen Verhandlungen teilzunehmen.

Article 37

Striking out applications

1 The Court may at any stage of the proceedings decide to strike an application out of its list of cases where the circumstances lead to the conclusion that

a the applicant does not intend to pursue his application; or

b the matter has been resolved; or

c for any other reason established by the Court, it is no longer justified to continue the examination of the application.

However, the Court shall continue the examination of the application if respect for human rights as defined in the Convention and the protocols thereto so requires.

2 The Court may decide to restore an application to its list of cases if it considers that the circumstances justify such a course.

Article 37

Radiation

1 A tout moment de la procédure, la Cour peut décider de rayer une requête du rôle lorsque les circonstances permettent de conclure

a que le requérant n'entend plus la maintenir; ou

b que le litige a été résolu; ou

c que, pour tout autre motif dont la Cour constate l'existence, il ne se justifie plus de poursuivre l'examen de la requête.

Toutefois, la Cour poursuit l'examen de la requête si le respect des droits de l'homme garantis par la Convention et ses protocoles l'exige.

2 La Cour peut décider la réinscription au rôle d'une requête lorsqu'elle estime que les circonstances le justifient.

Artikel 37

Streichung von Beschwerden

(1) Der Gerichtshof kann jederzeit während des Verfahrens entscheiden, eine Beschwerde in seinem Register zu streichen, wenn die Umstände Grund zur Annahme geben, dass

a) der Beschwerdeführer seine Beschwerde nicht weiterzuverfolgen beabsichtigt,

b) die Streitigkeit einer Lösung zugeführt worden ist oder

c) eine weitere Prüfung der Beschwerde aus anderen vom Gerichtshof festgestellten Gründen nicht gerechtfertigt ist.

Der Gerichtshof setzt jedoch die Prüfung der Beschwerde fort, wenn die Achtung der Menschenrechte, wie sie in dieser Konvention und den Protokollen dazu anerkannt sind, dies erfordert.

(2) Der Gerichtshof kann die Wiedereintragung einer Beschwerde in sein Register anordnen, wenn er dies den Umständen nach für gerechtfertigt hält.

Article 38

Examination of the case and friendly settlement proceedings

1 If the Court declares the application admissible, it shall

a pursue the examination of the case, together with the representatives of the parties, and if need be, undertake an investigation, for the effective conduct of which the States concerned shall furnish all necessary facilities;

Article 38

Examen contradictoire de l'affaire et procédure de règlement amiable

1 Si la cour déclare une requête recevable, elle

a poursuit l'examen contradictoire de l'affaire avec les représentants des parties et, s'il y a lieu, procède à une enquête pour la conduite efficace de laquelle les Etats intéressés fourniront toutes facilités nécessaires;

Artikel 38

Prüfung der Rechtssache und gütliche Einigung

(1) Erklärt der Gerichtshof die Beschwerde für zulässig, so

a) setzt er mit den Vertretern der Parteien die Prüfung der Rechtssache fort und nimmt, falls erforderlich, Ermittlungen vor; die betreffenden Staaten haben alle zur wirksamen Durchführung der Ermittlungen erforderlichen Erleichterungen zu gewähren;

b place itself at the disposal of the parties concerned with a view to securing a friendly settlement of the matter on the basis of respect for human rights as defined in the Convention and the protocols thereto.

2 Proceedings conducted under paragraph 1.b shall be confidential.

b se met à la disposition des intéressés en vue de parvenir à un règlement amiable de l'affaire s'inspirant du respect des droits de l'homme tels que les reconnaissent la Convention et ses protocoles.

2 La procédure décrite au paragraphe 1.b est confidentielle.

b) hält er sich zur Verfügung der Parteien mit dem Ziel, eine gütliche Einigung auf der Grundlage der Achtung der Menschenrechte, wie sie in dieser Konvention und den Protokollen dazu anerkannt sind, zu erreichen.

(2) Das Verfahren nach Absatz 1 Buchstabe b ist vertraulich.

Article 39

Finding of a friendly settlement

If a friendly settlement is effected, the Court shall strike the case out of its list by means of a decision which shall be confined to a brief statement of the facts and of the solution reached.

Article 39

Conclusion d'un règlement amiable

En cas de règlement amiable, la Cour raye l'affaire du rôle par une décision qui se limite à un bref exposé des faits et de la solution adoptée.

Artikel 39

Gütliche Einigung

Im Fall einer gütlichen Einigung streicht der Gerichtshof durch eine Entscheidung, die sich auf eine kurze Angabe des Sachverhalts und der erzielten Lösung beschränkt, die Rechtssache in seinem Register.

Article 40

Public hearings and access to documents

1 Hearings shall be public unless the Court in exceptional circumstances decides otherwise.

2 Documents deposited with the Registrar shall be accessible to the public unless the President of the Court decides otherwise.

Article 40

Audience publique et accès aux documents

1 L'audience est publique à moins que la Cour n'en décide autrement en raison de circonstances exceptionnelles.

2 Les documents déposés au greffe sont accessibles au public à moins que le président de la Cour n'en décide autrement.

Artikel 40

Öffentliche Verhandlung und Akteneinsicht

(1) Die Verhandlung ist öffentlich, soweit nicht der Gerichtshof aufgrund besonderer Umstände anders entscheidet.

(2) Die beim Kanzler verwahrten Schriftstücke sind der Öffentlichkeit zugänglich, soweit nicht der Präsident des Gerichtshofs anders entscheidet.

Article 41

Just satisfaction

If the Court finds that there has been a violation of the Convention or the protocols thereto, and if the internal law of the High Contracting Party concerned allows only partial reparation to be made, the Court shall, if necessary, afford just satisfaction to the injured party.

Article 41

Satisfaction équitable

Si la Cour déclare qu'il y a eu violation de la Convention ou de ses protocoles, et si le droit interne de la Haute Partie contractante ne permet d'effacer qu'imparfaitement les conséquences de cette violation, la Cour accorde à la partie lésée, s'il y a lieu, une satisfaction équitable.

Artikel 41

Gerechte Entschädigung

Stellt der Gerichtshof fest, dass diese Konvention oder die Protokolle dazu verletzt worden sind, und gestattet das innerstaatliche Recht der Hohen Vertragspartei nur eine unvollkommene Wiedergutmachung für die Folgen dieser Verletzung, so spricht der Gerichtshof der verletzten Partei eine gerechte Entschädigung zu, wenn dies notwendig ist.

Article 42

Judgments of Chambers

Judgments of Chambers shall become final in accordance with the provisions of Article 44, paragraph 2.

Article 42

Arrêts des Chambres

Les arrêts des Chambres deviennent définitifs conformément aux dispositions de l'article 44, paragraphe 2.

Artikel 42

Urteile der Kammern

Urteile der Kammern werden nach Maßgabe des Artikels 44 Absatz 2 endgültig.

Article 43

Referral to the Grand Chamber

1 Within a period of three months from the date of the judgment of the Chamber, any party to the case may, in exceptional cases, request that the case be referred to the Grand Chamber.

2 A panel of five judges of the Grand Chamber shall accept the request if the case raises a serious question affecting the interpretation or application of the Convention or the protocols thereto, or a serious issue of general importance.

3 If the panel accepts the request, the Grand Chamber shall decide the case by means of a judgment.

Article 43

Renvoi devant la Grande Chambre

1 Dans un délai de trois mois à compter de la date de l'arrêt d'une Chambre, toute partie à l'affaire peut, dans des cas exceptionnels, demander le renvoi de l'affaire devant la Grande Chambre.

2 Un collège de cinq juges de la Grande Chambre accepte la demande si l'affaire soulève une question grave relative à l'interprétation ou à l'application de la Convention ou de ses protocoles, ou encore une question grave de caractère général.

3 Si le collège accepte la demande, la Grande Chambre se prononce sur l'affaire par un arrêt.

Artikel 43

Verweisung an die Große Kammer

(1) Innerhalb von drei Monaten nach dem Datum des Urteils der Kammer kann jede Partei in Ausnahmefällen die Verweisung der Rechtssache an die Große Kammer beantragen.

(2) Ein Ausschuss von fünf Richtern der Großen Kammer nimmt den Antrag an, wenn die Rechtssache eine schwerwiegende Frage der Auslegung oder Anwendung dieser Konvention oder der Protokolle dazu oder eine schwerwiegende Frage von allgemeiner Bedeutung aufwirft.

(3) Nimmt der Ausschuss den Antrag an, so entscheidet die Große Kammer die Sache durch Urteil.

Article 44

Final judgments

1 The judgment of the Grand Chamber shall be final.

2 The judgment of a Chamber shall become final

a when the parties declare that they will not request that the case be referred to the Grand Chamber; or

b three months after the date of the judgment, if reference of the case to the Grand Chamber has not been requested; or

c when the panel of the Grand Chamber rejects the request to refer under Article 43.

3 The final judgment shall be published.

Article 45

Reasons for judgments and decisions

1 Reasons shall be given for judgments as well as for decisions declaring applications admissible or inadmissible.

2 If a judgment does not represent, in whole or in part, the unanimous opinion of the judges, any judge shall be entitled to deliver a separate opinion.

Article 46

Binding force and execution of judgments

1 The High Contracting Parties undertake to abide by the final judgment of the Court in any case to which they are parties.

2 The final judgment of the Court shall be transmitted to the Committee of Ministers, which shall supervise its execution.

Article 47

Advisory opinions

1 The Court may, at the request of the Committee of Ministers, give advisory opinions on legal questions concerning the interpretation of the Convention and the protocols thereto.

2 Such opinions shall not deal with any question relating to the content or scope of the rights or freedoms defined in Section I of the Convention and the protocols thereto, or with any other question which the Court or the Committee of Ministers might have to consider in consequence of any such proceedings as could be instituted in accordance with the Convention.

3 Decisions of the Committee of Ministers to request an advisory opinion of the Court shall require a majority vote of the representatives entitled to sit on the Committee.

Article 44

Arrêts définitifs

1 L'arrêt de la Grande Chambre est définitif.

2 L'arrêt d'une Chambre devient définitif

a lorsque les parties déclarent qu'elles ne demanderont pas le renvoi de l'affaire devant la Grande Chambre; ou

b trois mois après la date de l'arrêt, si le renvoi de l'affaire devant la Grande Chambre n'a pas été demandé; ou

c lorsque le collège de la Grande Chambre rejette la demande de renvoi formulée en application de l'article 43.

3 L'arrêt définitif est publié.

Article 45

Motivation des arrêts et décisions

1 Les arrêts, ainsi que les décisions déclarant des requêtes recevables ou irrecevables, sont motivés.

2 Si l'arrêt n'exprime pas en tout ou en partie l'opinion unanime des juges, tout juge a le droit d'y joindre l'exposé de son opinion séparée.

Article 46

Force obligatoire et exécution des arrêts

1 Les Hautes Parties contractantes s'engagent à se conformer aux arrêts définitifs de la Cour dans les litiges auxquels elles sont parties.

2 L'arrêt définitif de la Cour est transmis au Comité des Ministres qui en surveille l'exécution.

Article 47

Avis consultatifs

1 La Cour peut, à la demande du Comité des Ministres, donner des avis consultatifs sur des questions juridiques concernant l'interprétation de la Convention et de ses protocoles.

2 Ces avis ne peuvent porter ni sur les questions ayant trait au contenu ou à l'étendue des droits et libertés définis au titre I de la Convention et dans les protocoles ni sur les autres questions dont la Cour ou le Comité des Ministres pourraient avoir à connaître par suite de l'introduction d'un recours prévu par la Convention.

3 La décision du Comité des Ministres de demander un avis à la Cour est prise par un vote à la majorité des représentants ayant le droit de siéger au Comité.

Artikel 44

Endgültige Urteile

(1) Das Urteil der Großen Kammer ist endgültig.

(2) Das Urteil einer Kammer wird endgültig,

a) wenn die Parteien erklären, dass sie die Verweisung der Rechtssache an die Große Kammer nicht beantragen werden,

b) drei Monate nach dem Datum des Urteils, wenn nicht die Verweisung der Rechtssache an die Große Kammer beantragt worden ist, oder

c) wenn der Ausschuss der Großen Kammer den Antrag auf Verweisung nach Artikel 43 abgelehnt hat.

(3) Das endgültige Urteil wird veröffentlicht.

Artikel 45

Begründung der Urteile und Entscheidungen

(1) Urteile sowie Entscheidungen, mit denen Beschwerden für zulässig oder für unzulässig erklärt werden, werden begründet.

(2) Bringt ein Urteil ganz oder teilweise nicht die übereinstimmende Meinung der Richter zum Ausdruck, so ist jeder Richter berechtigt, seine abweichende Meinung darzulegen.

Artikel 46

Verbindlichkeit und Durchführung der Urteile

(1) Die Hohen Vertragsparteien verpflichten sich, in allen Rechtssachen, in denen sie Partei sind, das endgültige Urteil des Gerichtshofs zu befolgen.

(2) Das endgültige Urteil des Gerichtshofs ist dem Ministerkomitee zuzuleiten; dieses überwacht seine Durchführung.

Artikel 47

Gutachten

(1) Der Gerichtshof kann auf Antrag des Ministerkomitees Gutachten über Rechtsfragen erstatten, welche die Auslegung dieser Konvention und der Protokolle dazu betreffen.

(2) Diese Gutachten dürfen keine Fragen zum Gegenstand haben, die sich auf den Inhalt oder das Ausmaß der in Abschnitt I dieser Konvention und in den Protokollen dazu anerkannten Rechte und Freiheiten beziehen, noch andere Fragen, über die der Gerichtshof oder das Ministerkomitee aufgrund eines nach dieser Konvention eingeleiteten Verfahrens zu entscheiden haben könnte.

(3) Der Beschluss des Ministerkomitees, ein Gutachten beim Gerichtshof zu beantragen, bedarf der Mehrheit der Stimmen der zur Teilnahme an den Sitzungen des Komitees berechtigten Mitglieder.

Article 48

Advisory jurisdiction of the Court

The Court shall decide whether a request for an advisory opinion submitted by the Committee of Ministers is within its competence as defined in Article 47.

Article 49

Reasons for advisory opinions

1 Reasons shall be given for advisory opinions of the Court.

2 If the advisory opinion does not represent, in whole or in part, the unanimous opinion of the judges, any judge shall be entitled to deliver a separate opinion.

3 Advisory opinions of the Court shall be communicated to the Committee of Ministers.

Article 50

Expenditure on the Court

The expenditure on the Court shall be borne by the Council of Europe.

Article 51

Privileges and immunities of judges

The judges shall be entitled, during the exercise of their functions, to the privileges and immunities provided for in Article 40 of the Statute of the Council of Europe and in the agreements made thereunder.

Section III

Miscellaneous provisions

Article 52

Enquiries by the Secretary General

On receipt of a request from the Secretary General of the Council of Europe any High Contracting Party shall furnish an explanation of the manner in which its internal law ensures the effective implementation of any of the provisions of this Convention.

Article 53

Safeguard for existing human rights

Nothing in this Convention shall be construed as limiting or derogating from any of the human rights and fundamental freedoms which may be ensured under the laws of any High Contracting Party or under any other agreement to which it is a Party.

Article 48

Compétence consultative de la Cour

La Cour décide si la demande d'avis consultatif présentée par le Comité des Ministres relève de sa compétence telle que définie par l'article 47.

Article 49

Motivation des avis consultatifs

1 L'avis de la Cour est motivé.

2 Si l'avis n'exprime pas en tout ou en partie l'opinion unanime des juges, tout juge a le droit d'y joindre l'exposé de son opinion séparée.

3 L'avis de la Cour est transmis au Comité des Ministres.

Article 50

Frais de fonctionnement de la Cour

Les frais de fonctionnement de la Cour sont à la charge du Conseil de l'Europe.

Article 51

Privilèges et immunités des juges

Les juges jouissent, pendant l'exercice de leurs fonctions, des privilèges et immunités prévus à l'article 40 du Statut du Conseil de l'Europe et dans les accords conclus au titre de cet article.

Titre III

Dispositions diverses

Article 52

Enquêtes du Secrétaire Général

Toute Haute Partie contractante fournira sur demande du Secrétaire Général du Conseil de l'Europe les explications requises sur la manière dont son droit interne assure l'application effective de toutes les dispositions de cette Convention.

Article 53

Sauvegarde des droits de l'homme reconnus

Aucune des dispositions de la présente Convention ne sera interprétée comme limitant ou portant atteinte aux droits de l'homme et aux libertés fondamentales qui pourraient être reconnus conformément aux lois de toute Partie contractante ou à toute autre Convention à laquelle cette Partie contractante est partie.

Artikel 48

Gutachterliche Zuständigkeit des Gerichtshofs

Der Gerichtshof entscheidet, ob ein vom Ministerkomitee gestellter Antrag auf Erstattung eines Gutachtens in seine Zuständigkeit nach Artikel 47 fällt.

Artikel 49

Begründung der Gutachten

(1) Die Gutachten des Gerichtshofs werden begründet.

(2) Bringt das Gutachten ganz oder teilweise nicht die übereinstimmende Meinung der Richter zum Ausdruck, so ist jeder Richter berechtigt, seine abweichende Meinung darzulegen.

(3) Die Gutachten des Gerichtshofs werden dem Ministerkomitee übermittelt.

Artikel 50

Kosten des Gerichtshofs

Die Kosten des Gerichtshofs werden vom Europarat getragen.

Artikel 51

Vorrechte und Immunitäten der Richter

Die Richter genießen bei der Ausübung ihres Amtes die Vorrechte und Immunitäten, die in Artikel 40 der Satzung des Europarats und den aufgrund jenes Artikels geschlossenen Übereinkünften vorgesehen sind.

Abschnitt III

Verschiedene Bestimmungen

Artikel 52

Anfragen des Generalsekretärs

Auf Anfrage des Generalsekretärs des Europarats erläutert jede Hohe Vertragspartei, auf welche Weise die wirksame Anwendung aller Bestimmungen dieser Konvention in ihrem innerstaatlichen Recht gewährleistet wird.

Artikel 53

Wahrung anerkannter Menschenrechte

Diese Konvention ist nicht so auszulegen, als beschränke oder beeinträchtige sie Menschenrechte und Grundfreiheiten, die in den Gesetzen einer Hohen Vertragspartei oder in einer anderen Übereinkunft, deren Vertragspartei sie ist, anerkannt werden.

Article 54

Powers of the Committee of Ministers

Nothing in this Convention shall prejudice the powers conferred on the Committee of Ministers by the Statute of the Council of Europe.

Article 54

Pouvoirs du Comité des Ministres

Aucune disposition de la présente Convention ne porte atteinte aux pouvoirs conférés au Comité des Ministres par le Statut du Conseil de l'Europe.

Artikel 54

Befugnisse des Ministerkomitees

Diese Konvention berührt nicht die dem Ministerkomitee durch die Satzung des Europarats übertragenen Befugnisse.

Article 55

Exclusion of other means of dispute settlement

The High Contracting Parties agree that, except by special agreement, they will not avail themselves of treaties, conventions or declarations in force between them for the purpose of submitting, by way of petition, a dispute arising out of the interpretation or application of this Convention to a means of settlement other than those provided for in this Convention.

Article 55

Renonciation à d'autres modes de règlement des différends

Les Hautes Parties contractantes renoncent réciproquement, sauf compromis spécial, à se prévaloir des traités, conventions ou déclarations existant entre elles, en vue de soumettre, par voie de requête, un différend né de l'interprétation ou de l'application de la présente Convention à un mode de règlement autre que ceux prévus par ladite Convention.

Artikel 55

Ausschluss anderer Verfahren zur Streitbeilegung

Die Hohen Vertragsparteien kommen überein, dass sie sich vorbehaltlich besonderer Vereinbarung nicht auf die zwischen ihnen geltenden Verträge, sonstigen Übereinkünfte oder Erklärungen berufen werden, um eine Streitigkeit über die Auslegung oder Anwendung dieser Konvention einem anderen als den in der Konvention vorgesehenen Beschwerdeverfahren zur Beilegung zu unterstellen.

Article 56

Territorial application

1 Any State may at the time of its ratification or at any time thereafter declare by notification addressed to the Secretary General of the Council of Europe that the present Convention shall, subject to paragraph 4 of this Article, extend to all or any of the territories for whose international relations it is responsible.

2 The Convention shall extend to the territory or territories named in the notification as from the thirtieth day after the receipt of this notification by the Secretary General of the Council of Europe.

3 The provisions of this Convention shall be applied in such territories with due regard, however, to local requirements.

4 Any State which has made a declaration in accordance with paragraph 1 of this article may at any time thereafter declare on behalf of one or more of the territories to which the declaration relates that it accepts the competence of the Court to receive applications from individuals, non-governmental organisations or groups of individuals as provided in Article 34 of the Convention.

Article 56

Application territoriale

1 Tout Etat peut, au moment de la ratification ou à tout autre moment par la suite, déclarer, par notification adressée au Secrétaire Général du Conseil de l'Europe, que la présente Convention s'appliquera, sous réserve du paragraphe 4 du présent article, à tous les territoires ou à l'un quelconque des territoires dont il assure les relations internationales.

2 La Convention s'appliquera au territoire ou aux territoires désignés dans la notification à partir du trentième jour qui suivra la date à laquelle le Secrétaire Général du Conseil de l'Europe aura reçu cette notification.

3 Dans lesdits territoires les dispositions de la présente Convention seront appliquées en tenant compte des nécessités locales.

4 Tout État qui a fait une déclaration conformément au premier paragraphe de cet article, peut, à tout moment par la suite, déclarer relativement à un ou plusieurs des territoires visés dans cette déclaration qu'il accepte la compétence de la Cour pour connaître des requêtes de personnes physiques, d'organisations non gouvernementales ou de groupes de particuliers, comme le prévoit l'article 34 de la Convention.

Artikel 56

Räumlicher Geltungsbereich

(1) Jeder Staat kann bei der Ratifikation oder jederzeit danach durch eine an den Generalsekretär des Europarats gerichtete Notifikation erklären, dass diese Konvention vorbehaltlich des Absatzes 4 auf alle oder einzelne Hoheitsgebiete Anwendung findet, für deren internationale Beziehungen er verantwortlich ist.

(2) Die Konvention findet auf jedes in der Erklärung bezeichnete Hoheitsgebiet ab dem dreißigsten Tag nach Eingang der Notifikation beim Generalsekretär des Europarats Anwendung.

(3) In den genannten Hoheitsgebieten wird diese Konvention unter Berücksichtigung der örtlichen Notwendigkeiten angewendet.

(4) Jeder Staat, der eine Erklärung nach Absatz 1 abgegeben hat, kann jederzeit danach für eines oder mehrere der in der Erklärung bezeichneten Hoheitsgebiete erklären, dass er die Zuständigkeit des Gerichtshofs für die Entgegennahme von Beschwerden von natürlichen Personen, nichtstaatlichen Organisationen oder Personengruppen nach Artikel 34 anerkennt.

Article 57

Reservations

1 Any State may, when signing this Convention or when depositing its instrument of ratification, make a reservation in respect of any particular provision of the Convention to the extent that any law then in force in its territory is not in conformity with the provision. Reservations of a general character shall not be permitted under this Article.

Article 57

Réserves

1 Tout Etat peut, au moment de la signature de la présente Convention ou du dépôt de son instrument de ratification, formuler une réserve au sujet d'une disposition particulière de la Convention, dans la mesure où une loi alors en vigueur sur son territoire n'est pas conforme à cette disposition. Les réserves de caractère général ne sont pas autorisées aux termes du présent article.

Artikel 57

Vorbehalte

(1) Jeder Staat kann bei der Unterzeichnung dieser Konvention oder bei der Hinterlegung seiner Ratifikationsurkunde einen Vorbehalt zu einzelnen Bestimmungen der Konvention anbringen, soweit ein zu dieser Zeit in seinem Hoheitsgebiet geltendes Gesetz mit der betreffenden Bestimmung nicht übereinstimmt. Vorbehalte allgemeiner Art sind nach diesem Artikel nicht zulässig.

2 Any reservation made under this article shall contain a brief statement of the law concerned.

2 Toute réserve émise conformément au présent article comporte un bref exposé de la loi en cause.

(2) Jeder nach diesem Artikel angebrachte Vorbehalt muss mit einer kurzen Darstellung des betreffenden Gesetzes verbunden sein.

Article 58

Denunciation

1 A High Contracting Party may denounce the present Convention only after the expiry of five years from the date on which it became a party to it and after six months' notice contained in a notification addressed to the Secretary General of the Council of Europe, who shall inform the other High Contracting Parties.

2 Such a denunciation shall not have the effect of releasing the High Contracting Party concerned from its obligations under this Convention in respect of any act which, being capable of constituting a violation of such obligations, may have been performed by it before the date at which the denunciation became effective.

3 Any High Contracting Party which shall cease to be a member of the Council of Europe shall cease to be a Party to this Convention under the same conditions.

4 The Convention may be denounced in accordance with the provisions of the preceding paragraphs in respect of any territory to which it has been declared to extend under the terms of Article 56.

Article 58

Dénonciation

1 Une Haute Partie contractante ne peut dénoncer la présente Convention qu'après l'expiration d'un délai de cinq ans à partir de la date d'entrée en vigueur de la Convention à son égard et moyennant un préavis de six mois, donné par une notification adressée au Secrétaire Général du Conseil de l'Europe, qui en informe les autres Parties contractantes.

2 Cette dénonciation ne peut avoir pour effet de délier la Haute Partie contractante intéressée des obligations contenues dans la présente Convention en ce qui concerne tout fait qui, pouvant constituer une violation de ces obligations, aurait été accompli par elle antérieurement à la date à laquelle la dénonciation produit effet.

3 Sous la même réserve cesserait d'être Partie à la présente Convention toute Partie contractante qui cesserait d'être membre du Conseil de l'Europe.

4 La Convention peut être dénoncée conformément aux dispositions des paragraphes précédents en ce qui concerne tout territoire auquel elle a été déclarée applicable aux termes de l'article 56.

Artikel 58

Kündigung

(1) Eine Hohe Vertragspartei kann diese Konvention frühestens fünf Jahre nach dem Tag, an dem sie Vertragspartei geworden ist, unter Einhaltung einer Kündigungsfrist von sechs Monaten durch eine an den Generalsekretär des Europarats gerichtete Notifikation kündigen; dieser unterrichtet die anderen Hohen Vertragsparteien.

(2) Die Kündigung befreit die Hohe Vertragspartei nicht von ihren Verpflichtungen aus dieser Konvention in Bezug auf Handlungen, die sie vor dem Wirksamwerden der Kündigung vorgenommen hat und die möglicherweise eine Verletzung dieser Verpflichtungen darstellen.

(3) Mit derselben Maßgabe scheidet eine Hohe Vertragspartei, deren Mitgliedschaft im Europarat endet, als Vertragspartei dieser Konvention aus.

(4) Die Konvention kann in Bezug auf jedes Hoheitsgebiet, auf das sie durch eine Erklärung nach Artikel 56 anwendbar geworden ist, nach den Absätzen 1 bis 3 gekündigt werden.

Article 59

Signature and ratification

1 This Convention shall be open to the signature of the members of the Council of Europe. It shall be ratified. Ratifications shall be deposited with the Secretary General of the Council of Europe.

2 The present Convention shall come into force after the deposit of ten instruments of ratification.

3 As regards any signatory ratifying subsequently, the Convention shall come into force at the date of the deposit of its instrument of ratification.

4 The Secretary General of the Council of Europe shall notify all the members of the Council of Europe of the entry into force of the Convention, the names of the High Contracting Parties who have ratified it, and the deposit of all instruments of ratification which may be effected subsequently.

Article 59

Signature et ratification

1 La présente Convention est ouverte à la signature des membres du Conseil de l'Europe. Elle sera ratifiée. Les ratifications seront déposées près le Secrétaire Général du Conseil de l'Europe.

2 La présente Convention entrera en vigueur après le dépôt de dix instruments de ratification.

3 Pour tout signataire qui la ratifiera ultérieurement, la Convention entrera en vigueur dès le dépôt de l'instrument de ratification.

4 Le Secrétaire Général du Conseil de l'Europe notifiera à tous les membres du Conseil de l'Europe l'entrée en vigueur de la Convention, les noms des Hautes Parties contractantes qui l'auront ratifiée, ainsi que le dépôt de tout instrument de ratification intervenu ultérieurement.

Artikel 59

Unterzeichnung und Ratifikation

(1) Diese Konvention liegt für die Mitglieder des Europarats zur Unterzeichnung auf. Sie bedarf der Ratifikation. Die Ratifikationsurkunden werden beim Generalsekretär des Europarats hinterlegt.

(2) Diese Konvention tritt nach Hinterlegung von zehn Ratifikationsurkunden in Kraft.

(3) Für jeden Unterzeichner, der die Konvention später ratifiziert, tritt sie mit der Hinterlegung seiner Ratifikationsurkunde in Kraft.

(4) Der Generalsekretär des Europarats notifiziert allen Mitgliedern des Europarats das Inkrafttreten der Konvention, die Namen der Hohen Vertragsparteien, die sie ratifiziert haben, und jede spätere Hinterlegung einer Ratifikationsurkunde.

Done at Rome this 4th day of November 1950, in English and French, both texts being equally authentic, in a single copy which shall remain deposited in the archives of the Council of Europe. The Secretary General shall transmit certified copies to each of the signatories.

Fait à Rome, le 4 novembre 1950, en français et en anglais, les deux textes faisant également foi, en un seul exemplaire qui sera déposé dans les archives du Conseil de l'Europe. Le Secrétaire Général en communiquera des copies certifiées conformes à tous les signataires.

Geschehen zu Rom am 4. November 1950 in englischer und französischer Sprache, wobei jeder Wortlaut gleichermaßen verbindlich ist, in einer Urschrift, die im Archiv des Europarats hinterlegt wird. Der Generalsekretär übermittelt allen Unterzeichnern beglaubigte Abschriften.

Zusatzprotokoll zur Konvention zum Schutz der Menschenrechte und Grundfreiheiten

Protocol to the Convention for the Protection of Human Rights and Fundamental Freedoms

Protocole additionnel à la Convention de sauvegarde des Droits de l'Homme et des Libertés fondamentales

(Übersetzung)

The governments signatory hereto, being members of the Council of Europe,

Being resolved to take steps to ensure the collective enforcement of certain rights and freedoms other than those already included in Section I of the Convention for the Protection of Human Rights and Fundamental Freedoms signed at Rome on 4th November, 1950 (hereinafter referred to as "the Convention"),

Have agreed as follows:

Les gouvernements signataires, membres du Conseil de l'Europe,

Résolus à prendre des mesures propres à assurer la garantie collective de droits et libertés autres que ceux qui figurent déjà dans le titre I de la Convention de sauvegarde des Droits de l'Homme et des Libertés fondamentales, signée à Rome le 4 novembre 1950 (ci-après dénommée «la Convention»),

Sont convenus de ce qui suit:

Die Unterzeichnerregierungen, Mitglieder des Europarats –

entschlossen, Maßnahmen zur kollektiven Gewährleistung gewisser Rechte und Freiheiten zu treffen, die in Abschnitt I der am 4. November 1950 in Rom unterzeichneten Konvention zum Schutz der Menschenrechte und Grundfreiheiten (im Folgenden als „Konvention" bezeichnet) noch nicht enthalten sind –

haben Folgendes vereinbart:

Article 1

Protection of property

Every natural or legal person is entitled to the peaceful enjoyment of his possessions. No one shall be deprived of his possessions except in the public interest and subject to the conditions provided for by law and by the general principles of international law.

The preceding provisions shall not, however, in any way impair the right of a State to enforce such laws as it deems necessary to control the use of property in accordance with the general interest or to secure the payment of taxes or other contributions or penalties.

Article 1

Protection de la propriété

Toute personne physique ou morale a droit au respect de ses biens. Nul ne peut être privé de sa propriété que pour cause d'utilité publique et dans les conditions prévues par la loi et les principes généraux du droit international.

Les dispositions précédentes ne portent pas atteinte au droit que possèdent les Etats de mettre en vigueur les lois qu'ils jugent nécessaires pour réglementer l'usage des biens conformément à l'intérêt général ou pour assurer le paiement des impôts ou d'autres contributions ou des amendes.

Artikel 1

Schutz des Eigentums

Jede natürliche oder juristische Person hat das Recht auf Achtung ihres Eigentums. Niemandem darf sein Eigentum entzogen werden, es sei denn, dass das öffentliche Interesse es verlangt, und nur unter den durch Gesetz und durch die allgemeinen Grundsätze des Völkerrechts vorgesehenen Bedingungen.

Absatz 1 beeinträchtigt jedoch nicht das Recht des Staates, diejenigen Gesetze anzuwenden, die er für die Regelung der Benutzung des Eigentums im Einklang mit dem Allgemeininteresse oder zur Sicherung der Zahlung der Steuern oder sonstigen Abgaben oder von Geldstrafen für erforderlich hält.

Article 2

Right to education

No person shall be denied the right to education. In the exercise of any functions which it assumes in relation to education and to teaching, the State shall respect the right of parents to ensure such education and teaching in conformity with their own religious and philosophical convictions.

Article 2

Droit à l'instruction

Nul ne peut se voir refuser le droit à l'instruction. L'Etat, dans l'exercice des fonctions qu'il assumera dans le domaine de l'education et de l'enseignement, respectera le droit des parents d'assurer cette éducation et cet enseignement conformément à leurs convictions religieuses et philosophiques.

Artikel 2

Recht auf Bildung

Niemandem darf das Recht auf Bildung verwehrt werden. Der Staat hat bei Ausübung der von ihm auf dem Gebiet der Erziehung und des Unterrichts übernommenen Aufgaben das Recht der Eltern zu achten, die Erziehung und den Unterricht entsprechend ihren eigenen religiösen und weltanschaulichen Überzeugungen sicherzustellen.

Article 3

Right to free elections

The High Contracting Parties undertake to hold free elections at reasonable intervals by secret ballot, under conditions

Article 3

Droit à des élections libres

Les Hautes Parties contractantes s'engagent à organiser, à des intervalles raisonnables, des élections libres au scrutin

Artikel 3

Recht auf freie Wahlen

Die Hohen Vertragsparteien verpflichten sich, in angemessenen Zeitabständen freie und geheime Wahlen unter Bedingungen

which will ensure the free expression of the opinion of the people in the choice of the legislature.

secret, dans les conditions qui assurent la libre expression de l'opinion du peuple sur le choix du corps législatif.

abzuhalten, welche die freie Äußerung der Meinung des Volkes bei der Wahl der gesetzgebenden Körperschaften gewährleisten.

Article 4

Territorial application

Any High Contracting Party may at the time of signature or ratification or at any time thereafter communicate to the Secretary General of the Council of Europe a declaration stating the extent to which it undertakes that the provisions of the present Protocol shall apply to such of the territories for the international relations of which it is responsible as are named therein.

Any High Contracting Party which has communicated a declaration in virtue of the preceding paragraph may from time to time communicate a further declaration modifying the terms of any former declaration or terminating the application of the provisions of this Protocol in respect of any territory.

A declaration made in accordance with this article shall be deemed to have been made in accordance with paragraph 1 of Article 56 of the Convention.

Article 4

Application territoriale

Toute Haute Partie contractante peut, au moment de la signature ou de la ratification du présent protocole ou à tout moment par la suite, communiquer au Secrétaire Général du Conseil de l'Europe une déclaration indiquant la mesure dans laquelle elle s'engage à ce que les dispositions du présent protocole s'appliquent à tels territoires qui sont désignés dans ladite déclaration et dont elle assure les relations internationales.

Toute Haute Partie contractante qui a communiqué une déclaration en vertu du paragraphe précédent peut, de temps à autre, communiquer une nouvelle déclaration modifiant les termes de toute déclaration antérieure ou mettant fin à l'application des dispositions du présent protocole sur un territoire quelconque.

Une déclaration faite conformément au présent article sera considérée comme ayant été faite conformément au paragraphe 1 de l'article 56 de la Convention.

Artikel 4

Räumlicher Geltungsbereich

Jede Hohe Vertragspartei kann im Zeitpunkt der Unterzeichnung oder Ratifikation dieses Protokolls oder zu jedem späteren Zeitpunkt an den Generalsekretär des Europarats eine Erklärung darüber richten, in welchem Umfang sie sich zur Anwendung dieses Protokolls auf die in der Erklärung angegebenen Hoheitsgebiete verpflichtet, für deren internationale Beziehungen sie verantwortlich ist.

Jede Hohe Vertragspartei, die eine Erklärung nach Absatz 1 abgegeben hat, kann jederzeit eine weitere Erklärung abgeben, die den Inhalt einer früheren Erklärung ändert oder die Anwendung der Bestimmungen dieses Protokolls auf irgendein Hoheitsgebiet beendet.

Eine nach diesem Artikel abgegebene Erklärung gilt als eine Erklärung im Sinne des Artikels 56 Absatz 1 der Konvention.

Article 5

Relationship to the Convention

As between the High Contracting Parties the provisions of Articles 1, 2, 3 and 4 of this Protocol shall be regarded as additional articles to the Convention and all provisions of the Convention shall apply accordingly.

Article 5

Relations avec la Convention

Les Hautes Parties contractantes considéreront les articles 1, 2, 3 et 4 de ce protocole comme des articles additionnels à la Convention et toutes les dispositions de la Convention s'appliqueront en conséquence.

Artikel 5

Verhältnis zur Konvention

Die Hohen Vertragsparteien betrachten die Artikel 1, 2, 3 und 4 dieses Protokolls als Zusatzartikel zur Konvention; alle Bestimmungen der Konvention sind dementsprechend anzuwenden.

Article 6

Signature and ratification

This Protocol shall be open for signature by the members of the Council of Europe, who are the signatories of the Convention; it shall be ratified at the same time as or after the ratification of the Convention. It shall enter into force after the deposit of ten instruments of ratification. As regards any signatory ratifying subsequently, the Protocol shall enter into force at the date of the deposit of its instrument of ratification.

The instruments of ratification shall be deposited with the Secretary General of the Council of Europe, who will notify all members of the names of those who have ratified.

Article 6

Signature et ratification

Le présent protocole est ouvert à la signature des membres du Conseil de l'Europe, signataires de la Convention; il sera ratifié en même temps que la Convention ou après la ratification de celle-ci. Il entrera en vigueur après le dépôt de dix instruments de ratification. Pour tout signataire qui le ratifiera ultérieurement, le protocole entrera en vigueur dès le dépôt de l'instrument de ratification.

Les instruments de ratification seront déposés près le Secrétaire Général du Conseil de l'Europe qui notifiera à tous les membres les noms de ceux qui l'auront ratifié.

Artikel 6

Unterzeichnung und Ratifikation

Dieses Protokoll liegt für die Mitglieder des Europarats, die Unterzeichner der Konvention sind, zur Unterzeichnung auf; es wird gleichzeitig mit der Konvention oder zu einem späteren Zeitpunkt ratifiziert. Es tritt nach Hinterlegung von zehn Ratifikationsurkunden in Kraft. Für jeden Unterzeichner, der das Protokoll später ratifiziert, tritt es mit der Hinterlegung seiner Ratifikationsurkunde in Kraft.

Die Ratifikationsurkunden werden beim Generalsekretär des Europarats hinterlegt, der allen Mitgliedern die Namen derjenigen Staaten, die das Protokoll ratifiziert haben, notifiziert.

Done at Paris on the 20th day of March 1952, in English and French, both texts being equally authentic, in a single copy which shall remain deposited in the archives of the Council of Europe. The Secretary General shall transmit certified copies to each of the signatory governments.

Fait à Paris, le 20 mars 1952, en français et en anglais, les deux textes faisant également foi, en un seul exemplaire qui sera déposé dans les archives du Conseil de l'Europe. Le Secrétaire Général du Conseil en communiquera copie certifiée conforme à chacun des gouvernements signataires.

Geschehen zu Paris am 20. März 1952 in englischer und französischer Sprache, wobei jeder Wortlaut gleichermaßen verbindlich ist, in einer Urschrift, die im Archiv des Europarats hinterlegt wird. Der Generalsekretär übermittelt allen Unterzeichnerregierungen beglaubigte Abschriften.

Protokoll Nr. 4
zur Konvention zum Schutz der Menschenrechte und Grundfreiheiten, durch das gewisse Rechte und Freiheiten gewährleistet werden, die nicht bereits in der Konvention oder im ersten Zusatzprotokoll enthalten sind

Protocol No. 4
to the Convention for the Protection of Human Rights and Fundamental Freedoms, securing certain rights and freedoms other than those already included in the Convention and in the first Protocol thereto

Protocole n° 4
à la Convention de sauvegarde des Droits de l'Homme et des Libertés fondamentales, reconnaissant certains droits et libertés autres que ceux figurant déjà dans la Convention et dans le premier Protocole additionnel à la Convention

(Übersetzung)

The governments signatory hereto, being members of the Council of Europe,

Les gouvernements signataires, membres du Conseil de l'Europe,

Die Unterzeichnerregierungen, Mitglieder des Europarats –

Being resolved to take steps to ensure the collective enforcement of certain rights and freedoms other than those already included in Section I of the Convention for the Protection of Human Rights and Fundamental Freedoms signed at Rome on 4th November 1950 (hereinafter referred to as "the Convention") and in Articles 1 to 3 of the First Protocol to the Convention, signed at Paris on 20th March 1952,

Résolus à prendre des mesures propres à assurer la garantie collective de droits et libertés autres que ceux qui figurent déjà dans le titre I de la Convention de sauvegarde des Droits de l'Homme et des Libertés fondamentales, signée à Rome le 4 novembre 1950 (ci-après dénommée «la Convention») et dans les articles 1 à 3 du premier Protocole additionnel à la Convention, signé à Paris le 20 mars 1952,

entschlossen, Maßnahmen zur kollektiven Gewährleistung gewisser Rechte und Freiheiten zu treffen, die in Abschnitt I der am 4. November 1950 in Rom unterzeichneten Konvention zum Schutz der Menschenrechte und Grundfreiheiten (im Folgenden als „Konvention" bezeichnet) und in den Artikeln 1 bis 3 des am 20. März 1952 in Paris unterzeichneten ersten Zusatzprotokolls zur Konvention noch nicht enthalten sind –

Have agreed as follows:

Sont convenus de ce qui suit:

haben Folgendes vereinbart.

Article 1
Prohibition of imprisonment for debt

No one shall be deprived of his liberty merely on the ground of inability to fulfil a contractual obligation.

Article 1
Interdiction de l'emprisonnement pour dette

Nul ne peut être privé de sa liberté pour la seule raison qu'il n'est pas en mesure d'exécuter une obligation contractuelle.

Artikel 1
Verbot der Freiheitsentziehung wegen Schulden

Niemandem darf die Freiheit allein deshalb entzogen werden, weil er nicht in der Lage ist, eine vertragliche Verpflichtung zu erfüllen.

Article 2
Freedom of movement

1 Everyone lawfully within the territory of a State shall, within that territory, have the right to liberty of movement and freedom to choose his residence.

2 Everyone shall be free to leave any country, including his own.

3 No restrictions shall be placed on the exercise of these rights other than such as are in accordance with law and are necessary in a democratic society in the interests of national security or public safety, for the maintenance of *ordre public*, for the prevention of crime, for the protection of

Article 2
Liberté de circulation

1 Quiconque se trouve régulièrement sur le territoire d'un Etat a le droit d'y circuler librement et d'y choisir librement sa résidence.

2 Toute personne est libre de quitter n'importe quel pays, y compris le sien.

3 L'exercice de ces droits ne peut faire l'objet d'autres restrictions que celles qui, prévues par la loi, constituent des mesures nécessaires, dans une société démocratique, à la sécurité nationale, à la sûreté publique, au maintien de l'ordre public, à la prévention des infractions pénales, à la

Artikel 2
Freizügigkeit

(1) Jede Person, die sich rechtmäßig im Hoheitsgebiet eines Staates aufhält, hat das Recht, sich dort frei zu bewegen und ihren Wohnsitz frei zu wählen.

(2) Jeder Person steht es frei, jedes Land, einschließlich des eigenen, zu verlassen.

(3) Die Ausübung dieser Rechte darf nur Einschränkungen unterworfen werden, die gesetzlich vorgesehen und in einer demokratischen Gesellschaft notwendig sind für die nationale oder öffentliche Sicherheit, zur Aufrechterhaltung der öffentlichen Ord-

health or morals, or for the protection of the rights and freedoms of others.

4 The rights set forth in paragraph 1 may also be subject, in particular areas, to restrictions imposed in accordance with law and justified by the public interest in a democratic society.

protection de la santé ou de la morale, ou à la protection des droits et libertés d'autrui.

4 Les droits reconnus au paragraphe 1 peuvent également, dans certaines zones déterminées, faire l'objet de restrictions qui, prévues par la loi, sont justifiées par l'intérêt public dans une société démocratique.

nung, zur Verhütung von Straftaten, zum Schutz der Gesundheit oder der Moral oder zum Schutz der Rechte und Freiheiten anderer.

(4) Die in Absatz 1 anerkannten Rechte können ferner für bestimmte Gebiete Einschränkungen unterworfen werden, die gesetzlich vorgesehen und in einer demokratischen Gesellschaft durch das öffentliche Interesse gerechtfertigt sind.

Article 3

Prohibition of expulsion of nationals

1 No one shall be expelled, by means either of an individual or of a collective measure, from the territory of the State of which he is a national.

2 No one shall be deprived of the right to enter the territory of the State of which he is a national.

Article 3

Interdiction de l'expulsion des nationaux

1 Nul ne peut être expulsé, par voie de mesure individuelle ou collective, du territoire de l'Etat dont il est le ressortissant.

2 Nul ne peut être privé du droit d'entrer sur le territoire de l'Etat dont il est le ressortissant.

Artikel 3

Verbot der Ausweisung eigener Staatsangehöriger

(1) Niemand darf durch eine Einzel- oder Kollektivmaßnahme aus dem Hoheitsgebiet des Staates ausgewiesen werden, dessen Angehöriger er ist.

(2) Niemandem darf das Recht entzogen werden, in das Hoheitsgebiet des Staates einzureisen, dessen Angehöriger er ist.

Article 4

Prohibition of collective expulsion of aliens

Collective expulsion of aliens is prohibited.

Article 4

Interdiction des expulsions collectives d'étrangers

Les expulsions collectives d'étrangers sont interdites.

Artikel 4

Verbot der Kollektivausweisung ausländischer Personen

Kollektivausweisungen ausländischer Personen sind nicht zulässig.

Article 5

Territorial application

1 Any High Contracting Party may, at the time of signature or ratification of this Protocol, or at any time thereafter, communicate to the Secretary General of the Council of Europe a declaration stating the extent to which it undertakes that the provisions of this Protocol shall apply to such of the territories for the international relations of which it is responsible as are named therein.

2 Any High Contracting Party which has communicated a declaration in virtue of the preceding paragraph may, from time to time, communicate a further declaration modifying the terms of any former declaration or terminating the application of the provisions of this Protocol in respect of any territory.

3 A declaration made in accordance with this article shall be deemed to have been made in accordance with paragraph 1 of Article 56 of the Convention.

4 The territory of any State to which this Protocol applies by virtue of ratification or acceptance by that State, and each territory to which this Protocol is applied by virtue of a declaration by that State under this article, shall be treated as separate territories for the purpose of the references in Articles 2 and 3 to the territory of a State.

5 Any State which has made a declaration in accordance with paragraph 1 or 2 of this article may at any time thereafter declare on behalf of one or more of the ter-

Article 5

Application territoriale

1 Toute Haute Partie contractante peut, au moment de la signature ou de la ratification du présent Protocole ou à tout moment par la suite, communiquer au Secrétaire Général du Conseil de l'Europe une déclaration indiquant la mesure dans laquelle elle s'engage à ce que les dispositions du présent Protocole s'appliquent à tels territoires qui sont désignés dans ladite déclaration et dont elle assure les relations internationales.

2 Toute Haute Partie contractante qui a communiqué une déclaration en vertu du paragraphe précédent peut, de temps à autre, communiquer une nouvelle déclaration modifiant les termes de toute déclaration antérieure ou mettant fin à l'application des dispositions du présent Protocole sur un territoire quelconque.

3 Une déclaration faite conformément au présent article sera considérée comme ayant été fait conformément au paragraphe 1 de l'article 56 de la Convention.

4 Le territoire de tout Etat auquel le présent Protocole s'applique en vertu de sa ratification ou de son acceptation par ledit Etat, et chacun des territoires auxquels le Protocole s'applique en vertu d'une déclaration souscrite par ledit Etat conformément au présent article, seront considérés comme des territoires distincts aux fins des références au territoire d'un Etat faites par les articles 2 et 3.

5 Tout Etat qui a fait une déclaration conformément au paragraphe 1 ou 2 du présent article peut, à tout moment par la suite, déclarer relativement à un ou plu-

Artikel 5

Räumlicher Geltungsbereich

(1) Jede Hohe Vertragspartei kann im Zeitpunkt der Unterzeichnung oder Ratifikation dieses Protokolls oder zu jedem späteren Zeitpunkt an den Generalsekretär des Europarats eine Erklärung darüber richten, in welchem Umfang sie sich zur Anwendung dieses Protokolls auf die in der Erklärung angegebenen Hoheitsgebiete verpflichtet, für deren internationale Beziehungen sie verantwortlich ist.

(2) Jede Hohe Vertragspartei, die eine Erklärung nach Absatz 1 abgegeben hat, kann jederzeit eine weitere Erklärung abgeben, die den Inhalt einer früheren Erklärung ändert oder die Anwendung der Bestimmungen dieses Protokolls auf irgendein Hoheitsgebiet beendet.

(3) Eine nach diesem Artikel abgegebene Erklärung gilt als eine Erklärung im Sinne des Artikels 56 Absatz 1 der Konvention.

(4) Das Hoheitsgebiet eines Staates, auf das dieses Protokoll aufgrund der Ratifikation oder Annahme durch diesen Staat Anwendung findet, und jedes Hoheitsgebiet, auf welches das Protokoll aufgrund einer von diesem Staat nach diesem Artikel abgegebenen Erklärung Anwendung findet, werden als getrennte Hoheitsgebiete betrachtet, soweit die Artikel 2 und 3 auf das Hoheitsgebiet eines Staates Bezug nehmen.

(5) Jeder Staat, der eine Erklärung nach Absatz 1 oder 2 abgegeben hat, kann jederzeit danach für eines oder mehrere der in der Erklärung bezeichneten Hoheits-

ritories to which the declaration relates that it accepts the competence of the Court to receive applications from individuals, non-governmental organisations or groups of individuals as provided in Article 34 of the Convention in respect of all or any of Articles 1 to 4 of this Protocol.

sieurs des territoires visés dans cette déclaration qu'il accepte la compétence de la Cour pour connaître des requêtes de personnes physiques, d'organisations non gouvernementales ou de groupes de particuliers, comme le prévoit l'article 34 de la Convention, au titre des articles 1 à 4 du présent Protocole ou de certains d'entre eux.

gebiete erklären, dass er die Zuständigkeit des Gerichtshofs, Beschwerden von natürlichen Personen, nichtstaatlichen Organisationen oder Personengruppen nach Artikel 34 der Konvention entgegenzunehmen, für die Artikel 1 bis 4 dieses Protokolls insgesamt oder für einzelne dieser Artikel annimmt.

Article 6

Relationship to the Convention

As between the High Contracting Parties the provisions of Articles 1 to 5 of this Protocol shall be regarded as additional articles to the Convention, and all the provisions of the Convention shall apply accordingly.

Article 6

Relations avec la Convention

Les Hautes Parties contractantes considéreront les articles 1 à 5 de ce Protocole comme des articles additionnels à la Convention et toutes les dispositions de la Convention s'appliqueront en conséquence.

Artikel 6

Verhältnis zur Konvention

Die Hohen Vertragsparteien betrachten die Artikel 1 bis 5 dieses Protokolls als Zusatzartikel zur Konvention; alle Bestimmungen der Konvention sind dementsprechend anzuwenden.

Article 7

Signature and ratification

1 This Protocol shall be open for signature by the members of the Council of Europe who are the signatories of the Convention; it shall be ratified at the same time as or after the ratification of the Convention. It shall enter into force after the deposit of five instruments of ratification. As regards any signatory ratifying subsequently, the Protocol shall enter into force at the date of the deposit of its instrument of ratification.

2 The instruments of ratification shall be deposited with the Secretary General of the Council of Europe, who will notify all members of the names of those who have ratified.

Article 7

Signature et ratification

1 Le présent Protocole est ouvert à la signature des membres du Conseil de l'Europe, signataires de la Convention; il sera ratifié en même temps que la Convention ou après la ratification de celle-ci. Il entrera en vigueur après le dépôt de cinq instruments de ratification. Pour tout signataire qui le ratifiera ultérieurement, le Protocole entrera en vigueur dès le dépôt de l'instrument de ratification.

2 Les instruments de ratification seront déposés près le Secrétaire Général du Conseil de l'Europe qui notifiera à tous les membres les noms de ceux qui l'auront ratifié.

Artikel 7

Unterzeichnung und Ratifikation

(1) Dieses Protokoll liegt für die Mitglieder des Europarats, die Unterzeichner der Konvention sind, zur Unterzeichnung auf; es wird gleichzeitig mit der Konvention oder zu einem späteren Zeitpunkt ratifiziert. Es tritt nach Hinterlegung von fünf Ratifikationsurkunden in Kraft. Für jeden Unterzeichner, der das Protokoll später ratifiziert, tritt es mit der Hinterlegung der Ratifikationsurkunde in Kraft.

(2) Die Ratifikationsurkunden werden beim Generalsekretär des Europarats hinterlegt, der allen Mitgliedern die Namen derjenigen Staaten, die das Protokoll ratifiziert haben, notifiziert.

In witness whereof the undersigned, being duly authorised thereto, have signed this Protocol.

Done at Strasbourg, this 16th day of September 1963, in English and in French, both texts being equally authoritative, in a single copy which shall remain deposited in the archives of the Council of Europe. The Secretary General shall transmit certified copies to each of the signatory States.

En foi de quoi, les soussignés, dûment autorisés à cet effet, ont signé le présent Protocole.

Fait à Strasbourg, le 16 septembre 1963, en français et en anglais, les deux textes faisant également foi, en un seul exemplaire qui sera déposé dans les archives du Conseil de l'Europe. Le Secrétaire Général en communiquera copie certifiée conforme à chacun des Etats signataires.

Zu Urkund dessen haben die hierzu gehörig befugten Unterzeichneten dieses Protokoll unterschrieben.

Geschehen zu Straßburg am 16. September 1963 in englischer und französischer Sprache, wobei jeder Wortlaut gleichermaßen verbindlich ist, in einer Urschrift, die im Archiv des Europarats hinterlegt wird. Der Generalsekretär übermittelt allen Unterzeichnerstaaten beglaubigte Abschriften.

Protokoll Nr. 6
zur Konvention zum Schutz der Menschenrechte und Grundfreiheiten über die Abschaffung der Todesstrafe

Protocol No. 6
to the Convention for the Protection of Human Rights and Fundamental Freedoms concerning the abolition of the death penalty

Protocole n° 6
à la Convention de sauvegarde des Droits de l'Homme et des Libertés fondamentales concernant l'abolition de la peine de mort

(Übersetzung)

The member States of the Council of Europe, signatory to this Protocol to the Convention for the Protection of Human Rights and Fundamental Freedoms, signed at Rome on 4th November, 1950 (hereinafter referred to as "the Convention"),

Considering that the evolution that has occurred in several member States of the Council of Europe expresses a general tendency in favour of abolition of the death penalty,

Have agreed as follows:

Article 1

Abolition of the death penalty

The death penalty shall be abolished. No-one shall be condemned to such penalty or executed.

Article 2

Death penalty in time of war

A State may make provision in its law for the death penalty in respect of acts committed in time of war or of imminent threat of war; such penalty shall be applied only in the instances laid down in the law and in accordance with its provisions. The State shall communicate to the Secretary General of the Council of Europe the relevant provisions of that law.

Article 3

Prohibition of derogations

No derogation from the provisions of this Protocol shall be made under Article 15 of the Convention.

Les Etats membres du Conseil de l'Europe, signataires du présent Protocole à la Convention de sauvegarde des Droits de l'Homme et des Libertés fondamentales, signée à Rome le 4 novembre 1950 (ci-après dénommée «la Convention»),

Considérant que les développements intervenus dans plusieurs Etats membres du Conseil de l'Europe expriment une tendance générale en faveur de l'abolition de la peine de mort,

Sont convenus de ce qui suit:

Article 1

Abolition de la peine de mort

La peine de mort est abolie. Nul ne peut être condamné à telle peine ni exécuté.

Article 2

Peine de mort en temps de guerre

Un Etat peut prévoir dans sa législation la peine de mort pour des actes commis en temps de guerre ou de danger imminent de guerre; une telle peine ne sera appliquée que dans les cas prévus par cette législation et conformément à ses dispositions. Cet Etat communiquera au Secrétaire Général du Conseil de l'Europe les dispositions afférentes de la législation en cause.

Article 3

Interdiction de dérogations

Aucune dérogation n'est autorisée aux dispositions du présent Protocole au titre de l'article 15 de la Convention.

Die Mitgliedstaaten des Europarats, die dieses Protokoll zu der am 4. November 1950 in Rom unterzeichneten Konvention zum Schutz der Menschenrechte und Grundfreiheiten (im Folgenden als „Konvention" bezeichnet) unterzeichnen –

in der Erwägung, dass die in verschiedenen Mitgliedstaaten des Europarats eingetretene Entwicklung eine allgemeine Tendenz zugunsten der Abschaffung der Todesstrafe zum Ausdruck bringt –

haben Folgendes vereinbart:

Artikel 1

Abschaffung der Todesstrafe

Die Todesstrafe ist abgeschafft. Niemand darf zu dieser Strafe verurteilt oder hingerichtet werden.

Artikel 2

Todesstrafe in Kriegszeiten

Ein Staat kann in seinem Recht die Todesstrafe für Taten vorsehen, die in Kriegszeiten oder bei unmittelbarer Kriegsgefahr begangen werden; diese Strafe darf nur in den Fällen, die im Recht vorgesehen sind, und in Übereinstimmung mit dessen Bestimmungen angewendet werden. Der Staat übermittelt dem Generalsekretär des Europarats die einschlägigen Rechtsvorschriften.

Artikel 3

Verbot des Abweichens

Von diesem Protokoll darf nicht nach Artikel 15 der Konvention abgewichen werden.

Article 4

Prohibition of reservations

No reservation may be made under Article 57 of the Convention in respect of the provisions of this Protocol.

Article 4

Interdiction de réserves

Aucune réserve n'est admise aux dispositions du présent Protocole en vertu de l'article 57 de la Convention.

Artikel 4

Verbot von Vorbehalten

Vorbehalte nach Artikel 57 der Konvention zu Bestimmungen dieses Protokolls sind nicht zulässig.

Article 5

Territorial application

1 Any State may at the time of signature or when depositing its instrument of ratification, acceptance or approval, specify the territory or territories to which this Protocol shall apply.

2 Any State may at any later date, by a declaration addressed to the Secretary General of the Council of Europe, extend the application of this Protocol to any other territory specified in the declaration. In respect of such territory the Protocol shall enter into force on the first day of the month following the date of receipt of such declaration by the Secretary General.

3 Any declaration made under the two preceding paragraphs may, in respect of any territory specified in such declaration, be withdrawn by a notification addressed to the Secretary General. The withdrawal shall become effective on the first day of the month following the date of receipt of such notification by the Secretary General.

Article 5

Application territoriale

1 Tout Etat peut, au moment de la signature ou au moment du dépôt de son instrument de ratification, d'acceptation ou d'approbation, désigner le ou les territoires auxquels s'appliquera le présent Protocole.

2 Tout Etat peut, à tout autre moment par la suite, par une déclaration adressée au Secrétaire Général du Conseil de l'Europe, étendre l'application du présent Protocole à tout autre territoire désigné dans la déclaration. Le Protocole entrera en vigueur à l'égard de ce territoire le premier jour du mois qui suit la date de réception de la déclaration par le Secrétaire Général.

3 Toute déclaration faite en vertu des deux paragraphes précédents pourra être retirée, en ce qui concerne tout territoire désigné dans cette déclaration, par notification adressée au Secrétaire Général. Le retrait prendra effet le premier jour du mois qui suit la date de réception de la notification par le Secrétaire Général.

Artikel 5

Räumlicher Geltungsbereich

(1) Jeder Staat kann bei der Unterzeichnung oder bei der Hinterlegung seiner Ratifikations-, Annahme- oder Genehmigungsurkunde einzelne oder mehrere Hoheitsgebiete bezeichnen, auf die dieses Protokoll Anwendung findet.

(2) Jeder Staat kann jederzeit danach durch eine an den Generalsekretär des Europarats gerichtete Erklärung die Anwendung dieses Protokolls auf jedes weitere in der Erklärung bezeichnete Hoheitsgebiet erstrecken. Das Protokoll tritt für dieses Hoheitsgebiet am ersten Tag des Monats in Kraft, der auf den Eingang der Erklärung beim Generalsekretär folgt.

(3) Jede nach den Absätzen 1 und 2 abgegebene Erklärung kann in Bezug auf jedes darin bezeichnete Hoheitsgebiet durch eine an den Generalsekretär gerichtete Notifikation zurückgenommen werden. Die Rücknahme wird am ersten Tag des Monats wirksam, der auf den Eingang der Notifikation beim Generalsekretär folgt.

Article 6

Relationship to the Convention

As between the States Parties the provisions of Articles 1 to 5 of this Protocol shall be regarded as additional articles to the Convention and all the provisions of the Convention shall apply accordingly.

Article 6

Relations avec la Convention

Les Etats Parties considèrent les articles 1 à 5 du présent Protocole comme des articles additionnels à la Convention et toutes les dispositions de la Convention s'appliquent en conséquence.

Artikel 6

Verhältnis zur Konvention

Die Vertragsstaaten betrachten die Artikel 1 bis 5 dieses Protokolls als Zusatzartikel zur Konvention; alle Bestimmungen der Konvention sind dementsprechend anzuwenden.

Article 7

Signature and ratification

This Protocol shall be open for signature by the member States of the Council of Europe, signatories to the Convention. It shall be subject to ratification, acceptance or approval. A member State of the Council of Europe may not ratify, accept or approve this Protocol unless it has, simultaneously or previously, ratified the Convention. Instruments of ratification, acceptance or approval shall be deposited with the Secretary General of the Council of Europe.

Article 7

Signature et ratification

Le présent Protocole est ouvert à la signature des Etats membres du Conseil de l'Europe, signataires de la Convention. Il sera soumis à ratification, acceptation ou approbation. Un Etat membre du Conseil de l'Europe ne pourra ratifier, accepter ou approuver le présent Protocole sans avoir simultanément ou antérieurement ratifié la Convention. Les instruments de ratification, d'acceptation ou d'approbation seront déposés près le Secrétaire Général du Conseil de l'Europe.

Artikel 7

Unterzeichnung und Ratifikation

Dieses Protokoll liegt für die Mitgliedstaaten des Europarats, welche die Konvention unterzeichnet haben, zur Unterzeichnung auf. Es bedarf der Ratifikation, Annahme oder Genehmigung. Ein Mitgliedstaat des Europarats kann dieses Protokoll nur ratifizieren, annehmen oder genehmigen, wenn er die Konvention gleichzeitig ratifiziert oder sie früher ratifiziert hat. Die Ratifikations-, Annahme- oder Genehmigungsurkunden werden beim Generalsekretär des Europarats hinterlegt.

Article 8

Entry into force

1 This Protocol shall enter into force on the first day of the month following the date on which five member States of the Council of Europe have expressed their consent to be bound by the Protocol in accordance with the provisions of Article 7.

Article 8

Entrée en vigueur

1 Le présent Protocole entrera en vigueur le premier jour du mois qui suit la date à laquelle cinq Etats membres du Conseil de l'Europe auront exprimé leur consentement à être liés par le Protocole conformément aux dispositions de l'article 7.

Artikel 8

Inkrafttreten

(1) Dieses Protokoll tritt am ersten Tag des Monats in Kraft, der auf den Tag folgt, an dem fünf Mitgliedstaaten des Europarats nach Artikel 7 ihre Zustimmung ausgedrückt haben, durch das Protokoll gebunden zu sein.

2 In respect of any member State which subsequently expresses its consent to be bound by it, the Protocol shall enter into force on the first day of the month following the date of the deposit of the instrument of ratification, acceptance or approval.

2 Pour tout Etat membre qui exprimera ultérieurement son consentement à être lié par le Protocole, celui-ci entrera en vigueur le premier jour du mois qui suit la date du dépôt de l'instrument de ratification, d'acceptation ou d'approbation.

(2) Für jeden Mitgliedstaat, der später seine Zustimmung ausdrückt, durch das Protokoll gebunden zu sein, tritt es am ersten Tag des Monats in Kraft, der auf die Hinterlegung der Ratifikations-, Annahme- oder Genehmigungsurkunde folgt.

Article 9

Depositary functions

The Secretary General of the Council of Europe shall notify the member States of the Council of:

a any signature;

b the deposit of any instrument of ratification, acceptance or approval;

c any date of entry into force of this Protocol in accordance with Articles 5 and 8;

d any other act, notification or communication relating to this Protocol.

Article 9

Fonctions du dépositaire

Le Secrétaire Général du Conseil de l'Europe notifiera aux Etats membres du Conseil:

a toute signature;

b le dépôt de tout instrument de ratification, d'acceptation ou d'approbation;

c toute date d'entrée en vigueur du présent Protocole conformément à ses articles 5 et 8;

d tout autre acte, notification ou communication ayant trait au présent Protocole.

Artikel 9

Aufgaben des Verwahrers

Der Generalsekretär des Europarats notifiziert den Mitgliedstaaten des Rates

a) jede Unterzeichnung;

b) jede Hinterlegung einer Ratifikations-, Annahme- oder Genehmigungsurkunde;

c) jeden Zeitpunkt des Inkrafttretens dieses Protokolls nach den Artikeln 5 und 8;

d) jede andere Handlung, Notifikation oder Mitteilung im Zusammenhang mit diesem Protokoll.

In witness whereof the undersigned, being duly authorised thereto, have signed this Protocol.

Done at Strasbourg, this 28th day of April 1983, in English and French, both texts being equally authentic, in a single copy which shall be deposited in the archives of the Council of Europe. The Secretary General of the Council of Europe shall transmit certified copies to each member State of the Council of Europe.

En foi de quoi, les soussignés, dûment autorisés à cet effet, ont signé le présent Protocole.

Fait à Strasbourg, le 28 avril 1983, en français et en anglais, les deux textes faisant également foi, en un seul exemplaire, qui sera déposé dans les archives du Conseil de l'Europe. Le Secrétaire Général du Conseil de l'Europe en communiquera copie certifiée conforme à chacun des Etats membres du Conseil de l'Europe.

Zu Urkund dessen haben die hierzu gehörig befugten Unterzeichneten dieses Protokoll unterschrieben.

Geschehen zu Straßburg am 28. April 1983 in englischer und französischer Sprache, wobei jeder Wortlaut gleichermaßen verbindlich ist, in einer Urschrift, die im Archiv des Europarats hinterlegt wird. Der Generalsekretär des Europarats übermittelt allen Mitgliedstaaten des Europarats beglaubigte Abschriften.

II. Protokoll Nr. 7 zur Konvention zum Schutze der Menschenrechte und Grundfreiheiten

PROTOCOL NO. 7 TO THE CONVENTION FOR THE PROTECTION OF HUMAN RIGHTS AND FUNDAMENTAL FREEDOMS, AS AMENDED BY PROTOCOL NO. 11

Strasbourg, 22.XI.1984

Headings of articles added and text amended according to the provisions of Protocol No. 11 (ETS No. 155) as from its entry into force on 1 November 1998.

The member States of the Council of Europe signatory hereto,

Being resolved to take further steps to ensure the collective enforcement of certain rights and freedoms by means of the Convention for the Protection of Human Rights and Fundamental Freedoms signed at Rome on 4 November 1950 (hereinafter referred to as "the Convention"),

Have agreed as follows :

Article 1 – Procedural safeguards relating to expulsion of aliens

1 An alien lawfully resident in the territory of a State shall not be expelled therefrom except in pursuance of a decision reached in accordance with law and shall be allowed:

a to submit reasons against his expulsion,

b to have his case reviewed, and

c to be represented for these purposes before the competent authority or a person or persons designated by that authority.

2 An alien may be expelled before the exercise of his rights under paragraph 1.a, b and c of this Article, when such expulsion is necessary in the interests of public order or is grounded on reasons of national security.

Article 2 – Right of appeal in criminal matters

1 Everyone convicted of a criminal offence by a tribunal shall have the right to have his conviction or sentence reviewed by a higher tribunal. The exercise of this right, including the grounds on which it may be exercised, shall be governed by law.

2 This right may be subject to exceptions in regard to offences of a minor character, as prescribed by law, or in cases in which the person concerned was tried in the first instance by the highest tribunal or was convicted following an appeal against acquittal.

Article 3 – Compensation for wrongful conviction

When a person has by a final decision been convicted of a criminal offence and when subsequently his conviction has been reversed, or he has been pardoned, on the ground that a new or newly discovered fact shows conclusively that there has been a miscarriage of justice, the person who has suffered punishment as a result of such conviction shall be compensated according to the law or the practice of the State concerned, unless it is proved that the non-disclosure of the unknown fact in time is wholly or partly attributable to him.

Article 4 – Right not to be tried or punished twice

No one shall be liable to be tried or punished again in criminal proceedings under the jurisdiction of the same State for an offence for which he has already been finally acquitted or convicted in accordance with the law and penal procedure of that State. **1**

The provisions of the preceding paragraph shall not prevent the reopening of the case in accordance with the law and penal procedure of the State concerned, if there is evidence of new or newly discovered facts, or if there has been a fundamental defect in the previous proceedings, which could affect the outcome of the case. **2**

No derogation from this Article shall be made under Article 15 of the Convention. **3**

Article 5 – Equality between spouses

Spouses shall enjoy equality of rights and responsibilities of a private law character between them, and in their relations with their children, as to marriage, during marriage and in the event of its dissolution. This Article shall not prevent States from taking such measures as are necessary in the interests of the children.

Article 6 – Territorial application

1 Any State may at the time of signature or when depositing its instrument of ratification, acceptance or approval, specify the territory or territories to which the Protocol shall apply and state the extent to which it undertakes that the provisions of this Protocol shall apply to such territory or territories.

2 Any State may at any later date, by a declaration addressed to the Secretary General of the Council of Europe, extend the application of this Protocol to any other territory specified in the declaration. In respect of such territory the Protocol shall enter into force on the first day of the month following the expiration of a period of two months after the date of receipt by the Secretary General of such declaration.

3 Any declaration made under the two preceding paragraphs may, in respect of any territory specified in such declaration, be withdrawn or modified by a notification addressed to the Secretary General. The withdrawal or modification shall become effective on the first day of the month following the expiration of a period of two months after the date of receipt of such notification by the Secretary General.

4[1] A declaration made in accordance with this Article shall be deemed to have been made in accordance with paragraph 1 of Article 56 of the Convention.

5 The territory of any State to which this Protocol applies by virtue of ratification, acceptance or approval by that State, and each territory to which this Protocol is applied by virtue of a declaration by that State under this Article, may be treated as separate territories for the purpose of the reference in Article 1 to the territory of a State.

6[2] Any State which has made a declaration in accordance with paragraph 1 or 2 of this Article may at any time thereafter declare on behalf of one or

[1] Text amended according to the provisions of Protocol No. 11 (ETS No. 155).

[2] Text added according to the provisions of Protocol No. 11 (ETS No. 155).

more of the territories to which the declaration relates that it accepts the competence of the Court to receive applications from individuals, non-governmental organisations or groups of individuals as provided in Article 34 of the Convention in respect of Articles 1 to 5 of this Protocol.

Article 7[1] – Relationship to the Convention

As between the States Parties, the provisions of Article 1 to 6 of this Protocol shall be regarded as additional Articles to the Convention, and all the provisions of the Convention shall apply accordingly.

Article 8 – Signature and ratification

This Protocol shall be open for signature by member States of the Council of Europe which have signed the Convention. It is subject to ratification, acceptance or approval. A member State of the Council of Europe may not ratify, accept or approve this Protocol without previously or simultaneously ratifying the Convention. Instruments of ratification, acceptance or approval shall be deposited with the Secretary General of the Council of Europe.

Article 9 – Entry into force

This Protocol shall enter into force on the first day of the month following **1**
the expiration of a period of two months after the date on which seven member States of the Council of Europe have expressed their consent to be bound by the Protocol in accordance with the provisions of Article 8.

In respect of any member State which subsequently expresses its consent **2**
to be bound by it, the Protocol shall enter into force on the first day of the month following the expiration of a period of two months after the date of the deposit of the instrument of ratification, acceptance or approval.

[1] Text amended according to the provisions of Protocol No. 11 (ETS No. 155).

Article 10 – Depositary functions

The Secretary General of the Council of Europe shall notify all the member States of the Council of Europe of:

a any signature;

b the deposit of any instrument of ratification, acceptance or approval;

c any date of entry into force of this Protocol in accordance with Articles 6 and 9;

d any other act, notification or declaration relating to this Protocol.

In witness whereof the undersigned, being duly authorised thereto, have signed this Protocol.

Done at Strasbourg, this 22nd day of November 1984, in English and French, both texts being equally authentic, in a single copy which shall be deposited in the archives of the Council of Europe. The Secretary General of the Council of Europe shall transmit certified copies to each member State of the Council of Europe.

PROTOCOLE N° 7 À LA CONVENTION DE SAUVEGARDE DES DROITS DE L'HOMME ET DES LIBERTÉS FONDAMENTALES, TEL QU'AMENDÉ PAR LE PROTOCOLE N° 11

Strasbourg, 22.XI.1984

Intitulés d'articles ajoutés et texte amendé conformément aux dispositions du Protocole n° 11 (STE n° 155), à compter de son entrée en vigueur le 1er novembre 1998.

Les Etats membres du Conseil de l'Europe, signataires du présent Protocole,

Résolus à prendre de nouvelles mesures propres à assurer la garantie collective de certains droits et libertés par la Convention de Sauvegarde des Droits de l'Homme et des Libertés fondamentales, signée à Rome le 4 novembre 1950 (ci-après dénommée «la Convention»),

Sont convenus de ce qui suit :

Article 1 – Garanties procédurales en cas d'expulsion d'étrangers

1 Un étranger résidant régulièrement sur le territoire d'un Etat ne peut en être expulsé qu'en exécution d'une décision prise conformément à la loi et doit pouvoir :

a faire valoir les raisons qui militent contre son expulsion,

b faire examiner son cas, et

c se faire représenter à ces fins devant l'autorité compétente ou une ou plusieurs personnes désignées par cette autorité.

2 Un étranger peut être expulsé avant l'exercice des droits énumérés au paragraphe 1.a, b et c de cet article lorsque cette expulsion est nécessaire dans l'intérêt de l'ordre public ou est basée sur des motifs de sécurité nationale.

Article 2 – Droit à un double degré de juridiction en matière pénale

1 Toute personne déclarée coupable d'une infraction pénale par un tribunal a le droit de faire examiner par une juridiction supérieure la déclaration de culpabilité ou la condamnation. L'exercice de ce droit, y compris les motifs pour lesquels il peut être exercé, sont régis par la loi.

2 Ce droit peut faire l'objet d'exceptions pour des infractions mineures telles qu'elles sont définies par la loi ou lorsque l'intéressé a été jugé en première instance par la plus haute juridiction ou a été déclaré coupable et condamné à la suite d'un recours contre son acquittement.

Article 3 – Droit d'indemnisation en cas d'erreur judiciaire

Lorsqu'une condamnation pénale définitive est ultérieurement annulée, ou lorsque la grâce est accordée, parce qu'un fait nouveau ou nouvellement révélé prouve qu'il s'est produit une erreur judiciaire, la personne qui a subi une peine en raison de cette condamnation est indemnisée, conformément à la loi ou à l'usage en vigueur dans l'Etat concerné, à moins qu'il ne soit prouvé que la non-révélation en temps utile du fait inconnu lui est imputable en tout ou en partie.

Article 4 – Droit à ne pas être jugé ou puni deux fois

Nul ne peut être poursuivi ou puni pénalement par les juridictions du même Etat en raison d'une infraction pour laquelle il a déjà été acquitté ou condamné par un jugement définitif conformément à la loi et à la procédure pénale de cet Etat. **1**

Les dispositions du paragraphe précédent n'empêchent pas la réouverture du procès, conformément à la loi et à la procédure pénale de l'Etat concerné, si des faits nouveaux ou nouvellement révélés ou un vice fondamental dans la procédure précédente sont de nature à affecter le jugement intervenu. **2**

Aucune dérogation n'est autorisée au présent article au titre de l'article 15 de la Convention. **3**

Article 5 – Egalité entre époux

Les époux jouissent de l'égalité de droits et de responsabilités de caractère civil entre eux et dans leurs relations avec leurs enfants au regard du mariage, durant le mariage et lors de sa dissolution. Le présent article n'empêche pas les Etats de prendre les mesures nécessaires dans l'intérêt des enfants.

Article 6 – Application territoriale

Tout Etat peut, au moment de la signature ou au moment du dépôt de son instrument de ratification, d'acceptation ou d'approbation, désigner **1** le ou les territoires auxquels s'appliquera le présent Protocole, en indiquant la mesure dans laquelle il s'engage à ce que les dispositions du présent Protocole s'appliquent à ce ou ces territoires.

2 Tout Etat peut, à tout autre moment par la suite, par une déclaration adressée au Secrétaire Général du Conseil de l'Europe, étendre l'application du présent Protocole à tout autre territoire désigné dans la déclaration. Le Protocole entrera en vigueur à l'égard de ce territoire le premier jour du mois qui suit l'expiration d'une période de deux mois après la date de réception de la déclaration par le Secrétaire Général.

3 Toute déclaration faite en vertu des deux paragraphes précédents pourra être retirée ou modifiée en ce qui concerne tout territoire désigné dans cette déclaration, par notification adressée au Secrétaire Général. Le retrait ou la modification prendra effet le premier jour du mois qui suit l'expiration d'une période de deux mois après la date de réception de la notification par le Secrétaire Général.

4[1] Une déclaration faite conformément au présent article sera considérée comme ayant été faite conformément au paragraphe 1 de l'article 56 de la Convention.

5 Le territoire de tout Etat auquel le présent Protocole s'applique en vertu de sa ratification, de son acceptation ou de son approbation par ledit Etat, et chacun des territoires auxquels le Protocole s'applique en vertu d'une déclaration souscrite par le dit Etat conformément au présent article, peuvent être considérés comme des territoires distincts aux fins de la référence au territoire d'un Etat faite par l'article 1.

6[2] Tout Etat ayant fait une déclaration conformément au paragraphe 1 ou 2 du présent article peut, à tout moment par la suite, déclarer relativement à un ou plusieurs des territoires visés dans cette déclaration qu'il accepte

[1]Texte amendé conformément aux dispositions du Protocole n° 11 (STE n° 155).
[2]Texte amendé conformément aux dispositions du Protocole n° 11 (STE n° 155)..

la compétence de la Cour pour connaître des requêtes de personnes physiques, d'organisations non gouvernementales ou de groupes de particuliers, comme le prévoit l'article 34 de la Convention, au titre des articles 1 à 5 du présent Protocole.

Article 7[1] – Relations avec la Convention

Les Etats Parties considèrent les articles 1 à 6 du présent Protocole comme des articles additionnels à la Convention et toutes les dispositions de la Convention s'appliquent en conséquence.

Article 8 – Signature et ratification

Le présent Protocole est ouvert à la signature des Etats membres du Conseil de l'Europe qui ont signé la Convention. Il sera soumis à ratification, acceptation ou approbation. Un Etat membre du Conseil de l'Europe ne peut ratifier, accepter ou approuver le présent Protocole sans avoir simultanément ou antérieurement ratifié la Convention. Les instruments de ratification, d'acceptation ou d'approbation seront déposés près le Secrétaire Général du Conseil de l'Europe.

Article 9 – Entrée en vigueur

Le présent Protocole entrera en vigueur le premier jour du mois qui suit **1**
l'expiration d'une période de deux mois après la date à laquelle sept Etats membres du Conseil de l'Europe auront exprimé leur consentement à être liés par le Protocole conformément aux dispositions de l'article 8.

Pour tout Etat membre qui exprimera ultérieurement son consentement à **2**
être lié par le Protocole, celui-ci entrera en vigueur le premier jour du mois qui suit l'expiration d'une période de deux mois après la date du dépôt de l'instrument de ratification, d'acceptation ou d'approbation.

[1]Texte ajouté conformément aux dispositions du Protocole n° 11 (STE n° 155)

Article 10 – Fonctions du dépositaire

Le Secrétaire Général du Conseil de l'Europe notifiera à tous les Etats membres du Conseil de l'Europe :

a toute signature;

b le dépôt de tout instrument de ratification, d'acceptation ou d'approbation;

c toute date d'entrée en vigueur du présent Protocole conformément à ses articles 6 et 9;

d tout autre acte, notification ou déclaration ayant trait au présent Protocole.

En foi de quoi, les soussignés dûment autorisés à cet effet, ont signé le présent Protocole.

Fait à Strasbourg, le 22 novembre 1984, en français et en anglais, les deux textes faisant également foi, en un seul exemplaire, qui sera déposé dans les archives du Conseil de l'Europe. Le Secrétaire Général du Conseil de l'Europe en communiquera copie certifiée conforme à chacun des Etats membres du Conseil de l'Europe.

III. Protokoll Nr. 12 zur Konvention zum Schutze der Menschenrechte und Grundfreiheiten

PROTOCOL NO. 12 TO THE CONVENTION FOR THE PROTECTION OF HUMAN RIGHTS AND FUNDAMENTAL FREEDOMS

Rome, 4.XI.2000

The member States of the Council of Europe signatory hereto,

Having regard to the fundamental principle according to which all persons are equal before the law and are entitled to the equal protection of the law;

Being resolved to take further steps to promote the equality of all persons through the collective enforcement of a general prohibition of discrimination by means of the Convention for the Protection of Human Rights and Fundamental Freedoms signed at Rome on 4 November 1950 (hereinafter referred to as "the Convention");

Reaffirming that the principle of non-discrimination does not prevent States Parties from taking measures in order to promote full and effective equality, provided that there is an objective and reasonable justification for those measures,

Have agreed as follows:

Article 1 – General prohibition of discrimination

1 The enjoyment of any right set forth by law shall be secured without discrimination on any ground such as sex, race, colour, language, religion, political or other opinion, national or social origin, association with a national minority, property, birth or other status.

2 No one shall be discriminated against by any public authority on any ground such as those mentioned in paragraph 1.

Article 2 – Territorial application

1 Any State may, at the time of signature or when depositing its instrument of ratification, acceptance or approval, specify the territory or territories to which this Protocol shall apply.

Any State may at any later date, by a declaration addressed to the Secretary General of the Council of Europe, extend the application of this Protocol to any other territory specified in the declaration. In respect of such territory the Protocol shall enter into force on the first day of the month following the expiration of a period of three months after the date of receipt by the Secretary General of such declaration. **2**

Any declaration made under the two preceding paragraphs may, in respect of any territory specified in such declaration, be withdrawn or modified by a notification addressed to the Secretary General of the Council of Europe. The withdrawal or modification shall become effective on the first day of the month following the expiration of a period of three months after the date of receipt of such notification by the Secretary General. **3**

A declaration made in accordance with this article shall be deemed to have been made in accordance with paragraph 1 of Article 56 of the Convention. **4**

Any State which has made a declaration in accordance with paragraph 1 or 2 of this article may at any time thereafter declare on behalf of one or more of the territories to which the declaration relates that it accepts the competence of the Court to receive applications from individuals, non-governmental organisations or groups of individuals as provided by Article 34 of the Convention in respect of Article 1 of this Protocol. **5**

Article 3 – Relationship to the Convention

As between the States Parties, the provisions of Articles 1 and 2 of this Protocol shall be regarded as additional articles to the Convention, and all the provisions of the Convention shall apply accordingly.

Article 4 – Signature and ratification

This Protocol shall be open for signature by member States of the Council of Europe which have signed the Convention. It is subject to ratification, acceptance or approval. A member State of the Council of Europe may not ratify, accept or approve this Protocol without previously or simultaneously ratifying the Convention. Instruments of ratification, acceptance or approval shall be deposited with the Secretary General of the Council of Europe.

Article 5 – Entry into force

1 This Protocol shall enter into force on the first day of the month following the expiration of a period of three months after the date on which ten member States of the Council of Europe have expressed their consent to be bound by the Protocol in accordance with the provisions of Article 4.

2 In respect of any member State which subsequently expresses its consent to be bound by it, the Protocol shall enter into force on the first day of the month following the expiration of a period of three months after the date of the deposit of the instrument of ratification, acceptance or approval.

Article 6 – Depositary functions

The Secretary General of the Council of Europe shall notify all the member States of the Council of Europe of:

a any signature;

b the deposit of any instrument of ratification, acceptance or approval;

c any date of entry into force of this Protocol in accordance with Articles 2 and 5;

d any other act, notification or communication relating to this Protocol.

In witness whereof the undersigned, being duly authorised thereto, have signed this Protocol.

Done at Rome, this 4th day of November 2000, in English and in French, both texts being equally authentic, in a single copy which shall be deposited in the archives of the Council of Europe. The Secretary General of the Council of Europe shall transmit certified copies to each member State of the Council of Europe.

PROTOCOLE N° 12 À LA CONVENTION DE SAUVEGARDE DES DROITS DE L'HOMME ET DES LIBERTÉS FONDAMENTALES,

Rome, 4.XI.2000

Les Etats membres du Conseil de l'Europe, signataires du présent Protocole,

Prenant en compte le principe fondamental selon lequel toutes les personnes sont égales devant la loi et ont droit à une égale protection de la loi;

Résolus à prendre de nouvelles mesures pour promouvoir l'égalité de tous par la garantie collective d'une interdiction générale de discrimination par la Convention de sauvegarde des Droits de l'Homme et des Libertés fondamentales, signée à Rome le 4 novembre 1950 (ci-après dénommée «la Convention») ;

Réaffirmant que le principe de non-discrimination n'empêche pas les Etats parties de prendre des mesures afin de promouvoir une égalité pleine et effective, à la condition qu'elles répondent à une justification objective et raisonnable,

Sont convenus de ce qui suit:

Article 1 – Interdiction générale de la discrimination

La jouissance de tout droit prévu par la loi doit être assurée, sans discrimination aucune, fondée notamment sur le sexe, la race, la couleur, la langue, la religion, les opinions politiques ou toutes autres opinions, l'origine nationale ou sociale, l'appartenance à une minorité nationale, la fortune, la naissance ou toute autre situation. 1

Nul ne peut faire l'objet d'une discrimination de la part d'une autorité publique quelle qu'elle soit fondée notamment sur les motifs mentionnés au paragraphe 1. 2

Article 2 – Application territoriale

Tout Etat peut, au moment de la signature ou au moment du dépôt de son instrument de ratification, d'acceptation ou d'approbation, désigner le ou les territoires auxquels s'appliquera le présent Protocole. 1

2 Tout Etat peut, à tout autre moment par la suite, par une déclaration adressée au Secrétaire Général du Conseil de l'Europe, étendre l'application du présent Protocole à tout autre territoire désigné dans la déclaration. Le Protocole entrera en vigueur à l'égard de ce territoire le premier jour du mois qui suit l'expiration d'une période de trois mois après la date de réception de la déclaration par le Secrétaire Général.

3 Toute déclaration faite en vertu des deux paragraphes précédents pourra être retirée ou modifiée, en ce qui concerne tout territoire désigné dans cette déclaration, par notification adressée au Secrétaire Général du Conseil de l'Europe. Le retrait ou la modification prendra effet le premier jour du mois qui suit l'expiration d'une période de trois mois après la date de réception de la notification par le Secrétaire Général.

4 Une déclaration faite conformément au présent article sera considérée comme ayant été faite conformément au paragraphe 1 de l'article 56 de la Convention.

5 Tout Etat ayant fait une déclaration conformément au paragraphe 1 ou 2 du présent article peut, à tout moment par la suite, déclarer relativement à un ou plusieurs des territoires visés dans cette déclaration qu'il accepte la compétence de la Cour pour connaître des requêtes de personnes physiques, d'organisations non gouvernementales ou de groupes de particuliers, comme le prévoit l'article 34 de la Convention, au titre de l'article 1 du présent Protocole.

Article 3 – Relations avec la Convention

Les Etats parties considèrent les articles 1 et 2 du présent Protocole comme des articles additionnels à la Convention et toutes les dispositions de la Convention s'appliquent en conséquence.

Article 4 – Signature et ratification

Le présent Protocole est ouvert à la signature des Etats membres du Conseil de l'Europe qui ont signé la Convention. Il sera soumis à ratification, acceptation ou approbation. Un Etat membre du Conseil de l'Europe ne peut ratifier, accepter ou approuver le présent Protocole sans avoir simultanément ou antérieurement ratifié la Convention. Les instruments de ratification, d'acceptation ou d'approbation seront déposés près le Secrétaire Général du Conseil de l'Europe.

Article 5 – Entrée en vigueur

Le présent Protocole entrera en vigueur le premier jour du mois qui suit l'expiration d'une période de trois mois après la date à laquelle dix Etats membres du Conseil de l'Europe auront exprimé leur consentement à être liés par le présent Protocole conformément aux dispositions de son article 4. 1

Pour tout Etat membre qui exprimera ultérieurement son consentement à être lié par le présent Protocole, celui-ci entrera en vigueur le premier jour du mois qui suit l'expiration d'une période de trois mois après la date du dépôt de l'instrument de ratification, d'acceptation ou d'approbation. 2

Article 6 – Fonctions du dépositaire

Le Secrétaire Général du Conseil de l'Europe notifiera à tous les Etats membres du Conseil de l'Europe:

a toute signature;

b le dépôt de tout instrument de ratification, d'acceptation ou d'approbation;

c toute date d'entrée en vigueur du présent Protocole conformément à ses articles 2 et 5;

d tout autre acte, notification ou communication, ayant trait au présent Protocole.

En foi de quoi, les soussignés, dûment autorisés à cet effet, ont signé le présent Protocole.

Fait à Rome, le 4 novembre 2000, en français et en anglais, les deux textes faisant également foi, en un seul exemplaire qui sera déposé dans les archives du Conseil de l'Europe. Le Secrétaire Général du Conseil de l'Europe en communiquera copie certifiée conforme à chacun des Etats membres du Conseil de l'Europe.

IV. Protokoll Nr. 13 zur Konvention zum Schutze der Menschenrechte und Grundfreiheiten über die vollständige Abschaffung der Todesstrafe

PROTOCOL NO. 13 TO THE CONVENTION FOR THE PROTECTION OF HUMAN RIGHTS AND FUNDAMENTAL FREEDOMS, CONCERNING THE ABOLITION OF THE DEATH PENALTY IN ALL CIRCUMSTANCES

Vilnius, 3.V.2002

The member States of the Council of Europe signatory hereto,

Convinced that everyone's right to life is a basic value in a democratic society and that the abolition of the death penalty is essential for the protection of this right and for the full recognition of the inherent dignity of all human beings;

Wishing to strengthen the protection of the right to life guaranteed by the Convention for the Protection of Human Rights and Fundamental Freedoms signed at Rome on 4 November 1950 (hereinafter referred to as "the Convention");

Noting that Protocol No. 6 to the Convention, concerning the Abolition of the Death Penalty, signed at Strasbourg on 28 April 1983, does not exclude the death penalty in respect of acts committed in time of war or of imminent threat of war;

Being resolved to take the final step in order to abolish the death penalty in all circumstances,

Have agreed as follows:

Article 1 – Abolition of the death penalty

The death penalty shall be abolished. No one shall be condemned to such penalty or executed.

Article 2 – Prohibition of derogations

No derogation from the provisions of this Protocol shall be made under Article 15 of the Convention.

Article 3 – Prohibition of reservations

No reservation may be made under Article 57 of the Convention in respect of the provisions of this Protocol.

Article 4 – Territorial application

Any State may, at the time of signature or when depositing its instrument of ratification, acceptance or approval, specify the territory or territories to which this Protocol shall apply. 1

Any State may at any later date, by a declaration addressed to the Secretary General of the Council of Europe, extend the application of this Protocol to any other territory specified in the declaration. In respect of such territory the Protocol shall enter into force on the first day of the month following the expiration of a period of three months after the date of receipt of such declaration by the Secretary General. 2

Any declaration made under the two preceding paragraphs may, in respect of any territory specified in such declaration, be withdrawn or modified by a notification addressed to the Secretary General. The withdrawal or modification shall become effective on the first day of the month following the expiration of a period of three months after the date of receipt of such notification by the Secretary General. 3

Article 5 – Relationship to the Convention

As between the States Parties the provisions of Articles 1 to 4 of this Protocol shall be regarded as additional articles to the Convention, and all the provisions of the Convention shall apply accordingly.

Article 6 – Signature and ratification

This Protocol shall be open for signature by member States of the Council of Europe which have signed the Convention. It is subject to ratification, acceptance or approval. A member State of the Council of Europe may not ratify, accept or approve this Protocol without previously or simultaneously ratifying the Convention. Instruments of ratification, acceptance or approval shall be deposited with the Secretary General of the Council of Europe.

Article 7 – Entry into force

1 This Protocol shall enter into force on the first day of the month following the expiration of a period of three months after the date on which ten member States of the Council of Europe have expressed their consent to be bound by the Protocol in accordance with the provisions of Article 6.

2 In respect of any member State which subsequently expresses its consent to be bound by it, the Protocol shall enter into force on the first day of the month following the expiration of a period of three months after the date of the deposit of the instrument of ratification, acceptance or approval.

Article 8 – Depositary functions

The Secretary General of the Council of Europe shall notify all the member States of the Council of Europe of:

a any signature;

b the deposit of any instrument of ratification, acceptance or approval;

c any date of entry into force of this Protocol in accordance with Articles 4 and 7;

d any other act, notification or communication relating to this Protocol.

In witness whereof the undersigned, being duly authorised thereto, have signed this Protocol.

Done at Vilnius, this 3 May 2002, in English and in French, both texts being equally authentic, in a single copy which shall be deposited in the archives of the Council of Europe. The Secretary General of the Council of Europe shall transmit certified copies to each member State of the Council of Europe.

PROTOCOLE N° 13 À LA CONVENTION DE SAUVEGARDE DES DROITS DE L'HOMME ET DES LIBERTÉS FONDAMENTALES, RELATIF À L'ABOLITION DE LA PEINE DE MORT EN TOUTES CIRCONSTANCES

Vilnius, 3.V.2002

Les Etats membres du Conseil de l'Europe, signataires du présent Protocole,

Convaincus que le droit de toute personne à la vie est une valeur fondamentale dans une société démocratique, et que l'abolition de la peine de mort est essentielle à la protection de ce droit et à la pleine reconnaissance de la dignité inhérente à tous les êtres humains;

Souhaitant renforcer la protection du droit à la vie garanti par la Convention de sauvegarde des Droits de l'Homme et des Libertés Fondamentales signée à Rome le 4 novembre 1950 (ci-après dénommée «la Convention»);

Notant que le Protocole n° 6 à la Convention concernant l'abolition de la peine de mort, signé à Strasbourg le 28 avril 1983, n'exclut pas la peine de mort pour des actes commis en temps de guerre ou de danger imminent de guerre;

Résolus à faire le pas ultime afin d'abolir la peine de mort en toutes circonstances,

Sont convenus de ce qui suit:

Article 1 – Abolition de la peine de mort

La peine de mort est abolie. Nul ne peut être condamné à une telle peine ni exécuté.

Article 2 – Interdiction de dérogations

Aucune dérogation n'est autorisée aux dispositions du présent Protocole au titre de l'article 15 de la Convention.

Article 3 – Interdiction de réserves

Aucune réserve n'est admise aux dispositions du présent Protocole au titre de l'article 57 de la Convention.

Article 4 – Application territoriale

Tout Etat peut, au moment de la signature ou au moment du dépôt de son instrument de ratification, d'acceptation ou d'approbation, désigner le ou les territoires auxquels s'appliquera le présent Protocole. 1

Tout Etat peut, à tout autre moment par la suite, par une déclaration adressée au Secrétaire Général du Conseil de l'Europe, étendre l'application du présent Protocole à tout autre territoire désigné dans la déclaration. Le Protocole entrera en vigueur à l'égard de ce territoire le premier jour du mois qui suit l'expiration d'une période de trois mois après la date de réception de la déclaration par le Secrétaire Général. 2

Toute déclaration faite en vertu des deux paragraphes précédents pourra être retirée ou modifiée, en ce qui concerne tout territoire désigné dans cette déclaration, par notification adressée au Secrétaire Général. Le retrait ou la modification prendra effet le premier jour du mois qui suit l'expiration d'une période de trois mois après la date de réception de la notification par le Secrétaire Général. 3

Article 5 – Relations avec la Convention

Les Etats Parties considèrent les articles 1 à 4 du présent Protocole comme des articles additionnels à la Convention, et toutes les dispositions de la Convention s'appliquent en conséquence.

Article 6 – Signature et ratification

Le présent Protocole est ouvert à la signature des Etats membres du Conseil de l'Europe qui ont signé la Convention. Il sera soumis à ratification, acceptation ou approbation. Un Etat membre du Conseil de l'Europe ne peut ratifier, accepter ou approuver le présent Protocole sans avoir simultanément ou antérieurement ratifié la Convention. Les instruments de ratification, d'acceptation ou d'approbation seront déposés près le Secrétaire Général du Conseil de l'Europe.

Article 7 – Entrée en vigueur

1 Le présent Protocole entrera en vigueur le premier jour du mois qui suit l'expiration d'une période de trois mois après la date à laquelle dix Etats membres du Conseil de l'Europe auront exprimé leur consentement à être liés par le présent Protocole conformément aux dispositions de son article 6.

2 Pour tout Etat membre qui exprimera ultérieurement son consentement à être lié par le présent Protocole, celui-ci entrera en vigueur le premier jour du mois qui suit l'expiration d'une période de trois mois après la date du dépôt de l'instrument de ratification, d'acceptation ou d'approbation.

Article 8 – Fonctions du dépositaire

Le Secrétaire Général du Conseil de l'Europe notifiera à tous les Etats membres du Conseil de l'Europe :

a toute signature;

b le dépôt de tout instrument de ratification, d'acceptation ou d'approbation;

c toute date d'entrée en vigueur du présent Protocole conformément à ses articles 4 et 7;

d tout autre acte, notification ou communication, ayant trait au présent Protocole.

En foi de quoi, les soussignés, dûment autorisés à cet effet, ont signé le présent Protocole.

Fait à Vilnius, le 3 mai 2002, en français et en anglais, les deux textes faisant également foi, en un seul exemplaire qui sera déposé dans les archives du Conseil de l'Europe. Le Secrétaire Général du Conseil de l'Europe en communiquera copie certifiée conforme à chacun des Etats membres du Conseil de l'Europe.

V. Verfahrensordnung des Europäischen Gerichtshofs für Menschenrechte

Vom 4. November 1998 in der Fassung der Bekanntmachung vom 17.05.2002 (BGBl. II S. 1081).

Spätere Änderungen sind am Ende (S. 482 ff.) abgedruckt.

Bekanntmachung der Verfahrensordnung des Europäischen Gerichtshofs für Menschenrechte

Vom 17. Mai 2002

Der Europäische Gerichtshof für Menschenrechte, der am 1. November 1998 seine Tätigkeit aufgenommen hat, hat am 4. November 1998 nach Artikel 26 der Konvention zum Schutze der Menschenrechte und Grundfreiheiten vom 4. November 1950 (BGBl. 1952 II S. 685) in der Fassung des Protokolls Nr. 11 vom 11. Mai 1994 (BGBl. 1995 II S. 578) seine Verfahrensordnung erlassen, die am 1. November 1998 in Kraft getreten ist. Die Verfahrensordnung wird nachstehend unter Berücksichtigung der am 8. Dezember 2000 vom Europäischen Gerichtshof für Menschenrechte beschlossenen und am selben Tag in Kraft getretenen Neufassung des Artikels 24 mit einer amtlichen deutschen Übersetzung bekannt gemacht.

Die Verfahrensordnungen des bisherigen nichtständigen Europäischen Gerichtshofs für Menschenrechte (vgl. Bekanntmachung vom 3. Januar 1992 – BGBl. 1992 II S. 70) und der Europäischen Kommission für Menschenrechte (vgl. Bekanntmachung vom 20. November 1992 – BGBl. 1993 II S. 121) sind mit dem Aufhören des Bestehens dieser Organe obsolet geworden.

Berlin, den 17. Mai 2002

Die Bundesministerin der Justiz
Däubler-Gmelin

Europäischer Gerichtshof für Menschenrechte

Verfahrensordnung

(Vom 4. November 1998)

European Court of Human Rights

Rules of Court

(4 November 1998)

Cour européenne des Droits de l'Homme

Règlement de la Cour

(4 novembre 1998)

(Übersetzung)

The European Court of Human Rights,	La Cour européenne des Droits de l'Homme,	Der Europäische Gerichtshof für Menschenrechte –
Having regard to the Convention for the Protection of Human Rights and Fundamental Freedoms and the Protocols thereto,	Vu la Convention de sauvegarde des Droits de l'Homme et des Libertés fondamentales et ses Protocoles,	gestützt auf die Konvention zum Schutz der Menschenrechte und Grundfreiheiten und deren Protokolle –
Makes the present Rules:	Arrête le présent règlement:	erlässt die folgende Verfahrensordnung:
Rule 1	**Article 1**	**Artikel 1**
Definitions	**Définitions**	**Begriffsbestimmungen**
For the purposes of these Rules unless the context otherwise requires:	Aux fins de l'application du présent règlement, et sauf si le contraire ressort du contexte:	Für die Zwecke dieser Verfahrensordnung bezeichnet, wenn sich aus dem Zusammenhang nichts anderes ergibt,
(a) the term "Convention" means the Convention for the Protection of Human Rights and Fundamental Freedoms and the Protocols thereto;	a) le terme «Convention» désigne la Convention de sauvegarde des Droits de l'Homme et des Libertés fondamentales et ses Protocoles;	a) „Konvention" die Konvention zum Schutz der Menschenrechte und Grundfreiheiten und deren Protokolle;
(b) the expression "plenary Court" means the European Court of Human Rights sitting in plenary session;	b) l'expression «Cour plénière» désigne la Cour européenne des Droits de l'Homme siégeant en assemblée plénière;	b) „Plenum" den Europäischen Gerichtshof für Menschenrechte in Plenarsitzung;
(c) the expression "Grand Chamber" means the Grand Chamber of seventeen judges constituted in pursuance of Article 27 § 1 of the Convention;	c) le terme «Grande Chambre» designe la Grande Chambre de dix-sept juges constituée en appplication de l'article 27 § 1 de la Convention;	c) „Große Kammer" die Große Kammer mit 17 Richtern, die nach Artikel 27 Absatz 1 der Konvention gebildet wird;
(d) the term "Section" means a Chamber set up by the plenary Court for a fixed period in pursuance of Article 26 (b) of the Convention and the expression "President of the Section" means the judge elected by the plenary Court in pursuance of Article 26 (c) of the Convention as President of such a Section;	d) le terme «section» désigne une chambre constituée par la Cour plénière pour une période déterminée en vertu de l'article 26 b) de la Convention, et l'expression «président de la section» désigne le juge élu président de ladite section par la Cour plénière en vertu de l'article 26 c) de la Convention;	d) „Sektion" eine Kammer, die vom Plenum nach Artikel 26 Buchstabe b der Konvention für einen bestimmten Zeitraum gebildet wird, und „Sektionspräsident" den Richter, der vom Plenum nach Artikel 26 Buchstabe c der Konvention zum Präsidenten dieser Sektion gewählt wird;
(e) the term "Chamber" means any Chamber of seven judges constituted in pursuance of Article 27 § 1 of the Convention and the expression "President of the Chamber" means the judge presiding over such a "Chamber";	e) le terme «chambre» désigne une chambre de sept juges constituée en vertu de l'article 27 § 1 de la Convention et l'expression «président de la chambre» désigne le juge présidant une telle «chambre»;	e) „Kammer" eine Kammer mit sieben Richtern, die nach Artikel 27 Absatz 1 der Konvention gebildet wird, und „Kammerpräsident" den Richter, der in einer solchen „Kammer" den Vorsitz führt;
(f) the term "Committee" means a Committee of three judges set up in pursuance of Article 27 § 1 of the Convention;	f) le terme «comité» désigne un comité de trois juges constitué en application de l'article 27 § 1 de la Convention;	f) „Komitee" einen Ausschuss mit drei Richtern, der nach Artikel 27 Absatz 1 der Konvention gebildet wird;
(g) the term "Court" means either the plenary Court, the Grand Chamber, a Section, a Chamber, a Committee or the panel of five judges referred to in Article 43 § 2 of the Convention;	g) le terme «Cour» désigne indifféremment la Cour plénière, la Grande Chambre, une section, une chambre, un comité ou le collège de cinq juges mentionné à l'article 43 § 2 de la Convention;	g) „Gerichtshof" gleichermaßen das Plenum, die Große Kammer, eine Sektion, eine Kammer, ein Komitee oder den in Artikel 43 Absatz 2 der Konvention erwähnten Ausschuss von fünf Richtern;
(h) the expression "*ad hoc* judge" means any person, other than an elected judge, chosen by a Contracting Party in pur-	h) l'expression «juge *ad hoc*» désigne toute personne, autre qu'un juge élu, choisie par une Partie contractante en	h) „Richter ad hoc" jede Person, die nicht gewählter Richter ist und die von einer Vertragspartei nach Artikel 27 Absatz 2

suance of Article 27 § 2 of the Convention to sit as a member of the Grand Chamber or as a member of a Chamber;

(i) the terms "judge" and "judges" mean the judges elected by the Parliamentary Assembly of the Council of Europe or *ad hoc* judges;

(j) the expression "Judge Rapporteur" means a judge appointed to carry out the tasks provided for in Rules 48 and 49;

(k) the term "Registrar" denotes the Registrar of the Court or the Registrar of a Section according to the context;

(l) the terms "party" and "parties" mean

- the applicant or respondent Contracting Parties;
- the applicant (the person, non-governmental organisation or group of individuals) that lodged a complaint under Article 34 of the Convention;

(m) the expression "third party" means any Contracting State or any person concerned who, as provided for in Article 36 §§ 1 and 2 of the Convention, has exercised its right or been invited to submit written comments or take part in a hearing;

(n) the expression "Committee of Ministers" means the Committee of Ministers of the Council of Europe;

(o) the terms "former Court" and "Commission" mean respectively the European Court and European Commission of Human Rights set up under former Article 19 of the Convention.

vertu de l'article 27 § 2 de la Convention pour faire partie de la Grande Chambre ou d'une chambre;

i) les termes «juge» et «juges» désignent les juges élus par l'Assemblée parlementaire du Conseil de l'Europe et les juges *ad hoc;*

j) l'expression «juge rapporteur» désigne un juge nommé pour accomplir les tâches prévues aux articles 48 et 49 du présent règlement;

k) le terme «greffier» désigne, selon le contexte, le greffier de la Cour ou le greffier d'une section;

l) les termes «partie» et «parties» désignent:

- les Parties contractantes requérantes ou défenderesses;
- le requérant (personne physique, organisation non gouvernementale ou groupe de particuliers) qui a saisi la Cour au titre de l'article 34 de la Convention;

m) l'expression «tiers intervenant» désigne tout Etat contractant ou toute personne concernée qui, comme prévu à l'article 36 §§ 1 et 2 de la Convention, a exercé son droit de présenter des observations écrites et de prendre part à une audience, ou y a été invité;

n) l'expression «Comité des Ministres» désigne le Comité des Ministres du Conseil de l'Europe;

o) les termes «ancienne Cour» et «Commission» désignent respectivement la Cour et la Commission européennes des Droits de l'Homme créées en vertu de l'ancien article 19 de la Convention.

der Konvention als Mitglied der Großen Kammer oder einer Kammer benannt wird;

i) „Richter" die Richter, die von der Parlamentarischen Versammlung des Europarats gewählt werden, und die Richter ad hoc;

j) „Berichterstatter" einen Richter, der mit den in Artikel 48 und 49 vorgesehenen Aufgaben betraut ist;

k) „Kanzler" je nach Zusammenhang den Kanzler des Gerichtshofs oder den Kanzler einer Sektion;

l) „Partei" und „Parteien"

- die klagenden oder beklagten Vertragsparteien;
- den Beschwerdeführer (natürliche Person, nichtstaatliche Organisation oder Personengruppe), der den Gerichtshof nach Artikel 34 der Konvention anruft;

m) „Drittbeteiligter" jeden Vertragsstaat oder jede betroffene Person, die nach Artikel 36 Absätze 1 und 2 der Konvention von ihrem Recht Gebrauch machen oder denen Gelegenheit gegeben wird, schriftlich Stellung zu nehmen oder an einer mündlichen Verhandlung teilzunehmen;

n) „Ministerkomitee" das Ministerkomitee des Europarats;

o) „früherer Gerichtshof" und „Kommission" den Europäischen Gerichtshof und die Europäische Kommission für Menschenrechte nach dem früheren Artikel 19 der Konvention.

Title I
Organisation and Working of the Court

Chapter I
Judges

Rule 2
Calculation of term of office

1. The duration of the term of office of an elected judge shall be calculated as from the date of election. However, when a judge is re-elected on the expiry of the term of office or is elected to replace a judge whose term of office has expired or is about to expire, the duration of the term of office shall, in either case, be calculated as from the date of such expiry.

2. In accordance with Article 23 § 5 of the Convention, a judge elected to replace a judge whose term of office has not expired shall hold office for the remainder of the predecessor's term.

3. In accordance with Article 23 § 7 of the Convention, an elected judge shall hold

Titre I
De l'Organisation et du Fonctionnement de la Cour

Chapitre I
Des juges

Article 2
Calcul de la durée du mandat

1. La durée du mandat d'un juge élu se compte à partir de l'élection. Toutefois, si un juge est réélu à l'expiration de son mandat, ou élu en remplacement d'un juge dont le mandat est expiré ou va expirer, la durée de son mandat se compte à partir de cette expiration.

2. Conformément à l'article 23 § 5 de la Convention, le juge élu en remplacement d'un juge dont le mandat n'est pas expiré achève le terme du mandat de son prédécesseur.

3. Conformément à l'article 23 § 7 de la Convention, le juge élu reste en fonctions

Titel I
Organisation und Arbeitsweise des Gerichtshofs

Kapitel I
Die Richter

Artikel 2
Berechnung der Amtszeit

(1) Die Amtszeit eines gewählten Richters wird vom Zeitpunkt seiner Wahl an gerechnet. Wird jedoch ein Richter nach Ablauf seiner Amtszeit wiedergewählt oder wird er an Stelle eines Richters gewählt, dessen Amtszeit abgelaufen ist oder abläuft, so wird seine Amtszeit vom Zeitpunkt des Ablaufs der betreffenden Amtszeit an gerechnet.

(2) Wird ein Richter an Stelle eines Richters gewählt, dessen Amtszeit noch nicht abgelaufen ist, so übt er sein Amt nach Artikel 23 Absatz 5 der Konvention für die restliche Amtszeit seines Vorgängers aus.

(3) Ein gewählter Richter bleibt nach Artikel 23 Absatz 7 der Konvention im Amt, bis

office until a successor has taken the oath or made the declaration provided for in Rule 3.

Rule 3

Oath or solemn declaration

1. Before taking up office, each elected judge shall, at the first sitting of the plenary Court at which the judge is present or, in case of need, before the President of the Court, take the following oath or make the following solemn declaration:

"I swear" – or "I solemnly declare" – "that I will exercise my functions as a judge honourably, independently and impartially and that I will keep secret all deliberations."

2. This act shall be recorded in minutes.

Rule 4

Incompatible activities

In accordance with Article 21 § 3 of the Convention, the judges shall not during their term of office engage in any political or administrative activity or any professional activity which is incompatible with their independence or impartiality or with the demands of a full-time office. Each judge shall declare to the President of the Court any additional activity. In the event of a disagreement between the President and the judge concerned, any question arising shall be decided by the plenary Court.

Rule 5

Precedence

1. Elected judges shall take precedence after the President and Vice-Presidents of the Court and the Presidents of the Sections, according to the date of their election; in the event of re-election, even if it is not an immediate re-election, the length of time during which the judge concerned previously held office as a judge shall be taken into account.

2. Vice-Presidents of the Court elected to office on the same date shall take precedence according to the length of time they have served as judges. It the length of time they have served as judges is the same, they shall take precedence according to age. The same Rule shall apply to Presidents of Sections.

3. Judges who have served the same length of time as judges shall take precedence according to age.

4. *Ad hoc* judges shall take precedence after the elected judges according to age.

Rule 6

Resignation

Resignation of a judge shall be notified to the President of the Court, who shall transmit it to the Secretary General of

jusqu'au moment où son successeur a prêté le serment ou fait la déclaration prévus à l'article 3 du présent règlement.

Article 3

Serment ou déclaration solennelle

1. Avant d'entrer en fonctions, tout juge élu doit, à la première séance de la Cour plénière à laquelle il assiste après son élection ou, en cas de besoin, devant le président de la Cour, prêter le serment ou faire la déclaration solennelle que voici:

«Je jure» – ou «Je déclare solennellement» – «que j'exercerai mes fonctions de juge avec honneur, indépendance et impartialité, et que j'observerai le secret des délibérations.»

2. Il en est dressé procès-verbal.

Article 4

Incompatibilités

En vertu de l'article 21 § 3 de la Convention, les juges ne peuvent exercer pendant la durée de leur mandat aucune activité politique ou administrative ni aucune activité professionnelle incompatible avec leur devoir d'indépendance et d'impartialité ou avec la disponibilité requise par une activité exercée à plein temps. Chaque juge déclare au président de la Cour toute activité supplémentaire. En cas de désaccord entre ce dernier et l'intéressé, toute question soulevée est tranchée par la Cour plénière.

Article 5

Préséance

1. Les juges élus prennent rang après les président et vice-présidents de la Cour et les présidents des sections, suivant la date de leur élection; en cas de réélection, même non immédiate, il est tenu compte de la durée des fonctions de juge élu exercées antérieurement par l'intéressé.

2. Les vice-présidents de la Cour élus à cette fonction le même jour prennent rang suivant la durée de leurs fonctions de juge. En cas d'égalité, ils prennent rang suivant leur âge. La même règle vaut pour les présidents des sections.

3. Les juges dont la durée de fonctions est la même prennent rang suivant leur âge.

4. Les juges *ad hoc* prennent rang suivant leur âge, après les juges élus.

Article 6

Démission

La démission d'un juge est adressée au président de la Cour, qui la transmet au Secrétaire général du Conseil de

sein Nachfolger den Eid geleistet oder die Erklärung abgegeben hat, die in Artikel 3 dieser Verfahrensordnung vorgesehen sind.

Artikel 3

Eid oder feierliche Erklärung

(1) Jeder gewählte Richter hat vor Aufnahme seiner Tätigkeit in der ersten Sitzung des Plenums, an der er nach seiner Wahl teilnimmt, oder nötigenfalls vor dem Präsidenten des Gerichtshofs folgenden Eid zu leisten oder folgende feierliche Erklärung abzugeben:

„Ich schwöre," – oder „Ich erkläre feierlich," – „dass ich mein Amt als Richter ehrenhaft, unabhängig und unparteiisch ausüben und das Beratungsgeheimnis wahren werde."

(2) Hierüber wird ein Protokoll aufgenommen.

Artikel 4

Unvereinbarkeit

Nach Artikel 21 Absatz 3 der Konvention dürfen die Richter während ihrer Amtszeit keine politische, administrative oder berufliche Tätigkeit ausüben, die mit ihrer Unabhängigkeit und Unparteilichkeit oder mit den Erfordernissen der Vollzeitbeschäftigung in diesem Amt unvereinbar ist. Jeder Richter hat dem Präsidenten des Gerichtshofs jede Nebentätigkeit anzuzeigen. Bei Meinungsverschiedenheit zwischen dem Präsidenten und dem betroffenen Richter entscheidet das Plenum alle sich stellenden Fragen.

Artikel 5

Rangordnung

(1) Die gewählten Richter folgen im Rang dem Präsidenten und den Vizepräsidenten des Gerichtshofs sowie den Sektionspräsidenten; untereinander bestimmt sich ihr Rang nach dem Tag ihrer Wahl; im Fall der Wiederwahl, auch wenn diese nicht unmittelbar erfolgt, wird die Dauer der früheren Amtsausübung als gewählter Richter berücksichtigt.

(2) Der Rang der Vizepräsidenten des Gerichtshofs, die am selben Tag in dieses Amt gewählt werden, richtet sich nach der Dauer ihrer Amtsausübung als Richter. Bei gleicher Dauer bestimmt sich ihr Rang nach dem Lebensalter. Die gleiche Regelung gilt für die Sektionspräsidenten.

(3) Der Rang der am selben Tag gewählten Richter richtet sich nach ihrem Lebensalter.

(4) Die Richter ad hoc folgen im Rang den gewählten Richtern; untereinander bestimmt sich ihr Rang nach dem Lebensalter.

Artikel 6

Rücktritt

Die Rücktrittserklärung eines Richters wird an den Präsidenten des Gerichtshofs gerichtet, der sie an den Generalsekretär

the Council of Europe. Subject to the provisions of Rules 24 § 3 *in fine* and 26 § 2, resignation shall constitute vacation of office.

l'Europe. Sous réserve de l'application des articles 24 § 3 *in fine* et 26 § 2 du présent règlement, elle emporte vacance de siège.

des Europarats weiterleitet. Vorbehaltlich des Artikels 24 Absatz 3*) am Ende und des Artikels 26 Absatz 2 wird durch den Rücktritt der Sitz des Richters frei.

Rule 7

Dismissal from office

No judge may be dismissed from his or her office unless the other judges, meeting in plenary session, decide by a majority of two-thirds of the elected judges in office that he or she has ceased to fulfil the required conditions. He or she must first be heard by the plenary Court. Any judge my set in motion the procedure for dismissal from office.

Article 7

Révocation

Un juge ne peut être relevé de ses fonctions que si les autres juges, réunis en session plénière, décident, à la majorité des deux tiers des juges élus en fonctions, qu'il a cessé de répondre aux conditions requises. Il doit au préalable être entendu par la Cour plénière. Tout juge peut mettre en mouvement la procédure de révocation.

Artikel 7

Entlassung

Ein Richter kann nur entlassen werden, wenn die anderen Richter im Plenum mit der Mehrheit von zwei Dritteln der im Amt befindlichen gewählten Richter beschließen, dass er die erforderlichen Voraussetzungen nicht mehr erfüllt. Der betroffene Richter ist zuvor vom Plenum anzuhören. Jeder Richter kann das Amtsenthebungsverfahren in Gang setzen.

Chapter II

Presidency of the Court

Chapitre II

De la présidence de la Cour

Kapitel II

Die Präsidialämter des Gerichtshofs

Rule 8

Election of the President and Vice-Presidents of the Court and the Presidents and Vice-Presidents of the Sections

1. The plenary Court shall elect its President, two Vice-Presidents and the Presidents of the Sections for a period of three years, provided that such period shall not exceed the duration of their terms of office as judges. They may be re-elected.

2. Each Section shall likewise elect for a renewable period of three years a Vice-President, who shall replace the President of the Section if the latter is unable to carry out his or her duties.

3. The Presidents and Vice-Presidents shall continue to hold office until the election of their successors.

4. If a President or a Vice-President ceases to be a member of the Court or resigns from office before its normal expiry, the plenary Court or the relevant Section, as the case may be, shall elect a successor for the remainder of the term of that office.

5. The elections referred to in this Rule shall be by secret ballot; only the elected judges who are present shall take part. If no judge receives an absolute majority of the elected judges present, a ballot shall take place between the two judges who have received most votes. In the event of a tie, preference shall be given to the judge having precedence in accordance with Rule 5.

Article 8

Election du président et des vice-présidents de la Cour et des présidents et vice-présidents des sections

1. La Cour plénière élit son président, ses deux vice-présidents et les présidents des sections pour une période de trois ans, sans que celle-ci puisse excéder la durée du mandat de juge des intéressés. Elle peut les réélire.

2. Chaque section élit de même pour une période de trois ans renouvelable un vice-président, qui remplace le président de la section en cas d'empêchement.

3. Les présidents et vice-présidents continuent d'exercer leurs fonctions jusqu'à l'élection de leurs successeurs.

4. Si un président ou un vice-président cesse de faire partie de la Cour ou résigne ses fonctions avant leur terme normal, la Cour plénière ou la section concernée, selon le cas, élit un successeur pour la période restant à courir.

5. Les élections visées au présent article ont lieu au scrutin secret; seuls y participent les juges élus présents. Si aucun juge ne réunit la majorité absolue de ceux-ci, il est procédé à un scrutin de ballottage entre les deux juges ayant recueilli le plus grand nombre de voix. En cas de partage des voix, préférence est donnée au juge qui a préséance selon l'article 5 du présent règlement.

Artikel 8

Wahl des Präsidenten und der Vizepräsidenten des Gerichtshofs sowie der Präsidenten und Vizepräsidenten der Sektionen

(1) Das Plenum wählt seinen Präsidenten, seine beiden Vizepräsidenten und die Sektionspräsidenten für eine Amtszeit von drei Jahren, die sich jedoch nicht über ihre Amtszeit als Richter hinaus erstrecken kann. Wiederwahl ist zulässig.

(2) Ebenso wählt jede Sektion für eine Amtszeit von drei Jahren einen Vizepräsidenten, der den Sektionspräsidenten im Verhinderungsfall ersetzt. Wiederwahl ist zulässig.

(3) Die Präsidenten und die Vizepräsidenten führen ihre Geschäfte bis zur Wahl ihrer Nachfolger weiter.

(4) Scheidet ein Präsident oder Vizepräsident aus dem Gerichtshof aus oder tritt er vor Ablauf der normalen Amtszeit von seinem Amt zurück, so wählt je nach Fall das Plenum oder die betroffene Sektion für den Rest der laufenden Amtszeit einen Nachfolger.

(5) Die in diesem Artikel vorgesehenen Wahlen finden in geheimer Abstimmung statt; stimmberechtigt sind nur die anwesenden gewählten Richter. Erreicht kein Richter die absolute Mehrheit der anwesenden gewählten Richter, so findet zwischen den beiden Richtern, die die meisten Stimmen erhalten haben, eine Stichwahl statt. Bei Stimmengleichheit wird dem nach Artikel 5 rangälteren Richter der Vorzug gegeben.

Rule 9

Functions of the President of the Court

1. The President of the Court shall direct the work and administration of the Court. The President shall represent the Court and, in particular, be responsible for its relations with the authorities of the Council of Europe.

Article 9

Fonctions du président de la Cour

1. Le président de la Cour dirige les travaux et les services de la Cour. Il représente la Cour et, notamment, en assure les relations avec les autorités du Conseil de l'Europe.

Artikel 9

Aufgaben des Präsidenten des Gerichtshofs

(1) Der Präsident leitet Arbeit und Verwaltung des Gerichtshofs. Er vertritt den Gerichtshof und nimmt insbesondere dessen Beziehungen zu den Dienststellen des Europarats wahr.

*) Artikel 24 alte Fassung ist abgedruckt in der Fußnote [1]) zu Artikel 24.

2. The President shall preside at plenary meetings of the Court, meetings of the Grand Chamber and meetings of the panel of five judges.

3. The President shall not take part in the consideration of cases being heard by Chambers except where he or she is the judge elected in respect of a Contracting Party concerned.

2. Il préside les séances plénières de la Cour, les séances de la Grande Chambre et celles du collège de cinq juges.

3. Il ne participe pas à l'examen des affaires traitées par les chambres, sauf s'il est le juge élu au titre d'une Partie contractante concernée.

(2) Er hat den Vorsitz in den Sitzungen des Plenums, der Großen Kammer und des Ausschusses von fünf Richtern.

(3) An der Prüfung der Rechtssachen, die von den Kammern behandelt werden, nimmt der Präsident nicht teil, es sei denn, er ist der für die betroffene Vertragspartei gewählte Richter.

Rule 10

Functions of the Vice-Presidents of the Court

The Vice-Presidents of the Court shall assist the President of the Court. They shall take the place of the President if the latter is unable to carry out his or her duties or the office of President is vacant, or at the request of the President. They shall also act as Presidents of Sections.

Article 10

Fonctions des vice-présidents de la Cour

Les vice-présidents de la Cour assistent le président de la Cour. Ils le remplacent en cas d'empêchement ou de vacance de la présidence, ou à sa demande. Ils font aussi fonction de présidents de section.

Artikel 10

Aufgaben der Vizepräsidenten des Gerichtshofs

Die Vizepräsidenten des Gerichtshofs unterstützen den Präsidenten des Gerichtshofs. Sie vertreten ihn, wenn er verhindert oder das Amt des Präsidenten nicht besetzt ist oder wenn er darum ersucht. Die Vizepräsidenten sind auch als Sektionspräsidenten tätig.

Rule 11

Replacement of the President and the Vice-Presidents of the Court

If the President and the Vice-Presidents of the Court are at the same time unable to carry out their duties or if their offices are at the same time vacant, the office of President of the Court shall be assumed by a President of a Section or, if none is available, by another elected judge, in accordance with the order of precedence provided for in Rule 5.

Article 11

Remplacement du président et des vice-présidents de la Cour

En cas d'empêchement simultané du président et des vice-présidents de la Cour, ou en cas de vacance simultanée de leurs fonctions, la présidence est assumée par un des présidents de section ou, si aucun d'eux n'est disponible, par un autre juge élu, suivant l'ordre de préséance établi à l'article 5 du présent règlement.

Artikel 11

Vertretung des Präsidenten und der Vizepräsidenten des Gerichtshofs

Sind der Präsident und die Vizepräsidenten des Gerichtshofs gleichzeitig verhindert oder sind ihre Ämter gleichzeitig nicht besetzt, so werden die Amtspflichten des Präsidenten von einem der Sektionspräsidenten oder, falls keiner von ihnen verfügbar ist, von einem anderen gewählten Richter entsprechend der in Artikel 5 festgelegten Rangordnung wahrgenommen.

Rule 12

Presidency of Sections and Chambers

The Presidents of the Sections shall preside at the sittings of the Section and Chambers of which they are members. The Vice-Presidents of the Sections shall take their place if they are unable to carry out their duties or if the office of President of the Section concerned is vacant, or at the request of the President of the Section. Failing that, the judges of the Section and the Chambers shall take their place, in the order of precedence provided for in Rule 5.

Article 12

Présidence des sections et des chambres

Les présidents des sections président les séances de la section et des chambres dont ils font partie. Les vice-présidents des sections les remplacent en cas d'empêchement ou de vacance de la présidence de la section, ou à la demande du président de la section. A défaut, les membres de la section et des chambres les remplacent, suivant l'ordre de préséance établi à l'article 5 du présent règlement.

Artikel 12

Präsidenten der Sektionen und Kammern

Die Sektionspräsidenten haben den Vorsitz in den Sitzungen der Sektion und der Kammern, deren Mitglieder sie sind. Die Vizepräsidenten der Sektionen vertreten sie im Verhinderungsfall oder wenn das Amt des Sektionspräsidenten nicht besetzt ist oder auf dessen Ersuchen hin. Andernfalls vertreten die Mitglieder der Sektion und der Kammern den Sektionspräsidenten entsprechend der in Artikel 5 festgelegten Rangordnung.

Rule 13

Inability to preside

Judges of the Court may not preside in cases in which the Contracting Party of which they are nationals or in respect of which they were elected is a party.

Article 13

Incapacité d'exercice

Les membres de la Cour ne peuvent exercer la présidence dans une affaire où est partie une Partie contractante dont ils sont ressortissants ou au titre de laquelle ils ont été élus.

Artikel 13

Ausschluss vom Vorsitz

Die Richter des Gerichtshofs sind vom Vorsitz in Rechtssachen ausgeschlossen, in denen eine Vertragspartei, deren Staatsangehörige sie sind oder für die sie gewählt wurden, Partei ist.

Rule 14

Balanced representation of the sexes

In relation to the making of appointments governed by this and the following chapter of the present Rules, the Court shall pursue a policy aimed at securing a balanced representation of the sexes.

Article 14

Représentation équilibrée des sexes

Dans les désignations régies par le présent chapitre et par le chapitre suivant, la Cour poursuit une politique visant à une représentation équilibrée des sexes.

Artikel 14

Ausgewogene Vertretung der Geschlechter

Bei den nach diesem und dem folgenden Kapitel vorzunehmenden Ernennungen verfolgt der Gerichtshof eine Politik, die auf eine ausgeglichene Vertretung der Geschlechter gerichtet ist.

Chapter III

The Registry

Rule 15

Election of the Registrar

1. The plenary Court shall elect its Registrar. The candidates shall be of high moral character and must possess the legal, managerial and linguistic knowledge and experience necessary to carry out the functions attaching to the post.

2. The Registrar shall be elected for a term of five years and may be re-elected. The Registrar may not be dismissed from office, unless the judges, meeting in plenary session, decide by a majority of two-thirds of the elected judges in office that the person concerned has ceased to fulfil the required conditions. He or she must first be heard by the plenary Court. Any judge may set in motion the procedure for dismissal from office.

3. The elections referred to in this Rule shall be by secret ballot; only the elected judges who are present shall take part. If no candidate receives an absolute majority of the elected judges present, a ballot shall take place between the two candidates who have received most votes. In the event of a tie, preference shall be given, firstly, to the female candidate, if any, and, secondly, to the older candidate.

4. Before taking up office, the Registrar shall take the following oath or make the following solemn declaration before the plenary Court or, if need be, before the President of the Court:

"I swear" – or "I solemnly declare" – "that I will exercise loyally, discreetly and conscientiously the functions conferred upon me as Registrar of the European Court of Human Rights."

This act shall be recorded in minutes.

Rule 16

Election of the Deputy Registrars

1. The plenary Court shall also elect two Deputy Registrars on the conditions and in the manner and for the term prescribed in the preceding Rule. The procedure for dismissal from office provided for in respect of the Registrar shall likewise apply. The Court shall first consult the Registrar in both these matters.

2. Before taking up office, a Deputy Registrar shall take an oath or make a solemn declaration before the plenary Court or, if need be, before the President of the Court, in terms similar to those prescribed in respect of the Registrar. This act shall be recorded in minutes.

Rule 17

Functions of the Registrar

1. The Registrar shall assist the Court in the performance of its functions and shall

Chapitre III

Du greffe

Article 15

Election du greffier

1. La Cour plénière élit son greffier. Les candidats doivent jouir de la plus haute considération morale et posséder les connaissances juridiques, administratives et linguistiques ainsi que l'expérience requises pour l'exercice des fonctions.

2. Le greffier est élu pour une période de cinq ans et est rééligible. Il ne peut être relevé de ses fonctions que si les juges, réunis en session plénière, décident, à la majorité des deux tiers des juges élus en fonctions, que l'intéressé a cessé de répondre aux conditions requises. Il doit au préalable être entendu par la Cour plénière. Tout juge peut mettre en mouvement la procédure de révocation.

3. Les élections visées au présent article ont lieu au scrutin secret; seuls y participent les juges élus présents. Si aucun candidat ne réunit la majorité absolue de ceux-ci, il est procédé à un scrutin de ballottage entre les deux candidats ayant recueilli le plus grand nombre de voix. En cas de partage des voix, préférence est donnée d'abord à la candidate, s'il y en a une, et ensuite au candidat le plus âgé.

4. Avant d'entrer en fonctions, le greffier doit, devant la Cour plénière ou, en cas de besoin, devant le président de la Cour, prêter le serment ou faire la déclaration solennelle que voici:

«Je jure» – ou «Je déclare solennellement» – «que j'exercerai en toute loyauté, discrétion et conscience les fonctions qui m'ont été confiées en ma qualité de greffier de la Cour européenne des Droits de l'Homme.»

Il en est dressé procès-verbal.

Article 16

Election des greffiers adjoints

1. La Cour plénière élit également deux greffiers adjoints dans les conditions, de la manière et pour la durée définies à l'article précédent. La procédure prévue pour la révocation du greffier s'applique également pour la révocation des greffiers adjoints. La Cour consulte au préalable le greffier.

2. Avant d'entrer en fonctions, un greffier adjoint doit, devant la Cour plénière ou, en cas de besoin, devant le président de la Cour, prêter un serment ou faire une déclaration semblables à ceux prévus pour le greffier. Il en est dressé procès-verbal.

Article 17

Fonctions du greffier

1. Le greffier assiste la Cour dans l'accomplissement de ses fonctions. Il est res-

Kapitel III

Die Kanzlei

Artikel 15

Wahl des Kanzlers

(1) Das Plenum wählt den Kanzler des Gerichtshofs. Die Bewerber müssen hohes sittliches Ansehen genießen und über die juristischen, administrativen und sprachlichen Kenntnisse sowie die Erfahrung verfügen, die zur Ausübung dieser Tätigkeit erforderlich sind.

(2) Der Kanzler wird für eine Amtszeit von fünf Jahren gewählt und kann wiedergewählt werden. Er kann seines Amtes nur enthoben werden, wenn die Richter in Plenarsitzung mit der Mehrheit von zwei Dritteln der im Amt befindlichen gewählten Richter beschließen, dass er die erforderlichen Voraussetzungen nicht mehr erfüllt. Er ist zuvor vom Plenum anzuhören. Jeder Richter kann das Amtsenthebungsverfahren in Gang setzen.

(3) Die in diesem Artikel vorgesehenen Wahlen finden in geheimer Abstimmung statt; stimmberechtigt sind nur die anwesenden gewählten Richter. Erreicht kein Bewerber die absolute Mehrheit der anwesenden gewählten Richter, so findet zwischen den beiden Bewerbern, die die meisten Stimmen erhalten haben, eine Stichwahl statt. Bei Stimmengleichheit wird, sofern vorhanden, der Bewerberin der Vorzug gegeben, sonst der älteren Person.

(4) Vor Aufnahme seiner Tätigkeit hat der Kanzler vor dem Plenum oder nötigenfalls vor dem Präsidenten des Gerichtshofs folgenden Eid zu leisten oder folgende feierliche Erklärung abzugeben:

„Ich schwöre," – oder „Ich erkläre feierlich," – „dass ich meine Aufgaben als Kanzler des Europäischen Gerichtshofs für Menschenrechte mit größter Pflichttreue, Verschwiegenheit und Gewissenhaftigkeit erfüllen werde."

Hierüber wird ein Protokoll aufgenommen.

Artikel 16

Wahl der Stellvertretenden Kanzler

(1) Das Plenum wählt außerdem zwei Stellvertretende Kanzler unter den Voraussetzungen, nach dem Verfahren und für die Amtszeit, die in Artikel 15 vorgeschrieben sind. Das für die Amtsenthebung des Kanzlers vorgesehene Verfahren findet auch für die Amtsenthebung der Stellvertretenden Kanzler Anwendung. Der Gerichtshof hört in beiden Fällen zuvor den Kanzler an.

(2) Vor Aufnahme ihrer Tätigkeit haben die Stellvertretenden Kanzler vor dem Plenum oder nötigenfalls vor dem Präsidenten des Gerichtshofs entsprechend den für den Kanzler geltenden Vorschriften einen Eid zu leisten oder eine feierliche Erklärung abzugeben. Hierüber wird ein Protokoll aufgenommen.

Artikel 17

Aufgaben des Kanzlers

(1) Der Kanzler unterstützt den Gerichtshof bei der Erfüllung seiner Aufgaben. Er

be responsible for the organisation and activities of the Registry under the authority of the President of the Court.

2. The Registrar shall have the custody of the archives of the Court and shall be the channel for all communications and notifications made by, or addressed to, the Court in connection with the cases brought or to be brought before it.

3. The Registrar shall, subject to the duty of discretion attaching to this office, reply to requests for information concerning the work of the Court, in particular to enquiries from the press.

4. General instructions drawn up by the Registrar, and approved by the President of the Court, shall regulate the working of the Registry.

ponsable de l'organisation et des activités du greffe, sous l'autorité du président de la Cour.

2. Il a la garde des archives de la Cour et sert d'intermédiaire pour les communications et notifications adressées à celle-ci, ou émanant d'elle, au sujet des affaires portées ou à porter devant elle.

3. Le greffier, sous réserve du devoir de discrétion attaché à ses fonctions, répond aux demandes de renseignements concernant l'activité de la Cour, notamment à celles de la presse.

4. Des instructions générales préparées par le greffier et approuvées par le président de la Cour règlent le fonctionnement du greffe.

trägt die Verantwortung für Organisation und Tätigkeit der Kanzlei, wobei er dem Präsidenten des Gerichtshofs untersteht.

(2) Der Kanzler bewahrt das Archiv des Gerichtshofs; die beim Gerichtshof aus- und eingehende Korrespondenz und die Zustellungen betreffend die beim Gerichtshof anhängigen oder anhängig zu machenden Rechtssachen werden über ihn geleitet.

(3) Soweit es mit der ihm durch sein Amt auferlegten Schweigepflicht vereinbar ist, erteilt der Kanzler Auskunft auf Anfragen über die Tätigkeit des Gerichtshofs, insbesondere gegenüber der Presse.

(4) Die Arbeit der Kanzlei wird durch eine vom Kanzler vorbereitete und vom Präsidenten des Gerichtshofs genehmigte allgemeine Weisung geregelt.

Rule 18

Organisation of the Registry

1. The Registry shall consist of Section Registries equal to the number of Sections set up by the Court and of the departments necessary to provide the legal and administrative services required by the Court.

2. The Section Registrar shall assist the Section in the performance of its functions and may be assisted by a Deputy Section Registrar.

3. The officials of the Registry, including the legal secretaries but not the Registrar and the Deputy Registrars, shall be appointed by the Secretary General of the Council of Europe with the agreement of the President of the Court or of the Registrar acting on the President's instructions.

Article 18

Organisation du greffe

1. Le greffe se compose des greffes de section, en nombre égal à celui des sections constituées par la Cour, et des services nécessaires pour fournir à la Cour les prestations administratives et juridiques requises.

2. Le greffier de section assiste la section dans l'accomplissement de ses fonctions. Il peut être secondé par un greffier adjoint de section.

3. Les agents du greffe, y compris les référendaires, mais non le greffier ni les greffiers adjoints, sont nommés par le Secrétaire général du Conseil de l'Europe avec l'accord du président de la Cour ou du greffier agissant sur les instructions du président.

Artikel 18

Organisation der Kanzlei

(1) Die Kanzlei besteht aus ebenso vielen Sektionskanzleien wie der Gerichtshof Sektionen bildet, sowie aus den Stellen, die erforderlich sind, um die vom Gerichtshof benötigten rechtlichen und administrativen Dienstleistungen zu erbringen.

(2) Der Sektionskanzler unterstützt die Sektion bei der Erfüllung ihrer Aufgaben. Dabei kann ihm ein Stellvertretender Sektionskanzler zur Seite stehen.

(3) Mit Ausnahme des Kanzlers und der Stellvertretenden Kanzler werden die Kanzleibediensteten einschließlich der wissenschaftlichen Mitarbeiter mit Zustimmung des Präsidenten des Gerichtshofs oder des auf dessen Anweisung handelnden Kanzlers vom Generalsekretär des Europarats eingestellt.

Chapter IV
The Working of the Court

Rule 19

Seat of the Court

1. The seat of the Court shall be at the seat of the Council of Europe at Strasbourg. The Court may, however, if it considers it expedient, perform its functions elsewhere in the territories of the member States of the Council of Europe.

2. The Court may decide, at any stage of the examination of an application, that it is necessary that an investigation or any other function be carried out elsewhere by it or one or more of its members.

Chapitre IV
Du fonctionnement de la Cour

Article 19

Siège de la Cour

1. Le siège de la Cour est fixé à Strasbourg, siège du Conseil de l'Europe. La Cour peut toutefois, lorsqu'elle le juge utile, exercer ses fonctions en d'autres lieux du territoire des Etats membres du Conseil de l'Europe.

2. La Cour peut décider, en tout état d'instruction d'une requête, qu'il est nécessaire qu'elle-même ou l'un ou plusieurs de ses membres procèdent à une enquête ou accomplissent toute autre tâche en d'autres lieux.

Kapitel IV
Die Arbeitsweise des Gerichtshofs

Artikel 19

Sitz des Gerichtshofs

(1) Der Gerichtshof hat seinen Sitz in Straßburg, dem Sitz des Europarats. Der Gerichtshof kann jedoch, wenn er es für zweckmäßig hält, seine Tätigkeit an einem anderen Ort im Hoheitsgebiet der Mitgliedstaaten des Europarats ausüben.

(2) Der Gerichtshof kann in jedem Stadium der Prüfung einer Beschwerde beschließen, dass es notwendig ist, selbst oder durch eines oder mehrere seiner Mitglieder an einem anderen Ort eine Untersuchung vorzunehmen oder jede andere Aufgabe zu erledigen.

Rule 20

Sessions of the plenary Court

1. The plenary sessions of the Court shall be convened by the President of the Court whenever the performance of its functions under the Convention and under these Rules so requires. The President of the

Article 20

Sessions plénières de la Cour

1. Sur convocation de son président, la Cour se réunit en session plénière chaque fois que l'exige l'exercice des fonctions lui incombant en vertu de la Convention et du présent règlement. Le président procède à

Artikel 20

Sitzungen des Plenums

(1) Der Präsident beruft den Gerichtshof zu einer Plenarsitzung ein, sobald es die dem Gerichtshof nach der Konvention und dieser Verfahrensordnung obliegenden Aufgaben erfordern. Der Präsident beruft eine

Court shall convene a plenary session if at least one-third of the members of the Court so request, and in any event once a year to consider administrative matters.

2. The quorum of the plenary Court shall be two-thirds of the elected judges in office.

3. If there is no quorum, the President shall adjourn the sitting.

pareille convocation si un tiers au moins des membres le demandent, et en tout cas une fois l'an pour l'examen de questions administratives.

2. Le quorum de deux tiers des juges élus en fonctions est exigé pour le fonctionnement de la Cour plénière.

3. Si le quorum n'est pas atteint, le président ajourne la séance.

Plenarsitzung ein, wenn mindestens ein Drittel der Mitglieder des Gerichtshofs es verlangt, jedenfalls aber einmal im Jahr zur Erörterung von Verwaltungsfragen.

(2) Für die Beschlussfähigkeit des Plenums ist die Anwesenheit von mindestens zwei Dritteln der im Amt befindlichen gewählten Richter erforderlich.

(3) Wird die für die Beschlussfähigkeit erforderliche Zahl nicht erreicht, so vertagt der Präsident die Sitzung.

Rule 21

Other sessions of the Court

1. The Grand Chamber, the Chambers and the Committees shall sit full time. On a proposal by the President, however, the Court shall fix session periods each year.

2. Outside those periods the Grand Chamber and the Chambers shall be convened by their Presidents in cases of urgency.

Article 21

Autres sessions de la Cour

1. La Grande Chambre, les chambres et les comités siègent de façon permanente. Toutefois, sur proposition de son président, la Cour arrête chaque année les périodes de session.

2. En dehors desdites périodes, la Grande Chambre et les chambres peuvent être convoquées par leur président en cas d'urgence.

Artikel 21

Andere Sitzungen des Gerichtshofs

(1) Die Große Kammer, die Kammern und die Komitees tagen ständig. Der Gerichtshof legt jedoch jedes Jahr auf Vorschlag seines Präsidenten Sitzungsperioden fest.

(2) In dringenden Fällen kann der Präsident die Große Kammer und die Kammern auch außerhalb dieser Sitzungsperioden einberufen.

Rule 22

Deliberations

1. The Court shall deliberate in private. Its deliberations shall remain secret.

2. Only the judges shall take part in the deliberations. The Registrar or the designated substitute, as well as such other officials of the Registry and interpreters whose assistance is deemed necessary, shall be present. No other person may be admitted except by special decision of the Court.

3. Before a vote is taken on any matter in the Court, the President may request the judges to state their opinions on it.

Article 22

Délibérations

1. La Cour délibère en chambre du conseil. Ses délibérations restent secrètes.

2. Seuls les juges prennent part aux délibérations. Sont présents dans la chambre du conseil le greffier ou la personne désignée pour le remplacer, ainsi que les autres agents du greffe et les interprètes dont l'assistance paraît nécessaire. Aucune autre personne ne peut y être admise qu'en vertu d'une décision spéciale de la Cour.

3. Avant tout vote sur une question soumise à la Cour, le président invite les juges à exprimer leur opinion.

Artikel 22

Beratungen

(1) Der Gerichtshof berät in nichtöffentlicher Sitzung. Seine Beratungen bleiben geheim.

(2) Nur die Richter nehmen an den Beratungen teil. Der Kanzler oder die als sein Vertreter bestimmte Person sowie diejenigen weiteren Kanzleibediensteten und Dolmetscher, deren Hilfe für erforderlich erachtet wird, sind bei den Beratungen anwesend. Die Zulassung anderer Personen bedarf einer besonderen Entscheidung des Gerichtshofs.

(3) Vor jeder Abstimmung über eine Frage, die dem Gerichtshof vorgelegt wird, fordert der Präsident die Richter auf, ihre Meinung zu äußern.

Rule 23

Votes

1. The decisions of the Court shall be taken by a majority of the judges present. In the event of a tie, a fresh vote shall be taken and, if there is still a tie, the President shall have a casting vote. This paragraph shall apply unless otherwise provided for in these Rules.

2. The decisions and judgments of the Grand Chamber and the Chambers shall be adopted by a majority of the sitting judges. Abstentions shall not be allowed in final votes on the admissibility and merits of cases.

3. As a general rule, votes shall be taken by a show of hands. The President may take a roll-call vote, in reverse order of precedence.

4. Any matter that is to be voted upon shall be formulated in precise terms.

Article 23

Votes

1. Les décisions de la Cour sont prises à la majorité des voix des juges présents. En cas de partage des voix, le vote est renouvelé et, s'il y a toujours partage, la voix du président est prépondérante. Le présent paragraphe s'applique sauf disposition contraire du présent règlement.

2. Les décisions et arrêts de la Grande Chambre et des chambres sont adoptés à la majorité des juges effectifs. Les abstentions ne sont pas admises pour les votes définitifs portant sur la recevabilité ou sur le fond d'une affaire.

3. En règle générale, les votes s'effectuent à main levée. Le président peut décider de procéder à un vote sur appel nominal, dans l'ordre inverse de préséance.

4. Toute question devant être mise aux voix est formulée en termes précis.

Artikel 23

Abstimmungen

(1) Die Entscheidungen des Gerichtshofs werden von den anwesenden Richtern mit Stimmenmehrheit getroffen. Bei Stimmengleichheit wird erneut abgestimmt, und liegt weiterhin Stimmengleichheit vor, so gibt die Stimme des Präsidenten den Ausschlag. Dieser Absatz gilt, soweit diese Verfahrensordnung nichts anderes bestimmt.

(2) Die Entscheidungen und Urteile der Großen Kammer und der Kammern werden von den jeweils tagenden Richtern mit Stimmenmehrheit getroffen. Bei den Schlussabstimmungen über Zulässigkeit und Begründetheit einer Beschwerde sind Enthaltungen nicht zulässig.

(3) In der Regel erfolgen die Abstimmungen durch Handzeichen. Der Präsident kann eine namentliche Abstimmung durchführen, und zwar in umgekehrter Reihenfolge der Rangordnung.

(4) Jede Frage, über die abzustimmen ist, wird genau formuliert.

Chapter V

The Composition of the Court

Rule 24

Composition of the Grand Chamber

1. The Grand Chamber shall be composed of seventeen judges and at least three substitute judges.

2.

(a) The Grand Chamber shall include the President and the Vice-Presidents of the Court and the Presidents of the Sections. Any Vice-President of the Court or President of a Section who is unable to sit as a member of the Grand Chamber shall be replaced by the Vice-President of the relevant Section.

Composition of the Grand Chamber

1. The Grand Chamber shall be composed of seventeen judges and three substitute judges.

2. The Grand Chamber shall be constituted for three years with effect from the election of the presidential office-holders referred to in Rule 8.

3. The Grand Chamber shall include the President and Vice-Presidents of the Court and the Presidents of the Sections. In order to complete the Grand Chamber, the plenary Court shall, on a proposal by its President, divide all the other judges into two groups which shall alternate every nine months and whose membership shall be geographically as balanced as possible and reflect the different legal systems among the Contracting Parties. The judges and substitute judges who are to hear each case referred to the Grand Chamber during each nine-month period shall be designated in rotation within each group; they shall remain members of the Grand Chamber until the proceedings have been completed, even after their terms of office as judges have expired.

4. If he or she does not sit as a member of the Grand Chamber by virtue of paragraph 3 of this Rule, the judge elected in respect of any Contracting Party concerned shall sit as an *ex officio* member of the Grand Chamber in accordance with Article 27 §§ 2 and 3 of the Convention.

5.

(a) Where any President of a Section is unable to sit as a member of the Grand Chamber, he or she shall be replaced by the Vice-President of the Section.

(b) If other judges are prevented from sitting, they shall be replaced by the substitute judges in the order in which the latter were selected under paragraph 3 of this Rule.

(c) If there are not enough substitute judges in the group concerned to complete the Grand Chamber, the substitute judges lacking shall be designated by a drawing of lots amongst the members of the other group.

6.

(a) The panel of five judges of the Grand Chamber called upon to consider requests submitted under Article 43 of the Convention shall be composed of

- the President of the Court;
- the Presidents or, if they are prevented from sitting, the Vice-Presidents of the Sections other than the Section from which was constituted the Chamber that dealt with the case whose referral to the Grand Chamber is being sought.
- one further judge designated in rotation from among the judges other than those who dealt with the case in the Chamber.

(b) No judge elected in respect of, or who is a national of, a Contracting Party concerned may be a member of the panel.

(c) Any member of the panel unable to sit shall be replaced by another judge who did not deal with the case in the Chamber, who shall be designated in rotation.

Chapitre V

Des formations

Article 24

Composition de la Grande Chambre

1. La Grande Chambre se compose de dix-sept juges et d'au moins trois juges suppléants.

2.

a) Font partie de la Grande Chambre le président et les vice-présidents de la Cour, ainsi que les présidents des sections. Lorsque le président d'une section ne peut siéger à la Grande Chambre, il est remplacé par le vice-président de la section.

Composition de la Grande Chambre

1. La Grande Chambre se compose de dix-sept juges et de trois juges suppléants.

2. Elle est constituée pour trois ans à compter de l'élection des titulaires de fonctions présidentielles mentionnés à l'article 8 du présent règlement.

3. Font partie de la Grande Chambre le président et les vice-présidents de la Cour, ainsi que les présidents des sections. Afin de compléter la Grande Chambre, la Cour plénière, sur proposition du président, répartit tous les autres juges en deux groupes qui alterneront tous les neuf mois et dont la composition se veut géographiquement équilibrée et tient compte des différents systèmes juridiques existant dans les Parties contractantes. Les juges et juges suppléants appelés à connaître de chaque affaire renvoyée à la Grande Chambre pendant chaque période de neuf mois sont désignés par rotation au sein de chaque groupe considéré; ils restent membres de la Grande Chambre jusqu'à l'achèvement de la procédure, même après la fin de leur mandat de juge.

4. Pour autant qu'il n'y siège pas en vertu du paragraphe 3 du présent article, le juge élu au titre de toute Partie contractante concernée fait partie de droit de la Grande Chambre, conformément à l'article 27 §§ 2 et 3 de la Convention.

5.

a) Lorsque le président d'une section ne peut siéger à la Grande Chambre, il est remplacé par le vice-président de la section.

b) Si un autre juge ne peut siéger, il est remplacé par un suppléant suivant l'ordre de désignation prévu au paragraphe 3 du présent article.

c) S'il n'y a pas assez de juges suppléants dans le groupe concerné pour compléter la Grande Chambre, les suppléants manquants sont désignés par tirage au sort parmi les membres de l'autre groupe.

6.

a) Le collège de cinq juges de la Grande Chambre appelé à examiner les demandes présentées en vertu de l'article 43 de la Convention se compose:

- du président de la Cour,
- des présidents ou, s'ils sont empêchés, des vice-présidents des sections autres que celle à partir de laquelle a été constituée la chambre qui a eu à connaître de l'affaire dont le renvoi à la Grande Chambre est demandé;
- un juge supplémentaire, désigné par rotation parmi les juges autres que ceux qui ont eu à connaître de l'affaire dans la chambre.

b) Ne peut faire partie du collège un juge élu au titre d'une Partie contractante concernée ou ressortissant de celle-ci.

c) Si un membre du collège se trouve empêché, il est remplacé par un autre juge désigné par rotation parmi ceux qui n'ont pas eu à connaître de l'affaire dans la chambre.

Kapitel V

Die Zusammensetzung des Gerichtshofs

Artikel 24[1])

Zusammensetzung der Großen Kammer

(1) Die Große Kammer besteht aus 17 Richtern und mindestens drei Ersatzrichtern.

(2)

a) Der Großen Kammer gehören der Präsident und die Vizepräsidenten des Gerichtshofs sowie die Sektionspräsidenten an. Ist ein Vizepräsident des Gerichtshofs oder ein Sektionspräsident an der Teilnahme an einer Sitzung der Großen Kammer verhindert, so wird er durch den Vizepräsidenten der betreffenden Sektion vertreten.[2])

---

1) Artikel 24 in der Fassung vom 4. November 1998 lautet:

Zusammensetzung der Großen Kammer

(1) Die Große Kammer besteht aus 17 Richtern und drei Ersatzrichtern.

(2) Sie wird für drei Jahre gebildet, von der Wahl der in Artikel 8 genannten Inhaber der Präsidialämter an gerechnet.

(3) Der Großen Kammer gehören der Präsident und die Vizepräsidenten des Gerichtshofs sowie die Sektionspräsidenten an. Zur Vervollständigung der Großen Kammer teilt das Plenum auf Vorschlag des Präsidenten die übrigen Richter in zwei Gruppen ein, die sich alle neun Monate abwechseln und deren Zusammensetzung geographisch ausgeglichen sein soll und den unterschiedlichen Rechtssystemen der Vertragsparteien Rechnung trägt. Die Richter und Ersatzrichter, die während der Neun-Monats-Perioden für die Behandlung der der Großen Kammer vorgelegten Rechtssachen zuständig sind, werden innerhalb der betreffenden Gruppe im Rotationsverfahren ernannt; sie bleiben auch nach Ablauf ihrer Amtszeit als Richter bis zum Abschluss des Verfahrens Mitglied der Großen Kammer.

(4) Der für eine betroffene Vertragspartei gewählte Richter gehört der Großen Kammer nach Artikel 27 Absätze 2 und 3 der Konvention von Amts wegen an, wenn er ihr nicht nach Absatz 3 angehört.

(5)

a) Ist ein Sektionspräsident an der Teilnahme an einer Sitzung der Großen Kammer verhindert, so wird er durch den Vizepräsidenten der Sektion vertreten.

b) Sind andere Richter verhindert, so werden sie durch Ersatzrichter ersetzt, die in der Reihenfolge der Ernennungen nach Absatz 3 bestimmt werden.

c) Stehen aus der betroffenen Gruppe nicht genügend Ersatzrichter zur Vervollständigung der Großen Kammer zur Verfügung, so werden die fehlenden aus den Mitgliedern der anderen Gruppe durch das Los bestimmt.

(6)

a) Der Ausschuss von fünf Richtern der Großen Kammer, der die nach Artikel 43 der Konvention vorgelegten Anträge zu prüfen hat, besteht aus

- dem Präsidenten des Gerichtshofs;
- den Präsidenten oder, falls sie verhindert sind, den Vizepräsidenten der Sektionen mit Ausnahme derjenigen, aus der die Kammer gebildet wurde, welche die Rechtssache behandelt hat, deren Verweisung an die Große Kammer beantragt wird;
- einem weiteren Richter, der im Rotationsverfahren aus dem Kreis der Richter bestimmt wird, die die Rechtssache nicht in der Kammer behandelt haben.

b) Ein Richter, der für eine betroffene Vertragspartei gewählt wurde oder Staatsangehöriger einer solchen ist, kann nicht Mitglied des Ausschusses sein.

c) Ist ein Richter des Ausschusses verhindert, so wird er durch einen anderen Richter ersetzt, der im Rotationsverfahren aus dem Kreis der Richter bestimmt wird, die die Rechtssache in der Kammer nicht behandelt haben.

2) Die Übersetzung dieses Satzes richtet sich nach der von dem Europäischen Gerichtshof für Menschenrechte als sprachlich korrekt angesehenen englischen Fassung.

(b) The judge elected in respect of the State Party concerned or, where appropriate, the judge designated by virtue of Rule 29 or Rule 30 shall sit as an *ex officio* member of the Grand Chamber in accordance with article 27 §§ 2 and 3 of the Convention.

(c) In cases referred to the Grand Chamber under Article 30 of the Convention, the Grand Chamber shall also include the members of the Chamber which relinquished jurisdiction.

(d) In cases referred to the Grand Chamber under Article 43 of the Convention, the Grand Chamber shall not include any judge who participated in the original Chamber's deliberations on the admissibility or merits of the case, except the President of that Chamber and the judge who sat in respect of the State Party concerned.

(e) The judges and substitue judges who are to complete the Grand Chamber in each case referred to it shall be designated from among the remaining judges by a drawing of lots by the President of the Court in the presence of the Registrar. The modalities for the drawing of lots shall be laid down by the Plenary Court, having due regard to the need for a geographically balanced composition reflecting the different legal systems among the Contracting Parties.

3. If any judges are prevented from sitting, they shall be replaced by the substitute judges in the order in which the latter were selected under paragraph 2 (e) of this Rule. Should the need arise, the President may in the course of the proceedings designate additional substitute judges in accordance with paragraph 2 (e) above.

4. The judges and substitute judges designated in accordance with the above provisions shall continue to sit in the Grand Chamber for the consideration of the case until the proceedings have been completed. Even after the end of their terms of office, they shall continue to deal with the case if they have participated in the consideration of the merits.

5.

(a) The panel of five judges of the Grand Chamber called upon to consider requests submitted under Article 43 of the Convention shall be composed of

- the President of the Court;
- the Presidents or, if they are prevented from sitting, the Vice-Presidents of the Sections other than the Section from which was constituted the Chamber that dealt with the case whose referral to the Grand Chamber is being sought;
- further judges designated in rotation from among the judges other than

b) Le juge élu au titre de l'Etat partie concerné ou, le cas échéant, le juge désigné en vertu de l'article 29 ou de l'article 30 du règlement fait partie de droit de la Grande Chambre, conformément à l'article 27 §§ 2 et 3 de la Convention.

c) Dans les affaires qui lui sont déférées en vertu de l'article 30 de la Convention, la Grande Chambre comprend également les membres de la chambre s'étant dessaisie.

d) Dans les affaires qui lui sont déférées en vertu de l'article 43 de la Convention, la Grande Chambre ne comprend aucun juge ayant participé aux délibérations de la chambre originaire sur la recevabilité ou sur le fond de l'affaire, à l'exception du président de cette chambre et du juge y ayant siégé au titre de l'Etat partie concerné.

e) Les juges et juges suppléants appelés à compléter la Grande Chambre chaque fois qu'une affaire lui est déférée sont désignés parmi les juges restants au moyen d'un tirage au sort effectué par le président de la Cour en présence du greffier. Les modalités du tirage au sort sont fixées par la Cour plénière, qui veille à ce que soit assurée une composition géographiquement équilibrée et reflétant la diversité des systèmes juridiques existant dans les Parties contractantes.

3. Si des juges ne peuvent siéger, ils sont remplacés par les juges suppléants suivant l'ordre de désignation prévu au paragraphe 2 e) du présent article. Si la nécessite s'en fait sentir, le président peut, au cours de la procédure, désigner des juges suppléants additionnels, conformément au paragraphe 2 e) ci-dessus.

4. Les juges et juges suppléants désignés conformément aux dispositions précitées siègent jusqu'à l'achèvement de la procédure. Leur mandat expiré, ils continuent de participer à l'examen de l'affaire s'ils en ont déjà connu au fond.

5.

a) Le collège de cinq juges de la Grande Chambre appelée à examiner les demandes présentées en vertu de l'article 43 de la Convention se compose:

- du président de la Cour;
- des présidents ou, s'ils sont empêchés, des vice-présidents des sections autres que celle à partir de laquelle a été constituée la chambre qui a eu à connaître l'affaire dont le renvoi à la Grande Chambre est demandé;
- de juges supplémentaires désignés par rotation parmi les juges autres

b) Der für den als Partei beteiligten Staat gewählte Richter oder gegebenenfalls der nach Artikel 29 oder Artikel 30 benannte Richter gehört der Großen Kammer nach Artikel 27 Absätze 2 und 3 der Konvention von Amts wegen an.

c) In Rechtssachen, die nach Artikel 30 der Konvention an die Große Kammer abgegeben werden, gehören der Großen Kammer auch die Mitglieder der Kammer an, welche die Sache abgegeben hat.

d) In Rechtssachen, die nach Artikel 43 der Konvention an die Große Kammer verwiesen werden, gehört der Großen Kammer kein Richter an, der an den Beratungen der ursprünglich befassten Kammer über die Zulässigkeit oder Begründetheit der Rechtssache teilgenommen hat, mit Ausnahme des Präsidenten jener Kammer und des Richters, der ihr für den als Partei beteiligten Staat angehörte.

e) Die Richter und Ersatzrichter, welche die Große Kammer jeweils in einer ihr vorgelegten Rechtssache vervollständigen sollen, werden aus dem Kreis der verbleibenden Richter vom Präsidenten des Gerichtshofs im Beisein des Kanzlers durch das Los bestimmt. Die Einzelheiten des Losverfahrens werden unter gebührender Berücksichtigung der Notwendigkeit einer geographisch ausgeglichenen Zusammensetzung, die den unterschiedlichen Rechtssystemen der Vertragsparteien Rechnung trägt, vom Plenum festgelegt.

(3) Sind Richter verhindert, so werden sie durch Ersatzrichter ersetzt, die in der Reihenfolge nach Absatz 2 Buchstabe e bestimmt werden. Der Präsident kann erforderlichenfalls im Verlauf des Verfahrens weitere Ersatzrichter nach Absatz 2 Buchstabe e bestimmen.

(4) Die so bestimmten Richter und Ersatzrichter bleiben für die Prüfung der Rechtssache Mitglieder der Großen Kammer, bis das Verfahren abgeschlossen ist. Sie setzen ihre Tätigkeit in einer Rechtssache auch nach Ablauf ihrer Amtszeit fort, wenn sie an der Prüfung der Begründetheit teilgenommen haben.

(5)

a) Der Ausschuss von fünf Richtern der Großen Kammer, der die nach Artikel 43 der Konvention vorgelegten Anträge zu prüfen hat, besteht aus

- dem Präsidenten des Gerichtshofs;
- den Präsidenten oder, falls sie verhindert sind, den Vizepräsidenten der Sektionen mit Ausnahme derjenigen, aus der die Kammer gebildet wurde, welche die Rechtssache behandelt hat, deren Verweisung an die Große Kammer beantragt wird;
- weiteren Richtern, die im Rotationsverfahren aus dem Kreis der Richter

those who dealt with the case in the Chamber.

(b) No judge elected in respect of, or who is a national of, a Contracting Party concerned may be a member of the panel.

(c) Any member of the panel unable to sit shall be replaced by another judge who did not deal with the case in the Chamber, who shall be designated in rotation.

que ceux qui ont eu à connaître de l'affaire dans la chambre.

b) Ne peut faire partie du collège un juge élu au titre d'une partie contractante concernée ou ressortissant de celle-ci.

c) Si un membre du collège se trouve empêché, il est remplacé par un autre juge désigné par rotation parmi ceux qui n'ont pas eu à connaître de l'affaire dans la chambre.

bestimmt werden, die nicht die Rechtssache in der Kammer behandelt haben.

b) Ein Richter, der für eine betroffene Vertragspartei gewählt wurde oder Staatsangehöriger einer solchen ist, kann nicht Mitglied des Ausschusses sein.

c) Ist ein Mitglied des Ausschusses verhindert, so wird er durch einen anderen Richter ersetzt, der im Rotationsverfahren aus dem Kreis der Richter bestimmt wird, die nicht die Rechtssache in der Kammer behandelt haben.

Rule 25

Setting up of Sections

1. The Chambers provided for in Article 26 (b) of the Convention (referred to in these Rules as "Sections") shall be set up by the plenary Court, on a proposal by its President, for a period of three years with effect from the election of the presidential office-holders of the Court under Rule 8. There shall be at least four Sections.

2. Each judge shall be a member of a Section. The composition of the Sections shall be geographically and gender balanced and shall reflect the different legal systems among the Contracting Parties.

3. Where a judge ceases to be a member of the Court before the expiry of the period for which the Section has been constituted, the judge's place in the Section shall be taken by his or her successor as a member of the Court.

4. The President of the Court may exceptionally make modifications to the composition of the Sections if circumstances so require.

5. On a proposal by the President, the plenary Court may constitute an additional Section.

Article 25

Constitution des sections

1. Les chambres prévues à l'article 26 b) de la Convention (et dénommées «sections» dans le présent règlement) sont constituées par la Cour plénière, sur proposition du président, pour une période de trois ans à compter de l'élection des titulaires de fonctions présidentielles visés à l'article 8 du présent règlement. Il y a au moins quatre sections.

2. Chaque juge est membre d'une section. La composition des sections doit être équilibrée tant du point de vue géographique que du point de vue de la représentation des sexes et tenir compte des différents systèmes juridiques existant dans les Parties contractantes.

3. Lorsqu'un juge cesse de faire partie de la Cour avant l'échéance de la période pour laquelle la section a été constituée, son successeur à la Cour le remplace comme membre de la section.

4. Le président de la Cour peut exceptionnellement procéder à des modifications dans la composition des sections si les circonstances le requièrent.

5. Sur proposition du président, la Cour plénière peut constituer une section supplémentaire.

Artikel 25

Bildung der Sektionen

(1) Die in Artikel 26 Buchstabe b der Konvention vorgesehenen Kammern (in dieser Verfahrensordnung als „Sektionen" bezeichnet) werden auf Vorschlag des Präsidenten vom Plenum gebildet, und zwar für drei Jahre, von der Wahl der in Artikel 8 dieser Verfahrensordnung genannten Inhaber der Präsidialämter an gerechnet. Es werden mindestens vier Sektionen gebildet.

(2) Jeder Richter ist Mitglied einer Sektion. Die Zusammensetzung der Sektionen soll sowohl in geographischer Hinsicht als auch in Bezug auf die Vertretung der Geschlechter ausgeglichen sein und den unterschiedlichen Rechtssystemen der Vertragsparteien Rechnung tragen.

(3) Scheidet ein Richter vor Ablauf des Zeitabschnitts, für den die Sektion gebildet wurde, aus dem Gerichtshof aus, so wird er durch seinen Nachfolger beim Gerichtshof als Mitglied der Sektion ersetzt.

(4) Wenn es die Umstände erfordern, kann der Präsident des Gerichtshofs ausnahmsweise die Zusammensetzung der Sektionen ändern.

(5) Auf Vorschlag des Präsidenten kann das Plenum eine zusätzliche Sektion bilden.

Rule 26

Constitution of Chambers

1. The Chambers of seven judges provided for in Article 27 § 1 of the Convention for the consideration of cases brought before the Court shall be constituted from the Sections as follows.

(a) The Chamber shall in each case include the President of the Section and the judge elected in respect of any Contracting Party concerned. If the latter judge is not a member of the Section to which the application has been assigned under Rule 51 or 52, he or she shall sit as an *ex officio* member of the Chamber in accordance with Article 27 § 2 of the Convention. Rule 29 shall apply if that judge is unable to sit or withdraws.

Article 26

Constitution des chambres

1. Les chambres de sept juges prévues à l'article 27 § 1 de la Convention pour examiner les affaires portées devant la Cour sont constituées comme suit à partir des sections.

a) Pour chaque affaire, la chambre comprend le président de la section et le juge élu au titre de toute Partie contractante concernée. Si ce dernier n'est pas membre de la section à laquelle la requête a été attribuée conformément aux articles 51 ou 52 du présent règlement, il siège comme membre de droit de la chambre, conformément à l'article 27 § 2 de la Convention. L'article 29 du présent règlement s'applique si ledit juge ne peut siéger ou se déporte.

Artikel 26

Bildung der Kammern

(1) Die Kammern mit sieben Richtern, die in Artikel 27 Absatz 1 der Konvention für die Prüfung der beim Gerichtshof anhängig gemachten Rechtssachen vorgesehen sind, werden wie folgt aus den Sektionen gebildet:

a) Der Kammer gehören für jede Rechtssache der Sektionspräsident und der für eine betroffene Vertragspartei gewählte Richter an. Ist der Letztere nicht Mitglied der Sektion, der die Beschwerde nach Artikel 51 oder 52 dieser Verfahrensordnung zugeteilt wurde, so gehört er der Kammer nach Artikel 27 Absatz 2 der Konvention von Amts wegen an. Ist dieser Richter verhindert oder befangen, so findet Artikel 29 dieser Verfahrensordnung Anwendung.

(b) The other members of the Chamber shall be designated by the President of the Section in rotation from among the members of the relevant Section.

(c) The members of the Section who are not so designated shall sit in the case as substitute judges.

2. Even after the end of their terms of office judges shall continue to deal with cases in which they have participated in the consideration of the merits.

b) Les autres membres de la chambre sont désignés par le président de la section, par rotation, parmi les membres de la section.

c) Les membres de la section qui ne sont pas désignés de la sorte siègent dans l'affaire en qualité de suppléants.

2. Même après la fin de son mandat, le juge continue de connaître des affaires pour lesquelles il a pris part à l'examen au fond.

b) Die anderen Mitglieder der Kammer werden vom Sektionspräsidenten im Rotationsverfahren aus dem Kreis der Mitglieder der Sektion bestimmt.

c) Die Mitglieder der Sektion, die nicht auf diese Weise bestimmt wurden, sind in der betreffenden Rechtssache Ersatzrichter.

(2) Auch nach Ende ihrer Amtszeit bleiben die Richter in den Rechtssachen tätig, in denen sie an der Prüfung der Begründetheit teilgenommen haben.

Rule 27

Committees

1. Committees composed of three judges belonging to the same Section shall be set up under Article 27 § 1 of the Convention. After consulting the Presidents of the Sections, the President of the Court shall decide on the number of Committees to be set up.

2. The Committees shall be constituted for a period of twelve months by rotation among the members of each Section, excepting the President of the Section.

3. The judges of the Section who are not members of a Committee may be called upon to take the place of members who are unable to sit.

4. Each Committee shall be chaired by the member having precedence in the Section.

Article 27

Comités

1. Des comités de trois juges appartenant à la même section sont constitués, en application de l'article 27 § 1 de la Convention. Après avoir consulté les présidents des sections, le président de la Cour décide du nombre de comités à créer.

2. Les comités sont constitués pour une période de douze mois, par rotation parmi les membres de chaque section autres que le président.

3. Les membres de la section qui ne sont pas membres d'un comité peuvent être appelés à remplacer des membres empêchés de siéger.

4. Chaque comité est présidé par le membre ayant la préséance au sein de la section.

Artikel 27

Komitees

(1) Nach Artikel 27 Absatz 1 der Konvention werden Komitees aus drei derselben Sektion angehörenden Richtern gebildet. Die Zahl der Komitees wird vom Präsidenten des Gerichtshofs nach Anhörung der Sektionspräsidenten bestimmt.

(2) Die Komitees werden im Rotationsverfahren aus dem Kreis der Mitglieder jeder Sektion mit Ausnahme ihres Präsidenten für zwölf Monate gebildet.

(3) Sektionsmitglieder, die nicht Mitglieder eines Komitees sind, können berufen werden, verhinderte Mitglieder zu ersetzen.

(4) Den Vorsitz im Komitee führt jeweils das innerhalb der Sektion rangälteste Mitglied.

Rule 28

Inability to sit, withdrawal or exemption

1. Any judge who is prevented from taking part in sittings for which he has been convoked shall, as soon as possible, give notice to the President of the Chamber.

2. A judge may not take part in the consideration of any case in which he or she has a personal interest or has previously acted either as the Agent, advocate or adviser of a party or of a person having an interest in the case, or as a member of a tribunal or commission of inquiry, or in any other capacity.

3. If a judge withdraws for one of the said reasons, or for some special reason, he or she shall inform the President of the Chamber, who shall exempt the judge from sitting.

4. If the President of the Chamber considers that a reason exists for a judge to withdraw, he or she shall consult with the judge concerned; in the event of disagreement, the Chamber shall decide.

Article 28

Empêchement, déport ou dispense

1. Tout juge empêché de participer aux séances pour lesquelles il est convoqué en fait part, dans le plus bref délai, au président de la chambre.

2. Aucun juge ne peut participer à l'examen d'une affaire dans laquelle il est personnellement intéressé ou est antérieurement intervenu soit comme agent, conseil ou conseiller d'une partie ou d'une personne ayant un intérêt dans l'affaire, soit comme membre d'un tribunal ou d'une commission d'enquête, ou à tout autre titre.

3. Si un juge se déporte pour l'une desdites raisons, ou pour une raison spéciale, il en informe le président de la chambre, qui le dispense de siéger.

4. Si le président de la chambre estime qu'il existe un motif de déport en la personne d'un juge, il confronte ses vues avec celles de l'intéressé; en cas de désaccord, la chambre décide.

Artikel 28

Verhinderung, Ablehnung, Freistellung

(1) Jeder Richter, der verhindert ist, an Sitzungen teilzunehmen, zu denen er einberufen wurde, hat dies umgehend dem Kammerpräsidenten anzuzeigen.

(2) Kein Richter kann an der Prüfung einer Rechtssache teilnehmen, an der er ein persönliches Interesse hat oder an der er vorher mitgewirkt hat, sei es als Prozessbevollmächtigter, Rechtsbeistand oder Berater einer Partei oder einer an der Sache interessierten Person, sei es als Mitglied eines Gerichts, einer Untersuchungskommission oder in anderer Eigenschaft.

(3) Ist ein Richter aus einem der genannten Gründe oder aus einem besonderen Grund befangen, so informiert er den Kammerpräsidenten; dieser stellt ihn von der Teilnahme an der Rechtssache frei.

(4) Ist der Kammerpräsident der Auffassung, dass für einen Richter ein Grund vorliegt, sich für befangen zu erklären, so bespricht er diese Frage mit den Betroffenen; bei Meinungsverschiedenheit entscheidet die Kammer.

Rule 29

***Ad hoc* judges**

1. If the judge elected in respect of a Contracting Party concerned is unable to sit in the Chamber or withdraws, the President of the Chamber shall invite that

Article 29

Juges *ad hoc*

1. Si le juge élu au titre d'une Partie contractante concernée se trouve empêché ou se déporte, le président de la chambre invite ladite Partie à lui faire savoir

Artikel 29

Richter ad hoc

(1) Wenn der für eine betroffene Vertragspartei gewählte Richter verhindert oder befangen ist, fordert der Kammerpräsident diese Partei auf, ihm binnen 30 Ta-

Party to indicate within thirty days whether it wishes to appoint to sit as judge either another elected judge or, as an *ad hoc* judge, any other person possessing the qualifications required by Article 21 § 1 of the Convention and, if so, to state at the same time the name of the person appointed. The same rule shall apply if the person so appointed is unable to sit or withdraws.

dans les trente jours si elle entend désigner pour siéger soit un autre juge élu, soit, en qualité de juge *ad hoc*, une autre personne réunissant les conditions requises par l'article 21 § 1 de la Convention et, dans l'affirmative, à indiquer en même temps le nom de la personne désignée. La même règle s'applique si la personne désignée se trouve empêchée ou se déporte.

gen mitzuteilen, ob sie entweder einen anderen gewählten Richter oder, als Richter ad hoc, eine andere Person, welche die in Artikel 21 Absatz 1 der Konvention vorgeschriebenen Bedingungen erfüllt, für die Mitwirkung als Richter an dem Verfahren benennen will; in diesem Fall fordert er sie auf, gleichzeitig den Namen der Person anzugeben, die sie benennt. Satz 1 findet auch Anwendung, wenn die benannte Person verhindert oder befangen ist.

2. The Contracting Party concerned shall be presumed to have waived its right of appointment if it does not reply within thirty days.

2. La Partie contractante concernée est réputée renoncer à pareille désignation si elle ne répond pas dans les trente jours.

(2) Antwortet die betroffene Vertragspartei nicht innerhalb von 30 Tagen, so gilt dies als Verzicht auf eine solche Benennung.

3. An *ad hoc* judge shall, at the opening of the first sitting fixed for the consideration of the case after the judge has been appointed, take the oath or make the solemn declaration provided for in Rule 3. This act shall be recorded in minutes.

3. A l'ouverture de la première séance consacrée à l'examen de l'affaire après sa désignation, le juge *ad hoc* prête le serment ou fait la déclaration solennelle prévus à l'article 3 du présent règlement. Il en est dressé procès-verbal.

(3) Zu Beginn der ersten Sitzung in der betreffenden Rechtssache nach seiner Benennung leistet der Richter ad hoc den Eid oder gibt die feierliche Erklärung ab, die in Artikel 3 vorgesehen sind. Hierüber wird ein Protokoll aufgenommen.

Rule 30

Common interest

1. If several applicant or respondent Contracting Parties have a common interest, the President of the Court may invite them to agree to appoint a single elected judge or *ad hoc* judge in accordance with Article 27 § 2 of the Convention. If the Parties are unable to agree, the President shall choose by lot, from among the persons proposed as judges by these Parties, the judge called upon to sit *ex officio*.

2. In the event of a dispute as to the existence of a common interest, the plenary Court shall decide.

Article 30

Communauté d'intérêt

1. Si plusieurs Parties contractantes requérantes ou défenderesses ont un intérêt commun, le président de la Cour peut les inviter à s'entendre pour désigner un seul juge élu ou juge *ad hoc*, conformément à l'article 27 § 2 de la Convention; à défaut d'accord, il tire au sort parmi les personnes proposées celle qui sera appelée à siéger de droit.

2. En cas de contestation sur l'existence de la communauté d'intérêt, la Cour plénière décide.

Artikel 30

Interessengemeinschaft

(1) Haben mehrere klagende oder beklagte Vertragsparteien ein gemeinsames Interesse, so kann sie der Präsident des Gerichtshofs auffordern, sich untereinander über die Benennung eines einzigen gewählten Richters oder Richters ad hoc nach Artikel 27 Absatz 2 der Konvention zu verständigen. Kommt eine Einigung nicht zustande, so bestimmt der Präsident den von Amts wegen zum Kammermitglied berufenen Richter aus der Zahl der vorgeschlagenen Personen durch das Los.

(2) Besteht Streit über das Vorliegen einer Interessengemeinschaft, so entscheidet das Plenum.

Title II

Procedure

Chapter I

General Rules

Rule 31

Possibility of particular derogations

The provisions of this Title shall not prevent the Court from derogating from them for the consideration of a particular case after having consulted the parties where appropriate.

Rule 32

Practice directions

The President of the Court may issue practice directions, notably in relation to such matters as appearance at hearings and the filing of pleadings and other documents.

Titre II

Procédure

Chapitre I

Règles générales

Article 31

Possibilité de dérogations particulières

Les dispositions du présent titre ne font pas obstacle à ce que la Cour y déroge pour l'examen d'une affaire particulière après avoir consulté les parties en tant que de besoin.

Article 32

Instructions pratiques

Le président de la Cour peut édicter des instructions pratiques, notamment en rapport avec des questions telles que la comparution aux audiences et le dépôt d'observations écrites ou d'autres documents.

Titel II

Das Verfahren

Kapitel I

Allgemeine Vorschriften

Artikel 31

Möglichkeit von Abweichungen im Einzelfall

Der Gerichtshof kann im Einzelfall bei der Prüfung einer Rechtssache von den Vorschriften dieses Titels abweichen; wenn es angezeigt ist, hört er zuvor die Parteien an.

Artikel 32

Verfahrensanordnungen

Der Präsident des Gerichtshofs kann Verfahrensanordnungen praktischer Natur erlassen, insbesondere hinsichtlich des Erscheinens zu mündlichen Verhandlungen und der Einreichung von Schriftsätzen oder sonstigen Unterlagen.

Rule 33

Public character of proceedings

1. Hearings shall be public unless, in accordance with paragraph 2 of this Rule, the Chamber in exceptional circumstances decides otherwise, either of its own motion or at the request of a party or any other person concerned.

2. The press and the public may be excluded from all or part of a hearing in the interest of morals, public order or national security in a democratic society, where the interests of juveniles or the protection of the private life of the parties so require, or to the extent strictly necessary in the opinion of the Chamber in special circumstances where publicity would prejudice the interests of justice.

3. Following registration of an application, all documents deposited with the Registry, with the exception of those deposited within the framework of friendly-settlement negotiations as provided for in Rule 62, shall be accessible to the public unless the President of the Chamber, for the reasons set out in paragraph 2 of this Rule, decides otherwise, either of his or her own motion or at the request of a party or any other person concerned.

4. Any request for confidentiality made under paragraphs 1 or 3 of this Rule must give reasons and specify whether the hearing or the documents, as the case may be, should be inaccessible to the public in whole or in part.

Article 33

Publicité de la procédure

1. L'audience est publique, à moins que, en vertu du paragraphe 2 du présent article, la chambre n'en décide autrement en raison de circonstances exceptionnelles, soit d'office, soit à la demande d'une partie ou de toute autre personne intéressée.

2. L'accès de la salle peut être interdit à la presse et au public pendant la totalité ou une partie de l'audience, dans l'intérêt de la moralité, de l'ordre public ou de la sécurité nationale dans une société démocratique, lorsque les intérêts des mineurs ou la protection de la vie privée des parties l'exigent, ou dans la mesure jugée strictement nécessaire par la chambre, lorsque, dans des circonstances spéciales, la publicité serait de nature à porter atteinte aux intérêts de la justice.

3. Après l'enregistrement d'une requête, tous les documents déposés au greffe dans l'affaire, à l'exception de ceux soumis dans le cadre de négociations menées en vue de parvenir à un règlement amiable comme le prévoit l'article 62 du présent règlement, sont accessibles au public, à moins que le président de la chambre n'en décide autrement pour les raisons indiquées au paragraphe 2 du présent article, soit d'office, soit à la demande d'une partie ou de toute autre personne intéressée.

4. Toute demande de confidentialité formulée au titre des paragraphes 1 ou 3 du présent article doit être motivée et indiquer si l'absence de publicité doit s'appliquer à tout ou partie de l'audience ou des documents, suivant le cas.

Artikel 33

Öffentlichkeit des Verfahrens

(1) Die mündliche Verhandlung ist öffentlich, soweit nicht die Kammer nach Absatz 2 aufgrund besonderer Umstände anders entscheidet, sei es von Amts wegen, sei es auf Antrag einer Partei oder einer anderen betroffenen Person.

(2) Presse und Öffentlichkeit können während der ganzen oder eines Teiles der mündlichen Verhandlung ausgeschlossen werden, wenn dies im Interesse der Moral, der öffentlichen Ordnung oder der nationalen Sicherheit in einer demokratischen Gesellschaft liegt, wenn die Interessen von Jugendlichen oder der Schutz des Privatlebens der Prozessparteien es verlangen oder – soweit die Kammer es für unbedingt erforderlich hält – wenn unter besonderen Umständen eine öffentliche Verhandlung die Interessen der Rechtspflege beeinträchtigen würde.

(3) Nach der Registrierung einer Beschwerde sind alle bei der Kanzlei eingereichten Unterlagen mit Ausnahme derjenigen, die im Rahmen von Verhandlungen über eine gütliche Einigung nach Artikel 62 vorgelegt werden, der Öffentlichkeit zugänglich, soweit nicht der Kammerpräsident aus den in Absatz 2 genannten Gründen anders entscheidet, sei es von Amts wegen, sei es auf Antrag einer Partei oder einer anderen betroffenen Person.

(4) Anträge auf Vertraulichkeit nach Absatz 1 oder 3 sind zu begründen; dabei ist anzugeben, ob der Ausschluss der Öffentlichkeit für die mündliche Verhandlung oder die Unterlagen insgesamt oder teilweise gelten soll.

Rule 34

Use of languages

1. The official languages of the Court shall be English and French.

2. Before the decision on the admissibility of an application is taken, all communications with and pleadings by applicants under Article 34 of the Convention or their representatives, if not in one of the Court's official languages, shall be in one of the official languages of the Contracting Parties.

3.

(a) All communications with and pleadings by such applicants or their representatives in respect of a hearing, or after a case has been declared admissible, shall be in one of the Court's official languages, unless the President of the Chamber authorises the continued use of the official language of a Contracting Party.

Article 34

Emploi des langues

1. Les langues officielles de la Cour sont le français et l'anglais.

2. Avant l'adoption de la décision sur la recevabilité, toutes communications avec un requérant, au sens de l'article 34 de la Convention, ou avec son représentant, et toutes observations soumises par un requérant ou son représentant doivent se faire ou être rédigées dans l'une des langues officielles des Parties contractantes si elles ne se font pas ou ne sont pas rédigées dans l'une des langues officielles de la Cour.

3.

a) Toutes communications avec un requérant ou son représentant et toutes observations soumises par un requérant ou son représentant et se rapportant à une audience, ou intervenant après que l'affaire a été déclarée recevable, doivent se faire ou être rédigées dans l'une des langues officielles de la Cour, sauf si le président de la chambre donne l'autorisation de continuer à employer la langue officielle d'une Partie contractante.

Artikel 34

Gebrauch der Sprachen

(1) Die Amtssprachen des Gerichtshofs sind Englisch und Französisch.

(2) Vor der Entscheidung über die Zulässigkeit der Beschwerde erfolgen die Kommunikation mit dem Beschwerdeführer im Sinne des Artikels 34 der Konvention oder mit seinem Vertreter sowie die Einreichung von Schriftsätzen des Beschwerdeführers oder seines Vertreters, soweit nicht in einer der Amtssprachen des Gerichtshofs, in einer der Amtssprachen der Vertragsparteien.

(3)

a) Die Kommunikation mit dem Beschwerdeführer oder seinem Vertreter sowie die Einreichung von Schriftsätzen des Beschwerdeführers oder seines Vertreters in Bezug auf eine mündliche Verhandlung oder nach Zulassung der Beschwerde erfolgen in einer der Amtssprachen des Gerichtshofs, wenn nicht der Kammerpräsident den weiteren Gebrauch der Amtssprache einer Vertragspartei genehmigt.

(b) If such leave is granted, the Registrar shall make the necessary arrangements for the oral or written translation of the applicant's observations or statements.

b) Si pareille autorisation est accordée, le greffier prend les dispositions nécessaires en vue de l'interprétation ou de la traduction des déclarations ou observations du requérant.

b) Wird diese Genehmigung erteilt, so trifft der Kanzler die notwendigen Vorkehrungen für die mündliche oder schriftliche Übersetzung der Erklärungen oder Stellungnahmen des Beschwerdeführers.

4.

(a) All communications with and pleadings by Contracting Parties or third parties shall be in one of the Court's official languages. The President of the Chamber may authorise the use of a non-official language.

4

a) Toutes communications avec les Parties contractantes ou les tiers intervenants et toutes observations émanant des Parties contractantes ou des tiers intervenants doivent se faire ou être rédigées dans l'une des langues officielles de la Cour. Le président de la chambre peut autoriser l'emploi d'une langue non officielle.

(4)

a) Die Kommunikation mit Vertragsparteien und Drittbeteiligten sowie die Einreichung von Schriftsätzen von Vertragsparteien oder Drittbeteiligten erfolgen in einer der Amtssprachen des Gerichtshofs. Der Kammerpräsident kann den Gebrauch einer anderen Sprache genehmigen.

(b) If such leave is granted, it shall be the responsibility of the requesting party to provide for and bear the costs of interpreting or translation into English or French of the oral arguments or written statements made.

b) Si pareille autorisation est accordée, la partie qui l'a sollicitée doit fournir l'interprétation ou la traduction en français ou en anglais des observations orales ou écrites et assumer les frais y afférents.

b) Wird diese Genehmigung erteilt, so hat die ersuchende Partei für die mündliche oder schriftliche Übersetzung der mündlichen oder schriftlichen Stellungnahmen in die englische oder französische Sprache zu sorgen und die betreffenden Kosten zu tragen.

5. The President of the Chamber may invite the respondent Contracting Party to provide a translation of its written submissions in the or an official language of that Party in order to facilitate the applicant's understanding of those submissions.

5. Le président de la chambre peut inviter la Partie contractante défenderesse à fournir une traduction de ses observations écrites dans sa langue officielle ou dans une de ses langues officielles, afin d'en faciliter la compréhension par le requérant.

(5) Der Kammerpräsident kann die beklagte Vertragspartei auffordern, eine Übersetzung ihrer schriftlichen Stellungnahmen in einer ihrer Amtssprachen vorzulegen, um dem Beschwerdeführer das Verständnis dieser Stellungnahmen zu erleichtern.

6. Any witness, expert or other person appearing before the Court may use his or her own language if he or she does not have sufficient knowledge of either of the two official languages. In that event the Registrar shall make the necessary arrangements for interpreting or translation.

6. Tout témoin, expert ou autre personne comparaissant devant la Cour peut employer sa propre langue s'il n'a une connaissance suffisante d'aucune des deux langues officielles. Dans ce cas, le greffier prend les dispositions nécessaires en vue de l'interprétation et de la traduction.

(6) Zeugen, Sachverständige und andere Personen, die vor dem Gerichtshof auftreten, können sich ihrer eigenen Sprache bedienen, wenn sie keine der beiden Amtssprachen hinreichend beherrschen. In diesem Fall trifft der Kanzler die notwendigen Vorkehrungen für die mündliche und schriftliche Übersetzung.

Rule 35

Representation of Contracting Parties

The Contracting Parties shall be represented by Agents, who may have the assistance of advocates or advisers.

Article 35

Représentation des Parties contractantes

Les Parties contractantes sont représentées par des agents, qui peuvent se faire assister par des conseils ou conseillers.

Artikel 35

Vertretung der Vertragsparteien

Die Vertragsparteien werden durch Prozessbevollmächtigte vertreten, die zu ihrer Unterstützung Rechtsbeistände oder Berater hinzuziehen können.

Rule 36

Representation of applicants

1. Persons, non-governmental organisations or groups of individuals may initially present applications under Article 34 of the Convention themselves or through a representative appointed under paragraph 4 of this Rule.

2. Following notification of the application to the respondent Contracting Party under Rule 54 § 3 (b), the President of the Chamber may direct that the applicant should be represented in accordance with paragraph 4 of this Rule.

3. The applicant must be so represented at any hearing decided on by the Chamber or for the purposes of the proceedings following a decision declaring the application admissible, unless the President of the Chamber decides otherwise.

Article 36

Représentation des requérants

1. Les personnes physiques, organisations non gouvernementales et groupes de particuliers visés à l'article 34 de la Convention peuvent initialement soumettre des requêtes en agissant soit par eux-mêmes, soit par l'intermédiaire d'un représentant désigné conformément au paragraphe 4 du présent article.

2. Une fois la requête notifiée à la Partie contractante défenderesse comme prévu à l'article 54 § 3 b) du présent règlement, le président de la chambre peut ordonner que le requérant soit représenté conformément au paragraphe 4 du présent article.

3. Le requérant doit être ainsi représenté à toute audience décidée par la chambre ou aux fins de la procédure consécutive à une décision de recevabilité, sauf décision contraire du président de la chambre.

Artikel 36

Vertretung der Beschwerdeführer

(1) Die in Artikel 34 der Konvention genannten natürlichen Personen, nichtstaatlichen Organisationen und Personengruppen können eine Beschwerde zunächst selbst oder durch einen Vertreter nach Absatz 4 einreichen.

(2) Sobald der beklagten Vertragspartei die Beschwerde nach Artikel 54 Absatz 3 Buchstabe b zugestellt ist, kann der Kammerpräsident die Vertretung des Beschwerdeführers nach Absatz 4 anordnen.

(3) Auf diese Weise muss der Beschwerdeführer in jeder von der Kammer beschlossenen mündlichen Verhandlung oder in dem auf die Zulassung folgenden Verfahren vertreten sein, wenn der Kammerpräsident nichts anderes bestimmt.

4.

(a) The representative of the applicant shall be an advocate authorised to practise in any of the Contracting Parties and resident in the territory of one of them, or any other person approved by the President of the Chamber.

(b) The President of the Chamber may, where representation would otherwise be obligatory, grant leave to the applicant to present his or her own case, subject, if necessary, to being assisted by an advocate or other approved representative.

(c) In exceptional circumstances and at any stage of the procedure, the President of the Chamber may, where he or she considers that the circumstances or the conduct of the advocate or other person appointed under the preceding sub-paragraphs so warrant, direct that the latter may no longer represent or assist the applicant and that the applicant should seek alternative representation.

5. The advocate or other approved representative, or the applicant in person if he or she seeks leave to present his or her own case, must have an adequate knowledge of one of the Court's official languages. However, leave to use a non-official language may be given by the President of the Chamber under Rule 34 § 3.

4.

a) Le représentant du requérant doit être un conseil habilité à exercer dans l'une quelconque des Parties contractantes et résidant sur le territoire de l'une d'elles, ou une autre personne agréée par le président de la chambre.

b) Le président de la chambre peut, là où la représentation serait normalement obligatoire, autoriser le requérant à assumer lui-même la défense de ses intérêts, si nécessaire avec l'assistance d'un conseil ou autre représentant agréé.

c) Dans des circonstances exceptionnelles et à tout moment de la procédure, le président de la chambre peut, lorsqu'il considère que les circonstances ou la conduite du conseil ou de l'autre personne désignés conformément aux alinéas précédents le justifient, décider que cet avocat ou cette personne ne peut plus représenter ou assister le requérant et que celui-ci doit chercher un autre représentant.

5. Le conseil ou l'autre représentant agréé du requérant, ou ce dernier s'il demande l'autorisation d'assumer lui-même la défense de ses intérêts, doivent avoir une connaissance suffisante de l'une des langues officielles de la Cour. Toutefois, le président de la chambre peut autoriser l'emploi d'une langue non officielle, conformément à l'article 34 § 3 du présent règlement.

(4)

a) Der Vertreter des Beschwerdeführers muss ein in einer Vertragspartei zugelassener Rechtsbeistand mit Wohnsitz im Hoheitsgebiet einer Vertragspartei sein oder aber eine andere Person, die der Kammerpräsident zulässt.

b) In Fällen, in denen die Vertretung normalerweise obligatorisch wäre, kann der Kammerpräsident dem Beschwerdeführer gestatten, seine Interessen selbst zu vertreten, falls erforderlich mit Unterstützung eines Rechtsbeistands oder einer anderen zugelassenen Person.

c) Unter außergewöhnlichen Umständen kann der Kammerpräsident, wenn er der Meinung ist, dass die Umstände oder das Verhalten des Rechtsbeistands oder der anderen Person, die nach den Buchstaben a oder b bestellt wurden, es rechtfertigen, zu jedem Zeitpunkt des Verfahrens bestimmen, dass der Rechtsbeistand oder diese Person den Beschwerdeführer nicht mehr vertreten oder unterstützen darf und dieser einen anderen Vertreter suchen muss.

(5) Der Rechtsbeistand oder der andere zugelassene Vertreter des Beschwerdeführers oder der Beschwerdeführer selbst, der um Genehmigung ersucht, seine Interessen selbst zu vertreten, müssen eine der Amtssprachen des Gerichtshofs hinreichend beherrschen. Der Kammerpräsident kann jedoch nach Artikel 34 Absatz 3 den Gebrauch einer anderen Sprache genehmigen.

Rule 37

Communications, notifications and summonses

1. Communications or notifications addressed to the Agents or advocates of the parties shall be deemed to have been addressed to the parties.

2. If, for any communication, notification or summons addressed to persons other than the Agents or advocates of the parties, the Court considers it necessary to have the assistance of the Government of the State on whose territory such communication, notification or summons is to have effect, the President of the Court shall apply directly to that Government in order to obtain the necessary facilities.

3. The same rule shall apply when the Court desires to make or arrange for the making of an investigation on the spot in order to establish the facts or to procure evidence or when it orders the appearance of a person who is resident in, or will have to cross, that territory.

Article 37

Communications, notifications et citations

1. Les communications et notifications adressées aux agents ou conseils des parties sont réputées adressées aux parties.

2. Si, pour une communication, notification ou citation destinée à des personnes autres que les agents ou conseils des parties, la Cour estime requis le concours du gouvernement de l'Etat sur le territoire duquel la communication, notification ou citation doit produire effet, le président de la Cour s'adresse directement à ce gouvernement pour obtenir les facilités nécessaires.

3. Il en va de même lorsque la Cour désire procéder ou faire procéder sur place à des constatations ou recueillir des éléments de preuve, ou lorsqu'elle invite à comparaître des personnes résidant sur ce territoire ou appelées à le traverser.

Artikel 37

Mitteilungen, Zustellungen, Ladungen

(1) Mitteilungen und Zustellungen an die Prozessbevollmächtigten oder die Rechtsbeistände der Parteien gelten als an die Parteien gerichtet.

(2) Hält der Gerichtshof für eine Mitteilung, Zustellung oder Ladung, die an eine andere Person als die Prozessbevollmächtigten oder Rechtsbeistände der Parteien gerichtet ist, die Mitwirkung der Regierung des Staates für erforderlich, in dessen Hoheitsgebiet die Mitteilung, Zustellung oder Ladung Wirkung entfalten soll, so wendet sich der Präsident des Gerichtshofs unmittelbar an diese Regierung, um die notwendige Unterstützung zu erhalten.

(3) In gleicher Weise wird verfahren, wenn der Gerichtshof an Ort und Stelle Feststellungen treffen oder treffen lassen oder Beweise erheben will oder wenn er das Erscheinen von Personen anordnet, die in diesem Hoheitsgebiet ihren Wohnsitz haben oder es überqueren müssen.

Rule 38

Written pleadings

1. No written observations or other documents may be filed after the time-limit set by the President of the Chamber or the

Article 38

Observations écrites

1. Il ne peut être déposé d'observations écrites ou d'autres documents que dans le délai fixé par le président de la chambre ou

Artikel 38

Schriftsätze

(1) Schriftsätze und andere Unterlagen können nur innerhalb der Frist eingereicht werden, die je nach Fall vom Kammerprä-

Judge Rapporteur, as the case may be, in accordance with these Rules. No written observations or other documents filed outside that time-limit or contrary to any practice direction issued under Rule 32 shall be included in the case file unless the President of the Chamber decides otherwise.

2. For the purposes of observing the time-limit referred to in paragraph 1 of this Rule, the material date is the certified date of dispatch of the document or, if there is none, the actual date of receipt at the Registry.

par le juge rapporteur, selon le cas, conformement au présent règlement. Les observations écrites ou autres documents déposés en dehors de ce délai ou en méconnaissance d'une instruction pratique édictée au titre de l'article 32 du présent règlement ne peuvent être versés au dossier, sauf décision contraire du président de la chambre.

2. C'est la date certifiée de l'envoi du document ou, à défaut, la date de réception au greffe qui est prise en compte pour le calcul du délai visé au paragraphe 1 du présent article.

sidenten oder vom Berichterstatter nach Maßgabe dieser Verfahrensordnung hierfür bestimmt wird. Schriftsätze und andere Unterlagen, die nach Ablauf dieser Frist oder unter Missachtung einer nach Artikel 32 ergangenen Verfahrensanordnung eingereicht werden, finden keinen Eingang in die Verfahrensakten, wenn der Kammerpräsident nichts anderes bestimmt.

(2) Für die Berechnung der in Absatz 1 genannten Frist ist das belegte Datum der Absendung des Schriftstücks oder, falls ein solches Datum fehlt, das Datum des Eingangs bei der Kanzlei maßgebend.

Rule 39

Interim measures

1. The Chamber or, where appropriate, its President may, at the request of a party or of any other person concerned, or of its own motion, indicate to the parties any interim measure which it considers should be adopted in the interests of the parties or of the proper conduct of the proceedings before it.

2. Notice of these measures shall be given to the Committee of Ministers.

3. The Chamber may request information from the parties on any matter connected with the implementation of any interim measure it has indicated.

Article 39

Mesures provisoires

1. La chambre ou, le cas échéant, son président peuvent, soit à la demande d'une partie ou de toute autre personne intéressée, soit d'office, indiquer aux parties toute mesure provisoire qu'ils estiment devoir être adoptée dans l'intérêt des parties ou du bon déroulement de la procédure.

2. Le Comité des Ministres en est informé.

3. La chambre peut inviter les parties à lui fournir des informations sur toute question relative à la mise en œuvre des mesures provisoires recommandées par elle.

Artikel 39

Vorläufige Maßnahmen

(1) Die Kammer oder gegebenenfalls ihr Präsident kann auf Antrag einer Partei oder jeder anderen betroffenen Person sowie von Amts wegen den Parteien vorläufige Maßnahmen empfehlen, die im Interesse der Parteien oder eines ordnungsgemäßen Verfahrensablaufs ergriffen werden sollten.

(2) Das Ministerkomitee ist darüber zu informieren.

(3) Die Kammer kann von den Parteien Informationen zu Fragen der Durchführung der von ihr empfohlenen vorläufigen Maßnahmen anfordern.

Rule 40

Urgent notification of an application

In any case of urgency the Registrar, with the authorisation of the President of the Chamber, may, without prejudice to the taking of any other procedural steps and by any available means, inform a Contracting Party concerned in an application of the introduction of the application and of a summary of its objects.

Article 40

Communication en urgence d'une requête

En cas d'urgence, toutes autres mesures de procédure étant réservées, le greffier peut, avec l'autorisation du président de la chambre et par tout moyen disponible, informer une Partie contractante concernée de l'introduction d'une requête et de l'objet sommaire de celle-ci.

Artikel 40

Dringliche Mitteilung über eine Beschwerde

In dringenden Fällen kann der Kanzler vorbehaltlich anderer verfahrensrechtlicher Maßnahmen mit Genehmigung des Kammerpräsidenten eine betroffene Vertragspartei durch jedes verfügbare Mittel über die Erhebung einer Beschwerde informieren und ihr zusammenfassende Angaben über deren Gegenstand machen.

Rule 41

Case priority

The Chamber shall deal with applications in the order in which they become ready for examination. It may, however, decide to give priority to a particular application.

Article 41

Ordre de traitement des requêtes

La chambre traite les requêtes dont elle est saisie suivant l'ordre dans lequel elles se trouvent en état. Elle peut toutefois décider de traiter une requête par priorité

Artikel 41

Reihenfolge bei der Behandlung der Beschwerden

Die Kammer behandelt die bei ihr anhängigen Beschwerden in der Reihenfolge, in der sie für die Prüfung bereit sind. Sie kann jedoch beschließen, eine bestimmte Beschwerde vorrangig zu behandeln.

Rule 42

Measures for taking evidence

1. The Chamber may, at the request of a party or a third party, or of its own motion, obtain any evidence which it considers capable of providing clarification of the facts of the case. The Chamber may, *inter alia*, request the parties to produce documentary evidence and decide to hear as a witness or expert or in any other capacity any person whose evidence or statements seem likely to assist it in the carrying out of its tasks.

Article 42

Mesures d'instruction

1. La chambre peut, soit à la demande d'une partie ou d'un tiers, soit d'office, se procurer tous les éléments de preuve qu'elle estime aptes à l'éclairer sur les faits de la cause. Elle peut notamment demander aux parties de produire des preuves écrites et décider d'entendre en qualité de témoin ou d'expert, ou à un autre titre, toute personne dont les dépositions, dires ou déclarations lui paraissent utiles à l'accomplissement de sa tâche.

Artikel 42

Maßnahmen zur Beweiserhebung

(1) Die Kammer kann auf Antrag einer Partei oder eines Drittbeteiligten [englischer Text]/eines Dritten [französischer Text] sowie von Amts wegen alle Beweise erheben, die sie für geeignet hält, den Sachverhalt aufzuklären. Sie kann insbesondere die Parteien ersuchen, schriftliche Beweismittel vorzulegen, und beschließen, jede Person, deren Aussagen oder Erklärungen ihr für die Erfüllung ihrer Aufgabe nützlich erscheinen, als Zeugen, Sachverständigen oder in anderer Eigenschaft zu hören.

2. The Chamber may, at any time during the proceedings, depute one or more of its members or of the other judges of the Court to conduct an inquiry, carry out an investigation on the spot or take evidence in some other manner. It may appoint independent external experts to assist such a delegation.

3. The Chamber may ask any person or institution of its choice to obtain information, express an opinion or make a report on any specific point.

4. The parties shall assist the Chamber, or its delegation, in implementing any measures for taking evidence.

5. Where a report has been drawn up or some other measure taken in accordance with the preceding paragraphs at the request of an applicant or respondent Contracting Party, the costs entailed shall be borne by that Party unless the Chamber decides otherwise. In other cases the Chamber shall decide whether such costs are to be borne by the Council of Europe or awarded against the applicant or third party at whose request the report was drawn up or the other measure was taken. In all cases the costs shall be taxed by the President of the Chamber.

2. La chambre peut en tout état de la cause charger un ou plusieurs de ses membres ou d'autres juges de la Cour de procéder à une enquête, à une visite des lieux ou à une autre mesure d'instruction. Elle peut nommer des experts extérieurs indépendants pour aider ses membres ainsi délégués.

3. La chambre peut prier toute personne ou institution de son choix de recueillir des informations, exprimer un avis ou lui faire un rapport sur un point déterminé.

4. Les parties aident la chambre, ou ses délégués, dans la mise en œuvre des mesures d'instruction.

5. Si un rapport a été rédigé ou toute autre mesure prise, conformément aux paragraphes précédents, à la demande d'une Partie contractante requérante ou défenderesse, les frais correspondants incombent à celle-ci, sauf décision contraire de la chambre. Dans les autres cas, la chambre décide s'ils doivent être supportés par le Conseil de l'Europe ou s'il échet de les mettre à la charge du requérant, ou du tiers, qui a sollicité la rédaction du rapport ou l'autre mesure. Dans tous les cas, ils sont fixés par le président de la chambre.

(2) Die Kammer kann in jedem Stadium des Verfahrens eines oder mehrere ihrer Mitglieder oder andere Richter des Gerichtshofs beauftragen, eine Untersuchung, einen Augenschein oder eine andere Maßnahme zur Beweiserhebung durchzuführen. Zur Unterstützung ihrer beauftragten Mitglieder kann sie unabhängige externe Sachverständige bestellen.

(3) Die Kammer kann jede Person oder Institution ihrer Wahl bitten, zu einer bestimmten Frage Auskünfte einzuholen, eine Stellungnahme abzugeben oder der Kammer Bericht zu erstatten.

(4) Die Parteien unterstützen die Kammer oder ihre beauftragten Mitglieder bei der Beweiserhebung.

(5) Wird nach Maßgabe der vorstehenden Absätze ein Bericht abgefasst oder eine andere Maßnahme getroffen, weil eine klagende oder beklagte Vertragspartei dies beantragt hat, so trägt diese die entsprechenden Kosten, wenn die Kammer nichts anderes bestimmt. In den übrigen Fällen entscheidet die Kammer, ob diese Kosten vom Europarat zu tragen oder dem Beschwerdeführer oder Drittbeteiligten [englischer Text]/Dritten [französischer Text] anzulasten sind, der die Abfassung des Berichts oder die andere Maßnahme beantragt hat. In allen Fällen setzt der Kammerpräsident die Höhe der Kosten fest.

Rule 43

Joinder and simultaneous examination of applications

1. The Chamber may, either at the request of the parties or of its own motion, order the joinder of two or more applications.

2. The President of the Chamber may, after consulting the parties, order that the proceedings in applications assigned to the same Chamber be conducted simultaneously, without prejudice to the decision of the Chamber on the joinder of the applications.

Article 43

Jonction et examen simultané de requêtes

1. La chambre peut, à la demande des parties ou d'office, ordonner la jonction de deux ou plusieurs requêtes.

2. Le président de la chambre peut, après avoir consulté les parties, ordonner qu'il soit procédé simultanément à l'instruction de requêtes attribuées à la même chambre, sans préjuger la décision de la chambre sur la jonction des requêtes.

Artikel 43

Verbindung und gleichzeitige Prüfung von Beschwerden

(1) Die Kammer kann auf Antrag der Parteien oder von Amts wegen die Verbindung mehrerer Beschwerden anordnen.

(2) Der Kammerpräsident kann unbeschadet der Entscheidung der Kammer über die Verbindung der Beschwerden nach Anhörung der Parteien die gleichzeitige Prüfung von Beschwerden anordnen, die derselben Kammer zugeteilt werden.

Rule 44

Striking out and restoration to the list

1. When an applicant Contracting Party notifies the Registrar of its intention not to proceed with the case, the Chamber may strike the application out of the Court's list under Article 37 of the Convention if the other Contracting Party or Parties concerned in the case agree to such discontinuance.

2. The decision to strike out an application which has been declared admissible shall be given in the form of a judgment. The President of the Chamber shall forward that judgment, once it has become final, to the Committee of Ministers in order to allow the latter to supervise, in accordance with Article 46 § 2 of the Convention, the execution of any undertakings which may

Article 44

Radiation du rôle et réinscription au rôle

1. Lorsqu'une Partie contractante requérante fait connaître au greffier son intention de se désister, la chambre peut rayer la requête du rôle de la Cour conformément à l'article 37 de la Convention si l'autre Partie contractante ou les autres Parties contractantes concernées par l'affaire acceptent le désistement.

2. La décision de rayer du rôle une requête déclarée recevable revêt la forme d'un arrêt. Une fois cet arrêt devenu définitif, le président de la chambre le communique au Comité des Ministres pour lui permettre de surveiller, conformément à l'article 46 § 2 de la Convention, l'exécution des engagements auxquels ont pu être subordonnés le désistement, le règle-

Artikel 44

Streichung und Wiedereintragung im Register

(1) Teilt eine klagende Vertragspartei dem Kanzler ihre Absicht mit, ihre Beschwerde nicht weiterzuverfolgen, so kann die Kammer diese Beschwerde nach Artikel 37 der Konvention im Register streichen, wenn die andere betroffene Vertragspartei oder die anderen betroffenen Vertragsparteien mit der Nichtweiterverfolgung einverstanden sind.

(2) Die Entscheidung, eine für zulässig erklärte Beschwerde im Register zu streichen, ergeht in Form eines Urteils. Der Kammerpräsident übermittelt dieses Urteil, sobald es endgültig ist, dem Ministerkomitee, damit dieses nach Artikel 46 Absatz 2 der Konvention die Erfüllung von Verpflichtungen überwachen kann, die gegebenenfalls zur Bedingung für die Nichtweiterver-

have been attached to the discontinuance, friendly settlement or solution of the matter.

3. When an application has been struck out, the costs shall be at the discretion of the Court. If an award of costs is made in a decision striking out an application which has not been declared admissible, the President of the Chamber shall forward the decision to the Committee of Ministers.

4. The Court may restore an application to its list if it considers that exceptional circumstances justify such a course.

Chapter II
Institution of Proceedings

Rule 45
Signatures

1. Any application made under Articles 33 or 34 of the Convention shall be submitted in writing and shall be signed by the applicant or by the applicant's representative.

2. Where an application is made by a non-governmental organisation or by a group of individuals, it shall be signed by those persons competent to represent that organisation or group. The Chamber or Committee concerned shall determine any question as to whether the persons who have signed an application are competent to do so.

3. Where applicants are represented in accordance with Rule 36, a power of attorney or written authority to act shall be supplied by their representative or representatives.

Rule 46
Contents of an inter-State application

Any Contracting Party or Parties intending to bring a case before the Court under Article 33 of the Convention shall file with the Registry an application setting out

(a) the name of the Contracting Party against which the application is made;

(b) a statement of the facts;

(c) a statement of the alleged violation(s) of the Convention and the relevant arguments;

(d) a statement on compliance with the admissibility criteria (exhaustion of domestic remedies and the six-month rule) laid down in Article 35 § 1 of the Convention;

(e) the object of the application and a general indication of any claims for just satisfaction made under Article 41 of the Convention on behalf of the alleged injured party or parties; and

ment amiable ou la solution du litige.

3. Lorsqu'une requête a été rayée du rôle, les dépens sont laissés à l'appréciation de la Cour. S'ils sont alloués par une décision rayant du rôle une requête qui n'a pas été déclarée recevable, le président de la chambre transmet la décision au Comité des Ministres.

4. La Cour peut décider la réinscription au rôle d'une requête si elle estime que des circonstances exceptionnelles le justifient.

Chapitre II
De l'introduction de l'instance

Article 45
Signatures

1. Toute requête formulée en vertu des articles 33 ou 34 de la Convention doit être présentée par écrit et signée par le requérant ou son représentant.

2. Lorsque la requête est présentée par une organisation non gouvernementale ou par un groupe de particuliers, elle est signée par les personnes habilitées à représenter l'organisation ou le groupe. La chambre ou le comité concernés décident de toute question relative au point de savoir si les personnes qui ont signé une requête avaient compétence pour le faire.

3. Lorsqu'un requérant est représenté conformément à l'article 36 du présent règlement, son ou ses représentants doivent produire une procuration ou un pouvoir écrit.

Article 46
Contenu d'une requête étatique

La ou les Parties contractantes qui désirent introduire une requête devant la Cour en vertu de l'article 33 de la Convention en déposent le texte au greffe en donnant:

a) le nom de la Partie contractante contre laquelle la requête est dirigée;

b) un exposé des faits;

c) un exposé de la ou des violations alléguées de la Convention et des arguments pertinents;

d) un exposé sur l'observation des critères de recevabilité (épuisement des recours internes et observation du délai de six mois) énoncés à l'article 35 § 1 de la Convention;

e) l'objet de la requête et les grandes lignes de la ou des demandes de satisfaction équitable éventuellement formulées au titre de l'article 41 de la Convention pour le compte de la ou des parties censément lésées;

folgung der Beschwerde, die gütliche Einigung oder die Beilegung der Streitigkeit gemacht worden sind.

(3) Wird eine Beschwerde im Register gestrichen, so befindet der Gerichtshof über die Kostenfrage. Ergeht die Kostenentscheidung im Rahmen einer Entscheidung, mit der eine nicht für zulässig erklärte Beschwerde im Register gestrichen wird, so übermittelt der Kammerpräsident die Entscheidung dem Ministerkomitee.

(4) Der Gerichtshof kann die Wiedereintragung einer Beschwerde in das Register beschließen, wenn er dies wegen außergewöhnlicher Umstände für gerechtfertigt hält.

Kapitel II
Die Einleitung des Verfahrens

Artikel 45
Unterschriften

(1) Beschwerden nach Artikel 33 oder 34 der Konvention müssen schriftlich eingereicht und vom Beschwerdeführer oder seinem Vertreter unterzeichnet werden.

(2) Wird eine Beschwerde von einer nichtstaatlichen Organisation oder einer Personengruppe eingereicht, so ist sie von den zur Vertretung dieser Organisation oder Gruppe berechtigten Personen zu unterzeichnen. Die zuständige Kammer oder das zuständige Komitee entscheidet über Fragen zur Berechtigung der Unterzeichner.

(3) Wird ein Beschwerdeführer nach Artikel 36 vertreten, so ist von seinem Vertreter oder seinen Vertretern eine schriftliche Vollmacht vorzulegen.

Artikel 46
Inhalt einer Staatenbeschwerde

Jede Vertragspartei, die dem Gerichtshof eine Rechtssache nach Artikel 33 der Konvention vorlegen will, reicht bei der Kanzlei eine Beschwerde ein, die folgende Angaben enthält:

a) den Namen der Vertragspartei, gegen die sich die Beschwerde richtet;

b) eine Darstellung des Sachverhalts;

c) eine Darstellung der behaupteten Verletzungen der Konvention mit Begründung;

d) eine Darstellung betreffend die Erfüllung der Zulässigkeitskriterien nach Artikel 35 Absatz 1 der Konvention (Erschöpfung der innerstaatlichen Rechtsbehelfe und Einhaltung der Sechs-Monats-Frist);

e) den Gegenstand der Beschwerde sowie gegebenenfalls allgemeine Angaben zu Ansprüchen auf eine gerechte Entschädigung nach Artikel 41 der Konvention zugunsten der angeblich verletzten Partei oder Parteien;

(f) the name and address of the person(s) appointed as Agent;

and accompanied by

(g) copies of any relevant documents and in particular the decisions, whether judicial or not, relating to the object of the application.

f) les nom et adresse de la ou des personnes désignées comme agents;

et en l'assortissant:

g) des copies de tous documents pertinents et en particulier des décisions, judiciaires ou autres, concernant l'objet de la requête.

f) den Namen und die Adresse der zu(m) Prozessbevollmächtigten bestimmten Person oder Personen;

beizufügen sind

g) Kopien aller einschlägigen Unterlagen, insbesondere der gerichtlichen oder sonstigen Entscheidungen, die sich auf den Gegenstand der Beschwerde beziehen.

Rule 47

Contents of an individual application

1. Any application under Article 34 of the Convention shall be made on the application form provided by the Registry, unless the President of the Section concerned decides otherwise. It shall set out

(a) the name, date of birth, nationality, sex, occupation and address of the applicant;

(b) the name, occupation and address of the representative, if any;

(c) the name of the Contracting Party or Parties against which the application is made;

(d) a succinct statement of the facts;

(e) a succinct statement of the alleged violation(s) of the Convention and the relevant arguments;

(f) a succinct statement on the applicant's compliance with the admissibility criteria (exhaustion of domestic remedies and the six-month rule) laid down in Article 35 § 1 of the Convention; and

(g) the object of the application as well as a general indication of any claims for just satisfaction which the applicant may wish to make under Article 41 of the Convention;

and be accompanied by

(h) copies of any relevant documents and in particular the decisions, whether judicial or not, relating to the object of the application.

2. Applicants shall furthermore

(a) provide information, notably the documents and decisions referred to in paragraph 1 (h) of this Rule, enabling it to be shown that the admissibility criteria (exhaustion of domestic remedies and the six-month rule) laid down in Article 35 § 1 of the Convention have been satisfied; and

(b) indicate whether they have submitted their complaints to any other procedure of international investigation or settlement.

3. Applicants who do not wish their identity to be disclosed to the public shall so indicate and shall submit a statement of the

Article 47

Contenu d'une requête individuelle

1. Toute requête déposée en vertu de l'article 34 de la Convention est présentée sur le formulaire fourni par le greffe, sauf si le président de la section concernée en décide autrement. Le formulaire indique:

a) les nom, date de naissance, nationalité, sexe, profession et adresse du requérant;

b) s'il y a lieu, les nom, profession et adresse de son représentant;

c) la ou les Parties contractantes contre lesquelles la requête est dirigée;

d) un exposé succinct des faits;

e) un exposé succinct de la ou des violations alléguées de la Convention et des arguments pertinents;

f) un exposé succinct concernant le respect par le requérant des critères de recevabilité énoncés à l'article 35 § 1 de la Convention (épuisement des voies de recours internes et observation du délai de six mois);

g) l'objet de la requête ainsi que les grandes lignes de la demande de satisfaction équitable que le requérant peut souhaiter formuler au titre de l'article 41 de la Convention;

et il est assorti:

h) des copies de tous documents pertinents et en particulier des décisions, judiciaires ou autres, concernant l'objet de la requête.

2. Le requérant doit en outre:

a) fournir tous éléments, notamment les documents et décisions cités au paragraphe 1 h) du présent article, permettant d'établir que sont réunies les conditions de recevabilité énoncées à l'article 35 § 1 de la Convention (épuisement des voies de recours internes et observation du délai de six mois);

b) faire savoir s'il a soumis ses griefs à une autre instance internationale d'enquête ou de règlement.

3. Le requérant qui ne désire pas que son identité soit révélée doit le préciser et fournir un exposé des raisons justifiant une

Artikel 47

Inhalt einer Individualbeschwerde

(1) Beschwerden nach Artikel 34 der Konvention sind unter Verwendung des von der Kanzlei zur Verfügung gestellten Formulars einzureichen, wenn der Präsident der zuständigen Sektion nichts anderes bestimmt. Das Formular enthält

a) den Namen, das Geburtsdatum, die Staatsangehörigkeit, das Geschlecht, den Beruf und die Adresse des Beschwerdeführers;

b) gegebenenfalls den Namen, den Beruf und die Adresse seines Vertreters;

c) die Vertragspartei oder Vertragsparteien, gegen die sich die Beschwerde richtet;

d) eine kurze Darstellung des Sachverhalts;

e) eine kurze Darstellung der behaupteten Verletzungen der Konvention mit Begründung;

f) eine kurze Darstellung betreffend die Erfüllung der Zulässigkeitskriterien nach Artikel 35 Absatz 1 der Konvention durch den Beschwerdeführer (Erschöpfung der innerstaatlichen Rechtsbehelfe und Einhaltung der Sechs-Monats-Frist);

g) den Gegenstand der Beschwerde sowie gegebenenfalls allgemeine Angaben zu Ansprüchen des Beschwerdeführers auf eine gerechte Entschädigung nach Artikel 41 der Konvention;

beizufügen sind

h) Kopien aller einschlägigen Unterlagen, insbesondere der gerichtlichen oder sonstigen Entscheidungen, die sich auf den Gegenstand der Beschwerde beziehen.

(2) Der Beschwerdeführer hat ferner

a) alle Unterlagen, insbesondere die in Absatz 1 Buchstabe h genannten Unterlagen und Entscheidungen beizubringen, die die Feststellung erlauben, dass die Zulässigkeitskriterien nach Artikel 35 Absatz 1 der Konvention erfüllt sind (Erschöpfung der innerstaatlichen Rechtsbehelfe und Einhaltung der Sechs-Monats-Frist);

b) mitzuteilen, ob er seinen Fall einer anderen internationalen Untersuchungs- oder Beschwerdeinstanz vorgelegt hat.

(3) Ein Beschwerdeführer, der nicht wünscht, dass seine Identität offengelegt wird, hat dies mitzuteilen und die Gründe

reasons justifying such a departure from the normal rule of public access to information in proceedings before the Court. The President of the Chamber may authorise anonymity in exceptional and duly justified cases.

dérogation à la règle normale de publicité de la procédure devant la Cour. Le président de la chambre peut autoriser l'anonymat dans des cas exceptionnels et dûment justifiés.

darzulegen, die eine Abweichung von der gewöhnlichen Regel rechtfertigen, nach der das Verfahren vor dem Gerichtshof öffentlich ist. Der Kammerpräsident kann dem Beschwerdeführer in außergewöhnlichen, gebührend begründeten Fällen gestatten, anonym zu bleiben.

4. Failure to comply with the requirements set out in paragraphs 1 and 2 of this Rule may result in the application not being registered and examined by the Court.

4. En cas de non-respect des obligations énumérées aux paragraphes 1 et 2 du présent article, la requête peut ne pas être enregistrée ni examinée par la Cour.

(4) Die Nichteinhaltung der Verpflichtungen nach den Absätzen 1 und 2 kann dazu führen, dass die Beschwerde vom Gerichtshof nicht registriert und geprüft wird.

5. The date of introduction of the application shall as a general rule be considered to be the date of the first communication from the applicant setting out, even summarily, the object of the application. The Court may for good cause nevertheless decide that a different date shall be considered to be the date of introduction.

5. En règle générale, la requête est réputée introduite à la date de la première communication du requérant exposant – même sommairement – l'objet de la requête. La Cour, si elle l'estime justifié, peut toutefois décider de retenir une autre date.

(5) Als Datum der Beschwerdeerhebung ist in der Regel das Datum der ersten Mitteilung des Beschwerdeführers anzusehen, in welcher der Gegenstand der Beschwerde – sei es auch nur zusammenfassend – dargelegt wird. Der Gerichtshof kann jedoch entscheiden, dass ein anderes Datum gilt, wenn er dies für gerechtfertigt hält.

6. Applicants shall keep the Court informed of any change of address and of all circumstances relevant to the application.

6. Le requérant doit informer la Cour de tout changement d'adresse et de tout fait pertinent pour l'examen de sa requête.

(6) Der Beschwerdeführer hat den Gerichtshof über jede Änderung seiner Adresse und jeden für die Prüfung seiner Beschwerde erheblichen Umstand zu informieren.

Chapter III
Judge Rapporteurs

Chapitre III
Des juges rapporteurs

Kapitel III
Die Berichterstatter

Rule 48
Inter-State applications

1. Where an application is made under Article 33 of the Convention, the Chamber constituted to consider the case shall designate one or more of its judges as Judge Rapporteur(s), who shall submit a report on admissibility when the written observations of the Contracting Parties concerned have been received. Rule 49 § 4 shall, in so far as appropriate, be applicable to this report.

2. After an application made under Article 33 of the Convention has been declared admissible, the Judge Rapporteur(s) shall submit such reports, drafts and other documents as may assist the Chamber in the carrying out of its functions.

Article 48
Requêtes étatiques

1. Lorsque la Cour est saisie en vertu de l'article 33 de la Convention, la chambre constituée pour examiner l'affaire nomme juge(s) rapporteur(s) un ou plusieurs de ses membres qu'elle charge de soumettre un rapport sur la recevabilité, après réception des observations des Parties contractantes concernées. L'article 49 § 4 du présent règlement s'applique à ce rapport en tant que de besoin.

2. Une fois déclarée recevable une requête introduite en vertu de l'article 33 de la Convention, le ou les juges rapporteurs soumettent à la chambre les rapports, projets de textes et autres documents susceptibles d'aider celle-ci à s'acquitter de ses fonctions.

Artikel 48
Staatenbeschwerden

(1) Bei einer Anrufung des Gerichtshofs nach Artikel 33 der Konvention benennt die zur Prüfung der Beschwerde gebildete Kammer nach Eingang der Schriftsätze der betroffenen Vertragsparteien eines oder mehrere ihrer Mitglieder als Berichterstatter und beauftragt diese(n), einen Bericht über die Zulässigkeit vorzulegen. Auf diesen Bericht findet Artikel 49 Absatz 4 Anwendung, soweit dies angezeigt ist.

(2) Sobald eine nach Artikel 33 der Konvention erhobene Beschwerde für zulässig erklärt ist, unterbreiten der oder die Berichterstatter der Kammer die Berichte, Textentwürfe und anderen Unterlagen, die der Kammer bei der Erfüllung ihrer Aufgaben nützlich sein können.

Rule 49
Individual applications

1. Where an application is made under Article 34 of the Convention, the President of the Section to which the case has been assigned shall designate a judge as Judge Rapporteur, who shall examine the application.

2. In their examination of applications Judge Rapporteurs

(a) may request the parties to submit, within a specified time, any factual information, documents or other material which they consider to be relevant;

(b) shall, subject to the President of the Section directing that the case be considered by a Chamber, decide whether the application is to be considered by a Committee or by a Chamber.

Article 49
Requêtes individuelles

1. Lorsque la Cour est saisie en vertu de l'article 34 de la Convention, le président de la section à laquelle l'affaire est attribuée désigne le juge qui examinera la requête en qualité de juge rapporteur.

2. Au cours de son examen, le juge rapporteur:

a) peut demander aux parties de soumettre, dans un délai donné, tous renseignements relatifs aux faits, tous documents ou tous autres éléments qu'il juge pertinents;

b) décide du point de savoir si la requête doit être examinée par un comité ou par une chambre, sachant que le président de la section peut ordonner que l'affaire soit soumise à une chambre.

Artikel 49
Individualbeschwerden

(1) Bei einer Anrufung des Gerichtshofs nach Artikel 34 der Konvention benennt der Präsident der Sektion, der die Beschwerde zugewiesen wird, einen Richter als Berichterstatter.

(2) Im Rahmen seiner Prüfung

a) kann der Berichterstatter die Parteien ersuchen, innerhalb einer bestimmten Frist Auskünfte bezüglich des Sachverhalts zu erteilen und Unterlagen oder anderes Material vorzulegen, soweit er dies für zweckdienlich hält;

b) entscheidet der Berichterstatter, ob die Beschwerde von einem Komitee oder einer Kammer geprüft wird, wobei der Sektionspräsident die Prüfung durch eine Kammer anordnen kann.

3. Where a case is considered by a Committee in accordance with Article 28 of the Convention, the report of the Judge Rapporteur shall contain

(a) a brief statement of the relevant facts;

(b) a brief statement of the reasons underlying the proposal to declare the application inadmissible or to strike it out of the list.

4. Where a case is considered by a Chamber pursuant to Article 29 § 1 of the Convention, the report of the Judge Rapporteur shall contain

(a) a statement of the relevant facts, including any information obtained under paragraph 2 of this Rule;

(b) an indication of the issues arising under the Convention in the application;

(c) a proposal on admissibility and on any other action to be taken, together, if need be, with a provisional opinion on the merits.

5. After an application made under Article 34 of the Convention has been declared admissible, the Judge Rapporteur shall submit such reports, drafts and other documents as may assist the Chamber in the carrying out of its functions.

3. Lorsqu'une affaire est examinée par un comité en vertu de l'article 28 de la Convention, le rapport du juge rapporteur doit contenir:

a) un bref exposé des faits pertinents;

b) un bref exposé des motifs sous-tendant la proposition d'irrecevabilité ou de radiation du rôle.

4. Lorsqu'une affaire est examinée par une chambre en vertu de l'article 29 § 1 de la Convention, le rapport du juge rapporteur contient:

a) un exposé des faits pertinents, y compris tous renseignements obtenus en vertu du paragraphe 2 du présent article;

b) une indication des questions que soulève la requête sur le terrain de la Convention;

c) une proposition sur la recevabilité, ainsi que sur toute autre mesure à prendre, et, si nécessaire, un avis provisoire sur le fond.

5. Une fois déclarée recevable une requête introduite en vertu de l'article 34 de la Convention, le juge rapporteur produit les rapports, projets de textes et autres documents pouvant aider la chambre à s'acquitter de ses fonctions.

(3) Wird eine Rechtssache nach Artikel 28 der Konvention von einem Komitee geprüft, so enthält der Bericht des Berichterstatters

a) eine kurze Darstellung des erheblichen Sachverhalts;

b) eine kurze Darstellung der Gründe, die für den Vorschlag sprechen, die Beschwerde für unzulässig zu erklären oder im Register zu streichen.

(4) Wird eine Rechtssache nach Artikel 29 Absatz 1 der Konvention von einer Kammer geprüft, so enthält der Bericht des Berichterstatters

a) eine Darstellung des erheblichen Sachverhalts, einschließlich aller nach Absatz 2 erhaltenen Auskünfte;

b) die Fragen, welche die Beschwerde nach der Konvention aufwirft;

c) einen Vorschlag in Bezug auf die Zulässigkeit und auf zu treffende Maßnahmen sowie gegebenenfalls eine vorläufige Stellungnahme zur Begründetheit.

(5) Sobald eine nach Artikel 34 der Konvention erhobene Beschwerde für zulässig erklärt ist, legt der Berichterstatter die Berichte, Textentwürfe und anderen Unterlagen vor, die der Kammer bei der Erfüllung ihrer Aufgaben nützlich sein können.

Rule 50

Grand Chamber proceedings

Where a case has been submitted to the Grand Chamber either under Article 30 or under Article 43 of the Convention, the President of the Grand Chamber shall designate as Judge Rapporteur(s) one or, in the case of an inter-State application, one or more of its members.

Article 50

Procédure devant la Grande Chambre

Lorsqu'une affaire a été déférée à la Grande Chambre en vertu de l'article 30 ou de l'article 43 de la Convention, le président de la Grande Chambre désigne comme juge(s) rapporteur(s) un ou – dans le cas d'une requête étatique – un ou plusieurs de ses membres.

Artikel 50

Verfahren vor der Großen Kammer

Wird eine Rechtssache nach Artikel 30 oder 43 der Konvention an die Große Kammer verwiesen, so bestellt der Präsident der Großen Kammer eines, bei einer Staatenbeschwerde eines oder mehrere ihrer Mitglieder als Berichterstatter.

Chapter IV
Proceedings on Admissibility

Inter-State applications

Rule 51

1. When an application is made under Article 33 of the Convention, the President of the Court shall immediately give notice of the application to the respondent Contracting Party and shall assign the application to one of the Sections.

2. In accordance with Rule 26 § 1 (a), the judges elected in respect of the applicant and respondent Contracting Parties shall sit as *ex officio* members of the Chamber constituted to consider the case. Rule 30 shall apply if the application has been brought by several Contracting Parties or if applications with the same object brought by several Contracting Parties are being examined jointly under Rule 43 § 2.

Chapitre IV
De la procédure d'examen de la recevabilité

Requêtes étatiques

Article 51

1. Lorsqu'une requête est introduite en vertu de l'article 33 de la Convention, le président de la Cour la porte immédiatement à la connaissance de la Partie contractante défenderesse et l'attribue à l'une des sections.

2. Conformément à l'article 26 § 1 a) du présent règlement, les juges élus au titre des Parties contractantes requérantes et défenderesses font partie de plein droit de la chambre constituée pour examiner l'affaire. L'article 30 du présent règlement s'applique si la requête a été introduite par plusieurs Parties contractantes ou si des requêtes ayant le même objet et introduites par plusieurs Parties contractantes sont examinées conjointement en application de l'article 43 § 2 du présent règlement.

Kapitel IV
Das Verfahren bei der Prüfung der Zulässigkeit

Staatenbeschwerden

Artikel 51

(1) Wird eine Beschwerde nach Artikel 33 der Konvention erhoben, so bringt sie der Präsident des Gerichtshofs umgehend der beklagten Vertragspartei zur Kenntnis und weist sie einer der Sektionen zu.

(2) Die für die klagende und die beklagte Vertragspartei gewählten Richter gehören der für die Prüfung der Rechtssache gebildeten Kammer nach Artikel 26 Absatz 1 Buchstabe a von Amts wegen an. Wird die Beschwerde von mehreren Vertragsparteien erhoben oder werden von mehreren Vertragsparteien erhobene Beschwerden gleichen Gegenstands nach Artikel 43 Absatz 2 verbunden, so findet Artikel 30 Anwendung.

3. On assignment of the case to a Section, the President of the Section shall constitute the Chamber in accordance with Rule 26 § 1 and shall invite the respondent Contracting Party to submit its observations in writing on the admissibility of the application. The observations so obtained shall be communicated by the Registrar to the applicant Contracting Party, which may submit written observations in reply.

4. Before ruling on the admissibility of the application, the Chamber may decide to invite the parties to submit further observations in writing.

5. A hearing on the admissibility shall be held if one or more of the Contracting Parties concerned so requests or if the Chamber so decides of its own motion.

6. After consulting the Parties, the President of the Chamber shall fix the written and, where appropriate, oral procedure and for that purpose shall lay down the time-limit within which any written observations are to be filed.

7. In its deliberations the Chamber shall take into consideration the report submitted by the Judge Rapporteur(s) under Rule 48 § 1.

3. Une fois l'affaire attribuée à une section, le président de la section constitue la chambre conformément à l'article 26 § 1 du présent règlement et invite la Partie contractante défenderesse à présenter par écrit ses observations sur la recevabilité de la requête. Le greffier communique les observations ainsi obtenues à la Partie contractante requérante, qui peut soumettre par écrit des observations en réponse.

4. Avant de statuer sur la recevabilité de la requête, la chambre peut décider d'inviter les parties à lui présenter des observations complémentaires par écrit.

5. Une audience sur la recevabilité est organisée si l'une ou plusieurs des Parties contractantes concernées en font la demande ou si la chambre en décide ainsi d'office.

6. Après avoir consulté les parties, le président de la chambre fixe la procédure écrite et, s'il y a lieu, la procédure orale; à cette fin, il indique les délais à respecter pour le dépôt des observations écrites.

7. Dans ses délibérations, la chambre prend en considération le rapport établi par le ou les juges rapporteurs en application de l'article 48 § 1 du présent règlement.

(3) Sobald die Rechtssache einer Sektion zugewiesen ist, bildet der Sektionspräsident nach Artikel 26 Absatz 1 die Kammer und fordert die beklagte Vertragspartei auf, ihren Schriftsatz zur Zulässigkeit der Beschwerde vorzulegen. Der Kanzler übermittelt den Schriftsatz der klagenden Vertragspartei; diese kann darauf schriftlich antworten.

(4) Vor der Entscheidung über die Zulässigkeit der Beschwerde kann die Kammer beschließen, die Parteien zur Abgabe weiterer schriftlicher Stellungnahmen aufzufordern.

(5) Eine mündliche Verhandlung über die Zulässigkeit findet statt, wenn eine oder mehrere der betroffenen Vertragsparteien es beantragen oder wenn es die Kammer von Amts wegen beschließt.

(6) Nach Anhörung der Parteien bestimmt der Kammerpräsident das schriftliche und gegebenenfalls das mündliche Verfahren; zu diesem Zweck bestimmt er die Fristen für die Abgabe der schriftlichen Stellungnahmen.

(7) Bei ihren Beratungen berücksichtigt die Kammer den Bericht, den der oder die Berichterstatter nach Artikel 48 Absatz 1 erstellt haben.

Individual applications

Rule 52

Assignment of applications to the Sections

1. Any application made under Article 34 of the Convention shall be assigned to a Section by the President of the Court, who in so doing shall endeavour to ensure a fair distribution of cases between the Sections.

2. The Chamber of seven judges provided for in Article 27 § 1 of the Convention shall be constituted by the President of the Section concerned in accordance with Rule 26 § 1 once it has been decided that the application is to be considered by a Chamber.

3. Pending the constitution of a Chamber in accordance with paragraph 2 of this Rule, the President of the Section shall exercise any powers conferred on the President of the Chamber by these Rules.

Requêtes individuelles

Article 52

Attribution d'une requête à une section

1. Le président de la Cour attribue à une section toute requête introduite en vertu de l'article 34 de la Convention, en veillant à une répartition équitable de la charge de travail entre les sections.

2. La chambre de sept juges prévue à l'article 27 § 1 de la Convention est constituée par le président de la section concernée, conformément à l'article 26 § 1 du présent règlement une fois décidé que la requête doit être examinée par une chambre.

3. En attendant la constitution d'une chambre conformément au paragraphe 2 du présent article, le président de la section exerce les pouvoirs que le présent règlement confère au président de la chambre.

Individualbeschwerden

Artikel 52

Zuweisung einer Beschwerde an eine Sektion

(1) Der Präsident des Gerichtshofs weist jede nach Artikel 34 der Konvention erhobene Beschwerde einer Sektion zu; er achtet dabei auf eine gerechte Verteilung der Arbeitslast auf die Sektionen.

(2) Sobald entschieden ist, dass die Beschwerde von einer Kammer geprüft wird, bildet der Präsident der betroffenen Sektion nach Artikel 26 Absatz 1 dieser Verfahrensordnung die in Artikel 27 Absatz 1 der Konvention vorgesehene Kammer mit sieben Richtern.

(3) Bis die Kammer nach Absatz 2 gebildet ist, werden die Befugnisse, die diese Verfahrensordnung dem Kammerpräsidenten überträgt, vom Sektionspräsidenten ausgeübt.

Rule 53

Procedure before a Committee

1. In its deliberations the Committee shall take into consideration the report submitted by the Judge Rapporteur under Rule 49 § 3.

2. The Judge Rapporteur, if he or she is not a member of the Committee, may be invited to attend the deliberations of the Committee.

3. In accordance with Article 28 of the Convention, the Committee may, by a unanimous vote, declare inadmissible or

Article 53

Procédure devant un comité

1. Dans ses délibérations, le comité prend en considération le rapport que lui soumet le juge rapporteur conformément à l'article 49 § 3 du présent règlement.

2. Un juge rapporteur non membre du comité peut être invité à assister aux délibérations de celui-ci.

3. Conformément à l'article 28 de la Convention, le comité peut, à l'unanimité, déclarer une requête irrecevable ou la rayer du rôle de la Cour, lorsque pareille décision

Artikel 53

Verfahren vor einem Komitee

(1) Bei seinen Beratungen berücksichtigt das Komitee den Bericht, den ihm der Berichterstatter nach Artikel 49 Absatz 3 vorlegt.

(2) Ist der Berichterstatter nicht Mitglied des Komitees, so kann er gebeten werden, an dessen Beratungen teilzunehmen.

(3) Nach Artikel 28 der Konvention kann das Komitee durch einstimmigen Beschluss eine Beschwerde für unzulässig erklären oder im Register streichen, wenn

strike out of the Court's list of cases an application where such a decision can be taken without further examination. This decision shall be final.

4. If no decision pursuant to paragraph 3 of this Rule is taken, the application shall be forwarded to the Chamber constituted under Rule 52 § 2 to examine the case.

peut être prise sans autre examen. La décision est définitive.

4. Si le comité ne prend pas une décision telle que celle prévue au paragraphe 3 du présent article, il transmet la requête à la chambre constituée conformément à l'article 52 § 2 du présent règlement pour connaître de l'affaire.

eine solche Entscheidung ohne weitere Prüfung getroffen werden kann. Die Entscheidung ist endgültig.

(4) Trifft das Komitee keine Entscheidung nach Absatz 3, so übermittelt es die Beschwerde der Kammer, die nach Artikel 52 Absatz 2 zur Prüfung der Rechtssache gebildet wurde.

Rule 54

Procedure before a Chamber

1. In its deliberations the Chamber shall take into consideration the report submitted by the Judge Rapporteur under Rule 49 § 4.

2. The Chamber may at once declare the application inadmissible or strike it out of the Court's list of cases.

3. Alternatively, the Chamber may decide to

(a) request the parties to submit any factual information, documents or other material which it considers to be relevant;

(b) give notice of the application to the respondent Contracting Party and invite that Party to submit written observations on the application;

(c) invite the parties to submit further observations in writing.

4. Before taking its decision on admissibility, the Chamber may decide, either at the request of the parties or of its own motion, to hold a hearing. In that event, unless the Chamber shall exceptionally decide otherwise, the parties shall be invited also to address the issues arising in relation to the merits of the application.

5. The President of the Chamber shall fix the procedure, including time-limits, in relation to any decisions taken by the Chamber under paragraphs 3 and 4 of this Rule.

Article 54

Procédure devant une chambre

1. Dans ses délibérations, la chambre prend en considération le rapport que lui soumet le juge rapporteur en vertu de l'article 49 § 4 du présent règlement.

2. La chambre peut sur-le-champ déclarer la requête irrecevable ou la rayer du rôle de la Cour.

3. Si elle n'en décide pas ainsi, la chambre peut:

a) demander aux parties de soumettre tous renseignements relatifs aux faits, tous documents ou tous autres éléments qu'elle juge pertinents;

b) donner connaissance de la requête à la Partie contractante défenderesse et inviter celle-ci à soumettre par écrit des observations sur la requête;

c) inviter les parties à soumettre par écrit des observations complémentaires.

4. Avant de prendre sa décision quant à la recevabilité, la chambre peut décider, soit à la demande des parties, soit d'office, de tenir une audience. En ce cas, les parties sont aussi invitées à se prononcer sur les questions de fond soulevées par la requête, sauf si la chambre en décide autrement à titre exceptionnel.

5. Le président de la chambre fixe la procédure, y compris les délais, relative aux décisions prises par la chambre au titre des paragraphes 3 et 4 du présent article.

Artikel 54

Verfahren vor einer Kammer

(1) Bei ihren Beratungen berücksichtigt die Kammer den Bericht, den ihr der Berichterstatter nach Artikel 49 Absatz 4 vorlegt.

(2) Die Kammer kann die Beschwerde sofort für unzulässig erklären oder im Register streichen.

(3) Andernfalls kann sie

a) die Parteien ersuchen, Auskünfte bezüglich des Sachverhalts zu erteilen und Schriftstücke oder Unterlagen vorzulegen, die sie für zweckdienlich hält;

b) die Beschwerde der beklagten Vertragspartei zur Kenntnis bringen und diese auffordern, schriftlich Stellung zu nehmen;

c) die Parteien auffordern, weitere schriftliche Stellungnahmen abzugeben.

(4) Bevor die Kammer über die Zulässigkeit entscheidet, kann sie auf Antrag der Parteien oder von Amts wegen beschließen, eine mündliche Verhandlung durchzuführen. In diesem Fall werden die Parteien aufgefordert, sich auch zur Begründetheit der Beschwerde zu äußern, wenn die Kammer nicht ausnahmsweise etwas anderes bestimmt.

(5) Der Kammerpräsident bestimmt das Verfahren, einschließlich der Fristen, bezüglich der Entscheidungen der Kammer nach den Absätzen 3 und 4.

Inter-State and individual applications

Rule 55

Pleas of inadmissibility

Any plea of inadmissibility must, in so far as its character and the circumstances permit, be raised by the respondent Contracting Party in its written or oral observations on the admissibility of the application submitted as provided in Rule 51 or 54, as the case may be.

Requêtes étatiques et individuelles

Article 55

Exceptions d'irrecevabilité

Si la Partie contractante défenderesse entend soulever une exception d'irrecevabilité, elle doit le faire, pour autant que la nature de l'exception et les circonstances le permettent, dans les observations écrites ou orales sur la recevabilité de la requête présentées par elle au titre, selon le cas, de l'article 51 ou de l'article 54 du présent règlement.

Staatenbeschwerden und Individualbeschwerden

Artikel 55

Einreden der Unzulässigkeit

Einreden der Unzulässigkeit müssen, soweit ihre Natur und die Umstände es zulassen, von der beklagten Vertragspartei in ihren nach Artikel 51 oder 54 abgegebenen schriftlichen oder mündlichen Stellungnahmen zur Zulässigkeit der Beschwerde vorgebracht werden.

Rule 56

Decision of a Chamber

1. The decision of the Chamber shall state whether it was taken unanimously or by a majority and shall be accompanied or followed by reasons.

Article 56

Décision de la chambre

1. La décision de la chambre indique si elle a été prise à l'unanimité ou à la majorité; elle est accompagnée ou suivie de ses motifs.

Artikel 56

Entscheidung der Kammer

(1) In der Entscheidung der Kammer ist anzugeben, ob sie einstimmig oder durch Mehrheitsbeschluss getroffen wurde; sie ist gleichzeitig oder später zu begründen.

2. The decision of the Chamber shall be communicated by the Registrar to the applicant and to the Contracting Party or Parties concerned.

2. La décision de la chambre est communiquée par le greffier au requérant et à la Partie contractante ou aux Parties contractantes concernées.

(2) Der Kanzler teilt die Entscheidung der Kammer dem Beschwerdeführer und der oder den betroffenen Vertragspartei(en) mit.

Rule 57

Language of the decision

1. Unless the Court decides that a decision shall be given in both official languages, all decisions shall be given either in English or in French. Decisions given shall be accessible to the public.

2. Publication of such decisions in the official reports of the Court, as provided for in Rule 78, shall be in both official languages of the Court.

Article 57

Langue de la décision

1. La Cour rend toutes ses décisions en français ou en anglais, sauf si elle décide de rendre une décision dans les deux langues officielles. Une fois rendues, les décisions sont accessibles au public.

2. La publication de décisions dans le recueil officiel de la Cour, telle que prévue à l'article 78 du présent règlement, a lieu dans les deux langues officielles de la Cour.

Artikel 57

Sprache der Entscheidung

(1) Der Gerichtshof erlässt seine Entscheidungen in englischer oder französischer Sprache, wenn er nicht beschließt, eine Entscheidung in beiden Amtssprachen zu erlassen. Die ergangenen Entscheidungen sind der Öffentlichkeit zugänglich.

(2) Die in Artikel 78 vorgesehene Veröffentlichung der Entscheidungen in der amtlichen Sammlung des Gerichtshofs erfolgt in beiden Amtssprachen des Gerichtshofs.

Chapter V
Proceedings after the Admission of an Application

Chapitre V
De la procédure postérieure à la décision sur la recevabilité

Kapitel V
Das Verfahren nach Zulassung der Beschwerde

Rule 58

Inter-State applications

1. Once the Chamber has decided to admit an application made under Article 33 of the Convention, the President of the Chamber shall, after consulting the Contracting Parties concerned, lay down the time-limits for the filing of written observations on the merits and for the production of any further evidence. The President may however, with the agreement of the Contracting Parties concerned, direct that a written procedure is to be dispensed with.

2. A hearing on the merits shall be held if one or more of the Contracting Parties concerned so requests or if the Chamber so decides of its own motion. The President of the Chamber shall fix the oral procedure.

3. In its deliberations the Chamber shall take into consideration any reports, drafts and other documents submitted by the Judge Rapporteur(s) under Rule 48 § 2.

Article 58

Requêtes étatiques

1. Lorsque la chambre a décidé de retenir une requête introduite en vertu de l'article 33 de la Convention, le président de la chambre, après consultation des Parties contractantes concernées, fixe les délais pour le dépôt des observations écrites sur le fond et pour la production de preuves supplémentaires éventuelles. Le président peut cependant, avec l'accord des Parties contractantes concernées, décider qu'il n'y a pas lieu à procédure écrite.

2. Une audience sur le fond est organisée si une ou plusieurs des Parties contractantes concernées en font la demande ou si la chambre en décide ainsi d'office. Le président de la chambre fixe la procédure orale.

3. Dans ses délibérations, la chambre prend en considération tous rapports, projets et autres documents soumis par le ou les juges rapporteurs conformément à l'article 48 § 2 du présent règlement.

Artikel 58

Staatenbeschwerden

(1) Hat die Kammer eine nach Artikel 33 der Konvention erhobene Beschwerde zugelassen, so bestimmt der Kammerpräsident nach Anhörung der betroffenen Vertragsparteien die Fristen für die Einreichung der schriftlichen Stellungnahmen zur Begründetheit und für die Vorlage zusätzlicher Beweismittel. Der Präsident kann jedoch mit Einverständnis der betroffenen Vertragsparteien auf die Durchführung eines schriftlichen Verfahrens verzichten.

(2) Eine mündliche Verhandlung über die Begründetheit findet statt, wenn eine oder mehrere der betroffenen Vertragsparteien dies beantragen oder wenn die Kammer es von Amts wegen beschließt. Der Kammerpräsident bestimmt das Verfahren.

(3) Bei ihren Beratungen berücksichtigt die Kammer alle von dem oder den Berichterstatter(n) nach Artikel 48 Absatz 2 vorgelegten Berichte, Textentwürfe und anderen Unterlagen.

Rule 59

Individual applications

1. Once the Chamber has decided to admit an application made under Article 34 of the Convention, it may invite the parties to submit further evidence and written observations.

2. A hearing on the merits shall be held if the Chamber so decides of its own motion or, provided that no hearing also addressing the merits has been held at the admissibility stage under Rule 54 § 4, if one of the parties so requests. However, the Chamber may exceptionally decide that the discharging of its functions under Article 38 § 1 (a) of the Convention does not require a hearing to be held.

Article 59

Requêtes individuelles

1. Une fois que la chambre a décidé de retenir une requête introduite en vertu de l'article 34 de la Convention, elle peut inviter les parties à lui soumettre d'autres éléments de preuve et des observations écrites.

2. Une audience sur le fond a lieu si la chambre le décide d'office ou, à condition qu'aucune audience portant aussi sur le fond n'ait eu lieu au stade de la recevabilité en vertu de l'article 54 § 4 du présent règlement, si l'une des parties le demande. Toutefois, la chambre peut décider à titre exceptionnel qu'elle n'a pas besoin d'audience pour s'acquitter des fonctions qui lui incombent en vertu de l'article 38 § 1 a) de la Convention.

Artikel 59

Individualbeschwerden

(1) Hat die Kammer eine nach Artikel 34 der Konvention erhobene Beschwerde zugelassen, so kann sie die Parteien auffordern, weitere Beweismittel und schriftliche Stellungnahmen vorzulegen.

(2) Eine mündliche Verhandlung über die Begründetheit findet statt, wenn die Kammer dies von Amts wegen beschließt oder, vorausgesetzt, dass im Stadium der Zulässigkeitsprüfung nach Artikel 54 Absatz 4 keine auch die Begründetheit betreffende mündliche Verhandlung durchgeführt wurde, wenn eine der Parteien es beantragt. Die Kammer kann jedoch ausnahmsweise beschließen, dass die Durchführung einer mündlichen Verhandlung für die Erfüllung

3. The President of the Chamber shall, where appropriate, fix the written and oral procedure.

4. In its deliberations the Chamber shall take into consideration any reports, drafts and other documents submitted by the Judge Rapporteur under Rule 49 § 5.

Rule 60

Claims for just satisfaction

1. Any claim which the applicant Contracting Party or the applicant may wish to make for just satisfaction under Article 41 of the Convention shall, unless the President of the Chamber directs otherwise, be set out in the written observations on the merits or, if no such written observations are filed, in a special document filed no later than two months after the decision declaring the application admissible.

2. Itemised particulars of all claims made, together with the relevant supporting documents or vouchers, shall be submitted, failing which the Chamber may reject the claim in whole or in part.

3. The Chamber may, at any time during the proceedings, invite any party to submit comments on the claim for just satisfaction.

Rule 61

Third-party intervention

1. The decision declaring an application admissible shall be notified by the Registrar to any Contracting Party one of whose nationals is an applicant in the case, as well as to the respondent Contracting Party or Parties under Rule 56 § 2.

2. Where a Contracting Party seeks to exercise its right to submit written comments or to take part in a hearing, pursuant to Article 36 § 1 of the Convention, the President of the Chamber shall fix the procedure to be followed.

3. In accordance with Article 36 § 2 of the Convention, the President of the Chamber may, in the interests of the proper administration of justice, invite or grant leave to any Contracting State which is not a party to the proceedings, or any person concerned who is not the applicant, to submit written comments or, in exceptional cases, to take part in a hearing. Requests for leave for this purpose must be duly reasoned and submitted in one of the official languages, within a reasonable time after the fixing of the written procedure.

3. Le président de la chambre fixe, le cas échéant, la procédure écrite et orale.

4. Dans ses délibérations, la chambre prend en considération tous rapports, projets et autres documents soumis par le juge rapporteur conformément à l'article 49 § 5 du présent règlement.

Article 60

Demande de satisfaction équitable

1. Toute demande de satisfaction équitable au titre de l'article 41 de la Convention doit, sauf instruction contraire du président de la chambre, être exposée par la Partie contractante requérante ou le requérant dans les observations écrites sur le fond ou, à défaut de pareilles observations, dans un document spécial déposé au plus tard deux mois après la décision déclarant la requête recevable.

2. La Partie contractante requérante ou le requérant doivent chiffrer et ventiler par rubrique toutes leurs prétentions, auxquelles ils doivent joindre les justificatifs nécessaires, faute de quoi la chambre peut rejeter la demande, en tout ou en partie.

3. A tout moment de la procédure, la chambre peut inviter une partie à soumettre des observations sur la demande de satisfaction équitable.

Article 61

Tierce intervention

1. Le greffier communique la décision déclarant une requête recevable à toute Partie contractante dont un ressortissant est requérant dans l'affaire en cause, ainsi qu'à la Partie contractante ou aux Parties contractantes défenderesses visées à l'article 56 § 2 du présent règlement.

2. Lorsqu'une Partie contractante manifeste le souhait d'exercer le droit de présenter des observations écrites ou de prendre part à une audience, que lui reconnaît l'article 36 § 1 de la Convention, le président de la chambre fixe la procédure à suivre.

3. Conformément à l'article 36 § 2 de la Convention, le président de la chambre peut, dans l'intérêt d'une bonne administration de la justice, inviter ou autoriser tout Etat contractant non partie à la procédure, ou toute personne intéressée autre que le requérant, à soumettre des observations écrites ou, dans des circonstances exceptionnelles, à prendre part à l'audience. Les demandes d'autorisation doivent être dûment motivées et soumises dans l'une des langues officielles, dans un délai raisonnable après la fixation de la procédure écrite.

ihrer Aufgaben nach Artikel 38 Absatz 1 Buchstabe a der Konvention nicht notwendig ist.

(3) Der Kammerpräsident bestimmt gegebenenfalls das schriftliche und das mündliche Verfahren.

(4) Bei ihren Beratungen berücksichtigt die Kammer alle vom Berichterstatter nach Artikel 49 Absatz 5 vorgelegten Berichte, Textentwürfe und anderen Unterlagen.

Artikel 60

Ansprüche auf gerechte Entschädigung

(1) Ansprüche auf gerechte Entschädigung nach Artikel 41 der Konvention müssen, wenn der Kammerpräsident nichts anderes anordnet, von der klagenden Vertragspartei oder dem Beschwerdeführer im Schriftsatz über die Begründetheit oder, falls ein solcher Schriftsatz nicht eingereicht wird, spätestens zwei Monate nach der Zulässigkeitsentscheidung in einem besonderen Schriftstück geltend gemacht werden.

(2) Die Ansprüche sind unter Beifügung der notwendigen Belege zu beziffern und nach Rubriken zu ordnen; geschieht dies nicht, so kann die Kammer die Ansprüche ganz oder teilweise zurückweisen.

(3) Die Kammer kann eine Partei zu jedem Zeitpunkt des Verfahrens auffordern, sich zu den Ansprüchen auf gerechte Entschädigung zu äußern.

Artikel 61

Beteiligung Dritter

(1) Der Kanzler übermittelt die Entscheidung, mit der eine Beschwerde zugelassen wird, jeder Vertragspartei, deren Staatsangehörigkeit ein Beschwerdeführer besitzt, und der oder den beklagten Vertragspartei(en) nach Artikel 56 Absatz 2.

(2) Möchte eine Vertragspartei von ihrem Recht auf schriftliche Stellungnahme oder auf Teilnahme an mündlichen Verhandlungen nach Artikel 36 Absatz 1 der Konvention Gebrauch machen, so bestimmt der Kammerpräsident das Verfahren.

(3) Nach Artikel 36 Absatz 2 der Konvention kann der Kammerpräsident im Interesse der Rechtspflege jeden Vertragsstaat, der in dem Verfahren nicht Partei ist, oder jede betroffene Person, die nicht Beschwerdeführer ist, auffordern oder ermächtigen, schriftlich Stellung zu nehmen oder, falls außergewöhnliche Umstände vorliegen, an der mündlichen Verhandlung teilzunehmen. Anträge auf eine solche Ermächtigung müssen innerhalb angemessener Frist nach Festlegung des schriftlichen Verfahrens mit einer gebührenden Begründung versehen in einer der Amtssprachen eingereicht werden.

4. Any invitation or grant of leave referred to in paragraph 3 of this Rule shall be subject to any conditions, including time-limits, set by the President of the Chamber. Where such conditions are not complied with, the President may decide not to include the comments in the case file.

4. L'invitation ou l'autorisation mentionnées au paragraphe 3 du présent article sont assorties de conditions, y compris de délai, fixées par le président de la chambre. En cas de non-respect de ces conditions, le président peut décider de ne pas verser les observations au dossier.

(4) Die Aufforderung oder Ermächtigung nach Absatz 3 ist auch hinsichtlich der Beachtung von Fristen an die vom Kammerpräsidenten festgelegten Bedingungen geknüpft. Werden diese Bedingungen nicht eingehalten, so kann der Präsident beschließen, die Stellungnahmen nicht in die Verfahrensakten aufzunehmen.

5. Written comments submitted in accordance with this Rule shall be submitted in one of the official languages, save where leave to use another language has been granted under Rule 34 § 4. They shall be transmitted by the Registrar to the parties to the case, who shall be entitled, subject to any conditions, including time-limits, set by the President of the Chamber, to file written observations in reply.

5. Les observations écrites soumises conformément au présent article doivent être rédigées dans l'une des langues officielles, sauf si l'utilisation d'une autre langue a été autorisée en vertu de l'article 34 § 4 du présent règlement. Le greffier les transmet aux parties, qui sont autorisées à répondre par écrit sous réserve des conditions, y compris de délai, fixées par le président de la chambre.

(5) Schriftliche Stellungnahmen nach diesem Artikel müssen in einer der Amtssprachen abgefasst sein, wenn nicht nach Artikel 34 Absatz 4 der Gebrauch einer anderen Sprache genehmigt wird. Der Kanzler übermittelt die Stellungnahmen den Parteien; diese können unter Einhaltung der vom Kammerpräsidenten bestimmten Bedingungen, einschließlich der Fristen, schriftlich darauf erwidern.

Rule 62

Friendly settlement

1. Once an application has been declared admissible, the Registrar, acting on the instructions of the Chamber or its President, shall enter into contact with the parties with a view to securing a friendly settlement of the matter in accordance with Article 38 § 1 (b) of the Convention. The Chamber shall take any steps that appear appropriate to facilitate such a settlement.

2. In accordance with Article 38 § 2 of the Convention, the friendly-settlement negotiations shall be confidential and without prejudice to the parties' arguments in the contentious proceedings. No written or oral communication and no offer or concession made in the framework of the attempt to secure a friendly settlement may be referred to or relied on in the contentious proceedings.

3. If the Chamber is informed by the Registrar that the parties have agreed to a friendly settlement, it shall, after verifying that the settlement has been reached on the basis of respect for human rights as defined in the Convention and the protocols thereto, strike the case out of the Court's list in accordance with Rule 44 § 2.

Article 62

Règlement amiable

1. La requête une fois retenue, le greffier, agissant sur les instructions de la chambre ou du président de celle-ci, entre en rapport avec les parties en vue de parvenir à un règlement amiable, conformément à l'article 38 § 1 b) de la Convention. La chambre prend toutes mesures appropriées pour faciliter la conclusion d'un tel règlement.

2. En vertu de l'article 38 § 2 de la Convention, les négociations menées en vue de parvenir à un règlement amiable sont confidentielles et sans préjudice des observations des parties dans la procédure contentieuse. Aucune communication écrite ou orale ni aucune offre ou concession intervenues dans le cadre desdites négociations ne peuvent être mentionnées ou invoquées dans la procédure contentieuse.

3. Si la chambre apprend par le greffier que les parties acceptent un règlement amiable, et après s'être assurée que ledit règlement s'inspire du respect des droits de l'homme tels que les reconnaissent la Convention et ses Protocoles, elle raye l'affaire du rôle conformément à l'article 44 § 2 du présent règlement.

Artikel 62

Gütliche Einigung

(1) Sobald eine Beschwerde für zulässig erklärt ist, nimmt der Kanzler nach den Weisungen der Kammer oder ihres Präsidenten nach Artikel 38 Absatz 1 Buchstabe b der Konvention Kontakt mit den Parteien auf, um eine gütliche Einigung zu erreichen. Die Kammer trifft alle geeigneten Maßnahmen, um eine solche Einigung zu erleichtern.

(2) Die im Hinblick auf eine gütliche Einigung geführten Verhandlungen sind nach Artikel 38 Absatz 2 der Konvention vertraulich und erfolgen unbeschadet der Stellungnahmen der Parteien im streitigen Verfahren. Im Rahmen dieser Verhandlungen geäußerte schriftliche oder mündliche Mitteilungen, Angebote oder Eingeständnisse dürfen im streitigen Verfahren nicht erwähnt oder geltend gemacht werden.

(3) Erfährt die Kammer durch den Kanzler, dass die Parteien eine gütliche Einigung erreicht haben, so streicht sie die Rechtssache nach Artikel 44 Absatz 2 im Register, nachdem sie sich vergewissert hat, dass diese Einigung auf der Grundlage der Achtung der Menschenrechte getroffen wurde, wie sie in der Konvention und ihren Protokollen anerkannt sind.

Chapter VI
Hearings

Rule 63

Conduct of hearings

1. The President of the Chamber shall direct hearings and shall prescribe the order in which Agents and advocates or advisers of the parties shall be called upon to speak.

2. Where a fact-finding hearing is being carried out by a delegation of the Chamber under Rule 42, the head of the delegation shall conduct the hearing and the delegation shall exercise any relevant power conferred on the Chamber by the Convention or these Rules.

Chapitre VI
De l'audience

Article 63

Direction des débats

1. Le président de la chambre dirige les débats et détermine l'ordre dans lequel sont appelés à prendre la parole les agents, conseils et conseillers des parties.

2. Lorsqu'en vertu de l'article 42 du présent règlement une délégation de la chambre organise une audition visant à établir les faits, le président de la délégation dirige les débats et la délégation exerce le cas échéant les pouvoirs conférés à la chambre par la Convention ou le présent règlement.

Kapitel VI
Die mündliche Verhandlung

Artikel 63

Leitung der mündlichen Verhandlung

(1) Der Kammerpräsident leitet die mündliche Verhandlung und bestimmt die Reihenfolge, in der den Prozessbevollmächtigten, Rechtsbeiständen und Beratern der Parteien das Wort erteilt wird.

(2) Führt eine Delegation der Kammer nach Artikel 42 eine Anhörung zur Feststellung des Sachverhalts durch, so leitet der Delegationsleiter die Verhandlung, und die Delegation übt die Befugnisse aus, die der Kammer durch die Konvention oder diese Verfahrensordnung übertragen sind.

Rule 64

Failure to appear at a hearing

Where, without showing sufficient cause, a party fails to appear, the Chamber may, provided that it is satisfied that such a course is consistent with the proper administration of justice, nonetheless proceed with the hearing.

Article 64

Défaillance

Lorsque, sans donner de raisons suffisantes, une partie ne se présente pas, la chambre passe outre si cela lui paraît compatible avec une bonne administration de la justice.

Artikel 64

Nichterscheinen zur mündlichen Verhandlung

Erscheint eine Partei ohne Angabe hinreichender Gründe nicht, so kann die Kammer die Verhandlung gleichwohl durchführen, wenn ihr dies mit einer geordneten Rechtspflege vereinbar erscheint.

Rule 65

Convocation of witnesses, experts and other persons; costs of their appearance

1. Witnesses, experts and other persons whom the Chamber or the President of the Chamber decides to hear shall be summoned by the Registrar.

2. The summons shall indicate

(a) the case in connection with which it has been issued;

(b) the object of the inquiry, expert opinion or other measure ordered by the Chamber or the President of the Chamber;

(c) any provisions for the payment of the sum due to the person summoned.

3. If the persons concerned appear at the request or on behalf of an applicant or respondent Contracting Party, the costs of their appearance shall be borne by that Party unless the Chamber decides otherwise. In other cases, the Chamber shall decide whether such costs are to be borne by the Council of Europe or awarded against the applicant or third party at whose request the person summoned appeared. In all cases the costs shall be taxed by the President of the Chamber.

Article 65

Convocation des témoins, experts et autres personnes; frais de comparution

1. Les témoins, experts et autres personnes dont la chambre ou son président décide l'audition sont convoqués par le greffier.

2. La convocation indique:

a) l'affaire dont il s'agit;

b) l'objet de l'enquête, expertise ou autre mesure ordonnée par la chambre ou son président;

c) les dispositions prises pour le paiement de l'indemnité revenant à la personne convoquée.

3. Si les intéressés comparaissent à la demande ou pour le compte d'une Partie contractante requérante ou défenderesse, les frais de comparution incombent à celle-ci sauf décision contraire de la chambre. Dans les autres cas, la chambre décide s'ils incombent au Conseil de l'Europe ou s'il convient de les mettre à la charge du requérant, ou du tiers intervenant, à la demande de qui a lieu la comparution. Dans tous les cas, ils sont fixés par le président de la chambre.

Artikel 65

Ladung der Zeugen, Sachverständigen und sonstigen Personen; Kosten ihres Erscheinens

(1) Zeugen, Sachverständige und sonstige Personen, deren Vernehmung die Kammer oder ihr Präsident beschließt, werden durch den Kanzler geladen.

(2) In der Ladung sind anzugeben

a) die betreffende Rechtssache;

b) der Gegenstand der Untersuchung, des Gutachtens oder der sonstigen von der Kammer oder ihrem Präsidenten angeordneten Maßnahme;

c) die Anordnung über die der geladenen Person zustehende Entschädigungszahlung.

(3) Erscheinen die betreffenden Personen auf Antrag oder auf Seiten einer klagenden oder beklagten Vertragspartei, so sind die entstehenden Kosten von dieser Partei zu tragen, wenn die Kammer nicht anders entscheidet. In den übrigen Fällen entscheidet die Kammer, ob diese Kosten vom Europarat zu tragen oder dem Beschwerdeführer oder Drittbeteiligten anzulasten sind, auf dessen Antrag die Personen erschienen sind. Die Kosten werden in allen Fällen vom Kammerpräsidenten festgesetzt.

Rule 66

Oath or solemn declaration by witnesses and experts

1. After the establishment of the identity of the witness and before testifying, every witness shall take the following oath or make the following solemn declaration:

"I swear" – or "I solemnly declare upon my honour and conscience" – "that I shall speak the truth, the whole truth and nothing but the truth."

This act shall be recorded in minutes.

2. After the establishment of the identity of the expert and before carrying out his or her task, every expert shall take the following oath or make the following solemn declaration:

"I swear" – or "I solemnly declare" – "that I will discharge my duty as an expert honourably and conscientiously."

This act shall be recorded in minutes.

3. This oath may be taken or this declaration made before the President of the Chamber, or before a judge or any public authority nominated by the President.

Article 66

Serment ou déclaration solennelle des témoins et experts

1. Après vérification de son identité et avant de déposer, le témoin prête le serment ou fait la déclaration solennelle que voici:

«Je jure» – ou «Je déclare solennellement, en tout honneur et en toute conscience,» – «que je dirai la vérité, toute la vérité et rien que la vérité.»

Il en est dressé procès-verbal.

2. Après vérification de son identité et avant d'accomplir sa mission, tout expert prête le serment ou fait la déclaration solennelle que voici:

«Je jure» – ou «Je déclare solennellement» – «que je m'acquitterai de mes fonctions d'expert en tout honneur et en toute conscience.»

Il en est dressé procès-verbal.

3. Ce serment peut être prêté ou cette déclaration faite devant le président de la chambre ou devant un juge ou toute autorité publique désignés par le président.

Artikel 66

Eid oder feierliche Erklärung der Zeugen und Sachverständigen

(1) Jeder Zeuge leistet nach Feststellung seiner Identität vor Beginn seiner Aussage folgenden Eid oder gibt folgende feierliche Erklärung ab:

„Ich schwöre," – oder „Ich erkläre feierlich auf Ehre und Gewissen," – „dass ich die Wahrheit, die ganze Wahrheit und nichts als die Wahrheit sagen werde."

Hierüber wird ein Protokoll aufgenommen.

(2) Jeder Sachverständige leistet nach Feststellung seiner Identität vor Ausführung seines Auftrags folgenden Eid oder gibt folgende feierliche Erklärung ab:

„Ich schwöre," – oder „Ich erkläre feierlich," – „dass ich meine Aufgabe als Sachverständiger ehrlich und gewissenhaft erfüllen werde."

Hierüber wird ein Protokoll aufgenommen.

(3) Die Eidesleistung oder die Abgabe der Erklärung kann vor dem Kammerpräsidenten oder vor einem vom Präsidenten bestimmten Richter oder einer vom Präsidenten bestimmten Behörde erfolgen.

Rule 67

Objection to a witness or expert; hearing of a person for information purposes

The Chamber shall decide in the event of any dispute arising from an objection to a witness or expert. It may hear for information purposes a person who cannot be heard as a witness.

Article 67

Récusation d'un témoin ou d'un expert; audition d'une personne à titre d'information

La chambre décide de toute contestation née à l'occasion de la récusation d'un témoin ou d'un expert. Elle peut entendre à titre d'information une personne qui ne peut être entendue comme témoin.

Artikel 67

Ablehnung eines Zeugen oder eines Sachverständigen; Anhörung zu Informationszwecken

Über die Ablehnung eines Zeugen oder Sachverständigen entscheidet die Kammer. Sie kann eine Person, die nicht als Zeuge vernommen werden kann, zu Informationszwecken anhören.

Rule 68

Questions put during hearings

1. Any judge may put questions to the Agents, advocates or advisers of the parties, to the applicant, witnesses and experts, and to any other persons appearing before the Chamber.

2. The witnesses, experts and other persons referred to in Rule 42 § 1 may, subject to the control of the President of the Chamber, be examined by the Agents and advocates or advisers of the parties. In the event of an objection as to the relevance of a question put, the President of the Chamber shall decide.

Article 68

Questions posées pendant les débats

1. Tout juge peut poser des questions aux agents, conseils et conseillers des parties, au requérant, aux témoins, aux experts, ainsi qu'à toute autre personne qui se présente devant la chambre.

2. Sous le contrôle du président de la chambre, les témoins, experts et autres personnes visés à l'article 42 § 1 du présent règlement peuvent être interrogés par les agents, conseils et conseillers des parties. En cas de contestation sur la pertinence d'une question posée, le président de la chambre décide.

Artikel 68

Während der mündlichen Verhandlung gestellte Fragen

(1) Jeder Richter kann den Prozessbevollmächtigten, Rechtsbeiständen und Beratern der Parteien, dem Beschwerdeführer, den Zeugen und Sachverständigen sowie jeder anderen vor der Kammer auftretenden Person Fragen stellen.

(2) Die Prozessbevollmächtigten, Rechtsbeistände und Berater der Parteien können den Zeugen, Sachverständigen und anderen in Artikel 42 Absatz 1 aufgeführten Personen unter Aufsicht des Kammerpräsidenten Fragen stellen. Ist umstritten, ob eine Frage erheblich ist, so entscheidet der Kammerpräsident.

Rule 69

Failure to appear, refusal to give evidence or false evidence

If, without good reason, a witness or any other person who has been duly summoned fails to appear or refuses to give evidence, the Registrar shall, on being so required by the President of the Chamber, inform the Contracting Party to whose jurisdiction the witness or other person is subject. The same provisions shall apply if a witness or expert has, in the opinion of the Chamber, violated the oath or solemn declaration provided for in Rule 66.

Article 69

Défaillance, refus de témoigner ou fausse déposition

Si, sans motif légitime, un témoin ou toute autre personne dûment convoqués ne se présentent pas ou refusent de déposer, le greffier, à la demande du président de la chambre, signale le fait à la Partie contractante à la juridiction de laquelle l'intéressé est soumis. Il en va de même lorsqu'un témoin ou expert a, de l'avis de la chambre, violé le serment ou la déclaration solennelle prévus à l'article 66 du présent règlement.

Artikel 69

Nichterscheinen, Aussageverweigerung, Falschaussage

Wenn ein Zeuge oder eine andere Person trotz ordnungsgemäßer Ladung ohne ausreichenden Grund nicht erscheint oder die Aussage verweigert, teilt der Kanzler dies auf Ersuchen des Kammerpräsidenten der Vertragspartei mit, deren Hoheitsgewalt der Betreffende untersteht. In gleicher Weise wird verfahren, wenn ein Zeuge oder ein Sachverständiger nach Auffassung der Kammer den Eid oder die feierliche Erklärung nach Artikel 66 verletzt hat.

Rule 70

Verbatim record of hearings

1. The Registrar shall, if the Chamber so directs, be responsible for the making of a verbatim record of a hearing. The verbatim record shall include

(a) the composition of the Chamber at the hearing;

(b) a list of those appearing before the Court, that is to say Agents, advocates and advisers of the parties and any third party taking part;

(c) the surname, forenames, description and address of each witness, expert or other person heard;

(d) the text of statements made, questions put and replies given;

(e) the text of any decision delivered during the hearing by the Chamber or the President of the Chamber.

Article 70

Compte rendu des audiences

1. Si la chambre en décide ainsi, un compte rendu d'une audience est établi par les soins du greffier. Y figurent:

a) la composition de la chambre lors de l'audience;

b) la liste des comparants: agents, conseils et conseillers des parties, et tout tiers intervenant;

c) les nom, prénom, qualité et adresse des témoins, experts ou autres personnes entendus;

d) le texte des déclarations faites, des questions posées et des réponses recueillies;

e) le texte de toute décision de la chambre ou du président de la chambre prononcée à l'audience.

Artikel 70

Verhandlungsprotokoll

(1) Über die mündliche Verhandlung wird unter der verantwortlichen Leitung des Kanzlers ein Protokoll angefertigt, wenn die Kammer dies beschließt. Das Protokoll enthält

a) die Zusammensetzung der Kammer bei der Verhandlung;

b) die Liste der erschienenen Personen: Prozessbevollmächtigte, Rechtsbeistände und Berater der Parteien sowie Drittbeteiligte;

c) den Namen, die Vornamen, sonstige Angaben zur Person und die Adresse der Zeugen, Sachverständigen und anderen angehörten Personen;

d) den Wortlaut der abgegebenen Erklärungen, gestellten Fragen und erhaltenen Antworten;

e) den Wortlaut aller während der Verhandlung verkündeten Entscheidungen der Kammer oder des Kammerpräsidenten.

2. If all or part of the verbatim record is in a non-official language, the Registrar shall, if the Chamber so directs, arrange for its translation into one of the official languages.

3. The representatives of the parties shall receive a copy of the verbatim record in order that they may, subject to the control of the Registrar or the President of the Chamber, make corrections, but in no case may such corrections affect the sense and bearing of what was said. The Registrar shall lay down, in accordance with the instructions of the President of the Chamber, the time-limits granted for this purpose.

4. The verbatim record, once so corrected, shall be signed by the President and the Registrar and shall then constitute certified matters of record.

2. Si la totalité ou une partie du compte rendu est rédigée dans une langue non officielle, le greffier prend, si la chambre en décide ainsi, les dispositions voulues pour la faire traduire dans l'une des langues officielles.

3. Les représentants des parties reçoivent communication d'une copie du compte rendu afin de pouvoir, sous le contrôle du greffier ou du président de la chambre, le corriger, sans toutefois modifier le sens et la portée de ce qui a été dit à l'audience. Le greffier fixe, sur les instructions du président de la chambre, les délais dont ils disposent à cette fin.

4. Une fois corrigé, le compte rendu est signé par le président et le greffier; il fait foi de son contenu.

(2) Ist das Protokoll insgesamt oder teilweise nicht in einer der Amtssprachen abgefasst, so sorgt der Kanzler für die Übersetzung in eine der Amtssprachen, wenn die Kammer dies beschließt.

(3) Die Vertreter der Parteien erhalten eine Kopie des Protokolls, um dieses berichtigen zu können, wobei sie Sinn und Tragweite des in der Verhandlung Gesagten nicht ändern dürfen; die Berichtigung wird vom Kanzler oder Kammerpräsidenten überprüft. Der Kanzler bestimmt auf Anweisung des Kammerpräsidenten die Frist für die Berichtigung.

(4) Nach dieser Berichtigung wird das Protokoll vom Präsidenten und vom Kanzler unterzeichnet und ist dann für seinen Inhalt beweiskräftig.

Chapter VII
Proceedings before the Grand Chamber

Rule 71
Applicability of procedural provisions

Any provisions governing proceedings before the Chambers shall apply, mutatis mutandis, to proceedings before the Grand Chamber.

Rule 72
Relinquishment of jurisdiction by a Chamber in favour of the Grand Chamber

1. In accordance with Article 30 of the Convention, where a case pending before a Chamber raises a serious question affecting the interpretation of the Convention or the protocols thereto or where the resolution of a question before it might have a result inconsistent with a judgment previously delivered by the Court, the Chamber may, at any time before it has rendered its judgment, relinquish jurisdiction in favour of the Grand Chamber, unless one of the parties to the case has objected in accordance with paragraph 2 of this Rule. Reasons need not be given for the decision to relinquish.

2. The Registrar shall notify the parties of the Chamber's intention to relinquish jurisdiction. The parties shall have one month from the date of that notification within which to file at the Registry a duly reasoned objection. An objection which does not fulfil these conditions shall be considered invalid by the Chamber.

Rule 73
Request by a party for referral of a case to the Grand Chamber

1. In accordance with Article 43 of the Convention, any party to a case may exceptionally, within a period of three

Chapitre VII
De la procédure devant la Grande Chambre

Article 71
Applicabilité des dispositions procédurales

Les dispositions régissant la procédure devant les chambres s'appliquent, *mutatis mutandis*.

Article 72
Dessaisissement au profit de la Grande Chambre

1. En vertu de l'article 30 de la Convention, lorsqu'une affaire pendante devant une chambre soulève une question grave relative à l'interprétation de la Convention ou de ses Protocoles, ou lorsque la solution d'une question dont elle est saisie peut conduire à une contradiction avec un arrêt rendu antérieurement par la Cour, la chambre peut, tant qu'elle n'a pas statué, se dessaisir au profit de la Grande Chambre, à moins que l'une des parties ne s'y oppose conformément au paragraphe 2 du présent article. Une décision de dessaisissement n'a pas besoin d'être motivée.

2. Le greffier communique aux parties l'intention de la chambre de se dessaisir. Elles disposent d'un délai d'un mois à partir de la date de cette communication pour soumettre par écrit au greffe une objection dûment motivée. Toute objection ne satisfaisant pas auxdites conditions sera considérée par la chambre comme non valable.

Article 73
Renvoi à la Grande Chambre demandé par une partie

1. En vertu de l'article 43 de la Convention, toute partie peut à titre exceptionnel, dans le délai de trois mois à compter de la

Kapitel VII
Das Verfahren vor der Großen Kammer

Artikel 71
Anwendbarkeit der Verfahrensvorschriften

Auf das Verfahren vor der Großen Kammer sind die für die Kammern geltenden Vorschriften entsprechend anzuwenden.

Artikel 72
Abgabe der Rechtssache an die Große Kammer

(1) Wirft eine bei einer Kammer anhängige Rechtssache eine schwerwiegende Frage der Auslegung der Konvention oder ihrer Protokolle auf oder kann die Entscheidung einer ihr vorliegenden Frage zu einer Abweichung von einem früheren Urteil des Gerichtshofs führen, so kann die Kammer diese Sache nach Artikel 30 der Konvention jederzeit, bevor sie ihr Urteil gefällt hat, an die Große Kammer abgeben, wenn nicht eine Partei nach Absatz 2 widerspricht. Die Entscheidung, die Sache abzugeben, braucht nicht begründet zu werden.

(2) Der Kanzler teilt den Parteien die Absicht der Kammer mit, die Rechtssache abzugeben. Die Parteien haben danach einen Monat Zeit, um der Kanzlei schriftlich ihren gebührend begründeten Einspruch zu unterbreiten. Ein Einspruch, der diese Voraussetzungen nicht erfüllt, wird von der Kammer als unwirksam angesehen.

Artikel 73
Verweisung an die Große Kammer auf Antrag einer Partei

(1) Nach Artikel 43 der Konvention kann jede Partei in Ausnahmefällen innerhalb von drei Monaten nach dem Datum der

months from the date of delivery of the judgment of a Chamber, file in writing at the Registry a request that the case be referred to the Grand Chamber. The party shall specify in its request the serious question affecting the interpretation or application of the Convention or the Protocols thereto, or the serious issue of general importance, which in its view warrants consideration by the Grand Chamber.

2. A panel of five judges of the Grand Chamber constituted in accordance with Rule 24 § 6 shall examine the request solely on the basis of the existing case file. It shall accept the request only if it considers that the case does raise such a question or issue. Reasons need not be given for a refusal of the request.

3. If the panel accepts the request, the Grand Chamber shall decide the case by means of a judgment.

Chapter VIII

Judgments

Rule 74

Contents of the judgment

1. A judgment as referred to in Articles 42 and 44 of the Convention shall contain

(a) the names of the President and the other judges constituting the Chamber concerned, and the name of the Registrar or the Deputy Registrar;

(b) the dates on which it was adopted and delivered;

(c) a description of the parties;

(d) the names of the Agents, advocates or advisers of the parties;

(e) an account of the procedure followed;

(f) the facts of the case;

(g) a summary of the submissions of the parties;

(h) the reasons in point of law;

(i) the operative provisions;

(j) the decision, if any, in respect of costs;

(k) the number of judges constituting the majority;

(l) where appropriate, a statement as to which text is authentic.

2. Any judge who has taken part in the consideration of the case shall be entitled to annex to the judgment either a separate opinion, concurring with or dissenting from that judgment, or a bare statement of dissent.

date du prononcé de l'arrêt rendu par une chambre, déposer par écrit au greffe une demande de renvoi à la Grande Chambre, en indiquant la question grave relative à l'interprétation ou à l'application de la Convention ou de ses Protocoles, ou la question grave de caractère général qui, selon elle, mérite d'être examinée par la Grande Chambre.

2. Un collège de cinq juges de la Grande Chambre constitué conformément à l'article 24 § 6 du présent règlement examine la demande sur la seule base du dossier existant. Il ne la retient que s'il estime que l'affaire soulève bien pareille question. La décision de rejet de la demande n'a pas besoin d'être motivée.

3. Si le collège retient la demande, la Grande Chambre statue par un arrêt.

Chapitre VIII

Des arrêts

Article 74

Contenu de l'arrêt

1. Tout arrêt visé aux articles 42 et 44 de la Convention comprend:

a) le nom du président et des autres juges composant la chambre ainsi que du greffier ou du greffier adjoint;

b) la date de son adoption et celle de son prononcé;

c) l'indication des parties;

d) le nom des agents, conseils et conseillers des parties;

e) l'exposé de la procedure;

f) les faits de la cause;

g) un résumé des conclusions des parties;

h) les motifs de droit;

i) le dispositif;

j) s'il y a lieu, la décision prise au titre des frais et dépens;

k) l'indication du nombre des juges ayant constitué la majorité;

l) s'il y a lieu, l'indication de celui des textes qui fait foi.

2. Tout juge qui a pris part à l'examen de l'affaire a le droit de joindre à l'arrêt soit l'exposé de son opinion séparée, concordante ou dissidente, soit une simple déclaration de dissentiment.

Verkündung des Urteils einer Kammer bei der Kanzlei schriftlich einen Antrag auf Verweisung der Rechtssache an die Große Kammer stellen; sie hat dabei die schwerwiegende Frage der Auslegung oder Anwendung der Konvention oder ihrer Protokolle oder die schwerwiegende Frage von allgemeiner Bedeutung darzulegen, die ihrer Meinung nach eine Prüfung durch die Große Kammer rechtfertigt.

(2) Ein nach Artikel 24 Absatz 6 gebildeter Ausschuss von fünf Richtern der Großen Kammer prüft den Antrag ausschließlich auf der Grundlage der Akten. Er nimmt den Antrag nur an, wenn er der Auffassung ist, der Fall werfe eine solche Frage auf. Die Entscheidung, den Antrag abzulehnen, braucht nicht begründet zu werden.

(3) Nimmt der Ausschuss den Antrag an, so entscheidet die Große Kammer durch Urteil.

Kapitel VIII

Die Urteile

Artikel 74

Inhalt des Urteils

(1) Urteile nach den Artikeln 42 und 44 der Konvention enthalten

a) die Namen des Präsidenten und der anderen Richter, aus denen sich die Kammer zusammensetzt, sowie den Namen des Kanzlers oder des Stellvertretenden Kanzlers;

b) den Tag, an dem es gefällt, und den Tag, an dem es verkündet wird;

c) die Bezeichnung der Parteien;

d) die Namen der Prozessbevollmächtigten, Rechtsbeistände und Berater der Parteien;

e) die Darstellung des Prozessverlaufs;

f) den Sachverhalt;

g) eine Zusammenfassung des Vorbringens der Parteien;

h) die Entscheidungsgründe;

i) den Urteilstenor;

j) gegebenenfalls die Kostenentscheidung;

k) die Zahl der Richter, die die Mehrheit gebildet haben;

l) gegebenenfalls die Angabe, welche Sprachfassung maßgebend ist.

(2) Jeder Richter, der an der Prüfung der Rechtssache mitgewirkt hat, ist berechtigt, dem Urteil entweder eine Darlegung seiner zustimmenden oder abweichenden persönlichen Meinung oder die bloße Feststellung seines abweichenden Votums beizufügen.

Rule 75

Ruling on just satisfaction

1. Where the Chamber finds that there has been a violation of the Convention or the Protocols thereto, it shall give in the same judgment a ruling on the application of Article 41 of the Convention if that question, after being raised in accordance with Rule 60, is ready for decision; if the question is not ready for decision, the Chamber shall reserve it in whole or in part and shall fix the further procedure.

2. For the purposes of ruling on the application of Article 41 of the Convention, the Chamber shall, as far as possible, be composed of those judges who sat to consider the merits of the case. Where it is not possible to constitute the original Chamber, the President of the Court shall complete or compose the Chamber by drawing lots.

3. The Chamber may, when affording just satisfaction under Article 41 of the Convention, direct that if settlement is not made within a specified time, interest is to be payable on any sums awarded.

4. If the Court is informed that an agreement has been reached between the injured party and the Contracting Party liable, it shall verify the equitable nature of the agreement and, where it finds the agreement to be equitable, strike the case out of the list in accordance with Rule 44 § 2.

Rule 76

Language of the judgment

1. Unless the Court decides that a judgment shall be given in both official languages, all judgments shall be given either in English or in French. Judgments given shall be accessible to the public.

2. Publication of such judgments in the official reports of the Court, as provided for in Rule 78, shall be in both official languages of the Court.

Rule 77

Signature, delivery and notification of the judgment

1. Judgments shall be signed by the President of the Chamber and the Registrar.

2. The judgment may be read out at a public hearing by the President of the Chamber or by another judge delegated by him or her. The Agents and representatives of the parties shall be informed in due time of the date of the hearing. Otherwise the notification provided for in paragraph 3 of this Rule shall constitute delivery of the judgment.

3. The judgment shall be transmitted to the Committee of Ministers. The Registrar shall send certified copies to the parties, to

Article 75

Décision sur la question de la satisfaction équitable

1. Lorsque la chambre constate une violation de la Convention ou de ses Protocoles, elle statue par le même arrêt sur l'application de l'article 41 de la Convention si la question, après avoir été soulevée conformément à l'article 60 du présent règlement, se trouve en état; sinon, elle la réserve, en tout ou en partie, et fixe la procédure ultérieure.

2. Pour statuer sur l'application de l'article 41 de la Convention ou de ses Protocoles, la chambre siège autant que possible dans la même composition que pour l'examen du fond de l'affaire. S'il n'est pas possible de réunir la chambre initiale, le président de la Cour complète ou constitue la chambre par tirage au sort.

3. Lorsqu'elle accorde une satisfaction équitable au titre de l'article 41 de la Convention, la chambre peut décider que, si le règlement n'intervient pas dans le délai indiqué, des intérêts moratoires seront dus sur les sommes allouées.

4. Si la Cour reçoit communication d'un accord intervenu entre la partie lésée et la Partie contractante responsable, elle vérifie qu'il est équitable et, si elle le juge tel, raye l'affaire du rôle conformément à l'article 44 § 2 du présent règlement.

Article 76

Langue de l'arrêt

1. La Cour rend tous ses arrêts en français ou en anglais, sauf si elle décide de rendre un arrêt dans les deux langues officielles. Une fois prononcés, les arrêts sont accessibles au public.

2. La publication des arrêts dans le recueil officiel de la Cour, telle que prévue à l'article 78 du présent règlement, a lieu dans les deux langues officielles de la Cour.

Article 77

Signature, prononcé et communication de l'arrêt

1. L'arrêt est signé par le président de la chambre et par le greffier.

2. Il peut être lu en audience publique par le président de la chambre ou par un autre juge délégué par lui. Les agents et représentants des parties sont dûment prévenus de la date de l'audience. Sinon, la communication visée au paragraphe 3 du présent article vaudra prononcé.

3. L'arrêt est transmis au Comité des Ministres. Le greffier en communique copie certifiée conforme aux parties, au Secré-

Artikel 75

Entscheidung über eine gerechte Entschädigung

(1) Stellt die Kammer eine Verletzung der Konvention oder ihrer Protokolle fest, so entscheidet sie im selben Urteil über die Anwendung des Artikels 41 der Konvention, wenn diese Frage – aufgeworfen nach Artikel 60 dieser Verfahrensordnung – spruchreif ist; andernfalls behält sich die Kammer die Beurteilung der Frage ganz oder teilweise vor und bestimmt das weitere Verfahren.

(2) Bei der Entscheidung über die Anwendung des Artikels 41 der Konvention tagt die Kammer möglichst in der gleichen Besetzung wie bei der Prüfung der Begründetheit. Ist dies nicht möglich, so ergänzt oder bildet der Präsident des Gerichtshofs die Kammer durch das Los.

(3) Spricht die Kammer eine gerechte Entschädigung nach Artikel 41 der Konvention zu, so kann sie beschließen, dass die zugesprochenen Beträge zu verzinsen sind, wenn die Zahlung nicht innerhalb der Frist erfolgt, die sie setzt.

(4) Wird der Gerichtshof davon unterrichtet, dass zwischen der in ihren Rechten verletzten Partei und der verantwortlichen Vertragspartei eine Einigung erzielt worden ist, so prüft er, ob die Einigung billig ist, und streicht bejahendenfalls die Rechtssache nach Artikel 44 Absatz 2 im Register.

Artikel 76

Sprache des Urteils

(1) Der Gerichtshof erlässt seine Urteile in englischer oder französischer Sprache, wenn er nicht beschließt, ein Urteil in beiden Amtssprachen zu erlassen. Die verkündeten Urteile sind der Öffentlichkeit zugänglich.

(2) Die in Artikel 78 vorgesehene Veröffentlichung der Urteile in der amtlichen Sammlung des Gerichtshofs erfolgt in beiden Amtssprachen des Gerichtshofs.

Artikel 77

Unterzeichnung, Verkündung und Zustellung des Urteils

(1) Das Urteil wird vom Kammerpräsidenten und vom Kanzler unterzeichnet.

(2) Es kann vom Kammerpräsidenten oder einem von ihm beauftragten anderen Richter in öffentlicher Sitzung verkündet werden. Den Prozessbevollmächtigten und Vertretern der Parteien wird der Termin der Verkündung rechtzeitig mitgeteilt. Andernfalls gilt die Übermittlung nach Absatz 3 als Verkündung.

(3) Das Urteil wird dem Ministerkomitee zugeleitet. Der Kanzler übermittelt den Parteien, dem Generalsekretär des Euro-

the Secretary General of the Council of Europe, to any third party and to any other person directly concerned. The original copy, duly signed and sealed, shall be placed in the archives of the Court.

taire général du Conseil de l'Europe, à tout tiers intervenant et à toute autre personne directement concernée. L'exemplaire original, dûment signé et scellé, est déposé aux archives de la Cour.

parats, den Drittbeteiligten und allen anderen unmittelbar betroffenen Personen eine beglaubigte Kopie. Das ordnungsgemäß unterzeichnete und gesiegelte Original wird im Archiv des Gerichtshofs verwahrt.

Rule 78

Publication of judgments and other documents

In accordance with Article 44 § 3 of the Convention, final judgments of the Court shall be published, under the responsibility of the Registrar, in an appropriate form. The Registrar shall in addition be responsible for the publication of official reports of selected judgments and decisions and of any document which the President of the Court considers it useful to publish.

Article 78

Publication des arrêts et autres documents

Conformément à l'article 44 § 3 de la Convention, les arrêts définitifs de la Cour sont publiés sous la forme qui convient, sous l'autorité du greffier, lequel est en outre responsable de la publication du recueil officiel contenant un choix d'arrêts et de décisions, ainsi que tous documents que le président de la Cour juge utile de publier.

Artikel 78

Veröffentlichung der Urteile und anderer Schriftstücke

Nach Artikel 44 Absatz 3 der Konvention werden die endgültigen Urteile des Gerichtshofs unter der Verantwortung des Kanzlers in geeigneter Form veröffentlicht. Der Kanzler ist außerdem für die Herausgabe der amtlichen Sammlung zuständig, die ausgewählte Urteile und Entscheidungen sowie sonstige Schriftstücke enthält, deren Veröffentlichung der Präsident des Gerichtshofs für zweckmäßig hält.

Rule 79

Request for interpretation of a judgment

1. A party may request the interpretation of a judgment within a period of one year following the delivery of that judgment.

2. The request shall be filed with the Registry. It shall state precisely the point or points in the operative provisions of the judgment on which interpretation is required.

3. The original Chamber may decide of its own motion to refuse the request on the ground that there is no reason to warrant considering it. Where it is not possible to constitute the original Chamber, the President of the Court shall complete or compose the Chamber by drawing lots.

4. If the Chamber does not refuse the request, the Registrar shall communicate it to the other party or parties and shall invite them to submit any written comments within a time-limit laid down by the President of the Chamber. The President of the Chamber shall also fix the date of the hearing should the Chamber decide to hold one. The Chamber shall decide by means of a judgment.

Article 79

Demande en interprétation d'un arrêt

1. Toute partie peut demander l'interprétation d'un arrêt dans l'année qui suit le prononcé.

2. La demande est déposée au greffe. Elle indique avec précision le ou les points du dispositif de l'arrêt dont l'interprétation est demandée.

3. La chambre initiale peut décider d'office de l'écarter au motif que nulle raison n'en justifie l'examen. S'il n'est pas possible de reunir la chambre initiale, le président de la Cour constitue ou complète la chambre par tirage au sort.

4. Si la chambre n'écarte pas la demande, le greffier communique celle-ci à toute autre partie concernée, en l'invitant à présenter ses observations écrites éventuelles dans le délai fixé par le président de la chambre. Celui-ci fixe aussi la date de l'audience si la chambre décide d'en tenir une. La chambre statue par un arrêt.

Artikel 79

Antrag auf Auslegung des Urteils

(1) Jede Partei kann die Auslegung eines Urteils innerhalb eines Jahres nach der Verkündung beantragen.

(2) Der Antrag ist bei der Kanzlei einzureichen. Der Teil des Urteilstenors, dessen Auslegung begehrt wird, ist darin genau anzugeben.

(3) Die ursprüngliche Kammer kann selbständig beschließen, den Antrag abzuweisen, wenn kein Grund eine Prüfung rechtfertigt. Ist es nicht möglich, die ursprüngliche Kammer zusammenzusetzen, so bildet oder ergänzt der Präsident des Gerichtshofs die Kammer durch das Los.

(4) Weist die Kammer den Antrag nicht ab, so übermittelt ihn der Kanzler den anderen betroffenen Parteien und gibt ihnen Gelegenheit, innerhalb der vom Kammerpräsidenten bestimmten Frist schriftlich Stellung zu nehmen. Der Kammerpräsident bestimmt auch den Termin der mündlichen Verhandlung, wenn die Kammer beschließt, eine solche durchzuführen. Die Kammer entscheidet durch Urteil.

Rule 80

Request for revision of a judgment

1. A party may, in the event of the discovery of a fact which might by its nature have a decisive influence and which, when a judgment was delivered, was unknown to the Court and could not reasonably have been known to that party, request the Court, within a period of six months after that party acquired knowledge of the fact, to revise that judgment.

2. The request shall mention the judgment of which revision is requested and shall contain the information necessary to show that the conditions laid down in paragraph 1 of this Rule have been complied

Article 80

Demande en révision d'un arrêt

1. En cas de découverte d'un fait qui, par sa nature, aurait pu exercer une influence décisive sur l'issue d'une affaire déjà tranchée et qui, à l'époque de l'arrêt, était inconnu de la Cour et ne pouvait raisonnablement être connu d'une partie, cette dernière peut, dans le délai de six mois à partir du moment où elle a eu connaissance du fait découvert, saisir la Cour d'une demande en révision de l'arrêt dont il s'agit.

2. La demande mentionne l'arrêt dont la révision est demandée, contient les indications nécessaires pour établir la réunion des conditions prévues au paragraphe 1 du présent article et s'accompagne d'une

Artikel 80

Antrag auf Wiederaufnahme des Verfahrens

(1) Wird eine Tatsache bekannt, die geeignet gewesen wäre, einen maßgeblichen Einfluss auf den Ausgang einer bereits entschiedenen Rechtssache auszuüben, so kann eine Partei, wenn diese Tatsache zum Zeitpunkt des Urteils dem Gerichtshof unbekannt war und der Partei nach menschlichem Ermessen nicht bekannt sein konnte, innerhalb von sechs Monaten, nachdem sie von der Tatsache Kenntnis erhalten hat, beim Gerichtshof die Wiederaufnahme des Verfahrens beantragen.

(2) Der Antrag muss das Urteil bezeichnen, auf das sich der Wiederaufnahmeantrag bezieht, und die Angaben enthalten, aus denen sich ergibt, dass die Voraussetzungen nach Absatz 1 erfüllt sind. Dem

with. It shall be accompanied by a copy of all supporting documents. The request and supporting documents shall be filed with the Registry.

3. The original Chamber may decide of its own motion to refuse the request on the ground that there is no reason to warrant considering it. Where it is not possible to constitute the original Chamber, the President of the Court shall complete or compose the Chamber by drawing lots.

4. If the Chamber does not refuse the request, the Registrar shall communicate it to the other party or parties and shall invite them to submit any written comments within a time-limit laid down by the President of the Chamber. The President of the Chamber shall also fix the date of the hearing should the Chamber decide to hold one. The Chamber shall decide by means of a judgment.

copie de toute pièce à l'appui. Elle est déposée au greffe, avec ses annexes.

3. La chambre initiale peut décider d'office d'écarter la demande au motif que nulle raison n'en justifie l'examen. S'il n'est pas possible de réunir la chambre initiale, le président de la Cour constitue ou complète la chambre par tirage au sort.

4. Si la chambre n'écarte pas la demande, le greffier communique celle-ci à toute autre partie concernée, en l'invitant à présenter ses observations écrites éventuelles dans le délai fixé par le président de la chambre. Celui-ci fixe aussi la date de l'audience si la chambre décide d'en tenir une. La chambre statue par un arrêt.

Antrag ist eine Kopie aller zur Begründung dienenden Unterlagen beizufügen. Der Antrag und die Unterlagen sind bei der Kanzlei einzureichen.

(3) Die ursprüngliche Kammer kann selbständig beschließen, den Antrag abzuweisen, wenn kein Grund eine Prüfung rechtfertigt. Ist es nicht möglich, die ursprüngliche Kammer zusammenzusetzen, so bildet oder ergänzt der Präsident des Gerichtshofs die Kammer durch das Los.

(4) Weist die Kammer den Antrag nicht ab, so übermittelt ihn der Kanzler den anderen betroffenen Parteien und gibt ihnen Gelegenheit, innerhalb der vom Kammerpräsidenten bestimmten Frist schriftlich Stellung zu nehmen. Der Kammerpräsident bestimmt auch den Termin der mündlichen Verhandlung, wenn die Kammer beschließt, eine solche durchzuführen. Die Kammer entscheidet durch Urteil.

Rule 81

Rectification of errors in decisions and judgments

Without prejudice to the provisions on revision of judgments and on restoration to the list of applications, the Court may, of its own motion or at the request of a party made within one month of the delivery of a decision or a judgment, rectify clerical errors, errors in calculation or obvious mistakes.

Article 81

Rectification d'erreurs dans les décisions et arrêts

Sans préjudice des dispositions relatives à la révision des arrêts et à la réinscription au rôle des requêtes, les erreurs de plume ou de calcul et les inexactitudes évidentes peuvent être rectifiées par la Cour soit d'office, soit à la demande d'une partie si cette demande est présentée dans le délai d'un mois à compter du prononcé de la décision ou de l'arrêt.

Artikel 81

Berichtigung von Fehlern in Entscheidungen und Urteilen

Unbeschadet der Bestimmungen über die Wiederaufnahme des Verfahrens und die Wiedereintragung von Beschwerden im Register kann der Gerichtshof Schreib- oder Rechenfehler sowie offensichtliche Unrichtigkeiten von Amts wegen oder wenn eine Partei dies innerhalb eines Monats nach Verkündung der Entscheidung oder des Urteils beantragt, korrigieren.

Chapter IX

Advisory Opinions

Rule 82

In proceedings relating to advisory opinions the Court shall apply, in addition to the provisions of Articles 47, 48 and 49 of the Convention, the provisions which follow. It shall also apply the other provisions of these Rules to the extent to which it considers this to be appropriate.

Rule 83

The request for an advisory opinion shall be filed with the Registry. It shall state fully and precisely the question on which the opinion of the Court is sought, and also

(a) the date on which the Committee of Ministers adopted the decision referred to in Article 47 § 3 of the Convention;

(b) the names and addresses of the person or persons appointed by the Committee of Ministers to give the Court any explanations which it may require.

The request shall be accompanied by all documents likely to elucidate the question.

Chapitre IX

Des avis consultatifs

Article 82

En matière d'avis consultatifs, la Cour applique, outre les dispositions des articles 47, 48 et 49 de la Convention, les dispositions ci-après. Elle applique également, dans la mesure où elle le juge approprié, les autres dispositions du présent règlement.

Article 83

La demande d'avis consultatif est déposée au greffe. Elle indique en termes complets et précis la question sur laquelle l'avis de la Cour est requis et, en outre:

a) la date à laquelle le Comité des Ministres a pris la décision visée à l'article 47 § 3 de la Convention;

b) les nom et adresse de la ou des personnes désignées par le Comité des Ministres pour fournir à la Cour toute explication qu'elle pourrait demander.

Est joint à la demande tout document pouvant servir à élucider la question.

Kapitel IX

Gutachten

Artikel 82

Im Verfahren zur Erstattung von Gutachten wendet der Gerichtshof neben den Artikeln 47, 48 und 49 der Konvention die folgenden Bestimmungen an. Er wendet ferner die übrigen Bestimmungen dieser Verfahrensordnung an, soweit er dies für angebracht hält.

Artikel 83

Der Antrag auf Erstattung eines Gutachtens ist bei der Kanzlei einzureichen. Er muss die Frage, zu der das Gutachten des Gerichtshofs angefordert wird, vollständig und genau bezeichnen; ferner sind anzugeben

a) der Tag, an dem das Ministerkomitee den Beschluss nach Artikel 47 Absatz 3 der Konvention gefasst hat;

b) Name und Adresse der Personen, die vom Ministerkomitee benannt worden sind, um dem Gerichtshof alle benötigten Erläuterungen zu geben.

Dem Antrag sind alle Unterlagen beizufügen, die zur Klärung der Frage dienen können.

Rule 84

1. On receipt of a request, the Registrar shall transmit a copy of it to all members of the Court.

2. The Registrar shall inform the Contracting Parties that the Court is prepared to receive their written comments.

Article 84

1. Dès réception d'une demande, le greffier en adresse un exemplaire à tous les membres de la Cour.

2. Il informe les Parties contractantes que la Cour est disposée à recevoir leurs observations écrites.

Artikel 84

(1) Nach Eingang des Antrags übermittelt der Kanzler allen Mitgliedern des Gerichtshofs eine Kopie.

(2) Er teilt den Vertragsparteien mit, dass der Gerichtshof bereit ist, ihre schriftlichen Stellungnahmen entgegenzunehmen.

Rule 85

1. The President of the Court shall lay down the time-limits for filing written comments or other documents.

2. Written comments or other documents shall be filed with the Registry. The Registrar shall transmit copies of them to all the members of the Court, to the Committee of Ministers and to each of the Contracting Parties.

Article 85

1. Le président de la Cour fixe les délais dans lesquels seront déposés les observations écrites ou autres documents.

2. Les observations écrites ou autres documents sont déposés au greffe. Le greffier les communique à tous les membres de la Cour, au Comité des Ministres et à chacune des Parties contractantes.

Artikel 85

(1) Der Präsident des Gerichtshofs bestimmt die Fristen für die Einreichung der schriftlichen Stellungnahmen oder sonstigen Unterlagen.

(2) Die schriftlichen Stellungnahmen oder sonstigen Unterlagen sind bei der Kanzlei einzureichen. Der Kanzler übermittelt allen Mitgliedern des Gerichtshofs, dem Ministerkomitee und jeder Vertragspartei eine Kopie.

Rule 86

After the close of the written procedure, the President of the Court shall decide whether the Contracting Parties which have submitted written comments are to be given an opportunity to develop them at an oral hearing held for the purpose.

Article 86

Après clôture de la procédure écrite, le président de la Cour décide s'il y a lieu de permettre aux Parties contractantes qui ont présenté des observations écrites de les développer oralement lors d'une audience fixée à cet effet.

Artikel 86

Nach Abschluss des schriftlichen Verfahrens entscheidet der Präsident des Gerichtshofs, ob den Vertragsparteien, die schriftlich Stellung genommen haben, Gelegenheit gegeben werden soll, ihre Stellungnahmen in einer zu diesem Zweck anberaumten mündlichen Verhandlung zu erläutern.

Rule 87

If the Court considers that the request for an advisory opinion is not within its consultative competence as defined in Article 47 of the Convention, it shall so declare in a reasoned decision.

Article 87

Si la Cour estime que la demande d'avis ne relève pas de sa compétence consultative, telle que celle-ci se trouve définie à l'article 47 de la Convention, elle le constate dans une décision motivée.

Artikel 87

Ist der Gerichtshof der Auffassung, dass der Antrag auf Erstattung eines Gutachtens nicht in seine Zuständigkeit nach Artikel 47 der Konvention fällt, so stellt er dies in einer begründeten Entscheidung fest.

Rule 88

1. Advisory opinions shall be given by a majority vote of the Grand Chamber. They shall mention the number of judges constituting the majority.

2. Any judge may, if he or she so desires, attach to the opinion of the Court either a separate opinion, concurring with or dissenting from the advisory opinion, or a bare statement of dissent.

Article 88

1. Tout avis consultatif est émis à la majorité des voix par la Grande Chambre. Il mentionne le nombre des juges ayant constitué la majorité.

2. Tout juge peut, s'il le désire, joindre à l'avis de la Cour soit l'exposé de son opinion séparée, concordante ou dissidente, soit une simple déclaration de dissentiment.

Artikel 88

(1) Gutachten werden von der Großen Kammer mit Stimmenmehrheit beschlossen. Die Zahl der Richter, welche die Mehrheit gebildet haben, ist im Gutachten anzugeben.

(2) Jeder Richter kann, wenn er dies wünscht, dem Gutachten des Gerichtshofs entweder eine Darlegung seiner zustimmenden oder abweichenden persönlichen Meinung oder die bloße Feststellung seines abweichenden Votums beifügen.

Rule 89

The advisory opinion shall be read out in one of the two official languages by the President of the Court, or by another judge delegated by the President, at a public hearing, prior notice having been given to the Committee of Ministers and to each of the Contracting Parties.

Article 89

L'avis consultatif est lu en audience publique, dans l'une des deux langues officielles, par le président de la Cour ou par un autre juge délégué par lui, le Comité des Ministres et toutes les Parties contractantes ayant été prévenus.

Artikel 89

Das Gutachten wird in öffentlicher Sitzung vom Präsidenten des Gerichtshofs oder einem von ihm beauftragten anderen Richter in einer der beiden Amtssprachen verlesen, nachdem das Ministerkomitee und alle Vertragsparteien benachrichtigt worden sind.

Rule 90

The opinion, or any decision given under Rule 87, shall be signed by the President of the Court and by the Registrar. The original copy, duly signed and sealed, shall be placed in the archives of the Court. The Registrar shall send certified copies to the Committee of Ministers, to the Contracting Parties and to the Secretary General of the Council of Europe.

Article 90

L'avis et toute décision rendue en vertu de l'article 87 du présent règlement sont signés par le président de la Cour et par le greffier. L'exemplaire original, dûment signé et scellé, est déposé aux archives de la Cour. Le greffier en communique copie certifiée conforme au Comité des Ministres, aux Parties contractantes et au Secrétaire général du Conseil de l'Europe.

Artikel 90

Das Gutachten sowie jede Entscheidung nach Artikel 87 werden vom Präsidenten des Gerichtshofs und vom Kanzler unterzeichnet. Die ordnungsgemäß unterzeichnete und gesiegelte Urschrift wird im Archiv des Gerichtshofs verwahrt. Der Kanzler übermittelt dem Ministerkomitee, den Vertragsparteien und dem Generalsekretär des Europarats eine beglaubigte Kopie.

Chapter X

Legal Aid

Rule 91

1. The President of the Chamber may, either at the request of an applicant having lodged an application under Article 34 of the Convention or of his or her own motion, grant free legal aid to the applicant in connection with the presentation of the case from the moment when observations in writing on the admissibility of that application are received from the respondent Contracting Party in accordance with Rule 54 § 3 (b), or where the time-limit for their submission has expired.

2. Subject to Rule 96, where the applicant has been granted legal aid in connection with the presentation of his or her case before the Chamber, that grant shall continue in force for the purposes of his or her representation before the Grand Chamber.

Rule 92

Legal aid shall be granted only where the President of the Chamber is satisfied

(a) that it is necessary for the proper conduct of the case before the Chamber;

(b) that the applicant has insufficient means to meet all or part of the costs entailed.

Rule 93

1. In order to determine whether or not applicants have sufficient means to meet all or part of the costs entailed, they shall be required to complete a form of declaration stating their income, capital assets and any financial commitments in respect of dependants, or any other financial obligations. The declaration shall be certified by the appropriate domestic authority or authorities.

2. The Contracting Party concerned shall be requested to submit its comments in writing.

3. After receiving the information mentioned in paragraphs 1 and 2 of this Rule, the President of the Chamber shall decide whether or not to grant legal aid. The Registrar shall inform the parties accordingly.

Rule 94

1. Fees shall be payable to the advocates or other persons appointed in accordance with Rule 36 § 4. Fees may, where appropriate, be paid to more than one such representative.

Chapitre X

De l'assistance judiciaire

Article 91

1. Le président de la chambre peut, soit à la demande d'un requérant ayant introduit une requête en vertu de l'article 34 de la Convention, soit d'office, accorder l'assistance judiciaire à ce requérant pour la défense de sa cause une fois que, conformément à l'article 54 § 3b) du présent règlement, la Partie contractante défenderesse a présenté par écrit ses observations sur la recevabilité de la requête ou que le délai qui lui était imparti à cet effet a expiré.

2. Sous réserve de l'article 96 du présent règlement, lorsque le requérant s'est vu accorder l'assistance judiciaire pour la défense de sa cause devant la chambre, il continue d'en bénéficier devant la Grande Chambre.

Article 92

L'assistance judiciaire ne peut être accordée que si le président de la chambre constate:

a) que l'octroi de cette assistance est nécessaire à la bonne conduite de l'affaire devant la chambre;

b) que le requérant ne dispose pas de moyens financiers suffisants pour faire face à tout ou partie des frais qu'il est amené à exposer.

Article 93

1. En vue de déterminer si le requérant dispose ou non de moyens financiers suffisants pour faire face à tout ou partie des frais qu'il est amené à exposer, il est invité à remplir une déclaration indiquant ses ressources, ses avoirs en capital et les engagements financiers qu'il a envers les personnes à sa charge, ou toute autre obligation financière. La déclaration doit être certifiée par la ou les autorités internes qualifiées.

2. La Partie contractante concernée est invitée à présenter ses observations par écrit.

3. Après avoir recueilli les renseignements visés aux paragraphes 1 et 2 du présent article, le président de la chambre décide de l'octroi ou du refus de l'assistance judiciaire. Le greffier en informe les parties intéressées.

Article 94

1. Les honoraires ne peuvent être versés qu'à un conseil ou à une autre personne désignée conformément à l'article 36 § 4 du présent règlement. Ils peuvent, le cas échéant, couvrir les services de plus d'un repésentant ainsi défini.

Kapitel X

Prozesskostenhilfe

Artikel 91

(1) Der Kammerpräsident kann einem Beschwerdeführer, der eine Beschwerde nach Artikel 34 der Konvention erhoben hat, auf dessen Antrag oder von Amts wegen für die Verfolgung seiner Sache Prozesskostenhilfe bewilligen, nachdem die beklagte Vertragspartei nach Artikel 54 Absatz 3 Buchstabe b dieser Verfahrensordnung zur Zulässigkeit der Beschwerde Stellung genommen hat oder die Frist hierfür abgelaufen ist.

(2) Wird einem Beschwerdeführer für die Verfolgung seiner Sache vor der Kammer Prozesskostenhilfe bewilligt, so gilt die Bewilligung vorbehaltlich des Artikels 96 im Verfahren vor der Großen Kammer weiter.

Artikel 92

Prozesskostenhilfe kann nur bewilligt werden, wenn der Kammerpräsident feststellt,

a) dass die Bewilligung dieser Hilfe für die ordnungsgemäße Prüfung der Rechtssache vor der Kammer notwendig ist;

b) dass der Beschwerdeführer nicht über ausreichende finanzielle Mittel verfügt, um die anfallenden Kosten ganz oder teilweise zu begleichen.

Artikel 93

(1) Um festzustellen, ob der Beschwerdeführer über ausreichende finanzielle Mittel verfügt, um die anfallenden Kosten ganz oder teilweise zu begleichen, wird er aufgefordert, ein Erklärungsformular auszufüllen, aus dem sein Einkommen, sein Kapitalvermögen und seine finanziellen Verpflichtungen gegenüber Unterhaltsberechtigten sowie alle sonstigen finanziellen Verpflichtungen hervorgehen. Diese Erklärung muss von der oder den zuständigen innerstaatlichen Behörde(n) bestätigt sein.

(2) Die betroffene Vertragspartei wird aufgefordert, schriftlich Stellung zu nehmen.

(3) Nach Eingang der in den Absätzen 1 und 2 genannten Unterlagen entscheidet der Kammerpräsident, ob Prozesskostenhilfe bewilligt oder abgelehnt wird. Der Kanzler informiert die betroffenen Parteien.

Artikel 94

(1) Honorare dürfen nur einem Rechtsbeistand oder einer anderen nach Artikel 36 Absatz 4 bestellten Person gezahlt werden. Gegebenenfalls können auch mehreren Vertretern Honorare gezahlt werden.

2. Legal aid may be granted to cover not only representatives' fees but also travelling and subsistence expenses and other necessary expenses incurred by the applicant or appointed representative.

2. Outre les honoraires, l'assistance judiciaire peut couvrir les frais de déplacement et de séjour ainsi que les autres débours nécessaires exposés par le requérant ou son représentant désigné.

(2) Die Prozesskostenhilfe kann außer den Honoraren auch die Fahrt- und Aufenthaltskosten sowie andere notwendige Auslagen umfassen, die dem Beschwerdeführer oder der zu seinem Vertreter bestellten Person entstehen.

Rule 95

On a decision to grant legal aid, the Registrar shall fix

(a) the rate of fees to be paid in accordance with the legal-aid scales in force;

(b) the level of expenses to be paid.

Article 95

L'assistance judiciaire une fois accordée, le greffier fixe:

a) le taux des honoraires à verser conformément au barème en vigueur;

b) le montant à verser au titre des frais.

Artikel 95

Nach Bewilligung der Prozesskostenhilfe bestimmt der Kanzler

a) die Höhe der Honorare entsprechend den geltenden Tarifen;

b) den Betrag der zu zahlenden Kosten.

Rule 96

The President of the Chamber may, if satisfied that the conditions stated in Rule 92 are no longer fulfilled, revoke or vary a grant of legal aid at any time.

Article 96

S'il est convaincu que les conditions énoncées à l'article 92 du présent règlement ne sont plus remplies, le président de la chambre peut à tout moment retirer ou modifier le bénéfice de l'assistance judiciaire.

Artikel 96

Der Kammerpräsident kann die Bewilligung der Prozesskostenhilfe jederzeit rückgängig machen oder ändern, wenn er feststellt, dass die Voraussetzungen nach Artikel 92 nicht mehr erfüllt sind.

Title III
Transitional Rules

Titre III
Dispositions transitoires

Titel III
Übergangsbestimmungen

Rule 97

Judges' terms of office

The duration of the terms of office of the judges who were members of the Court at the date of the entry into force of Protocol No. 11 to the Convention shall be calculated as from that date.

Article 97

Mandat des juges

En ce qui concerne les juges composant la Cour à la date de l'entrée en vigueur du Protocole n° 11 à la Convention, la durée du mandat se calcule à compter de cette date.

Artikel 97

Amtszeit der Richter

Die Amtszeit der Richter, die am Tag des Inkrafttretens des Protokolls Nr. 11 zur Konvention Mitglieder des Gerichtshofs waren, wird von diesem Tag an gerechnet.

Rule 98

Presidency of the Sections

For a period of three years from the entry into force of Protocol No. 11 to the Convention,

(a) the two Presidents of Sections who are not simultaneously Vice-Presidents of the Court and the Vice-Presidents of the Sections shall be elected for a term of office of eighteen months;

(b) the Vice-Presidents of the Sections may not be immediately re-elected.

Article 98

Présidence des sections

Pour une période de trois ans à compter de l'entrée en vigueur du Protocole n° 11 à la Convention,

a) les deux présidents de section qui ne sont pas également vice-présidents de la Cour et les vice-présidents de section sont élus pour une période de dix-huit mois;

b) les vice-présidents de section ne sont pas immédiatement rééligibles.

Artikel 98

Präsidenten und Vizepräsidenten der Sektionen

Während der ersten drei Jahre nach Inkrafttreten des Protokolls Nr. 11 zur Konvention

a) werden die beiden Sektionspräsidenten, die nicht zugleich Vizepräsidenten des Gerichtshofs sind, und die Vizepräsidenten der Sektionen für achtzehn Monate gewählt;

b) ist die unmittelbare Wiederwahl der Vizepräsidenten der Sektionen nicht zulässig.

Rule 99

Relations between the Court and the Commission

1. In cases brought before the Court under Article 5 §§ 4 and 5 of Protocol No. 11 to the Convention the Court may invite the Commission to delegate one or more of its members to take part in the consideration of the case before the Court.

2. In cases referred to in paragraph 1 of this Rule the Court shall take into consideration the report of the Commission adopted pursuant to former Article 31 of the Convention.

Article 99

Relations entre la Cour et la Commission

1. Dans les affaires portées devant la Cour en vertu de l'article 5 §§ 4 et 5 du Protocole n° 11 à la Convention, la Cour peut inviter la Commission à déléguer un ou plusieurs de ses membres pour participer à l'examen de l'affaire devant la Cour.

2. Dans les affaires évoquées au paragraphe 1 du présent article, la Cour prend en considération le rapport adopté par la Commission au titre de l'ancien article 31 de la Convention.

Artikel 99

Verhältnis zwischen Gerichtshof und Kommission

(1) In Rechtssachen, die dem Gerichtshof nach Artikel 5 Absätze 4 und 5 des Protokolls Nr. 11 zur Konvention vorgelegt werden, kann der Gerichtshof die Kommission bitten, eines oder mehrere ihrer Mitglieder für die Teilnahme an der Prüfung der Rechtssache vor dem Gerichtshof zu entsenden.

(2) In Rechtssachen nach Absatz 1 berücksichtigt der Gerichtshof den von der Kommission nach dem früheren Artikel 31 der Konvention angenommenen Bericht.

3. Unless the President of the Chamber decides otherwise, the said report shall be made available to the public through the Registrar as soon as possible after the case has been brought before the Court.

4. The remainder of the case file of the Commission, including all pleadings, in cases brought before the Court under Article 5 §§ 2 to 5 of Protocol No. 11 shall remain confidential unless the President of the Chamber decides otherwise.

5. In cases where the Commission has taken evidence but has been unable to adopt a report in accordance with former Article 31 of the Convention, the Court shall take into consideration the verbatim records, documentation and opinion of the Commission's delegations arising from such investigations.

3. Sauf décision contraire du président de la chambre, le rapport est rendu public par les soins du greffier aussi tôt que possible après la saisine de la Cour.

4. Dans les affaires déférées à la Cour en vertu de l'article 5 §§ 2 à 5 du Protocole n° 11, les autres documents composant le dossier de la Commission, y compris l'ensemble des mémoires et observations, restent confidentiels, à moins que le président de la chambre n'en décide autrement.

5. Dans les affaires où la Commission a recueilli des témoignages mais n'a pas été en mesure d'adopter un rapport au titre de l'ancien article 31 de la Convention, la Cour prend en considération les comptes rendus intégraux, la documentation et l'avis émis par les délégations de la Commission à l'issue de ces investigations.

(3) Wenn der Kammerpräsident nichts anderes bestimmt, sorgt der Kanzler so bald wie möglich nach der Anrufung des Gerichtshofs für die Veröffentlichung des Berichts.

(4) Im Übrigen bleibt in Rechtssachen, die dem Gerichtshof nach Artikel 5 Absätze 2 bis 5 des Protokolls Nr. 11 vorliegen, die Verfahrensakte der Kommission, einschließlich aller Schriftsätze und Stellungnahmen, vertraulich, wenn der Kammerpräsident nichts anderes bestimmt.

(5) In Rechtssachen, in denen die Kommission Beweise erhoben hat, aber nicht in der Lage war, einen Bericht nach dem früheren Artikel 31 der Konvention anzunehmen, berücksichtigt der Gerichtshof die Protokolle und Unterlagen sowie die Meinungen, welche die Kommissionsbeauftragten im Anschluss an die Beweiserhebung geäußert haben.

Rule 100

Chamber and Grand Chamber proceedings

1. In cases referred to the Court under Article 5 § 4 of Protocol No. 11 to the Convention, a panel of the Grand Chamber constituted in accordance with Rule 24 § 6 shall determine, solely on the basis of the existing case file, whether a Chamber or the Grand Chamber is to decide the case.

2. If the case is decided by a Chamber, the judgment of the Chamber shall, in accordance with Article 5 § 4 of Protocol No. 11, be final and Rule 73 shall be inapplicable.

3. Cases transmitted to the Court under Article 5 § 5 of Protocol No. 11 shall be forwarded by the President of the Court to the Grand Chamber.

4. For each case transmitted to the Grand Chamber under Article 5 § 5 of Protocol No 11, the Grand Chamber shall be completed by judges designated by rotation within one of the groups mentioned in Rule 24 § 3, the cases being allocated to the groups on an alternate basis.

Article 100

Procédure devant une chambre et la Grande Chambre

1. Lorsqu'une affaire est déférée à la Cour en vertu de l'article 5 § 4 du Protocole n° 11 à la Convention, un collège de juges de la Grande Chambre constitué conformément à l'article 24 § 6 du présent règlement décide, sur la seule base du dossier, si elle doit être tranchée par une chambre ou par la Grande Chambre.

2. Si l'affaire est tranchée par une chambre, l'arrêt de celle-ci est définitif, conformément à l'article 5 § 4 du Protocole n° 11, et l'article 73 du présent règlement est inapplicable.

3. Les affaires transmises à la Cour en vertu de l'article 5 § 5 du Protocole n° 11 sont déférées à la Grande Chambre par le président de la Cour.

4. Pour chaque affaire qui lui est transmise en vertu de l'article 5 § 5 du Protocole n° 11, la Grande Chambre est complétée par des juges désignés par rotation au sein de l'un des groupes évoqués à l'article 24 § 3 du présent règlement, les affaires étant attribuées alternativement à chacun des groupes.

Artikel 100

Verfahren vor einer Kammer und der Großen Kammer

(1) Wird eine Rechtssache dem Gerichtshof nach Artikel 5 Absatz 4 des Protokolls Nr. 11 zur Konvention vorgelegt, so entscheidet ein nach Artikel 24 Absatz 6*) dieser Verfahrensordnung gebildeter Ausschuss der Großen Kammer, ob der Fall von einer Kammer oder von der Großen Kammer geprüft wird; der Ausschuss entscheidet ausschließlich auf der Grundlage der Akten.

(2) Wird die Rechtssache von einer Kammer entschieden, so ist ihr Urteil nach Artikel 5 Absatz 4 des Protokolls Nr. 11 endgültig, und Artikel 73 dieser Verfahrensordnung findet keine Anwendung.

(3) Rechtssachen, die dem Gerichtshof nach Artikel 5 Absatz 5 des Protokolls Nr. 11 übertragen sind, werden der Großen Kammer vom Präsidenten des Gerichtshofs vorgelegt.

(4) Bei jeder Rechtssache, die der Großen Kammer nach Artikel 5 Absatz 5 des Protokolls Nr. 11 vorliegt, wird die Große Kammer durch Richter einer der in Artikel 24 Absatz 3*) dieser Verfahrensordnung bezeichneten Gruppen ergänzt, die im Rotationsverfahren bestimmt werden; beide Gruppen werden abwechselnd herangezogen.

Rule 101

Grant of legal aid

Subject to Rule 96, in cases brought before the Court under Article 5 §§ 2 to 5 of Protocol No. 11 to the Convention, a grant of legal aid made to an applicant in the proceedings before the Commission or the former Court shall continue in force for the purposes of his or her representation before the Court.

Article 101

Octroi de l'assistance judiciaire

Sous réserve de l'article 96 du présent règlement, dans les affaires déférées à la Cour en application de l'article 5 §§ 2 à 5 du Protocole n° 11 à la Convention, un requérant qui s'est vu accorder l'assistance judiciaire dans le cadre de la procédure devant la Commission ou l'ancienne Cour continue d'en bénéficier pour la défense de sa cause devant la Cour.

Artikel 101

Bewilligung der Prozesskostenhilfe

Ist einem Beschwerdeführer in Rechtssachen, die dem Gerichtshof nach Artikel 5 Absätze 2 bis 5 des Protokolls Nr. 11 zur Konvention vorliegen, im Verfahren vor der Kommission oder dem früheren Gerichtshof Prozesskostenhilfe bewilligt worden, so gilt die Bewilligung im Verfahren vor dem Gerichtshof weiter; Artikel 96 dieser Verfahrensordnung bleibt vorbehalten.

*) Artikel 24 alte Fassung ist abgedruckt in der Fußnote [1]) zu Artikel 24.

Rule 102

Request for interpretation or revision of a judgment

1. Where a party requests interpretation or revision of a judgment delivered by the former Court, the President of the Court shall assign the request to one of the Sections in accordance with the conditions laid down in Rule 51 or 52, as the case may be.

2. The President of the relevant Section shall, notwithstanding Rules 79 § 3 and 80 § 3, constitute a new Chamber to consider the request.

3. The Chamber to be constituted shall include as *ex officio* members

(a) the President of the Section;

and, whether or not they are members of the relevant Section,

(b) the judge elected in respect of any Contracting Party concerned or, if he or she is unable to sit, any judge appointed under Rule 29;

(c) any judge of the Court who was a member of the original Chamber that delivered the judgment in the former Court.

4.

(a) The other members of the Chamber shall be designated by the President of the Section by means of a drawing of lots from among the members of the relevant Section.

(b) The members of the Section who are not so designated shall sit in the case as substitute judges.

Article 102

Demande en interprétation ou en révision d'un arrêt

1. Lorsqu'une partie soumet une demande en interprétation ou en révision d'un arrêt rendu par l'ancienne Cour, le président de la Cour la transmet à l'une des sections conformément aux conditions prévues aux articles 51 ou 52 du présent règlement, selon le cas.

2. Nonobstant les articles 79 § 3 et 80 § 3 du présent règlement, le président de la section concernée constitue une nouvelle chambre pour examiner la demande.

3. La chambre à constituer comprend de plein droit:

a) le président de la section;

et, qu'ils appartiennent ou non à la section concernée;

b) le juge élu au titre de la Partie contractante concernée ou, s'il est empêché, tout juge désigné en application de l'article 29 du présent règlement;

c) tout membre de la Cour ayant appartenu à la chambre initiale de l'ancienne Cour qui a rendu l'arrêt.

4.

a) Le président de la section tire au sort les autres membres de la chambre parmi les membres de la section concernée.

b) Les membres de la section non désignés ainsi siègent comme juges suppléants.

Artikel 102

Antrag auf Auslegung des Urteils oder auf Wiederaufnahme des Verfahrens

(1) Anträge einer Partei auf Auslegung eines Urteils oder auf Wiederaufnahme eines Verfahrens des früheren Gerichtshofs werden vom Präsidenten des Gerichtshofs je nach Fall nach Artikel 51 oder 52 einer Sektion zugewiesen.

(2) Ungeachtet der Artikel 79 Absatz 3 und 80 Absatz 3 bildet der Präsident der betroffenen Sektion für die Behandlung des Antrags eine neue Kammer.

(3) Dieser Kammer gehören von Amts wegen folgende Mitglieder an:

a) der Sektionspräsident

sowie, unabhängig davon, ob sie der betroffenen Sektion angehören,

b) der für die betroffene Vertragspartei gewählte Richter oder, wenn dieser verhindert ist, ein Richter, der nach Artikel 29 benannt wird;

c) die Mitglieder des Gerichtshofs, die der ursprünglichen Kammer des früheren Gerichtshofs, die das Urteil gefällt hat, angehört haben.

(4)

a) Der Sektionspräsident bestimmt die übrigen Mitglieder der Kammer aus dem Kreis der Mitglieder der betroffenen Sektion durch das Los.

b) Die Mitglieder der Sektion, die nicht auf diese Weise bestimmt wurden, tagen als Ersatzrichter.

Title IV

Final Clauses

Rule 103

Amendment or suspension of a Rule

1. Any Rule may be amended upon a motion made after notice where such a motion is carried at the next session of the plenary Court by a majority of all the members of the Court. Notice of such a motion shall be delivered in writing to the Registrar at least one month before the session at which it is to be discussed. On receipt of such a notice of motion, the Registrar shall inform all members of the Court at the earliest possible moment.

2. A Rule relating to the internal working of the Court may be suspended upon a motion made without notice, provided that this decision is taken unanimously by the Chamber concerned. The suspension of a Rule shall in this case be limited in its operation to the particular purpose for which it was sought.

Titre IV

Clauses Finales

Article 103

Amendement ou suspension d'un article

1. Toute modification aux dispositions du présent règlement peut être adoptée par la majorité des juges de la Cour, réunis en session plénière, sur proposition soumise préalablement. La proposition de modification, formulée par écrit, doit parvenir au greffier au moins un mois avant la session où elle sera examinée. Lorsqu'il reçoit une telle proposition, le greffier en donne le plus tôt possible connaissance à tous les membres de la Cour.

2. L'application de toute disposition concernant le fonctionnement interne de la Cour peut être immédiatement suspendue sur proposition d'un juge, à condition que cette décision soit prise à l'unanimité par la chambre concernée. La suspension ainsi décidée ne déploie ses effets que pour les besoins du cas particulier pour lequel elle a été proposée.

Titel IV

Schlussbestimmungen

Artikel 103

Änderung oder Aussetzung der Anwendung von Bestimmungen

(1) Änderungen von Bestimmungen dieser Verfahrensordnung können von der Mehrheit der in Plenarsitzung tagenden Richter auf vorherigen Vorschlag hin angenommen werden. Der schriftliche Änderungsvorschlag muss dem Kanzler spätestens einen Monat vor der Sitzung zugehen, in der er geprüft werden soll. Erhält der Kanzler einen solchen Vorschlag, so setzt er so bald wie möglich alle Mitglieder des Gerichtshofs davon in Kenntnis.

(2) Die Anwendung von Bestimmungen, welche die interne Arbeitsweise des Gerichtshofs betreffen, kann auf Vorschlag eines Richters sofort ausgesetzt werden, vorausgesetzt, dass die betroffene Kammer den Vorschlag einstimmig annimmt. Die Aussetzung ist nur für den konkreten Fall wirksam, für den sie vorgeschlagen wurde.

Rule 104

Entry into force of the Rules

The present Rules shall enter into force on 1 November 1998.

Article 104

Entrée en vigueur du règlement

Le présent règlement entrera en vigueur le 1er novembre 1998.

Artikel 104

Inkrafttreten der Verfahrensordnung

Diese Verfahrensordnung tritt am 1. November 1998 in Kraft.

Mit Wirkung vom 1.10.2002 geänderte Fassung der Art. 12, 26, 28, 29, 33, 38 A, 41, 44, 47, 48, 49, 51, 52-54 A, 56-59, 62, 70, 71 und 76 VerfO

(Übersetzung des Verfassers)

Art. 12
Präsidenten der Sektionen und Kammern

Die Sektionspräsidenten haben den Vorsitz in den Sitzungen der Sektion und der Kammern, deren Mitglieder sie sind, **und leiten die Arbeit der Sektion.** Die Vizepräsidenten der Sektionen vertreten die Sektionspräsidenten im Verhinderungsfall oder wenn das Amt des Sektionspräsidenten nicht besetzt ist oder auf dessen Ersuchen hin. Andernfalls vertreten die Mitglieder der Sektion und der Kammern den Sektionspräsidenten entsprechend der in Artikel 5 festgelegten Rangordnung.

Art. 26
Bildung der Kammern

(1) Die Kammern mit sieben Richtern, die in Artikel 27 Absatz 1 der Konvention für die Prüfung der beim Gerichtshof anhängig gemachten Rechtssachen vorgesehen sind, werden wie folgt aus den Sektionen gebildet:

a) **Vorbehaltlich von Absatz 2 dieses Artikels und Artikel 28 Absatz 4 letzter Satz gehören der Kammer** für jede Rechtssache der Sektionspräsident und der für eine betroffene Vertragspartei gewählte Richter an. Ist der letztere nicht Mitglied der Sektion, der die Beschwerde nach Artikel 51 oder 52 dieser Verfahrensordnung zugeteilt wurde, so gehört er der Kammer nach Artikel 27 Absatz 2 der Konvention von Amts wegen an. Ist dieser Richter verhindert oder befangen, so findet Artikel 29 dieser Verfahrensordnung Anwendung.

b) Die anderen Mitglieder der Kammer werden vom Sektionspräsidenten im Rotationsverfahren aus dem Kreis der Mitglieder der Sektion bestimmt.

c) Die Mitglieder der Sektion, die nicht auf diese Weise bestimmt wurden, sind in der betreffenden Rechtssache Ersatzrichter.

(2) Der für eine betroffene Vertragspartei gewählte Richter, ein anderer gewählter Richter oder ein nach Artikel 29 oder 30 benannter Richter ad hoc kann von dem Kammerpräsidenten von der Teilnahme an Sitzungen, die für vorbereitende Fragen oder Verfahrensfragen bestimmt sind, freigestellt werden. Die betroffene Vertragspartei wird für solche Sitzungen so behandelt, als hätte sie anstelle dieses Richters den ersten Ersatzrichter nach Artikel 29 benannt.

(3) Auch nach Ende ihrer Amtszeit bleiben die Richter in den Rechtssachen tätig, in denen sie an der Prüfung der Begründetheit teilgenommen haben.

Artikel 28
Verhinderung, Ablehnung, Freistellung

(1) Jeder Richter, der verhindert ist, an Sitzungen teilzunehmen, zu denen er einberufen wurde, hat dies umgehend dem Kammerpräsidenten anzuzeigen.

(2) Kein Richter kann an der Prüfung einer Rechtssache teilnehmen, an der er ein persönliches Interesse hat oder an der er vorher mitgewirkt hat, sei es als Prozessbevollmächtigter, Rechtsbeistand oder Berater einer Partei oder einer an der Sache interessierten Person, sei es als Mitglied eines Gerichts, einer Untersuchungskommission oder in anderer Eigenschaft.

(3) Ist ein Richter aus einem der genannten Gründe oder aus einem besonderen Grund befangen, so informiert er den Kammerpräsidenten; dieser stellt ihn von der Teilnahme an der Rechtssache frei.

(4) Ist der Kammerpräsident der Auffassung, dass für einen Richter ein Grund vorliegt, sich für befangen zu erklären, so bespricht er diese Frage mit den Betroffenen; bei Meinungsverschiedenheiten entscheidet die Kammer. **Nach Anhörung des betroffenen Richters finden Beratung und Abstimmung in der Kammer ohne Teilnahme des betroffenen Richters statt. Er wird bei der Beratung und Abstimmung darüber von dem ersten Ersatzrichter ersetzt. Dasselbe gilt, wenn der Richter als für eine betroffene Vertragspartei gewählter Richter an der Verhandlung teilnimmt. In diesem Fall wird die betroffene Vertragspartei so behandelt, als hätte sie den ersten Ersatzrichter nach Artikel 29 Absatz 1 für die Mitwirkung an dem Verfahren an seiner Stelle benannt.**

Artikel 29
Richter ad hoc

(1) a) Wenn der für eine betroffene Vertragspartei gewählte Richter verhindert, **befangen oder freigestellt ist oder wenn ein solcher Richter nicht gewählt worden ist,** fordert der Kammerpräsident diese Partei auf, **ihm mitzuteilen,** ob sie entweder einen anderen gewählten Richter oder **einen Richter ad hoc** für die Mitwirkung als Richter an dem Verfahren benennen will; in diesem Fall fordert er sie auf, gleichzeitig den Namen der Person anzugeben, die sie benennt.

b) Buchstabe a) findet auch Anwendung, wenn die benannte Person verhindert oder befangen ist.

c) Ein Richter ad hoc muss die in Artikel 21 Absatz 1 der Konvention vorgeschriebenen Bedingungen erfüllen, darf nicht aus einem der in Artikel 28 der Verfahrensordnung genannten Gründe verhindert sein und muss den in Absatz 5 niedergelegten Anforderungen an seine Verfügbarkeit und Teilnahme an den Sitzungen erfüllen.

(2) Antwortet die betroffene Vertragspartei nicht innerhalb von 30 Tagen **oder bis zum Ablauf einer vom Kammerpräsidenten gewährten Fristverlängerung,** so gilt dies als Verzicht auf eine solche

Benennung. **Dasselbe gilt, wenn sie zweimal eine Person als Richter ad hoc benennt, die nach Auffassung der Kammer nicht die in Absatz 1 Buchstabe c) vorgeschriebenen Bedingungen erfüllt.**

(3) **Der Kammerpräsident kann davon absehen, die betroffene Vertragspartei zur Benennung nach Absatz 1 Buchstabe a) aufzufordern, solange die Beschwerde ihr nicht nach Artikel 54 Absatz 2 der Verfahrensordnung zur Kenntnis gebracht worden ist. Bis zur Benennung durch sie wird die betroffene Vertragspartei in diesem Fall so behandelt, als hätte sie den ersten Ersatzrichter für die Mitwirkung anstelle des gewählten Richters benannt.**

(4) Zu Beginn der ersten Sitzung in der betreffenden Rechtssache nach seiner Benennung leistet der Richter ad hoc den Eid oder gibt die feierliche Erklärung ab, die in Artikel 3 vorgesehen sind. Hierüber wird ein Protokoll aufgenommen.

(5) **Richter ad hoc müssen sich zur Verfügung des Gerichts halten und vorbehaltlich von Artikel 26 Absatz 2 an den Sitzungen der Kammer teilnehmen.**

Artikel 33
Öffentlichkeit des Verfahrens

(1) Die mündliche Verhandlung ist öffentlich, soweit nicht die Kammer nach Absatz 2 aufgrund besonderer Umstände anders entscheidet, sei es von Amts wegen, sei es auf Antrag einer Partei oder einer anderen betroffenen Person.

(2) Presse und Öffentlichkeit können während der ganzen oder eines Teiles der mündlichen Verhandlung ausgeschlossen werden, wenn dies im Interesse der Moral, der öffentlichen Ordnung oder der nationalen Sicherheit in einer demokratischen Gesellschaft liegt, wenn die Interessen von Jugendlichen oder der Schutz des Privatlebens der Prozessparteien es verlangen oder – soweit die Kammer es für unbedingt erforderlich hält – wenn unter besonderen Umständen eine öffentliche Verhandlung die Interessen der Rechtspflege beeinträchtigen würde.

(3) **Alle bei** der Kanzlei eingereichten Unterlagen mit Ausnahme derjenigen, die im Rahmen von Verhandlungen über eine gütliche Einigung nach Artikel 62 vorgelegt werden, sind der Öffentlichkeit zugänglich, soweit nicht der Kammerpräsident aus den in Absatz 2 genannten Gründen anders entscheidet, sei es von Amts wegen, sei es auf Antrag einer Partei oder einer anderen betroffenen Person.

(4) Anträge auf Vertraulichkeit nach Absatz 1 oder 3 sind zu begründen; dabei ist anzugeben, ob der Ausschluss der Öffentlichkeit für die mündliche Verhandlung oder die Unterlagen insgesamt oder teilweise gelten soll.

(5) Entscheidungen und Urteile der Kammer sind der Öffentlichkeit zugänglich. Der Gerichtshof gibt der Öffentlichkeit in regelmäßigen Abständen allgemeine Informationen über Entscheidungen der Komitees nach Artikel 53 Absatz 2.

Artikel 38 A
Prüfung von Verfahrensfragen

Verfahrensfragen, die der Entscheidung durch die Kammer bedürfen, werden gleichzeitig mit der Rechtssache geprüft, wenn der Kammerpräsident nicht anders entscheidet.

Artikel 41
Reihenfolge bei der Behandlung der Beschwerden

Beschwerden werden in der Reihenfolge behandelt, in der sie für die Prüfung bereit sind. **Die Kammer oder ihr Präsident** kann jedoch beschließen, eine bestimmte Beschwerde vorrangig zu behandeln.

Artikel 44
Streichung und Wiedereintragung im Register

(1) Der Gerichtshof kann jederzeit während des Verfahrens nach Artikel 37 der Konvention entscheiden, eine Beschwerde in seinem Register zu streichen.

(2) Teilt eine klagende Vertragspartei dem Kanzler ihre Absicht mit, ihre Beschwerde nicht weiterzuverfolgen, so kann die Kammer

diese Beschwerde nach Artikel 37 der Konvention im Register streichen, wenn die anderen betroffene Vertragsparteien mit der Nichtweiterverfolgung einverstanden sind.

(3) Die Entscheidung, eine für zulässig erklärte Beschwerde im Register zu streichen, ergeht in Form eines Urteils. **Dasselbe gilt, wenn im Verfahren nach Artikel 54 A eine gütliche Einigung oder eine andere Lösung erzielt worden ist, welche die Streichung im Register rechtfertigt.** Der Kammerpräsident übermittelt dieses Urteil, sobald es endgültig ist, dem Ministerkomitee, damit dieses nach Artikel 46 Absatz 2 der Konvention die Erfüllung von Verpflichtungen überwachen kann, die gegebenenfalls zur Bedingung für die Nichtweiterverfolgung der Beschwerde, die gütliche Einigung oder die Beilegung der Streitigkeit gemacht worden sind.

(4) Wird eine Beschwerde im Register gestrichen, so befindet der Gerichtshof über die Kostenfrage. Ergeht die Kostenentscheidung im Rahmen einer Entscheidung, mit der eine nicht für zulässig erklärte Beschwerde im Register gestrichen wird, so übermittelt der Kammerpräsident die Entscheidung dem Ministerkomitee.

(5) Der Gerichtshof kann die Wiedereintragung einer Beschwerde in das Register beschließen, wenn er dies wegen außergewöhnlicher Umstände für gerechtfertigt hält.

Artikel 47
Inhalt einer Individualbeschwerde

Absatz 1 Buchstabe a) bis f) unverändert. Buchstabe g) lautet nunmehr:

g) den Gegenstand der Beschwerde;

Die anderen Vorschriften in Artikel 47 unverändert.

Artikel 48
Staatenbeschwerden

(1) Bei einer Anrufung des Gerichtshofs nach Artikel 33 der Konvention benennt die zur Prüfung der Beschwerde gebildete Kammer nach Eingang der Schriftsätze der betroffenen Vertragsparteien eine oder mehrere ihrer Mitglieder als Berichterstatter

und beauftragt diese(n), einen Bericht über die Zulässigkeit vorzulegen.

(2) **Der oder die Berichterstatter unterbreiten** der Kammer die Berichte, Textentwürfe und anderen Unterlagen, die der Kammer bei der Erfüllung ihrer Aufgaben nützlich sein können.

Artikel 49
Individualbeschwerden

(1) Bei einer Anrufung des Gerichtshofs nach Artikel 34 der Konvention benennt der Präsident der Sektion, der die Beschwerde zugewiesen wird, einen Richter als Berichterstatter.

(2) **a)** Im Rahmen seiner Prüfung

(i) kann der Berichterstatter die Parteien ersuchen, innerhalb einer bestimmten Frist Auskünfte bezüglich des Sachverhalts zu erteilen und Unterlagen oder anderes Material vorzulegen, soweit er das für zweckdienlich hält;

(ii) entscheidet der Berichterstatter, ob die Beschwerde von einem Komitee oder einer Kammer geprüft wird, wobei der Sektionspräsident die Prüfung durch eine Kammer anordnen kann.

b) Wenn sich nach Auffassung des Berichterstatters schon aus dem vom Beschwerdeführer vorgelegten Material ergibt, dass die Beschwerde unzulässig ist oder im Register gestrichen werden sollte, wird die Beschwerde von einem Komitee geprüft, es sei denn, dass besondere Gründe dagegen sprechen.

(3) Der Berichterstatter legt die Berichte, Textentwürfe und anderen Unterlagen vor, die **dem Komitee,** der Kammer **oder ihrem Präsidenten** bei der Erfüllung ihrer Aufgaben nützlich sein können.

Artikel 51
Zuweisung von Beschwerden und anschließendes Verfahren

Die Absätze 5 und 6 werden durch folgenden neuen Absatz 6 ersetzt:

(6) Nach Anhörung der Parteien bestimmt der Kammerpräsident das schriftliche und gegebenenfalls das mündliche Verfahren.

Artikel 52
Zuweisung einer Beschwerde an eine Sektion

(1) Der Präsident der Sektion weist jede nach Artikel 34 der Konvention erhobene Beschwerde einer Sektion zu; er achtet dabei auf eine gerechte Verteilung der Arbeitslast auf die Sektionen.

(2) **Der Präsident der betroffenen Sektion bildet** nach Artikel 26 Absatz 1 dieser Verfahrensordnung die in Artikel 27 Absatz 1 der Konvention vorgesehene Kammer mit sieben Richtern.

(3) Bis die Kammer nach Absatz 2 gebildet ist, werden die Befugnisse, die diese Verfahrensordnung dem Kammerpräsidenten überträgt, vom Sektionspräsidenten ausgeübt.

Artikel 53
Verfahren vor einem Komitee

(1) Ist der Berichterstatter oder der für die betroffene Vertragspartei gewählte Richter nicht Mitglied des Komitees, so kann er gebeten werden, an dessen Beratungen teilzunehmen.

(2) Nach Artikel 28 der Konvention kann das Komitee durch einstimmigen Beschluss eine Beschwerde für unzulässig erklären oder im Register streichen, wenn eine solche Entscheidung ohne weitere Prüfung getroffen werden kann. **Von der Entscheidung wird der Beschwerdeführer durch einen Brief unterrichtet.**

(3) Trifft das Komitee keine Entscheidung nach Absatz 2, so übermittelt es die Beschwerde der Kammer, die nach Artikel 52 Absatz 2 zur Prüfung der Rechtssache gebildet wurde.

Artikel 54
Verfahren vor einer Kammer

Absatz 1 ist gestrichen worden.

Artikel 54 A
Gleichzeitige Prüfung der Zulässigkeit und der Begründetheit

(1) Wenn die Kammer nach Artikel 54 Absatz 2 Buchstabe b) entscheidet, die Beschwerde der beklagten Vertragspartei zur Kenntnis zu bringen, kann sie auch entscheiden, die Zulässigkeit und die Begründetheit nach Artikel 29 Absatz 3 der Konvention gleichzeitig zu prüfen. Wenn das geschieht, werden die Parteien aufgefordert, in ihre Stellungnahmen auch Äußerungen zur gerechten Entschädigung und etwaige Vorschläge für eine gütliche Einigung aufzunehmen.

(2) Wird eine gütliche Einigung oder eine andere Lösung nicht erzielt und ist die Kammer nach dem Parteivortrag davon überzeugt, dass die Beschwerde zulässig und für eine Entscheidung über die Begründetheit reif ist, beschließt sie sogleich ein Urteil, das die Entscheidung über die Zulässigkeit einschließt.

(3) Die Kammer kann nach Unterrichtung der Parteien ein Urteil einschließlich der Entscheidung über die Zulässigkeit auch ohne vorherige Durchführung des Verfahrens nach Absatz 1 beschließen, wenn sie das für zweckmäßig hält.

Artikel 56
Entscheidung der Kammer

(1) In der Entscheidung der Kammer ist anzugeben, ob sie einstimmig oder durch Mehrheitsbeschluss getroffen wurde; sie ist gleichzeitig oder später zu begründen.

(2) Der Kanzler teilt die Entscheidung dem Beschwerdeführer **mit. Sie wird auch der oder den betroffenen Vertragsparteien und einer dritten Partei mitgeteilt, wenn sie zuvor nach der Verfahrensordnung von der Beschwerde unterrichtet worden sind.**

Artikel 57
Sprache der Entscheidung

(1) Der Gerichtshof erlässt seine Entscheidungen in englischer oder französischer Sprache, wenn er nicht beschließt, eine Entscheidung in beiden Amtssprachen zu erlassen.

(2) Die in Artikel 78 vorgesehene Veröffentlichung der Entscheidungen in der amtlichen Sammlung des Gerichtshofs erfolgt in beiden Amtssprachen des Gerichtshofs.

Artikel 58
Staatenbeschwerden

Absatz 3 der Vorschrift ist gestrichen worden.

Artikel 59
Individualbeschwerden

(1) Ist eine nach Artikel 34 der Konvention erhobene Beschwerde für zulässig erklärt worden, kann die Kammer oder ihr Präsident die Parteien auffordern, weitere Beweismittel und schriftliche Stellungnahmen vorzulegen.

(2) Die Parteien können gleichzeitig ihre Stellungnahmen vorlegen, wenn nichts Anderes bestimmt wird.

(3) Die Kammer kann auf Antrag einer Partei oder von Amts wegen beschließen, eine mündliche Verhandlung über die Begründetheit abzuhalten, wenn das nach ihrer Auffassung zur Erfüllung ihrer Aufgaben nach der Konvention erforderlich ist.

(4) Der Kammerpräsident bestimmt gegebenenfalls das schriftliche und das mündliche Verfahren.

Artikel 62
Gütliche Einigung

Folgender neuer Absatz 4 ist angefügt worden:

(4) Absätze 2 und 3 gelten für Verfahren nach Artikel 54 A entsprechend.

Artikel 70
Verhandlungsprotokoll

(1) **Wenn der Kammerpräsident das anordnet, wird über die mündliche Verhandlung** unter der verantwortlichen Leitung des Kanzlers ein Protokoll angefertigt. Es enthält

a) **die Zusammensetzung der Kammer;**

b) **die Liste der erschienenen Personen;**

c) den Wortlaut der abgegebenen Erklärungen, gestellten Fragen und erhaltenen Antworten;

d) **den Wortlaut aller während der Verhandlung verkündeten Entscheidungen.**

(2) Ist das Protokoll insgesamt oder teilweise nicht in einer der Amtssprachen abgefasst, so sorgt der Kanzler für die Übersetzung in eine der Amtssprachen, wenn die Kammer dies beschließt.

(3) Die Vertreter der Parteien erhalten eine Kopie des Protokolls, um dieses berichtigen zu können, wobei sie Sinn und Tragweite des in der Verhandlung Gesagten nicht ändern dürfen; die Berichtigung wird vom Kanzler oder Kammerpräsidenten überprüft. Der Kanzler bestimmt auf Anweisung des Kammerpräsidenten die Frist für die Berichtigung

(4) Nach dieser Berichtigung wird das Protokoll vom Präsidenten und vom Kanzler unterzeichnet und ist dann für seinen Inhalt beweiskräftig.

Artikel 71
Anwendbarkeit der Verfahrensvorschriften

(1) Auf das Verfahren vor der Großen Kammer sind die für die Kammern geltenden Vorschriften entsprechend anzuwenden.

(2) Die einer Kammer nach Artikel 54 Absatz 3 und Artikel 59 Absatz 3 für die Abhaltung einer mündlichen Verhandlung übertragenen Befugnisse können in Verfahren vor der Großen Kammer auch von ihrem Präsidenten ausgeübt werden.

Artikel 76
Sprache des Urteils

(1) Der Gerichtshof erlässt seine Urteile in englischer oder französischer Sprache, wenn er nicht beschließt, ein Urteil in beiden Amtssprachen zu erlassen.

(2) Die in Artikel 78 vorgesehene Veröffentlichung der Urteile in der amtlichen Sammlung des Gerichtshofs erfolgt in beiden Amtssprachen des Gerichtshofs.

VI. Merkblatt für Personen, die sich an den Europäischen Gerichtshof für Menschenrechte wenden wollen, mit Erläuterungen

M E R K B L A T T

für Personen, die sich an den

EUROPÄISCHEN GERICHTSHOF FÜR MENSCHENRECHTE

wenden wollen

I. MIT WELCHEN FÄLLEN KANN SICH DER GERICHTSHOF BEFASSEN?

1. Der Europäische Gerichtshof für Menschenrechte ist ein internationales Organ, das unter bestimmten Voraussetzungen Beschwerden von Personen prüfen kann, die geltend machen, daß ihre Rechte aus der Europäischen Menschenrechtskonvention verletzt worden sind. Diese Konvention ist ein Vertrag, in dem mehrere europäische Staaten übereingekommen sind, bestimmte Grundrechte zu sichern. Die garantierten Rechte sind in der Konvention und in vier, nur von einigen dieser Staaten angenommenen Zusatzprotokollen (Nr. 1, 4, 6 und 7), aufgeführt. Lesen Sie bitte diese Texte und die beigefügten Vorbehalte.

2. Wenn Sie glauben, daß einer der in der beigefügten Liste genannten Staaten zu Ihrem Nachteil eines dieser Grundrechte verletzt hat, können Sie sich darüber beim Gerichtshof beschweren. Der Gerichtshof kann sich jedoch nur mit Beschwerden befassen, die sich auf Rechte beziehen, welche in der Konvention oder einem der Protokolle aufgeführt sind. Sie ist kein Berufungsgericht gegenüber den nationalen Gerichten und kann deren Entscheidungen weder aufheben, noch abändern. Sie kann sich auch in Ihrer Angelegenheit nicht unmittelbar an die Behörde wenden, über die Sie sich beklagen.

3. Der Gerichtshof kann sich nur mit Beschwerden gegen die in der beiliegenden Liste aufgeführten Staaten befassen, die sich auf Vorgänge beziehen, welche sich nach bestimmten Daten ereignet haben. Das jeweils maßgebliche Datum hängt vom betroffenen Staat sowie davon ab, ob ein Recht aus der Konvention oder einem der Protokolle geltend gemacht wird.

4. Sie können sich beim Gerichtshof nur über Akte einer Behörde (gesetzgebende Körperschaft, Verwaltungsorgan, Gericht usw.) eines der oben genannten Staaten beschweren. Die Kommission kann sich nicht mit Beschwerden gegen Einzelpersonen oder private Organisationen befassen.

5. Bevor Sie sich an den Gerichtshof wenden, müssen Sie in dem Staat, über den Sie sich beschweren wollen, von allen Rechtsbehelfen Gebrauch gemacht haben, die Ihrer Beschwerde hätten abhelfen können. Das schließt die Anrufung des höchsten zuständigen Gerichts ein (bei Beschwerden über Verurteilungen oder sonstige Gerichtsentscheidungen ist jedoch ein Antrag auf Wiederaufnahme des Verfahrens nach Erschöpfung des normalen Rechtswegs nicht erforderlich). Bei innerstaatlichen Rechtsbehelfen sind die einschlägigen Vorschriften, insbesondere Frist- und Formvorschriften einzuhalten. Wenn Ihr Rechtsmittel z.B. als verspätet oder aus einem anderen formellen Grunde als unzulässig zurückgewiesen wurde, kann sich der Gerichtshof wahrscheinlich nicht mit Ihrem Fall befassen.

6. Nach der Entscheidung der letzten staatlichen Instanz haben Sie sechs Monate Zeit, um sich an den Gerichtshof zu wenden. Bei Verurteilungen beginnt diese Frist mit der letzten Entscheidung im normalen Rechtsweg, nicht erst mit der Ablehnung eines Wiederaufnahmeantrags. Der Gerichtshof kann Ihren Fall nur prüfen, wenn Sie vor Ablauf dieser Frist mindestens den wesentlichen Gegenstand Ihrer Beschwerde mitgeteilt haben.

II. WIE MAN SICH AN DEN GERICHTSHOF WENDET

7. Wenn Sie sich versichert haben, daß Ihre Beschwerde ein durch die Konvention oder eines der Protokolle garantiertes Recht betrifft, senden Sie zunächst ein Schreiben mit den in Ziff. 8 genannten Angaben an den Kanzler des Gerichtshofs unter folgender Anschrift:

An den Kanzler
des Europäischen Gerichtshofs für Menschenrechte
Europarat
F-67075 STRASBOURG CEDEX

8. Ihr Schreiben sollte enthalten:

a. eine kurze Zusammenfassung Ihrer Beschwerde;

b. die Angabe der Ihrer Ansicht nach verletzten Konventionsrechte;

c. die Angabe der innerstaatlichen Rechtsbehelfe, von denen Sie Gebrauch gemacht haben;

d. eine Liste der in Ihrem Fall ergangenen amtlichen Entscheidungen. Geben Sie bitte für jede Entscheidung an, wann sie erging, von welchem Gericht oder welcher Behörde sie getroffen wurde, und sagen Sie kurz, was entschieden wurde. Die Entscheidungen sind in Abschrift bzw. Photokopie beizufügen. Diese Dokumente werden Ihnen nicht zurückgeschickt. Es liegt daher in Ihrem eigenen Interesse, lediglich Kopien, nicht aber die Originale beizufügen.

Die Amtssprachen des Gerichthofs sind Englisch und Französisch. Sie können ihm aber auch auf deutsch oder in einer der Sprachen der derzeitigen Mitgliedstaaten des Europarates schreiben. Wenn Sie sich einer anderen Sprache bedienen, könnten Verzögerungen wegen Übersetzungsschwierigkeiten eintreten. Schreiben Sie bitte mit der Schreibmaschine oder sehr leserlich.

9. Der Kanzler des Gerichtshofs wird Ihr Schreiben beantworten und Sie möglicherweise auffordern, nähere Auskünfte zu erteilen, zusätzliche Unterlagen einzureichen oder bestimmte Punkte Ihrer Beschwerde zu erläutern. Es wird Ihnen u.U. auch mitgeteilt, wie die Konvention in ähnlichen Fällen ausgelegt wurde, oder Sie werden auf offenbare Bedenken gegen die Zulässigkeit Ihres Gesuchs hingewiesen. Auskünfte über innerstaatliches Recht können Ihnen nicht gegeben werden.

10. Wenn sich aus Ihrem Schriftwechsel mit dem Kanzler ergibt, daß Ihr Gesuch als Beschwerde registriert werden kann und Sie dies wünschen, wird Ihnen das Formular geschickt, das Sie für die förmliche Einlegung der Beschwerde benötigen. Ihre Beschwerde wird nach Eingang des ausgefüllten Formulars dem Gerichtshof vorgelegt werden.

11. Der Kanzler des Gerichthofs wird Sie über den Fortgang des Verfahrens unterrichten. Das Verfahren ist zunächst schriftlich. Es ist daher unnötig, daß Sie am Sitz des Gerichtshofs vorstellig werden.

12. Falls Sie die Möglichkeit haben, Ihre Vertretung einem Anwalt zu übertragen, sollten Sie dies tun. In einem späteren Verfahrensabschnitt kann Ihnen Verfahrenshilfe gewährt werden, wenn Sie einen Anwalt nicht bezahlen können; bei Einlegung der Beschwerde ist dies noch nicht möglich.

ERLÄUTERUNGEN

für Personen, die das für Beschwerden nach Artikel 34 der Konvention bestimmte Formular ausfüllen

EINLEITUNG

Diese Erläuterungen haben den Zweck, Ihnen die Abfassung Ihrer Beschwerde vor dem Gerichtshof zu erleichtern. **Sie werden gebeten, diese Erläuterungen zunächst sorgfältig durchzulesen.** Beim Ausfüllen der einzelnen Punkte des Formulars können Sie anschliessend auf die entsprechenden Abschnitte der Erläuterungen zurückgreifen.

Das ausgefüllte Formular stellt Ihre Beschwerde nach Artikel 34 der Konvention dar und ist somit die Grundlage für die Prüfung Ihres Falles durch den Gerichtshof. Es ist daher wichtig, dass Sie das Formular **vollständig und gewissenhaft ausfüllen, selbst wenn Sie Angaben wiederholen, die Sie bereits im früheren Schriftwechsel mit der Kanzlei gemacht haben.**

Wie Sie sehen, hat das Formular acht Abschnitte. Alle müssen ausgefüllt werden, damit Ihre Beschwerde sämtliche nach der Verfahrensordnung des Gerichtshofs erforderlichen Angaben enthält. Nachfolgend finden Sie nähere Erläuterungen zu den einzelnen Ziffern des Beschwerdeformulars. Am Schluss der Erläuterungen finden Sie den Wortlaut der Artikel 45 und 47 der Verfahrensordnung des Gerichtshofs.

ERLÄUTERUNGEN ZUM BESCHWERDEFORMULAR

I. DIE PARTEIEN - Artikel 47 Abs. 1 (a), (b) und (c) der Verfahrensordnung (Ziffer 1 - 13 des Formulars)

Wenn es sich um mehr als einen Beschwerdeführer handelt, müssen die erforderlichen Angaben für jeden einzelnen, wenn nötig auf einem gesonderten Blatt, gemacht werden.

Ein Beschwerdeführer kann sich durch einen Bevollmächtigten vertreten lassen. Dieser soll ein Rechtsanwalt sein, der in einem der Vertragsstaaten zur Berufsausübung zugelassen und ansässig ist, oder eine andere vom Gerichtshof zugelassene Person. Wenn ein Beschwerdeführer vertreten ist, müssen die nötigen Angaben unter dieser Ziffer gemacht werden; die Kanzlei führt den Schriftwechsel ausschliesslich mit dem Bevollmächtigten.

II. DARLEGUNG DES SACHVERHALTES - Artikel 47 Abs. 1 (d) der Verfahrensordnung (Ziffer 14 des Formulars)

Stellen Sie die Tatsachen, über die Sie sich beklagen, klar und umfassend, aber kurz dar. Versuchen Sie, die Ereignisse in zeitlicher Reihenfolge zu beschreiben, und geben Sie genaue Daten an. Wenn sich Ihre Beschwerde auf verschiedene Angelegenheiten bezieht (z.B. mehrere Gerichtsverfahren), sollten Sie jeden Vorgang gesondert behandeln.

III. ANGABE DER GELTEND GEMACHTEN VERLETZUNG(EN) DER KONVENTION UND/ODER ZUSATZPROTOKOLLE UND BEGRÜNDUNG DER BESCHWERDE - Artikel 47 Abs. 1 (e) der Verfahrensordnung (Ziffer 15 des Formulars)

Erläutern Sie so genau wie möglich, worüber Sie sich **nach der Konvention** beschweren. Geben Sie an, auf welche Bestimmungen Sie sich berufen und erklären Sie, warum Ihrer Ansicht nach die Tatsachen, die Sie in Abschnitt II des Formulars beschrieben haben, die genannten Bestimmungen verletzen.

Bestimmte Artikel der Konvention erlauben unter gewissen Voraussetzungen Eingriffe in die darin garantierten Rechte (siehe z.B. Artikel 5 Abs. 1 (a) bis (f) sowie die zweiten Absätze der Artikel 8 bis 11). Wenn Sie sich auf einen dieser Artikel stützen, sollten Sie erklären, warum der von Ihnen gerügte Eingriff nicht gerechtfertigt ist.

IV. ANGABEN ZU ARTIKEL 35 ABS. 1 DER KONVENTION
- Artikel 47 Abs. 2 (a) der Verfahrensordnung
(Ziffer 16 - 18 des Formulars)

In diesem Abschnitt sollten Sie ausführliche Angaben über die von Ihnen bei den innerstaatlichen Behörden und Gerichten eingelegten Rechtsmittel machen. Füllen Sie jeden der drei Teile dieses Abschnitts aus, und machen Sie die Angaben für jeden einzelnen Beschwerdepunkt getrennt. Unter Ziffer 18 sollten Sie angeben, ob Ihnen ein weiteres Rechtsmittel, das Ihrer Beschwerde hätte abhelfen können, von dem Sie aber keinen Gebrauch gemacht haben, zur Verfügung steht. Wenn ein solches Rechtsmittel gegeben ist, sollten Sie es näher bezeichnen (z.B. durch Angabe des Gerichts oder der Behörde, bei der es hätte eingelegt werden können) und erklären, warum Sie es nicht eingelegt haben.

V. ANGABE DES BESCHWERDEGEGENSTANDES UND DER VORLÄUFIGEN ANSPRÜCHE AUF ANGEMESSENE ENTSCHÄDIGUNG - Artikel 47 Abs. 1 (g) der Verfahrensordnung
(Ziffer 19 des Formulars)

Geben Sie kurz an, was Sie mit der Anrufung des Gerichtshofs erreichen wollen. Weiters sollten Sie Ansprüche auf angemessene Entschädigung, die Sie allenfalls gemäß Artikel 41 der Konvention geltend machen wollen, angeben.

VI. ANDERE INTERNATIONALE INSTANZEN, DIE MIT DIESER ANGELEGENHEIT BEFASST SIND ODER WAREN - Artikel 47 Abs. 2 (b) der Verfahrensordnung
(Ziffer 20 des Formulars)

Geben Sie an, ob Sie die in der vorliegenden Bechwerde erhobene(n) Rüge(n) schon einem anderen internationalen Untersuchungs- oder Schlichtungsorgan vorgetragen haben. Wenn dies der Fall ist, machen Sie dazu ausführliche Angaben (insbesondere Bezeichnung der angerufenen internationalen Behörde, Daten und andere Einzelheiten der durchgeführten Verfahren und der ergangenen Entscheidungen). Legen Sie Kopien der ergangenen Entscheidungen und aller anderen wichtigen Unterlagen vor.

VII. BEIGEFÜGTE UNTERLAGEN - Artikel 47 Abs. 1 (h) der Verfahrensordnung
(Ziffer 21 des Formulars)

(KEINE ORIGINALE, NUR KOPIEN)

Vergessen Sie nicht, sämtliche Urteile und Entscheidungen beizufügen, auf die Sie sich in den Abschnitten IV und VI Ihrer Beschwerde beziehen, und legen Sie jedes andere Schriftstück vor, das vom Gerichtshof als Beweismittel berücksichtigt werden soll (Verhandlungsprotokolle, Zeugenaussagen usw.). Fügen Sie alle gerichtlichen Entscheidungen mitsamt den Entscheidungsgründen bei. Senden Sie jedoch nur diejenigen Unterlagen ein, die für Ihre Beschwerde von Bedeutung sind.

VIII. ERKLÄRUNG UND UNTERSCHRIFT - Artikel 45 Abs. 3 der Verfahrensordnung
(Ziffer 22 des Formulars)

Wenn die Beschwerde vom Bevollmächtigten des Beschwerdeführers unterzeichnet wird, muss ihr eine vom Beschwerdeführer persönlich unterzeichnete Vollmacht beigefügt werden (es sei denn, eine solche wurde bereits früher eingereicht).

Artikel 45 und 47 der Verfahrensordnung des Gerichtshofs

Artikel 45

(Unterschriften)

1. Jede Beschwerde nach Artikel 33 oder 34 der Konvention ist schriftlich zu erheben und vom Beschwerdeführer oder seinem Bevollmächtigten zu unterzeichnen.

2. Wird die Beschwerde von einer nichtstaatlichen Organisation oder von einer Personenvereinigung erhoben, so ist sie von den zur Vertretung dieser Organisation oder Vereinigung berechtigten Personen zu unterzeichnen. Die Kammer oder der Ausschuss entscheidet über Fragen, die sich auf die Ermächtigung der Unterzeichner beziehen.

3. Wenn Beschwerdeführer gemäß Artikel 36 vertreten werden, sollte eine Vollmachtserklärung von dem/den Bevollmächtigten vorgelegt werden.

Artikel 47

(Inhalt einer Individualbeschwerde)

1. Eine Beschwerde nach Artikel 34 der Konvention muss auf einem Beschwerdeformular der Kanzlei des Gerichtshofs dargelegt werden, es sei denn, der Präsident der Kammer entscheidet anders. Sie muss enthalten

   a. den Namen, das Geburtsdatum, die Staatsangehörigkeit, das Geschlecht, den Beruf und die Anschrift des Beschwerdeführers;

   b. ggf. den Namen, den Beruf und die Anschrift des Bevollmächtigten;

   c. die Bezeichnung der Hohen Vertragschliessenden Partei oder Parteien, gegen den/die die Beschwerde gerichtet ist;

   d. eine kurze Sachverhaltsdarstellung;

   e. eine kurze Darstellung der behaupteten Verletzung(en) der Konvention und deren Begründung;

   f. eine kurze Darstellung, dass die Zulässigkeitsvoraussetzungen (Erschöpfung des innerstaatlichen Rechtsweges und Sechsmonatsfrist) des Artikel 35 Abs. 1 der Konvention erfüllt sind; und

   g. den Beschwerdegegenstand sowie die Angabe allfälliger Ansprüche auf gerechte Entschädigung gemäß Artikel 41 der Konvention;

zusammen mit

   h. Kopien aller relevanten Unterlagen und insbesondere gerichtlicher und behördlicher Entscheidungen, die sich auf den Gegenstand der Beschwerde beziehen.

2. Jeder Beschwerdeführer muss ferner

   a. nachweisen, dass die Zulässigkeitsvoraussetzungen des Artikel 35 Abs. 1 der Konvention erfüllt sind und dazu insbesondere die oben unter Punkt 1 (h) genannten Unterlagen und Entscheidungen vorlegen;

   b. angeben, ob er seine Beschwerdepunkte schon bei einem anderen internationalen Untersuchungs- oder Schlichtungsorgan vorgebracht hat;

3. Ein Beschwerdeführer, der Einwendungen gegen die Veröffentlichung seines Namens hat, soll eine entsprechende Erklärung abgeben und Gründe darlegen, die eine solche Abweichung von der allgemeinen Regel des öffentlichen Zuganges zu Informationen im Verfahren vor dem Gerichtshof, rechtfertigen. Der Präsident der Kammer kann in gerechtfertigten Ausnahmefällen Anonymität anordnen.

4. Die Nichtbeachtung der in Abs. 1 und 2 enthaltenen Formvorschriften kann dazu führen, dass die Beschwerde vom Gerichtshof nicht registriert und geprüft wird.

5. Als Datum der Einbringung der Beschwerde gilt grundsätzlich das Datum der ersten Eingabe des Beschwerdeführers, in der er - wenn auch summarisch - den Beschwerdegegenstand darstellt. Jedoch kann der Gerichtshof, wenn er dieses für gerechtfertigt ansieht, entscheiden, von einem anderen Einbringungsdatum auszugehen.

6. Der Beschwerdeführer hat dem Gerichtshof jede Änderung seiner Adresse sowie jeden Umstand mitzuteilen, der für die Prüfung seiner Beschwerde von Bedeutung sein kann.

Voir Note explicative
See Explanatory Note
Siehe Erläuterungen(DEU)

COUR EUROPÉENNE DES DROITS DE L'HOMME
EUROPEAN COURT OF HUMAN RIGHTS
EUROPÄISCHER GERICHTSHOF FÜR MENSCHENRECHTE

Conseil de l'Europe – *Council of Europe – Europarat*
Strasbourg, France – *Frankreich*

REQUÊTE
APPLICATION
BESCHWERDE

présentée en application de l'article 34 de la Convention européenne des Droits de l'Homme, ainsi que des articles 45 et 47 du Règlement de la Cour

under Article 34 of the European Convention on Human Rights and Rules 45 and 47 of the Rules of Court

gemäß Artikel 34 der Europäischen Menschenrechtskonvention und Artikel 45 und 47 der Verfahrensordnung des Gerichtshofs

IMPORTANT: La présente requête est un document juridique et peut affecter vos droits et obligations.
This application is a formal legal document and may affect your rights and obligations.
WICHTIG: *Dieses Formular ist eine Urkunde und kann für Ihre Rechte und Pflichten von Bedeutung sein.*

I – LES PARTIES
THE PARTIES
DIE PARTEIEN

A. LE REQUÉRANT/LA REQUERANTE
THE APPLICANT
DER BESCHWERDEFÜHRER/DIE BESCHWERDEFÜHRERIN

(Renseignements à fournir concernant le/la requérant(e) et son/sa représentant(e) éventuel(le))
(Fill in the following details of the applicant and the representative, if any)
(Angaben über den Beschwerdeführer/die Beschwerdeführerin und ggf. den Bevollmächtigten/die Bevollmächtigte)

1. Nom de famille . . . .
Surname
Familienname

2. Prénom (s) . . . .
First name (s)
Vorname(n)

Sexe: masculin/féminin
Sex: male/female
Geschlecht: männlich/weiblich

3. Nationalité . . . .
Nationality
Staatsangehörigkeit

4. Profession . . . .
Occupation
Beruf

5. Date et lieu de naissance . . . .
Date and place of birth
Geburtsdatum und -ort

6. Domicile . . . .
Permanent address
Ständige Anschrift

7. Tel. N° . . . .

8. Adresse actuelle (si différente de 6.) . . . .
Present address (if different from 6.)
ggf. derzeitige Anschrift

9. Nom et prénom du/de la représentant(e)* . . . .
*Name of representative**
*Name und Vorname des Bevollmächtigten/der Bevollmächtigten**

10. Profession du/de la représentant*(e)* . . . .
Occupation of representative
Beruf des Bevollmächtigten/der Bevollmächtigten

11. Adresse du/de la représentant(e) . . . .
Address of representative
Anschrift des Bevollmächtigten/der Bevollmächtigten

12. Tel. N° . . . . Fax N° . . . .

B. LA HAUTE PARTIE CONTRACTANTE
THE HIGH CONTRACTING PARTY
DIE HOHE VERTRAGSCHLIESSENDE PARTEI

(Indiquer ci-après le nom de l'Etat/des Etats contre le(s)quel(s) la requête est dirigée)
(Fill in the name of the State(s) against which the application is directed)
(Angabe des Staates/der Staaten, gegen den/die die Beschwerde gerichtet ist)

13. ....

* Si le/la requérant(e) est représenté(e), joindre une procuration signée par le/la requérant(e) en faveur du/de la représentant(e).
A form of authority signed by the applicant should be submitted if a representative is appointed.
Wenn ein Bevollmächtigter/eine Bevollmächtigte bestellt ist, ist eine vom Beschwerdeführer/von der Beschwerdeführerin unterzeichnete Vollmacht beizufügen.

II – EXPOSÉ DES FAITS
STATEMENT OF THE FACTS
DARLEGUNG DES SACHVERHALTES

(Voir chapitre II de la note explicative)
(See Part II of the Explanatory Note)
(Siehe Abschnitt II der Erläuterungen)

14.

III – EXPOSÉ DE LA OU DES VIOLATION(S) DE LA CONVENTION ET/OU DES PROTOCOLES ALLÉGUÉE(S), AINSI QUE DES ARGUMENTS À L'APPUI
STATEMENT OF ALLEGED VIOLATION(S) OF THE CONVENTION AND/OR PROTOCOLS AND OF RELEVANT ARGUMENTS
ANGABE DER GELTEND GEMACHTEN VERLETZUNG(EN) DER KONVENTION UND/ODER ZUSATZPROTOKOLLE UND BEGRÜNDUNG DER BESCHWERDE

(Voir chapitre III de la note explicative)
(See Part III of the Explanatory Note)
(Siehe Abschnitt III der Erläuterungen)

15.

IV – EXPOSÉ RELATIF AUX PRESCRIPTIONS DE L'ARTICLE 35 § 1 DE LA CONVENTION
STATEMENT RELATIVE TO ARTICLE 35 § 1 OF THE CONVENTION
ANGABEN ZU ARTIKEL 35 ABS. 1 DER KONVENTION

(Voir chapitre IV de la note explicative. Donner pour chaque grief, et au besoin sur une feuille séparée, les renseignements demandés sous les points 16 à 18 ci-après)
(See Part IV of the Explanatory Note. If necessary, give the details mentioned below under points 16 to 18 on a separate sheet for each separate complaint)
(Siehe Abschnitt IV der Erläuterungen. Angaben gemäß Ziffern 16 bis 18 sind zu jedem einzelnen Beschwerdepunkt getrennt zu machen; wenn erforderlich ist ein Beiblatt zu benutzen)

16. Décision interne définitive (date et nature de la décision, organe – judiciaire ou autre – l'ayant rendue)
Final decision (date, court or authority and nature of decision)
Letzte innerstaatliche Entscheidung (Datum und Art der Entscheidung, Bezeichnung des Gerichts oder der Behörde)

17. Autres décisions (énumérées dans l'ordre chronologique en indiquant, pour chaque décision, sa date, sa nature et l'organe – judiciaire ou autre – l'ayant rendue)
Other decisions (list in chronological order, giving date, court or authority and nature of decision for each of them)
Andere Entscheidungen (in zeitlicher Reihenfolge mit Angabe des Datums und der Art der Entscheidung und der Bezeichnung des Gerichts oder der Behörde)

18. Dispos(i)ez-vous d'un recours que vous n'avez pas exercé? Si oui, lequel et pour quel motif n'a-t-il pas été exercé?
Is there or was there any other appeal or other remedy available to you which you have not used? If so, explain why you have not used it.
Gab es oder gibt es ein Rechtsmittel, das der Beschwerdeführer/die Beschwerdeführerin nicht eingelegt hat? Wenn ja, welches Rechtsmittel wurde nicht eingelegt? Warum?

V – EXPOSÉ DE L'OBJET DE LA REQUÊTE ET PRÉTENTIONS PROVISOIRES POUR UNE SATISFACTION EQUITABLE
STATEMENT OF THE OBJECT OF THE APPLICATION AND PROVISIONAL CLAIMS FOR JUST SATISFACTION
ANGABE DES BESCHWERDEGEGENSTANDES UND DER VORLÄUFIGEN ANSPRÜCHE AUF ANGEMESSENE ENTSCHÄDIGUNG

(Voir chapitre V de la note explicative)
(See Part V of the Explanatory Note)
(Siehe Abschnitt V der Erläuterungen)

19.

VI – AUTRES INSTANCES INTERNATIONALES TRAITANT OU AYANT TRAITÉ L'AFFAIRE
STATEMENT CONCERNING OTHER INTERNATIONAL PROCEEDINGS
ANDERE INTERNATIONALE INSTANZEN, DIE MIT DIESER ANGELEGENHEIT BEFASST SIND ODER WAREN

(Voir chapitre VI de la note explicative)
(See Part VI of the Explanatory Note)
(Siehe Abschnitt VI der Erläuterungen)

20. Avez-vous soumis à une autre instance internationale d'enquête ou de règlement les griefs énoncés dans la présente requête? Si oui, fournir des indications détaillées à ce sujet.
Have you submitted the above complaints to any other procedure of international investigation or settlement? If so, give full details.
Sind die vorliegenden Beschwerdepunkte bereits einem anderen internationalen Untersuchungs- oder Schlichtungsorgan vorgelegt worden? Wenn ja, sollten Sie ausführliche Angaben machen.

VII - PIÈCES ANNEXÉES
LIST OF DOCUMENTS
BEIGEFÜGTE UNTERLAGEN

(PAS D'ORIGINAUX, UNIQUEMENT DES COPIES)
(NO ORIGINAL DOCUMENTS, ONLY PHOTOCOPIES)
(KEINE ORIGINALE, NUR KOPIEN)

(Voir chapitre VII de la note explicative. Joindre copie de toutes les décisions mentionnées sous ch. IV et VI ci-dessus. Se procurer, au besoin, les copies nécessaires, et, en cas d'impossibilité, expliquer pourquoi celles-ci ne peuvent pas être obtenues. Ces documents ne vous seront pas retournés.)
(See Part VII of the Explanatory Note. Include copies of all decisions referred to in Parts IV and VI above. If you do not have copies, you should obtain them. If you cannot obtain them, explain why not. No documents will be returned to you.)
(Siehe Abschnitt VII der Erläuterungen. Kopien aller unter Ziffern IV und VI genannten Entscheidungen sind beizufügen. Es obliegt dem Beschwerdeführer/der Beschwerdeführerin, die Kopien zu beschaffen oder die Hinderungsgründe anzugeben. Unterlagen werden Ihnen nicht zurückgesandt.)

21. a) ....

b) ....

c) ....

VIII – DÉCLARATION ET SIGNATURE
DECLARATION AND SIGNATURE
ERKLÄRUNG UND UNTERSCHRIFT

(Voir chapitre VIII de la note explicative)
(See Part VIII of the Explanatory Note)
(Siehe Abschnitt VIII der Erläuterungen)

22. Je déclare en toute conscience et loyauté que les renseignements qui figurent sur la présente formule de requête sont exacts.
I hereby declare that, to the best of my knowledge and belief, the information I have given in the present application form is correct.
Ich erkläre nach bestem Wissen und Gewissen, dass die von mir im vorliegenden Beschwerdeformular gemachten Angaben richtig sind.

Lieu/*Place/Ort* . . . .
Date/*Date/Datum* . . . .

(Signature du/de la requérant(e) ou du/de la représentant(e))
(Signature of the applicant or of the representative)
(Unterschrift des Beschwerdeführers/der Beschwerdeführerin oder des Bevollmächtigten/der Bevollmächtigten)

Stichwortverzeichnis

Die fettgedruckten Zahlen verweisen auf die Art. der EMRK, die mageren auf die Randnummern der Erläuterungen. Das Zusatzprot. wird mit Prot. 1 bezeichnet.

U

V

W

Z

Norbert Bernsdorff/Martin Borowsky

Die Charta der Grundrechte der Europäischen Union

Handreichungen und Sitzungsprotokolle

Der Grundrechtekonvent hat seine Arbeit am 2. Oktober 2000 beendet. Der von ihm entworfenen Charta der Grundrechte der Europäischen Union, einem »Teil der Verfassung des Europas von morgen« (Roman Herzog), wird seither in Wissenschaft und Praxis erhebliche Aufmerksamkeit zuteil. Immer nachdrücklicher stellt sich die Frage nach der Entstehungsgeschichte der einzelnen Chartabestimmungen.

Die vorliegende – europaweit einmalige – Materialiensammlung gibt Aufschluss über die *travaux préparatoires* zur Grundrechtecharta. Sie enthält insbesondere die von den Verfassern ursprünglich für die deutschen Länder gefertigten, sodann sprachlich und inhaltlich vollständig überarbeiteten und mit anderen Mitschriften abgeglichenen Protokolle sämtlicher Konventssitzungen. Praktische »Handreichungen« runden die Dokumentation ab, die auch für den demnächst erscheinenden Kommentar zur Grundrechtecharta als Grundlage und zur Ergänzung dient. Dr. Norbert Bernsdorff, Richter am Landessozialgericht Niedersachsen-Bremen, derzeit Referatsleiter im Niedersächsischen Justizministerium, und Dr. Martin Borowsky, Richter am Landgericht Erfurt und Lehrbeauftragter an der Universität Erfurt sowie an der Fachhochschule Schmalkalden, haben die Mitwirkung der deutschen Länder an dem Chartaprojekt fachlich betreut.

2002, 413 S., brosch., 68,– €, 116,– sFr, ISBN 3-7890-8177-9

NOMOS Verlagsgesellschaft
76520 Baden-Baden